السجل التاريخي للخليج وعُمان وأواسط الجزيرة العربية

الجزء الأول
تاريخ
المجلد الخامس

ج. ج. لوريمر

GAZETTEER
OF THE PERSIAN GULF, OMAN
AND CENTRAL ARABIA

Part I
HISTORICAL
VOLUME 5

J. G. LORIMER

ترجمت هذه الموسوعة تحت إشراف جامعة السلطان قابوس ومركز الشرق الأوسط بكلية « سانت انطوني » بجامعة اوكسفورد. ان الآراء والمعلومات الواردة في هذا الكتاب هي على مسؤولية المؤلف ولا تعبر بحال من الأحوال عن آراء حكومة سلطنة عمان وجامعة السلطان قابوس.

This comprehensive work was translated under the supervision of Sultan Qaboos University and "Saint Antony's College" Middle East Center, Oxford University. The points of view and information expressed in this book fall to the full responsibility of the writer, and on no condition do they express, the points of view or opinion of the government of the Sultanate of Oman, or those of Sultan Qaboos University.

© ١٩٩٥ جميع الحقوق محفوظة
لجامعة السلطان قابوس
اعداد دار غارنت للنشر

لا يُسمح بإعادة اصدار أي جزء من هذا الكتاب، أو تخزينه في نظام استعادة المعلومات، أو نقله بأي شكل كان أو بواسطة وسائل الكترونية أو كهروستاتية، أو أشرطة ممغنطة، أو وسائل ميكانيكية، أو الاستنساخ الفوتوغرافي، أو التسجيل وسواه، بغير إذن خطي من الناشر.

تشكّل النسخة الأساسية من كتاب السجل التاريخي للخليج وعمان وأواسط الجزيرة العربية جزءاً من سجلات مكتب الهند، الموجودة في المكتبة البريطانية، دائرة المجموعات الشرقية ومكتب الهند.
إنّ المادة، التي لم تُنشر، والتي تعتبر حقوق طبعها ونشرها خاصة بالتاج البريطاني، قد مُنح إذنٌ باعداد نسخة عنها صدر عن مكتب منشورات جلالة الملكة.

المكتبة البريطانية لفهرسة معلومات النشر. سجل فهرسة هذا الكتاب متوافر في المكتبة البريطانية.

الناشر دار غارنت للنشر
انجلترا

صُفَّ هذا الكتاب في دار شركة «كولومز ريدينج المحدودة»
وطبع في لبنان

©1995 SULTAN QABOOS UNIVERSITY
PREPARED BY GARNET PUBLISHING LIMITED

ISBN 1 85964 055 9

All rights reserved. No part of this book may be reproduced in any form or by any electronic or mechanical means, including information storage and retrieval systems, without permission in writing from the publisher, except by a reviewer who may quote brief passages in review.
The Original Lorimer's Gazetteer forms part of the India Office Records held in the Oriental and India Office Collections of the British Library. Unpublished Crown Copyright material is reproduced by permission of the Controller of Her Majesty's Stationary Office.

British Library Cataloguing - in - Publication Data. A catalogue record for this book is available from the British Library.

Published by Garnet Publishing Limited
England:
8 Southern Court, South Street, Reading, RG1 4QS
Typeset by Columns Ltd. Reading
Printed in Lebanon

فهرس

جلاء القوات المصرية عن نجد والأحساء، ١٨٤٠	١

خالد بن سعود، ١٨٤٠ - ١٨٤٢

التاريخ العام والداخلي، ١٨٤٠-١٨٤٢	١
علاقات الأمير خالد بالإمارات العربية، ١٨٤٠-١٨٤٢	٣
علاقات الأمير خالد ببريطانيا العظمى، ١٨٤٠ - ١٨٤٢	٣

عبد الله بن ثنيان، ١٨٤٢ - ١٨٤٣

أوضاع داخلية، ١٨٤٢-١٨٤٣	٤
العلاقات بالبحرين، ١٨٤٢-١٨٤٣	٤
مخططات تتعلق بالبحرين بعمان المتصالحة، ١٨٤٢-١٨٤٣	٥
العلاقات بالحكومة البريطانية، ١٨٤٢-١٨٤٣	٥

فيصل بن تركي (فترة الحكم الثانية)، ١٨٤٣ - ١٨٦٥

التاريخ العام والداخلي، ١٨٤٣-١٨٦٥	٥
علاقات الحكومة الوهابية بالإمارات المجاورة في شبه الجزيرة العربية، ١٨٤٣-١٨٦٥	٧
العلاقات بين أمير الوهابيين والحكومة البريطانية، ١٨٤٣-١٨٦٥	١٣
علاقات الأمير الوهابي بفرنسا، ١٨٤٣-١٨٦٥	١٨

عبد الله بن فيصل (فترة عهده الأول)، ١٨٦٥ - ١٨٧١

الموقف الداخلي عند تسلم عبد الله مقاليد الإمارة، ١٨٦٥	١٩
قطع العلاقات بين الحكومة البريطانية والأمير الوهابي، ١٨٦٥-١٨٦٦	١٩
علاقات الأمير الوهابي بالأتراك، ١٨٦٦	٢٣
علاقات الوهابيين بالكويت، ١٨٦٥ - ١٨٧١	٢٤
علاقات الوهابيين بالبحرين وقطر، ١٨٦٥ - ١٨٧١	٢٤
علاقات الوهابيين بعمان المتصالحة وسلطنة عمان، ١٨٦٥ - ١٨٧١	٢٤
ثورة سعود بن فيصل، ١٨٧٠ - ١٨٧١	٢٦

Contents

Evacuation of Najd and Hasa by the Egyptians, 1840 .... *1*

KHALID - BIN - SA'UD, 1840-42 .... *1*

General and internal history, 1840-42 .... *1*

Relation of the Amīr Khālid with Arab states, 1840-42 .... *3*

Relation of the Amir Khālid with Great Britain, 1840-42 .... *3*

ABDULLAH - BIN - THANAIYĀN, 1842-43 .... *4*

Internal affairs, 1842- 43 .... *4*

Relations with Bahraīn 1842-43 .... *4*

Designs on trucial 'Omān, 1842-43 .... *5*

Relations with the British Government, 1842-43 .... *5*

FAISAL - BIN - TURKI (SECOND REIGN) 1843-65 .... *5*

General and internal history, 1843-65 .... *5*

Relations of the Wahhābi Government with adjacent states In Arabia. etc., 1843-65 .... *7*

Relations between the Wahhābi Amīr and the British Government, 1843-65 .... *13*

Relations of the Wahhābi Amīr with France, 1843-65 .... *18*

ABDULLAH - BIN - FAISAL (FIRST REIGN) 1865-71 .... *19*

Internal position at 'Abdullah's accession, 1865 .... *19*

Rupture between the British Government and the Wahhabi Amīr, 1865-66 .... *19*

Relations of the Wahhābi Amīr with the Turks, 1866 .... *23*

Relations of the Wahhābis with Kuwait, 1865-71 .... *24*

Relations of the Wahhābis with Bahrain and Qatar, 1865-71 .... *24*

Relations of the Wahhābis with 'Omān and trucial Oman, 1865-71 .... *24*

Rebellion of S'aūd - bin - Faisal, 1870-71 .... *26*

C

سعود بن فيصل ، ١٨٧١ - ١٨٧٥	٢٧
احتلال الأتراك للأحساء، ١٨٧١	٢٧
ضم الأتراك للأحساء نهائياً، ١٨٧١-١٨٧٢	٢٨
التحركات التالية للقادة الوهابيين وعلاقاتهم بالأتراك، ١٨٧٢-١٨٧٤	٣١
علاقات الأمير سعود بالحكومة البريطانية، ١٨٧١-١٨٧٥	٣٢
عبد الله بن فيصل (عهده الثاني) ١٨٧٥ - ١٨٨٧	٣٢
التاريخ العام لنجد، ١٨٧٥-١٨٨١	٣٢
أعمال عدوانية مبكرة بين أمير جبل شمر والوهابيين، ١٨٧٧-١٨٨٤	٣٤
انشقاقات مستمرة بين آل سعود، وعزل الأمير عبد الله، ١٨٨٤-١٨٨٧	٣٥
علاقات الأتراك بوسط شبه الجزيرة العربية أثناء هذه الفترة، ١٨٧٥-١٨٨٧	٣٥
العلاقات البريطانية بوسط شبه الجزيرة العربية أثناء الفترة نفسها، ١٨٧٥-١٨٨٧	٣٦
خلو العرش من أمير، ١٨٨٧ - ١٩٠٢	٣٦
احتلال أمير جبل شمر لجنوب نجد، ١٨٨٧-١٨٩٢	٣٦
علاقات أمير شمر بالأتراك، أثناء توليه حكم نجد الجنوبية، ١٨٩١-١٩٠٠	٣٨
تجديد آل سعود الكفاح لاستعادة السيطرة على جنوب نجد، ١٩٠٠-١٩٠٢	٤٠
عبد الرحمن بن فيصل ، منذ ١٩٠٢	٤٢
الحرب بين ابن سعود وابن الرشيد، ١٩٠٢-١٩٠٤	٤٢
الحملة العسكرية التركية إلى القصيم، ١٩٠٤	٤٦
احتلال الأتراك السلمي للقصيم، ١٩٠٥	٤٨
التاريخ العام لوسط شبه الجزيرة العربية، أثناء احتلال الأتراك للقصيم، ١٩٠٥-١٩٠٦	٤٩
انسحاب حقيقي للأتراك من نجد، نوفمبر ١٩٠٦	٥٤

SA'UD - BIN - FAISAL, 1871-75 27
Conquest of Hasa by the Turks, 1871 27
Complete annexation of Hasa by the Turks, 1871-72 28
Subsequent movements of the Wahhābi leaders, and their relations
with the Turks, 1872-74 31
Relations of the Amīr S'aūd with the British Government, 1871-75 32

ABDULLAH - BIN - FAISAL (SECOND REIGN) 1875-87 32
General history of Najd, 1875-81 32
Early hostilities between the Amīr of Jabal Shammar
and the Wahhābis, 1877-84 34
Continued dissensions of the Āl Sa'ūd and deposition
of the Amīr Abdullah, 1884-87 35
Relations of the Turks with central Arabia during this
period, 1875-87 35
British relations with central Arabia during the same period,
1875-87 36

INTERREGNUM, 1887-1902 36
Conquest of Southern Najd by the Amīr of
Jabal Shammar, 1887-92 36
Relations of the Shammar Amīr with the Turks during
his tenure of southern Najd, 1891-1900 38
Renewal by the Āl Sa'ūd of the struggle for possession
of southern Najd, 1900-1902 40

ABDUR RAHMĀN - BIN - FAISAL, since 1902 42
War between Ibn - Sa'īd and Ibn - Rashīd, 1902-04 42
Turkish military expedition to Qasim, 1904 46
Pacific occupation of Qasim by the Turks, 1905 48
General history of Central Arabia during the Turkish
occupation of Qasim, 1905-06 49
Virtual withdrawal of the Turks from Najd, November 1906 54

التاريخ العام لوسط شبه الجزيرة، بعد الجلاء التركي عن القصيم، ١٩٠٦-١٩٠٧ 55

علاقات الحكومة البريطانية بوسط شبه الجزيرة العربية، ١٩٠٠-١٩٠٧ 56

الملحق رقم ١: تاريخ منفصل لإمارة جبل شمر أو شمالي نجد 61

التاريخ المبكر لجبل شمّر 61

عبد الله بن علي، ١٨٣٥-١٨٤٧ 62

طلال بن عبد الله، ١٨٤٧-١٨٦٧ 64

متعب بن عبد الله، ١٨٦٧-١٨٧١ 65

بندر بن طلال، ١٨٧١-١٨٧٢ 66

محمد بن عبد الله، ١٨٧٢-١٨٩٧ 66

التاريخ العام لجبل شمّر أثناء حكم محمد بن عبد الله، ١٨٧٢-١٨٩٧ 66

فتح نجد الجنوبية على يد أمير شمّر، ١٨٧٧-١٨٩١ 67

علاقات محمد بن عبد الله بالأتراك، ١٨٧٢-١٨٩٧ 68

حكومة محمد بن عبد الله وشخصيته، ثمّ وفاته 69

عبد العزيز بن متعب، ١٨٩٧-١٩٠٦ 70

وضع عبد العزيز في بداية عهده 70

الانهيار التدريجي لسلطة أمير شمر على يد الوهابيين، ١٨٩٩-١٩٠٦ 71

شخصية عبد العزيز بن متعب 73

علاقات عبد العزيز بن متعب بالحكومة البريطانية، ١٨٩٧-١٩٠٦ 73

متعب بن عبد العزيز، ١٩٠٦-١٩٠٧ 74

سلطان بن حمود، منذ ١٩٠٧ 76

هـ

General history of Central Arabia after the Turkish evacuation
of Qasim, 1906-07 55

Relations of the British Government with Central Arabia,
1900-07 56

ANNEXURE NO. 1 SEPARATE HISTORY OF THE JABAL SHAMMAR PRINCIPALITY OR NORTHERN NAJD ... 61

Early history of Jabal Shammar 61

ABDULLAH - BIN - 'ALI, 1835- 47 62

TALĀL - BIN - 'ABDULLAH, 1847- 67 64

MAT'AB - BIN - ABDULLAH, 1867-71 65

BANDAR - BIN-TALĀL, 1871-72 66

MUHAMMAD - BIN - ABDULLAH, 1872-97 66

General history of Jabal Shammar under
Muhammad - bin - Abdullah, 1872-97 66

Conquest of Southern Najd by the Shammar Amīr, 1877-91 67

Relations of Muhammad - bin - Abdullah with the Turks, 1872-97 ... 68

Government, personality and death of Muhammad - bin - Abdullah ... 69

ABDUL AZIZ. - BIN - MAT'AB, 1897-1906 70

Position of Abdul 'Aziz at the beginning of his reign 70

Gradual subversion of the power of the Shammar
Amīr by the Wahhābis, 1899-1906 71

Personality of Abdul 'Aziz - bin - Mat'ab 73

Relations of Abdul 'Aziz - bin - Mat'ab with British
government, 1897-1906 73

MAT'AB - BIN - ABDUL 'AZIZ, 1906-07 74

SULTAN - BIN - HAMUD, Since 1907 76

76	**الملحق رقم ٢: تاريخ منفصل لمنطقة القصيم**
76	تاريخ القصيم المبكر
76	دخول المصريين إلى القصيم، ١٨١٥، والاحتلال المصري لها، ١٨١٧-١٨٢٤
77	الوهابيون يعيدون فتح القصيم بواسطة محافظ جبل شمّر، حوالي ١٨٣٥
77	الاحتلال المصري للقصيم، ١٨٣٧-١٨٤٢
78	فترة ١٨٤٢-١٨٦٢
80	فترة ١٨٦٢-١٨٩١
81	القصيم مقاطعة من جبل شمّر، ١٨٩١-١٩٠٤
81	غزو الأتراك للقصيم، ١٩٠٤، والاحتلال التركي لتلك المقاطعة، ١٩٠٥-١٩٠٦

الفصل التاسع

تاريخ العراق التركي

83	**أحمد الأول، ١٦٠٣ - ١٦١٧**
83	العلاقات بفارس، ١٦٠٣-١٦١٧
84	التاريخ الداخلي، ١٦٠٣-١٦١٧
86	العلاقات البريطانية، ١٦٠٣-١٦١٧
86	**مصطفى الأول (عهده الأول) وعثمان الثاني، ١٦١٧ - ١٦٢٢**
86	**مصطفى الأول (فترة عهده الثانية) ومراد الرابع، ١٦٢٢ - ١٦٤٠**
87	العلاقات بفارس، ١٦٢٢-١٦٤٠
90	التاريخ الداخلي، ١٦٢٢-١٦٤٠
92	العلاقات الإنجليزية، ١٦٢٢-١٦٤٠

ANNEXURE NO. 2 SEPERATE HISTORY OF THE QASIM DISTRICT *76*

Early History of Qasim *76*

Qasīm entered by the Egyptians, 1815, and the Egyptian occupation of Qasim, 1817-24 ..... *76*

Wahhabi reconquest of Qasīm through the Mahfūd of Jabal Shammar, about 1835 ..... *77*

Egyptian occupation of Qasīm, 1837-1842 ..... *77*

Period from 1842 to 1862 ..... *78*

Period from 1862 to 1891 ..... *80*

Qasīm a district of Jabal Shammar, 1891- 1904 ..... *81*

Turdish invasion of Qasīm, 1904, and Turkish occupation of the district, 1905-06 ..... *81*

CHAPTER IX

HISTORY OF TURKISH IRĀQ

AHMAD I, 1603-17 ..... *83*

Relations with Persia, 1603-17 ..... *83*

Internal history, 1603-17 ..... *84*

English relations, 1603-17 ..... *86*

MUSTAFA I (FIRST REIGN) and 'OTHMĀN 11, 1617-22 ..... *86*

MUSTAFA I (SECOND REIGN) and MURAD IV, 1622- 40 ..... *86*

Relations with Persia,1622-40 ..... *87*

Internal history, 1622-40 ..... *90*

English relations, 1622-40 ..... *92*

F

الفرنسيون في العراق التركي، ١٦٢٢-١٦٤٠	92

ابراهيم، ١٦٤٠ - ١٦٤٨

العلاقات الإنجليزية، ١٦٤٠-١٦٤٨	92

محمد الرابع، ١٦٤٨ - ١٦٨٧

الأوضاع الداخلية، ١٦٤٨-١٦٨٧	93
العلاقات الإنجليزية، ١٦٤٨-١٦٨٧	95
الفرنسيون في العراق التركي، ١٦٤٨-١٦٨٧	96

سليمان الثاني، وأحمد الثاني، ومصطفى الثاني، وأحمد الثالث، ١٦٨٧ - ١٧٣٠

الأوضاع الداخلية، ١٦٨٧-١٧٣٠	97
العلاقات الإنجليزية، ١٦٨٧-١٧٣٠	99

محمود الأول، ١٧٣٠ - ١٧٥٤

علاقات العراق التركي بفارس، ١٧٣٠-١٧٥٤	101
الأوضاع الداخلية في العراق التركي، ١٧٣٠-١٧٥٤	104
علاقات بريطانيا السياسية والعامة بالعراق التركي، ١٧٣٠-١٧٥٤	106
التجارة والضرائب القنصلية وغيرها من المستحقات الأخرى لشركة الهند الشرقية في العراق التركي، ١٧٣٠-١٧٥٤	109
منشآت شركة الهند الشرقية في العراق التركي، ١٧٣٠-١٧٥٤	111
الهولنديون في العراق التركي، ١٧٣٠-١٧٥٤	112
الفرنسيون في العراق التركي، ١٧٣٠-١٧٥٤	113

عثمان الثالث، ١٧٥٤ - ١٧٥٧

العلاقات الفرنسية والبريطانية	114

The French in Turkish Iraq, 1622-40 92

IBRAHIM, 1640- 48 92

English relations, 1640-48 92

MUHAMMAD IV, 1648- 87 93

Internal affairs, 1648-87 93

English relations, 1648-87 95

The French in Turkish Iraq, 1648-87 96

SULAIMAN II, AHMAD II, MUSTAFA II AND AHMAD III, 1687-1730 96

Internal affairs, 1687-1730 97

English relations, 1687, 1730 99

MAHMUD I, 1730-54 101

Relations of Turkish Iraq with Persia, 1730-54 101

Internal affairs of Turkish Iraq, 1730-54 104

British political and general relations with Turkish Iraq, 1730-54 106

Trade, consulage and other dues of the East India company in Turkish Iraq, 1730-54 109

Establishments of the East India company in Turkish Iraq, 1730-54 111

The Dutch in Turkish Iraq, 1730-54 112

The French in Turkish Iraq, 1730-54 113

OTHMĀN III, 1754-57 113

French and British relations 114

مصطفى الثالث، 1757 - 1773	115
باشوات بغداد، من 1757-1773	115
متسلّمو البصرة، 1757-1773	117
المقر الإداري الرئيسي في العراق التركي، في 1758 و 1765	119
الأوضاع القبلية الداخلية، 1757-1773	121
مشاكل الأتراك مع قبيلة بني كعب، 1757-1773	123
العلاقات البريطانية السياسية العامة بالعراق التركي، 1757-1773	127
تجارة شركة الهند الشرقية في العراق التركي، 1757-1773	137
مؤسسات شركة الهند الشرقية في العراق التركي، 1757-1773	139
الاتصال البري بين البصرة وأوروبا، 1757-1773	144
الفرنسيون في العراق التركي، 1757-1773	145
الأمم الأوروبية الأخرى في العراق التركي، 1757-1773	146
عبد الحميد الأول، 1773 - 1789	147
وباء الطاعون في العراق التركي، 1773	148
الأوضاع في العراق التركي، من وباء الطاعون إلى حصار البصرة، 1773-1775	148
حصار الفرس للبصرة وإخضاعها، 1775-1776	151
الأوضاع إبان الاحتلال الفارسي للبصرة، 1776-1779	170
الأتراك يستعيدون البصرة، 1779	177
الأحداث منذ استعادة الأتراك للبصرة حتى تعيين سليمان في بشلكية بغداد، 1779	179
الأوضاع الداخلية في الفترة الأولى من حكم سليمان باشا، 1779-1789	181
العلاقات السياسية البريطانية بالعراق التركي، 1779-1789	186
المنشآت البريطانية في العراق التركي، 1779-1789	188
الفرنسيون في العراق التركي، 1779-1789	189

MUSTAFA III, 1757-73 115

Pashas of Baghdad, from 1757 to 1773 115

Mutasallims of Basrah, from 1757 to 1773 117

Administrative head - quarters in Turkish - Iraq, in 1758 and 1765 119

Internal tribal affairs, 1757-73 121

Difficulties of the Turks with the Ka'ab, 1757-73 123

British political and general relations with Turkish Iraq, 1757-73 127

Trade of the East India company in Turkish Iraq, 1757-73 137

Establishments of the East India company in Turkish Iraq, 1757-73 139

Overland communication between Basrah and Europe, 1757-73 144

The French in Turkish Iraq, 1757-73 145

Other European nations in Turkish Iraq, 1757-73 146

ABDUL HAMID I, 1773-89 147

Epidemic of plague in Turkish Iraq, 1773 148

Affairs in Turkish Iraq, from the epidemic of plague
to the siege of Basrah, 1773-75 148

Siege and reduction of Basrah by the Persians, 1775-1776 151

Affairs during the Persian occupation of Basrah, 1776-79 170

Recovery of Basrah by the Turks, 1779 177

Events from the recovery of Basrah by the Turks to the appointment
of Sulaiman to Pāshāliq of Baghdād, 1779 179

Internal affairs under Sulaimān Pāsha's earlier rule, 1779-89 181

British Political relations with Turkish Iraq, 1779-98 186

British establishments in Turkish Iraq, 1779-89 188

The French in Turkish Iraq, 1779-89 189

سليم الثالث، ١٧٨٩ـ١٨٠٧

- الأوضاع الداخلية في الفترة الأخيرة من حكم سليمان باشا، ١٧٨٩ـ١٨٠٢ .... ١٩١
- علاقات العراق التركي الخارجية، ١٧٨٩ـ١٨٠٢ .... ١٩٥
- العلاقات السياسية البريطانية بالعراق التركي، ١٧٨٩ـ١٨٠٢ .... ١٩٨
- الأوضاع الرسمية البريطانية في العراق التركي، ١٧٨٩ـ١٨٠٢ .... ٢٠٥
- الفرنسيون في العراق التركي، ١٧٨٩ـ١٨٠٢ .... ٢٠٨
- فترة خلو بشلكية بغداد، أغسطس ١٨٠٢ .... ٢٠٩
- التاريخ الداخلي في العراق التركي، تحت حكم علي باشا، ١٨٠٢ـ١٨٠٧ .... ٢١١
- العلاقات بين بريطانيا والعراق التركي، ١٨٠٢ـ١٨٠٧ .... ٢١٢
- الأوضاع الرسمية البريطانية في العراق التركي، ١٨٠٢ـ١٨٠٧ .... ٢١٦

مصطفى الرابع، ١٨٠٧ـ١٨٠٨ ومحمود الثاني، ١٨٠٨ـ١٨٣٩

.... ٢١٩
- التاريخ الداخلي للعراق التركي، ١٨٠٧ـ١٨٣٩ .... ٢٢٠
- علاقات العراق التركي بفارس، ١٨٠٧ـ١٨٣٩ .... ٢٣١
- علاقات العراق التركي بالبلدان الأخرى في الخليج، ١٨٠٧ـ١٨٣٩ .... ٢٣٢
- علاقات بريطانيا بالعراق التركي، ١٨٠٧ـ١٨٣٩ .... ٢٣٣
- علاقات العراق التركي بالدول الأوربية عدا بريطانيا، ١٨٠٧ـ١٨٣٩ .... ٢٤٧
- الأوضاع الرسمية البريطانية في العراق التركي، ١٨٠٧ـ١٨٣٩ .... ٢٤٧
- التجارة في العراق التركي، ١٨٠٧ـ١٨٣٩ .... ٢٥٩

عبد المجيد، ١٨٣٩ـ١٨٦١

.... ٢٦٠
- التاريخ الداخلي للعراق التركي، ١٨٣٩ـ١٨٦١ .... ٢٦٣
- التنظيمات الإدارية التركية، ١٨٣٩ـ١٨٦١ .... ٢٩٠

SALIM III, 1789-1807 .... *189*

Internal affairs under Sulaimān Pāsha's later rule,1789-1802 .... *191*

External relations of Turkish Iraq,1789-1802 .... *195*

British political relations with Turkish Iraq, 1789-1802 .... *198*

British official matters in Turkish Iraq, 1789-1802 .... *205*

The French in Turkish Iraq, 1789-1802 .... *208*

Interregnum at Baghdad, August, 1802 .... *209*

Internal history of Turkish Iraq under Ali Pāsha, 1802-07 .... *211*

British relations with Turkish Iraq, 1802-07 .... *212*

British official matters in Turkish Iraq, 1802-07 .... *216*

MUSTAFA IV, 1807- 08, AND MAHMŪD II, 1808-39 .... *219*

Internal history of Turkish Iraq, 1807-39 .... *220*

Relations of Turkish Iraq with Persia, 1807-39 .... *231*

Relations of Turkish Iraq with other countries in the Persian Gulf,1807-39 .... *232*

British relations with Turkish Iraq, 1807-39 .... *233*

Relations of Turkish Iraq with European countries other than Britain,1807 39 .... *247*

British official matters in Turkish Iraq, 1807-39 .... *247*

Trade in Turkish Iraq, 1807-39 .... *259*

ABDUL MAJID, 1839- 61 .... *260*

Internal History of Turkish Iraq, 1839-61 .... *263*

Turkish administrative arrangements, 1839-61 .... *290*

المشاركون في ترجمة هذه الموسوعة التاريخية والجغرافية للخليج وعمان وأواسط الجزيرة العربية هم

من لبنان

منسّق المشروع: الدكتور رضا اسماعيل.

لجنة الإشراف والتنفيذ: الدكتور رضا اسماعيل، الدكتور عادل خيرالله، الدكتور محمود زايد، الدكتور نبيل سليم حيدر، الدكتور أحمد حاطوم.

المترجمون

الدكتور عادل خيرالله: رئيس فريق المترجمين. رئيس دائرة تحرير الترجمة وتدقيقها.

الاستاذة رضى سلمان: B.A,M.A من الجامعة الاميركية في بيروت. بحاثة ومترجمة لها تاريخ طويل في ح الأبحاث الادبية والسياسية والصحفية. لها ترجمات ومؤلفات عديدة.

الأستاذ مخائيل خوري: B.A,M.A من الجامعة الاميركية في بيروت. له خبرة طويلة في حقل الترجمة.

الدكتور جورج ابو شعر: B.A,M.A PHD أستاذ اللغة الانجليزية في عدة كليات جامعية، استاذ للترجمة. له خ طويلة في هذا الحقل.

الدكتورة زينة نجار: دكتوراه في الآداب. أستاذة الترجمة في الجامعة اليسوعية في بيروت. لها خبرة طويلة في ع الترجمة.

الأستاذة مي باسيل: إجازة في الآداب، واجازة في الترجمة من الجامعة اليسوعية في بيروت. أستاذة في مع الترجمة واللغات الأجنبية في الجامعة اليسوعية.

الأستاذة جينا أبو فاضل: إجازة في الآداب، وإجازة في الترجمة من الجامعة اليسوعية في بيروت. أستاذة في م الترجمة واللغات الأجنبية في الجامعة اليسوعية.

مدققو اللغة العربية

الدكتور أحمد حاطوم: مسؤول دائرة التدقيق اللغوي. دكتوراه في اللغة العربية وآدابها. أديب ومؤلف له عدة مؤلف في حقل اللغة العربية. محاضر جامعي واذاعي في حقل اللغة العربية.

الأستاذ روحي طعمة: مجاز في الآداب من جامعة دمشق. شاعر وأديب.

الأستاذة مريم بري: مجازة في الآداب. لها خبرة عشر سنوات في تدقيق الكتب والترجمات.

مدققو التاريخ

الدكتور محمود يوسف زايد: مسؤول دائرة التدقيق التاريخي. أستاذ التاريخ في الجامعة الأميركية في بيروت.

الدكتور ابراهيم بيضون: أستاذ مادة «تاريخ العرب» في الجامعة اللبنانية.

الدكتور عبد الرؤوف سنو: أستاذ مادة «تاريخ العرب الحديث والمعاصر» في الجامعة اللبنانية.

مدققو الجغرافيا

الدكتور أنطوان غوش: مسؤول دائرة التدقيق الجغرافي. أستاذ الجغرافيا في الجامعة اليسوعية.

الدكتور أنطوان غصين: أستاذ الجغرافيا في الجامعة اللبنانية.

مدقق العلوم الاجتماعية

الدكتور نبيل سليمان حيدر: أستاذ العلوم الاجتماعية في الجامعة اللبنانية.

The participants in the translation of this Comprehensive work of the Gazetteer of the Persian Gulf, Oman, and Central Arabia are the following:

FROM LEBANON

Coordinator of the project: Dr. Rida Ismail

The committee of supervision and execution of the project:

Dr. Rida Ismail - Dr. Adel Khairallah - Dr. Mahmoud Zaid - Dr. Nabil Suleiman Haidar - Dr. Ahmad Hatoum.

Translators

Dr. Adel Khairallah: Head of the translation group and coordinator. Chief editor of the translation.

Miss Rida salman: B.A, M.A, A.U.B. Research pioneer, ass. translator with a deep background in the field of the literary, political, and journalistic activities. She has produced several works in these various fields.

Mr. Michael Khoury: B.A, M.A, A.U.B a deeply versed translator.

Dr. George Abu Shaar: English Teacher in various Colleges. Teacher of translation, a translator of Good experience.

Dr. Zeina Najjar: Ph.d. in literature, Professor of translation at St Joseph University, Beirut, Ass. translator.

Miss May Bassil: Licence in literature. Licence in translation St Joseph University. Professor of translation and teaching Arabic to foreigners, ass. translator.

Miss Jena Abu Fadil: Licence in Literature. Licence in translation. Professor of translation. Ass. translator.

Arabic Editors + proof - readers.

Dr. Ahmad Hatoum: Chief Arabic editor. Ph.d. in Arabic literature and language. Has published several books, lecturer in Arabic language.

Mr. Rowhi Toumeh: Licence in literature. Damascus University a writer and Poet.

Mrs. Mariam Birry: Licence in literature. 10 years experience as editor.

History editors

Dr. Mahmoud Yussef Zaid: Chief History editor. Professor of History A.U.B.

Dr. Ibrahim Baydoun: Professor of history, Lebanese University.

Dr. Abd - El - Raouf Sinno: Professor of Arab History, Lebanese University.

Geography editors

Dr. Antoine Gosh: Chief of geography editor. Professor of geography at St Joseph University.

Dr. Antoine Ghosein: Professor of geography at the Lebanese University.

C.S. studies editor

Dr. Nabil Suleiman Haidar: Professor of C.S. studies at the Lebanese University.

كذلك شارك الأفاضل الآتية أسماؤهم في ترجمة ج.ج. لوريمر
من المملكة المتحدة

الدكتور دريك هوبوود:	رئيس التدقيق والتصديق على صحة الترجمة.
الدكتورة فاديا فقير:	مصححة المادة لمرحلة ما قبل الطبع. ومنسقة.
عادل كمال:	مجاز في الآداب: منسق ترجمة ومدقق.
بدر الحاج:	مستشار
انطوني هوبس:	بكالوريوس آداب (بامتياز) المحرر المقيم (Dip TEFLA. M.A)
روبرت هوكنز:	قارىء النص الإنجليزي.
ماري سبنس:	M.A. محررة رسم خرائط
رودريك ابْهام:	مدير رسم خرائط
كارين بالمر:	بكالوريوس آداب
جيليان دالتون:	رسّامة خرائط.
فردريك بريس:	مصمم ورئيس تيبوغرافيا
روجر بونيت:	مستشار إنتاج
مراجع تاريخية:	(FOLIOS INTERNATIONAL)
كولومز:	تنضيد الحروف الإنجليزية

تمت مراجعة ترجمة الموسوعة من قبل لجنة المراجعة من جامعة السلطان قابوس المؤلفة من:

- معالي يحيى بن محفوظ المنذري   رئيساً للجنة.
- سعادة سالم بن ناصر المسكري   نائباً للرئيس ومنسقاً للمشروع.
- أ. د. أحمد ابراهيم درويش   (قسم اللغة العربية)
- د. ابراهيم الزين صغيرون   (قسم التاريخ)
- د. عصام بن علي بن أحمد الرواس   (قسم التاريخ)
- الفاضل/ يوسف بن عبد الله الغيلاني   (قسم التاريخ)

Also the following are the UK Participants of J.G Lorimer

Academic Authenticator:	**Dr. Derek Hopwood**
Proofreader and Assistant Co - ordinator:	**Dr Fadia Faqir**
Academic Reader and Translation Co - ordinator:	**Mr. Adel Kamal M.A.**
Consultant	**Bader El - Hage**
House Editor:	**Mr. Anthony Hobbs**
B.A. (HONS) Dip TEFLA. M.A	
English Text Reader:	**Mr. Robert Hawkins**
Cartographic Editor:	**Mrs. Mary Spence M.A**
Cartographic Manager:	**Mr. Roderick Upham**
Cartographer	**Miss Karen Palmer B.A**
Cartographer	**Miss Gillian Dalton**
Designer and Chief Typographer:	**Mr. Frederick Price**
Production Consultant	**Mr. Roger Bonnett**
Historical references Folios International Columns:	**English Typesetting**

The revision of this comprehensive work has been carried out by the Revision Committee, of Sultan Qaboos University composed of the following members:

- His Excellency Yahya Bin Mahfoudh Al - Mantheri	Chairman
- His Excellency Salem Bin Nasser Al - Maskri	Vice/ Chairman and Coordinator
- Prof. Ahmad Ibrahim Darwish	Arabic Department
- Dr. Ibrahim El - Zein Sugheiroun	History Department
- Dr. Isam Bin Ali Bin Ahmad El - Rawas	History Department
- The Eminent Yusuf Bin Abdallah El - Geilani	History Department

جرت مراقبة الترجمة العربية لهذا المجلد والتصديق على صحتها من جانب الدكتور دريك هوبوود، مدير مركز الشرق الأوسط في كلية سانت أنطوني بجامعة اكسفورد. ويؤكد الدكتور هوبوود أن هذا المجلد قد أنتج على مستوى عالٍ من الدقة، فضلا عن إيلاء أدق التفاصيل اهتماماً كبيراً جاءت ترجمة النص معه في غاية الأمانة والدقة.

The Arabic Translation in this volume has been checked and authenticated by Dr Derek Hopwood, Director of the Middle East Centre, St Antony's College, Oxford, who confirms that it has been produced to a high standard of accuracy and with great attention to detail, resulting in a faithful rendering of the English original.

جلاء القوات المصرية عن نجد والأحساء، ١٨٤٠

وجدت معارضةُ الحكومة البريطانية لمخططات المصريين الطموحة والبعيدة المدى، وهي معارضة لا هوادة فيها، وجدت سنداً لها في الصعوبات التي رأى المصريون أنفسهم متورطين فيها مع سكان البلدان التي تقع فعلاً في نطاق احتلالهم. ففي عام ١٨٤٠، بدأت قواتهم في التراجع، وقُتِل حاكم الأحساء المصري بإطلاق النار عليه، قتله عرب في جوار الهفوف. ودعت الضرورة إلى استدعاء قوة صغيرة كان قد أرسلها ضد النعيم في قطر. أما موقف قبيلة بني عجمان، فقد كان يتصف بعداوة مريرة نتجت عن سجن المصريين لشيخ القبيلة الأول الذي نجح في الهرب من السجن. أما خطوط المواصلات حتى ثرمدا، المكان الذي نقل الباشا مقر قيادته إليه، فقد أصبحت غير آمنة، ولم يكن في الإمكان إيصال الإمدادات إلى هذا المكان إلا بحراسةٍ مشدّدة. ومما زاد صعوبات الباشا المحلية خطورةً أنه، آنذاك، كان في حالة خلاف مع محمد علي، لأن مآثر الباشا البطولية قد أثارت فيه روح الحسد. لذلك، لم يتلقَّ الباشا، من طريق البحر، سوى عون قليل لم يكن إلا مركباً واحداً محمّلاً ذخيرة، وصل إلى القطيف في نوفمبر ١٨٣٩، بدلاً من أربع سفن حربية كان يتوقع وصولها في تاريخ سابق. وفي مايو ١٨٤٠، عندما كان وشيكاً حصارُ السفن البريطانية للموانىء المصرية، القطيف وسيهات والعقير، وصلت أنباء عن انسحاب حقيقي للقسم الأكبر من القوات المصرية من نجد. وكانت الجولة التي قام بها خالد برفقة مجموعة من الفرسان المصريين، بمثابة نذير يعلن عن رحيل المصريين. وقد تولى القيام بها في المناطق الداخلية، لينال ولاء الشيوخ المحليين الذين كان سيحكمهم في المستقبل دون مساعدة أحد. أما في الأحساء، فقد احتُفل بالأمر الصادر بالانسحاب، الذي سبق أن احتفل به عام ١٨١٩، وذلك بعرض مخالف لروح التكالب من جانب الموظفين المنسحبين. وقد أُعدم برغش، أحد شيوخ بني خالد، انتقاماً لقتل محمد أفندي. وكان القصد أن يجري ضبط الأمور مستقبلاً في نجد، بواسطة خالد، القاطن في المدينة. وليتمكّن المصري المعين من المحافظة على مركزه، تُركت رهن أمره قوة تضم ٨٠٠ جندي مصري من المشاة.

خالد بن سعود، ١٨٤٠ ـ ١٨٤٢

التاريخ العام والداخلي، ١٨٤٠ ـ ١٨٤٢

ضعف مكانة خالد

كانت فترة حكم خالد فترةً قصيرة ومضطربة، تفوح منها رائحة الكراهية له بشكل عام، لأنه صنيعة المصريين، ولأنّه لا يملك القدرة على الحكم، كما بدا واضحاً. وفي مستهل حكمه،

Evacuation of Najd and Hasa by the Egyptians, 1840

The uncompromising opposition of the British Government to the more ambitious and distant designs of the Egyptians was seconded by the difficulties in which the latter soon found themselves involved with the inhabitants of the countries actually in their occupation; and early in 1840 a retrograde movement of their forces commenced. The Egyptian governor of Hasa was shot and killed by Arabs in the vicinity of Hofūf, and it was found necessary to recall a small force which he had despatched against the Nāīm of Qatar. The attitude of the 'Ajmān tribe, whose principal Shaikh had been imprisoned by the Egyptians but contrived to escape from their custody, was bitterly hostile. Communications became unsafe, and even at Tharmidah, to which place the Pāsha had now removed his headquarters, supplies could not be brought in except under heavy escorts. To add to the serious local difficulties of the Pāsha he was now in disgrace with Muhammad 'Ali, whose jealousy had been excited by his exploits, and very little assistance had reached him by sea, only one vessel with stores arriving at Qatīf in November 1839, in place of four vessels of war which he had expected at an earlier date. In May 1840, when a blockade of the Egyptian ports of Qatīf, Saihāt and 'Oqair by British war-vessels was imminent, news was received of the actual withdrawal of the greater part of the Egyptian forces from Najd. Their departure had been hearalded by a tour which Khālid, accompanied by a body of Egyptian cavalry, had undertaken in the districts of the interior in order to receive the allegiance of the local Shaikhs, whom he was in future to govern unaided. In Hasa the order to retire was celebrated, as it had been once before in 1819, by an abnormal display of rapacity on the part of the retiring officials; and Barghash, a Shaikh of the Bani Khālid, was at the same time put to death in retaliation for the murder of Muhammad Effendi. It was intended that Najd should for the future be controlled, through Khālid, from Madīnah; and, to enable the Egyptian nominee to maintain his position, a force of 800 Egyptian troops, of whom about two-thirds were infantry, were left at his disposal.

KHĀLID-BIN-SA'ŪD, 1840-42

General and internal history, 1840-42

Weakness of Khālid's position

The reign of Khālid, who as the creature of the Egyptians was generally disliked, and who appears to have possessed no capacity for government, was short and troubled. His prestige was impaired from the

تضررت هيبته بشائعات مفادها أن الأمير السابق، فيصل بن عبد الله، قد هرب، أو أنه أُطْلِقَ سراحه في مصر، كذلك تضرّرت بعامل الصدّ الذي تلقاه أسياده المصريون في سوريا على أيدي القوات الاوروبية. كما أن الباب العالي تقدم بمطالب يدعي فيها السيادة على نجد، وعيّن خالد والياً تركياً على وسط شبه الجزيرة العربية، لمكافأته على المجاهرة بالولاء المطلوب منه، عملاً بنصيحة خورشيد باشا، ومكافأته على الهدايا الثمينة التي أرسلها إلى سلطان تركيا. ولم تَتِمَّ هذه الأعمال عن الخضوع، وربما كان المصريون ينوون حمل خالد على التنصل منها عند أول مناسبة مؤاتية. أما الجنود المصريون الذين كانوا يدعمونه، فقد استاؤوا كثيراً لعدم تلقي الرواتب لفترة طويلة. وبالإضافة إلى ذلك، كان عرب البلاد ينظرون إليهم بحسد بالغٍ، لأنهم اعتقدوا أن على الأمير الوهابي الاعتماد على سيوف مواطنيه وحدهم.

زيارة الأمير للأحساء، ١٨٤١

في أكتوبر ١٨٤١، وعلى الرغم من هذه الصعوبات، نزل الأمير خالد إلى الأحساء، وبدا وكأنه ينوي القيام بحملة عسكرية على عمان. لكن أعماله أثارت احتجاجات السلطات البريطانية، وأَوْجَبَتْ إرسال موظف بريطاني إلى الهفوف، كما سنروي فيما بعد.

ثورة عبد الله بن ثنيان، سبتمبر ١٨٤١ - ابريل ١٨٤٢

تبددت بسرعة الخطط التي تدور في رأس الأمير للقيام بفتح خارجي، إذا كانت هناك من خطط. وكان تبددها نتيجة ثورة قامت في البلاد بقيادة شخص تربطه به قرابة بعيدة، يدعى عبد الله بن ثنيان، يعاضده في قضيته تركي الهيزاني، أحد الشيوخ المتنفذين في إقليم الخرج في نجد. وكان هذا المنافس قد فر أولا إلى الكويت، حين وجد نفسه موضع ريبة في نظر خالد. لكن، في سبتمبر ١٨٤١، عاد إلى أواسط شبه الجزيرة العربية، واستولى على ضرمة وحائل ومنفوحة في العريض، ووفر لنفسه المال، أي عصب الحرب، بمصادرة أملاك رجلين ثَرِيّين يعيشان في تلك الأماكن، كانا معارضين له وأعدمهما. وارتبطت قبيلة السَهُول وغيرها من القبائل بقضيته، كما تمكن من ضمان حياد القبائل المهمة، العجمان وآل مرة والسبيع، إذا لم يضمن مساندتها. لكن آل العنزة، والمطير، وبني هاجر كانوا ما يزالون من أتباع الأمير خالد. وفي ديسمبر ١٨٤١، وجد عبد الله نفسه في وضع يمكّنه من تهديد الرياض. لكنه صُدَّ في مناوشة. وعلى كل حال، كان له في البلد نفسه، جماعة من المؤيدين من أصحاب النفوذ الذين، حتى في يوم هزيمته، أدخلوه من البوابة الجنوبية عند الغسق، ونادوا به أميراً على نجد. ووقع قادة جيش خالد في قبضته، فأعدم ثلاثة منهم. لكنه استبقى

first by rumours that the ex-Amīr, Faisal-bin-'Abdullah, had escaped or had been liberated in Egypt, and by the check which his Egyptian patrons were known to have sustained in Syria at the hands of European powers. Claims also were advanced by the Porte to suzerainty over Najd; and Khālid, acting perhaps under the advice of Khurshīd Pāsha, made the professions of loyalty that were required of him and sent presents to the Sultān of Turkey - acts of submission which the Egyptians probably intended should be disavowed at the first convenient opportunity - and was appointed in return Turkish Wāli of Central Arabia. The Egyptian troops by whom Khālid's power was supported received no pay and became discontented; moreover they were regarded with intense jealousy by the Arabs of the country, who considered that a Wahhābi Amīr should rely on the sowrds of his fellow-countrymen alone.

Visit of the Amīr to Hasa, 1841

In October 1841, notwithstanding these difficulties, the Amīr Khālid descended to Hasa and appeared to be contemplating an expedition against `Omān; his proceedings drew remonstrances from the British authorities and occasioned the despatch of a British officer to Hofūf, as will be related further on.

Rebellion of `Abdullah-bin-Thanaiyān, September 1841-April 1842

The Amīr's ideas of foreign conquest, however, if he entertained such, were speedily dispelled by an insurrection at home, headed by his distant relative 'Abdullah-bin-Thanaiyān, whose cause was supported by Turki-al-Hīzāni, one of the leading Shaikhs of the Kharj district in Najd. This rival, finding himself suspected by Khālid, at first fled to Kuwait; but in September 1841 he returned to Central Arabia, took possession apparently of Dhrumah, Hāir and Manfūhah in 'Āridh, and provided himself with the sinews of war by confiscating the estates of two wealthy inhabitants of those places, who were opposed to him and whom he executed. The Sahūl and other tribes attached themselves to his cause; and he was able to secure the neutrality, if not the support, of the important tribes of the 'Ajmān, Āl Morrah and Sabai'; but the 'Anizah, Mutair and Bani Hājir still followed the Amīr Khālid. In December 1841 'Abdullah found himself in a position to threaten Riyādh, but was repulsed in a skirmish; he had, however, an influential body of supporters in the town itself, who, on the very day of his defeat, admitted him by the southern gate after dusk and proclaimed him Amīr of Najd. The leaders of Khālid's army fell into his hands, and he put three of them to death;

ذلك الفرد الحازم، عمرو بن عفيصان، الذي ربّما كان هو الذي حكم الأحساء، أثناء حكم الأمير السابق فيصل. أما الأمير خالد، فقد هرب إلى الأحساء وأخذ على عاتقه، كما فعل في مرة سابقة، صرف الجنود المصريين الذين كان وجودهم يُسيء إلى مسانديه الرئسيين. لكنه فشل في الإيفاء بوعده. عندئذ، منح سكان الهفوف ولاءهم إلى عبد الله بن ثنيان. فوجد خالد نفسه مجبراً على الهرب إلى القطيف، حيث عاد جنوده والتحقوا به. لكن هنا أيضاً، كان الشعور معادياً له، وقد هجره أنصاره. وبعد تسريح المرتزقة العاملين معه، لجأ إلى الدمام مع مبارك، ابن شيخ البحرين. ومن الدمام قام خالد بزيارة خور حسان في قطر، حيث استقبله شيخ البحرين، في ابريل ١٨٤٢، استقبالا مشفوعاً بآيات التكريم. لكن المحاولات التي جرت لصالحه في الهفوف والعقير، انتهت بالفشل. وأخيراً انسحب إلى الكويت بغية تجديد صراعه من ناحية القصيم حيث تكمن مصالحه.

علاقات الأمير خالد بالإمارات العربية، ١٨٤٠ ـ ١٨٤٢

العلاقات بعمان المتصالحة، ١٨٤٠ ـ ١٨٤٢

كان تعامل الأمير خالد مع الإمارات في شبه الجزيرة العربية تعاملاً ضعيفاً. وكان تعامله مع عمان المتصالحة تعاملاً عملياً محدوداً. لقد بدأ بعض رؤساء تلك المنطقة بمراسلته بشكل أكيدٍ، ولا سيما، شيخ الشارقة الذي وصلت منه رسالة تتعلّق بخطة مبيتة بشأن البريمي. لكن قبيلة النعيم في الواحة اعترضت الرسالة واحتجزتها، وكان ذلك عام ١٨٤١. وفي اكتوبر من العام نفسه، بدا خالد وكأنه يقوم بتنظيم حملة عسكرية على البريمي. لكن، إذا كانت هذه هي الحال، فقد حيل بينه وبين أخذ هذه الحملة على عاتقه، بسبب عصيانٍ كان يتنامى من قبل، وانتهى بطرده من ممتلكاته.

علاقات الأمير خالد ببريطانيا العظمى، ١٨٤٠ ـ ١٨٤٢

مراسلة

في مستهل حكم خالد، وجه إلى وكيل المقيمية السياسية البريطانية في البحرين، خطاباً يعبر فيه عن رغبته الشديدة في تجديد العلاقات «الودية والقلبية التي كانت قائمة في السابق بين المرحوم والده، سعود، والحكومة البريطانية»، ثم أشار إلى أنه كان قد اتخذ خطوات مبكرة لهذه الغاية، لو لم يمنعه من ذلك محمد علي.

but he spared the life of a resolute individual named 'Umr-bin-'Ufaisān, probably the same who had governed Hasa under the ex-Amīr Faisal. The Amīr Khālid escaped to Hasa and undertook, as he had done once before, to dismiss the Egyptian troops whose presence was offensive to his leading supporters; but again he failed to observe his promise, and the people of Hofūf then tendered their allegiance to 'Ab dullah-bin-Thanaiyān. Khālid found himself obliged to flee to Qatīf, where he was rejoined by his troops; but here too the popular feeling was strongly adverse to him; his partisans deserted him; and, after dismissing his mercenaries, he took refuge at Dammām with Mubārak, a son of the Shaikh of Bahrain. From Dammām Khālid visited Khor Hassān in Qatar, where the Shaikh of Bahrain in April 1842 gave him an honorific reception; but attempts made in his interest upon Hofūf and 'Oqair ended in failure. He finally retired to Kuwait, with the intention of renewing the struggle from the side of Qasīm, where he possessed some interest.

Relations of the Amīr Khālid with Arab states, 1840-42

Relations with Trucial 'Omān, 1840-42

The dealings of the Amīr Khālid with other states in Arabia were slight, and were practically confined to Trucial 'Omān. Some of the chiefs of that region undoubtedly opened a correspondence with him, particularly the Shaikh of Shārjah, a letter from whom, relating to designs on Baraimi, was intercepted by the Na'īm of that oasis in 1841. In October of the same year Khālid appeared to be organising an expedition against Baraimi; but, if this was the case, he was prevented from undertaking it by the rebellion, already in progress, which ended in his expulsion from his dominions.

Relations of the Amīr Khālid with Great Britain, 1840-42

Correspondence

Early in his reign Khālid addressed a letter to the British Residency Agent in Bahrain, expressing a strong desire that "the amicable and cordial relations which formerly subsisted between his late father, Sa'ūd, and the British Government" should be renewed, and indicating that he would have taken earlier steps to this end had he not been prevented by Muhammad 'Ali.

مهمة الملازم جوب، في نوڤمبر ١٨٤١

كان موقف خالد من عمان المتصالحة موقفاً غامضاً، كما ذكرنا. وانتهز المقيم السياسي البريطاني فرصة التعليمات الصادرة من حكومته ليبقى عيناً ساهرة على تحركات الأمير، وليحذره، إذا دعت الحاجة، من أنَّ أيّ محاولة للقيام بغزو عمان ستلقى مقاومة الحكومة البريطانية. وانتدب الملازم جوب لمقابلة الأمير في الهفوف، وشَرْح الموقف له. وكانت حكومة الهند، التي لم تقصد أن يُدَقِّق في أعمال الأمير بالصرامة نفسها التي يُدَقَّق بها في الأعمال الخاصة بالمصريين، كانت تميل، عندما أصبحت على علم بهذه المهمة، إلى الشك بفائدتها. لكن انتُزع تأكيدٌ مُرضٍ من الأمير بأنه لا يبيّت أي مخطط ضد عمان، كما أن الملازم جوب كان قد سجل، بالمصادفة، معلومات جغرافية مثيرة للاهتمام، أثناء رحلته من العقير إلى الهفوف، ومن الهفوف إلى القطيف، في نوڤمبر ١٨٤١*.

عبد الله بن ثنيان، ١٨٤٢ - ١٨٤٣

أوضاع داخلية، ١٨٤٢ - ١٨٤٣

كان حكم الثائر الناجح، عبد الله بن ثنيان، قصير الأمد ومضطرباً. ففي الأحساء نفرّت قساوة فرض الضرائب السكانَ الذين كانوا في البداية، وبشكل عام، مساندين لقضيته. كما استمر عددٌ من القبائل البدوية، في ذلك الجانب، على معاداتهم لسلطته. وقد هدّد، في البداية، الأمير السابق خالد بشن هجوم من القصيم. أما الأمير السابق فيصل، الذي استعاد حريته فعلاً، فقد ظهر، في مارس ١٨٤٣، في تلك المنطقة، وأصبح يشكل على الفور خطراً مرعباً. وفي يونيو ١٨٤٣، زحف جنوباً، دون أن يلقى معارضة، وضرب حصاراً على عبد الله في قلعة الرياض التي انسحب إليها مع قِلّةٍ من أتباعه، وأُجْبِرَ على الاستسلام بسرعة، بحسب تقديره. لقد عرض فيصل في البدء أن يشارك الأمير السابق خالد في العمليات التي سيقوم بها. لكن الشخص اليائس الذي انسحب الآن إلى المدينة، رفض أن يلتحق به، وهكذا اختفى من صفحة التاريخ. لكن عبد الله بن علي، المحافظ المخلص في جبل شمر، قدم مساعدة قيّمة إلى فيصل في عملياته.

العلاقات بالبحرين، ١٨٤٢ - ١٨٤٣

في عام ١٨٤٢، حدث خلاف بين الحاكمين المشتركين في حكم البحرين، إذ قام

---

* *Bombay Selections*، جزء ٢٤، ص (١١١ - ١١٥). من الواضح أن الملازم جوب كان الأوروبي الأول الذي سافر من العقير إلى الهفوف، وأول من سافر بين الهفوف والقطيف بالطريق العادي.

Lieutenant Jopp's mission, November 1841

In regard to Trucial 'Omān, however, as we have already mentioned, Khālid's attitude was ambiguous; and the British Political Resident, taking advantage of the instructions of Government to keep a watch upon the Amīr's movements and warn him, if need be, that an attempt on his part to invade 'Omān would be resisted by the British Government, deputed an officer, Lieutenant Jopp, to interview the Amīr at Hofūf and explain the position to him. The Government of India, who did not intend that the proceedings of the Amīr should be scrutinised with the same strictness as those of the Egyptians, were inclined, when they became aware of this mission, to doubt its expediency; but a satisfactory assurance was elicited from the Amīr, that he entertained no designs upon 'Omān; and incidentally some new and interesting geographical information was recorded by Lieutenant Jopp on his journey from 'Oqair to Hofūf and from Hofūf to Qatīf in November 1841.*

'ABDULLAH-BIN-THANAIYĀN, 1842-43

Internal affairs, 1842-43

The rule of the successful rebel,'Abdullah-bin-Thanaiyān, was brief and troubled. In Hasa the severity of his taxation soon estranged the inhabitants, who had in the beginning generally supported his cause; and a number of the Bedouin tribes on that side continued to be hostile to his authority. The ex-Amīr Khālid at first threatened an attack from Qasīm; and in March 1843 the ex-Amīr Faisal, who had in fact regained his freedom, appeared in that district and at once became an even more formidable danger. In June 1843 Faisal marched southwards unopposed and besieged 'Abdullah in the citadel of Riyādh, to which he had retired with a few followers, and 'Abdullah was quickly obliged to surrender at discretion. Faisal had at first offered to associate the ex-Amīr Khālid with himself in his operations; but that helpless individual, who had now withdrawn to Madīnah, refused to join him and so vanished from the page of history. Valuable assistance was given to Faisal in his operations by 'Abdullah-bin-'Ali, his loyal Mahfūdh of Jabal Shammar.

Relations with Bahraīn, 1842-43

In 1842, a breach having occurred between the joint Shaikhs of Bahrain,

---

*Bombay Selections XXIV, pages 111-115. Lieutenant Jopp was apparently the first European to travel between 'Oqair and Hofūf by any, and between Hofūf and Qatīf by the ordinary route.

أكبرهما بطرد الأصغر، محمد بن خليفة، من البحرين، فمضى في طريقه إلى الرياض، حيث نجح في استمالة الأمير الوهابي بعد الظفر بعطفه. عندئذ، قام عبد الله، الشيخ الأكبر سناً، بضرب حصار على الشاطىء الوهابي، واستولى على العقير مؤقتاً، كما منح المهاجرين الساخطين القادمين من سيهات في واحة القطيف حق اللجوء السياسي. وفي ابريل ١٨٤٣، طُرد عبد الله بدوره من البحرين، طرده محمد، واستقر في الدمام على شاطىء الأحساء. أما الأمير الوهابي، فلم يكن في موقفٍ يسمح له أن يتدخل بشكل فعال في هذه الشؤون.

مخططات تتعلق بعمان المتصالحة، ١٨٤٢ - ١٨٤٣

مهما بلغ الأمير الوهابي من الضعف، فقد كان يعتبر أن إصراره على حقه في السيادة على عمان البعيدة أمراً ضرورياً في سبيل شرفه. وقد أنجز عبد الله هذا الالتزام بإعلامه شيوخ ساحل عمان المتصالحة بقصده أن ينتدب سعود بن مطلق ليمثله في البريمي. لكن شيوخ البريمي، الذين خاطبهم أيضاً بهذا المعنى، ادعوا علناً أنّ لهم علاقة بالحكومة البريطانية التي، كما كانوا يأملون، ستعمل على ردع الأمير عن التدخل في واحتهم، لكنهم كانوا منقسمين على أنفسهم، كما أن مراسلات بعضهم السرية مع الوهابيين كان لها، كما يعتقد، لهجة مختلفة.

العلاقات بالحكومة البريطانية، ١٨٤٢ -١٨٤٣

حصل المقيم السياسي البريطاني في الخليج على الرسائل التي بعث بها عبد الله إلى شيوخ عمان المتصالحة، باستثناء الرسالة الموجهة إلى شيخ أبو ظبي، الذي رفض أن يبرزها. وقد أصبحت هذه الرسائل، للمقيم، مناسبة للتقدُّم بالاعتراضات على أعمال الأمير. أما السبب الذي ارتكز عليه المقيم في اعتراضاته، فهو أن النفوذ الوهابي في الماضي قد أفضى إلى أعمال القرصنة في عمان المتصالحة، مما استدعى قيام الحكومة البريطانية بعمل تأديبي. أما عبد الله، فقد أقر في جوابه برغبته في التعاون مع الحكومة الإنجليزية للقضاء على القرصنة. وذُكر أنه قد أمر سكان عمان بالامتناع عن ارتكاب الجرائم البحرية. لكن لوحظ أنه ادعى في رسالته أن الناس في عمان هم من رعاياه.

فيصل بن تركي (فترة الحكم الثانية)، ١٨٤٣ - ١٨٦٥

التاريخ العام والداخلي، ١٨٤٣ - ١٨٦٥

صفات فيصل وحياته

سبق أن روينا الطريقة التي تولى فيها فيصل الحكم مرة ثانية، وكانت بقية حكمه في بلاده خالية تقريباً من أيّ حدث.

the younger, Muhammad-bin-Khalīfah, was expelled from the islands by the elder and made his way to Riyādh, where he succeeded in enlisting the sympathy of the Wahhābi Amīr. 'Abdullah, the elder Shaikh, then blockaded the Wahhābi coast, temporarily seized 'Oqair, and gave asylum to discontented emigrants from Saihāt in the Qatīf Oasis. In April 1843 'Abdullah was in his turn driven out of Bahrain by Muhammad and established himself at Dammām on the coast of Hasa. The Wahhābi Amīr was not in a position to interfere actively in these affairs.

Designs on Trucial 'Omān, 1842-43

However weak an Amīr of the Wahhābis might be, it was considered necessary to his honour at this period that he should assert his claims to sovereignty over distant 'Omān; and this obligation 'Abdullah fulfilled by informing the Shaikhs of the Trucial coast that he intended to depute Sa'ad-bin-Mutlaq to represent him at Baraimi. The Shaikhs of Baraimi, who were also addressed, openly alleged a connection with the British Government, which, they may have hoped, would deter the Amīr from meddling with their oasis; but they were divided among themselves, and the secret correspondence of some among them with the Wahhābis had, it was believed, a different tenor.

Relations with the British Government, 1842-43

The letters of 'Abdullah to the Trucial Shaikhs, except one addressed to the Shaikh of Abu Dhabi who refused to exhibit it, were procured by the British Resident in the Persian Gulf and became the occasion of a remonstrance by that officer against the Amīr's proceedings: the ground taken by the Resident was that Wahhābi influence had in the past conduced to piracy in Trucial 'Omān and necessitated punitive action by the British Government. 'Abdullah, in reply, professed a desire to co-operate with the British Government in the suppression of piracy and stated that he had enjoined the inhabitants of 'Omān to refrain from maritime offences; but it was observed that in his letter be claimed the people of 'Omān as his subjects.

FAISAL-BIN-TURKI (SECOND REIGN) 1843-65

General and internal history, 1843-65

Character and life of Faisal

The manner of Faisal's second accession has already been related, and the remainder of his reign was, at home, practically devoid of incident.

كان فيصل يتميز بالوقار، والقدرة على ضبط النفس، وتمتعه بالاحترام الناجم عن عدالة قراراته، وكان البدو خاصة يهابونه إلى حد كبير، لقساوته المجرّدة من كل رحمة. فهو أشبه ما يكون بسعود، أبرز أسلافه، كما كان رعاياه ينظرون إليه بمزيج من المشاعر، اختلط فيها الإعجاب بالكراهية. وفي سنوات حكمه الأخيرة، أصيب بالعمى، وأصبح عاجزاً، لكن قواه العقلية بقيتْ سليمة حتى قبل مماته ببضعة أشهر، كما استمر شخصياً بإدارة الحكم. وفي يونيو ١٨٦٥، تعرض الأمير للشلل. وفي الثاني من ديسمبر التالي، توفي في الرياض، وكان مرض الكوليرا، كما يقال، السببَ المباشر لموته.

إدارة نجد، ١٨٤٣ ـ ١٨٦٥

حافظ فيصل على نظام تامٍ في نطاق ممتلكاته. ومنذ العام الأول لفترة حكمه، أظهر نشاطاً جباراً لحماية رحلات الحج السنوية إلى المدن المقدسة من البدو الذين يغيرون للسلب والنهب. أما سجنُ الرياض، فقد كان فيه دائماً سجناء سياسيون من أصحاب الرتب والنفوذ. فالجرائم الخطيرة كان يُكفِّر عنها، عادةً، بالإعدام؛ أما الجرائم الأقل وطأةً، فيُكَفِّر عنها بالنفي إلى القطيف. وهذا حكم كان يعتبره الأهالي القاطن في هضبة وسط شبه الجزيرة العربية بمثابة حكم بالموت البطيء بالحمى. وفي عام ١٨٤٨، وخلال فترة قصيرة من السنوات، استعاد الأمير معظم منطقة القصيم التي كانت قد انفصلت لتلتحق بجبل شمّر. لكنه لم يستطع الاستيلاء على مدينة عنيزة عام ١٨٥٣، فأعاد الكرّة في عام ١٨٦٢، وقام بمجهود جديدٍ لإخضاع عنيزة، لكن جهوده باءت بالفشل.

حكومة الأحساء، ١٨٤٣ ـ ١٨٦٥

في الأحساء، حيث الوهابية لم تكن متجانسة مع طبيعة الأهالي، كان الخوف سبباً للحفاظ على حكم الأمير هناك. وفي تلك المنطقة، حيث ازدادت الكراهية نتيجة لذلك، كان مزاج الموظفين الوهابيين موضعَ ريبة كبيرة، كما أن الطرق التي يلجأون إليها كانت أقرب إلى التعسف الذي اشتهرت به محاكم التفتيش. وفي عام ١٨٥١، زار فيصل شخصياً واحة الأحساء والصحارى الواقعة جنوبيًّها، وعاقب قبائل البدو الذين كانوا يسببون الإزعاج لطرق التجارة والحج، بأعمالهم العدائية. وهذا ما جعل اسمه يذكر إلى اليوم، لأنه الأمير الوحيد الذي قام بمطاردة قبيلة آل مرة في أرضهم بالذات، وأصاب شيئاً من النجاح. وعلى كل حال، يقال إن الجنود الوهابيين، عندما تمكنوا من الإطباق على آل مرة وسد منافذ الهرب في صحراء الجافورة، كانوا في وضع اقتضى من الأمير أن يرضى بمجرد حلٍ اسميٍّ للقضية.

Faisal was distinguished by his dignity and self-possession and was respected for the justice of his decisions, but he was greatly feared, especially by the Bedouins, on account of his merciless severity. Like Sa'ūd, the most distinguished of his predecessors, he was regarded by his subjects with mingled feelings, in which dislike and admiration blended. In his later years Faisal became blind and infirm; but, until a few months before his death, his faculties were unimpaired, and he continued personally to carry on the government. In June 1865 the Amīr was attacked by paralysis, and on the 2nd of December following he died at Riyādh; the immediate cause of his death is said to have been cholera.

Administration of Najd, 1843-65

In his dominions Faisal seems to have maintained perfect order, and from the very first year of his reign he showed great energy in protecting the yearly pilgrimages to the Holy Cities against marauding Bedouins. In the jail at Riyādh there were always many political prisoners of rank and influence. Grave offences were generally expiated by capital punishment and lighter ones by exile to Qatīf, a sentence which was regarded by the people of the Central Arabian plateau as tantamount to a lingering death by fever. In 1848, or within the next few years, the Amīr recovered most of the Qasīm district which had seceded to Jabal Shammar; but he could not take the town of 'Anaizah. In 1853 and 1862 he made fresh efforts to reduce 'Anaizah; but they were unsuccessful.

Governement of Hasa, 1843-65

In Hasa, where Wahhabism was uncongenial to the character of the people, the Amīr's rule was maintained chiefly by fear; and in that province, where disaffection consequently abounded, the temper of the Wahhābi officials was most suspicious and their methods were most inquisitorial. In 1851 Faisal visited the Hasa Oasis and the deserts to the south of it in person, chastising the Bedouin tribes who harassed the trade and pilgrim routes; and his name is remembered at the present day as that of the only Amīr who ever pursued the Āl Morrah tribe in their own country with any measure of success. It is stated, however, that the condition of the Wahhābi troops, when they finally brought the Āl Morrah to bay in the Jāfūrah desert, was such that the Amīr had to be satisfied with a merely nominal settlement.

المصادر

تم إحصاء موارد الدخل السنوي من ممتلكات الوهابيين بما فيها الاحساء، فبلغ ٨٠٠,٠٠٠ دولار، وكان ستة أسباع مصدرها من سكان الحضر.

علاقات الحكومة الوهابية بالإمارات المجاورة في شبه الجزيرة العربية، ١٨٤٣ - ١٨٦٥

بسيادة النظام والسلام في البلاد، وتوافر دخل كاف لسد حاجات الحكومة، كان من الطبيعي أن تتخذ نشاطات الأمير اتجاهاً خارجياً، وأن تصبح أعمال الوهابيين في الخارج أكثر عدوانية مما كانت عليه لفترة طويلة في الماضي.

العلاقات بتركيا ومصر، ١٨٤٣ - ١٨٦٥

أثناء المرحلة الأولى من حكم فيصل، ألقى الشك بظله على العلاقات القائمة بين حكومته وحكومتي تركيا ومصر. وفي عام ١٨٥١، فُهم أن الأمير كان يؤدي الجزية للباب العالي. لكن مبعوثين معتمدين لباشا مصر كانوا في مخيمه، كما كان الوكيل الوهابي لدى الكويت يزعم دعم المصالح المصرية. وفي عام ١٨٥٥، أكدّ الأمير نفسه، من خلال المراسلات التي كان يتبادلها مع المقيم السياسي البريطاني في الخليج، أنه «تابع للحكومة التركية العَلِيَّة». وصرّح أن خلافاته مع محمد علي في مصر كان سببها الصراع السياسي بين الباشا والباب العالي. وحوالي عام ١٨٦٠، وأثناء سير المناقشات المتعلقة بالبحرين، كتب الأمير فيصل ثانية، وبأسلوب يعتريه بعض الغموض: «وفقاً للمعاهدات القائمة بين الأمير الوهابي والسلطان عبد المجيد، ثمة أمور يُحظَّر على أيّ من الجانبين التدخل فيها، إلا في حال وجود أسباب خاصة». وهذه التصريحات الدورية تُظهر أن الأمير لم يكن كارهاً لإعلان تبعيته للباب العالي، عندما كان يتفق ذلك مع مصلحته، كما كان الأتراك من جهتهم يؤكدون سيادتهم على الوهابيين. وثمة توضيح للمطالب التركية قُدّم بشكل احتجاج، قدّمه باشا بغداد عام ١٨٦٢، واعترض فيه على قصف السفن الحربية البريطانية للدمام في الأحساء العام السابق، لأن هذا المكان يقعُ ضمن أراضي «فيصل بك، قائمّقام نجد» و«يشكّل جزءاً من الممتلكات الموروثة للسلطان». وعند نهاية حكم فيصل، كانت الجزية التي يؤديها للباب العالي جزية اسمية فقط، ويبدو أنها كانت تسدد بواسطة شريف مكة.

Resources

The total annual revenue of the Wahhābi dominions, including Hasa, was computed item by item in 1865 at over $800,000 of which about six-sevenths were derived from the settled population.

Relations of the Wahhābi Government with adjacent states in Arabia, etc., 1843-65

With peace and order prevailing at home and a revenue sufficient for the needs of Government, it was natural that the energies of the Wahhābi Amīr should take an outward direction, and that the proceedings of the Wahhābis abroad should become more aggressive than they had been for a considerable time past.

Relations with Turkey and Egypt, 1843-65

Some uncertainty overshadows the relations subsisting, during the earlier part of Faisal's reign, between his government and the governments of Turkey and Egypt. In 1851 the Amīr was understood to pay tribute to the Porte; but accredited envoys of the Pāsha of Egypt were present in his camp, and the Wahhābi agent at Kuwait professedly supported Egyptian interests. In 1855, in correspondence with the British Political Resident in the Persian Gulf, the Amīr asserted himself to be "a dependent of the exalted Turkish Government" and stated that his differences with Muhammad 'Ali of Egypt had been due to the conflict in policy between that Pāsha and the Porte. About 1860, in the course of discussions relating to Bahrain, the Amīr Faisal again wrote, somewhat ambiguously, that "in accordance with treaties between the Wahhābi Amīr and the Sultān 'Abdul Majīd, there are matters which everyone is precluded from meddling with, unless on special grounds." These periodical declarations show that the Amīr was not averse, when it suited his interest, to admit dependence on the Porte; and the Turks, on their part, clearly asserted their suzerainty over the Wahhābis. An illustration of the Turkish claims was afforded by a protest, lodged by the Pāsha of Baghdad in 1862, against the bombardment of Dammām in Hasa by British war-vessels in the previous year; for the place in question was described as lying within the territory of "Faisal Bey, the Qāim-Maqām of Najd' and as forming "part of the hereditary dominions of the Sultān." At the close of Faisal's reign, the tribute rendered by him to the Porte was merely nominal and seems to have been paid through the Sharīf of Makkah.

العلاقات بجبل شمر، ١٨٤٣ - ١٨٦٥

يظلّ ولاء جبل شمر للأمير الوهابي فوق الشبهات، ما دام حكم المحافظ عبد الله مستمراً لتلك المنطقة. ويبدو أن فيصل، عند عودته من مصر، قد تلقى العون من أحد أتباعه القُدامى، لاستعادة مكانه في نجد. لقد تزوج طلال بن عبد الله ابنة فيصل، واستمر، حتى موته عام ١٨٦٧، يقوم بزياراتٍ سنوية للرياض، حيث اعتاد أن يسلم، شخصياً، جزيته من الخيل. وبدا أن القصيم، التي كانت تعتمد مباشرة على الأمير الوهابي حتى عام ١٨٤٨، قد حصلت، في هذا التاريخ، على حماية شيخ شمّر، وكأنه حاكم أعلى وسيط.

العلاقات بالكويت، ١٨٤٣ - ١٨٦٥

وحوالي عام ١٨٥١، وكما سبق أن رأينا، كان الأمير فيصل يحتفظ بوكيل له في الكويت. وقد تأكد أن علاقاته بذلك المكان كانت، عام ١٨٦٣، علاقات جيدة وودية، مع أن الشيخ لم يكن يؤدي له الجزية.

العلاقات بالبحرين، ١٨٤٣ - ١٨٦٥

عندما ارتقى فيصل إمارة نجد، كانت المنافسة جارية بين عبد الله ومحمد، حاكمي البحرين المتنافسين، فأفاد الأمير من المعارضة المتبادلة بينهما ليثبت سلطته. لكن، لولا معارضة الحكومة البريطانية التي صممت أن تحصر النفوذ الوهابي بالبر، لكان من المحتمل جداً أن ينجح فَيْصل في الوصول بحاكم البحرين إلى وضع تبعية دقيقةٍ له.

أخذ الأمير في البداية جانب المُطَالِب الأصغر، محمد بن خليفة، الذي كان قد طرده، مؤخراً، عبد الله بن أحمد إلى الخارج. أما عزل عبد الله بن أحمد، فإنه، بدوره، وبشكل رئيسي، كان من عمل القوة الوهابية التي قامت، في مطلع عام ١٨٤٤، بتجريده من حصن الدمام الذي اعتبر الأمير الوهابي أنّه المالك الشرعي له، وهو آخر ما تبقى لعبد الله بن أحمد من ممتلكات.

ظلّ الوهابيون، لفترة من الزمن، في حالة من الهدوء، بعد أن أنجزوا هدفهم الرئيسي باستعادة الدمام. لكن، في عام ١٨٤٥، عندما أصبح محمد بن خليفة صعب المراس، وراح يرفض تأدية الجزية السنوية مع بعض المتأخرات التي كان قد وافق على تأديتها عند سقوط الدمام، بدأ عبد الله بن سعيد، حاكم القطيف الوهابي، بتحضير هجوم على البحرين، فقام محمد، الذي توقع مخططاته، بضرْب الحصار على الساحل الوهابي. عندئذٍ، أعد الشيخ السابق عبد الله، بالتعاون مع حاكم القطيف الوهابي، خططاً لغزو البحرين من الأحساء، باللجوء إلى الحيلة. لكن هذه الخطة أخفقت، لأنها عندما كانت على وشك التنفيذ، باتت

Relations with Jabal Shammar, 1843-65

So long as 'Abdullah, the first Mahfūdh, continued to rule Jabal Shammar, the loyalty of that province to the Wahhābi Amīr remained unquestioned; and Faisal, on his return from Egypt, seems to have been assisted by his old dependent to recover his position in Najd. Talāl, the son of 'Abdullah, married a daughter of Faisal and continued, until his death in 1867, to pay a yearly visit to Riyādh, where he was accustomed to deliver his tribute of horses in person. About 1848, however, Qasīm, which had hitherto been directly dependent upon the Wahhābi Amīr, appears to have obtained the protection of the Shammar chief as a sort of an intermediate overlord.

Relations with Kuwait, 1843-65

About 1851, as we have seen, the Amīr Faisal maintained an agent at Kuwait; and it was ascertained that in 1863 his relations with that place were friendly, although no tribute was paid him by the Shaikh.

Relations with Bahrain, 1843-65

When Faisal came to the throne of Najd, a contest between 'Abdullah and Muhammad, the two rival Shaikhs of Bahrain, was in progress. The Amir availed himself of their mutual opposition to assert his own authority; and, but for the opposition of the British Government, who had determined to confine Wahhābi influence to the mainland, it is not improbable that he would have succeeded in reducing the Bahrain Shaikh to a position of strict dependence on himself.

The Amīr at first sided with the younger claimant, Muhammad-bin-Khalīfah, who had lately been driven out by 'Abdullah-bin-Ahmad; and, when the latter was in his turn displaced, it was principally by a Wahhābi force that, early in 1844, he was deprived of the fort of Dammām, his last remaining possession, of which the Wahhābi Amīr considered himself to be the rightful owner.

For some time after this the Wahhābis, having achieved their principal object in the recovery of Dammām, remained quiescent; but in 1845, on Muhammad-bin-Khalīfah becoming intractable and refusing to pay an annual tribute with arrears to which he had agreed on the fall of Dammām, 'Abdullah-bin-Sa'īd, the Wahhābi governor of Qatīf, began to arrange an attack on Bahrain, and Muhammad, anticipating his designs, placed the Wahhābi coast under blockade. An invasion of Bahrain from Hasa by a stratagem was then planned by the ex-Shaikh 'Abdullah and the Wahhābi governor of Qatīf; but it miscarried, when on the point of execution, through

مكشوفةً في البحرين. وفي عام ١٨٤٦، وقع صدامان بين القوات الوهابية والبحرينية على البر، وادعى كل من الجانبين متفاخراً أنه كسب النصر. وأخيراً، في أغسطس ١٨٤٧، أصاب الوهن قوات حاكم البحرين، لتخلي قسمٍ من بني خالد عنه. عندئذ، جرى ترتيب شروط مع الوهابيين تعهد الأمير الوهابي، بموجبها، أن يسحب مساندته الفعالة للحاكم السابق، وتعهد حاكم البحرين، بدوره، أن يدفع ٤٠٠٠ دولار سنوياً إلى الوهابيين بمثابة زكاة.

في عام ١٨٥٠، توترت العلاقات مرة أخرى بين الشيخ محمد والأمير فيصل، نتيجة عقابٍ أنزله بأحد مبعوثيه، لأن الشيخ استقبله استقبالاً فيه الكثير من المداهنة، في حين أنه استقبل، فيما بعد، محمد بن سعد بن مطلق، ابن الوكيل الوهابي في عمان، استقبالاً فاتراً. وفي عام ١٨٥١، وصل الأمير شخصياً إلى جوار قطر، وأغرى سكان الأماكن الرئيسية في ذلك الرأس بالتخلي عن ولائهم للبحرين، وطالب بزيادة باهظة على جزية البحرين التي من المحتمل أن يكون شيخ البحرين قد امتنع كلياً عن تأديتها. وبناء على ذلك، قام محمد بضرب الحصار على شاطىء الأحساء. لكن استعدادات الوهابيين، الذين انضم إليهم، آنذاك، أبناء المرحوم الحاكم السابق، قد اتخذت حجماً مدهشاً. ومن المحتمل جداً أن يكون الشيخ قد أُنقذ من الدمار فقط، بظهور عمارة من الأسطول البريطاني أرسلها المقيم لحماية الجزر. وفي يوليو ١٨٥١، اتخذت ترتيبات لإحلال السلام كان الفضل فيها لجهود شيخ أبو ظبي الذي قام بما يجب. لكن التوتر استمر بشكل سري. ورتب الأمير الوهابي استقرار أبناء المرحوم حاكم البحرين السابق في الدمام.

بعد هذه الأحداث، ولا سيّما في عامي ١٨٥٥و ١٨٥٦، تبادل الأمير الوهابي والمقيم السياسي في بو شهر بعض الرسائل بصدد البحرين، وادعى الأمير أن له الحق في معاقبة حاكم البحرين التابع له ساعة يشاء. لكن الإنذار الذي أعاده الممثل البريطاني بتفويض من حكومة الهند، وورد فيه أنّه لا يسمح بأي تدخل في البحرين، سبَّبَ سخطاً واستياء شديداً.

في عام ١٨٥٩، ادعى الأمير، وربما كان على شيء من الحق، أنّ حاكم البحرين كان يحرِّض قبائل الأحساء على القيام بأعمال عدائية ضد رعاياه، مما جعله يتغاضى عن إنذارات المقيم، وعن وجود طراد بريطاني، قريباً من الساحل، وأَمَرَ حاكم القطيف ببدء التحضيرات للقيام بغزو جدّي للجزر، يساعده ابن المرحوم الحاكم السابق للبحرين. عندئذٍ أُرسلت عمارة بحرية بريطانية لتهديد الدمام، وكانت النتيجة انهيار المغامرة، واعتذار الموظف

the scheme of action becoming known in Bahrain. In 1846 two collisions between Wahhābi and Bahrain forces occurred on the mainland and each side was able to boast of one victory. At length, in August 1847, the Shaikh of Bahrain having been weakened by the desertion of some of the Bani Khālid from his side, terms were arranged whereby the Wahhābi Amīr undertook to withdraw his active support from the ex-Shaikh, and the Shaikh in return engaged to pay $4,000 a year to the Wahhābis as Zakāt.

In 1850 relations between Shaikh Muhammad and the Amīr Faisal again became strained, in consequence of the punishment by the Wahhābi ruler of one of his own envoys to whom the Shaikh had given a flattering welcome, and of a cold reception which Muhammad had subsequently accorded to a son of Sa'ad-bin-Mutlaq, the Wahhābi agent in 'Omān. In 1851 the Amīr arrived in person in the neighbourhood of Qatar, seduced the inhabitants of the principal places in that promontory from their allegiance to Bahrain, and demanded an extravagant increase in the Bahrain tribute, of which payment had probably been withheld altogether. Muhammad thereupon blockaded the Hasa coast; but the preparations of the Wahhābis, who were now joined by the sons of the late ex-Shaikh, had assumed formidable proportions; and it is probable that the Shaikh was only saved from destruction by the appearance of a British squadron which the Resident sent for the protection of the islands. In July 1851 peace was again arranged by the efforts of the Shaikh of Abu Dhabi; but secretly tension continued; and the Wahhābi Amīr established the sons of the late ex-Shaikh of Bahrain at Dammām.

After these events, particularly in 1855-56 some correspondence in regard to Bahrain took place between the Wahhābi Amīr and the Būshehr Political Residency; the Amīr claimed the right to chastise at pleasure his dependent, the Shaikh of Bahrain; and the warning returned by the British representative under the authority of the Government of India, that no interference with Bahrain would be permitted, caused him intense irritation and dissatisfaction.

In 1859 the Amīr, who alleged, and perhaps not without truth, that the Shaikh of Bahrain was inciting the tribes of Hasa to hostile action against his subjects, having disregarded the warnings of the Resident and the presence of a British corvette off his coast, caused preparations to be made by his governor of Qatīf, assisted by a son of the late ex-Shaikh of Bahrain, for a serious invasion of the islands. A British squadron was then despatched to threaten Dammām; and, in the result, the enterprise collapsed, and the

الوهابي للقائد البريطاني عن الأعمال التي قام بها. وقد عزَّزت عملية التدخل هذه شعور الأمير فيصل بخيبة أمل مريرة في الحكومة البريطانية وممثليها إلى حد كبير.

في عام ١٨٦١، تولى شيخ البحرين القيام بهجوم على الأمير الوهابي، دون استشارة المقيم السياسي البريطاني أولاً. فضرب حصاراً حول الموانىء الوهابية، وأرسل ست سفن حربية لتبحر إلى الدمام. وباتخاذ أشد الإجراءات التي وصلت إلى حدّ الإجبار، تمكن المستشارون البريطانيون من إقناعه بإيقاف هذا العمل الذي لا مبرر له. لقد أصبح واضحاً الآن أن الهدوء في مياه البحرين يمكن أن يعود إلى سابق عهده بإزالة أبناء الحاكم السابق من الدمام. وهذا ما قامت بتطبيقه البحرية البريطانية، في نوفمبر ١٨٦١. وأُفيد أن إزاحة معكّري السلام عن حصنهم، كان خبراً يرضي، إلى حد ما، الرسميين الوهابيين المحليين في القطيف، الذين لم يكن في استطاعتهم عمل ما هو مطلوب، دون ارتكاب خرق للضيافة العربية.

وبهذه المناسبة، يمكننا أن نشير إلى حقيقة مفادها: أنه لو لا اليقظة التي أبدتها الحكومة البريطانية في السهر على استقلال البحرين أثناء هذه الفترة، لكانت قد أصبحت الإمارة جزءاً مرتبطاً بالأحساء، ولكانت هذه المنطقة ستنتقل، مع تلك، إلى ملكية الأتراك، فيما بعد.

العلاقات بعمان المتصالحة، ١٨٤٣ - ١٨٦٥

خلال هذه الفترة، أظهر الوهابيون في عمان المتصالحة نشاطاً متزايداً. وفي يوليو ١٨٤٣، وصل من الأمير إلى الشيوخ البارزين في تلك المنطقة، رسل ورسائل فيها: أنه، عند انتهاء فصل الحر، سيصل الوكيل الوهابي سعد بن مطلق مع جنوده، ليخضع البلاد. ويبدو أن جميع الشيوخ، باستثناء شيخي دبي وواحة البريمي، قد اعترفوا، في أجوبتهم، برضاهم عمّا ينطوي عليه المستقبل.

وفي مستهل عام ١٨٤٥، ظهر سعد بن مطلق في البريمي، وبصحبته قوة صغيرة. ولم يكن يبدو أنه واثق من النجاح بأيّ شكل من الأشكال. لكن القبائل المحيطة قد أظهرت في البداية حماسة بالغة للقضية الوهابية. ولهذا تشجع على وضع خطط لاحتلال ضنك والذيد وحتى زورا، الواقعة على الساحل. لكن تبجحه وابتزازاته تسببا بسرعة في إحداث مجافاة واشمئزاز لدى مسانديه، وقُطعت اتصالاته المباشرة بنجد، وتعرّض رسله للضرب والإهانة، كما تقدم الناس بالشكاوى ضده إلى الأمير الوهابي. وفي وقت من الأوقات، بدا من المحتمل أن استياء سيده سيحل عليه. لكنه، بوسيلة أو بأخرى، نجح في تبرير مسلكه والاحتفاظ بمركزه. وممّا لا شك فيه أن إرساله للكنز الذي حصل عليه في البحر، وهو في طريقه إلى الأحساء، قد ساهم في إعادته إلى مكانة الحظوة لدى الأمير.

Wahhābi official even apologised to the British commander for his proceedings. This successful act of intervention greatly increased the bitterness of Faisal against the British Government and their representatives.

In 1861 the Shaikh of Bahrain assumed the offensive against the Wahhābi Amīr without first consulting the British Resident. He blockaded the Wahhābi ports and sent six war vessels to cruise against Dammām; and only by most stringent measures, amounting to compulsion, could he be induced by his British advisers to discontinue his unwarrantable action. It was now clear, however, that tranquillity in Bahrain waters could only be restored by the removal of the sons of the late ex-Shaikh from Dammām; and this was accordingly effected, by British naval action, in November 1861. The dislodgment of these disturbers of the peace from their stronghold was reported to have been not altogether unpleasing to the local Wahhābi officials in Qatīf, who could not themselves have done what was required without committing a breach of Arab hospitality.

Incidentally we may remark that, but for the vigilance with which the independence of Bahrain was watched over the British Government during this period, the principality might have become attached to Hasa and afterwards have passed with that province into the possession of the Turks.

Relations with Trucial 'Omān, 1843-65

In Trucial 'Omān, during the whole of this period, the Wahhābis were extremely active. In July 1843 letters and messengers from the Amīr reached the principal Shaikhs of that region, informing them that at the end of the hot weather the Wahhābi agent Sa'ad-bin-Mutlaq would arrive with troops to subdue the country; and all the chiefs, except those of Dibai and the Baraimi Oasis, appear to have professed in reply their satisfaction at the prospect.

Early in 1845 Sa'ad-bin-Mutlaq appeared in Baraimi with a small force. He was, apparently, by no means confident of success; but the surrounding tribes at first displayed considerable enthusiasm for the Wahhābi cause, and he was encouraged to form designs of occupying Dhank and Dhaid, and even Zora upon the coast. His arrogance and extortions, however, quickly alienated and disgusted most of his supporters; and his direct communications with Najd were then cut, his messengers beaten and insulted, and complaints against him made to the Wahhābi Amīr. At one time it appeared probable that Sa'ad would be visited with his master's displeasure; but, by one means or another, he succeeded in justifying his conduct and in retaining his post. A remittance of treasure which he made by sea to Hasa no doubt contributed to restore him to favour.

وفي مايو ١٨٤٨، استولى شيخ أبوظبي على حصون البريمي بمساعدة حاكم إمارة صحار وقبائل النعيم والدواسر. أما سعد بن مطلق الذي كان متغيباً عندما بدأ الهجوم، فقد التجأ إلى شيخ الشارقة. وبدأت روح الحسد القبلية تفعل فعلها، فانقلب شيوخ عمان المتصالحة على شيخ أبو ظبي. لكنّه تحدّى هذا التحالف ضده، واستمر في احتلال البريمي حتى فبراير ١٨٤٩، عندما أعادها طوعاً واختياراً إلى الوهابيين، بعد أن قام بالوساطة رسولٌ من قِبَل شريف مكة.

في مارس ١٨٥٠، هاجم شيخ أبو ظبي الوهابيين في البريمي، بعد اتصاله بحاكم سلطنة عمان. لكنه فشل، هذه المرة، في إحداث أي أثر. وفي نوفمبر التالي، شن على المكان، وبالتحالف مع قبائل بني ياس والقواسم وبني النعيم، هجوماً آخر انتهى بالفشل نفسه. وفي عام ١٨٥١، شكَّل شيخا أبوظبي والشارقة حلفاً ضد الوهابيين. لكنّه لم يتمخض عن نتيجة.

وفي نهاية عام ١٨٥٢، وصل عبد الله، ابن الأمير الوهابي، إلى البريمي. لكن أعماله هناك، وكما سنرى في الجزء الثاني، قد أشارت، بشكل رئيسي، إلى سلطنة عمان. ومهما يكن من أمر، فإن زعماء عمان المتصالحة، باستثناء شيخ دبي الذي تجنب القيام بزيارة رسمية لعبد الله شخصياً، وشيخ أبوظبي، الذي عمل ما في وسعه لإقناعه بالعدول عن القيام بأي عمل عدائي في اتجاه الشرق، ان هؤلاء الزعماء قاموا بزيارة البريمي وتودّدوا إليه بطريقة فيها الكثير من الذل. وفي هذه الأثناء، عين الأمير رجلاً اسمه أحمد السديري وكيلاً للوهابيين في البريمي خلفاً لسعد بن مطلق.

وفي عام ١٨٥٤، بدا هذا الشخص يجهد نفسه لمنع شيوخ عمان المتصالحة من القيام بعدوان متبادل، وكبح جماح البدو. لكن، في عام ١٨٥٥، اتخذت نشاطاته اتجاهاً مؤذياً وخبيثاً: لقد اكتُشف أنه يخطط سراً لامتلاك القرية الساحلية التي تدعى الحمرية. وفي عام ١٨٦٥، تمثل الوهابيون في البريمي بشخص تركي بن أحمد، ولعله ابن أحمد السديري. لكن اهتمامه كان موجهاً بشكل رئيسي إلى أوضاع سلطنة عمان.

وفي عام ١٨٥٥، وصف الأمير فيصل، في إحدى مراسلاته مع المقيم السياسي البريطاني في بو شهر، وصف مهمته في عمان المتصالحة بأنها مهمة رجل محسن كان له الفضل في ردع القبائل المتوحشة في الداخل، لئلاّ يقوموا بغزو السكان الذين لا معين لهم على الساحل، وذبحهم.

In May 1848 the Baraimi forts were captured by the Shaikh of Abu Dhabi, assisted by the ruler of the Sohār principality and by the Na'im and Dhawāhir tribes; and Sa'ad-bin-Mutlaq, who had been absent when the attack began, took refuge with the Shaikh of Shārjah. Tribal jealousy then came into play, and the Shaikhs of Trucial 'Omān as a whole turned against the Shaikh of Abu Dhabi; but the latter defied the combination against him and continued to hold Baraimi until February 1849, when he voluntarily restored it to the Wahhābis at the intercession of an envoy sent by the Sharīf of Makkah.

In March 1850 the Shaikh of Abu Dhabi, after communication with the regent of the 'Omān Sultanate, again attacked the Wahhābis in Baraimi, but this time he failed to make any impression; and an assualt on the place, made in the following November by a combination of the Bani Yās, Qawāsim and Na'im, was equally unsuccessful. In 1851 the Shaikhs of Abu Dhabi and Shārjah formed an alliance against the Wahhābis; but nothing came of it.

At the end of 1852 'Abdullah, the son of the Wahhābi Amīr, arrived in Baraimi; but his proceedings there, as will be seen in the next section, had reference chiefly to the 'Omān Sultanate. The chiefs of Trucial 'Omān, however, except the Shaikh of Dibai, who avoided waiting on him in person, and the Shaikh of Abu Dhabi, who did his best to dissuade him from aggression to the eastwards, visited Baraimi and fawned upon him in a servile manner.

A certain Ahmad-as-Sadairi was appointed about this time to the Wahhabi agency in Baraimi, in succession to Sa'ad-bin-Mutlaq. In 1854 this individual appeared to be exerting himself to restrain the Shaikhs of Trucial 'Omān from mutual aggressions and to curb the license of the Bedouins; but in 1855 his activities took a mischievous turn, and it was found that he was scheming to obtain possession of the seaboard village of Hamrīyah. In 1865 the Wahhābis were represented at Baraimi by Turki-bin-Ahmad, probably a son of Ahmad-as-Sadairi, but his attention was directed chiefly to the affairs of the 'Omān Sultanate.

In 1855, in a correspondence with the British Resident at Būshehr, the Amīr Faisal described his mission in Trucial 'Omān as that of a benefactor by whom the savage tribes of the interior were restrained from preying upon and slaughtering the helpless populations of the coast.

استُخدم الموقع الوهابي في البريمي، منطلقاً للقيام بأعمالٍ عدوانية متطرفة ضد سلطنة عمان. وقد حدث ذلك عام ١٨٤٥ و ١٨٥٣، ثم حَدَث عام ١٨٦٥.

وعند وصول سعد بن مطلق إلى عمان المتصالحة عام ١٨٤٥، طالب حكام صحار ومسقط بجزية معدّلها ٥٠٠٠ دولار و ٢٠,٠٠٠ دولار سنوياً بالتتالي. وليفرض التقيد بهذه الجزية، نهب منطقة الباطنة، واستولى على مجيس، بعد أن قتل الحامية فيها، ودُفِعَ له ٥٠٠٠ دولار كمبلغ مستحق من صحار. وقد عُقِد الاتفاق على أن مدفوعات مسقط ينبغي أن تحال إلى السيد سعيد الذي كان متغيباً في إفريقيا الشرقية. وقد خرق الوهابيون الهدنة التي سبق ترتيبها. لكن الإجراء الذي اتخذته السلطات البريطانية لدعم حاكم مسقط، السيد ثويني، أجبرته في النهاية على الاكتفاء بجزية سنوية كاملة مقدارها ٥٠٠٠ دولار. وقد قدَّم السيد ثويني لسعد بن مطلق رشوة بلغت ٢٠٠٠ دولار بالنظر إلى التسوية. وأعيدت مجيس إلى مالكها السابق.

وفي عام ١٨٥٣، ألحّ عبد الله، ولي عهد الإمارة الوهابية، أثناء إقامته القصيرة في البريمي، ألحّ أن على السيد، حاكم مسقط، أن يسلمه بلدة صحار وقضاءها، وأن يؤدي، عن بقية الأراضي الخاضعة لسيطرته، جزية معزّزة إلى درجة كبيرة. لقد اعتقد أن الوهابيين كانوا يسعون من وراء مطالبهم الفاحشة إلى مجرد الحصول على ذريعة لإعلان الحرب. وقد استعد السيد ثويني للدفاع عن صحار، يشجعه على ذلك دعم البريطانيين له. وقد تخلى الوهابيون عن مقصدهم لغزو الباطنة.

وكانت النتيجة الأخيرة التوصل إلى اتفاق يُمكّن السيد من الاحتفاظ بصحار، على أن يؤدي جزية تزيد عن السابق، وتبلغ قيمتها ١٢,٠٠٠ دولار سنوياً، وذلك عن عموم سلطنة عمان. وقد بُنيَ الاتفاق على ترتيبات إضافية يتعاون بموجبها الوكيل الوهابي مع حاكم مسقط، بمساعدة الواحد للآخر، في الدفاع عن أنفسهما ضد جميع الأعداء. ولملاحقة هذه المسؤولية الملقاة على عاتق السيد ثويني في العام القادم، تلقى السيد ثويني مساعدةً من الوهابيين لإكراه بعض القبائل المستعصية في الباطنة على الرضوخ. وبعد هذه الصفقات، قام الوكيل الوهابي بزيارة لمنطقة عُمان الداخل وذلك على مسؤوليته الخاصة، وربما بصفة جابي ضرائب.

في عام ١٨٦٤، مارس الوهابيون ضغطاً غير مباشر على سلطان عمان. فقام السيد ثويني، الذي خلف والده السيد سعيد، بمساندة المنشق السيد عزان بن قيس في الرستاق ضد سلطة السلطان، مما حمَل السلطان إلى طلب مساعدة الحكومة البريطانية، فأعطيت

Relations with the 'Omān Sultanate, 1848-65

The Wahhābi post in Baraimi was used as a base for extremely aggressive action against the Sultanate of 'Omān in 1845, in 1853, and again in 1865.

On his arrival in Trucial 'Omān in 1845, Sa'ad-bin-Mutlaq demanded tribute, at the rate of $5,000 and $20,000 a year respectively, from the rulers of Sohār and Masqat, and, to enforce compliance, he ravaged the Bātinah district and took Majīs, butchering the garrison; $5,000 was then paid him on account of Sohār and it was agreed that the question of the Masqat payment should be referred to Saiyid Sa'id, who was absent in East Africa. The Wahhābi soon violated the truce that had been arranged; but the action of the British authorities in support of the regent of Masqat Saiyid Thuwaini, obliged him in the end to be content with a total annual tribute of $5,000. A douceur of $2,000 was paid by Saiyid Thuwaini to Sa'ad-bin-Mutlaq in consideration of the settlement, and Majis was restored to the former owner.

In 1853, during his sojourn in Baraimi, 'Abdullah, the heirapparent to the Wahhābi Amirship, insisted that the Saiyid of Masqat should cede to him the town and district of Sohār and pay a greatly enhanced tribute for the remainder of his dominions: from the exobitance of these demands it was believed that the Wahhābis merely sought a pretext for declaring war. Encouraged by British support, Saiyid Thuwaini prepared to defend Sohār; the Wahhābis abandoned their intention of invading Bātinah; and the ultimate result was an agreement under which the Saiyid was to retain Sohār and pay an increased tribute of $12,000 a year for the whole 'Omān Sultanate. It was further arranged that the Wahhābi agent and the ruler of Masqat should mutually assist one another against all enemies, and in pursuance of this undertaking Saiyid Thuwaini, in the following year, was actually helped by the Wahhābis to coerce some refractory tribes in Bātinah. The Wahhābi agent, after these transactions, paid a visit on his own account, probably in the capacity of tax-collector, to the district of 'Omān Proper in the interior.

In 1864 the Wahhābis brought indirect pressure to bear on the Sultān of 'Omān - now Saiyid Thuwaini, who had succeeded his father Saiyid Sa'id -by supporting a rebel, Saiyid 'Azzān-bin-Qais of Rustāq, against his authority; but the Sultān immediately sought the aid of the British Government, and the

التوجيهات للمقيم السياسي في الخليج، العقيد بيلي، بأن يقدم تقريراً عن الموقف. وفي شهر مارس ١٨٦٥، قام العقيد بيلي بزيارة شخصية سنشير إليها، فيما بعد، إلى الأمير الوهابي في عاصمته الرياض، حيث تأكّد أن التهويل على السلطان كان قد أمر به الأمير شخصياً الذي كان ينظر إلى السيد ثويني نظرة ازدراء والذي أراد أن يرفع الجزية السنوية التي كان يتلقاها منه، من ١٢,٠٠٠ دولار إلى ٤٠,٠٠٠ دولار. وفي شهر ابريل ١٨٦٥، وعند عودة العقيد بيلي الى الخليج، ذهب إلى مسقط حيث بلغه أن السيد عزان قد وضع نفسه بشكلٍ نهائي في حماية الوهابيين، وأن هؤلاء الآخرين كانوا يطلبون زيادة الجزية، ويهددون بغزو عمان. في هذه الظروف، كتب العقيد بيلي، الذي سبق للسلطان، عام ١٨٦٤، وبلا تفويضٍ رسمي، أن اقترح اسمه للأمير كوسيط، كتب إلى مضيفه فيصل عارضاً مساعيه الحميدة لإيجاد تسوية. لكنّ الأمير الوهابي لم يولِ هذا الاتصال اهتماماً. وفي أغسطس ١٨٦٥، قام بزيارة مسقط الوفد الوهابي المعتاد الذي طلب في هذه المناسبة أربعة أضعاف الجزية السنوية المعتادة. ولكن السلطان أخذ بنصيحة البريطانيين له، ودفع الكمية المتفق عليها. وذكر أنه في ما خَصَّ ميزان المدفوعات، كان ينتظر نتيجة عرض العقيد بيلي للتوسط. وفي الشهر نفسه، واستجابة لدعوة الجنبة سكان صور الساخطين، أرسل إلى ذلك المكان كتيبة وهابية احتلت حصناً تشغله حامية باسم السلطان، وكان ذلك بعد يومين من المقاومة. فنُهب سوق صور، وقُتل مواطن هندي يحمل الجنسية البريطانية، وجُرح آخر. عندئذ، أذعن السيد ثويني، مُظهِراً ضعفاً شديداً، ودفع للوهابيين مبلغين من المال ثمناً للسلام، مجموعهما ١٦,٠٠٠ دولار. لكن الحكومة البريطانية، كما سنرى فيما بعد، لم تسمح ببقاء الأمور في هذا الوضع.

العلاقات بين أمير الوهابيين والحكومة البريطانية، ١٨٤٣ ـ ١٨٦٥

سياسة بريطانية بعدم التدخل في الساحل العربي، ١٨٤٣

ما يزال علينا أن نحلل سياسة الحكومة البريطانية تجاه هذه الاعتداءات المنظمة التي يقوم بها الوهابيون على طول خط الساحل المديد. ونستطيع وصف هذه السياسة بسياسة عدم التدخل في أوضاع عمان المتصالحة، والمقاومة المخففة في سلطنة عمان، والمعارضة المتصلبة في البحرين. فأثناء احتلال المصريين لنجد، في فترة ١٨٣٨ ـ ١٨٤٠، فُوّض الممثل السياسي البريطاني في الخليج لمقاومة التعديات في كل نقطة. وعندما خلف الأمير الوهابي المصريين في الأحساء، اتضح أنه يميل إلى اتباع السياسة التعسفية نفسها، فاقترحوا مقاومتها بطريقة مُشابهة. وقرّرت حكومة الهند، التي اعتبرت أنّ الخطر الناتج عن

Political Resident in the Gulf, Colonel Pelly, was directed to report on the situation. In March 1865 Colonel Pelly paid a personal visit, which will be described later on, to the Wahhābi Amīr in his capital of Riyādh; and there he ascertained that the intimidation of the Sultān had been ordered by the Amīr himself, who regarded Saiyid Thuwaini with the utmost contempt and wished to enhance his annual tribute from $12,000 to $40,000. In April 1865, on his return to the Persian Gulf, Colonel Pelly proceeded to Masqat, where he learned that Saiyid 'Azzān had now definitively placed himself under the protection of the Wahhābis, and that the latter were demanding an increased tribute and were threatening an invasion of 'Omān. In these circumstances Colonel Pelly, whose name the Sultān had already in 1864 without proper authority proposed to the Amīr as that of a mediator, wrote to his late host Faisal tendering his good offices for a settlement; but no notice was taken by the Wahhābi of this communication. In August 1865 Masqat was visited by the usual Wahhābi deputation, who demanded on this occasion four times the customary annual tribute; but, under British advice, the Sultān paid only the established amount, and stated that, with reference to the balance, he awaited the result or Colonel Pelly's offer of mediation. In the same month the Wahhābi agent at Baraimi, in response to an invitation by the disaffected Jannabah inhabitants of sur, sent a Wahhābi contingent to that place; a fort occupied by a garrison on behalf of the Sultān was taken after two days' resistance, Sūq Sūr was plundered, and one British Indian subject was killed and another wounded. Saiyid Thuwaini then weakly submitted and paid two sums, aggregating $16,000, to the Wahhābis as the price of peace; but the British Government, as we shall see later, did not allow matters to remain in this position.

Relations between the Wahhābi Amīr and the British Government, 1843-65
British policy of non-intervention on the Arabian coast, 1843

We have still to analyse the policy of the British Government in face of these systematic aggressions by the Wahhābis along an extensive line of coast: it may be described as one of laissez faire in Trucial 'Omān, of modified resistance in the 'Omān Sultanate, and of uncompromising opposition in Bahrain. During the occupation of Najd by the Egyptians, in 1838-40 the British political representatives in the Persian Gulf had been authorised to resist their encroachments at every point; and when the Wahhābi Amīr, having succeeded the Egyptians in Hasa, showed himself inclined to pursue the same aggressive policy, they proposed to counteract it by similar means. The Government of India, however, considering the danger

طموحات فيصل أقل بكثير من المخاطر الناتجة عن طموحات محمد علي، قررت أن تنتظر التطورات وتحافظ على سياسة التحفظ، وأن تكون سياستها سياسة عدم تدخل قدر المستطاع. وبناءً على ذلك، رفضت هذه الحكومة اقتراحاً تقدمت به حكومة بومباي عام ١٨٤٤، مفاده: وضع مبادىء ثابتة للعمل، كما ينبغي بذل مجهود للمجيء بالأمير الوهابي إلى دائرة الزعماء المرتبطين بالحكومة البريطانية باتفاقات وارتباطات تتعلق بالسلام البحري. ووفقاً لوجهات نظر حكومة بومباي، فإن شيوخ البريمي، الذين شجعهم موقف الحكومة البريطانية منهم، المتعلق بالمصريين، على توقع مساندتها لهم ضد الوهابيين، أعلموا أن الحكومة البريطانية لن تتدخل بالنيابة عنهم، وأنها انسحبت من كل ما له علاقة بالأوضاع الداخلية لشبه الجزيرة العربية. أما الرسالة التي تلقتها من الأمير الوهابي، والتي يُعبِّر فيها عن رغبته «في تجديد العلاقات الودية التي كانت قائمة بين والده تركي والحكومة البريطانية»، فقد ردت الحكومة عليها بجواب إيجابي يؤكد للأمير أن ليس لدى الحكومة البريطانية هدف تتطلع إليه، سوى الحفاظ على السلام في البحر، وهو الشيء الوحيد الذي أعلن في رسالته أنه حريص عليه. لقد كان هناك اعتقاد بأنه إذا أمكن إقامة تعامل ودّي بين السلطات البريطانية وبين الأمير، وأمكن الحفاظ عليه، فسيكون التأثير على القبائل العربية على طول الساحل، تاثيراً عظيم الفائدة.

تعديل سياسة عدم التدخل البريطانية، ابتداءً من ١٨٤٥، باستثناء التدخل في عمان المتصالحة

وعلى كل حال، اتضح لنا سريعاً أن الأمير كان يضمر طموحات لا تنسجم مع سلامة أراضي البحرين أو سلطنة عمان. لذلك، فإن تخوف حكومة الهند من تغييرات سريعة وواسعة جداً قد تنتج خلاف هذا، قادها إلى تعديل سياسة الإحجام.

دعم بريطانيا لسيد مسقط، ١٨٤٥

في عام ١٨٤٥، وفي ما يتعلق بتهديدات الوهابيين لمسقط، فُوِّض المقيم السياسي بالتعبير عن وجهات نظر الحكومة البريطانية، والقيام ببعض الاستعراض البحري، في حين طلبت منه هذه الحكومة أن يلزم جانب الحذر، ويتجنب إطلاق التهديدات التي لا يستطيع تنفيذها إلا بإرسال جنود من الهند. وبناء على ذلك، كتب إلى الأمير الوهابي ووكيله في البريمي. وفي الوقت نفسه، جمع عمارة بحرية قوية على شاطىء الباطنة. وكانت النتيجة، كما سبق أن ذكرنا، نتيجة مرضية، بقدر ما كان الجواب الذي تلقاه من الوهابيين مناسباً ولائقاً. فأُخليت مُجيس من جنودهم، وخُفِّف طلب الجزية إلى حجم معقول ومعتدل.

from the ambitions of a Faisal to be much less dangerous than those of a Muhammad 'Ali, decided to await developments and to maintain a policy of reserve and - so far as possible - of non-intervention; and they accordingly disapproved of a suggestion made by the Government of Bombay in 1844, that a fixed principle of action should be laid down and that an effort should even be made to bring the Wahhābi Amīr within the circle of chiefs who were bound to the British Government by engagements relating to the maritime peace. In accordance with their views the Shaikhs of Baraimi, whom the attitude of Government with reference to the Egyptians had encouraged to hope for British support against the Wahhābis, were informed that the British Government would not interfere on their behalf, having withdrawn from all connection with the internal affairs of Arabia; and, to a letter received from the Wahhābi Amīr, in which he expressed a desire "for the renewal of the amicable relations which existed between his father Turki and the British Government", a favourable reply was sent, assuring him that the British Government had no object in view except the preservation of the peace at sea, regarding which he had in his own communication declared himself to be solicitous. It was thought that, if a friendly intercourse between the British authorities and the Amīr could be established and maintained, the effect upon the Arab tribes along the coast would be highly beneficial.

British policy of non-intervention modified, from 1845, except in Trucial 'Omān

Soon, however, it became apparent that the Amīr entertained ambitions which were not compatible with the integrity of the Bahrain Shaikhdom or the 'Omān Sultanate; and the Government of India, by a fear that changes too rapid and too extensive might otherwise result, were led to modify their policy of abstention.

British support of the Saiyid of Masqat, 1845

In 1845, in connection with Wahhābi menaces against Masqat, the Political Resident, while he was cautioned to avoid threats which could not be carried out except by despatching troops from India, was authorised to express the views of Government and to make a naval demonstration. He accordingly wrote both to the Wahhābi Amīr and to the Wahhābi agent in Baraimi, at the same time assembling a strong squadron upon the Bātinah coast; and the result, as we have seen above, was satisfactory, inasmuch as a becoming reply was received from the Wahhābis, Majūs was evacuated by their troops, and the demand for tribute was reduced to moderate dimensions.

حماية البريطانيين للبحرين، ١٨٥١

عام ١٨٥١، عندما هدّد الأمير جزر البحرين بالغزو، وكان حاضراً شخصياً على البر المحاذي، أمكن تجنب الخطر بأن قام المقيم البريطاني، كما يبدو، وعلى مسؤوليته الخاصة، بإرسال جميع القوى البحرية البريطانية التي في الخليج إلى المكان المُهدَّد. وقد لوحظ، بعد هذه الحادثة مباشرة، أن موقف الأمير فيصل من الحكومة البريطانية قد أصبح، على الأقل، يميل إلى المصالحة لفترة من الوقت. وكان من الضروري قبل هذا أن يُوَجَّه، عام ١٨٤٦، تحذيرٌ صارم إلى حاكم القطيف الوهابي الذي سمح لنفسه، آنذاك، أن يلجأ إلى التهديد بتشجيع القرصنة.

دعم بريطاني لسيد مسقط، ١٨٥٣

مرة أخرى، وفي عام ١٨٥٣، عندما هدد ابن الأمير الوهابي بغزو عُمان، استدعى المقيم السياسي شيوخ عمان المتصالحة من البريمي إلى الساحل، حيثُ كان ينتظر أن يعقد معاهدة سلام دائم معهم، وقدّم إلى عبد الله اعتراضات على احتجازه للشيوخ في البريمي، ثم أرسل سفينة حربية لتطوف على طول الساحل، وقطَع وعداً بمساعدة سلطان عمان في الدفاع عن عاصمته، إذا ما دعتْ الضرورة إلى ذلك، وقد مكّنه هذا الوعد من تفادي التخلي عن صحار للوهابيين، ومكّنه من الحصول على شروط للسلام ليست في صالح الجزية. ولولا هذه الشروط لكان قد تعرض لابتزاز جزية أكبر.

حماية بريطانية للبحرين ،١٨٥٩ـ ١٨٦١

في عام ١٨٥٩، وبتدخل البحرية البريطانية، أُنقذت البحرين، مرة أخرى، من هجوم وهابي عليها، كان يمكن أن يسفر عن نتائج خطيرة ودائمة. هذا الحدث، بالإضافة إلى المطالبة بإبعاد أبناء حاكم البحرين السابق عن الدمام، استتبع تأنيباً مريراً من قبل الأمير الوهابي وتنديداً بالسياسة البريطانية.

تعويضات لصور عن الاعتداء الوحشي عليها، ١٨٦٥

بسبب الاعتداء الوحشي الذي وقع على صور عام ١٨٦٥، أخذت الحكومة البريطانية على عاتقها الحصول على تعويضات مستحقة من المجرمين، إذ كان سلطان عمان، في وضع لا يستطيع معه الحصول عليها.

British protection of Bahrain, 1851

In 1851, when the Bahrain islands were threatened with invasion by the Amīr who was himself present on the mainland adjoining, the danger was averted by the despatch to the scene, apparently by the Resident on his own responsibility, of the whole British naval force in the Gulf; and it was noticed that after this incident Faisal's attitude to the British Government became, for a time at least, more conciliatory. It had been necessary before this, in 1846, to address a stern warning to the Wahhābi Governor of Qatīf, who had permitted himself to use threats of encouraging piracy.

British support of the Saiyid of Masqat, 1853

Again in 1853, when 'Omān was menaced with invasion by the son of the Wahhābi Amīr, the Resident, by summoning the Shaikhs of Trucial 'Omān from Baraimi to the coast, where he was waiting to conclude with them the Perpetual Treaty of Peace, by remonstrating with 'Abdullah on his detention of the Shaikhs at Baraimi, by sending a vessel of war to cruise along the coast, and by promising to assist the Sultān of 'Omān, if need be, in the defence of his capital, averted the cession of Sohār to the Wahhābis and enabled the Sultān to obtain peace on terms, far less disadvantageous as to tribute, than might otherwise have been extorted from him.

British protection of Bahrain, etc. 1859-61

In 1859 Bahrain was again saved by British naval interposition from a Wahhābi descent which might have had serious and permanent consequences. This action and a demand that the sons of the ex-Shaikh of Bahrain should be removed from Dammām elicited bitter reproaches and a denunciation of British policy from the Wahhābi ruler.

Reparation for the Sūr outrage, 1865

For the outrage committed at Sūr in 1865 the British Government undertook to obtain from the offenders the reparation due, which the Sultān of 'Omān was himself too weak to claim with any hope of success.

الحفاظ على سياسة عدم التدخل البريطانية في عمان المتصالحة

في عمان المتصالحة فقط، كان ممثلو الحكومة البريطانية، ولا سيما عام ١٨٥٥، عندما اقترحت قبيلة النعيم أنّ على بريطانيا مساعدتها لطرد الوهابيين من البريمي، كانوا يردّدون أَنْ ليس في استطاعتهم التدخل في شؤون شبه الجزيرة العربية الداخلية، وحتى بهذا، يكونون قد ساعدوا قضية الاستقلال القبلي بتجاهلهم وجود الوكيل الوهابي بالذات في مجمل تعاملهم السياسي.

موقف الأمير الوهابي من القرصنة

من المناسب أن يذكر عن الأمير فيصل أنه، حتى الآن كما تأكد، لم يحاول الرد على معارضة السلطات البريطانية، بالتحريض على القرصنة في البحر بل العكس. ففي عام ١٨٥٥، أشار، محبذاً، إلى «التفاهم بيننا وبين الحكومة البريطانية، الذي دام فترة ١٠٠ عام لضمان أمن التجار والرحالة المسافرين في البحار».

رحلة العقيد بيلي إلى الرياض، فبراير - مارس ١٨٦٥

سبق أن ذكرنا الرحلة الشهيرة إلى الرياض التي قام بها، عام ١٨٦٥، العقيد بيلي، المقيم السياسي البريطاني في بوشهر. وكان هدفه الرئيسي إزالة روح العداء لبريطانيا التي أثارتها عند الأمير العمليات في البحر ضد تجارة الرقيق، والإحباط الذي شعرت به السياسة الوهابية على الساحل العربي، والتي تسببت، عام ١٨٦٣، بتوقف كامل للاتصال بينهما. كما ان العقيد بيلي كان متلهفاً لإعطاء البرهان على أن دخول أواسط شبه الجزيرة العربية لم يكن متعذراً على ضابط بريطاني يقوم بعمله، وأمل في أن يلقي الضوء على جغرافية البلاد وتاريخها الطبيعي.

كانت الكويت نقطة الانطلاق، إذْ وصلها بيلي في يناير ١٨٦٥، وبقي فيها بضعة أسابيع في انتظار الحصول على إذن الأمير ليبدأ رحلته. وفي النهاية، وصل الإذن، لكن بلغة مقتضبة ودون أن يُرسَلَ له دليل. وكان يرافق العقيد بيلي الطبيب و.هـ. كولفيل، جراح المقيمية، الذي كُلِّف الإشراف الطبي في المخيم، والذي أُسندت إليه مهمة القيام بأبحاث جيولوجية ونباتية، كما كان يرافقه الملازم إ. دوز من البحرية الهندية، قبطان سفينة المقيمية «بيرنيس»، التي كان من واجبها مراقبة خطوط الطول والعرض، فضلاً عن المترجم ج. لوقا، وهو مسيحي من سكان الموصل نجح في ادعائه أنه مسلم ليمرّ بسلام متخذاً لنفسه اسم عبد الله. أما قافلة المقيم البالغة ٣٣ شخصاً، فكانت تشتمل على ٣٠ جملاً. وأما

British policy of non-intervention maintained in Trucial 'Omān

It was only in Trucial 'Omān that the representatives of the British Government continued to repeat - particularly in 1855, when the Na'īm suggested that help should be given them to expel the Wahhābis from Baraimi - that they could be given them to expel the Wahhābis from Baraimi - that they could not interfere in the internal affairs of Arabia; and even there they assisted the cause of tribal independence by ignoring, in all their political dealings, the very existence of the Wahhābi agent.

Attitude of the Wahhābi Amīr towards piracy

It is due to the Amīr Faisal to mention that he never, so far as was ascertained, attempted to reply to the opposition of the British authorities by instigating piracy at sea; on the contrary, in 1855, he referred appreciatively to the "understanding between us and the British Government, of a hundred years' duration, for the security of traders and travellers passing on the seas."

Colonel Pelly's journey to Riyādh, February-March 1865

Mention has already been made of the remarkable journey to Riyādh undertaken by Colonel Pelly, the British Political Resident at Būshehr, in 1865; his principal object was to remove the animosity against Britain which anti-slavery proceedings at sea and frustration of Wahhābi policy upon the Arabian coast were believed to have excited in the Amīr, and which, by 1863, had brought about a total cessation of intercourse. Colonel Pelly was also anxious to prove that Central Arabia was not inaccessible to a British officer travelling on duty, and he hoped to cast much light upon the geography and natural history of the country.

The starting point of the journey was Kuwait, where Colonel Pelly arrived in January 1865 and remained for some weeks, awaiting the permission of the Amīr to proceed; this came at last, but in a laconic form, and no guide was sent. Colonel Pelly was accompanied by Dr. W. H. Colvill, the Residency Surgeon, whom he placed in medical charge of his camp and charged with geological and botanical research, and by Lieutenant E. Dawes, I. N., of the Residency steamer, "Berenice," whose duty it was to take observations for latitude and longitude; and the interpreter was G. Lucas, a native Christian of Mūsal, who passed himself off as a Muhammadan under the name of 'Abdullah. The Resident's entire caravan consisted of about 30

فريقه بكامله، فقد اشتمل على اثنين من الحرس الهنود، والخدم، وسائقي الجمال. ولم يأخذ المقيم معه سوى خيمة صغيرة. وانطلق المسافرون في رحلتهم من الكويت في ١٧ فبراير، في حين انطلقت باخرة المقيمية لتنتظر عودتهم في ميناء العقير. وسارت القافلة عن طريق الوفرة والوبرة والرميحية إلى سدوس في العريضة، حيث تحولت، ونزلت في طريقها إلى وادي حنيفة ثم إلى الرياض التي وصلتها في الخامس من مارس، بشكل منتظم.

وفي السادس من فبراير، قام العقيد بيلي، يرافقه جميع أركانه من الموظفين، بزيارة تقليدية إلى الأمير فيصل في الحصن، وسط المدينة، وفي الصباح التالي، تمت المقابلة الخاصة، التي لم يرافق المقيم فيها سوى المترجم. وكان الأمير قد أصبح، آنذاك، أعمى وعاجزاً. لكنه بدا أنه مرهوب الجانب من قبل رعاياه إلى أقصى حد. أما أقرباؤه المباشرون، فإنهم، كما لوحظ، كانوا يذكرون اسمه مرفقاً باللقب الديني للإمام. وفي كلتا المناسبتين، كان حديث المقيم مع الأمير حديثاً عاماً. ومع أن الحديث تطرق إلى موضوعات سياسية، فقد كان العقيد حذراً، وتجنب البحث في قضايا خاصة كالقضايا التي تتعلق بجزية مسقط، لشعوره أنه لم يكن له اطلاع كافٍ على الموضوع. لكنَّ الأمير ادعى، بشكل عرضي، حقّ السيادة على كامل المنطقة الواقعة شرقي الجزيرة العربية، ابتداء من الكويت حتى رأس الحد وما وراءها. وكانت الطريقة التي تصرف بها فيصل تدل على الوقار، لكنها طريقة ودية، بل غدت طريقة قلبية، في بعض الأحيان. وبدا أن فيصل مسرور إجمالاً بزيارة المقيم. وقد وُضعت ترتيبات تُمَكِّن العقيد بيلي، في طريق عودته من الرياض إلى الساحل، من زيارة صايح في الخرج ليشاهد اسطبلات الخيول التي يملكها الأمير. ومن ناحية أخرى* بدأت، في هذه النقطة، النزعات العدائية لدى حاشية الأمير المتعصبة والخالية من الضمير، بدأت تؤدي دورها. وفجأةً أصبح مسلكاً وقحاً مسلك أمين سره وموضع ثقته، محبوب، وهو شخص «هجين وعابث وحقود». فقد قام بحرق رسوم كان قد رسمها الملازم دوز كإجراء احتياطي. وفي الثامن من الشهر، قامت محاولة لاحتجاز الفريق البريطاني في الرياض باحتجاز جماله. ولم يكن في المستطاع القيام بترتيبات لإجراء مقابلة نهائية مع الأمير. وعند العصر، حسِب العقيد بيلي أن الأمر يقتضي الذهاب إلى الحصن دون موعد مسبق. وفي أي حال، عقد، هناك، اجتماعاً وداعياً مع الأمير لا يقل وداً عن المقابلات التي سبقتها. وطلب الأمير في هذه المناسبة أن يُطْلَعَ على أي حالة من حالات القرصنة أو تحطيم

* إن الدليل، الذي لا فائدة منه، وهو الشيخ علي من قبيلة السبيعي الذي استخدمه العقيد بيلي، قدَّم تقريراً كاذباً في الرياض يتعلق بأعمال الفريق.

camels; and his party including two Indian sowars, servants, and camelmen, numbered about 33 persons. Only one small tent was taken. The travellers took their departure from Kuwait on the 17th of February, the Residency steamer proceeding to await their return at 'Oqair, and marched by Wafrah, Wabrah and Rumhīyah to Sidūs in 'Aridh; here they turned and took their way down Wādi Hanīfah to Riyadh, where they arrived upon the 5th of March, in uniform.

On the 6th Colonel Pelly, accompanied by his whole staff, paid a visit of ceremony to the Amīr Faisal in the fort in the middle of the town; and the next morning a private interview took place, at which the Resident was attended by his interpreter only. The Amīr was now old and altogether blind, but he appeared to be held by his subjects in the greatest awe; his immediate dependents, it was observed, generally mentioned him by the religious title of Imām. On both occasions the Resident's conversation with the Amīr was general; and, though political topics were introduced, Colonel Pelly was careful to avoid discussion of particular questions such as that of the (Missing word Masqat tribute, in regard to which he did not feel himself to be sufficiently well informed; but, incidentally, the Amīr claimed sovereignty over all Eastern Arabia from Kuwait to Rās-al-Hadd and beyond. Faisal's manner was dignified, but friendly and at times even cordial; he appeared on the whole to be pleased by the Resident's visit; and it was arranged that Colonel Pelly, on his way from Riyādh to the coast, should visit Saih in Kharj for the purpose of seeing the Amīr's stud of horses. At this point, however,* hostile influences began to work in the Amīr's unscrupulous and fanatical entourage; the manner of his confidential secretary Mahbūb, a "frivolous and vindictive mongrel," suddenly became insolent; Lieutenant Dawes' sketches were burnt, as a precaution; and on the 8th an attempt was made to detain the British party at Riyādh by withholding their camels. No arrangement for a final interview with the Amīr could be made, and, in the afternoon Colonel Pelly thought it necessary to proceed without an appointment to the fort, where, however, he had a farewell meeting with the Amīr, no less friendly than the interviews that had preceded it. The Amīr, on this occasion, requested that he might be informed of cases of piracy or wrecking upon the

---

*A useless guide, Shaikh 'Ali of the Sabai,' whom Colonel Pelly had employed, gave a mendacious account at Riyādh of the proceedings of the party by the way.

السفن على شاطىء الأحساء، ليقود إلى إنزال العقاب الشديد بمرتكبي المخالفات، كما طلب أن يعمل المقيم السياسي على حماية مصالحه البحرية على الشاطىء الفارسي. وقد أكد للعقيد بيلي صداقته المخلصة. وأخيراً عبر عن تمنياته بالحفاظ على المراسلة بينهما. وحوالي الساعة التاسعة من نهار الثامن من مارس، غادرت قافلة العقيد بيلي الرياض. وفي اليوم التالي، بدأت المسيرة بشكل جدي في اتجاه الساحل. وفي ١٧ مارس، اجتاز المسافرون الهفوف. وفي ١٨ منه، صعدوا إلى باخرة المقيمية التي كانت تنتظرهم في العقير.

عن هذه الرحلة، التي وصفت بالمغامرة كما سنرى بعد قليل، لم تنتج فائدة سياسية، وربما كان ذلك نتيجةً لتردي حالة الأمير الصحية إلى درجة اليأس، بعد ثلاثة أشهر فقط. لكن الملاحظات التي وفرها الملازم دوز شكلت مجموعة ثمينة من الحقائق، لم يُضَفْ إليها، منذ ذلك الحين، شيء يتعلق برسم خريطة صحيحة ودقيقة لأهم منطقة تقع جنوبي نجد. لقد وقع الملازم دوز ضحية ضربة شمس في الطريق إلى الرياض، وعانى الكثير من الحمى التي أصابته أثناء رحلة العودة.

علاقات الأمير الوهابي بفرنسا، ١٨٤٣ - ١٨٦٥

بعثة المستر بالجريف، ١٨٦٢

سبق العقيد بيلي إلى الرياض الرحالة و.ج بالجريف الذي مر بعاصمة الوهابيين عام ١٨٦٢، أثناء اجتيازه شبه الجزيرة العربية. ولم يَقُمْ بالجريف بهذه البعثة نيابةً عن الحكومة البريطانية، مع أنه كان بريطاني الجنسية. لكنْ هناك ظنٌّ بأنه كان يمثل نابوليون الثالث، الذي أبدى اهتماماً عميقاً وشديداً بسوريا ومصر، والذي قد يكون حوّل انتباهه، هذه المرة، إلى نجد لما لها من علاقة بقناة السويس، التي سبق أن خطط لها.

المراسلة مع فرنسا

اعترف الأمير، أثناء أحاديثه مع العقيد بيلي في الرياض، بأنه تلقّى من الفرنسيين عروضاً عامة بالمساعدة مرتين. وفي العرض الأخير الذي توافق توقيته بشكل قريب مع زيارة بالجريف، طلب من الأمير إرسال ردّه إلى القنصل الفرنسي في دمشق وذلك على مسؤوليته الشخصية. وقد شكرهم الأمير على عرضهم، وأخبرهم بعدم حاجته إلى المساعدة في ذلك الوقت.

Hasa coast, with a view to the severe punishment of the offenders; he asked that his maritime interests upon the coast of Persia might be protected by the Resident; he assured Colonel Pelly of his own sincere friendship; and, finally, he expressed a wish that correspondence should be maintained between them. About 9 p.m. on the 8th of March Colonel Pelly's caravan cleared the town of Riyādh, and the next day the march to the coast was begun in earnest; on the 17th of March the travellers passed Hofūf, and on the 18th they embarked on the Residency steamer at 'Oqair.

From this adventurous journey, as we shall shortly see, little or no political benefit resulted, probably in consequence of the helpless state into which the Amīr sank only three months later; but the observations of Lieutenant Dawes supplied invaluable data, to which no addition has since been made, for a correct map of the most important district of Southern Najd. Lieutenant Dawes had a sunstroke on the way to Riyādh and suffered much from fever during the return journey.

Relations of the Wahhābi Amīr with France, 1843-65

Mr. Palgrave's mission, 1862

Colonel Pelly was preceded at Riyādh by the traveller Mr. W. G. Palgrave, who passed through the Wahhābi capital in 1862 on his way across Arabia. Mr. Palgrave's mission, though he was a British subject, was not undertaken on behalf of the British Government; and it has been conjectured that he represented Napoleon III, who took a strong interest in Syria and Egypt, and who may at this time have turned his attention to Najd in connection with the Suez Canal, already projected.

Correspondence with the French

In his talks with Colonel Pelly at Riyādh the Amīr Faisal admitted having twice received general offers of assistance from the French; and on the latter of these occasions, which synchronised somewhat closely with Mr. Palgrave's visit, the Amīr was - by his own account - invited to send his reply to the French Consul at Damascus, whom he accordingly thanked and informed that he did not at the time stand in need of help.

عبد الله بن فيصل (فترة عهده الأول)، ١٨٦٥ ـ ١٨٧١

الموقف الداخلي عند تسلّم عبد الله مقاليد الإمارة، ١٨٦٥

خلف الأمير فيصل، بعد موته، أكبر أبنائه، عبد الله، الذي كان قد اكتسب سمعة كبيرة كقائد عسكري، وكان قد استخدمه والده سنة ١٨٥٢ـ١٨٥٣ ممثلاً له في البريمي ليقوم ببعض الترتيبات مع السيد، سلطان مسقط، لزيادة الجزية. وكان عبد الله موجوداً في الرياض، أثناء زيارة العقيد بيلي في مارس ١٨٦٥. لكنه كبح فضوله، وتجنب مقابلته خشية أن يتفوق المقيم عليه في مهنته المستقبلية من خلال معرفته الشخصية بنقاط الضعف التي يعاني منها. وكان سقوطُ أمين السر وموضع الثقة، محبوب، إحدى النتائج الفورية لتسلم عبد الله الإمارة. ومما أضعف مركز الأمير منذ البداية منافسةُ أخيه الأقرب، سعود، والعداوةُ الشخصية التي كان يكنها له. ذلك أن سعود، أثناء رحلة العقيد بيلي إلى الرياض، كان يُعَدّ شخصية أكثر اعتدالاً من عبدالله. وفي نهاية الأمر، استطاع، بسبب صراحته وتحرره وجرأته، الحلول محل أخيه في اجتذاب محبة البدو له. لقد كان عبد الله وشقيقه محمد ولدين لوالدتين من آل سعود، ولذلك كانا وهابيين متزمتين، في حين أن أخويهما من والدة أخرى، سعود وعبد الرحمن، كانا، من جهة الأم، ينحدران من البدو، وكان لهما وضع أكثر شهامة ونبلاً. أما سعود، الذي كان مسكنه في الخرج، فقد ثار على الفور ضد عبد الله، بمساندة قبيلة الدواسر. لكنّه هُزِم في بداية الأمر.

قطع العلاقات بين الحكومة البريطانية والأمير الوهابي، ١٨٦٥ ـ ١٨٦٦

قرار حكومة الهند بمساعدة سلطان عمان

كان الإرثُ المكدّر المتبقي من فيصل لابنه تسويةَ قضية صور، التي عانى فيها الرعايا الهنود الذين يحملون الجنسية البريطانية وغيرهم على أيدي رجال القبائل، بعد أن حرضهم الوكيل الوهابي في البريمي. وقبل موت فيصل، قررت حكومة الهند السعي لتشجيع سلطان عمان على إبداء مقاومة أكثر نشاطاً ضد الوهابيين. وقد اتخذت ترتيبات بتقديم مساعدة مادية، على شكل ذخائر حربية، وتقديم المال أيضا، إذا لزم الأمر. كما أنه سُمح بالقيام بأعمال حربية بحرية لصالحه، شرط عدم التعهد بالاشتراك في عملياتٍ على البر.

'ABDULLAH-BIN-FAISAL (FIRST REIGN), 1865-71

Internal position at 'Abdullah's accession, 1865

Faisal was succeeded at his death by his eldest son 'Abdullah, who had acquired considerable reputation as a military leader, and had been employed in 1852-53 as his father's representative at Baraimi to arrange with the Saiyid of Masqat for an increase of tribute. 'Abdullah was present in Riyādh during Colonel Pelly's visit in March 1865; but he mortified his curiosity and avoided an interview, fearing lest the Resident, through personal acquaintance with his defects, should obtain some advantage over him in his future career. One immediate result of 'Abdullah's succession was the downfall of the confidential secretary Mahbūb. The position of the new Amīr was weakened from the first by the rivalry and personal enmity of his next brother Sa'ūd, who at the time of Colonel Pelly's journey to Riyādh, was regarded as of a milder character than 'Abdullah, but eventually, by his frankness, liberality and daring, supplanted 'Abdullah in the affection of the Bedouins. 'Abdullah and his brother Muhammad were the sons of Āl Sa'ūd mothers and were consequently bigoted Wahhābis, whereas his half-brothers Sa'ūd and 'Abdur Rahmān were of Bedouin descent on the female side and had more generous dispositions. Sa'ūd, whose home was in Kharj, at once rebelled against 'Abdullah with the support of the Dawāsir; but at first he was defeated.

Rupture between the British Government and the Wahhābi Amīr, 1865-66

Resolution of the Government of India to assist the Sultān of 'Omān

An unpleasant legacy remaining from Faisal to his son was the settlement of the Sūr case, in which British Indian subjects and others had suffered at the hands of tribesmen instigated by the Wahhābi agent at Baraimi. Before the death of Faisal it had been resolved by the Government of India to encourage the Sultān of 'Omān to more active resistance of the Wahhābīs; it was ordered that material assistance in the shape of munitions of war, and, if absolutely necessary, of money also, should be afforded him; and naval action in his favour was authorised on condition that operations on land were not to be undertaken.

رسالة من الأمير، ونية حكومة الهند بألاّ تطالب الوهابيين بتعويض الرعايا الإنجليز الذين قاسوا من الوهابيين في صور

في نوفمبر ١٨٦٥، حين كان العقيد بيلي في طريقه إلى بومباي، بعد تمضية إجازة في أوروبا، وصلت، كما يبدو، رسالة إلى السلطات البريطانية في بوشهر أُفيدَ أنها مرسلةً من الأمير فيصل، رداً على احتجاجاتٍ قدمت إليه بصدد مسلك الوهابيين في صور. وفي هذا الاتصال، ذُكر أن الأمير قد أمر بإطلاق سراح الرعايا البريطانيين الذين وقعوا في الأسر بصور وإعادة أملاكهم إليهم. وفي حين تتجاهل الرسالة قضية التعويضات، فهي تشير إلى الاتفاق بين البريطانيين والحكومة الوهابية، الذي «عُقد أساساً في عهد المرحوم سعود وصُدّق عليه ثانية في زمن الحاكم الحاضر». وبعد أخذ الرسالة بعين الاعتبار، والقيام باستقصاءات متنوعة، قررت حكومة الهند أن تطلبَ من الأمير أن يرسل نسخة من المعاهدة المزعومة، ويدرك أنَّ سلطان عمان صديقٌ وحليفٌ للحكومة البريطانية التي تأمل في فض الخلافات، بين السلطان والأمير، بتسوية سلمية لا يسعها إلا أن تنظر باهتمام جدي ورصين إلى أي تعدٍّ يحدث على أراضي السلطان، وألاّ يتعرّض لضغطٍ يجعله يدفع تعويضاً عن الأضرار الأخيرة التي وقعت للرعايا البريطانيين في صور.

إنذار من المقيم البريطاني إلى الأمير الوهابي، يناير ١٨٦٦

في غضون ذلك، اتخذت السلطات البريطانية المحلية إجراء حاسماً بملاحقة التعليمات التي تلقتها لمساعدة سلطان عمان. وهذا القرار قاد إلى حدوث شرخ مفتوح مع الوهابيين. وقد أُبلغ زعماء عُمان المتصالحة أن لهم مطلق الحرية في مساعدة السلطان ضد الوهابيين. وقد وضعت ترتيبات لإرسال أسطول مسقط بقيادة السيد تركي، شقيق السلطان، ليضرب حصاراً على الموانىء الوهابية في القطيف والعقير. وبما أن موقف حاكم البحرين بدا عرضة للريبة، فقد استولت السلطات البريطانية على إحدى سفنه الحربية، «الدينار»، لمنعه من مساعدةالوهابيين من جهة، وإجباره على الوفاء بالمطالب التي قدمت ضده، من جهة أخرى. وفي ٢٢ ديسمبر ١٨٦٥، غادر قائد السفينة، النقيب باسلي، بومباي على ظهر البارجة البريطانية «هاي فلير» التي كانت تحمل مدفعين من عيار ١٨ رطلاً مع ذخائر لحساب سلطان عمان، وأفرغت السفينة حمولتها في صحار. وفي مستهل يناير ١٨٦٦، أجريت استشارات في ذلك المكان، بين العقيد بيلي والقائد البحري. وفيما كانت الأمور على هذه الحال، قامت قوة وهابية بالهجوم على صحم في الباطنة، وطُرِد التجار الهنود، حاملو الجنسية البريطانية، إلى البحر، فمات أحدهم غرقاً. ونتج عن مشاورات العقيد بيلي

Letter from the Amīr and intention of the Government of India not to demand compensation for British sufferers at Sūr from the Wahhābis

Apparently in November 1865, Colonel Pelly being then on his way to Bombay after leave in Europe, a letter, which purported to come from the Amīr Faisal and to be an answer to representations made regarding the behaviour of the Wahhābis at Sūr, reached the British authorities at Būshehr. In this communication it was stated that the Amīr had ordered the release of British subjects taken prisoners at Sūr and the restoration of their property; and, while the question of compensation was ignored, reference was made to an agreement between the British and the Wahhābi Governments "originally effected in the time of the late Sa'ūd, and again ratified in the time of the present ruler." On consideration of the letter, and after various enquiries, the Government of India decided that the Amīr should be invited to send a copy of the alleged treaty; that the Amīr should given to understand that the Sultān of 'Omān was a friend and ally of the British Government who, while they hoped for a happy settlement of the Sultān's differences with the Amīr, could not regard encroachment on the Sultān's territory without grave concern; and that the Amīr should not be pressed to pay compensation for the recent injuries to British subjects at Sūr.

Ultimatum sent by the Resident to the Wahhābi Amīr, January 1866

Meanwhile, however, decisive action, leading to an open breach with the Wahhābis, was taken by the local British authorities in pursuance of the instructions which they had received to help the Sultān of 'Omān. The chiefs of Trucial 'Omān were informed that they were at liberty to aid the Sultān against the Wahhābis; arrangements were made for the despatch of a Masqat fleet under Saiyid Turki, the Sultān's brother, to blockade the Wahhābi ports of Qatīf and 'Oqair; and, the attitude of the Shaikh of Bahrain appearing suspicious, one of his war-vessels, the "Dinār", was seized by the British authorities, partly to prevent his helping the Wahhābis but partly also to compel satisfaction of claims which there were against him. On the 22nd December 1865 H.M.S. "Highflyer", Captain Pasley, left Bombay carrying two 18-pounder guns with ammunition for the Sultān of 'Omān, which she disembarked at Sohār, and early in January 1866 a consultation was held at that place between Colonel Pelly and the naval commander. At this juncture an attack was made by a Wahhābi force on Saham in Bātinah, and the British Indian traders residing there were driven into the sea, one of them being drowned. The result of Colonel Pelly and

والنقيب باسلي: أن وُجهت رسالة إلى الأمير الوهابي تطلب منه أن يقدم اعتذاراً خطياً بشأن قضية صور، ويؤكد خطياً أنّ أعمالاً وحشية كهذه ستُمنع في المستقبل، وأن تعويضاً بقيمة ٢٧,٠٠٠ دولار سيُدفع نتيجة ممتلكات ضاعت أو دمرت. كما أضيف أنه إذا مضى ١٧يوماً من تاريخ تسليم الرسالة إلى حاكم القطيف الوهابي، ولم يتقدم بالإيفاء المطلوب، فستتعرض الحصون الوهابية الموجودة على الساحل للدمار. وبما أن وجود العقيد بيلي كان ضرورياً لمؤازرة سلطان عمان وتشجيعه، إذ كان عليه أن يقوم بهجوم على موقع الوهابيين في البريمي، فلم يتمكن العقيد من مرافقة النقيب باسلي شخصياً. لكنه أرسل، بدلاً منه، وكيل المقيمية في الشارقة الذي أُنْزل إلى البر في البحرين في ١٣ يناير ١٨٦٦ كناقل رسالة إلى الأمير. وفي اليوم نفسه، غادرت السفينة «هاي فلير» البحرين ووجهتها أبو ظبي. ومن هناك، انطلقت في تَطْواف على طول ساحل عمان المتصالحة، مُدمرة في طريقها برجاً يخص القواسم، بُنِيَ لمصلحة الوهابيين على تلك الأرض المعزولة في زورا. وفي ٢٣ يناير، التقى العقيد بيلي والنقيب باسلي ثانية في خور الفينستون، حيث كانت محطة تلغراف بريطانية، وكان قد جرى ترتيب موعد للقاء.

عمليات بحرية بريطانية على شاطئ الأحساء وصدها من الدمام، ١٨٦٦

مرة أخرى، غادرت السفينة «هاي فلير» في ٢٨ يناير، إلى القطيف، فوصلت في ٣٠ منه، وعلم النقيب باسلي من وكيل المقيمية انه لم يرد بعد ردّ من الأمير، وأن حاكم القطيف الوهابي كان يطلب فترة ١٢ يوماً ليتمكن من الاتصال بالرياض. وانتظر النقيب باسلي إلى الثاني من فبراير، حتى تنتهي فترة الإمهال، ثم شرع ينفذ التهديدات التي نقلت في الإنذار. وكان التنفيذ بإرسال قوارب مسلحة إلى القطيف بقيادة الملازم فالوز. وقامت هذه القوارب بتدمير حصن جزيرة أبو الليف، كما دمرت سفينة وهابية واحدة كانت راسية في الميناء، ولم تكن تستأهل النقل. وفي الثالث من فبراير، أُرسل فريق بقيادة الملازم لونج ضد حصن الدمام الذي تتولى الدفاع عنه حامية من ١٢ رجلاً، بحسب المعلومات التي كانت لدى وكيل المقيمية. لكن القوارب لم تستطع الاقتراب من الشاطىء، بسبب ضحالة مياه البحر، وبقيت على بعد ٢٠٠ ياردة منه، فاضطر الفريق أن يسير في الماء حتى الشاطىء، وتمكن من احتلال نقاط الحصن القوية خارج الحصن. لكنَّ الحامية كانت أكبر بكثير مما زُعِمَ. وَصُدَّ الهجوم فيما بعد، وقُتِلَ من المهاجمين ثلاثة رجال وضابطان، كما جرح ثلاثة

Captain Pasley's deliberations was a demand made by letter on the Wahhābi Amīr for a written apology in regard to the Sūr affair, for a written assurance that in future such outrages would be prevented, and for payment of compensation, to the extent of $27,000, on account of property lost or destroyed; and it was added that, if in seventeen days from the delivery of the letter to the Wahhābi Governor of Qatīf the required satisfaction had not been afforded, the Wahhābi forts on the seaboard would be destroyed, and the craft in their harbours confiscated. Colonel Pelly was prevented, by the necessity of sustaining with his presence the courage of the Sultān of 'Omān, who was to make an attack on the Wahhābi post at Baraimi, from himself accompanying Captain Pasley; but he sent instead the Residency Agent at Shārjah, who was landed in Bahrain on the 13th of January 1866 as bearer of the letter for the Wahhābi Amīr. The "Highflyer" left Bahrain on the same day for Abu Dhabi and thence cruised along the Trucial Coast, destroying on the way a Qāsimi tower which had been erected, in the Wahhābi interest, on the insulated tract of Zora. On the 23rd of January Colonel Pelly and Captain Pasley met again in Elphinstone Inlet, where a British telegraph station then existed and a rendezvous had been arranged.

British naval operations on the Hasa coast and repulse from Dammām, February 1866

The "Highflyer" left again on the 28th of January for Qatīf, where she arrived on the 30th, and where Captain Pasley learned from the Residency Agent that no reply had as yet arrived from the Amīr, and that the Wahhābi Governor of Qatīf was asking for a respite of twelve days to allow of his communicating with Riyādh. Captain Pasley waited until the 2nd of February and then, the period of grace having expired, proceeded to carry out the threats conveyed in the ultimatum by sending armed boats to Qatīf under Lieutnant Fellowes; these demolished the island fort of Abul Līf and destroyed a single Wahhābi vessel which was found in the harbour and was not worth removing. On the 3rd of February a party under Lieutenant Long was despatched against the Dammām fort, which, according to the information of the Residency Agent, was held by a garrison of only twelve men; but the boats, on account of the shallowness of the water, could not approach within 200 yards of the beach. The party waded ashore and the outworks of the fort were taken, but the garrison was much larger than had been represented, and the assault was eventually repulsed with a loss of three men killed and two officers and three men

آخرون. وفي الرابع من فبراير، وعند ارتفاع المد، جدد الملازم لونج المحاولة على الدمام، وأمطر الحصن طلقات نارية وقنابل وصواريخ. لكن المسافة كانت أكبر من مدى نيران مدافعه. لذلك لم يتمكن من إحداث ثغرة. وفي التاسع من فبراير، التحقت السفينة «هاي فلير» بالعقيد بيلي في مسقط، ونفذت العمليات في ١١ و١٢ من الشهر نفسه، بنجاح بارزٍ ضد قبيلة الجنبة في صور. وفي نهاية المطاف، تلقى العقيد بيلي أوامر من حكومة الهند تدعوه إلى عدم مطالبة الأمير الوهابي بدفع التعويضات وغادرت السفينة الحربية «هاي فلير» الخليج إلى بومباي.

ردّ الأمير الوهابي على الإنذار البريطاني، فبراير ١٨٨٦

انطلق العقيد بيلي إلى خور الفنستون، حيث كان ينتظر خبر احتلال سلطان عمان للبريمي، عندما تلقى في ٢٠ و ٢١ فبراير، نبأ مفاجئاً عن موت السيد ثويني ميتة عنيفة، والظروف المرافقة لهذا الحادث، مما استدعى إيقاف العمليات العمانية ضد البريمي إيقافاً فورياً وكاملاً. ووصلت رسالتان من الأمير الوهابي إلى المقيم بشكل متزامن تقريباً. وفي رسالة منهما مؤرخة في ٢٨ يناير، ورد أن عبد الله قَبِل العرض الذي قُدّم إلى والده لأشهرٍ خَلَتْ، وأنه يدعو العقيد بيلي إلى التوسط في النزاع بين الأمير وسلطان عمان. وفي الرسالة الأخرى التي كانت بمثابة رد على الإنذار البريطاني، ذكر عبد الله أنه يرغب في التشاور، وسيرسل وكيلاً ممثلاً له، للقيام بذلك، وأضاف أن قبيلة الجنبة كانت مذنبة نظراً للعمل الوحشي الذي ارتكبته في صور، كما قال إنه ملزم، بصفته أميراً، أن يستعيد التعويضات لهم.

قيام رسول وهابي إلى بوشهر بترتيب السلام، في ٢١ ابريل ١٨٦٦

بعد ذلك مباشرة، وصل إلى بوشهر رسولٌ وهابي يُدعى محمد بن عبدالله بن مانع، يحمل اقتراحات محددة للسلام. وقد قابله العقيد بيلي، عند عودته إلى ذلك المكان. كما حصل العقيد على إعلان مكتوب من الرسول جاء فيه: إنني بالنيابة عن الأمير عبد الله أُعبّر عن رغبته في السلام، وأؤكد للمقيم بأن الأمير سيوفر الحماية للرعايا البريطانيين في المناطق الوهابية، كما أقطع وعداً بأن الوهابيين لن يتدخلوا مستقبلاً في أوضاع الإمارات العربية المتحالفة مع الحكومة البريطانية، وعلى الأخص سلطنة عمان، إلاّ لجمع الجزية التي ترتكز على العُرف القديم. وبعد أن جرى التقدم بهذه الشروط رسمياً إلى حكومة الهند، أطلع المقيمُ عبدَ الله بن فيصل، بناءً على أوامر الحكومة، في تحريرٍ سلمه إلى الرسول الوهابي، أن الحكومة البريطانية لم تكن ترغب أن تتدخل، ولا ترغب أن تصبح الضامن لأيّ اتفاق قد يُعْقَدُ بين الأمير والسلطان. لكنها فوضت المقيم أن يستخدم مساعيه الحميدة

wounded. On the 4th of February, at high water, Lieutenant Long renewed the attempt on Dammām and plied the fort with shot, shell and rockets; but the range was excessive and no breach could be effected. On the 9th of February the "Highflyer" rejoined Colonel Pelly at Masqat, and operations were carried out on the 11th and 12th, with eminent success, against the Jannabah tribe of Sūr. The orders of the Government of India not to demand compensation from the Wahhābi Amīr were at length received by Colonel Pelly, and the "Highflyer" left the Gulf for Bombay.

Reply of the Wahhābi Amir to the British ultimatum, etc., February 1886

Colonel Pelly next proceeded to Elphinstone Inlet and was there awaiting news of the capture of Baraimi by the Sultān of 'Omān, when, on the 20th and 21st of February, he suddenly received intelligence of the violent death of Saiyid Thuwaini with attendant circumstances by which the 'Omāni operations against Baraimi were at once brought to a standstill. Almost simultaneously two letters from the Wahhābi Amīr reached the Resident. In one of these, dated the 28th of January, 'Abdullah accepted the proposal made to his father some months earlier that Colonel Pelly should mediate in the dispute between the Amīr and the Sultān of 'Omān; and in the other, which was a reply to the British ultimatum, 'Abdullah stated that he desired a consultation and would send an agent. He added that Jannabah were guilty of the outrage at Sūr, but that it was incumbent on himself, the Amīr, to recover compensation from them.

Peace arranged by a Wahhābi envoy to Būshehr, 21st April 1866

Soon afterwards a Wahhābi envoy named Muhammad-bin 'Abdullah-bin-Manāh arrived at Būshehr with definite proposals of peace; and Colonel Pelly, on his return to that place on the 21st of April, gave him an interview. A written declaration was taken from the envoy, in which, on behalf of the Amīr 'Abdullah, he expressed a desire for peace, assured the Resident that British subjects would be protected in the Wahhābi dominions, and promised that, beyond collecting the tribute established by ancient custom, the Wahhābis would not in future interfere with Arab principalities in alliance with the British Government, in particular the Sultanate of 'Omān. These terms having been duly submitted to the Government of India, the Resident under their orders informed `Abdullah-bin-Faisal, in a letter which he handed to the envoy, that the British Government did not wish to intervene or to become the guarantor of any agreement which might be formed between the Amīr and the Sultān, but that they had authorised the Resident to use his good offices in arranging the details of a settlement. It transpired, in the

لترتيب تفاصيل التسوية. وقد اتضح من النقاش، الذي دار في بوشهر، أن «المعاهدة» مع الحكومة البريطانية، التي ذكرها الحاكم الوهابي في مرحلة مبكرة من الإجراءات، لم تكن قائمة فعلاً، كما أن الأمير أشار فقط إلى الرسائل الودية من الحكومة البريطانية، التي كان يجري تسلّمها من وقت إلى آخر. وكانت نظرة الحكومة الوهابية إلى هذه الرسائل على أنها اتفاقات. وقد ظهر أيضاً أن للأمير عبد الله أعداءً كُثُراً، وأن مركزه، في بلاده بالذات، كان معرضاً للاهتزاز. واعتبرت حكومة الهند أن نتيجة العمليات في فبراير ١٨٦٦، كانت مُرْضِيةً بوجه عام. لكنّها اعتبرت أن الإجراءات التي اتُبعت في الدمام وصور كانت متسرعة من غير موجب.

علاقات الأمير الوهابي بالأتراك، ١٨٦٦

بعثة وهابية إلى بغداد، ابريل ١٨٦٦

وفي الوقت نفسه الذي أرسل فيه عبد الله مندوباً عنه إلى بوشهر، أرسل مندوباً آخر هو عبد العزيز السويلم إلى الوالي التركي في بغداد ليشتكي إليه، كما يبدو، من الهجوم البريطاني على الساحل الوهابي، ويطلب من الباب العالي التدخل لمنع تكرار مثل هذا العمل. وكان نامق باشا يميل، من خلال المقيم البريطاني في بغداد، أو مباشرة بواسطة برقية موجهة منه إلى نائب الملكة في الهند، كان يميل أولاً إلى طلب إمكانية تأجيل أي عمل إضافي في هذا الاتجاه، حتى تتمكن الحكومتان البريطانية والتركية من بحث القضية. لكن نشأت، فيما بعد، صعوبة بين الوالي والمبعوث لم تفسر تفسيراً كاملاً، فاضطر إلى مغادرة بغداد في الثالث من مايو في حالةٍ من الخزي.

غارة وهابية على الحدود التركية، ابريل ١٨٦٦

قد تكون الغارة التي شنها الوهابيون في شهر ابريل، بقيادة الأمير عبد الله شخصياً، على القبائل العربية القاطنة على حدود العراق التركي، سبباً من أسباب انهيار المفاوضات، كما يبدو. والظاهر أن الأمير قد جرّد حملة ضد قبيلة الظفير وجزءٍ من قبيلة العنزة؛ ومر بحملته هذه في جبل شمر. وأثناء مطاردته قبيلة الظفير باتجاه الفرات، اصطدم أيضا بقبيلة المنتفق. وتبع ذلك قتال عنيف لم تتأكد نتائجه بشكل واضح. وبعد توقف الأمير مع قواته لفترة من الزمن في جوار الكويت، عاد إلى الرياض. وتلقى الأتراك معلومات أولية أن رعاياهم قد هُزموا في هذه الواقعة. وحين كانت هذه الفكرة تسود، أصدر الوالي توجيهاتٍ إلى مخدومه في البصرة ليكتب إلى الأمير، «شاجباً الحروب بين القبائل الخاضعة للسلطة نفسها، موصياً بالإعادة المتبادلة للمنهوبات كأساسٍ لترتيب الأمور». لكنَّ الموظف نفسه

discussions held at Būshehr, that the "treaty" with the British Government mentioned by the Wahhābi ruler at an early stage of the proceedings did not in fact exist, and that the Amīr referred only to the friendly letters from the British Government which had from time to time been received and were regarded by the Wahhābi Government in the light of agreements. It also appeared that the Amīr 'Abdullah had many enemies, and that his positin in his own country was precarious. The Government of India regarded the outcome of the operations of February 1866 as on the whole satisfactory; but they considered that the procedure followed, both at Dammām and at Sūr, had been unnecessarily hasty.

Relations of the Wahhābi Amīr with the Turks, 1866

Wahhābi mission to Baghdād, April 1866

About the same time that 'Abdullah-bin-Faisal sent an envoy to Būshehr, he despatched an agent named 'Abdul 'Azīz-as-Suwailim to the Turkish Wāli of Bagbdād, apparently to complain of the British attack upon the Wahhābi seaboard and to solicit the intervention of the Porte to prevent its repetition. Namīq Pāsha was at first inclined to request, through the British Resident at Baghdād or directly by telegram from himself to the Viceroy of India, that further action might be deferred until the question could be discussed between the British and the Turkish Governments; but later on some difficulty, not wholly cxplaincd, arosc bctwccn thc Wāli and thc cnvoy; and thc lattcr, on the 3rd of May, left Baghdād in disgrace.

Wahhābi raid on the Turkish border, April 1866

One reason for the breakdown of these negotiations may have been a raid, which was led by the Amīr 'Abdullah in person, apparently during the month of April, upon Arab tribes on the borders of Turkish 'Irāq. The Amīr, it seems, had made an expedition by way of Jabal Shammar against the Dhafīr and part of the 'Anizah tribe; and, in pursuing the Dhafīr towards the Euphrates, he came in conflict also with the Muntafik. Some severe fighting ensued, of which the final result was not clearly ascertained, and the Amīr, after halting with his force for a time in the neighbourhood of Kuwait, returned to Riyādh. The Turks were at first informed that their subjects had been defeated in the encounter, and, while this opinion prevailed, the Wāli of Baghdād directed his subordinate at Basrah to write to the Amīr "deprecating hostilities between tribes subject to the same authority and recommending the mutual restoration of plunder as the basis of accommodation"; but later the

قَبِل، فيما بعد، ١٠ خيول عربية و١٠ جمال، اعترفت قبيلة المنتفق بأنها استولت عليها من الوهابيين.

علاقات الوهابيين بالكويت، ١٨٦٥ - ١٨٧١

لوحظ استخدام الأمير الوهابي للأراضي الكويتية، كخطٍ ينسحب إليه، بعد غارته على حدود العراق التركي عام ١٨٦٦. وفي العام نفسه، عرض عبدالله بن فيصل، كما يبدو، مشاركة شيخ الكويت في هجومٍ على مدينة الزبير، إذا اتخذ الوالي التركي في العراق قراراً ضد الشيخ في نزاعٍ، كان عندئذ معلّقاً، بين الشيخ وبعض سكان المنطقة التركية، حول بعض الممتلكات.

علاقات الوهابيين بالبحرين وقطر، ١٨٦٥ - ١٨٧١

حاكم البحرين يؤدي جزية للوهابيين، ١٨٦٦

أثبت التحقيق، الذي أجراه العقيد بيلي بناءً على أوامر حكومته بعد أزمة ١٨٦٥ - ١٨٦٦، أن حاكم البحرين كان، آنذاك، يتمتع باستقلال عن الأمير الوهابي يكون ناجزاً بمقدار ما يكون لأملاكه في الجزيرة من علاقة. لكنه كان يدفع جزية مقدارها ٤٠٠٠ دولار، كي يضمن، للمناطق التابعة له في الرأس القطري، الأمن من الهجوم الذي تقوم به القبائل الواقعة تحت نفوذ الوهابيين. وبين عامي ١٨٥٢ و ١٨٦٦ كان للأمير الوهابي ممثل خاص به في الدوحة، عاصمة قطر. لكن من المحتمل أن يكون هذا الممثل مجرّد زعيم محلي للمكان.

غزو البحرين من الأراضي الوهابية، ١٨٦٩

وفي عام ١٨٦٩، تم غزو البحرين من الساحل الوهابي، والذي فَقَدَ فيه الشيخ علي بن خليفة حياته. لكن لم يكن هناك دليل واضح على مشاركة الوهابيين في الجريمة. وقد كتب الأمير يتنصل من كل مسؤولية لها علاقة بهذه القضية. بيد أن حكومة الهند أمرت أن يُطلب إليه منع وقوع أحداث مشابهة في المستقبل، دون اللجوء إلى التهديد.

علاقات الوهابيين بعمان المتصالحة وسلطنة عمان، ١٨٦٥ - ١٨٧١

قوة بريطانية تدمر حصناً في منطقة زورا، يناير ١٨٦٦

قامت سفينة حربية بريطانية بتدمير برج في زورا، شيده، في الشارقة، شيخٌ كان في هذا الوقت على وفاق تام مع الوهابيين. وقد ذكرنا ذلك سابقاً في ما يتعلّق بالعمليات عام ١٨٦٦.

same official accepted for himself 10 Arab horses and 10 camels which the chief of the Muntafik professed to have captured from the Wahhābis.

Relations of the Wahhābis with Kuwait, 1865-71

The use of Kuwait territory by the Wahhābi Amīr as a line of retirement after his raid on the frontier of Turkish 'Irāq in 1866 has already been noticed; and in the same year 'Abdullah-bin-Faisal apparently offered to join the Shaikh of Kuwait in an attack on Zubair in case the Turkish Wāli of 'Irāq should decide against the Shaikh in a dispute about property, then pending, between the Shaikh and some residents of Turkish territory.

Relations of the Wahhābis with Bahrain and Qatar, 1865-71

Tribute paid by the Shaikh of Bahrain to the Wahhābis, 1866

An enquiry, held by Colonel Pelly under the orders of Government after the crisis of 1865-66 showed that the Shaikh of Bahrain was now entirely independent of the Wahhābi Amīr in so far as his insular possessions were concerned, but that he paid an annual tribute of $4,000 to secure his dependencies in the Qatar promontory from attack by tribes under Wahhābi influence. At some time between 1852 and 1866 the Wahhābi Amīr had a representative of his own at Dōhah in Qatar; but it is probable that this representative was merely the local headman of the place.

Invasion of Bahrain from Wahhābi territory, 1869

The invasion of the Bahrain Islands in 1869, in which the ruling Shaikh, 'Ali-bin-Khalīfah, lost his life, was carried out from the Wahhābi coast; but there was no clear evidence of complicity on the part of the Wahhābis, and, the Amīr having written to disavow all connection with the affair, the Government of India merely ordered that he should be requested, without threats, to prevent similar occurences in future.

Relations of the Wahhābis with 'Omān and Trucial 'Omān, 1865-71

Destruction by a British force of a tower at Zora, January 1866

The destruction by a British war-vessel of a tower erected in Zora by the Shaikh of Shārjah, who at this time was hand in glove with the Wahhābis, has been mentioned above in connection with the operations of 1866; and by this

وبهذا الإجراء أعيد تثبيت السلام في ساحل عمان المتصالحة، بعد أن وضعته قضية البرج في موضع الخطر.

وفاة وكيل الوهابيين في البريمي نتيجة العنف، في ٧ ابريل ١٨٦٩

في السابع من ابريل ١٨٦٩، قُتل السديري، ممثل الأمير الوهابي في البريمي، بعد أن ذهب إلى الشارقة، وتورط هناك بالمكائد الداخلية وشقاقات عائلة القواسم الحاكمة. وقد قُتل، عندما أطلق عليه النار بسبب شجارٍ وقع في المدينة، كما قُتل عدد من أتباعه معه.

استيلاء سلطان عمان على واحة البريمي من أيدي الوهابيين، في ١٨ يونيو ١٨٦٩

تبع هذا الحادث، بوقت قصير، اختفاء الوهابيين من البريمي التي كانوا قد احتلوها فترة ٧٠ عاماً احتلالاً متواصلاً. وقد وجّه الوهابيون إلى السيد عزان بن قيس، الذي كان قد استولى مؤخراً على منصب السلطنة في عمان، وجهوا طلباً حاسماً لتأدية الجزية، بعد أن قاموا بغزوة استهدفت صحار، وربما حدث هذا الأمر قبل موت الوكيل الوهابي في الشارقة. ونتيجة لكل ذلك، وعندما دعت قبيلة النعيم من البريمي السيد عزان للالتحاق بها والعمل على طرد الوهابيين من الواحة بعد الحادث المؤسف الذي وقع للوكيل، استجاب عزان دون تردد لدعوتها، لأنه رجل مقدام وصاحبُ قرار. وفي حوالي ١٨ يونيو، استسلمت الحامية الوهابية في البريمي، بعد مقاومة طفيفة لقوات عزان المشكّلة من ١٥٠٠ رجل. وبعد أن أقام السيد حامية وشكل حلفاً مع شيخ دبي، عاد منتصراً إلى مسقط.

إخفاق الأمير الوهابي في استعداداته لاستعادة البريمي، ١٨٦٩ - ١٨٧٠

لم يكن عبد الله بن فيصل يميل إلى الخضوع المذل لضياع البريمي، وضياع مركزه بالكامل في عمان المتصالحة وسلطنة عمان. لكن ظروفاً مختلفة جعلته عاجزاً عن القيام بعمل فعال لاستعادتها. وفي أوائل ١٨٧٠، نزل الأمير عبد الله إلى الأحساء حيث باشر بتجميع قوة. ويعتقد أن عدداً كبيراً من القوارب قد جُمِعَ بناءً على أوامره، على طول شاطىء الأحساء وقطر، للقيام بحملة عسكرية تستهدف عمان المتصالحة، ثم ينطلق منها إلى البريمي. لقد ذُكِرَ، فيما بعد، أن الأمير شخصياً وصل إلى العقير: وجرى تذكيره بوعده الذي قطعه سنة ١٨٦٦، بألاّ يعتدي على الإمارات العربية المرتبطة بعلاقات ود وصداقة مع الحكومة البريطانية. كما أن إطاحة القوة البحرية البريطانية ببعض الزعماء المغتصبين للسلطة، الذين استولوا على البحرين، كانت عملاً مفيداً: لأنها أوضحت، في الوقت المناسب،

measure the peace of the Trucial Coast, which the tower had endangered, was re-established.

Death by violence of the Wahhābi agent in Baraimi, 7th April 1869

On the 7th of April 1869 the Sadairi representative of the Wahhābi Amīr in Baraimi, having proceeded to Shārjah and involved himself there in the internal intrigues and dissensions of the ruling Qāsimi family, was shot dead in a broil which arose in the town, and a number of his followers perished with him.

Capture of Baraimi from the Wahhābis by the Sultān of 'Omān, 18th June 1869

This event was shortly followed by the disappearance of the Wahhābis from Baraimi, which they had occupied, almost continuously, for nearly 70 years. Probably before the death of the Wahhābi agent at Shārjah a peremptory demand for payment of tribute had been addressed to Saiyid 'Azzān-bin-Qais, who had recently usurped the Sultanate of 'Omān, and a raid had been made by the Wahhābis on Sohār; consequently, when the Na'īm of Baraimi, after the mishap to the agent, invited Saiyid 'Azzān to join them in expelling the Wahhābis from the Oasis, he complied - being a man of bold and decided character - without hesitation. On or about the 18th of June the Wahhābi garrison of Baraimi surrendered, after a trifling resistance, to 'Azzān's force of about 1,500 men; and the Saiyid, after installing a garrison and forming an alliance with the Shaikh of Abu Dhabi, returned in triumph to Masqat.

Abortive preparations by the Wahhābi Amīr for the recovery of Baraimi, 1869-70

'Abdullah-bin-Faisal was not inclined to submit tamely to the loss of Baraimi and, with it, of his whole position in Trucial 'Omān and 'Omān; but various circumstances incapacitated him for effective action for its recovery. Early in 1870 'Abdullah came down to Hasa, where he proceeded to collect a force; it was believed that large numbers of boats were being collected by his order along the coasts of Hasa and Qatar for an expedition to Trucial 'Omān and thence against Baraimi; and subsequently the Amīr himself was reported to have reached 'Oqair. He was reminded, however, of his promise, given in 1866, not to commit aggressions upon Arab states having friendly relations with the British Government, and the overthrow by a British naval force of some usurping chiefs who had seized Bahrain served as a timely illustration

مخاطر الصراع مع بريطانيا. وفضلاً عن ذلك، كان الأمير يعي تماماً أن غزو البحرين والقيام به من ساحل الأحساء، يمكن أن يجلب له لوم الحكومة البريطانية. وقد زاد تجمعٌ يتكون من شيخ أبو ظبي وشقيق الأمير المتمرد، سعود، والسيد عزان، حاكم مسقط، زاد عمله صعوبة كبيرة في عمان، كما أن الطقس الجاف جعل المياه نادرة على الطرق البرية، من الأحساء إلى البريمي. وفي ابريل ١٨٦٦، وبعد أن وهنت عزيمته بسبب هذه العراقيل، عاد، كما يبدو، إلى عاصمته، حيث أصبحت مكائد أقربائه بالذات مصدر خطر عليه. لقد أوضحت خسارة البريمي أن التفوّق في الأهمية السياسية يعتمد، حتى في البلاد العربية، على امتلاك القوة المادية الكافية في المكان المرغوب في السيطرة عليه، وأنه، في غياب قوة كهذه، لا يمكن أن يستمر طويلاً. وقد تمثلت هذه الحقيقة، على نطاق أوسع، باحتلال المصريين لنجد عام ١٨١٨ ـ ١٨١٩، وفي فترة ١٨٣٨ ـ ١٨٤٠، كما تمثلت باحتلال الأتراك للقصيم في فترة ١٩٠٥ـ١٩٠٧.

ثورة سعود بن فيصل، ١٨٧٠ ـ ١٨٧١

نجاح سعود

بعد زيارة سلطنة عمان، قام سعود، الأخ الأصغر للأمير عبدالله، بعصيان علني، وبدأ يبحث عن حلفاء في كل اتجاه. وقد نجح المقيم السياسي البريطاني في إثناء شيخ البحرين عن تشجيع سعود ومساندته. لكن، في منطقة الأحساء، انضمت الأغلبية الساحقة من البدو إليه، وانضوت تحت لوائه. وقد أعلنت واحتا الأحساء والقطيف تأييدهما لسعود، وهُزم الأمير في معركة قاسية دارت عند آبار جودة في تاف، وأسر سعودٌ محمد، شقيق عبد الله، وسجنه في حصن الدمام.

هرب عبدالله

عند هذه النقطة، يمكن اعتبار أن أول عهد لعبد الله بن فيصل قد وصل إلى نهايته، لأنه هرب إلى جبل شمر، الذي كان أميره مرتبطاً بعبد الله من خلال المصاهرة، وحاول، بواسطة شيخ الكويت، القيام بمفاتحات للحصول على معاونة الأتراك واعداً بتأدية الجزية. ويبدو أن تأدية الجزية من قبل الأمير للباب العالي قد أصبحت، كما يبدو، غير منتظمة، أو أنها توقفت تماماً منذ زمن الأمير فيصل.

of the dangers of a conflict with Britain, besides which he was aware that the invasion of Bahrain, committed as it had been from the coast of Hasa, might be laid to his charge by the British Government. A combination formed by the Shaikh of 'Abu Dhabi, the Amīr's rebellious brother Sa'ūd, and Saiyid 'Azzān of Masqat greatly increased the difficulty of his task in 'Omān; and the dryness of the season had made water scarce upon the routes by land from Hasa to Baraimi. In April 1866, dispirited by these obstacles, 'Abdullah seems to have returned to his capital, where the intrigues of his own relations had become a source of danger. The loss of Baraimi illustrated the truth, exemplified on a larger scale by the Egyptian occupations of Najd in 1818-19 and 1838-40 and by the Turkish occupation of Qasīm in 1905-07 that political paramountcy depends even in Arabia on the possession of sufficient material force at the place to be dominated, and that in the absence of such force it cannot long continue.

Rebellion of Sa'ūd-bin-Faisal, 1870-71

Successes of Sa'ūd

After visiting the Sultanate of 'Omān, Sa'ūd, the younger half-brother of the Amīr 'Abdullah, broke into open rebellion and began to seek for allies in every direction. The Shaikh of Bahrain was successfully dissuaded by the British Political Resident from lending countenance to Sa'ūd; but in the Hasa province a majority of the Bedouins quickly joined his flag. The oases of Hasa and Qatīf declared for Sa'ūd; the Amīr was worsted in a severe encounter at the wells of Jūdah in Taff; and Sa'ūd captured 'Abdullah's full brother Muhammad, whom he confined in the fort at Dammām.

Flight of 'Abdullah

At this point the first reign of 'Abdullah-bin-Faisal may be considered to end; for he fled to Jabal Shammar, of which state the Amīr was nearly related to him by marriage, and through the Shaikh of Kuwait he made overtures for the support of the Turks, promising to render them tribute. The payment of tribute by the Amīr to the Porte had, it would appear, become irregular or been altogether discontinued since the time of the Amīr Faisal.

سعود بن فيصل، ١٨٧١ - ١٨٧٥

احتلال الأتراك للأحساء، ١٨٧١

قبل الأتراك دعوة عبد الله بسرعة وابتهاج، واعترفوا به فوراً «قائمقام» لهم في نجد. وكما ذكرنا في مكان آخر، أُرسلت قوة تركية لاحتلال الأحساء والتقدم إلى وسط شبه الجزيرة العربية، وكان ذلك بمساعدة شيخ الكويت.

العمليات العسكرية التركية في الأحساء، ١٨٧١

ذُكرت المعركة وأعمال الأتراك التي تلتها ذكراً مفصلاً في تاريخ الأحساء. لقد نزلوا إلى البر في رأس تنورة بتاريخ ٢٦ مايو ١٨٧١، وسقطت بلدة القطيف في الثالث من يونيو. وفي الخامس منه، سقطت الدمام، ونجا عبد العزيز، ابن الأمير سعود، من الوقوع في قبضة الأتراك. لكنه ترك وراءه، بعد الهرب، الأسير محمد بن فيصل، الذي أطلق الأتراك سراحه. وقد أعلن نافذ باشا، قائد القوات التركية في القطيف، أن هدف الحملة كان إعادة السلطة إلى «القائمّقام» عبد الله في نجد، وأن سعود وأتباعه سيشملهم العفو، إذا أعلنوا خضوعهم. ففي يوليو، احتل الجنود الأتراك الأحساء دون معارضة، لكن اتضحت الآن استحالة تقدمهم، عبر الصحراء، إلى الرياض. وهكذا أصبحت الهفوف المقر الدائم لقيادة جيش الاحتلال.

تحركات القادة الوهابيين، ١٨٧١

بعد أن ناشد عبد الله الأتراك أن يساعدوه، يفترض أن يكون قد عاد إلى نجد، لأنه، عندما كان الجنود الأتراك يجتاحون الأحساء، ورد تقرير أن الأمير سعود كان يحاصر عبد الله في حصنٍ بمنطقة الخرج. أما عبد الله، الذي كانت قبيلة قحطان ما تزال ملتزمة بقضيته، فقد أُجبر في النهاية على الهرب من الخرج. وعندما قابل سعود ثانية إلى الغرب من الرياض، كانت النتيجة غير مرضية. عندئذٍ تمكن الأمير من امتلاك العاصمة، ووجد عبد الله عذراً لنفسه، متذرعاً بأن عدم وجود الأمن على الطرقات في الداخل، قد منعه من الظهور في وقت مبكر، ثم التحق بنافذ باشا في الأحساء. لكنه اكتشف أن هدف الأتراك كان شيئاً مختلفاً تماماً عن مجرد إعادته إلى السلطة. ففي اكتوبر، وبعد أن وُضع عبد الله تحت المراقبة، وتعرض للضغط كي يستقيل، هرب من مخيم العثمانيين بصحبة ابنه تركي، وانسحب إلى نجد، حيث سبقه شقيقه محمد. أما الأمير سعود، الذي أمل أن يحلّ محل عبد الله كمرشح للأتراك، فقد امتنع بحذر عن القيام بأعمال عدوانية ضد الجنود في الأحساء.

SA'ŪD-BIN-FAISAL, 1871-75

Conquest of Hasa by the Turks, 1871

The invitation of 'Abdullah was accepted with alacrity by the Turks, who immediately recognised him as their Qāim-Maqām of Najd; and with the assistance of the Shaikh of Kuwait, as related elsewhere, a Turkish force was despatched to occupy Hasa and advance into Central Arabia.

The Turkish operations in Hasa, 1871

The details of the campaign and of the subsequent proceedings of the Turks are given at length in the history of Hasa. Their disembarkation took place at Rās Tanūrah on the 26th of May 1871, and Qatīf town fell upon the 3rd, and Dammān upon the 5th of June; at the latter place 'Abdul 'Azīz, a son of the Amīr Sa'ūd, escaped capture by the Turks but left behind him in his flight the prisoner Muhammad-bin-Faisal, whom the Turks set at liberty; and it was proclaimed at Qatīf by Nāfiz Pāsha, the commander of the Turkish forces, that the object of the expedition was to restore the authority of the "Qāim-Maqām" 'Abdullah in Najd, and that Sa'ūd and his adherents would be pardoned if they submitted. In July the Hasa Oasis was occupied by the Turkish troops without opposition, but the impossibility of their advancing across the deserts to Riyādh was now apparent, and Hofūf became the permanent headquarters of the army of occupation.

Movements of the Wahhābi leaders, 1871

After invoking the help of the Turks 'Abdullah must have returned to Najd, for, when the Turkish troops were overrunning Hasa, the Amīr Sa'ūd was reported to be besieging 'Abdullah in a fort in the Kharj district. 'Abdullah, to whose cause the Qahtān tribe still adhered, was at length obliged to fly from Kharj; and, when he again encountered Sa'ūd to the west of Riyādh, it was with unfavourable results. The Amīr then obtained possession of the capital, and 'Abdullah, excusing himself by the insecurity of the routes in the interior for not having made an earlier appearance, joined Nāfiz Pāsha in Hasa; but he soon discovered that the object of the Turks was something quite different from his own restoration to power. In October, after being placed under surveillance and pressed to resign, 'Abdullah fled from the Ottoman camp with his son Turki, and retired to Najd, whither his brother Muhammad had preceded him. The Amīr Sa'ūd, who probably hoped to supersede 'Abdullah as the Turkish nominee, carefully abstained from hostilities against the troops in Hasa.

وقد أثارت سخطاً كثيراً في الرياض الأعمال المستبدة التي قام بها البدو من أتباع سعود. وأفاد عمّ الأمير عبد الله بن تركي من الشعور بالكرامة المهانة ليسيطر على العاصمة. عندئذ، كتب محمد إلى القائد التركي في الهفوف، وتلقى مقابل ذلك أموالاً ومؤناً، كما كُرّم بتعيينه مديراً على الرياض بإمرة القائمقام عبد الله.

وقد أثار هذا الأمر سخط الأمير سعود، فقطع علاقته بالأتراك، وهاجمهم في الأحساء بقوة استمدها من قبيلة العجمان، وآل مرة، والدواسر، لكن لم يُقدّر له النجاح. وبعد فشله أقام في جوار قطر، حيث أجبر سكان الساحل على أن يساهموا في إعالته هو وأتباعه، وكان يقوم، بين الفينة والأخرى، بغاراتٍ على خطوط مواصلات الأتراك.

ضم الأتراك للأحساء نهائياً، ١٨٧١ ـ ١٨٧٢

بعد فرار عبد الله وهجوم سعود على الأحساء، أعلن مدحت باشا، والي بغداد، الذي قام بزيارة للهفوف أثناء جولته، في نهاية نوفمبر ١٨٧١، أعلن أن الحكم الوهابي في نجد قد انتهى، وأن الأتراك قد أخذوا على عاتقهم إدارة البلاد مباشرة. وعُين، نتيجة ذلك، نافذ باشا أوّلَ متصرف. هذه الخطوات، التي ينبغي الاعتراف بها، قد اتخذت نتيجةً لعريضة تقدم بها أهل الأحساء.

لكن يبدو أنه أسيء تفسير شكاواهم، أو ربّما عُرِضت بشكلٍ خاطىء في هذه المرحلة المبكرة. ومن الجائز، على كل حال، أن يكون السكان قد آثروا الحكم التركي، بسبب مرونته في بعض الوجوه، وفضلوه على سيطرة الوهابيين التي لم تكن تحظى بشعبية في الأحساء.

النتائج السياسية لضم الأحساء إلى تركيا

تأثر التاريخ التالي لنجد تأثراً كبيراً بضم الأحساء إلى تركيا، وجعل أقصر الطرق من البحر إلى بلاد الوهابيين تحت سيطرة العثمانيين. وبالفعل، كانت جميع الخطوط العملية التي تسمح بالوصول إلى أواسط شبه الجزيرة العربية، عدا تلك التي من الكويت، كانت تمر في المنطقة التركية. وقد تمكن الباب العالي، على هذا النحو، من تشديد قبضته على نجد. ومن الجدير بالملاحظة أن احتلال الأتراك للأحساء، الذي كان يمكن دعمه من البحر فقط، قد جعل مركز تركيا في الخليج أكثر تعرضاً للهجوم، من ذي قبل لمواجهته مع القوى البحرية الأخرى.

Much discontent had been excited at Riyādh by the high-handed proceedings of Sa'ūd's Bedouins, and the Amīr's uncle 'Abdullah-bin-Turki availed himself of the general indignation to seize and hold the capital. Muhammad then wrote to the Turkish commander at Hofūf, received in return some money and supplies, and was honoured by being appointed Mudīr of Riyādh under the Qāim-Maqām 'Abdullah. The Amīr Sa'ūd, incensed by these proceedings, then broke with the Turks and attacked them in Hasa with a force drawn from the 'Ajmān, Āl Morrah and Dawāsir tribes, but unsuccessfully. After his failure he established himself in the neighbourhood of Qatar, where he compelled the coast population to contribute to the support of himself and his following, and from time to time he made raids upon the Turkish lines of communication.

Complete annexation of Hasa by the Turks, 1871-72

After the flight of 'Abdullah and the attack on Hasa by Sa'ūd, Mid-hat Pāsha, Wāli of Baghdād, who visited Hofūf on tour at the end of November 1871, announced that Wahhābi rule in Najd was at an end and that direct administration of the country had been assumed by the Turks; and Nāfiz Pāsha was installed as the first Mutasarrif. These steps were professedly taken in consequence of a petition submitted by the people of Hasa, but it appears that the meaning of their representations was misunderstood or, more probably, misrepresented. At this early period, however, it is possible that Turkish rule may have been preferred by the inhabitants, on account of its laxity in some respects, to the domination of the Wahhābis, which had never been popular in Hasa.

Political results of the annexation of Hasa to Turkey

The subsequent history of Najd was greatly influenced by the Turkish annexation of Hasa, which brought the shortest of all the routes from the sea to the Wahhābi country under Ottoman control; indeed all practicable lines of access to Central Arabia, except that from Kuwait, ran after this through Turkish territory, and a powerful hold upon Najd was thus obtained by the Porte. It should be observed, however, that the Turkish occupation of Hasa, which can only be supported from the sea, has made the position of Turkey in the Persian Gulf more vulnerable than before vis-à-vis of maritime powers.

سلوك القادة الوهابيين، ١٨٧٢

بعد ذلك، كتب عبد الله من الرياض يلوم الأتراك على نفاقهم، وعُقدت، أكثر من مرة، مصالحة اسمية بينه وبين شقيقة سعود. لكنّ الجمع بينهما كان دائماً ينفرط بالسرعة نفسها التي ينعقد بها، وذلك بسبب المسلك الغادر لعبد الله الذي كان يقوم بمهاجمة القبائل الأكثر إخلاصاً لسعود، ومنها قبائل شمر والعجمان. أما الأمير سعود، فإنه، من جهته، قد بدَّد القوة التي كان ينبغي الاحتفاظ بها لمقاتلة الأتراك، بخصوماتٍ مع قبائل صغيرة وعادية ومتنوعة تعيش في جواره.

التحركات التالية للقادة الوهابيين وعلاقاتهم بالأتراك، ١٨٧٢ ـ ١٨٧٤

هزيمة الأمير قرب الكويت، ١٨٧٢

في أوائل عام ١٨٧٢، ظهر الأمير سعود في جوار الكويت مع قوة تعاني من نقصٍ كبيرٍ في المؤن، فهدد بنهب البلد ما لم يُغَثْ بتلبية بعض الحاجات الضرورية. لكن الشيخ تصرف بحكمة، ولجأ إلى إغراء أتباع الأمير سعود الرئيسيين بترك معسكره، ثم قام بهجوم عليه فاضطره إلى الفرار مع ١٥ فقط من أتباعه.

مهمة حاجي أحمد خان، واعتقال الأتراك الغادر لشقيق الأمير ووكيله، ١٨٧٢ ـ ١٨٧٣

انقضت فترة من الزمن والأتراك يُفاوضون سعود. وقد عرضوا أن يعترفوا بسلطته، شرط أن يعترف بتبعيته للباب العالي، ويتخلّى عن سلطته على الساحل، ويؤدي الجزية نفسها التي كان يؤديها والده فيصل، ويعوّض الأتراك عن التكاليف التي تكبدوها أثناء عملياتهم في الأحساء، ويرسل اثنين من أبنائه رهينتين يقطنان في بغداد. وبعد أن خفّ احتياطيّه في الكويت، ووجد نفسه يعاني من ضيقٍ خانق، كتب إلى حاجي أحمد خان في بوشهر، الذي شغل مؤخّراً مركز نائب حاكم بندر عباس، بعد أن شغل ذات يوم مركز وزيرٍ لسلطان عمان، كتب مخوّلاً إياه السلطة ليعالج الأمور بالنيابة عنه. وبعد زيارة قام بها حاجي أحمد لرؤوف باشا، والي بغداد، وصل إلى الأحساء في سبتمبر ١٨٧٢. أما الأمير سعود الذي شكك في نوايا كلا الفريقين، شقيقه والأتراك، فقد رفض مغادرة منطقة الخرج، حيث كان في ذلك الوقت، وأصبح اللقاء الشخصي مستحيلاً. لكن شقيقه عبد الرحمن ظهر في الأحساء ليمثّله، وكان ظهوره مع شخصٍ يُدعى فهد بن سويتان كان قد عيّنه وكيلاً له في الأحساء. وقد أخذ حاجي أحمد خان عبدَ الرحمن إلى بغداد للاحتفاظ به كرهينة. ولم يلقَ فهد معاملة أفضل، إذ أُلقيَ القبض عليه في فبراير ١٨٧٣، بتهمة التآمر، وكُبّل بالسلاسل، وأُرسل إلى بغداد، بعد إرسال عبد الرحمن.

Behaviour of the Wahhābi leaders, 1872

'Abdullah after this wrote from Riyādh reproaching the Turks with their duplicity, and more than once a nominal reconciliation between him and his brother Sa'ūd was arranged; but the combination was always broken up, as soon as formed, by the treacherous behaviour of 'Abdullah in attacking the tribes most devoted to Sa'ūd, such as the Shammar and the 'Ajmān. The Amīr Sa'ūd, on his part, wasted the strength which he should have reserved for fighting the Turks in quarrels with various petty tribes in his neighbourhood.

Subsequent movements of the Wahhābi leaders, and their relations with the Turks, 1872-74

Defeat of the Amīr near Kuwait, 1879

Early in 1872 the Amīr Sa'ūd appeared in the neighbourhood of Kuwait with a force greatly distressed for provisions and threatened to plunder the town unless his necessities were relieved; but the Shaikh, after judiciously enticing his principal supporters away from his camp, attacked him, and he fled accompanied by only 15 followers.

Mission of Hāji Ahmad Khān and treacherous seizure by the Turks of the Amīr's brother and agent, 1872-73

The Turks had now for some time been in negotiation with Sa'ūd, and they had offered to recognise his authority on condition that he should admit his subordination to the Porte, relinquish his authority upon the coast, pay the same tribute as his father Faisal, indemnify the Turks for the cost of their operations in Hasa, and send two of his sons to reside as hostages at Baghdād. After his reverse at Kuwait, finding himself reduced to the utmost straits, the Amīr wrote to Hāji Ahmad Khān of Būshehr, lately Deputy-Governor of Bandar 'Abbās and once Wazīr of the Sultān of 'Omān, empowering him to treat on his behalf; and, after a visit to Raūf Pāsha, Wāli of Baghdād, the Hāji arrived in Hasa in September 1872. The Amīr Sa'ūd, who distrusted the intentions both of his brother 'Abdullah and of the Turks refused to leave the district of Kharj, where he then was, and a personal meeting became impossible; but there appeared in Hasa, to represent him, his brother 'Abdur Rahmān and a certain Fahad-bin-Suwaitān, whom he had appointed to be his agent in Hasa. 'Abdur Rahmān was conducted by Hāji Ahmad Khān to Baghdād and was there detained as a hostage; nor did Fahad experience better treatment, for in February 1873 he was arrested on a charge of intrigue, thrown into irons, and sent after 'Abdur Rahmān to Baghdād.

طرد عبد الله من جنوب نجد، ١٨٧٣

في آخر الأمر، طرأ بعض التحسن على مركز سعود، فأدّى اعتقال الأتراك لأحد شيوخ العجمان الكبار إلى انضواء الكثير من المتطوعين تحت لوائه، فهَزم عبد الله في الخرج، وسجَنه في الرياض. وفي النهاية، احتل العاصمة، في حين فرّ عبد الله إلى جوار الكويت، أو، بحسب رواية أخرى، وجد ملاذاً له بين البدو الغربيين في إمارة جبل شمر*. لقد كان عبد الله مرتبطاً ارتباطاً وثيقاً بعائلة الرشيد، بعد زواجه، أولاً، بنوره**، الابنة المعروفة لأمير شمر، الأمير عبد الله. وبعد موت نوره، تزوج عبد الله شقيقة حميد بن عبيد. لكنّ الأمير محمد لم يسمح له بالاقتراب من حائل، ولم يفعل له شيئاً أكثر من إمداده بالخيل والجمال والأغنام التي يحتاج إليها في معيشته.

مفاوضات عبد الله مع الأتراك

نصح محمد شقيقه عبد الله بالخضوع لسعود. لكنه، شخصياً، رفض التفكير في ذلك. لقد تجاوب مع عُروضٍ قدمها إليه ناصر باشا، رئيس المنتفق، ممثل الأتراك. لكن لم يكن في الإمكان إقناعه بزيارة بغداد، أو حتى بزيارة الكويت. بَيْدَ أنه أرسل أمين السر الموثوق به، محبوب، الذي أعيد إلى مكانته المقربة لينقل اقتراحاته. وكان عبد الله ذات يوم مسؤولاً عن واحة البريمي، لكنه طُرد من هذا المركز. أما الاقتراحات، فقد نصت على أنه ينبغي، في البدء، إعادة القطيف والأحساء إليه، ويكون هو، في هذه الحال، على استعداد لأداء الضريبة. لكن ينبغي ألاّ يطلب منه أن يضع نفسه تحت سلطة الأتراك.

تمرد غير ناجح يقوده عبد الرحمن، شقيق الأمير، ضد ممثل تركيا في الأحساء، ١٨٧٤

في مارس ١٨٧٤، وبناء على نصيحة ناصر باشا، رئيس المنتفق، انسحب الأتراك من الاحتلال العسكري للأحساء، وتركوا براك بن عرير، أحد شيوخ بني خالد، ممثلاً لهم كحاكم تسانده في ذلك مجموعة من رجال الشرطة. وفي اغسطس من السنة نفسها، أُطلق من الأسر في بغداد سراح عبد الرحمن، شقيق سعود، ثمّ أُطلق سراح فهد بن سويتان. وبعد فترة قصيرة، وصل عبد الرحمن إلى البحرين، وبدأ مراسلة القبائل على البر. وبعد بضعة أسابيع، نزل إلى البر في العقير، والتحق به الألوف من قبيلة العجمان

* ربّما كانت هذه الرواية تشير إلى فراره الأول إلى جبل شمر حوالي عام ١٨٧٠.

** كان شقيقها محمد، أمير شمر، متعوّداً استعمال الاسم كنوعٍ من القسم، أو الإقرار المغلّظ.

Expulsion of 'Abdullah from Southern Najd, 1873

The position of Sa'ūd at length showed signs of improvement: the seizure by the Turks of a leading 'Ajmān Shaikh brought many recruits to his standard; he defeated 'Abdullah in Kharj and shut him up in Riyādh; and finally he took the capital, while 'Abdullah fled to the neighbourhood of Kuwait, or, according to another account, found an asylum among the western Bedouins of the Jabal Shammar principality.* 'Abdullah was closely connected with the house of Rashīd, having married first Nūrah,**a celebrated daughter of the Shammar Amīr 'Abdullah, and, after her death, a sister of Hamūd-bin-'Obaid; yet the Amīr Muhammad would not allow him to approach Hāil, nor do more than supply him with such horses, camels and sheep as he required for his subsistence.

Negotiations of Abdullah with the Turks

'Abdullah was at this time advised by his full brother Muhammad to submit to Sa'ūd, but he declined to entertain the idea; he responded, however, to advances made to him by Nāsir Pāsha, Muntafik, on the part of the Turks. He could not be persuaded to visit Baghdād or even Kuwait; but he sent the confidential secretary Mahbūb, now restored to favour, whom he had at one time placed over the Baraimi Oasis but who had been driven out thence, to convey his proposals: these were to the effect that Qatīf and Hasa should be restored to him, in which case he would pay revenue, but that he should not be required to place himself in the power of the Turks.

Unsuccessful rebellion, headed by the Amīr's brother 'Abdur Rahmān against the Turkish representative in Hasa, 1874

In March 1874, on the advice of Nāsir Pāsha, the Muntafik chief, the Turks withdrew from their military occupation of Hasa, leaving Barrāk-bin-'Arair, a Shaikh of the Bani Khālid to represent them as governor with the support of a body of gendarmerie. In August of the same year 'Abdur Rahmān, the brother of Sa'ūd, and soon after him Fahad-bin-Suwaitān were released from their captivity at Baghdād; 'Abdur Rahmān shortly arrived in Bahrain and opened a correspondence with the tribes of the mainland; a few weeks later he landed at 'Oqair and was joined by thousands of the 'Ājmān,

---

*Possibly this statement refers to his earlier flight to Jabal Shammar about 1870.

**Her brother, the Shammar Amīr Muhammad, was accustomed to use Nūrah's name as a sort of oath or asseveration.

وآل مرة وغيرهم من القبائل. وجرى ذبح عدد من الشرطة الأتراك، وحوصر براك في حصن الهفوف، ثم تفجّر الشقاق بين آل العجمان المساندين لعبد الرحمن. وعندما اقترب ناصر باشا، رئيس المنتفق الذي كان مسؤولاً عن الترتيبات التي اتُخذت مع براك، تبعثر الجيش الوهابي، وذهب عبد الرحمن ليلتحق بأخيه، أمير الرياض. وبعد ذهابه، عاقب الأتراك العصاة في واحة الأحساء بمنتهى القسوة المُجرّدة من كل رحمة.

موت سعود، في ٢٥ يناير ١٨٧٥

في ٢٥ يناير ١٨٧٥، توفي الأمير سعود بمرض الجدري.

علاقات الأمير سعود بالحكومة البريطانية، ١٨٧١ - ١٨٧٥

السياسة العامة للحكومة البريطانية

كان سعود، أثناء فترة حكمه القصيرة والمضطربة، كان يراسل المقيم البريطاني في بوشهر بحرية كاملة. لكنه لم يتلقَّ العون الذي كان يهدف إلى الحصول عليه من هذه المراسلات. لقد ورد، في تاريخ تلك المنطقة، وصف مسهب لسياسة الحكومة البريطانية المتعلقة بالاحتلال التركي للأحساء. وكانت هذه السياسة تهدف باختصار إلى طمأنة حكام الإمارات العربية المحاذية للأحساء، ومنْعِهم من توريط أنفسهم مع الأتراك والحدّ، قدر المستطاع، من نطاق العمليات العسكرية التركية.

المراسلات مع سعود، ١٨٧١ - ١٨٧٣

في مستهل الحرب، طلب سعود من السلطات البريطانية إمّا أن تمنع شيخ الكويت من مساعدة الأتراك بتقديم السُفن، وإما أن تسمح له، كأميرٍ، أن يتخذ ما يراه مناسباً ضد الشيخ في البحر. لكنه لم يتلقَّ ردّاً على هذا الاتصال. وفي سبتمبر ١٨٧١، ألح سعود على أن الأعمال التي يقوم بها الأتراك ضده تندرج في الاعتداءات البحرية التي تعوّدت الحكومة البريطانية العمل على منعها، واقترح أن تقوم بريطانيا بدور الحكم بينه وبين الأتراك. وفي يونيو ١٨٧٢، وأيضاً في مارس ومايو ١٨٧٣، استنجد سعود مرة أخرى بالبريطانيين لأسباب مختلفة، أبرزها الصداقة القديمة بين أمير نجد والحكومة البريطانية، فضلاً عن السياسية التقليدية للحكومة نفسها التي تمنع الإنزالات البحرية على ساحل الخليج. وبما أن سعود اعتمد على هذه السياسة، كما قال، فقد أهمل الدفاع عن إقليم الأحساء. بعد ذلك، أسقط الأمير لهجته الجدلية، ولم يُبْقِ إلا طلب صداقة الحكومة البريطانية والتمنيات الطيبة. وقد صدرت التعليمات إلى المقيم السياسي أن يشرح لسعود، إذا عاد إلى السؤال وطلب

Al Morrah and other tribes; a number of the Turkish gendarmerie were slain, and Barrāk was besieged in the fort of Hofūf. Dissensions, however, broke out among the 'Ajmān supporters of 'Abdur Rahmān; and, on the approach of Nāsir Pāsha, Muntafik, who was responsible for the arrangements with Barrāk, with a Turkish military force, the Wahhābi army dispersed and 'Abdur Rahmān proceeded to join his brother the Amīr at Riyādh. The Turks, after his departure, punished the insurgents of the Hasa Oasis with merciless severity.

Death of Sa'ūd, 25th January 1875

On the 25th of January 1875 the Amīr Sa'ūd died of small-pox.

Relations of the Amīr Sa'ūd with the British Government, 1871-75

General policy of the British Government

Sa'ūd, during his short and troubled reign, corresponded freely with the British Resident at Būshehr; but he did not receive that assistance which it was his object, in so doing, to obtain. The policy of the British Government with reference to the Turkish occupation of Hasa is fully described in the history of that province; it was, briefly, to reassure the rulers of Arab principalities adjoining Hasa, to prevent them from embroiling themselves with the Turks, and to restrict as much as possible the scope of the Turkish operations.

Correspondence with Sa'ūd, 1871-73

At the beginning of the war Sa'ūd requested the British authorities either to rcstrain thc Shaikh of Kuwait from aiding thc Turks with vcsscls or to permit him, the Amīr, to take action against the Shaikh at sea; but to this communication no answer was returned. In September 1871 Sa'ūd urged that the proceedings of the Turks against himself belonged to that class of maritime aggressions which the British Government had been accustomed to prevent, and he suggested that Great Britain should arbitrate between him and the Turks. In June 1872 and in March and May 1873 Sa'ūd again invoked the help of the British authorities upon various grounds, especially the old friendship between the Amīr of Najd and the British Government and the traditional policy of that Government itself in preventing maritime descents upon the coasts of the Gulf - relying upon which, so Sa'ūd stated, he had neglected to defend his province of Hasa. Later the Amīr dropped his argumentative tone and merely asked for British friendship and good wishes. The Resident was instructed, should Sa'ūd revert to the question and demand

المساعدة كحقٍّ له، أنه لا يمكنه أن يطالبَ بالإفادة من التدخل البريطاني، لأنه لم يكن فريقاً في أي معاهدة بحرية مع بريطانيا، كما أنه لم يتلقَّ أيّ تأكيد بالحماية.

إطلاق سراح شقيق الأمير ووكيله، ١٨٧٤

شكا سعود، عند إلقاء القبض على وكيله في الأحساء، فهد بن سويتان، شكا إلى المقيم السياسي البريطاني في الخليج من غدر الأتراك، لكنه تلقى ردًا مهذَّباً فحواه أن الحكومة البريطانية لا تستطيع التدخل في القضية. لكن المقيم السياسي في بغداد أحال القضية إلى السفير البريطاني في القسطنطينية. ومن المحتمل أن يكون إطلاق سراح عبد الرحمن وفهد قد جرى بواسطة السفير البريطاني.

عبد الله بن فيصل (عهده الثاني)، ١٨٧٥ - ١٨٨٧

التاريخ العام لنجد، ١٨٧٥ - ١٨٨١

شقاق بين آل سعود، من يناير إلى يوليو ١٨٧٥

ترك موت سعود بن فيصل السيادةَ على الممتلكات الوهابية المتقلصة قضيةً يدور حولها الجدل بين أقربائه. فقد كان عبد الرحمن بن فيصل يميل إلى إقامة علاقة طيبة مع أخيه عبد الله. لكن الفقهاء الوهابيين رفضوا أن يكون لهم به أي علاقة: بسبب علاقته بالأتراك. ويبدو أن ثمة قوة قد أرسلت ضده من الرياض. وحوالي ابريل ١٨٧٥، قام محمد، الابن الاكبر للمرحوم الأمير سعود، بالالتحاق بفريق عبد الرحمن في العاصمة، في حين أُبعد عبد الله، كما يبدو، عن البلد وأُجبر على أن يعسكر خارج الأسوار. وفي يوليو، تلقى المقيم السياسي في بوشهر، ووكيل المقيمية في البحرين، رسائل من عبد الرحمن، أعلن فيها أنه أصبح الآن حاكم نجد، وأنه يسيطر على العاصمة، وأن عبد الله أصبح هارباً في الصحراء، لكنه لم يتلقّ ردّاً على اتصاله.

مصالحة بين آل سعود، اغسطس ١٨٧٥

مهما يكن من أمر، فإن عبد الله هَزَم عبد الرحمن حوالي أغسطس ١٨٧٥، ودخل الرياض من جديد، حيث وضع نفسه، ظاهرياً على الأقل، موضع المُصالِح والمُهادن لجميع أعضاء عائلته، وأصبح عبد الرحمن وزيراً لعبدالله ومستشاراً له موثوقاً به. أما محمد وعبد العزيز، الابنان الأكبران للمرحوم الأمير سعود، اللذان كانا، حتى الآن، ما يزالان يافعِين وبلا نفوذ، فقد صالحا عمهما. هذه المصالحة بين آل سعود جعلت المتصرف في الأحساء يتوقف عن المراسلات مع عبد الله، بعد أن كان مقتنعاً بها من

assistance as a right, to explain to him that, as he was not a party to any maritime treaty with Britain and had received no assurances of protection, he could not claim the benefit of British intervention.

Release of the Amīr's brother and agent, 1874

On the arrest of his agent in Hasa, Fahad-bin-Suwaitān, Sa'ūd complained to the British Resident in the Persian Gulf of the treachery of the Turks and was courteously informed in reply that the British Government could not interfere in the matter; but the case was referred by the Resident at Baghdād to the British Ambassador at Constantinople, and it was possibly through the instrumentality of the latter that 'Abdur Rahmān and Fahad were subsequently released.

'ABDULLAH-BIN-FAISAL (SECOND REIGN),1875-87

General history of Najd, 1875-81

Dissensions among the Al Sa'ūd January to July, 1875

The death of Sa'ūd-bin-Faisal left the sovereignty of the shrunken Wahhābi dominions in dispute among his relations. 'Abdur Rahmān-bin-Faisal was inclined to make terms with his half-brother 'Abdullah, but the Wahhābi priesthood, on account of the latter's connection with the Turks, would have none of him; and a force seems actually to have been despatched against him from Riyādh. About April 1875 Muhammad, the eldest son of the late Amīr Sa'ūd, joined the party of 'Abdur Rahmān in the capital, while 'Abdullah, it would appear, was excluded from the town and obliged to camp outside the walls. In July the British Political Resident at Būshehr and the Residency Agent in Bahrain received letters from 'Abdur Rahmān, in which he announced that he was now ruler of Najd and held the capital, and that 'Abdullah had become a fugitive in the desert; but no reply was sent to his communication.

Reconciliation among the Āl Sa'ūd, August 1875

About August, however, 'Abdullah defeated 'Abdur Rahmān and re-entered Riyādh, where he set himself, at least in appearance, to conciliate all the members of his family. 'Abdur Rahmān became 'Abdullah's Wazīr and confidential adviser; and Muhammad and 'Abdul 'Azīz, the two eldest sons of the late Amīr Sa'ūd, who were as yet young and without influence, made peace with their uncle. This reconciliation among the Āl Sa'ūd caused the Mutasarrif of Hasa to withdraw from a correspondence with 'Abdullah on

قبل، عندما كان نجم عبد الرحمن قد بدأ يلمع. وكان العجمان القبيلة الوحيدة التي لم تُبدِ الخضوع الفوري لسلطة عبد الله.

ثورة في الأحساء ضد الأتراك، ١٨٧٨

منذ نهاية عام ١٨٧٥، إلى نهاية عام ١٨٧٨، ساد الهدوء، ظاهرياً، وسط شبه الجزيرة العربية. لكن، في صيف ١٨٧٨، حدثت انتفاضة في الأحساء ضد الإدارة التركية ترأسها محمد وعبد الرحمن، ابنا الأمير الوهابي المرحوم سعود. وقد أخفقت هذه الثورة، بعد انتصارات أولية في واحة القطيف، كما ورد في تاريخ الأحساء. وفي ديسمبر ١٨٧٨، وصل القائد الوهابي المهزوم إلى البحرين مع ٦٠ من أتباعه، فاستقبلهم الشيخ الذي أقنعته السلطات البريطانية بأن يمتنع عن إظهار العطف عليهم.

شقاق ومصالحة بين آل سعود، ١٨٧٩ - ١٨٨٠

في عام ١٨٧٩، كان الأمير عبد الله على خلاف، مرة أخرى، مع أبناء أخيه سعود، الذين طردهم من الخرج في شهر ابريل. بيد أنّ محمد، الولد الأكبر بين هؤلاء الشباب، قد استعاد الخرج في سبتمبر أو أكتوبر، لكن نجاحه لم يدم طويلاً، لأن عمه الذي عاد لتوه من غارة ناجحة على بني المطير، قام بحملة مفاجئة على الخرج وأخذه أسيراً. ويبدو أن الأمير لم يحجز محمد لفترة طويلة. وفي عام ١٨٨٠، ورد: أنّ عبد الله بن فيصل حين كان يقيم مع أخويه محمد وعبد الرحمن في الرياض، ويحكمون أقاليم العريض والسدير والوشم، كان ولدا سعود يحكمان الخرج والحوطة وحريق والفلج بموافقته، ويرتبان شؤون قبائل العجمان / الخرج والدواسر وآل مرة. وكان الخوف، هذه السنة، أن يقوم الوهابيون بهجوم آخر على الأتراك، إذ انتشرت شائعات زرعت الرعب، وكان من المحتمل أن يكون مروجوها أنصار قبيلة المنتفق التي كانت متمردة في العراق آنذاك. لكن لم يحدث شيء يبرر هذا التوقع العام للمشاكل.

رحلة عبد الله بن عبد الله إلى القسطنطينية، ١٨٧٩ - ١٨٨٠

سنة ١٨٧٩، ظهر مُطالِبٌ جديد بإمارة الوهابيين هو عبد الله، ابن الأمير السابق عبد الله ابن ثنيان. ذلك أن هذا الشخص، الذي كان مقيماً في البصرة منذ عام ١٨٧٦، قام برحلة إلى القسطنطينية ليحصل، من الباب العالي، على تخويله استعادة نجد والأحساء مقابل تأدية جزية كعربون ولاء، أو على الأقل تخويله استعادة حصته من ممتلكات آل سعود في الأحساء،

which he had been induced to embark while 'Abdur Rahmān was in the ascendant. The 'Ajmān were the only tribe that did not immediately submit to 'Abdullah's authority.

Rebellion in Hasa against the Turks, 1878

From the end of 1875 to the end of 1878 tranquility apparently prevailed in Central Arbia; but in the summer of 1878 there was a rising in Hasa against the Turkish administration, headed by Muhammad and 'Abdur Rahmān, the sons of the late Wahhābi Amīr Sa'ūd. This rebellion failed, as related in the history of Hasa, after some initial successes in the Qatīf Oasis; and in December 1878 the defeated Wahhābi leaders arrived in Bahrain with about 60 followers and were received there by the Shaikh, who was prevailed upon, however, by the British authorities to refrain from showing them favours.

Dissensions and reconciliation among the Āl Sa'ūd, 1879-08

In 1879 the Amīr 'Abdullah was again at variance with his nephews, the sons of Sa'ūd, whom in the month of April he expelled from Kharj. Muhammad, the eldest of these youths, recovered Kharj in the following September or October; but his success was short-lived, for his uncle, who had just returned from a successful raid against the Mutair, made a sudden expedition to Kharj and took him prisoner. The Amīr did not apparently detain Muhammad for long; and in 1880 it was reported that, while 'Abdullah-bin-Faisal with his brothers Muhammad and 'Abdur Rahmān lived at Riyādh and held possession of the 'Āridh, Sadair and Washam districts, the children of Sa'ūd ruled, with his consent, over Kharj, Hautah, Harīq and Aflāj and disposed of the 'Ajmān, Dawāsir and Āl Morrah tribes. In this year another attack by the Wahhābis upon the Turks was apprehended, and alarming rumours were circulated, perhaps by friends of the Muntafik tribe, who were then in rebellion in 'Irāq; but nothing occurred to justify the general expectation of trouble.

Journey of 'Abdullah-bin-'Abdullah to Constantinople, 1879-80

In 1879 a new claimant of the Wahhābi Amirship appeared in the person of 'Abdullah, a son of the former Amīr 'Abdullah-bin-Thanaiyān. This individual, who had resided at Basrah since 1876, now undertook a journey to Constantinople with the object of obtaining for himself a grant of Najd and Hasa from the Porte in consideration of tribute and fealty, or at least of recovering his share of the property of the Āl Sa'ūd in Hasa, which the

التي صادرتها السلطات التركية. وأثناء إبحار عبد الله بن عبد الله في الخليج، في اكتوبر ١٨٧٩، قام بزيارة العقيد روس، المقيم البريطاني في بوشهر، وسعى إلى ترك انطباعٍ في ذهنه عن المزايا التي قد تنجم للأتراك عن تعيينه، كما اقترح، في الوقت نفسه، أن يقوم السفير البريطاني في القسطنطينية بمساندة اقتراحاته. ومن جدّة، حيث جرت مقابلة بينه وبين المستر زوراب، القنصل البريطاني، كتب مرة أخرى إلى العقيد روس، مشيراً إلى الفوائد التي قد تعود، من خطته، على المصالح البريطانية والتركية على حد سواء، وألمح إلى صواب منحه قرضاً بريطانيا. ثم زار عبد الله القاهرة حيث قابل المستر مالِتْ، القنصل البريطاني. وفي يوليو، قام بزيارة نائب القنصل البريطاني في دمشق. أما الحكومة البريطانية، فقد قررت ألاّ يكون لها أيّ شأن بطلب عبد الله المقدم إلى الباب العالي. وبعد وصوله إلى القسطنطينية في أغسطس ١٨٨٠، لم يُسمَعْ شيء عنه أو عن أعماله.

الوضع في ١٨٨١

في عام ١٨٨١، كان الأمير عبد الله ما يزال مسيطراً على الرياض حيث كان ابن أخيه، محمد، يقوم، من وقت إلى آخر، بزيارة ودية له. كما أن شيوخ قبيلة العجمان، المستائين من الحكم التركي، الرافضين للسكن في الأحساء، قد حافظوا على علاقاتٍ شخصية به.

أعمال عدوانية مبكرة بين أمير جبل شمر والوهابيين، ١٨٧٧ - ١٨٨٤

تعكرت العلاقات، في هذه الأثناء، بين عائلة الرشيد الحاكمة في الشمال وحكام الرياض. ولم يكن من الممكن التكهن بالنتائج النهائية لهذه المشكلة على الدولة الوهابية. وأول نتيجة مؤسفة ظهرت، كانت قيام أمير جبل شمر بحملة عسكرية عام ١٨٧٧ ضد العتيبة، القبيلة الوفية للزعيم الوهابي. ولم يمضِ وقت طويل بعد ذلك، حتى بدأ الأمير الشمالي القيام باعتداء علني على أراضي سيده الاسمي، واحتلّ مناطق القصيم والسدير الوهابيّة، كما احتل مدينتي بريدة والمجمعة. لكن يبدو أن عنيزة، في القصيم، قد تمكنت، من الصمود في وجهه. وفي فبراير ١٨٨٠، فُهِمَ أن: ابن الرشيد وابن سعود قد توصلا إلى تفاهم. إلا أن الأمر، لم يَدُم طويلاً. وفي عام ١٨٨٢، قام الأمير الوهابي بمجهودٍ لاستعادة القصيم والسدير بعمليات حربية. لكن جنود أمير شمر فاقوا جنود الأمير الوهابي عدداً، فاضطر أن يتراجع الى الرياض. وقد اكتشف، فيما بعد، أن ابن الرشيد كان يتآمر مع أبناء شقيقه سعود، بغية إقناعهم بالالتحاق بما هو في مصلحة أمير شمر، أو أن يبقوا على

Turkish authorities had confiscated. On his way down the Gulf in October 1879, 'Abdullah-bin-'Abdullah called upon Colonel Ross, the British Resident at Būshehr, and sought to impress on him the advantages which would result to the Turks from his appointment; and he suggested at the same time that he should be supported in his proposals by the British Ambassador at Constantinople. From Jiddah where he had an interview with Mr Zohrab, the British Consul, 'Abdullah-bin-'Abdullah again wrote to Colonel Ross, pointing out how his scheme might benefit British and Turkish interests and hinting at the advisability of a British money loan to himself. 'Abdullah then visited Cairo, where he saw Mr Malet, the British Consul, and in July he waited on the British Vice-Consul at Damascus. The British Government, however, decided to have nothing to do with 'Abdullah's application to the Porte; and, after his arrival at Constantinople in August 1880, nothing further was heard of him or of his proceedings.

Position in 1881

In 1881 the Amīr 'Abdullah was still in possession of Riyādh, where from time to time he was visited in a friendly manner by his nephew Muhammad; and some 'Ajmān chiefs, who were discontented with Turkish rule and refused to reside in Hasa, maintained personal relations with him.

Early hostilities between the Amīr of Jabal Shammar and the Wahhābis, 1877-84

Meanwhile trouble, of which the ultimate consequences to the Wahhābi state were not at once foreseen, arose between the ruling family of the Āl Rashīd in the north and the rulers of Riyadh. The first unpleasantness appears to have been occasioned by an expedition which the Amīr of Jabal Shammar undertook in 1877 against the 'Ataibah, a tribe devoted to the Wahhābi chief; and soon afterwards the northern Amīr began openly to encroach upon the dominions of his nominal suzerain and seized the Wahhābi districts of Qasim and Sadair, occupying, it would appear, the towns of Buraidah and Majma'; 'Anaizah in Qasīm, however, apparently held out against him. In February 1880 an understanding was understood to have been reached between Ibn-Rashīd and Ibn-Sa'ūd; but, if so, it did not long endure. In 1882 an effort was made by the Wahhābi Amīr to recover Qasīm and Sadair by military operations; but his troops were outnumbered by those of the Shammar Amīr and he fell back upon Riyādh. He next discovered that Ibn-Rashīd had been intriguing with his nephews, the sons of Sa'ud, with a view to their joining the Shammar interest or

الحياد. عند ذلك، وليمنح عبد الله القضية الوهابية مزيداً من التماسك، قام، في مارس ١٨٨٣، بالتنازل عن قيادة قواته لصالح محمد بن سعود، محتفظاً لنفسه فقط باللقب الروحي، لقب الإمام والسلطة التي يخوّله إياها هذا اللقب. وقد قام كل طرف بغارات على أتباع الطرف الآخر. وفي عام ١٨٨٥، حقق محمد بن سعود انتصاراً عابراً في القصيم على أمير شمر الذي أُجبر مؤقتاً على الجلاء عن مدينة بريدة. لكنه، من خلال رسائل وقعت في يده، علم أن عمه كان يقصد هزيمته وقتله، فتخلى عن إدارة العمليات الحربية، وعاد إلى بيته في الخرج. بعد هذا، جاءت حيازة ابن الرشيد لأربعة مدافع متحركة وعدد من بنادق المارتيني، وتفوق تنظيمه العسكري، من حيث الكفاءة، على التنظيم الوهابي، وتمتّعه بالفائدة التي يجنيها من صداقة شيخ الكويت، كما قيل، كل ذلك كان، على العموم، لصالحه في ساحة المعركة.

انشقاقات مستمرة بين آل سعود، وعزل الأمير عبد الله، ١٨٨٤ ـ ١٨٨٧

بدت الخلافات بين الأمير الوهابي وأبناء شقيقه وكأن تسويتها أمر مستحيل. لكن ضآلة المعلومات، التي نملكها عنهم تحول دون أي تخمينٍ لسببها الحقيقي. نحن نعلم أن أبناء سعود كانوا يقيمون علاقةً بين سعود والبحرين، لأن محمد بن سعود وصل إلى البحرين في فبراير ١٨٨٦، وبقيَ فيها شهراً. كما قام شقيقه عبد الله بزيارة الجزر في أغسطس من السنة نفسها. وكانت هناك شكوك أن تكون هذه الزيارة قد حصلت، على الأغلب، بغية الحصول على هدايا. في غضون ذلك، كانت سلطة الأمير عبد الله في نجد في طريقها إلى الأفول، دون معرفة السبب. لكنه بقي مسيطراً على العاصمة حتى خريف ١٨٨٧، عندما قبض عليه أبناء أخيه بشكل مفاجىء، ووضعوه في السجن. عندئذ، كتب محمد بن سعود إلى حاكم البحرين وشيوخ عمان المتصالحة، معلناً تبوأه إمارة نجد. لكن انتصاره لم يَدُم فترةً طويلةً كما سنرى.

علاقات الأتراك بوسط شبه الجزيرة العربية أثناء هذه الفترة، ١٨٧٥ ـ ١٨٨٧

يمكن أن يكون قد فُهِمَ، مما تقدم، أنَّ علاقة الأتراك بالوهابيين، خلال الفترة الثانية لحكم عبد الله بن فيصل، كانت من أوهى العلاقات، كما أنها لم تكن تتميز بأي ملامح بارزة، باستثناء ثورة الأحساء عام ١٨٧٨. وفي حين بقي النفوذ التركي معلقاً في نجد الجنوبية، إلا أنه كان يمتد تدريجاً إلى جبل شمر. وكان هناك احتكاك جرى شرحه في تاريخ تلك الإمارة، بين أمير شمر والأتراك على الحدود السورية عام ١٨٧٢، وربما أيضا عام ١٨٨٠.

remaining neutral; whereupon, to give greater cohesion to the Wahhābi cause, 'Abdullah, in March, 1883, resigned the command of his forces in favour of Muhammad-bin-Sa'ūd, retaining for himself only the spiritual title of Imām and his authority as such. Each side made raids upon the dependents of the other, and in 1885 Muhammad-bin-Sa'ūd obtained a transient success in Qasīm against the Shammar Amīr, whom he obliged temporarily to evacuate Buraidah; but, discovering from intercepted letters that his uncle intended him to be defeated and murdered, he relinquished the conduct of the operations and retired to his home in Kharj. After this Ibn-Rashīd, who possessed four moveable guns and a large number of Martini rifles, whose military organisation was more efficient than that of the Wahhābis, and who was reported to enjoy the benefit of a friendship with the Shaikh of Kuwait, had generally the advantage in the field.

Continued dissenssions of the Āl Sa'ūd and deposition of the Amīr 'Abdullah, 1884-87

The differences between the Wahhābi Amīr and his nephews were apparently irreconcileable, but the meagreness of the information which we possess regarding them precludes conjecture as to their real cause. We know that the sons of Sa'ūd maintained some connection with Bahrain, for Muhammad-bin-Sa'ūd arrived there in February 1886 and remained a month, and his brother 'Abdullah visited the islands in August of the same year, chiefly, it was suspected, for the sake of obtaining presents. Meanwhile the authority of the Amir 'Abdullah in Najd was, somewhat unaccountably, on the wane; but he remained in possession of the capital until the autumn of 1887, when he was suddenly seized and imprisoned by his nephews. Muhammad-bin-Sa'ūd then wrote to the Shaikh of Bahrain and the Shaikhs of Trucial 'Omān announcing his own accession to the Amirate of Najd; but his triumph, as we shall see, was not of long duration.

Relations of the Turks with Central Arabia during this period, 1875-87

From what has gone before it will have been gathered that the relations of the Turks with the Wahhābis during the second reign of 'Abdullah-bin-Faisal were of the slenderest sort, and that they were not characterised by any remarkable feature except the Hasa revolt of 1878; but Turkish influence, while it remained in abeyance in Southern Najd, was being gradually extended to Jabal Shammar. As explained in the separate history of that principality, there was friction between the Shammar Amīr and the Turks on the Syrian frontier in 1872, and possibly in 1880; but in

لكن في عام ١٨٨٦، استقبل الأميرُ البعثة التركية استقبالاً وديّاً، وكان هدفُها الحصول على إذن لتشييد جامع عثماني ومدرسة في حائل، ثم صرَفَها بعد أن حمّلها الهدايا، لكن دون أن يستجيب لطلبها. وأثناء الفترة التي نحن بصدد بحثها الآن، أظهر الأتراك، أول ما أظهروا، روح الحسد من النفوذ، الذي افترضوا، عن ضلالٍ، أن الحكومة البريطانية تمارسه وسط الجزيرة العربية.

العلاقات البريطانية بوسط شبه الجزيرة العربية أثناء الفترة نفسها، ١٨٧٥ ـ ١٨٨٧

حقيقة الأمر أنه لم يكن للسلطات البريطانية، كما رأينا، أي علاقة بنجد على الإطلاق. حتى إن المعلومات، التي كانت لديها عن مسار الأحداث هناك، كانت ناقصة بشكل خطير. وقد سبق أن ذُكِر إهمالُ الحكومة البريطانية للردّ على رسالة عبد الرحمن عام ١٨٧٥، وذكرت نصيحتهم لحاكم البحرين في عام ١٨٧٨ بألا يربك نفسه في شؤون وهابية، واللامبالاة التي أبدتها حيال اقتراحات عبد الله بن ثنيان عام ١٨٨٠.

خلو العرش من أمير، ١٨٨٧ ـ ١٩٠٢

احتلال أمير جبل شمر لجنوب نجد، ١٨٨٧ ـ ١٨٩٢

استيلاء ابن الرشيد على إدارة جنوب نجد، ١٨٨٧ ـ ١٨٨٨

عندما علم أمير جبل شمر في ذلك الوقت، محمد بن عبد الله، أن الأمير عبد الله قد استُبدل به ابنُ أخيه، محمد بن سعود، زحف على رأس حملة إلى الرياض التي استسلمت، وفتحت أبوابها له بعد دفاعٍ قصير الأمد. وعند مغادرته، جاء ابن الرشيد إلى حائل بالأمير المخلوع، تاركاً في الرياض وكيلاً يقوم بمهام الإدارة في المناطق الوهابية، بمساعدة محمد ابن فيصل، شقيق الأمير السابق. وقد أخبر الأتراك فوراً بنجاحه الذي ادعى أنه أنجزه باسمهم. وفي اغسطس ١٨٨٨، وربما بناءً على اقتراح تقدَّم به الأمير السابق عبد الله، قام وكيل ابن الرشيد بمطاردة محمد وسعد وعبد الله، الأبناء الباقين على قيد الحياة في مدينة الخرج، وعَمَدَ إلى قتلهم، باستثناء عبد العزيز الذي أُسر في حائل مع عمه الأمير الوهابي السابق، سعود بن فيصل. وكان اقتراف هذه المذبحة التي لم يعاقب مقترفها وكيل شمر وبطانة لا تزيد على ١٨ رجلاً، كان صورةً توضيحية للنفوذ الذي اكتسبه الأمير الشمالي الآن جنوبي نجد، لأن محمد «بيارد العرب الحديث» كان محبوباً جداً. وقد مضت عدة أشهر قبل أن يتخلى مشايعوه عن الأمل في أن يكون ما زال على قيد الحياة، لكنه متخَفٍّ.

1886 the Amīr accorded a friendly reception to a Turkish mission, of which the object was to obtain leave for the erection of an Ottoman mosque and school at Hāil, and dismissed them with presents, though without granting their request. It was during the period now under consideration that the Turks first showed jealousy of the influence which they erroneously supposed the British Government to possess in Central Arabia.

British relations with Central Arabia during the same period, 1875-87

In reality the British authorities had, as we have seen, no relations at all with Najd; and even their information regarding the course of events there was extremely defective. The omission of the British Government to reply to a letter from 'Abdur Rahmān in 1875, their advice to the Shaikh of Bahrain aganist entangling himself in Wahhābi affairs in 1878, and their indifference to the proposals of 'Abdullah-bin-Thanaiyān in 1880 have already been mentioned above.

INTERREGNUM, 1887-1902

Conquest of Southern Najd by the Amīr of Jabal Shammar, 1887-92

Administration of Southern Najd usurped by Ibn-Rashīd, 1887-88

On learning of the displacement of the Amīr 'Abdullah by his nephew Muhammad-bin-Sa'ūd, the Amīr of Jabal Shammar - at this time Muhammad-bin-'Abdullah, Ibn-Rashīd - marched against Riyādh, which capitulated and opened its gates to him after a short defence. At his departure Ibn-Rashīd carried the deposed Amīr away with him to Hāil, leaving an agent of his own at Riyādh to carry on the administration of the Wahhābi districts with the assistance of Muhammad-bin-Faisal, a brother of the ex-Amīr; and he at once informed the Turks of his success, which he pretended to have achieved in their name. In August 1888, possibly at the suggestion of the ex-Amīr 'Abdullah, the agent of Ibn-Rashīd at Riyādh hunted down and killed, in Kharj, Muhammad, Sa'ad and 'Abdullah, the only surviving sons - except 'Abdul 'Aziz who shared his uncle's captivity at Hāil - of the former Wahhābi Amīr Sa'ūd-bin-Faisal. This massacre, perpetrated with impunity by the Shammar agent with a retinue of only 18 men, was an illustration of the paralysing prestige which the northern Amīr had now acquired in Southern Najd; for Muhammad, "the modern Bayard of Arabia," was much beloved, and months passed before his adherents relinquished the hope that he might be still alive and in hiding.

نجاح جزئي يحرزه آل سعود ضد ابن الرشيد، ١٨٩٠

بما أن الأمير السابق المُبعد لم يعد يُعتبر خطيراً بعد الآن، فقد سُمح له في خريف ١٨٨٩، بالعودة من حائل إلى الرياض، حيث توفّي تقريباً فور وصوله. لكن أخاه ومستشاره السابق، عبد الرحمن، قام، في العام التالي، باحتلال الرياض، وقبض على ابن صبحان، وكيل شمر الذي أعدم أولاد سعود. ويُعتَقد أن عبد الرحمن قد تصرف وفق نصيحة المتعاطفين معه في القصيم، ليحبط خطةً رَسَمَها ابن الرشيد تهدف، بحسب ما جاء في أحد التقارير، إلى القضاء على جميع المنحدرين من أسرة الأمير الوهابي فيصل، الباقين على قيد الحياة. لقد استسلم بدون قتال الحاكم الشمّري الذي جرى تنصيبه في الخرج، وأعلن شيوخ عنيزة وبريدة وسكان القصيم، بشكل عام، وقوفهم إلى جانب عبد الرحمن. وتسببت هذه الأعمال في مجيء أمير شمر الحانق من الشمال يرافقه آل شمر وآل حرب وغيرهم من القبائل. لكن حصاره وقصفه للرياض لم يكونا ذَوَيْ فاعلية. كما شُنَّتْ هجمات سريعة على قواته من جانب القوات المُحاصِرَة وأخذ البدو المساندون له يتخلون عنه. وجرت، فيما بعد، ترتيبات ذات فاعلية لعقد صلح أمَّن له الاحتفاظ بمنطقة الخرج والسدير والوشم. لكنَّ الرياض وبقية جنوب نجد، عادت إلى آل سعود. وفي نهاية العام، تحالف سكان القصيم وجنوب نجد ككل، مع القبائل البدوية من المطير والعتيبة ليطيحوا بسلطة ابن الرشيد. وكانت الكراهية الشاملة للطغيان الشمّري سبباً في أن تُعَلَّقَ ضدَّه جميع الضغائن ويُوحَّدَ ضده كل الأعداء، بالوراثة. وكان هذا الاتحاد بقيادة زامل، أمير عنيزة، الذي أعلن الحرب من بيته.

معركة بريدة وانتصار كامل لابن الرشيد، ١٨٩١

بحلول فبراير ١٨٩١، التحمت القوات المعارضة في القصيم، وكان جناحا الحلفاء يرتكزان على بلدتي عنيزة وبريدة. وقيل إن عدد الرجال في الساحة فاق أي عدد آخر اشترك في حرب نشبت، وسط شبه الجزيرة العربية، وبقدر ما للناس من مقدرة على التذكر. أما حسن بن مهنا، الذي كان أمير شمر يعتمد على مساعدته، فقد فرّ إلى جانب المتحالفين عندما بدأت المعارك. واستمر القتال شهراً دون الوصول إلى نتيجة حاسمة، على الرغم من استخدام عدد كبير من الجمال في الليل والنهار لإحضار المياه ومؤنٍ أخرى. كما أن مؤن ابن الرشيد بدأت تقل. وحوالي نهاية مارس، قام ابن الرشيد بعدة محاولات يائسة لمهاجمة موقع الحلفاء. لكن جميع الهجمات صُدَّت وتكبد الخسائر على الرغم من أن رجاله كانوا أفضل تسلّحاً من العدو. وفي النهاية، استجمع قواه للقيام بمجهود أخير، فتقدم جنوده

Partial success of the Al Sa'ūd against Ibn-Rashīd, 1890

The deported ex-Amīr 'Abdullah, being no longer considered dangerous, was permitted in the autumn of 1889 to return from Hāil to Riyādh, and there he died almost immediately on his arrival; but in the following year 'Abdur Rahmān, his brother and former adviser, took Riyādh and captured Bin-Sabhān, the Shammar agent by whom the sons of Sa'ūd had been put to death. It was believed that 'Abdur Rahmān had acted on the advice of sympathisers in Qasīm to frustrate a plan formed by Ibn-Rashīd for the destruction of all the remaining descendants of the Wahhābi Amīr Faisal. A Shammar governor who had been installed in Kharj then capitulated, according to one account, without fighting; and the chiefs of 'Anaizah and Buraidah, and the people of Qasīm generally, declared for 'Abdur Rahmān. These proceedings brought the Shammar Amīr in anger from the north, accompanied by the Shammar, the Harb, and other tribes; but his siege and bombardment of Riyādh were ineffectual, sallies were made against his force, his Bedouin supporters began to melt away, and eventually a peace was arranged by which the districts of Kharj, Sadair and Washam were secured to him, but Riyādh and the rest of Southern Najd reverted to the Āl Sa'ūd. At the end of the year the people of Qasīm and Southern Najd as a whole, with the Bedouin tribes of the Mutair and 'Ataibah, had leagued themselves together to overthrow the power of Ibn-Rashīd; and bloody feuds had been suspended, and heredity foes united, by the universal hatred of Shammar tyranny. The confederation against Ibn-Rashīd was commanded by Zāmil, Amīr of 'Anaizah, from whose house the declaration of war was despatched.

Battle of Buraidah and complete victory of Ibn-Rashīd, 1891

By February 1891 the opposing forces were in contact in Qasīm, the flanks of the allies resting on the towns of 'Anaizah and Buraidah; and the number of men in the field is said to have been greater than in any other war within living memory in Central Arabia. Hasan-bin-Mahanna, chief of Buraidah, on whose assistance the Shammar Amīr relied, deserted to the side of the confederates as soon as hostilities began. For a month fighting continued without decisive results, and, though vast numbers of camels were employed by day and night in bringing up water and other supplies, the provisions of Ibn-Rashīd's force began to fail. Towards the end of March Ibn-Rashīd made several desperate attempts to storm the position of the allies; but all of them, notwithstanding that his men were better armed than the enemy, were repulsed with loss. At length he braced himself for a final effort;

للهجوم وهم يدفعون بالآف الجمال أمامهم كستار. ومع أن الخسارة بالجمال كانت كبيرة هذه المرة، إلا أن قوات القصيم طُردت من مواقعها. ويُقال إن حصيلة المعركة في بريدة أو مليدة* كانت سقوط ١٠٠ رجل. وكان المحارب زامل وابنه الثاني علي بين الذين لقوا حتفهم، فضلاً عن مقتل اثنين من أقربائهم، وإبعاد عدد من الأشخاص إلى حائل. وقُبض، في الصحراء، على حسن بن مهنا، أمير بريدة، وسجن في حائل، كما استسلمت عنيزة وبريدة. وقامت مدينتا الرس وشقراء، وحتى الرياض، بإرسال مندوبين إلى المنتصر للتفاوض والتوصل إلى عقد الصلح. وطلب عبد الرحمن، ابن سعود اللجوء إلى البحرين، وعيّن أمير شمر حاكماً من خاصته على القصيم.

سعود يجدد الكفاح، لكنه يفشل

بعد فترة قصيرة، قُتِل الحاكم الذي عيّنه ابن الرشيد على الخرج، في هجوم قام به على قبيلة العجمان، بعد نهبه قافلة من الحجاج. واستغلَّ عبد الرحمن الفرصة لاحتلال الخرج والرياض من جديد، لكنّ أمير شمر باغته وهزمه شر هزيمة، وأمر بتهديم تحصينات الرياض وتسويتها بالأرض، مسخراً السكان للقيام بهذا العمل. وفضلاً عن هذا، دمر نصف بساتين النخيل، وترك قصر الأمراء الوهابيين قاعاً صفصفاً. لقد انتهت الحرب، وأصبح وسط شبه الجزيرة يعترف، الآن، بسيطرة ابن الرشيد، وأمسى آل سعود زمرة من المتجولين الذين لا مأوى لهم.

التحركات التالية لعبد الرحمن، ١٨٩١ - ١٨٩٢

التحق عبد الرحمن، بداية، ببدو الأحساء، وأقام بينهم وهو في خشية دائمة من إلقاء أتباع أمير شمر القبض عليه. وعاش في قطر، من اغسطس حتى نوفمبر ١٨٩٢، في ظل حماية شيخ الدوحة، وقد التحقت به عائلته من البحرين. وأخيراً، في نوفمبر ١٨٩٢، وبدعوة من الوالي التركي في البصرة، استقرّ في الأحساء. ومُنح معاشاً شهرياً مقداره ٣٣ ليرة عثمانية، منحه إيّاها الباب العالي.

علاقات أمير شمر بالأتراك، أثناء توليه حكم نجد الجنوبية، ١٨٩١ - ١٩٠٠

اعتراف ابن الرشيد بولائه للباب العالي، ١٨٨٨

بعد النصر الحاسم الذي حققه ابن الرشيد على آل سعود، عام ١٨٨٨، اتصل بالأتراك

* عُرفت هذه المعركة في نجد باسم معركة مليدة، نسبة إلى مكان يقال إنه بالقرب من الشيحيّة. والرواية في هذا النصّ مأخوذة بشكل رئيسي عن كتاب البارون نولد: *Reise nach Innerabien*

his troops advanced to the attack driving some thousands of camels in front of them as a screen; and this time, though the loss in camels was very heavy, the Qusmān were driven from their ground. A hundred men are said to have fallen in the battle of Buraidah or* Mulaidah; the veteran Zāmil and his second son 'Ali were among the slain; two of their relatives were killed in the battle and several others were deported to Hāil; Hasan-bin-Mahanna, Amīr of Buraidah, was captured in the desert and imprisoned at Hāil; the towns of 'Anaizah and Buraidah surrendered; Rass, Shaqrah and even Riyādh sent deputations to the victor to treat for peace; 'Abdur Rahmān, Ibn-Sa'ūd, sought a refuge in Bahrain; and the Shammar Amīr placed a governor of his own in charge of Qasīm.

Unsuccessful renewal of the struggle by 'Abdur Rahmān, Ibn Sa'ūd

A little later Ibn-Rashīd's governor of Kharj, after plundering a pilgrim caravan, was killed in an attack upon the 'Ajmān tribe, and 'Abdur Rahmān profited by the opportunity to re-occupy Kharj and Riyādh; but he was soon surprised and totally defeated by the Shammar Amīr, who caused the fortifications of Riyādh to be levelled with the ground by the forced labour of the inhabitants, destroyed half of the date plantations, and laid the castle-palace of the Wahhābi Amīrs in ruins. The war was now over. All Central Arabia owned the sway of Ibn-Rashīd, and the Āl Sa'ūd had become a band of homeless wanderers.

Subsequent movements of 'Abdur Rahmān, 1891-92

'Abdur Rahmān at first joined the Bedouins of Hasa, among whom he sojourned in constant fear of capture by the adherents of the Shammar Amīr; from August to November 1892 he lived in Qatar under the protection of the Shaikh of Dōhah, being joined there by his family from Bahrain; and finally, in November 1892, at the invitation of the Turkish Wāli of Basrah, he settled down in Hasa on a pension of £T33 a month, granted him by the Porte.

Relations of the Shammar Amīr with the Turks during his tenure of Southern Najd, 1891-1900

Profession by Ibn-Rashīd of allegiance to the Porte, 1888

In 1888, after his first decided victory over the Āl Sa'ūd, Ibn-Rashīd

---

*In Najd this battle appears to be generally known by the name of Mulaidah, a place which is said to be near Shaihīyah. The account given in the text is taken chiefly from Baron Nolde's *Reise nach Innerabien*.

معترفاً بتبعيته للباب العالي، وأعلن أن الأراضي التي احتلها تُعتَبر تحت تصرف الأتراك. وقد تلقت الحكومة التركية هذا الإعلان بكثير من الارتياح.

توقع حملة على عمان المتصالحة وسياسة الباب العالي في نجد، ١٨٨٨ - ١٨٨٩

في العام نفسه، استمرت شائعات مفادها أن ابن الرشيد وآل ثاني، شيخ الدوحة في قطر، كانا على وشك القيام بحملة عسكرية ضد عُمان المتصالحة، لصالح الحكومة التركية. وهذه القضية، في وجهها المحلي، وردت تفاصيلها في تاريخ عُمان المتصالحة. هل جرى التفكير حقاً في مشروع كهذا ذلك الوقت؟ حول هذه المسألة ثمة شك لا ينفيه إلا احتمال أن يكون الشيخ آل ثاني هو صاحب الفكرة. لكن الخطر بدا حقيقياً لدرجة جعلت الحكومة البريطانية تتقدم باعتراضات إلى الباب العالي. وذكر رد الحكومة التركية أنه، عدا عن بعض المناسبات التي يجري فيها تبادل الهدايا، ليس هناك أي اتصال قائم بين السلطان وأمير شمر. وفي عام ١٨٨٩، أكد السفير البريطاني في القسطنطينية أنه كان هناك، بالفعل، تعارض في السياسة بين الفريقين: فحين كان ابن الرشيد يرغب في توسيع سلطته لتشمل الأحساء ويكون بذلك مستقلاً عن الأتراك، ويستمر بالتبعية شكلياً فقط، كان الباب العالي يهدف إلى ممارسة سيطرة مباشرة على وسط شبه الجزيرة العربية، بما فيها الأحساء.

مراسلات الفريقين في نجد مع الأتراك، ١٨٩٠

عندما جرى في نجد عام ١٨٩٠، ترتيب تسوية مؤقتة بين آل سعود وآل الرشيد، سعى كلا الجانبين إلى كسب ود الاتراك؛ فاتهم أمير شمر خصومه بأنهم يبيتون مخططات للأحساء، وشكا زعيم الوهابيين، الذي يبدو أن السلطات التركية كانت تميل في هذا الوقت إلى الإصغاء إليه، شكا من الاعتداءات التي يقوم بها ابن الرشيد، وعبر عن رغبته في الخضوع الكامل للباب العالي. وسبق أن ذكرنا أن زعيم آل سعود، بعد أن هزمه ابن الرشيد، مُنح، عام ١٨٩٢، حق اللجوء إلى الأحساء وخُصص له معاش.

الاحتكاك بين ابن الرشيد والأتراك، ١٨٩٥

ذُكر في تاريخ الأحساء أنه، في عام ١٨٩٥، وبسبب قضايا قبلية، نشأ احتكاك، على حدود تلك المنطقة، بين أمير شمر والسلطات التركية المحلية. لكن دون نتائج خطيرة. وفي العام نفسه، وخوفاً من الإساءة إلى الأتراك، رفض ابن الرشيد طلباً تلقاه من آل ثاني، شيخ قطر، لإجراء مقابلة معه.

communicated with the Turks, professed himself a dependent of the Porte, and declared that he held his conquests at their disposal. This announcement was received with much satisfaction by the Turkish Government.

Expected expedition against Trucial 'Omān and policy of the Porte in Najd, 1888-89

In the same year there were persistent rumours that an expedition against Trucial 'Omān was about to be undertaken, in the Turkish interest, by Ibn-Rashīd and the Āl Thāni Shaikh of Dōhah in Qatar; the details of this question, in its local aspect, are given in the history of Trucial 'Omān, It may now be doubted whether such a project was ever actually entertained, unless perhaps by the Āl Thāni Shaikh; but the danger at the time appeared so real that representations were made by the British Government to the Porte, in reply to which the Turkish Government stated that, apart from an occasional exchange of presents, no communication existed between the Sultān and the Shammar Amīr. In 1889 it was ascertained by the British Ambassador at Constantinople that there was in fact a conflict of policy between the two, for, while Ibn-Rashīd desired to extend his authority over Hasa and yet to be, except in name, independent of the Turks, the Porte aspired to establish direct control over Central Arabia as well as Hasa.

Correspondence of both parties in Najd with the Turks, 1890

In 1890, when a temporary settlement had been arranged in Najd between the Āl Sa'ūd and the Āl Rashīd, both sides sought the favour of the Turks; the Shammar Amīr accused his adversaries of entertaining designs on Hasa; and the Wahhābi chief, to whom the Turkish authorities at this time appeared inclined to listen, complained of the aggressions of Ibn-Rashīd and professed his own desire to submit to the Porte. As already mentioned, the head of the Āl Sa'ūd, after being worsted by Ibn-Rashīd, was granted asylum and a pension in Hasa in 1892.

Friction between Ibn-Rashīd and the Turks, 1895

In 1895, as related in the history of Hasa, some friction arose, out of tribal affairs upon the borders of that province, between the Shammar Amīr and the local Turkish authorities; but it had no serious results. In the same year a request for an interview, received from the Āl Thāni Shaikh in Qatar, was declined by Ibn-Rashīd for fear of giving offence to the Turks.

تجديد آل سعود الكفاح لاستعادة السيطرة على جنوب نجد، ١٩٠٠ ـ ١٩٠٢

إقامة عبد الرحمن بن سعود في الكويت، ١٨٩٧ ـ ١٩٠٠

في عام ١٩٠٠، أو بعد مضي ثلاث سنوات على وفاة محمد بن عبدالله، أمير جبل شمر القوي الذي احتل نجد الجنوبية، بدأ عبد الرحمن، زعيم آل سعود الهارب، بالتحرك ثانية. ومن المحتمل أن فوضى الدولة الشمَّرية، التي ظهرت أثناء حكم عبد العزيز بن متعب، ابن شقيق محمد وخليفته، قد شجَّعت عبد الرحمن على ذلك. وحوالي عام ١٨٩٧، ترك عبد الرحمن ملاذه في الأحساء، واستقر في الكويت، وأصبح يتلقّى هبة سخية من الشيخ مبارك ومعاشاً من الحكومة التركية. وأُغريَ شيخ الكويت، الذي أغضبته المساندة المُقدَّمة من ابن الرشيد إلى بعضٍ من أبناء أخيه العصاة، بإبداء اهتمام أكثر نشاطاً في قضية ضيفه الوهابي.

بداية الأعمال العدوانية، ١٩٠٠

في أغسطس ١٩٠٠، وبعد أن تلقى عبد الرحمن تشجيعاً من أولئك الذين تمنوا له التوفيق في نجد، غادر الكويت فجأة إلى الداخل، حيث حقق بعض الانتصارات على البدو الذين ينتمون إلى حزب ابن الرشيد. وفي سبتمبر من العام نفسه، وجه دعوة إلى الشيخ مبارك ليلتحق به مع بعض التعزيزات. لكن لم يتضح الإجراء الذي اتخذه شيخ الكويت للوهلة الأولى. غير أنه تغيب عن عاصمته معظم شهر اكتوبر. وفي شهر نوفمبر، بدا الصدام وشيكاً، على الحدود مع العراق التركي، بين ابن الرشيد من جهة والشيخ مبارك وسعدون باشا، أحد الخارجين على القانون من قبيلة المنتفق، من جهة ثانية. لكنَّ السلطات التركية في البصرة حالت دون هذاالصدام، كما ذكر مطولاً في تاريخ الكويت.

حملة شيخ الكويت على القصيم ومعركة صريف، ١٩٠١

على الرغم من تدخل الأتراك، لم ينكر شيخ الكويت، بأي حال من الأحوال، قصده في تقديم عونٍ فعال لابن سعود. وفي ١٨ ديسمبر ١٩٠٠، قاد شيخ الكويت شخصياً قوة كبيرة، هي خليط من البدو والحضر، انطلق بها في اتجاه القصيم. وقد ورد وصفٌ لعملياته التمهيدية في تاريخ إمارة الكويت. وبعد تطهير صحارى السمان والدهناء من الأعداء، بدأ ينهال إعلان الولاء لابن سعود من مختلف البقاع في نجد الجنوبية والقصيم. كما أن عبد العزيز، الابن الأكبر لعبد الرحمن الذي لا يزال على قيد الحياة، قد رُشّح لتسلم مهام حاكم العاصمة الوهابية. لكن هذا الترشيح كان موضع التّريث، لأنَّ الرياض كانت ما تزال في يد

Renewal by the Āl Sa'ūd of the struggle for possession of Southern Najd, 1900-1902

Residence 'Abdur Rahmān, Ibn-Sa'ūd at Kuwait, 1897-1900

In 1900 or three years after the death of Muhammad-bin-'Abdullah, the formidable Amīr of Jabal Shammar by whom Southern Najd had been conquered, 'Abdur Rahmān, the fugitive chief of the Āl Sa'ūd, began to move again; it is possible that he was encouraged by signs of disorganisation which the Shammar state, under 'Abdul 'Azīz-bin-Mat'ab, nephew and successor of Muhammad, was now manifesting. About 1897 'Abdur Rahmān, having left his refuge in Hasa, settled at Kuwait and became a recipient of the bounty of Shaikh Mubārak as well as of that of the Turkish Government; and the Shaikh, irritated by support which Ibn-Rashīd had extended to certain rebellious nephews of his own, was before long induced to take an even more active interest in the case of his Wahhābi guest.

Commencement of hostilities, 1900

In August 1900 'Abdur Rahmān, having received encouragement from well-wishers in Najd, suddenly left Kuwait for the interior, where he gained some successes over the Bedouins of Ibn-Rashīd's party; and in September of the same year he invited Shaikh Mubārak to join him with reinforcements. What action was taken in the first instance by the Shaikh of Kuwait is not clear; but during the greater part of October he was absent from his capital, and in November a collision on the borders of Turkish 'Irāq appeared imminent, between Ibn-Rashīd on the one side and Shaikh Mubārak and Sa'dūn Pāsha, a Muntafik outlaw, on the other. It was averted, however, by the Turkish authorities at Basrah, as is related at length in the history of Kuwait.

Expedition of the Shaikh of Kuwait to Qasīm and battle of Sarīf, 1901

The Shaikh of Kuwait, notwithstanding the intervention of the Turks, had by no means renounced his intention of lending effectual aid to Ibn-Sa'ūd, and on the -18th of December 1900 he placed himself at the head of a large mixed force of Bedouins and settled Arabs and started for Qasīm. His preliminary operations are described in the history of the Kuwait principality. After the Summān and Dabánah deserts had been cleared of the enemy, declarations of loyalty to Ibn-Sa'ūd began to be received from many places in Southern Najd and Qasim; and 'Abdul 'Aziz, the eldest surviving son of 'Abdur Rahmān, was nominated by anticipation, for Riyādh was as yet in possession of the enemy, to the governorship of the Wahhābi capital. On the

العدو. وعند وصول سعدون باشا، الذي، من الواضح أنه كان منتظراً في الصحراء أو على حدود القصيم، استأنف الحلفاء تقدمهم. وعندما وصلوا إلى الطريفة في القصيم، عمد أمير شمر، الذي كان في الجوار، إلى اتخاذ موقع له في صريف، على مسافة عدة أميال وراءهم. وفي ١٧ مارس ١٩٠١، نشبت معركة حاسمة، عُرفت بمعركة صريف، دارت رحاها في قلب وادي الرماح على مسافة متساوية من المعسكرين، وانتهت بهزيمة منكرة للشيخ مبارك وابن سعود. وقُتل، من جانب ابن الرشيد في المعركة، سالم ومهنا، ولدا ابن عم الأمير حمود. لكنَّ خسائر الحلفاء كانت أفدح، واشتملت على ثلاثة من الأقرباء القريبين من شيخ الكويت على الأقل، وستة أفراد من عائلة أبي الخيل الحاكمة في بريدة. وبحسب رواية أهل شمر عن القضية، لم يتمكن الجيش المهزوم من المقاومة، وتكبد الكثير من الخسائر أثناء هربه. وتم انتزاع العديد من الهاربين من مخابئهم في الحقول أو بين أكوام القش، حيثُ قُتِلَ البعض منهم عمداً، فتلهم أهل المدن والخدم تنفيذاً للأوامر الصادرة عن ابن الرشيد. وبعد أسبوعين اثنين، وصل الشيخ مبارك وابن سعود وسعدون باشا إلى الكويت بأمان، في حين أن جنودهم المبعثرين واصلوا العودة بصعوبة إلى البلاد.

نتيجة الحملة، ١٩٠١ ـ ١٩٠٢

كان لفشل هذه الحملة نتائج خطيرة على بعض أولئك الذين ارتبطوا بها، ولا سيّما شيخ الكويت، وعلى القسم من سُكّان القصيم الذي شارك فيها. أما سكان القصيم، فقد انتقم ابن الرشيد من بعضهم انتقاماً عاجلاً ومباشراً. لكن النجاح الجزئي للتجمع المعادي، قد أفزعه كثيراً. وفي نهاية مايو، ومن خلال وكيل في البصرة، قام بمفاتحة الحكومة البريطانية للحصول على الحماية. لكنه لم يلقَ تشجيعاً على ذلك.

كان الدخيل الوحيد، الذي أبدى اهتماماً بالموقف الذي نشأ عن ذلك، هو الحكومة التركية، التي كانت متشوقة جداً لتحظى بنفوذٍ على شيخ الكويت. وعند ذلك، انتدبت فوراً مشير اللواء السادس من الجيش، للذهاب من بغداد إلى البصرة، التي وصل إليها حوالي مطلع مايو، وبقي فيها عدة أشهر. لقد كانت مهمة هذا الضابط، ذي الرتبة العالية، القيامَ بترتيب مصالحة بين المتخاصمين الرئيسيين. وقد باشر محاولته هذه ببدء المراسلات مع كل منهما. لكنّه لم يكن من الواضح أنه تلقى ردوداً إيجابية من أي منهما باستثناء ابن الرشيد. وفي اغسطس، بدأ الأتراك الذين بدا الآن أنهم يندفعون في تحزب صريح لابن الرشيد، بدأوا يحشدون جنوداً على الفرات. وفي سبتمبر ١٩٠١، بدأ ابن الرشيد غاراتٍ على مناطق الكويت. لكنه لم يُحْدِث ذعراً في المدينة وجوارها. عند ذلك، أنجزت القوّات

arrival of Sa`dūn Pāsha which had apparently been awaited in the desert or on the confines of Qasīm, the allies resumed their advance; but the Shammar Amīr was now in theneighbourhood, and, when they reached Tarfiyah in Qasīm, he took up a position at Sarīf a few miles in their rear. On the 17th of March 1901 a decisive battle, known as the battle of Sarīf, was fought in the bed of Wādi-ar-Rummah at an equal distance from the two camps; it ended in the complete discomfiture of Shaikh Mubārak and Ibn-Sa'ūd. On the side of Ibn-Rashīd, Sālim and Mahanna, sons of the Amīr's cousin Hamūd, were slain; but the losses of the allies were considerably the heavier and included at least three near relations of the Shaikh of Kuwait and six members of the ruling Abul Khail family of Buraidah. According to a Shammar version of the affair, the defeated army made no stand at all and suffered heavily in its flight, many of the fugitives were dragged out of hiding places in cultivated fields or in stacks of straw, and of these some were put to death in cold blood by townsmen and slaves under the orders of Ibn-Rashīd. Within a fortnight Shaikh Mubārak, Ibn-Sa'ūd and Sa'dūn Pāsha had regained Kuwait in safety, while their dispersed troops continued to straggle home.

Consequence of the expedition, 1901-1902

The failure of this expedition proved a serious matter or some of those who had engaged in it, especially for the Shaikh of Kuwait and for those among the inhabitants of Qasīm who had taken his part. On some of the latter Ibn-Rashīd took summary vengeance; but the partial success of the hostile combination had greatly alarmed him; and about the end of May, through an agent at Basrah, he made overtures, which met with no encouragement, to obtain the protection of the British Government.

The only outsiders interested in the situation that had arisen were the Turkish Government, who were anxious to acquire influence over the Shaikh of Kuwait; and they immediately deputed the Mushīr of their 6th Army Corps from Baghdād to Basrah, where he arrived about the beginning of May and remained for several months. The task of this high officer was to arrange a reconciliation among the principal disputants, and this he proceeded to attempt by opening a correspondence with each; but it is not clear that he met with a favourable response from any one of them except Ibn-Rashīd. In August the Turks, who now seemed to be drifting into a pronounced partisanship of Ibn-Rashīd, began to concentrate troops upon the Euphrates; and in September 1901, on raids being made by Ibn-Rashīd into Kuwait territory, a panic arose in the town and its neighbourhood, and preparations

البحرية البريطانية استعداداتها لمساعدة شيخ الكويت، إذا حدثت حالة طوارىء. ففي نوفمبر وديسمبر ١٩٠١، وبوجود ابن الرشيد في صفوان، وهو مكان قريب من البصرة يقع على الحدود الكويتية، بذلت السلطات التركية في البصرة جهوداً جبارة لإقناع شيخ الكويت بالخضوع للباب العالي، بل بقبول حامية تركيةٍ في عاصمته. لكن مسعاها أُحبطَ بسببِ الموقف الحازم للضابط الأعلى رتبة في البحرية البريطانية في الكويت. وتبعت ذلك أزمة، أسهب في وصفها تاريخ الكويت، مرّت دون أن ينجم عن هذا الموقف وقوع أي ضررٍ. ومن المحتمل أن ذلك كان بسبب الاستعدادات البحرية البريطانية للدفاع عن الكويت. وابتعد أمير شمر ببطء، وبدون رغبة، باتجاه آبار لينا على الحدود الشرقية للأراضي الواقعة تحت سيادته.

الوهابيون يستعيدون الرياض، يناير ١٩٠٢

بدأت قضية ابن سعود تحقق تقدماً في الجنوب. وفي حوالي ١٥ يناير ١٩٠٢، قام عبد العزيز بن عبد الرحمن بهجوم مفاجىءٍ من جهة الأحساء، حيث كان منشغلاً لفترة من الزمن في تجميع أتباعٍ له، وأعاد الرياض لوالده. لقد دخل البلدة ليلاً يرافقه في البدء ثمانية من رجاله المختارين، ثم انضم إليه، داخل الأسوار، باقي الفريق الذين بلغ ٨٠ رجلاً بكامل أسلحتهم. وبهذه القوة، باغت الحاكمَ الشمري، وذبحه، وسيطر على الرياض وسط ارتياح عام لدى المواطنين. ثم طُرد ابن الرشيد من مناطق الخرج وحريق المجاورتين. وأعرب ابن سعود للباب العالي أنه سيحكم البلاد المستعادة كأحد الرعايا المخلصين للسلطان.

عبد الرحمن بن فيصل، منذ ١٩٠٢

انتهت، باستعادة الرياض، فترة خلو العرش في نجد الجنوبية، وبدأ عهد الأمير الوهابي عبد الرحمن بن فيصل.

الحرب بين ابن سعود وابن الرشيد، ١٩٠٢ - ١٩٠٤

مصاعب ابن الرشيد، ١٩٠٢

أدرك ابن الرشيد الآن موقفه المحفوف بالخطر إدراكاً تاماً. ولأن ميناء الكويت في أيدٍ معادية له، لم يعد في استطاعته الحصول على كمياتٍ كافية من السلاح والذخيرة الضرورية للحفاظ على سلطته في نجد، وأدرك أيضاً أن الكثيرين من رعاياه بالوراثة أخذوا يبتعدون

were made by the British naval authorities for assisting the Shaikh in case an emergency should arise. In November and December 1901, Ibn-Rashīd being then at Safwān, a place upon the Kuwait border not far from Basrah, strenuous efforts were made by the Turkish authorities at Basrah to induce the Shaikh to submit to the Porte and even to admit a Turkish garrison to his capital; but they were foiled by the decided attitude of the senior British naval officer at Kuwait. A crisis followed which is described in the history of Kuwait; but it passed over harmlessly in consequence, it is probable, of British naval preparations for the defence of Kuwait; and the Shammar Amīr moved off, slowly and reluctantly, to the wells of Lainah on the eastern border of his own dominions.

Recovery of Riyādh by the Wahhābis, January 1902

At this juncture the cause of Ibn-Sa'ūd suddenly began to make progress in the south. About the 15th of January 1902 'Abdul 'Azīz-bin-'Abdur Rahmān made a sudden dash from the side of Hasa, where he had for some time been engaged in collecting adherents, and recovered Riyādh for his father. He entered the town by night, accompanied at first by eight picked men; later he was joined within the walls by the rest of his party, who only numbered 80 all told; and with this force he surprised and slew the Shammar governor and took possession of Riyādh, to the general satisfaction of the inhabitants. Ibn-Rashīd's garrisons were then expelled from the neighbouring districts of Kharj and Harīq; and it was represented to the Porte by Ibn-Sa'ūd that the country thus recovered would be ruled by him as a loyal subject of the Sultān.

'ABDUR RAHMĀN-BIN-FAISAL,
since 1902

With the recovery of Riyādh the interregnum in Southern Najd may be considered to end, and the reign of 'Abdur Rahmān as a Wahhābi Amīr to begin.

War between Ibn-Sa'ūd and Ibn-Rashīd, 1902-04

Difficulties of Ibn-Rashīd, 1902

Ibn-Rashīd was now fully aware of the precariousness of his situation. The port of Kuwait being in unfriendly hands, he could no longer obtain in sufficient quantities the arms and ammunition which were essential to the maintenance of his power in Najd; and he was conscious that many even of his hereditary subjects had been alienated by cruelty, rapacity, and general

عنه لقسوته وجشعه وسوء إدارته. وبناء على ذلك، وفي غضون مارس ١٩٠٢، أرسل مبعوثاً إلى الوالي التركي في البصرة يتوسل إليه في الحصول على مساعدة تركية لإخضاع «الثورة» التي، يعترف أنه لم يعد في استطاعته معالجتها. وفي رسالة بعث بها إلى الصدر الأعظم في القسطنطينية، نسب إلى الحكومة البريطانية مخططاً يتهمها بالدخول في علاقات وثيقة مع وسط شبه الجزيرة العربية، من خلال ابن سعود وشيخ الكويت.

تقدم القوات الوهابية، ١٩٠٢

أخذ مدّ الحرب في نجد يتسع تدريجاً وبثبات نحو الشمال. وفي الثامن من ابريل، وقرب المجمعة، أنزل عبد العزيز بن عبد الرحمن هزيمةً فريدة من نوعها بمجموعة من قبيلة قحطان التي كانت معروفة بولائها لابن الرشيد. وأثناء ذلك، كانت قد أعلنت ولاءها لابن سعود قبائل العتيبة، والدواسر، والسبيع، والعجمان، و آل مرة، والمطير في الجنوب والشرق، ولم يبقَ لابن الرشيد سوى قبائل قحطان وحرب والظفير، إلى جانب قبيلة شمر التي ينتسب إليها. وكثير من القياديين البارزين من آل سعود، الذين كانوا في المنفى الاختياري أثناء سيطرة آل شمّر على جنوبي نجد، أخذوا بالعودة من البصرة وغيرها من الأماكن في الخارج. حتى الذين في القصيم والمناطق المتاخمة لها، كانوا عادة مؤيدين للأسرة الوهابية الحاكمة. وساد انطباع عام أن سيادة حائل ينبغي أن تخضع لسيادة الرياض، قبل مضي وقتٍ طويل. وفي ١١ مايو ١٩٠٢، غادر الأمير عبد الرحمن الكويت متوجهاً إلى الرياض، حيث شغل مركز أجداده، بعد أن أنزل خسارة بجماعة شمر المعادية وبدو قبيلة الظفير في المناسبة نفسها. وفي ٢٧ مايو، نجح ابنه عبد العزيز بالقبض على بعض أقارب ابن الرشيد. وهكذا أصبح احتلال نجد الجنوبية مكتملاً من جديد.

هزيمة منكرة لابن الرشيد في الخرج، ١٩٠٢

صمم ابن الرشيد على بذل مجهود قوي لاستعادة المناطق الجنوبية، التي يبدو أن حرمانه منها كان يشكل تهديداً له بفقدان القصيم، وفي وقت ليس ببعيد. وفي نهاية يوليو ١٩٠٢، قام بعض مناصريه بغزو الأراضي الكويتية، ووصلوا إلى آبار الصبيحية، لكنهم صُدّوا. وبعد فترة قصيرة، بدأ أمير شمر بالتحرك جنوباً، فاحتل بريدة في القصيم وبلدة الشقير في الوشم، أثناء مروره، وفصل بعض جنوده الخيالة لمهاجمة الرياض، وتابع المسيرة شخصياً بحثاً عن عبد العزيز الذي كان، عندئذ، في الخرج واستولى على السليمية. وبقي في الديلم لبضعة أيام دون القيام بأيّ نشاط. وأثناء ذلك، احتشد معظم

maladministration. Accordingly, at the middle of March 1902, he sent an envoy to the Turkish Wāli of Basrah praying for Turkish aid to subdue the "revolt," with which, as he confessed, he could no longer cope; and in a letter which he sent about the same time to the Grand Wazīr at Constantinople, he attributed to the British Government a design of entering into close relations with Central Arabia through the agency of Ibn-Sa'ūd and the Shaikh of Kuwait.

Progress of the Wahhābi arms, 1902

In Najd the tide of war continued to roll steadily northwards. On the 8th of April, near Majma', 'Abdul `Aziz-bin-'Abdur Rahmān inflicted a signal defeat on a body of the Qahtān tribe, who were supporters of Ibn-Rashīd; and by this time the 'Ataibah, Dawāsir, Sabai', 'Ajmān, Āl Morrah and Mutair tribes in the south and east had declared for Ibn-Sa'ūd, so that there remained to Ibn-Rashīd only the Qahtān, Harb and Dhafīr, besides the Shammar to which he himself belonged. Many leading Wahhābis, who had gone into voluntary exile during the Shammar domination of Southern Najd, began to return from Basrah and other places abroad; the people, even in Qasīm and the districts adjoining it, were as a rule favourable to the cause of the Wahhābi dynasty; and a general impression prevailed that the supremacy of Hāil must ere long yield to that of Riyādh. On the 11th of May 1902 the Amīr 'Abdur Rahmān left Kuwait for Riyādh, where he was soon established in the seat of his ancestors, having inflicted some loss on the hostile Shammar and Dhafir Bedouins by the way. On the 27th of May his son 'Abdul 'Azīz succeeded in capturing some of the relations of Ibn-Rashīd; and the reconquest of Southern Najd seemed all but complete.

Serious defeat of Ibn-Rashīd in Kharj, 1902

Ibn-Rashīd, however, had resolved on a strong effort for the recovery of the southern districts, deprivation of which seemed to threaten him with the loss of Qasīm also at no distant period. At the end of July 1902 some of his supporters made an incursion into Kuwait territory and reached the wells of Subaihīyah, but were there repulsed. A little later the Shammar Amīr himself began to move southwards. Occupying Buraidah in Qasīm and Washaiqir in Washam as he passed, he detached some of his mounted troops to attack Riyādh and pressed on in person in search of 'Abdul 'Azīz, who was then in Kharj; he took Sulaimīyah; and he pitched his camp at Dilam, the capital of Kharj. At Dilam he remained inactive for a few days, during which the bulk

أهل الحوطة والحريف وقبيلة الدواسر تحت لواء عبد العزيز في المحمدي، وهو مكان ذو زرع على بعد ميلين أو ثلاثة أميال، إلى الشمال. وفي الأول من نوفمبر ١٩٠٢، وبعد ثلاثة أيام من مناوشاتٍ غير حاسمة، حدث اشتباك عام هُزِم فيه ابن الرشيد، بعد قتالٍ شديد دام خمس ساعات، ثمّ هرب تاركاً معسكره والعديد من الخيول والجمال وأحد بيارقه في حوزة العدو. وتابع عبد العزيز نجاحه بالتقدم نحو القصيم حتى وصل إلى شقراء. وبعد أن نجح ابن الرشيد بالفرار، حاول أن يصمد لفترة في الزلفي في أقصى الشمال من السدير. وفي ديسمبر ١٩٠٢، قاد ابن الرشيد شخصياً غارةً على رعايا كويتيين في جوار الجهرة، نجم عنها بعض الأضرار. لكنّ الغارة دحرت في النهاية. عندئذ، تراجع ابن الرشيد إلى القصيم، وانقضت فترة استراحة قصيرة من العمليات الحربية الناشطة، قام خلالها عبد العزيز بزيارة الكويت.

مقابلة بين ابن الأمير الوهابي ومسؤول روسي في الكويت، ١٩٠٣

عند هذه النقطة بالذات، تلقى ابن سعود تشجيعاً من قوة أوروبية. ففي مرحلة مبكرة من الصراع في وسط شبه الجزيرة العربية، أصبح معروفاً في البصرة أن وكلاء الحكومة الروسية أخذوا يبدون اهتماماً بالصراع. والآن، وبمناسبة قيام عبد العزيز بزيارة للكويت، جرت مقابلة بينه وبين القنصل الروسي العام في بوشهر. وقد وصل هذا الموظف على ظهر الطراد الروسي «بوياريين» الذي كان يقوم بزيارةٍ للميناء برفقة الطراد الفرنسي «انفرنية». وورد تقرير من الكويت مفاده أن القنصل العام الروسي قد عرض، في هذه المناسبة، مساعدة من المال والسلاح على عبد العزيز. وقد لاقت هذه الرواية بعض التأييد من مصدر مستقل. أما المقابلة، التي هي موضوع البحث، فقد جرت في مطلع مارس ١٩٠٣.

الوهابيون يستعيدون السدير، ١٩٠٣

أثناء ذلك، شَغَل ابن الرشيد نفسه بتأديب بعض قبائل البدو الرُحّل النائية التي كانت محبذة لقضية ابن سعود، وحاول الاستعانة بخدمات سعدون باشا، الخارج على القانون من قبيلة المنتفق. كما حاول استعادة الرياض في ليل الثالث من ابريل ١٩٠٣، حين كان الأمير عبد الرحمن قد استقر نهائياً وبشكل راسخ لكنه صُدّ متكبداً خسارة كبيرة. وبعد بضعة أيام، قام الوهابي عبد العزيز بهجومٍ معاكس على بدو ابن الرشيد، بعد الزيارة التي

of the inhabitants of the Hautah and Harīq districts, as also the Dawāsīr tribe, flocked to the standard of ‘Abdul ‘Azīz at Muhammadi, a place with cultivation some two or three miles to the northward. On the 1st of November 1902, after three days of inconclusive skirmishing, a general engagement took place in which, after five hours' heavy fighting, Ibn-Rashīd was totally defeated, and fled, leaving his camp, many horses and camels, and one of his standards in possession of the enemy. ‘Abdul ‘Azīz followed up his success by advancing so far in the direction of Qasīm as Shaqrah; while Ibn-Rashīd, after making good his escape, took up his position for a time at Zilfi in the extreme north of Sadair. At the end of December 1902 a raid, headed, it is said, by Ibn-Rashīd in person was made on Kuwait subjects in the neighbourhood of Jahrah and did some damage; but the raiders were ultimately beaten off. Ibn-Rashīd then retired into Qasīm, and a short interval occurred in the active operations, during which ‘Abdul ‘Azīz paid a visit to Kuwait.

Interview of the son of the Wahhābi Amīr with a Russian official at Kuwait, 1903

Ibn-Sa’ūd at this point received some encouragement from a European power. At an early stage in the Central Arabian conflict it had become known at Basrah that the agents of the Russian Government were taking an interest in the struggle, and now, on the occasion of ‘Abdul ‘Azīz’s visit to Kuwait, an interview took place between him and the Russian Consul-General from Būshehr; this official had arrived on board the Russian cruiser “Boyarin,” which was visiting the port in company with the French cruiser “Infernet”. It was reported from Kuwait that the Russian Consul-General on this occasion offered to help ‘Abdul ‘Azīz with money and arms, and the statement received some corroboration from an independent source. The interview in question took place at the beginning of March 1903.

Sadair recovered by the Wahhābis, 1903

Ibn-Rashīd, meanwhile, occupied himself in chastising some of the outlying nomad tribes who were favourable to the cause of Ibn-Sa’ūd, and he endeavoured to enlist upon his own side the services of the Muntafik outlaw Sa`dūn Pāsha. On the night of the 3rd of April 1903 he made an attempt to retake Riyādh, where the Amīr ‘Abdur Rahmān was now firmly established; but he was repulsed with loss. A few days later the Wahhābi ‘Abdul ‘Azīz, who after his visit to Kuwait had been recruiting followers at Ntā’, made a counter-attack upon Ibn-Rashīd’s Bedouins, inflicting considerable injury.

قام بها إلى الكويت بغية تجنيد الأتباع في نطاع، فأوقع بهم ضرراً بالغاً. وفي عام ١٩٠٣، جرى احتلال الزلفي واستعادة منطقة السدير بجهود آل سعود.

الباب العالي يمنح العون لابن رشيد استجابة للعريضة التي تقدم بها، ١٩٠٤

ضاعف ابن الرشيد جهوده، آنذاك، للحصول على مساعدة الأتراك الفعالة. ففي السابع من يناير ١٩٠٤، أبرق إلى الصدر الأعظم في القسطنطينية، يلتمس أوامر الباب العالي ويعترض بأن ابن سعود كان يسعى إلى إقامة علاقاتٍ مع الحكومة البريطانية، ومن المحتمل أن تجهزه بريطانيا بالمدافع والذخيرة. ويبدو أن مطلب ابن الرشيد قد لُبِّي، لأنه في ابريل زُوِّد بالعملة والبنادق والذخيرة من بغداد، كما صدرت الأوامر لحشد قوة تركية في السماوة والفرات.

الوهابيون يستعيدون الوشم والقصيم، ١٩٠٤

في غضون ذلك، أصبحت انتصارات عبد العزيز أكثر سرعة وحسماً. ففي السابع من فبراير ١٩٠٤، هاجم قوةً بقيادة حسين جرَّاد، الحاكم الذي عينه ابن الرشيد على القصيم، هاجمها في مكان يسمى الفيضة في وادي السر، فهزمها وقتل الحاكم نفسه، الذي أرسل رايته وختمه إلى الكويت رمزاً للنصر الذي حققه. ولقي عدد من وجهاء شمر حتفهم في هذه المواجهة. وبعد خضوع منطقة الوشم، استُعيد جنوب نجد كله. بعد ذلك، قام عبد العزيز بن سعود بالهجوم على القصيم، وهي منطقة تميل إلى الاستقلال. لكنّ هذا الاستقلال، بشكل عام، اتخذ، بحكم الظروف، شكلاً من أشكال التبعية الجزئية إما لحائل وإما للرياض. وقد دخل الوهابيون بلدة عنيزة في ٢٢ مارس، لكن بمساعدة السكان المتعاطفين معهم. وفي النهار نفسه، هُزِم ماجد بن حمود، أحد أبناء عم ابن الرشيد، الذي كان مخيماً خارج المكان للدفاع عنه، وتكبَّد عدداً كبيراً من القتلى، في حين أن ابناً آخر لحمود، يُدعى عبيد، كان بين القتلى في المعركة. ويبدو أن هذا العمل العسكري الحاسم، بعد تأخير لا يكاد يُذكر، قد وضع القصيم برمته، بما فيه بلدة بريدة، تحت نفوذ الوهابيين.

ربما كانت الأحداث، التي ذكرناها، هي التي جعلت الحكومة العثمانية في النهاية، تصمم، على التدخل، بشكل فعال، في وسط شبه الجزيرة العربية، حيث نفوذ ابن الرشيد الذي كان تحت حمايتهم قد وصل إلى نهايته، وحيث بدا أن إخضاع ابن سعود الكامل له محتمل وليس ببعيد.

The year 1903 ended with the capture of Zilfi, and the consequent recovery of the district of Sadair, by this active scion of the Āl Sa'ūd.

Ibn-Rashīd's petition for assistance granted by the Porte, 1904

Ibn-Rashīd now redoubled his efforts to obtain the active assistance of the Turks; and on the 7th of January 1904 he wired to the Grand Wazīr at Constantinople, soliciting the orders of the Porte and representing that Ibn-Sa'ūd was seeking to form relations with the British Government, and that he would probably be furnished by them with guns and ammunition. His petition must have been granted, for in April he was supplied with some specie, rifles and ammunition from Baghdād; and orders were issued for the concentration of a Turkish force at Samāwah on the Euphrates.

Recovery of Washam and Qasīm by the Wahhābis, 1904

In the interim the successes of 'Abdul 'Azīz had grown even more rapid and decisive. On the 7th of February 1904, at Faidhah in Wādias-Sirr, he attacked and defeated a force under Husain Jarrād, Ibn-Rashīd's governor of Qasīm, killing the governor himself, whose standard and seal he despatched to Kuwait in token of victory. A number of other Shammar notables lost their lives in this encounter; and Southern Najd, by the submission of the district of Washam, was at last recovered in its entirety. 'Abdul 'Azīz, Ibn-Sa'ūd, next fell upon Qasīm, a district inclined to independence but generally, through force of circumstances, in semi-vassalage either to Hāil or to Riyādh. Thc town of 'Anaizah was entered on the 22nd of March, not without assistance from sympathising citizens; and Mājid, a son of Ibn-Rashīd's cousin Hamūd, who was encamped outside the place to defend it, was defeatcd on thc samc day with considerable slaughter, while another son of Hamūd, named 'Obaid, was among those who perished in the battle. This decisive action seems to have brought the whole of Qasīm, including the town of Buraidah, under the influence of the Wahhābis with very little delay.

It was probably the events just related that finally determined the Ottoman Government to intervene actively in Central Arabia, where the influence of their protégé Ibn-Rashīd appeared to be at an end and his complete subjugation by Ibn-Sa'ūd already appeared as a not remote contingency.

الحملة العسكرية التركية إلى القصيم ، ١٩٠٤

عندما زحفت الحملة العسكرية من السماوة على الفرات، في أواخر مايو ١٩٠٤، كانت تضمّ ٢٠٠٠ من المشاة وستة مدافع خفيفة، كل منها منقول على حمالة بين بغلين، تحرسها كتيبة كبيرة من بدو شمَّر وعنيزة. لكن حجم هذه الحملة قد تناقص إلى حد كبير، بسبب المرض وفرار الجنود قبل الوصول إلى ساحة المعركة. لقد فات الآوان لإنقاذ بريدة. لكن وصول الحملة، في الوقت المناسب، جَنَّبَ حائل الهجوم الذي كان الوهابيون يهددون به، وانتقلت الحرب إلى بلاد الأعداء بالتقدم جنوباً إلى القصيم.

معركة البكيرية ، ١٥ يوليو ١٩٠٤

بعد ظهر ١٥ يوليو، بدأ في البكيرية الاشتباك الأول الذي بدا أنّه كان عملية يسودها الارتباك. وقام عبد العزيز بن عبد الرحمن على رأس كتيبة تُدعى «العريض» بالهجوم الأول على ابن الرشيد وحلفائه الأتراك. لكن الهجوم فشل، وهُزِمَ المهاجمون، وطُردوا من ساحة المعركة متكبدين خسارة كبرى على أيدي فرسان ابن الرشيد. ومهما يكن من أمر، فإن رجال القصيم، في وقتٍ يجهلون فيه مصير رفاقهم الذين فصلتهم الهضاب المنخفضة عنهم، كانوا قد تقدموا نحو المعسكر التركي. وفي المساء، تمكنوا من احتلاله، فقتل القائد التركي وحوالي ١٢ ضابطاً من ضباطه، فضلاً عن عدد كبير من رجاله الذين لقوا حتفهم في القتال. وبذلك سقطت جميع المدافع التركية وعددٌ كبير من الأسرى الأتراك في أيدي رجال القصيم، وقُتل ماجد، الابن الأكبر لحمود، أحد أبناء عم ابن الرشيد، في معركةٍ للفرسان عند نهاية النهار، فكان الفرد الرابع الذي سقط من عائلته، وهو يقوم بمجهود غيرِ مجدٍ لإنقاذ جبل شمر من حظه العاثر. وبعد هذا النجاح، انسحب رجال القصيم إلى عنيزة. واستعادت بقية القوة التركية ملكية مدافعها، باستثناء واحدٍ أخذه الأعداء، وأُرسل، فيما بعد، إلى الرياض. أما تلك التي استعيدت، فإن ثلاثة منها لم تعد صالحة للاستعمال.

عمليات لاحقة وتقهقر الأتراك إلى قصافة ، يوليو حتى اكتوبر ١٩٠٤

ولكي يضمن الأتراك وحلفاؤهم مكانةً أفضل، أو ربما ليحافظوا على مظهرٍ يدل على أنهم ما زالوا يتصرفون بشكل هجومي، فإنهم قاموا، في مطلع اغسطس، بالتحرك بضعة أميالٍ إلى الجنوب الغربي، واحتلوا شنانة، إحدى القرى المنفصلة، التي تُكَوِّن منطقة بلدة الرس، وظلّوا فيها دون أن يأتوا بحركة، لمدة ستة أسابيع، مستمدين مؤنهم من قرية

Turkish military expedition to Qasīm, 1904

The Turkish expedition, when it marched from Samāwah on the Euphrates in the last days of May 1904, consisted of about 2,000 infantry and six light guns, each carried in a litter between two mules, and it was escorted by a large contingent of Shammar and 'Anizah Bedouins; but its proportions were considerably reduced by disease and desertion before it reached the scene of action. It was too late to save Buraidah; but an attack on Hāil, which was threatened by the Wahhābis, was probably averted by the timely arrival of the expedition; and war was carried into the enemy's country by an advance southwards into Qasīm.

Battle of Bukairīyah, 15th July 1904

The opening engagement took place at Bukairīyah, on the afternoon of the 15th of July, and appears to have been a confused affair. The first attack on Ibn-Rashīd and his Turkish allies was made by an 'Āridh contingent under the command of 'Abdul 'Azīz-bin-'Abdur Rahmān; but it failed, and the assailants were routed and driven off the field with considerable loss by Ibn-Rashīd's mounted troops. Meanwhile, however, the men of Qasīm, unaware of the fate of their associates who were separated from them by some low hills, were advancing on the Turkish camp; and in the evening they captured it. The Turkish commander, about a dozen of his officers, and a large number of his men were killed in the fight; all the Turkish guns and a large number of Turkish prisoners fell into the hands of the Qusmān; and Mājid, the eldest son of Ibn-Rashīd's cousin Hamūd, was killed in a cavalry mélée at the close of the day- the fourth of his family to fall in a vain endeavour to retrieve the sinking fortunes of Jabal Shammar. After this success the Qusmān withdrew to 'Anaizah. The remains of the Turkish force then resumed possession of their guns, except one which had been removed by the enemy and was subsequently sent to Riyādh; but of those recovered, three had been rendered useless.

Subsequent operations and retreat of the Turks to Kaháfah, July to October 1904

In order to secure a better position or, possibly, to maintain an appearance of acting on the offensive, the Turks and their allies about the beginning of August moved some miles to the south-westward and occupied Shinānah, one of the separate villages forming the township of Rass. Here they remained immobile for about six weeks, drawing their supplies from the

النبهانية على مسافة كبيرة إلى الغرب، في حين كان العدو يسيطر على البلاد إلى الشرق منهم، أو على البقية من الرس، كما يبدو. وأخيراً، وحوالي ٢٧ سبتمبر، انطلقوا من شنانة، وحاولوا أن يقصفوا بالقنابل حظيرةً محصنة في الجوار، على بضعة أميال إلى الغرب من الرس، تُعرف باسم «قصر ابن عُقيل»، كان قد احتلَّها صديق ابن سعود، زعيم بريدة. وعندما لاحظ العدو هذه الحركة، قام بهجوم مفاجئ، انطلاقاً من الرس. وعندئذٍ، انهار الجنود الأتراك ولاذوا بالفرار، كما اختفى ابن الرشيد. واستولى الوهابيون وأهل القصيم على مدفع آخر وكثير من الغنائم، وكانت الخسارة، في الأفراد، خسارةً قليلة هذه المرة. وبعد هذا، حاولت فلول الجيش التركي، التي لم يكن عددها يزيد على ٧٠٠ رجل، أن تتخذ موقعاً لها في قحافة التي تقع في منتصف الطريق تقريباً بين بريدة وحائل، لأنَّ ابن الرشيد، قد رفض، كما يقال، أن يسمح لها بالاقتراب من عاصمته، مع أنها كانت قد أُرسلت لمساعدته. وهكذا انتهت الحملة التركية بفشل كلّي. لكن السلطات العثمانية، وإن عرفت الحقيقة، فقد كان احتمال الاعتراف بها أمراً ضعيفاً؛ وحمل الأتراك أعلاماً يفترض أنها غُنمت من ابن سعود، وطافوا بها في موكب المنتصر، في شوارع كربلاء طوال شهر كامل، بعد أوّل هزيمة تركية.

مفاوضات وتسوية ودية بين ابن سعود والباب العالي، ١٩٠٤ - ١٩٠٥

يبدو أنّ ابن سعود قد هاله إنجاز هذا النجاح الكامل الذي حققه على الجنود العثمانيين. وحوالي نهاية اكتوبر ١٩٠٤، تسلّم فخري باشا*، والي البصرة بالوكالة، الذي كان موظفاً مستنيراً وقديراً، وتلقّى تدريباً في مهنة الفن العسكري، تسلّم من ابن سعود رسالة اعتذار حاول فيها الأمير الوهابي أن يبرّىء نفسه من تبعة الهجوم على القوات التركية في القصيم، ويطلب إليه أن يتقبل خضوعه، راجياً استمرار دفع المبالغ المخصصة له، التي تعوّد أن يتلقاها من الحكومة التركية. وقد أُحيلت عروضه إلى القسطنطينية، ويبدو أنها لاقت القبول. لكن لم تتوقف الاستعدادات التي بدأت في النجف لإرسال قوة تركية أخرى إلى وسط شبه الجزيرة العربية. على كل حال، وبحلول هذه الفترة، ورد أن أهداف الحملة، كانت، بشكل عام، أهدافاً سلمية، وليست لإنزال العقاب. ويمكن اعتبار هذا الظرف دليلاً على وعود بسلوك حسن، قطعها ابن سعود على نفسه،

---

* تذكر رواية أخرى أن فخري باشا، وليس ابن سعود، هو من تقدّم بالعروض الأولى.

village of Nabhānīyah a considerable distance to the westward, while the enemy held the country to the east of them and even, it would appear, the remainder of Rass. Finally, about the 27th of September, the Turks and Ibn-Rashīd issued from Shinānah and attempted to bombard a fortified enclosure in the vicinity known as Qasr Ibn-'Aqaiyil, a few miles to the west of Rass, which was occupied by Ibn-Sa'ūd's friend, the chief of Buraidah. The enemy, observing this movement made a sally from Rass, upon which the Turkish troops broke and fled, and Ibn-Rashīd disappeared. Another gun and much booty were taken by the Wahhābis and Qusmān; but on this occasion there was little loss of life. After this the remnants of the Turkish force, not numbering more than 700 men, took up a position at kaháfah about midway between Buraidah and Hāil, for Ibn-Rashīd had, it is said, refused to allow them, though sent to his assistance, to approach any nearer to his capital. The Turkish expedition had thus ended in complete failure; but the Ottoman authorities, if they knew the facts, were far from admitting them; and banners, supposed to have been captured from Ibn-Sa'ūd, were carried in triumph through the streets of Karbala more than a month after the first Turkish defeat.

Negotiations and amicable settlement between Ibn-Sa'ūd and the Porte, 1904-1905

Ibn-Sa'ūd seems to have been somewhat alarmed at the completeness of his own success against the Ottoman troops; and, about the end of October 1904, an apologetic letter was received from him by *Fakhri Pāsha, the acting Wāli of Basrah, an able and enlightened official trained to the military profession. In this letter the Wahhābi Amīr sought to exculpate himself in respect of the attacks on the Turkish forces in Qasīm, asked that his submission might be accepted, and begged that payment of the allowance which he had been accustomed to receive from the Turkish Government might be continued. His proposals were referred to Constantinople and apparently met with acceptance; but preparations which had been commenced at Najaf for the despatch of a second Turkish force to Central Arabia were not discontinued. By this time, however, it was generally understood that the objects of the expedition were pacific and not punitive - a circumstance which may be held to indicate that Ibn-Sa'ūd's promises of good behaviour, although he had not yet appeared in person to confirm them,

---

*According to another version it was Fakhri Pasha and not Ibn-Sa'ud who made the first advances.

ونظر إليها الباب العالي بعين الرضى، إذ يمكن الاعتماد عليها؛ مع أن ابن سعود لم يظهر شخصياً بعد ليثبت ذلك. بيد أن التأكيد المطلوب لم يطل أمره كثيراً. وما كادت القوات التركية القتالية تنطلق من النجف حتى أقبل من الجهة الكويتية الأمير عبد الرحمن شخصياً، يرافقه الشيخ مبارك من الكويت، ووصلا إلى القرية الصغيرة، صفوان، الواقعة على الحدود التركية، لملاقاة مخلص باشا، الذي تولى مؤخراً مسؤولية ولاية البصرة. وقد تبع الاجتماعَ الأول، الذي عُقد في صفوان يوم الثامن من فبراير، مناقشاتٌ برقية بين البصرة والقسطنطينية. وبعد الاجتماع الثاني الذي عُقد في ١٣ فبراير، عند آبار القشانية، نقل إلى ابن سعود، على ما يبدو، أن السلطان قد عيّنه قائمقام أو حاكماً لجنوب نجد، تحت سلطة الباب العالي، ولن يسمح لابن الرشيد بالتدخل في شؤون منطقته، في حين أنّ ابن سعود، كما يبدو، قد وافق، من جهته، على تعيين موظفين مدنيين أتراك، ووضع حاميات عسكرية في القصيم.

احتلال الأتراك السلمي للقصيم، ١٩٠٥

دخول القوات العسكرية التركية إلى القصيم، ابريل ١٩٠٥

في غضون ذلك، وفي نهاية يناير ١٩٠٥، وحوالي نهاية عام ١٩٠٤، توجهت الحملة العسكرية التركية التي جرى تنظيمها في النجف، إلى القصيم. وكانت تضمّ ٣٠٠٠ رجل وستة مدافع بقيادة أحمد فوزي باشا، مشير اللواء السادس في بغداد، وهو «عجوز خبيث فاسد» بلغ السبعين من العمر. لكن لم يكن ينقصه النشاطُ الجسدي على الإطلاق. أما الاتفاق الذي أبرم مع ابن سعود بعد رحيل الحملة بوقت قصير، فقد جعل مهمة قوة كهذه مهمةً سهلة التنفيذ. وجرى الاتصال بطابور مؤلف من ٧٥٠ رجلاً لديهم بطاريةٌ من مدافع الميدان مرسلة من المدينة. لكن، لا الموعد المضروب، ولا الطريق الذي اتبعته، فيما بعد، القوات المجتمعة، أمكن التعرف إليهما، تعرفاً أكيداً، من التقارير المتوافرة بهذا المعنى. كما لم تصادف هذه الحملة أي معارضة؛ لأنّ سكان نجد كانوا مرهقين من الحرب، فرحبوا، في الوقت الحاضر، باحتمالات السلام، ولو في ظل حماية تركية. وقد جرى احتلال بريدة بالقصيم في ١٥ ابريل ١٩٠٥، ثم عنيزة بعد ثلاثة أيام، وأُقيم موقع عسكري في كلا المكانين يضم، على ما يبدو، ١٠٠ رجل أو أقل. ورُفع العلم التركي، وعُزف النشيد الحميدي، وتم الدعاء في خطبة الجمعة لسلطان تركيا. وقد لُوحظ أن ابن الرشيد لم يحضر هذه الاحتفالات حتى كمشاهد. وما جرى استنتاجه: أن سكان القصيم، بخضوعهم للباب العالي، اشترطوا ألاّ يُسمح لأمير شمَّر بالتدخل في شؤونهم. وهذه نقطة شدد ابن سعود عليها، في مفاوضاته مع الأتراك، منذ البداية.

were regarded by the Porte as satisfactory and sufficiently reliable. Nor was the necessary confirmation long wanting. Hardly had the Turkish field force started from Najaf, when the Amīr 'Abdur Rahmān in person, accompanied by Shaikh Mubārak of Kuwait, arrived from the Kuwait side at the little village of Safwān on the Turkish frontier and was there met by Mukhlis Pāsha, who had recently assumed charge of the Basrah Wilāyat. The first meeting, held at Safwān on the 8th of February, was followed by official telegraphic discussions between Basrah and Constantinople. At the second meeting, which took place on the 13th of February at the wells of Qash'ānīyah, Ibn-Sa'ūd appears to have been informed that the Sultān had appointed him Qāim-Maqām or governor of Southern Najd under the Porte, and that Ibn-Rashīd would not be allowed to interfere with the affairs of his districts; while Ibn-Sa'ūd, on his part, seems to have agreed to the location of Turkish civil officials and military garrisons in Qasīm.

Pacific occupation of Qasīm by the Turks, 1905
Military entry of the Turks into Qasīm, April 1905

Meanwhile, at the end of January 1905, the Turkish military expedition organised at Najaf towards the end of 1904 had marched for Qasīm; it consisted of about 3,000 men with six guns and it was commanded by Ahmad Faizi Pāsha, Mushīr of the 6th or Baghdād Army Corps, "a corrupt old rascal," more than 70 years of age, but by no means deficient in physical energy. The agreement concluded with Ibn-Sa'ūd shortly after its departure rendered the task of the expeditionary force an easy one. A junction was effected with a column of 750 men and a battery of field artillery sent from Madīnah, but neither the rendezvous nor the subsequent route of the combined force can be identified with certainty from such reports as are available. No opposition was experienced; for the people of Najd were weary of war, and for the moment they welcomed the prospect of peace even under a Turkish ægis. Buraidah in Qasīm was occupied on the 15th of April 1905 and 'Anaizah three days later; a military post of 100 men or less was apparently established at either place; the Ottoman flag was hoisted, the Hamīdīyah march was played, and public prayers were recited in the name of the Sultān of Turkey. It was observed that Ibn-Rashīd was not present, even as a spectator, at these ceremonies; and the conclusion was drawn that the inhabitants of Qasīm, in submitting to the Porte, had stipulated that the Shammar Amīr should be allowed no locus standi in their affairs, a point on which Ibn-Sa'ūd had from the first laid great stress in his negotiations with the Turks.

قيام الأتراك بالتنظيم المدني للبلاد

قُسمت بلاد نجد إلى أقسام إدارية على غرار التنظيم التركي المعتاد، فتشكَّلَ من بريدة قضاء يديره صالح بن حسن بصفته قائمقام، وأصبحت عنيزة مديرية، وعُيِّن عبد العزيز ابن عبد الله مديراً لها. لكنّ العلاقات بين هذين الموظَّفَيْن، لم تكن، كما يبدو، علاقات محددة. أما المنطقتان الجديدتان فلم يعرف العرب: هل كانتا، إدارياً، تتبعان البصرة أم المدينة؟. أما الموظفون الأتراك، فيعتقد أنهم كانوا ملحقين بولاية البصرة. وكان مفهوماً، أن جنوبي نجد أصبح قضاء خاضعاً لوالي البصرة، وأن ابن سعود قائمقام عليه، ومقره الرئيسي الرياض. وما إنْ أنجزت هذه الأوضاع التي كان تنفيذها من السهولة بمكان، لمجرد كونها اسمية، حتى ألقى المحارب المحنك أحمد فوزي باشا بنفسه على ظهر جمل، بعد أن تلقّى الأوامر بالقضاء على ثورةٍ ناشبةٍ في اليمن، وهرع إلى ميناء يُنبع على البحر، عن طريق المدينة.

التاريخ العام لوسط شبه الجزيرة العربية، أثناء احتلال الأتراك للقصيم، ١٩٠٥ - ١٩٠٦

زيارة عبد العزيز بن سعود لقطر، من يوليو حتى اغسطس ١٩٠٥

من المحتمل أن تكون الأعمال التي قام بها الأتراك في القصيم، قد ولّدت، لدى الأمير الوهابي، انطباعاً جيداً مؤقتاً: لأنه أوقف عملياته الحربية ضد ابن الرشيد، وحوّل اهتمامه، بدلاً من ذلك، إلى شاطىء الخليج. وفي يوليو واغسطس ١٩٠٥، انطلق عبد العزيز، ابن الأمير، في جولة إلى صحراء الجافورة وحدود قطر. وكانت زيارته، غير المتوقعة، مصدر إحراج للسلطات التركية في الأحساء، وقد بدا عليها الارتباك في كيفية التصرف تجاهه. لكن، في النهاية، أُرسل طابور أجاسي ليقوم بزيارة رسمية له، عند آبار دعيلج في صحراء الجافورة. وفي هذا الوقت، كان اللصوص يعترضون القوافل المسافرة على طريق الأحساء ـ العقير، مما جعل عبد العزيز ينتهز فرصة هذه الظروف السائدة ليحكم بالإعدام على بعض البدو، أو يقطع أيديهم أو أرجلهم متظاهراً أنه صديق القانون والنظام. كما ادعى أنه عقد مصالحة بين قبائل العجمان وبني هاجر وآل مرة، الذين كانت بينهم أحقاد دفينة سابقة. وتوقف عبد العزيز عدة مرات عند منتجعات مائية في جوار خليج سلوى، كما عقد اجتماعاً مع قاسم آل ثاني، شيخ الدوحة، في معسكر العريق بقطر. ويُعتَقد أن والدَ ابن سعود قد حصل، في الماضي، على عون قَيِّم من شيخ الدوحة عام ١٩٠٤. وفيما بعد، وبسبب الحر الذي لا يطاق، قفل عبد العزيز عائداً إلى بلده، عبر آبار زرنوقة في خرمة. لكنه، قبل رحيله، كتب رسائل إلى شيوخ عُمان المتصالحة، يعلن فيها

Civil organisation of the country by the Turks

The country of Najd was next parcelled out into administrative divisions on the usual Turkish system. Buraidah was constituted a Qadha under Sālih-bin-Hasan as Qāim-Maqām, and 'Anaizah became a Mudīrlik with 'Abdul 'Azīz-bin-'Abdullah as Mudīr; but the relations of these two officials to one another were not, apparently, defined. Whether the new districts were administratively dependent on Basrah or on Madīnah remained unknown to the Arabs; but by the Turkish officials they were believed to have been attached to the Basrah Wilāyat, and Southern Najd was understood to have become a Qadha under the Wāli of Basrah, with Ibn-Sa'ūd for Qāim-Maqām and headquarters at Riyādh. These dispositions, which were the more easy to carry out that they were purely nominal, had no sooner been completed than the veteran Ahmad Faizi Pāsha, having received orders to suppress a rebellion in Yaman, threw himself on the back of a camel and hurried off by way of Madīnah to the port of Yanbō' on the Red Sea.

General history of Central Arabia during the Turkish occupation of Qasīm, 1905-06

Visit of Abdul Aziz Ibn-Saūd to Qatar, etc. July to August 1905

The proceedings of the Turks in Qasīm may have momentarily impressed the Wahhābi Amīr, for he discontinued his operations against Ibn-Rashīd and turned his attention instead to the coast of the Persian Gulf. In July and August 1905 the Amīr's son 'Abdul 'Azīz proceeded on a tour to the Jāfūrah desert and the borders of Qatar, and his unexpected visit was a source of embarrassment to the Turkish authorities in Hasa, who seemed uncertain how to behave but in the end sent a Tābūr Āghāsi to wait upon him at the wells of Da'ailij in Jāfūrah. wo caravans having been stopped at this time by robbers on the Hasa-'Oqair route, 'Abdul Azīz took advantage of the circumstances to put to death or mutilate a few Bedouins and so to pose as a friend of law and order; and he claimed to have reconciled the 'Ajmān, Bani Hājir and Āl Morrah tribes, which were previously at feud, He made several halts at watering places in the neighbourhood of Salwa Bay; and ha had a meeting at the 'Araiq camping ground in Qatar with Jāsim, the Āl Thāni Shaikh of Dōhah, from whom his father was believed to have obtained valuable assistance in 1904, Eventually 'Abdul 'Azīz, finding the heat excessive, returned home viá the wells of Zarnūqah in Kharmah; but, before his departure, he wrote letters to the Shaikhs of Trucial 'Omān, announcing his

عن عزمه القيام بزيارة لعمان في الربيع القادم. وكما هو وارد في تاريخ عمان المتصالحة، فقد أحدثت هذه الرسائل بعض القلق بين الزعماء الذين وُجّهت إليهم، كما أجبرت السلطات البريطانية على الإحاطة بالقضية.

تجدد الأعمال العدائية بين ابن سعود وابن الرشيد، ووفاة ابن الرشيد، ١٩٠٥ - ١٩٠٦

في نهاية العام، تجددت بين الأمراء الوهابيين والشمريين الأعمال العدائية، التي عُلّقت لفترة من الزمن، بداعي احترام عابرٍ للسلطة التركية. وقد شرح الباشا التركي، الذي تعامل مع الفريقين المتنافسين، أن هناك فارقاً في الصفات بينهما: لأنه، في حين أن ابن الرشيد، «المحارب الصحراوي»، كان محارباً بسيطاً، نقي النفس، كان ابن سعود يتميز بكونه «سياسي الصحراء». لكن الصفات العسكرية التي كان يتمتع بها ابنه عبد العزيز قد عوضته، إلى حد بعيد، من النواقص لدى الزعيم الوهابي. وحوالي نهاية عام ١٩٠٥، بدأ عبد العزيز ابن عبد الرحمن، يعاونه شقيقه محمد، بغزو قبائل حرب وبني عبد الله، أحد فروع المطير الذين ينتمون إلى الجهة الغربية. وقد جعل من القصيم قاعدةً له، كما كان المقر الرئيسي لابن الرشيد في قحافة، عند أقصى الحدود الشمالية الغربية للإقليم نفسه. وفي نهاية مارس ١٩٠٦، كان الوهابيون يعسكرون في عين ابن فهيد في القصيم، وكان ابنُ الرشيد في معسكره بتمامي، وهو منتجع مائي في الباطن، على مسافة ٧٠ ميلاً شماليّ شرق موقع الوهابيين. وقد سعى ابن الرشيد، في هذا الوقت، إلى وساطة الشيخ مبارك، حاكم الكويت، وتوسل إليه أن يعتبره ابناً له، في حين كان ذلك السياسي الداهية قد بدأ قبل الآن يحيك مخططه لإعادة السلام إلى نجد، بإيجاد دولة عازلة تقع بين أراضي الأميرين، وتضم مناطق القصيم، والوشم، والسدير، وتوضع تحت سيطرة الشيخ الشخصية. وفي غضون ذلك، وفي ليلة ١١ ابريل ١٩٠٦، نجح الوهابيون بمباغتة ابن الرشيد، بينما كان مخيّماً في مكان ذي أمن موهوم، يعرف باسم الرويضة، ويبعد حوالي ٢٠ ميلاً أو ٣٠ إلى الشرق من بريدة. وقد هبت، في ذلك الوقت، عاصفة رملية هوجاء، تُمكّن ابن الرشيد من الفرار. لكنه أعلن عن حضوره بجرأة، فخرَّ قتيلاً وهو يرتجز أناشيد الحرب، تحت وابل من نيران بنادق مهاجميه المركزة. وقُتل عدد من أتباع الأمير معه. وبعد أن قُطع رأسه وعُلّق على عمود، طافوا به البلاد بكاملها، وسط مظاهر النصر. لكن الرأي العربي المحترم شجب هذا العمل البربري القبيح بشدة، كما أسف البعض لوفاة ابن الرشيد. حتى ان شيخ الكويت نفسه شعر بالأسى، عندما أرسل إليه ابن سعود الخاتم الذي يحمل ختمه دليلاً على نجاحه.

intention of visiting 'Omān in the following spring. These missives, as related in the history of Trucial 'Omān created some excitement among the chiefs to whom they were addressed, and the British political authorities were obliged to take cognisance of the matter.

Renewal of hostilities between Ibn-Sa'ūd and Ibn-Rashid and death of the latter, 1905-06

The hostilities of the Wahhābi and Shammar Amīrs, suspended for a short time out of a transient respect for Turkish authority, were renewed towards the end of the year. Between the two rivals, as subsequently explained by a Turkish Pāsha who had dealt with both, there was a decided contrast in character, for, while Ibn-Rashīd was the "desert warrior" pure and simple, Ibn-Sa'ūd was more of the "desert diplomatist"; but the deficiencies of the Wahhābi chief were more than made good by the soldierly qualities of his son 'Abdul 'Azīz. Towards the end of 1905 'Abdul 'Azīz-bin-'Abdur Rahmān, assisted by his brother Muhammad, began to raid the Harb tribe and the Bani 'Abdillah branch of the Mutair to the westwards; he had now made Qasīm his base, and the headquarters of Ibn-Rashīd were at Kaháfah on the north-western frontier of the same district. At the end of March 1906 the Wahhābis were encamped at 'Ain Ibn-Fahaid in Qasīm, and Ibn-Rashid was at Thamāmi, a watering place in the Bātin, about 70 miles to the north-east of their position. Ibn-Rashīd had by this time sought the mediation of Shaikh Mubārak of Kuwait, whom he begged to regard him as a son, and that wily politician had already begun to weave a scheme for restoring peace in Najd by the creation of a buffer state to lie between the territory of the two Amīrs, to be under the Shaikh's own control, and to consist of the Qasīm, Washam and Sadair districts. Meanwhile, however, on the night of the 11th Apri 1906, the Wahhābis succeeded in surprising Ibn-Rashīd, while he was encamped in fancied security at a place known as Ruwaidhah, 20 or 30 miles to the east of Buraidah. A duststorm was raging at the time, and Ibn-Rashīd might perhaps have escaped; but he boldly declared his presence and fell reciting his Rajaz or warsong, under the concentrated fire of his assailants rifles. A number of the Amīr's followers perished with him; and his head having been cut off, was fixed on a pole and paraded round the country i triumph; but this last enormity was condemned by all respectable Ara opinion, and some regret for Ibn-Rashīd's death was shown even by th Shaikh of Kuwait, to whom his signet ring was immediately sent, in proof c his success, by Ibn-Sa'ūd.

ابتهاج ابن سعود، ابريل - يونيو ١٩٠٦

وليعلن الأمير الوهابي النصر الذي أحرزه، وجَّه الرسائل أو المبعوثين إلى سلطان تركيا، وإلى الولاة الأتراك في بغداد والبصرة، وإلى الشيوخ العرب في الأحساء وقطر والبحرين. وعُلم أن المندوب المرسل إلى البصرة، قد استقبله الحاكم استقبالاً حاراً كما أن معظم الشيوخ، الذين وُجّهت الرسائل إليهم، قد ردوا عليها مُهنّئين، وأرفقوا ردّهم بهدايا قيمة. وأعلن ابن سعود نفسه حاكم «الشرق» الذي، ربما، عنى به كامل الأراضي الشرقية لشبه الجزيرة العربية. وبعد وقت قصير، حدث، بين الأمير الوهابي وشيخ الكويت، فتور سبَّبَه ما يتعلق بالجزية وبولاء بعض قبائل البدو من خصومات ربما كانت من أكثر أسباب النزاع شيوعاً بين الحكام في أواسط شبه الجزيرة العربية. وقد روي أن ابن سعود، في أوّل تبجحٍ له بنجاحه، تكلم عن شيخ الكويت باستخفاف. لكن مساندة الشيخ للأمير كانت أمراً جوهرياً لسلامته. لذلك لم تطل فترة التنافر بينهما.

إبعاد قائمقام بريدة واعتداءات أخرى ارتكبها الوهابيون، من ابريل حتى يونيو ١٩٠٦

بعد أن قُضيَ على ابن الرشيد، باشر عبد العزيز باستغلال نجاحه إلى أقصى الحدود. ففي ابريل أو مايو، وبعد أن تجاهل عبد العزيز رتبة ضحيته الرسمية التي كانت تعمل في خدمةالدولة التركية، وتغاضى عن وجود جنود أتراك في القصيم، ألقى القبض على صالح ابن حسن، قائمقام بريدة، بعد أن لجأ إلى حيلة خبيثة، وقام بترحيله إلى الرياض مع شقيقيه مهنا وعبد العزيز. وكان سبب هذا الإجراء أنّ صالح مارس وظيفته كقائمقام عثماني بجدية مبالغ فيها، وكان يعمل لصالح الباب العالي؛ وكان الشعور العام أن الإجراء المُتّخذ إنما يدل على سياسةٍ هي موضع شكّ، من وجهة نظر المصالح الوهابية، وذلك بسبب الشعبية الشخصية التي كان يتمتع بها القائمقام في القصيم. وهكذا قام عبد العزيز، في مايو، بغارات على الشمال، وبدأ، على ما يبدو، يلاحق البدو في جوار حائل، بلا هوادة ويطالب بتأدية متأخرات الجزية التي كان يؤدّيها سابقاً أمير شمر إلى الرياض. لكن أبواب المدينة كانت مقفلة في وجهه، كما أن ندرة العلف والمؤن أجبرته على التراجع. وأطلق سراح بعض أعضاء عائلة آل سعود الذين كانوا سجناء في حائل، ومن بينهم شاب يُدعى عبد العزيز بن محمد، حفيد الأمير الوهابي، سعود بن فيصل الذي وصل إلى الكويت في الأول من يوليو، وتلقى العلاج في مستوصف بريطاني هناك. وحوالي الوقت نفسه، تم اطلاق سراح عدّة سياسين من العائلات الحاكمة في عنيزة وبريدة، كانوا محتجزين في الإقامة الجبرية.

Elation of Ibn-Sa'ūd, April to June, 1906

The Wahhābi Amīr despatched letters or emissaries to announce his victory to the Sultān of Turkey, to the Turkish Wālis of Baghdād and Basrah, and to the Arab chiefs of Hasa, Qatar and Bahrain. The deputation sent to Basrah was reported to have been well received by the Governor, and most of the Shaikhs who had been addressed returned their congratulations, accompanied by handsome presents. Ibn-Sa'ūd also proclaimed himself ruler of "Sharq", by which he probably meant all Eastern Arabia. A temporary coldness shortly afterwards sprang up between the Wahhābi Amīr and the Shaikh of Kuwait out of disputes relating to the tribute and allegiance of some Bedouin tribes, - perhaps the commonest cause of dissension among potentates in Central Arabia, - and it was reported that Ibn-Sa'ūd, in the first arrogance of his success, had spoken disparagingly of Shaikh Mubārak; but the support of the Shaikh was essential to the Amīr's safety, and the estrangement between them was not of long duration.

Deportation of the Qāim-Maqām of Buraidah and other aggressions committed by the Wahhābis, April to June, 1906

'Abdul 'Azīz, after the destruction of Ibn-Rashīd, proceeded to take full advantage of his success. In April or May, disregarding both the official rank of his victim in the Turkish service and the presence of Turkish troops in Qasīm, he seized Salih-bin-Hasan, Qāim-Maqām of Buraidah, by a stratagem and deported him to Riyādh along with his brothers Mahanna and 'Abdul 'Azīz; the reason appeared to be that Sālih had taken his own position as an Ottoman Qāim-Maqām too seriously and was working in the interests of the Porte; but the measure, on account of Sālih's personal popularity in Qasīm, was generally felt to be one of doubtful policy from the standpoint of Wahhābi interests. 'Abdul 'Azīz then carried his raids far to the northward, and, apparently in May, began to harry the Bedouins in the neighbourhood of Hāil and to demand arrears of the tribute formerly paid by the Shammar Amīr to Riyādh; but the gates of the town were closed against him, and scarcity of forage and supplies soon obliged him to retire. Some members of the Āl Sa'ūd family who had been prisoners at Hāil were now released, among them a youth named 'Abdul-'Azīz-bin-Muhammad, a grandson of the Wahhābi Amīr Sa'ūd-bin-Faisal, who early in July arrived at Kuwait and received medical treatment in the British dispensary there. Several political detenus belonging to the ruling families of 'Anaizah and Buraidah were also set at liberty about the same time.

إعلان السلام بين ابن سعود وابن الرشيد، يوليو ١٩٠٦

في غضون ذلك، حافظ متعب، ابن الأمير الوهابي الراحل وخليفته، على الاتصال مع شيخ الكويت، وقد توسَّل إليه متعب أن يتابع المفاوضات التي كان قد بدأها بالنيابة عن والده. كما أن الشيخ مبارك، واصل، على ما يبدو، ممارسة الضغط باستعمال نفوذه لتحقيق تسويةٍ ملائمة. وفي يوليو، وُضعت ترتيبات السلام في القصيم، وتوقفت الأعمال العدائية. لكن حدث أن رسولاً وهابياً، كان قد أرسله ابن سعود ليبلغ شيخ الكويت بالحالة، قد قُتل وهو يسير في الصحراء، على يد أحد أفراد قبيلة شُمر، وكان قتله إما انتقاماً لموت الأمير عبد العزيز، وإمّا لأن القاتل لم يكن على علم بأنّ الاتفاق على السلام قد عقد. وليس واضحاً، أن يكون الأمير الوهابي نفسه قد بارح عاصمته الرياض مطلقاً، أثناء هذه الأحداث بكاملها.

موقف الأتراك من النجاح الذي حققه ابن سعود، يوليو - سبتمبر ١٩٠٦

يمكننا أن نتساءل الآن: في ضوء أي حقيقة نظرت الحكومة التركية إلى الأعمال الأخيرة التي قام بها ابن سعود، والتي أظهرت أن هناك لا مبالاة، بل احتقاراً للسلطات العثمانية في وسط شبه الجزيرة العربية؟ بيد أن الوفد الذي أرسله الأمير الوهابي إلى البصرة، قد استُقبل، كما رأينا، استقبالاً حسناً. لكنّ الباب العالي كان يتعاطف بشكل طبيعي، مع عائلة الرشيد الذي سبق أن أعلن ولاءه للسلطان التركي. فسقوط ابن الرشيد لا يمكن، بالتالي، أن يعني سوى تدنٍ في مكانة الدولة التركية وسمعتها في نجد. وقد نسب والي البصرة نهاية ابن الرشيد المُفجعة إلى تدخل شيخ الكويت، متنكراً بثوب صانع السلام بين الفريقين. لكن الباب العالي كان يميل إلى الارتياب في أن يكون ثمة تدخل غير ضروري من جانب العسكريين في عمل الموظفين المدنيين. وبكلمات أخرى، فإن قادة جيش الاحتلال التركي بالغوا في محاولة ممارسة السلطة على الشيوخ المحليين.

وقبل نهاية ابريل، وصلت برقية إلى البصرة من أمين سر السلطان، تقضي بإبلاغ الأمير الجديد، متعب، أسفَ السلطان لموت عبد العزيز، وعزم الباب العالي على إنزال العقاب بقَتَلة الأمير، وتثبيت متعب خلفاً لأبيه، ومواصلة دفع المعاش والمخصصات التي كانت تُدفع لوالده. أما الإعانة المالية التي كان يتلقاها ابن الرشيد من الأتراك، في ذلك الحين، فقد بلغت ٢٠٠ ليرة عثمانية في الشهر و٢٠٠ كيس من الأرز سنوياً، في حين بلغت الإعانة التي كان يتسلمها ابن سعود ٩٠ ليرة عثمانية شهرياً. وكانت حصة ابن الرشيد تدفع من بغداد عن طريق كربلاء، وتدفع حصة ابن سعود من البصرة، عن طريق الكويت.

Peace declared between Ibn-Sa'ūd and Ibn-Rashid, July 1906

Meanwhile Mat'ab, the son and successor of the deceased Wahhābi Amīr, maintained a correspondence with the Shaikh of Kuwait, whom he begged to proceed with the negotiations begun on his father's behalf; and the influence of Shaikh Mubārak apparently continued to be exerted in favour of a settlement. In July peace was arranged in Qasīm, and hostilities ceased; but a Wahhābi messenger, sent by Ibn-Sa'ūd to apprise the Shaikh of Kuwait of the circumstance, was murdered on his way in the desert by a Shammar tribesman, either in revenge for the death of the Amīr 'Abdul 'Azīz or because the murderer was not aware that peace had been made. It is not clear that the Wahhābi Amīr himself ever, during the whole of these proceedings, quitted his capital of Riyādh.

Attitude and action of the Turks with reference to the successes of Ibn-Sa'ūd, July to September 1906

We may now enquire in what light the recent proceedings of Ibn-Sa'ūd, exhibiting as they did complete disregard and even contempt for Ottoman authority in Central Arabia, were regarded by the Turkish Government. A deputation sent by the Wahhābi Amīr met, as we have already seen, with a not unfavourable reception at Basrah; but the sympathies of the Porte naturally lay with the family of Rashīd, who had for some time professed allegiance to the Sultan of Turkey, and by whose downfall, consequently, Turkish prestige in Najd could not but be lowered. The Wāli of Basrah attributed the disastrous end of Ibn-Rashīd to the intervention of the Shaikh of Kuwait, in the guise of a peacemaker between the parties; but the Porte were inclined to suspect that there had been undue interference by the military in the work of the civil officials, - in other words that the commanders of the Turkish army of occupation had been attempting to exercise too much authority over the indigenous chiefs.

Before the end of April a telegram was received at Basrah from the Sultān's Secretary, directing that Mat'ab, the new Amīr, should be informed of the regret of the Sultān at the death of 'Abdul 'Azīz, of the intention of the Porte to punish the late Amīr's murderers, of Mat'ab's own confirmation as his father's successor, and of the continuance in his favour of his father's salary and allowances. The subsidy of Ibn-Rashīd from the Turks at this time was reported to amount to £T200 a month and 200 Taghārs of rice per annum, while that received by Ibn-Sa'ūd was £T90 a month; the former was disbursed from Baghdād through Karbala, and the latter from Basrah through Kuwait.

وفي مطلع شهر يوليو، قام سامي باشا، الذي كان، منذ حوالي السنة، قد عُيّن قائداً عسكرياً ومتصرفاً مدنياً على نجد، قام بمغادرة المدينة بعد أن نجح، بطريقة أو بأخرى، في إرجاء سفره الفعلي. وكان في حراسته ٥٠٠ من المشاة ومدفع واحد. وبعد شهر، وصل إلى القصيم، حيث أقام مقره الرئيسي في الشيحية التي تبعد حوالي ٣٠ ميلاً إلى الجنوب الغربي من بريدة. بعد ذلك، استدعى عبد العزيز، ولدَ ابن سعود للمثول أمامه. لكنّ الوهابي رفض الدخول إلى معسكره ورُتّب، في النهاية، اجتماع في العراء بين الشيحية وبريدة. ويبدو أن الموضوعات الرئيسية التي جرى البحث فيها، كانت بناءَ حصون في عنيزة وبريدة لاستقبال حاميات تركية دائمة، وإطلاق ابن سعود سراح القائمقام صالح بن حسن. وبشأن الطلب السابق، وبمساندة من سكان القصيم، نجح عبد العزيز نجاحاً كبيراً في الإلحاح على تقيد الأتراك بوعد قطعوه: ألا يتعدى عدد الرجال الـ ١٠٠ في كلٍّ من المدينتين. وأما الموضوع المتعلق بصالح، فقد أُسقط نتيجة تأكيدٍ بأنه هرب من مكان سجنه في الرياض، وقُتل على يد بدو آل مرة في الصحراء. وقد تبين، فيما بعد، عدم صحة هذا الادعاء.

أما الفريق صدقي باشا، الذي قاد القوات التركية في نجد، قبل وصول سامي باشا، فقد غادر إلى الكويت حيث وصلها بسلام في ٢١ اغسطس، عبر الزلفي وآبار الصفا في السمّان والصبيحية. وقد اصطحب مرافقِين بلغ عددهم ١٤٢ رجلاً، ولم تقع بين رجاله إصابات في رحلته.

وحوالي نهاية سبتمبر، أرسل المتصرف الجديد فرقة من جنوده لشراء مؤن من مدينة عنيزة. لكنّ وجهاء البلد رفضوا مساعدتهم، متذرعين أن هناك ندرة في المواد. وعندما كان الأتراك عائدين إلى معسكرهم، ليلاً، هُوجموا، وفُقِدَ العديد منهم.

في غضون ذلك، كان طالب باشا، ياور سلطان تركيا، الذي ربّما كان مماثلاً للمتصرف السابق للأحساء والذي كان له الاسم نفسه، كان مسافراً من بغداد إلى حائل لنقلِ وسامٍ تركي إلى الأمير الشاب متعب. وذُكر أنه وصل سالماً إلى المكان المقصود في نهاية شهر سبتمبر. وكانت المخصصات التي تُدفع لأمير شمر من خزينة كربلاء، تصل بغير انتظام. ويبدو أن الأمير متعب كان يرفض دفع الرشوة التي كان يطلبها الموظفون الأتراك منه.

At the beginning of July, Sāmi Pāsha, who had been appointed military commandant and civil Mutasarrif of Najd about a year previously but had contrived until now to defer his actual departure, left Madīnah with an escort of 500 infantry and one gun; and a month later he reached Qasīm and made his headquarters at Shaihīyah, about 30 miles to the south-west of Buraidah. He then summoned 'Abdul 'Aziz, the son of Ibn-Sa'ūd, to his presence; but the Wahhābi declined to enter his camp; and ultimately a meeting was arranged in the open country between Shaihīyah and Buraidah, at which the chief subjects of discussion were, apparently, the construction of forts at 'Anaizah and Buraidah for the reception of permanent Turkish garrisons and the release by Ibn-Sa'ūd of the Qāim-Maqām Sālih-bin-Hasan. With regard to the former demand 'Abdul 'Azīz, supported by the people of Qasīm, seems to have insisted successfully on the observance by the Turks of a promise, previously given, that not more than 100 men should be placed in either of the towns; and the question of Sālih was apparently dropped in consequence of an assertion - which afterwards proved to be false - that he had escaped from custody at Riyādh and been murdered by Āl Morrah Bedouins in the desert.

Farīq Sadīq (or Sudqi) Pāsha, who had commanded the Turkish forces in Najd before Sāmi Pāsha's arrival, now took his departure for Kuwait, where he arrived safely on the 21st August viá Zilfi, the Sāfah wells in Summān, and subaihīyah. He brought with him an escort of 142 men and had no casulaties by the way.

About the end of September the new Mutasarrif sent a party of troops to purchase supplies at 'Anaizah; but the elders of the town refused to assist them on the plea of scarcity; and the Turks, as they were returning by night to their camp, were attacked and lost several of their number.

Meanwhile Tālib Pāsha, an aide-de-camp of the Sultān of Turkey and probably identical with the ex-Mutasarrif of Hasa of the same name, was travelling from Baghdād to Hāil as bearer of a Turkish decoration for the young Amīr Mat'ab, and at the end of September it was reported that he had reached his destination. The allowance of the Shammar Amīr from the Karbala treasury was at this time irregularly received, apparently because Mat'ab declined to pay certain bribes that were demanded by the Turkish officials.

انسحاب حقيقي للأتراك من نجد، نوفمبر ١٩٠٦

المشاق التي عانى منها جيش الاحتلال

اتضح الآن، للحكومة التركية، أن احتلالها للقصيم لم يعد يحظى بموافقة السكان، وأصبح أمراً خطيراً وغير مُجزٍ في الوقت نفسه. وكان من الصعب توفير المؤن للجنود الذين، وفق أقوال الفارين من الخدمة، لم يكن في استطاعتهم الحصول على التبغ، كما وصلوا، في بعض الأحيان، إلى درجة الاقتيات بخوص النخيل، بسبب فقدان الطعام. وكانت ثياب القوات أقرب إلى الخِرَق الممزقة. وكان العرب يقومون بالاعتداءات المتكررة على الجنود، فإذا حاول الجنود الأتراك الرد على الاعتداءات، كان ضباطهم يقومون بتسليمهم إلى مندوبين عن الشيوخ المتذمرين الذين كانوا بدورهم ينفذون أحكام الأعدام فيهم. لهذه الأسباب، فإن جيش الاحتلال، ومعظمه من العرب، كان ينظر إلى هذه البلاد واصفاً إياها بأرض اللعنة أو «بنت إبليس» أو «بنت الشيطان»: فالمرض والفرار كانا منتشرين، كما كان الكثير من الجنود يبيعون سلاحهم وذخيرتهم إلى سكان البلاد، لمجرد توفير حاجاتهم الضرورية للحياة.

انسحاب القوات التركية انسحاباً شبه كامل، نوفمبر ١٩٠٦

يبدو أن الحكومة التركية قررت*، في الظروف التي سبق وصفها، وفي خريف ١٩٠٦، أن تُنقص ٢٥٠٠ أو ٢٠٠٠ من عدد أفراد حامية القصيم، التي ازداد النقصان في أفرادها بوصول سامي باشا والفرقة المرافقة حتى بلغ ٢٠٠ رجلٍ أو ١٠٠ فقط. وبدأ الانسحاب في نوفمبر. وأول فريق بدأ بالتحرك، كان ينتمي إلى فيلق الجيش الغربي، الذي ترك القصيم حوالي الثالث من نوفمبر**؛ وبعد ثلاثة أسابيع، بدأ الجنود الذين ينتمون إلى القيادة في بغداد، مسيرتهم نحو الساحل. وكان عدد هؤلاء حوالي ٨٠٠ رجل، وكان لديهم مدفعا ميدان اثنان، وأربعة مدافع خفيفة، وكانوا مُجهّزين بـ ٢٠٠٠ بعير تخص مالكين مدنيين في بريدة وعنيزة والزلفي، لاستخدامها في النقل. وقد قطعوا المسافة بين بريدة والكويت في ٢٥ يوماً. لكن شيخ الكويت لم يسمح لهم بالدخول إلى البلدة. ووصلت الفرقة، فيما بعد، إلى البصرة بأمان. وربما كان الجلاء أكثر اكتمالاً مما قصد الباب العالي أن يكون، نتيجة الصعوبات التي سبّبها أهل القصيم والمتعلقة بالمواقع التي ينبغي أن يتخلوا عنها. ومن

---

* تذكر رواية أخرى أن سامي باشا، الذي تراجع إلى المدينة، هو الذي نفّذ الجلاء على مسؤوليته الخاصة، ومردّ ذلك إلى انه لم يتمكن من الحصول على مساعدة، أو حتى تعليمات من القسطنطينية.

** بحسب المرجع السابق المشار إليه في الحاشية الأخيرة، لم ينسحب سامي باشا إلى المدينة حتى فبراير ١٩٠٧. وكان على آخر الجنود المنسحبين في تلك الجهة أن يعتمدوا على الجراد طعاماً لهم في بعض الأحيان.

Virtual withdrawal of the Turks from Najd, November 1906
Hardships endured by the army of occupation

It was now evident to the Turkish Government that their occupation of Qasīm, which was no longer approved by the people, had become both unprofitable and dangerous. It was difficult to ensure supplies for the troops, who, according to the statements of deserters, could never obtain any tobacco and were sometimes reduced, for want of food, to eating the pith of date palms. The forces were clothed in rags. The Arabs, it was stated, frequently committed aggressions against the soldiers, while the latter, if they attempted to retaliate, were handed over by their officers to deputations of murmuring Shaikhs, by whom they were put to death. For these reasons the whole army of occupation, themselves largely Arabs, looked on the country as accursed and spoke of it as Bint-Iblīs or "Satan's Daughter"; sickness and desertion were rife; and many sold their arms and ammunition to the people of the country, merely in order to provide themselves with the necessaries of life.

Almost complete withdrawal of the Turkish forces, November 1906

In the circumstances described the Turkish Government seem to have* decided, in the autumn of 1906, to reduce the garrison of Qasīm from the strength of 2,500 or 2,000 men, to which it had been raised by the arrival of Sāmi Pāsha's escort from Madīnah, to one of 200 and ultimately to one of 100 men only; and in November the withdrawal commenced. The first to move were the units belonging to western Army Corps, which left Qasim about the 3rd of **November; and some three weeks later the troops belonging to the Baghdād command started on their march to the coast. These last, numbering about 800 men with two field and four light guns, were supplied with 2,000 camels belonging to private owners at Buraidah, 'Anaizah and Zilfi for transport; they marched in 25 days from Buraidah to Kuwait, which town the Shaikh did not permit them to enter; and they eventually reached Basrah in safety. The evacuation, in consequence of difficulties made by the Qusmān about the strength of the posts to be left, was perhaps more complete than had been intended by the Porte; and it is clear

---

*According to another account the evacuation was carried out by Sāmi Pāsha, who retired on Madīnah, upon his own responsibility, the reason being that he could get no help, or even instructions, from Constantinople.

**According to the authority quoted in the last footnote Sāmi Pāsha did not fall back on Madīnah until February 1907. The last of the troops withdrawing on that side had sometimes to subsist on locusts.

الواضح تماماً، أنه لم يبقَ في القصيم أكثر من ٥٠ رجلاً، في حين أن هناك تقارير تضع الرقم ٢٦ حداً أدنى.

النتائج العسكرية والسياسية للاحتلال والانسحاب

إذا كان العدد الإجمالي للجنود الأتراك، الذين أرسلوا إلى القصيم من العراق، عامي ١٩٠٤ و١٩٠٥، يُقدر بـ ٤٥٠٠ جندي، وهو أدنى رقم له؛ وإذا كان عدد أولئك الذين تُرِكوا في القصيم أو عادوا إلى العراق، ربما بلغ ١٠٠٠ جندي، فسيتضح لنا أن الخسارة الناجمة عن الفرار والموت في نجد كانت خسارة كبيرة وغير عادية. لقد بدأ الفرار إلى الكويت عام ١٩٠٥. وبحلول مارس ١٩٠٦، قُدّر، بما يزيد على ٥٠٠ هارب من نجد، عددُ الذين كانوا قد مرّوا بطريق المدينة. بيد أن القسم الأكبر من الذين ماتوا في القصيم كانوا، كما ذكر، ضحايا المرض.

وقد ألحق الجلاء عن القصيم ضرراً كبيراً بهيبة تركيا في البلاد العربية، وعُزِيَتْ الاضطرابات التي حدثت في الأحساء إلى الثقة التي أشاعتها في العرب أخبارُ الانسحاب. وفي ربيع ١٩٠٧، كان هناك قلق بالغ من أن يقوم ابن سعود بمهاجمة الجنود المستخدمين في بناء سكة حديد الحجاز. ولم يكن هناك ما يؤكد أن الانسحاب التركي من نجد سيكون له صفة الدوام، بأي حال من الأحوال، لا سيما وأن إنجاز سكة حديد الحجاز كان يقترب بسرعة من المدينة. إلا أن هذا الإنجاز قد تَرك أثراً عميقاً على السياسة التركية في وسط شبه الجزيرة العربية، وأضفى عليها قوة.

التاريخ العام لوسط شبه الجزيرة العربية، بعد الجلاء التركي عن القصيم، ١٩٠٦ - ١٩٠٧

علاقات ابن سعود وابن الرشيد وشيخ الكويت، ١٩٠٦ - ١٩٠٧

بعد مغادرة القوات التركية، سادت حالة من السلام القلق تخرقها، كما يبدو، شائعات غير صحيحة انتشرت في نجد عن تجدد الأعمال العدائية بين ابن سعود وابن الرشيد. ففي يناير ١٩٠٧، وكما ذُكر في تاريخ شمالي نجد، اغتيل متعب، أمير شمَّر الشاب، اغتاله قريبه سلطان بن حمود الذي اغتصب مركز الأمير المغدور. ولا شك أنّ ابن الرشيد الجديد، عندما أحسّ أن مركزه عرضة للخطر، اتخذ موقفاً استرضائياً من ابن سعود وشيخ الكويت، الذي لم يكن يرغب، شأن بقية سكان المدن في القصيم، بل شأن الأتراك أنفسهم، أن تتركز سيادة دائمة في نجد لا لحاكم الرياض ولا لحاكم حائل. ويبدو أنه كان يميل إلى نقل

that not more than 50 men actually remained in Qasīm, while one report placed the number as low as 26.

Military and political results of the occupation and withdrawal

If the total number of Turkish troops despatched to Qasīm from 'Iraq in 1904 and 1905 be estimated at the lowest possible figure, viz., 4,500 and the number of those who either were left in Qasīm or returned to 'Irāq, as soldiers be taken as probably 1,000 altogether, it will be apparent that the wastage by desertion and death in Najd must have been abnormally heavy. Desertions to Kuwait began in 1905, and it was estimated that, by March 1906, 500 Turkish deserters from Najd had already passed through the town. Of those who died in Qasīm by far the greater number, it was stated, succumbed to disease.

The evacuation of Qasīm was very injurious to Turkish prestige in Arabia. Disturbances which occurred in Hasa were attributed to the confidence with which the withdrawal had inspired the Arabs, and there was much anxiety in the spring of 1907 lest the troops employed in the construction of the Hijāz Railway should be attacked by Ibn-Sa'ūd. It was, however, by no means certain that the Turkish withdrawal from Najd would be permanent, especially as the completion of the Hijāz Railway, then rapidly approaching Madīnah, could hardly fail to influence and strengthen the policy of Turkey in Central Arabia.

General history of Central Arabia after the Turkish evacuation of Qasīm, 1906-07

Relations of Ibn-Sa'ud, Ibn-Rashīd and the Shaikh of Kuwait, 1906-07

After the departure of the Turkish forces an uneasy peace, broken by frequent but apparently incorrect rumours of renewed hostilities between Ibn-Sa'ūd and Ibn-Rashīd, prevailed in Najd. In January 1907, as related in the history of Northern Najd, Mat'ab, the young Shammar Amīr, was murdered by his relation Sultān-bin-Hamūd, who then usurped his position. The attitude of the new Ibn-Rashīd, doubtless because he felt his position to be precarious, was conciliatory towards Ibn-Sa'ūd; and the Shaikh of Kuwait, who, like the townsmen of Qasīm and even the Turks themselves, did not wish a complete and permanent supremacy to be establised in Najd by the ruler of either Riyādh or Hāil, seemed inclined to transfer his support from

مساندته من الأمير الوهابي إلى أمير شمَّر الذي ضعُفت قضيته إلى درجةٍ يصعب نكرانها. وقد سبق للشيخ مبارك ادعاؤه أن حكومة ابن سعود ينقصها النظام والتنظيم، وأخذ الآن يوجه الانتقاد إلى شخص ابن سعود نفسه لأنه سريع الغضب أكثر مما ينبغي، ولأنه سهل الاسترضاء. ومن المحتمل أن المقصود بالانتقاد لم يكن الحاكم الحقيقي عبد الرحمن بن فيصل، بل ابنه عبد العزيز الذي أخذ الناس يتحدثون عنه باسم «ابن سعود»، وربما رُدَّ ذلك إلى نشاطه الأوسع وظهوره للعيان.

قضايا سياسية متنوعة، ١٩٠٧

في جنوب نجد، واصلت بلدة المجمعة في السدير تحديها لسلطة الأمير الوهابي، فوافقت، بشكل من الأشكال، أن تؤدي له الجزية التي سبق أن أدتها إلى أمير جبل شمر. لكنها رفضت الموافقة على تعزيز موقفه، بل رفضت الدخول في علاقاتٍ وثيقة معه. وتأكد في آخر الأمر، بما لا يقبل الشك، أن صالح بن حسن، أمير بريدة المبعدً، ما يزال على قيد الحياة وهو مسجون في الرياض. وقد ورد تقرير مفاده أن شقيقيه سليمان وعبد الرحمن، قد التحقا بابن الرشيد.

علاقات الحكومة البريطانية بوسط شبه الجزيرة العربية، ١٩٠٠ ـ ١٩٠٧

نتيجةً لوعورة طبيعة البلاد، وصعوبة الوصول إليها، وعدم أهميتها الاقتصادية، كان وسط شبه الجزيرة العربية، كما يبدو مما ذكرناه في السابق، يقع، بشكل عام، خارج مجال اهتمام الحكومتين البريطانية والهندية. لكن، بعد إحياء السلطة الوهابية في نجد عام ١٩٠٠، عُدّل الموقف في هذا الصدد، عدّله حلفٌ عُقد بين شيخ الكويت وابن سعود، كما عدلته مناصرةُ الأتراك لقضية ابن الرشيد.

حكومة الهند تنوي إرسال بعثة وكلاء مسلمين إلى نجد، ١٩٠١

في مطلع عام ١٩٠١، فكرت حكومة الهند في إرسال وكلاء مسلمين للحصول على معلومات يمكن الاعتماد عليها بصدد الظروف السياسية والدينية التي سادت وسط شبه الجزيرة العربية، والتي طغى عليها غموض كان وراء سياسة التردد. لكن تنفيذ هذا المخطط تأجل بسبب الظروف الداخلية المضطربة في ذلك الوقت.

أول مفاتحة بين ابن سعود والحكومة البريطانية، ١٩٠٢

في مايو ١٩٠٢، عندما انطلق ابن سعود من الكويت لاستعادة عاصمة أجداده، وجه رسالة إلى المقيم السياسي البريطاني في الخليج، يرجوه فيها أن يعتبره «واحداً ممن لهم

the Wahhābi to the Shammār Amīr, whose cause had become undeniably weak. Shaikh Mubārak had previously alleged the government of Ibn-Sa'ūd to be wanting in system and organisation, and he now criticised the character of Ibn-Sa'ūd himself as being both "too quick to anger and too easily appeased,' it is possible, however, that this remark was intended to apply not to the actual ruler, 'Abdur Rahmānbin-Faisal, but to his son 'Abdul-'Azīz, who was now frequently spoken of as 'Ibn-Sa'ūd, perhaps on account of his greater activity and conspicuousness.

Miscellaneous political matters, 1907

In Southern Najd the town of Majma' in Sadair continued to defy, in some sort, the authority of the Wahhābi Amīr, agreeing to pay to him the tribute which it had formerly rendered to the Amīr of Jabal Shammar, but refusing to consent to any enhancement of the same, or to enter into close relations with him. It was at length ascertained beyond doubt that Sālih-bin-Hasan, the deported Amīr of Buraidah, was alive in confinement at Riyādh; and his brothers Sulaimān and 'Abdur Rahmān were reported to have joined Ibn-Rashīd.

Relations of the British Government with Central Arabia, 1900-07

In consequence of its physical inaccessibility and economic unimportance, Central Arabia has generally lain - as will be apparent from what has preceded - almost beyond the purview of the British and Indian Governments; but, after the revival of the Wahhābi power in Najd in 1900, the situation was modified in this respect by the alliance between the Shaikh of Kuwait and Ibn-Sa'ūd and the espousal of the cause of Ibn-Rashīd by the Turks.

Deputation of Muhammadan agents to Najd contemplated by the Government of India, 1901

At the beginning of 1901 the Government of India contemplated the despatch of Muhammadan agents to obtain reliable information regarding the political and religious conditions prevailing in Central Arabia, the obscurity of which was a cause of hesitation in policy; but execution of the scheme was deferred on account of the disturbed condition of the interior at the time.

First overtures of Ibn-Sa'ūd to the British Government, 1902

When Ibn-Sa'ūd, in May 1902, started from Kuwait to reoccupy his ancestral capital, he addressed a letter to the British Political Resident in the Persian Gulf, in which he begged that he might be regarded "as one having

علاقات بالحكومة البريطانية»، وأن «توليه الحكومة البريطانية اهتمامها»، كما أعلمه أنه، وهو في الكويت، رفض مفاتحةً من موظف روسي، لأنه كان يفضل أن تكون علاقته ببريطانيا العظمى. لكن عدم رد المقيم البريطاني على هذه الرسالة نال موافقة حكومة الهند. وصدرت إليه تعليمات بأن يمتنع عن تشجيع ابن سعود، لأن سياسة الحكومة البريطانية كانت تقضي بالامتناع عن الارتباط بقضايا نجد، ولا سيّما إذا بقيت القضايا في حالة غير مستقرة.

العمل الذي قامت به الحكومة البريطانية بشأن الحملة العسكرية التركية على نجد، وطلب ابن سعود الحماية من الحكومة البريطانية، ١٩٠٤

في عام ١٩٠٤، عندما كان الباب العالي على وشك إرسال قوة عسكرية لإعانة ابن الرشيد في نجد، وجدت الحكومة البريطانية نفسها غير قادرة على البقاء غير مكترثة، لأنها كانت تبدي اهتماماً عميقاً بالمحافظة على الحالة الراهنة في الكويت، ولأنها تخوفت أن يتعرّض للخطر هذا الوضع المرغوب فيه، لأن المساعدة الممنوحة لابن الرشيد ستجبر الشيخ مبارك على خوض المعركة مرة أخرى بالنيابة عن صديقه ابن سعود.

ووفقاً لذلك، صدرت، في فبراير ١٩٠٤، تعليمات إلى السفير البريطاني في القسطنطينية، أن يطالب بإنجاز الوعد الذي قطعته الحكومة التركية على نفسها، في اكتوبر ١٩٠١، بأنها ستعمل على ضبط أمير جبل شمَّر، شرط أن تعمل الحكومة البريطانية على ضبط شيخ الكويت. ومرة أخرى، عند تلقي أخبارٍ جديدة مفادها أن الأوامر قد صدرت إلى الجنود الأتراك للانطلاق من المدينة إلى القصيم، تقدمت بريطانيا إلى الباب العالي، بالاعتراض على هذا الموضوع. لكن السفير البريطاني شعر أن الروح العدوانيةالتي أظهرها الوهابيون قد أضعفت حجته، وشكك في مسألة: هل قيام الامبراطورية الوهابية من جديد في نجد هو، من جميع الوجوه، في صالح الذين يهمهم الأمر؟ ومهما يكن من أمر، فقد لفتت حكومة الهند الانتباه إلى أن قوة الوهابيين الآن، تكمن في كونها قوة إقليمية، وليست قوة تعصبية، وأن هيبة الحكومة البريطانية ستتأثر سلباً في الكويت، إذا مُنع الشيخ من مساعدة حليفه، وأن امتصاص الأتراك لنجد قد يشكل شراً أكبر من شرّ السيطرة الوهابية، شراً يقود إلى الاعتداء، من جهة غير متوقعة، على الكويت، التي لم ترسم حدودها، كإمارة. لذلك، سُمح بتقديم اعتراضات إضافية لدى القسطنطينية. لكنها كانت غير فعالة، إذ أن الحملة العسكرية التركية انطلقت في طريقها. وكانت النتيجة العملية الوحيدة لهذه المناقشة، بين الحكومتين البريطانية والهندية، كانت تعيين مقيم سياسي بريطاني في الكويت، بعد شهر أو شهرين من ذلك النقاش.

relations with the British Government" and that "the eyes of the benevolent British Government might be fixed on him,"and intimated that at Kuwait he had declined overtures from a Russian official because he preferred that his relations should be with Great Britain. The action of the Resident is not replying to this letter was approved by the Government of India, and he was instructed that no encouragement should be given to Ibn-Sa'ūd, because the policy of the British Government was to abstain from connection with the affairs of Najd, especially while they remained in an unsettled state.

Action of the British Government with reference to the Turkish expedition to Najd and request for their protection by Ibn-Sa'ūd, 1904

In 1904, when the Porte were about to despatch a military force to the aid of Ibn–Rashīd in Najd, the British Government found that they could not remain indifferent, for they were deeply interested in the maintenance of the status quo at Kuwait, and they feared that it might be imperilled if the help given to Ibn-Rashīd should oblige Shaikh Mubārak to take the field once more on behalf of his friend Ibn-Sa'ūd. Accordingly, in February 1904, the British Ambassador at Constantinople was instructed to claim fulfilment of a pledge given by the Turkish Government in October 1901, that they would restrain the Amīr of Jabal Shammar provided the British Government restrained the Shaikh of Kuwait; and again, on news being received that Turkish troops had been ordered to proceed from Madīnah to [illegible], a remonstrance on the subject was addressed to the Porte; but the British Ambassador felt that the aggressiveness of the Wahhābis weakened his arguments, and he doubted whether the reconstitution of the Wahhābi empire in Najd would be in every respect an advantage. The Government of India, however, pointed out that the power of the Wahhābis was now territorial, not fantatical; that British prestige would suffer at Kuwait, if the Shaikh were restrained from assisting his ally; and that the absorption of Najd by the Turks might be a greater evil than a Wahhābi domination and might lead to encroachments on Kuwait from an unexpected direction in which the boundaries of the principality were undefined. Further remonstrances at Constantinople were authorised; but they were ineffectual, and the Turkish expedition marched. The only practical outcome of the discussion between the British and Indian Governments was the appointment, a month or two later, of a British Political Agent at Kuwait.

وقد أصاب الذعر ابن سعود لاحتمال تدخل تركي. وكان في الوقت نفسه، قد وجه رسالة إلى المقيم السياسي في الخليج، طالباً الحماية البريطانية. لكنه لم يتلقَّ جواباً عن ذلك.

التفكير بانتداب ضابط بريطاني إلى الرياض، ١٩٠٤

في مطلع عام ١٩٠٤، دُفع بالحكومة الهندية إلى التفكير في صواب إرسال ضابط بريطاني إلى الرياض*، بغية دراسة الموقف، وربما بغية الدخول في علاقات أوثق مع ابن سعود. وقد أظهرت الاستقصاءات أن شيخ الكويت هو أفضل من يمكنه القيام بالترتيبات اللازمة لهذه المهمة. أما حكومة جلالته، وبحسب الأحوال السائدة عندئذ، فقد نظرت إلى الاقتراح بشيء من التخوف، وأصدرت توجيهات تقضي بألا تُتخذ أي خطوة باتجاه الدخول في علاقات مع نجد، وألا يُرسَل أي وكيل إلى هناك، دون موافقة مسبقة منها. وقامت حكومةُ الهند، فيما بعد، بإبلاغ الحكومة البريطانية في لندن وجعْلها تدرك أنها في حين قد تصبح، قريباً، ملزمةً أن تبدي اهتماماً أعمق بقضايا وسط شبه الجزيرة العربية، فإنها لم تقترح التحرك فوراً في هذه القضية. وقد منحت حكومة جلالته موافقتها الفورية على هذا القرار. لكنها اعترفت بالرغبة في الحصول على معلومات إضافية عن نجد، ولم ترفض فكرة إعادة فتح الموضوع من جديد في وقتٍ في المستقبل، تكون فيه الفرصة مؤاتية. ومرة أخرى عند نهاية العام، عادت حكومة جلالته فأكدت وجوب أن يُفهم بوضوح أن مصلحتها ونفوذها ينبغي أن يقتصرا على الخط الساحلي لشرق البلاد العربية، كما أكدت وجوب الامتناع عن أي قول أو عمل يربطها، ولو بشكل غير مباشر، بالحرب الدائرة في الداخل. وتكون الحكومة التركية قد تصرفت بحكمة إذا اقتدت بحكومة جلالته، وأظهرت ضبط النفس المتصف بالحكمة.

موقف الحكومة البريطانية من مخططات ابن سعود في الخليج، ١٩٠٥-١٩٠٦

لم تكد الحكومة التركية تنفّذ مخططاتها في القصيم، حتى بدأت أعمال الأمير الوهابي نفسه، باتجاه الخليج، تسبب القلق للحكومة البريطانية. وقد وردت الحقائق المتعلقة بزيارة ابنه عبد العزيز لصحراء الجافورة وقطر عام ١٩٠٥، ومراسلاته مع شيوخ عمان المتصالحة، وردت أيضاً في مقطعٍ سابق من هذا الفصل، وفي تاريخ عمان المتصالحة.

* في عام ١٩٠٣، أُبلغ كاتب هذه السطور، الذي كان آنذاك في إجازة بأوروبا، أن هناك احتمالاً لأن يقع عليه الاختيار ليكون الضابط المطلوب منه السفر إلى وسط شبه الجزيرة العربية. وهذا اقتراح كان، ذلك الوقت، قيد البحث.

Ibn-Sa'ūd, alarmed at the prospect of Turkish intervention, had in the meantime written to the Resident in the Persian Gulf requesting British protection; but no answer was returned to his letter.

Contemplated deputation of a British officer to Riyādh, 1904

At the beginning of 1904 the Government of India had been led to consider the advisability of despatching a British officer to Riyādh* for the purpose of studying the situation and possibly of entering into closer relations with Ibn-Sa'ūd, and enquiry showed that such a mission could easily arranged be through the Shaikh of Kuwait. His Majesty's Government, however, in the state of affairs then prevailing, regarded the proposal with some apprehension and directed that, without their previous sanction, no steps should be taken to enter into relations with Najd or to send agents there; and eventually the Government of India informed the Home Government that, while recognising that it might shortly become incumbent on them to take a closer interest in the affairs of Central Arabia, they did not propose to move immediately in the matter. To this conclusion His Majesty's Government readily assented, but they admitted the desirability of obtaining further information about Najd, and they did not discountenance the idea of the subject being re-opened at some future and more favourable opportunity. Again, at the end of the year, His Majesty's Government expressed a desire that it should be clearly understood that their interest and influence were to be confined strictly to the coast line of Eastern Arabia, and that nothing should be said or done to connect them, even indirectly, with warfare in progress in the interior. Their prudent self-restraint the Turkish Government would have done well to imitate.

Attitude of the British Government towards the designs of Ibn Sa'ūd in the Persian Gulf, 1905-06

Hardly had the Turks put into execution their designs upon Qasīm, when the proceedings of the Wahhābi Amīr himself in the direction of the Persian Gulf began to occasion anxiety to the British Government. The facts relating to his son 'Abdul 'Azīz's visit to Jāfūrah and Qatar in 1905 and to his correspondence with the Shaikhs of Trucial 'Omān are given in an earlier paragraph of the present chapter and in the history of Trucial 'Omān; and as

---

*In 1903 it was intimated to the present writer, then on leave in Europe, that he would probably be selected in event of an officer being required to travel in Central Arabia - a contingency at that time already under consideration.

وكما هو مذكور في مكان آخر، تخلى ابن سعود عن مطالبته بجميع مخططاته الجدية تجاه عمان المتصالحة، بعد توسط شيخ الكويت، وعبّر عن أسفه لأي ملاحظة عرضية صدرت عنه وقد تكون سبّبت شيئاً من القلق. وعلى كل حال، وقبل تلقي هذه التأكيدات المرضية، نصحت حكومة الهند حكومة جلالته أنَّ من المرغوب فيه، بحسب رأيها، أن تحصل حكومة جلالته، بواسطة شيخ الكويت وسلطان مسقط ووسيط آخر غيرهما على تأكيدٍ من ابن سعود، مضمونه: أنه على استعداد للالتزام بالاتفاق الذي تقدم به سلفه عبد الله بن فيصل عام ١٨٦٦*، وتعهد فيه بألا يتعرّض للرعايا البريطانيين ضمن ممتلكاته، وألاّ يقوم بأعمال عدوانية ضد البلدان العربية المتحالفة مع الحكومة البريطانية. واعتبرت حكومة الهند أنه، إذا كان جواب الأمير غير مرضٍ، فينبغي له، عندئذٍ، أن يدرك أن الحكومة البريطانية ستعتبر أن أي محاولة للتدخل في أوضاع عمان، هي عمل غير ودي. وعندئذٍ، ستتخذ كافة الإجراءات المناسبة لإفشال هذا التدخل. وفي النهاية، قررت الحكومة البريطانية أن لا داعيَ للأخذ بالخطوات التي اقترحتها الحكومة الهندية، إلا إذا ظهر الزعيم الوهابي على الساحل بغية تنفيذ المخططات التي نُسبت إليه. وفي هذه الحالة، يقتضي نقل الإنذار مباشرة إليه.

ابن سعود يجدد مفاتحة الحكومة البريطانية، ١٩٠٦

طوال عام ١٩٠٦، قام الأمير الوهابي بجهود حثيثة لفتح باب المفاوضات، بغية الحصول على الدعم من الحكومة البريطانية، بل ابنه عبد العزيز هوَ الذي قام بهذه الجهود من خلال عدة وسطاء. لقد طُرق الموضوع، أولاً، مع النقيب بريدو، الوكيل السياسي في البحرين، عن طريق مسعد بن سويلم، مبعوث ابن سعود، الذي وصل من قطر، واقترح أنه، إذا نجح الأمير بطرد الأتراك من الأحساء، فإن الأمر يقتضي، عندئذ، أن تُعقد، بينه وبين الحكومة البريطانية معاهدة بموجبها تأخذ الحكومة البريطانية على عاتقها حماية الأمير من الهجمات المتتالية التي يقوم بها الأتراك من البحر. بالمقابل، ينبغي السماح للحكومة البريطانية أن تحتفظ بموظف سياسي في واحة الأحساء أو القطيف. بيد أن النقيب بريدو لم يشجع هذه الاقتراحات. وغادر المبعوث فوراً إلى بوشهر، حيث تجنب زيارة المقيمية البريطانية. وبدلاً من ذلك، أوحى إلى الشيخ جاسم آل ثاني في قطر بإرسال برقية مُسْهبةً إلى سلطان تركيا، يزكي ابن سعود، لينال حظوة لدى جلالة سلطان الدولة العثمانية. ثم قام ابن سعود بعرض ثانٍ عن طريق الشيخ جاسم، الذي عمد بدوره، في مقابلة جرت في قطر بينه وبين الرائد كوكس، المقيم البريطاني، إلى تقديم اقتراحات شبيهة بتلك التي تقدّم بها

* انظر صفحة ٢٢.

related in the latter place, Ibn-Sa'ūd through the Shaikh of Kuwait subsequently disclaimed all serious designs in the direction of 'Omān, and expressed regret for any accidental remark on his part which might have occasioned disquiet. Before the receipt of these satisfactory assurances, however, the Government of India had advised His Majesty's Government that, in their opinion, it was desirable to ascertain from Ibn-Sa'ūd - through the Shaikh of Kuwait, the Sultān of Masqat, or some other intermediary - whether he was prepared to abide by the engagement, given by his predecessor 'Abdullah-bin-Faisal in 1866,* not to molest British subjects in his own dominions and not to commit aggression on Arab states in alliance with the British Government; and they considered that, in event of the Amīr's reply proving unsatisfactory, he should be informed that the British Government would regard any attempt to interfere in 'Omān as an unfriendly act and would take suitable measures to frustrate it. Ultimately it was decided by His Majesty's Government that the steps proposed by the Government of India need not be taken unless the Wahhābi chief appeared at the coast for the purpose of carrying out the designs with which he was credited, and that, in the case supposed, the necessary warning should be conveyed to him directly.

Renewed overtures of Ibn-Sa'ūd to the British Government, 1906

Throughout the year 1906 persistent efforts to open negotiations for support by the British Government were made by the Wahhābi Amīr, or more probably by his son 'Abdul 'Azīz, through various intermediaries. The subject was first broached to Captain Prideaux, Political Agent in Bahrain, by Musā'ad-bin-Suwailim, an emissary of Ibn-Sa'ūd who arrived from Qatar and suggested that, in case the Amīr should succeed in driving the Turks out of Hasa, a treaty should be arranged between him and the British Government whereby the latter should undertake to protect the Amīr against subsequent attacks by the Turks from the sea, while they in return should be allowed to maintain a political officer in the oasis of Hasa or of Qatīf. Captain Prideaux gave no encouragement to these suggestions; and the emissary at once left for Būshehr, where he avoided visiting the British Residency and instead despatched a long telegram from Jāsim, the Āl Thāni Shaikh in Qatar, to the Sultān of Turkey, recommending Ibn-Sa'ūd to the favour of His Ottoman Majesty. The next advance was made by Ibn-Sa'ūd through Shaikh Jāsim, who, at an interview in Qatar between himself and Major Cox, the British

---

*Vide page 22 ante.

مسعد في البحرين، واقترح فيها وجوب عقد اجتماع بين الأمير والضابط البريطاني، في مكانٍ مّا على الساحل العربي. وفي اغسطس ١٩٠٦، حاول الشيخ مبارك، حاكم الكويت، أن يقنع المقيم السياسي هناك، النقيب نوكس، برغبة ابن سعود في الدخول تحت الحماية البريطانية، ورغبته بشكل خاص، في القبول بالمصالح التجارية البريطانية. وفي اكتوبر، تلقى النقيب بريدو طلباً ملحّاً من الشيخ جاسم لمقابلة شخصية تجري في البحرين. ولأن هذا الضابط لا يستطيع الذهاب بنفسه إلى قطر، فقد أرسل ترجمانه، السيد إنعام الحق. ويُفيد التفسير الذي ورد في رسالة الشيخ أن الشيخ تلقى اتصالاً إضافياً من عبد العزيز الذي خشي ألا تكون قضيته قد لاقت الدفع الكافي والحماسة المطلوبة من ناحية شيخ الكويت، الذي سعى، آنذاك، إلى مقابلة مع النقيب بريدو في موعدٍ يُضرَب في الصحراء، على أن يقوم، هو شخصياً بالمقابلة، أو ينوب عنه شقيق له. ويبدو، أن عبد العزيز كان مصمماً على استعادة الأحساء، الجزء الأكثر قيمة من جميع الممتلكات الوهابية السابقة. أما من الناحية المالية، فقد كان متلهفاً ليطمئنَّ إلى الحماية البريطانية في البحر، في حال تحقيقه النجاح، فضلاً عن أنه يرغب، مقابل ذلك، أن يرتبط مع الحكومة البريطانية باتفاقات ربما كانت شبيهة بالاتفاقات التي يرتبط بها شيوخ عمان المتصالحة مع الحكومة البريطانية، ويوافق على إقامة ضابط سياسي بريطاني في بلاطه. وقد ضَمَّن النقيب بريدو هذه الاقتراحات تقريراً رفعه إلى السلطات العليا. وفي نوفمبر، أحيا شيخ الكويت الموضوع. والجدير بالملاحظة أن عروض ابن سعود، عام ١٩٠٦، قُدّمت قبل انسحاب الأتراك من القصيم، وأنها كانت الأكثر إلحاحاً، بعد وصول سامي باشا مع حرسه من المدينة.

أوامر حكومة صاحب الجلالة بصدد مفاتحات ابن سعود، ١٩٠٧

في فبراير ١٩٠٧، رفعت حكومة الهند، رسمياً، إلى حكومة جلالته، قضية الرد الذي ينبغي أن يقدمه المقيم السياسي إلى الناطق بلسان ابن سعود. وفي شهر مايو، أرسلت الحكومة بدورها توجيهاتٍ تطلب إلى الرائد كوكس أن يتجنب الموضوع؛ وإلا فعليه أن يبلغ وكلاء الأمير أن اقتراحاته تشمل اعتباراتٍ يستحيل على حكومة جلالته الأخذ بها. فليس له، إذن، أن يتوقع رداً عليها.

Resident, made proposals similar to those brought forward by Musā'ad in Bahrain, and suggested that the Amīr should have a meeting with a British officer at some place upon the Arabian coast. In August 1906 Shaikh Mubārak of Kuwait endeavoured to convince the Political Agent there, Captain Knox, of the desirability of Ibn-Sa'ūd being taken under British protection, especially in the interests of British trade. In October an urgent request for a personal interview was received from Shaikh Jāsim by Captain Prideaux in Bahrain; and that officer, being unable to go to Qatar himself, sent his interpreter, Mr. In'ām-ul-Haqq. The explanation of the Shaikh's letter was that he had received a further communication from 'Abdul 'Azīz, who feared that his case had not been pressed with sufficient warmth by the Shaikh of Kuwait, and who now sought an interview with Captain Prideaux at a rendezvous in the desert, either in person or through a brother; and it appeared that 'Abdul 'Azīz, being determined to recover Hasa, the most valuable portion financially of the former Wahhābi dominions, was anxious to be assured of British protection by sea in event of his being successful; also that he would in return bind himself by agreements to the British Government, probably resembling those of the Shaikhs of Trucial 'Omān, and would agree to the residence of a British political officer at his court. These proposals were at once reported by Captain Prideaux to higher authority. In November the subject was revived by the Shaikh of Kuwait. It will be observed that the advances of Ibn-Sa'ūd in 1906 were made before the withdrawal of the Turks from Qasīm, and that they were most urgent after the arrival there of Sāmi Pāsha with his escort from Madīnah.

Orders of His Majesty's Government in regard to the overtures of Ibn-Sa'ūd, 1907

In February 1907 the question of the answer to be returned by the Political Resident to the spokesmen of Ibu-Sa'ūd was formally referred by the Government of India to His Majesty's Government, and the latter, in the month of May following, directed that Major Cox should, if possible, avoid the subject; otherwise he should inform the Amir's agents that, as Ibn-Sa'ūd's proposals involved considerations which it was impossible for His Majesty's Government to entertain, no reply should be expected.

الملحق رقم ١ :

تاريخ منفصل لإمارة جبل شمر أو شمالي نجد

إنَّ التاريخ الخارجي لشمال نجدٍ موجودٌ بالتفصيل في الفصل السابق. لكن يبدو من الصواب أن نضيف هنا بعضَ الملاحظات، مُشيرين، بشكلٍ رئيسي، إلى القضايا الداخلية للإمارة.

التاريخ المبكر لجبلَ شمَّر

العلاقات بالوهابيين، ١٨٠٩

لا نعرف إلا القليل عن أحداث جبل شمر، قبل ارتقاء عائلة الرشيد الحاضرة سُدّة الإمارة. ومن المحتمل أن الوهابيين اجتاحوا البلاد، حوالي نهاية القرن الثامن عشر، في مرحلة مبكرة من مسار انتصاراتهم في وسط شبه الجزيرة العربية. لأن سلطتهم، بحلول عام ١٨٠٩ على أبعد حد، كانت قد تركزت على قواعدَ ثابتةٍ في الواحة الشمالية المعروفة باسم جوف الأمير، إلى درجة جعلت من المستحيل على باشا دمشق التركي أن يجمع قوة تزحزحهم.

العلاقات بالمصريين، ١٨١٧

في عام ١٨١٧، وحين كان ابراهيم باشا في طريقه للإطاحة بالوهابيّين في عاصمتهم، قام بحملة على قبائل جبل شمر، انطلقت من الحناكية. لكن يبدو أنها لم تكن ناجحة، وانتهت بخسارة فادحة للقبائل العربية التي كانت تقاتل إلى جانب المصريين.

صعود عائلة آل الرشيد

كانت العائلة البارزة بجبل شمر، في تلك الايام، عائلة بيتَ علي، التي تنتمي إلى شعبة جعفر من عشيرة عَبْدَه لقبيلة شمر، ومركزها مدينة حائل. وحوالي عام ١٨١٨، عندما قضى المصريون مؤقتاً على سلطة الوهابيين، استطاع شيخٌ شاب من شعبة جعفر، كانت عائلته تشكل جزءاً من آل خليل، استطاع أن يتحدى سيطرة بيت علي. وكان هذا الشاب هو عبد الله بن علي بن الرشيد، مؤسس الأسرة الحاكمة لآل الرشيد. وقد نجح عبد الله في استمالة معظم سكان حائل. لكن سكان البلدة المجاورة، بلدة قفار، التي كانت، ذلك الوقت، لا تقلّ مكانة عن حائل بعدد سكانها ومواردها، دعموا خصومه بالإجماع.

مغامرات عبد الله بن علي، ١٨١٩ ـ ١٨٣٤

بعد صراع خاضه عبد الله بن علي، اضطر إلى الفرار من البلاد، وسلك طريق جوف

ANNEXURE No. 1
SEPARATE HISTORY OF THE JABAL SHAMMAR PRINCIPALITY OR NORTHERN NAJD

The external history of Northern Najd is given in full in the preceding chapter; but it appears advisable to add here a supplementary notice, referring chiefly to the internal affairs of the principality.

Early history of Jabal Shammar
Relations with the Wahhābis, 1809

Of events in Jabal Shammar before the rise of the present ruling family, the Āl Rashīd, very little is known. The Wahhābis probably overran the country towards the end of the 18th century, at an early stage of their victorious career in Central Arabia; for, by 1809 at latest, their power was so firmly established in the northern oasis of Jauf-al-'Āmir, that the Turkish Pāsha of Damascus could not even collect a force for the purpose of dislodging them.

Relations with the Egyptians, 1817

In 1817 Ibrāhīm Pāsha, while on his way to overthrow the Wahhābis at their capital, made an expedition from Hanakūyah against the tribes of Jabal Shammar. It was not, apparently, successful; and it resulted in heavy loss to the Arab tribes who fought upon the Egyptian side.

Rise of the Āl Rashīd

The predominant family in Jabal Shammar in those days were the Bait 'Ali, who belonged to the Ja'far subdivision of the 'Abdah division of the Shammar tribe and had their seat at Hāil. About the year 1818, when the power of the Wahhābis was temporarily broken by the Egyptians, a young Shaikh of the Ja'far subdivision, whose family formed part of the Khalīl section, challenged the predominance of the Bait 'Ali; this was 'Abdullah-bin-'Ali-bin-Rashīd, the founder of the present dynasty of the Āl Rashīd. 'Abdullah succeeded in gaining to his side a majority of the citizens of Hāil; but the people of the neighbouring town of Qafār, at that time not inferior to Hāil in population and resources, unanimously supported his adversaries

Adventures of Abdullah-bin-'Ali, 1819-34

'Abdullah-bin-'Ali, after a contest, was obliged to fly the country, and

الأمير متجهاً الى سوريا. لكن جماعةً من قبيلة العنزة هاجمته، هو وأصحابه، بعد اجتياز جوف الأمير. وقد أصيب، شخصياً، بجراحٍ خطيرة، وتُرك على أنه قد أصبح في عداد الأموات. لكن أحد المارة من التجار التقطه، وحمله إلى الشام حيث استعاد صحته. وبعد هذا، سعى عبد الله للخدمة مع الوهابيين، وشارك، كما يبدو، بدورٍ بارز في حملتهم الناجحة عام ١٨٣٠، على بني خالد في الأحساء. وفي عام١٨٣٤، كان ما يزال في الأحساء، يساعدُ فيصل، ابن الأمير الوهابي تركي في صد اعتداءات حاكم البحرين على تلك المنطقة. وفي العام نفسه، عندما وقع حادث اغتيال الحاكم الوهابي في الرياض، كان عبد الله أحد الذين عاونوا فيصل على استعادة الرياض، وتحقيق مطالبته بالإمارة. وقد سقط المغتصب، مشاري، كما يقال، على يد عبد الله.

عبد الله بن علي ، ١٨٣٥ ـ ١٨٤٧

الأمير الوهابي يعيّن عبد الله بن علي على جبل شمّر، ١٨٣٥

ما ان استقر الأمير الوهابي فيصل على عرش أجداده حتى كافأ شريكه عبد الله بن علي بأن أنعم عليه بولاية جبل شمر، بالإضافة إلى لقب محافظ (محفوظ)*، وكلفه إخضاع الفروع الجنوبية من قبيلة العنزة الكبيرة، مجهزاً إياه، في الوقت عينه، بالرجال والموارد المادية. و مهما يكن من أمر، فإن أول مهمة قام بها عبد الله كانت التغلب على بيت علي، الذين تمكن من طردهم بسرعة من حائل إلى قفار. وبعد ذلك، طردوا خارج قفار، طردهم عُبَيد، شقيق عبد الله.

انتصار عبد الله على القصيم وحياة وجوف الأمير

وفي النهاية، لجأت عائلة بيت علي إلى القصيم، حيث كان سكان المنطقة من المشايعين لها. وسعى عبد الله إلى مساعدة إضافية من الأمير الوهابي، فحصل عليها، شرط أن تُضاف المناطق المحتلة حديثاً إلى المناطق الواقعة تحت حكم الرياض مباشرة، وليست تحت حكمه. وبهذه المساعدة المقدمة له، دمَّر القصيم، باحتلاله إياه قرية بعد قرية، وتمكن تقريباً من القضاء على خصومه من بيت علي. وفي النهاية، ووفق شروط اتفاقيته، سلّم المنطقة التي

* تبدو كلمة محافظ اكثر طبيعية، مع أنها ليست مذكورة، بشكل رئيسي، بهذا الشكل في المرجع. وكلمة «محفوظ» التي ترجمت بكلمة «حارس» يمكن أن يكون لها ذلك المعنى، لأنها مختصرٌ للقب أطول بكثير.

took the road by Jauf-al-'Amir to Syria. Beyond Jauf his party were attacked by hostile 'Anizah, and he himself was severely wounded and left for dead; but a passing merchant took him up and carried him to Damascus, where he recovered. After this 'Abdullah sought service with the Wahhābis, and he apparently took a prominent part in their successful campaign, in 1830, against the Bani Khālid in Hasa. In 1834 he was still in Hasa, assisting Faisal, the son of the Wahhābi Amīr Turki, to repel the aggressions of the Shaikh of Bahrain upon that province; and, when the assassination of the Wahhābi ruler took place at Riyādh in the same year, he was one of those who helped Faisal to recover Riyādh and make good his claims to the Amirate. The usurper Mashāri himself fell, it is said, by the hand of 'Abdullah.

'ABDULLAH-BIN-'ALI,
1835-47

Abdullah bin-'Ali appointed Mahfūdh of Jabal Shammar by the Wahhābi Amīr, 1835

The Wahhābi Amīr Faisal was no sooner established on the throne of his ancestors than he rewarded his late associate, 'Abdullah bin-'Ali, by conferring on him the governorship of Jabal Shammar together with the title of* Mahfūdh; and he commissioned him to subjugate the southern branches of the great 'Anizah tribe, supplying him at the same time with men and material resources. The first task of 'Abdullah, however, was to overcome the Bait 'Ali; but he soon drove them from Hāil to Qafār, and from Qafār they were expelled by 'Abdullah's brother 'Obaid.

Conquest by Abdullah of Qasīm, Hāyat and Jauf-al-'Amir

Finally the Bait 'Ali took refuge in Qasīm, of which district the inhabitants were their partisans, and 'Abdullah thereupon sought the further assistance of the Wahhābi Amīr, which he obtained on the condition that any new territory conquered should be added, not to his own governorship, but to the districts directly under Riyādh. With the assistance thus lent he devastated Qasīm, taking its villages one by one, and almost exterminated his opponents of the Bait 'Ali; and finally, in accordance with the terms of his contract, he

---

*Or perhaps "Muhāfidh" which would appear to be more natural, though not so given in the principal authority. "Mahfūdh", which has been translated "Warden," can only have that meaning if it is a contraction of some longer title.

حصل عليها أخيراً إلى الأمير الوهابي*. أما مهمته ضد العنزة، فقد نفذها عبد الله جزئياً، ونجح في إقامة نوع من السيادة على ذلك المكان، بعد أن جرد قبيلة العنزة من الحياة في الغرب، بما فيها من ينابيع مياه عديدة وقيّمة، جرّدها مستعيناً بشقيقه عبيد، الذي أرسله ليُهيىء شقاقاتٍ في واحة جوف الأمير الشمالية البعيدة.

سياسة عبد الله الداخلية

أما سياسة عبد الله المحلية، فقد وصفت بأنها لا تتمتع بشعبية عند معظم رعاياه. لقد أرسى الوهابية كمذهب للدولة، وشجع المروّجين للوهابية، وأظهر عطفاً حيال القبائل البدوية، واستخدمها لكسر قوة المدن والقرى. وهذه عملية دعت الضرورة إلى إِبْطَالِها بسرعة أثناء حكم أبنائه. وعندما أشرف حكمه على الانتهاء، بدأ ببناء حي جديد في بلدة حائل مقتصرٍ على سكنه شخصياً وسكن أقربائه مع أتباعهم.

علاقات عبد الله بالوهابيين

يبدو أن عبد الله قد بقي حتى آخر يوم من حياته تابعاً إقطاعياً قانعاً ومخلصاً للأمير الوهابي، فيصل، الذي، بعد عودته من مصر عام ١٨٤٣، ساعده عبد الله على استعادة سلطته في نجد. ولم يكن مطلوباً من عبد الله تأدية جزية للأمير، بل تقديم هدية سنوية من الخيل.

علاقات عبد الله بالمصريين

ربما لم يكن عبد الله على علاقة ودية بالمصريين. وإذا كان ممكناً الوثوق بالروايات المحلية، فإنه هو من عمد، بواسطة شقيقه عُبيد، المحافظ، إلى ترتيب فقدان كتيبة مصرية في صحراء النفود، حيث هلك أفرادها من العطش. وقد تكون هذه الكتيبة إحدى الحاميات المصرية التي سُحبت من نجد، عام ١٨٤٠. ومن المعتقد، أن جورج اغسطس وُلِنْ، السويدي القدير الذي زار حائل عام ١٨٤٥، وزارها مرة ثانية عام ١٨٤٨ بعد وفاة عبد الله بسنة، قد أُرسل إلى هناك من قِبل محمد علي باشا، حاكم مصر، ليقوم بالاستقصاء عن سلطةجبل شمر المتصاعدة، وربما بهدف سياسي أكثر تحديداً.

* ينبغي استبعاد مساعدة الأمير الوهابي لعبد الله، بقدر ما له علاقة بها، لأنها غير تاريخية .ويعتمد ذلك، بشكل رئيسي، على المعتقدات التي جمعها بالجريف بعد ذلك بـ ٢٥ سنة. والتي لا تتفق والتقرير الذي قدّمه وُلِنْ، الباحث السابقُ والمستقصي الأكثر حرصاً. وقد ثبّت وُلِن، في كل حال، خدمات عبد الله في الأحساء ودوره في إزالة مشاري.

handed over the newly acquired district to the Wahhābi Amīr.* His commission against the 'Anizah 'Abdullah partially executed by depriving them of Hāyat, in the west, with its much prized springs of water; and by the instrumentality of his brother 'Obaid, whom he sent to compose dissensions in the distant northern oasis of Jauf-al-'Amīr, he succeeded in establishing a sort of suzerainty over that place also.

Internal policy of 'Abdullah

The domestic policy of 'Abdullah is represented as having been unpopular with the majority of his subjects. He established Wahhābism as the state religion and encouraged Wahhābi propagandists. He showed favour to the Bedouin tribes, and utilised them to break the strength of the towns and villages, - a process which, of necessity, was soon reversed under his sons. Towards the end of his reign he began to build a new quarter in Hāil town exclusively for the residence of himself and his relations with their dependents.

Relations of 'Abdullah with the Wahhābis

To the end of his days 'Abdullah appears to have remained a loyal and contented feudatory of the Wahhābi Amīr Faisal, whom in 1843, after his return from Egypt, he assisted to recover his power in Najd; and no tribute seems to have been required of him by the Amīr except an annual gift of horses.

Relations of 'Abdullah with Egypt

'Abdullah was probably unfriendly to the Egyptians; and the loss of an Egyptian detachment in the Nafūd Desert, where they perished of thirst, - probably one of the Egyptian garrisons withdrawn from Najd about 1840 - was, if local tradition may be trusted, deliberately arranged by the Mahfūdh through his brother 'Obaid. It is believed that George Augustus Wallin, the able Swede who visited Hāil in 1845, and again in 1848 a year after 'Abdullah's death, was visited Hāil in 1845, and again in 1848, a year after 'Abdullāh's death, was sent there by Muhammad 'Ali, Pāsha of Egypt, to investigate the rising power of Jabal Shammar or, possibly, with some more definite political aim.

---

*Perhaps the foregoing, so far as it relates to aid lent by the Wahhābi Amīr, should be dismissed as unhistorical; it depends chiefly on traditions collected by Palgrave 25 years later, and it is inconsistent with the account given by Wallin, an earlier and more careful enquirer. 'Abdullah's services in Hasa and his share in the removal of Mashāri are, however, confirmed by Wallin.

طلال بن عبد الله، ١٨٤٧ ـ ١٨٦٧

توسع جبل شمر أثناء حكم طلال، ١٨٤٧ ـ ١٨٥٥

ترك عبد الله ثلاثة أبناء، هم طلال ومتعب ومحمد، أكبرهم طلال ذو الـ ٢٠ ربيعاً. ولم تلقَ خلافة طلال لأبيه أي معارضة. وقد أفاد خلال حكمه من تأييد عمه المخلص وتأييد أخيه متعب. وفي ظل حكمه، استمرت حدود إمارة جبل شمر بالتوسع. وكانت أولى حملاته العسكرية على خيبر بقيادة عُبَيد الصلب الذي كان يشاركه القيادة مُتعب، أخو طلال، ليكون عنصر تخفيف من قسوته؛ فسقطت خيبر، ووُضعت تحت سلطة حاكم أُرسل من حائل. وفي عام ١٨٤٨، وبعد مفاوضات سرية، حَوَّلَ سكان القصيم ولاءهم من الرياض إلى حائل، حيث تعوّد لاجئو القصيم الهاربون من الطغيان الوهابي، إيجادَ ملاذٍ لهم. وعلى مضضٍ، وافق الأمير الوهابي على هذا الترتيب الجديد، لفترةٍ من الزمن. وقد نجحت العمليات العسكرية التي يديرها طلال شخصياً ضد تيماء، ومكنته هذه الأعمال من استكمال حدوده الغربية. وأخيراً في عام ١٨٥٥، أنجز العمل الذي بدأه في جوف الأمير، أثناء عهد والده، بالذهاب إلى ذلك المكان، بنفسه، وإخضاع الواحة، ووضْعها تحت إمرة حاكمٍ من شمَّر وثلاثة مساعدي حكام، يعينهم هو شخصياً.

سياسة طلال الداخلية

كانت السياسة الداخلية التي انتهجها طلال سياسةً تقدمية، تعمل على التهدئة. وقد اعتمد على السكان الذين يعيشون حالة من الاستقرار، وانصرف إلى إنجاز مهمة وضع حد للبدو الذين كان قد سبق لوالده أن أفرط في تشجيعهم. وفي أيامه، كانت الحياة والممتلكات في القرى والطرقات، على حدٍّ سواء، آمنةً كلياً. وكانت متعته الكبرى تكمن في بناء القصور والأسواق والمخازن والشوارع والتحصينات. ولأن طلال لم يكن وهابياً متزمتاً، فقد أدخل إلى البلاد تجاراً أجانب، أغلبهم من الشيعة، أتوا من البصرة ومشهد علي، وحتى من المدينة واليمن. كما حاول، ولكن دون نجاحٍ، إغراء بعض اليهود والمسيحيين من الشمال، بالاستقرار في حائل.

علاقات طلال بالوهابيين وتركيا ومصر وفارس

على الرغم من الظل الذي تلقيه حماية طلال لأهل القصيم العنيدين، وعلى الرغم من الفضيحة التي تجرها على الوهابيين المتشدّدين عادات طلال البعيدة عن الدين، ولبسُه الحرير، وتدخينه التبغ، فقد بقي، وهو الذي تزوّج ابنة صديق والده، الأمير الوهابي فيصل، بقي، حتى النهاية، على علاقة وديّة بسيّده، الحاكم المطلق في الرياض، واستمر، طوال فترة

TALĀL-BIN-'ABDULLAH,
1847-67

Expansion of Jabal Shammar under Talāl, 1847-55

'Abdullah left three sons, Talāl, Mat'ab and Muhammad, of whom the eldest, Talāl, was about 20 years of age. Talāl's succession was unopposed; he profited throughout his reign by the loyal support of his uncle 'Obaid and of his brother Mat'ab; and under him the boundaries of Jabal Shammar continued to extend. One of his first expeditions was against Khaibar and was conducted by the formidable 'Obaid, with whom Mat'ab was associated in the command to temper his severity; Khaibar fell and was placed under a governor sent from Hāil. About 1848 the people of Qasīm after secret negotiations, transferred their direct allegiance from Riyādh to Hāil, where Qasīmi refugees from Wahhābi tyranny had become accustomed to find a refuge; and the Wahhābi Amīr for a time acquiesced, though unwillingly, in the new arrangement. Operations against Taimah, directed by Talāl in person, were successful and enabled him to round off his western frontier. Finally, in 1855, he completed the work begun at Jauf-al-'Amir in his father's reign by proceeding thither in person, subduing the oasis, and placing it under a Shammar governor and three sub-governors of his own nomination.

Domestic policy of Talāl

The internal policy of Talāl was progressive and pacificatory. He relied on the settled population and addressed himself to the task of curbing the Bedouins, whom his father had unduly encouraged. Life and property, both on the roads and in the villages, were secure in his day. His chief pleasure was in the construction of palaces, markets, shops, streets and fortifications; he introduced foreign merchants - many of them Shī'ahs, for Talāl was not a strict Wahhānbi - from Basrah and Mashhad 'Ali, and even from Madīnah and Yaman; and he tried, it is said, but without success, to induce Jews and Christians from the north to settle at Hāil.

Relations of Talāl with the Wahhābis, Turkey, Egypt and Persia

Notwithstanding the umbrage given by his protection of the refractord Qusmān and the scandal which his irreligious habits of wearing silk any smoking tobacco occasioned to rigorous Wahhābis, Talāl, who had married a daughter of his father's friend the Wahhābi Amīr Faisal, remained to the last on friendly terms with his suzerain at Riyādh; and he continued throughout

حياته، في القيام بزيارة سنوية إلى الرياض ليسلّم، شخصياً، جزيته من الخيل. ومهما يكن من أمر، فإنه، في الوقت نفسه، قد أقر بولائه لتركيا، وأمر بالدعاء للسلطان في صلاة الجمعة بمساجد حائل. كما ادعى أن جميع فتوحاته كانت تجري في إطار المصلحة العثمانية. وفي هذا الموقف الذي كان يُفرَض عليه، إلى حدّ ما، بسبب تزايد الاحتكاك بالأتراك، شمالاً وغرباً، يمكن اكتشاف نذيرٍ بالمصير، يبعث على الاهتمام ينتظر عائلته. ففي حين أن طلال رفض الدخول في مخططات عباس الأول، حاكم مصر، الذي سعى، باللجوء إلى عقد حلف مع بدو الشمال، وتفاهمٍ مع الحكومة الوهابية في الجنوب، إلى جعل نفسه مستقلاً عن الباب العالي، وسيداً لشبه الجزيرة العربية، إلا أن طلال حافظ على علاقات ودية مع ذلك الباشا، وحتى مع خليفته سعيد. لكنّه اكتشف في مرحلة مبكرة، عدمَ مقدرة سعيد على توفير أقل حماية له من الاعتداءات التركية أو الوهابية. أما بشأن فارس، فقد أقام طلال، نوعاً ما، علاقات وثيقة بها، وكان يأمل، بشكل خاص، أن يتحقق أحد مشاريعه المفضلة، وهو تحويل طريق الحج الفارسي بما يشمل من تجارة طارئةٍ واتصال بالعالم الخارجي، الذي يعبر بريدة في القصيم، والذي كان الحجاج يتبعونه آنذاك، تحويله إلى طريق يخترق حائل.

وفاة طلال، ١٨٦٧

عند عودته من إحدى زياراته السنوية إلى الرياض، اعتلّت صحته فانتحر عام ١٨٦٧، بإطلاق النار على نفسه، خشية أن يفقد عقله، أو لأنه فقده فعلاً.

متعب بن عبد الله، ١٨٦٧ - ١٨٧١

وفاة عبيد، ١٨٦٩

بعد موت طلال، بقي على قيد الحياة عمه عبيد وشقيقاه متعب ومحمد. أما هو، فقد ترك عدة أبناء، أكبرهم بندر، المولود عام ١٨٥٠. ووقع الاختيار على متعب، الذي تميز حكمه القصير الأمد، إذ دام أربع سنوات، تميّز بشكل رئيسي، بنهايته المأساوية، وبوفاة عبيد، المحارب المتمرس، عام ١٨٦٩، عن عمرٍ متقدم جداً. لقد كان عبيد وهابياً بكل ما في الكلمة من معنى. لكن، على الرغم من هذه الحقيقة، وفضلاً عن حدّة طباعه وغطرسته، فقد كان ذا شعبية واسعة، وكان يتمتع بسمعة عالية، إذ أنه يملك مقدرة وسطوة شخصية وكان طبقاً لأحد المصادر، الحاكمَ الفعلي للبلاد، بعد وفاة شقيقه عبد الله. ترك عبيد ستة أولاد، بعد أن وهبهم أملاكاً كثيرة على شكل أراضٍ في حائل، وشجر نخيل في جوف الأمير، وحقّ ملكية نصف إنتاج بلدة حياة؛ لكنَّ الأخَ الأكبر في

his life to pay a yearly visit to Riyādh for the purpose of delivering his tribute of horses in person. At the same time, however, he professed allegiance to Turkey, caused the Sultān's name and titles to be proclaimed at Friday prayers in Hāil, and pretended that all his conquests were made in the Ottoman interest and in this attitude, which was partly forced upon him by increasing contact with the Turks on north and west, an interesting premonition of the subsequent fate of his family may be discovered. While he declined to enter into the schemes of 'Abbās I of Egypt, who sought, by means of an alliance with the Bedouins of the north and an understanding with the Wahhābi government in the south, to render himself independent of the Porte and master of the Arabian peninsula, Talāl maintained friendly relations with that Pāsha and even with his successor Sa'īd; but he early discovered the inability of the latter to afford him the slightest protection against either Turkish or Wahhābi aggression. With Persia Talāl cultivated somewhat intimate relations, chiefly in the hope that one of his favourite projects might be realised, - the diversion, namely, of the Persian Hajj, with its incidental trade and foreign intercourse, from a route through Buraidah in Qasīm, which it then followed, to a route through Hāil.

Death of Talāl, 1867

On his return from one of his annual visits to Riyādh, Talāl fell into ill-health, and, dreading the loss of his reason or having actually lost it, he committed suicide by shooting himself. This happened in 1867.

MAT'AB-BIN-'ABDULLAH,
1867-71

Death of Obaid, 1869

Talāl was survived by his uncle 'Obaid and by his brothers Mat'ab and Muhammad, and he left also several sons of his own, of whom the eldest was Bandar, born about 1850. The succession fell to Mat'ab, whose short reign of about four years was remarkable chiefly for its tragic end, and for the death in 1869, at a very advanced age, of the veteran 'Obaid. 'Obaid, was a true Wahhābi; but, notwithstanding this fact and a harsh, overbearing temper, he was extremely popular. His reputation for capacity and personal prowess also stood very high, and according to one authority, he was the virtual ruler of the country after the death of his brother 'Abdullah. 'Obaid left six sons, well endowed with property in the shape of lands at Hāil, date-palms at Jauf-al-'Amir and a title to half the produce of Hāyat; but the eldest suffered

العائلة كان يعاني من اختلال عقلي. أما الآخرون، ما خلا حمود، فسوف نبيِّن، فيما بعد، أنه كان لديهم كثير من العيوب والسلوك الشاذ بأشكال مختلفة.

اغتيال متعب، ١٨٧١

كان متعب رجلاً معتدلاً وذكياً. لكن صفاته المحببة لم توفّر له الحماية من طموح بندر وبدار، ابني أخيه طلال، اللذين ربما اغتالاه، عام ١٨٧١. ومن المحتمل أن يكون الأمير الوهابي، عبد الله بن فيصل، خلال حكم متعب، قد وجد، لأول مرة، ملاذاً مؤقتاً في جبل شمر، بعد أن طرده أخوه سعود من السلطة.

بندر بن طلال، ١٨٧١ ـ ١٨٧٢

بعد أن اغتصب بندر الإمارة، تزوج الأرملة الشابة، زوجة عمه المقتول، وولدت له ابناً هو عسار. أما رعاياه، فيعتقدون بأن غضب الله كان يلاحقه، لأن مرض الكوليرا نشر الخراب والموت في البلاد في عهده، فلم تَدُم له الحياة والسلطة إلا لفترة قصيرة لم تتعدَّ السنة. وقام محمد، الشقيق الوحيد لمتعب المتوفى، والباقي على قيد الحياة، باللجوء إلى الرياض، حيث عاش لفترة قصيرة في حماية ابن سعود لكن الوساطة الوهابية، في النهاية، مكنته من العودة إلى حائل، ليستأنف مكانه مديراً لطريق الحج بين مكة وبغداد، بإمْرة ابن أخيه الأمير. ولم يتأخر الصدام المحتوم بين القريبين كثيراً. ففي شجار خارج أبواب حائل، يبدو أنه غير مبيت من قبل محمد، طعن العم ابن شقيقه حتى الموت في حضور بدار وحمود اللذين رافقا بندر إلى المقابلة. ثم فرّ بدار وانضم حمود إلى محمد، الذي، كما يعتقد، تعاطف معه منذ البداية. أما سكان حائل، فقد استمروا في سلبيتهم.

محمد بن عبد الله، ١٨٧٢ ـ ١٨٩٧

التاريخ العام لجبل شمَّر أثناء حكم محمد بن عبد الله، ١٨٧٢ ـ ١٨٩٧

تولي محمد الامارة ومقتل أبناء طلال، ١٨٧٢

بهذه الطريقة، انتقلت السلطة إلى محمد، الابن الثالث والأخير المتبقي لعبد الله، والمحافظ الأول. وكأن القدر شاء ألاّ تنتقل السيطرة إلى أيّ عضو أصغر سناً حتى يكون الجيل الأكبر سناً في العائلة قد استُنفد. وكان أول عمل من أعمال محمد عملاً دموياً أقدم

from the family weakness of insanity, and the others except Hamūd, of whom more hereafter, exhibited various abnormalities and defects

Assassination of Mat'ab, 1871

Mat'ab was a mild and intelligent man; but his amiable character did not protect him from the ambition of his nephews Bandar and Badar, sons of Talāl, who assassinated him, probably in 1871. It was probably during the reign of Mat'ab that the Wahhābi Amīr 'Abdullah-bin-Faisal, having been expelled from power by his brother Sa'ūd, for the first time found a temporary asylum in Jabal Shammar.

BANDAR-BIN-TALAL,
1871-72

Bandar, after he had thus usurped the Amirship, took the young widow of his murdered uncle to wife; and she bore him a son, 'Asar. To his subjects it seemed that the vengeance of Heaven followed him; for cholera ravaged the country in his day, and power and life were his only for a short twelve months. Muhammad, the only surviving brother of the deceased Mat'ab, took refuge at Riyādh, and for a short while he lived there under the protection of Ibn-Sa'ūd; but ultimately, by Wahhābi mediation, he was enabled to return to Hāil and to resume his place there as manager of the Baghdād-Makkah pilgrim route under the orders of his nephew the Amīr. The inevitable collision between the two relations was not long delayed. In a quarrel outside the gates of Hāil, which seems to have been unpremeditated on the part of Muhammad, and in the presence of Badar and Hamūd, who had accompanied Bandar to the interview, the uncle stabbed the nephew dead. Badar fled; Hamūd joined Muhammad, with whom there is reason to think he had from the first sympathised; and the people of Hāil remained passive.

MUHAMMAD-BIN-'ABDULLAH,
1872-97

General history of Jabal Shammar under Muhammad-bin-'Abdullah, 1872-97

Accession of Muhammad and murder of the sons Talāl, etc., 1872

In this manner the power passed to Muhammad, the third and last remaining son of 'Abdullah, the first Mahfūdh; for fate had willed that until the elder generation of the family was exhausted the sway should not fall permanently to any younger member. The first act of Muhammad was one of

عليه للحيطة. إذ نفّذ القتل بجميع الذكور من أسرة طلال، بمن فيهم بدار الذي قبض عليه، فضلاً عن إخوةٍ لهم بالتبني من الخدم. ولم يستثنِ إلا الطفل عسار بن بندر ونايف بن طلال اللذين عفا عنهما لأسباب لا يمكن تعليلها. كما نفذ الأمير الجديد القتل بالذين تخوّف من أن يكونوا مصدر خطر عليه. ويقال إن أربعة أبناءٍ لأخته المتزوجة من رجل يُدعى جبار، قد لاقوا حتفهم عند توليه الإمارة.

استقبال الأمير الوهابي السابق، ١٨٧٣

في عام ١٨٧٣، طرد سعود شقيقه، الأمير الوهابي عبد الله بن فيصل، الذي وجد ملاذاً له مرة أخرى في أراضي جبل شمر. ومع أن محمد كان يوفر له جميع حاجاته، إلا أنه لم يكن يسمح له بالاقتراب من حائل. وقد تزوج عبد الله نوره، أخت محمد المحببة لديه. وبعد موتها تزوج ابنة عبيد. وهكذا ربط نفسه بصلة قرابة مزدوجة مع آل الرْشيد.

فتح نجد الجنوبية على يد أمير شمَّر، ١٨٧٧ - ١٨٩١

نتج عن الصراع الكبير الذي حدث الآن في نجد، من أجل السيطرة، نتج عنه انتصار محمد. وقد سبق عرض ذلك عرضاً مطوّلاً. وها نحن نعيد هذه الحقائق إعادة مختصرة تجنباً لأي خرق لمواصلة السرد.

الانتهاك الأول لممتلكات الوهابيين، ١٨٧٧ - ١٨٨٤

في عام ١٨٧٧، قام ابن الرشيد بغزو العتيبة، وهي قبيلة تعتبر خاضعة للرياض. وبعد فترة قصيرة، فصل منطقة السدير وجزءاً من القصيم عن الممتلكات الوهابية. وقد ثُبّتت فتوحاته وامتلاكه لها، كما يبدو، بصلح جرى التوصل إليه عام ١٨٨٢، وكان عمره قصيراً. وفي عام ١٨٨٢، فشل الوهابيون بمحاولتهم استعادة السدير. أما استعادة القائد الوهابي محمد بن سعود لبريدة عام ١٨٨٥، فقد كانت شيئاً مؤقتاً. ومن عام ١٨٨٤ فصاعداً، كان أمير شمر يتمتع، في ساحة المعركة، بتفوق على الوهابيين لا جدال فيه.

الإطاحة الكاملة بالسلطة الوهابية، وإخضاع القصيم، ١٨٩١

في عام ١٨٨٧، اغتنم محمد فرصة وجود خلافات عائلية في الرياض، مكّنته من احتلال العاصمة الوهابية التي وضعها تحت سلطة حاكمٍ من شمر، ونقل الأمير الوهابي عبد الله إلى حائل، حيث احتجزه سنتين. وفي عام ١٨٨٨، قُتل محمد بن سعود، أكثر أعضاء العائلة الوهابية نشاطاً، قُتل في الخرج مع اثنين من أشقائه. وفي عام ١٨٩٠، قام عبد

sanguinary precaution. Except 'Asar, the infant son of Bandar, and Nāif, a son of Talāl, whose lives were unaccountably spared, all the male descendants of Talāl, including Badar who had been captured, were put to death along with their slave foster-brethren; and others also from whom danger was apprehended by the new sovereign, among them, it is said, four sons of his own sister by one Jabbār, perished at his accession.

Reception of the Wahhābi ex-Amīr, 1873

In 1873 the Wahhābi Amīr 'Abdullah-bin-Faisal having been expelled by his brother Sa'ūd, again found an asylum in Shammar territory; but Muhammad, though he supplied his wants, would not allow him to approach Hāil. 'Abdullah married Nūrah, a favourite sister of Muhammad, and after her death a daughter of 'Obaid, thus connecting himself by a double affinity with the Al Rashīd.

Conquest of Southern Najd by the Shammar Amīr, 1877-91

The history of the great contest for the supremacy in Najd which now occurred, resulting in the victory of Muhammad, is given at length in the preceding chapter; and here the facts need only be recapitulated in such a manner as to avoid a breach in the continuity of our narrative.

First encroachment on the Wahhābi dominions, 1877-84

In 1877 Ibn-Rashid forayed the 'Ataibah, a tribe regarded as subject to Riyādh. A little later he detached the district of Sadair and a part of Qasim from the Wahhābi dominions; and his possession of these conquests was apparently confirmed by a short-lived peace arranged in 1882. In 1882 the Wahhābis failed in an attempt to retake Sadair; and the recovery of Buraidah by the Wahhābi commander Muhammad-bin-Sa'ūd in 1885 was only temporary. From 1884 onwards the Shammar Amir possessed a decided advantage in the field.

Complete overthrow of the Wahhābi power and subjugation of Qasīm, 1891

In 1887 Muhammad profited by family broils at Riyādh to seize the Wahhābi capital, which he placed under a Shammar governor, and to carry off to Hail, where he detained him for two years, the Wahhābi Amir 'Abdullah. In 1888 Muhammad-bin-Sa'ūd, the most active of the Wahhābi family, was killed in Kharj along with two of his brothers. In 1890 Riyādh

الرحمن، الأخ الأصغر للأمير الوهابي المتوفى، باحتلال الرياض، فحاول ابن الرشيد استعادة المكان باستخدام القصف المدفعي، لكنه لم ينجح. وفي حوالي نهاية العام نفسه، قام اتحاد قوي ضد محمد بن عبد الله، قوامه الوهابيون وأهل القصيم وعدد من القبائل البدوية. لكن، في مارس أو ابريل ١٨٩١، أطاح أمير شمَّر بهذا التحالف، الذي قاوم بنجاح فترة من الزمن؛ أطاح به في المعركة الشهيرة، معركة بريدة أو مليدة. أما عنيزة، التي قاومت بنجاح، حتى هذه الأثناء، محاولاتِ ابن الرشيد لإخضاعها بفرض الحصار عليها واللجوء إلى القصف المدفعي، فقد سقطت الآن في أيدي المنتصر، ودُمرت الرياض على نطاق واسع، في حين أصبحت سلطة محمد بن عبد الله سلطة مطلقة على جميع أنحاء وسط شبه الجزيرة العربية، واستمر كذلك حتى نهاية حياته.

علاقات محمد بن عبد الله بالأتراك، ١٨٧٢ ـ ١٨٩٧

محاولات الأتراك لتركيز أنفسهم في جوف الأمير، ١٨٧٢ ـ ١٨٧٤

في عام١٨٧٢، وفور ارتقاء محمد سدّة الإمارة، قامت قوة تركية صغيرة مؤلفة من جنود غير نظاميين، من السوريين والمغاربة، بمهاجمة مدينة جوف الأمير على حين غرة، فخضعت هذه المدينة بلا مقاومة. وسارع الأمير إلى المكان، ودخل في مفاوضات مع قائد الأتراك، وجرى ترتيب الأمر، في النهاية، بأن تستمر الجوف ضمن الأراضي الخاضعة لشمر شرط أن يدفع ابن الرشيد ١٥٠٠ مجيدية سنوياً جزية للسلطان، وأن يبقى فيها قائمقام وحامية تركية. وفي عام ١٨٧٤، أعلن جنود الحامية المغاربة العصيانَ، لأنهم لم يتسلّموا معاشاتهم، وسلموا المكان لابن الرشيد، الذي استأنف ملكية المكان، وضمَّ معظم الفارين من الجيش التركي إلى حرسه الخاص. وكان الجوف مصدر اهتمام خاص لمحمد، إذ انه أصيب بجرح في قدمه عند الاستيلاء عليه، أثناء حكم أخيه طلال.

غارة يقوم بها الأمير على الحدود السورية، ١٨٨٠

في عام ١٨٨٠، قام الأمير محمد بغزو بلاد حوران، فاخترقها حتى وصل إلى حدود البصرة، على بعد ٧٠ ميلاً من دمشق. وكانت النتيجة أن عُقدت مصالحة مع القبائل الشمالية التي كان يهدف إلى إخضاعها بالإكراه. وقد احتفل بعقد الصلح بينهما بإقامة وليمة كبيرة.

was taken by 'Abdur Rahmān, a younger brother of the late Wahhābi Amīr, and Ibn-Rashīd attempted to recover the place by bombardment, but did not succeed. Towards the end of the same year a strong confederation against Muhammad-bin-'Abdullah was formed by the Wahhābis, the people of Qasīm, and a number of Bedouin tribes; but in March or April 1891, after successfully resisting him for a time, the league was overthrown by the Shammar Amīr at the memorable battle of Buraidah or Mulaidah.'Anaizah, which had hitherto successfully resisted the attempts of Ibn-Rashīd to reduce it by siege and bombardment, then fell into the hands of the victor, and Riyādh was to a large extent destroyed; while the power of Muhammad-bin-'Abdullah became absolute throughout Central Arabia and so continued until the end of his life.

Relations of Muhammad-bin-'Abdullah with the Turks, 1872-97

Attempt of the Turks to establish themselves at Jauf-al-Āmir, 1872-74

In 1872, immediately after Muhammad's accession, his northern town of Jauf-al-'Amīr was surprised by a small Turkish force from Ma'ān, composed of Syrian and Moorish irregulars, and submitted without resistance. The Amīr hastened to the spot and entered into negotiations with the leader of the Turks, and it was finally arranged that Jauf should continue to be included in the Shammar territories, but that Ibn-Rashid should pay 1,500 Majīdis a year as tribute on account of it to the Sultān and that a Turkish Qāim-Maqām and garrison should remain. In 1874 the Moors of the garrison mutinied, not having received their pay, and handed over the place to Ibn-Rashid, who resumed possession in his own name and enrolled most of the Turkish deserters in his bodyguard. Jauf possessed a special interest for Muhammad, who had been wounded in the foot at its capture during the reign of his brother Talāl.

Raid by the Amīr on the Syrian border, 1880

In 1880 the Amīr Muhammad invaded the Haurān country, penetrating as far as Basrah, only 70 miles from Damascus; the result was a reconciliation with the northern tribes, whom it had been his object to coerce; and the conclusion of peace was celebrated by a great feast.

توتر العلاقات بالأتراك والاحتكاكات على حدود الأحساء، ١٨٨٥ - ١٨٩٧

عندما أشرف عهد الأمير محمد على نهايته، بدا أن علاقاته بجيرانه الأتراك قد أصبحت أكثر ودًّا وصراحة. وقد يكون هذا نتيجة الاهتمام الذي أبداه الأتراك الذين عملوا دون شك للإفادة من التوسع السريع لسلطة ابن الرشيد في شبه الجزيرة العربية. وفي عام ١٨٨٦، وبعد أن أصبحت الطريق معبدة، عقب إرسال الهدايا في السنة السابقة، قامت بعثة عثمانية بزيارة حائل لتضع ترتيبات تشييد جامع ومدرسة تابعة للحكومة التركية في حائل. وقد صُرفت البعثة محملة بالهدايا، ولكن دون ردٍّ مؤاتٍ. وفي عام ١٨٨٨، وعندما أخذت انتصارات الأمير تزداد بشكل ملحوظ، في نجد الجنوبية، حرص على إبلاغ الباب العالي بهذه الانتصارات، وادعى أنه كان يتصرف وفق المصلحة التركية. وفي العام نفسه، نُشرت تقارير تفيد أن ابن الرشيد كان على وشك القيام بغزو عمان المتصالحة، بتشجيع من الحكومة التركية؛ لكن تبين أن التقارير سابقة لأوانها إذ لم يكن هناك من أساس تستند إليه، مع العلم أن الباب العالي أنكر وجود مخطط كهذا.

وكما لاحظنا من تاريخ الأحساء، فقد نشأ احتكاك بين أمير شمَّر والسلطات التركية في الأحساء في ١٨٩٤ و ١٨٩٥، بسبب بعض المشكلات القبلية والغارات المتبادلة.

حكومة محمد بن عبد الله وشخصيته، ثم وفاته

قمع الأمير محمد للبدو

في كل عام تقريباً من عهد الأمير محمد، كان الأمير يخرج على رأس قوة من الفرسان لمهاجمة قبيلة بدوية ارتكبت إساءة. وقد شعرت قبائل العنزة والعتيبة والمطير، كل بدورها، بمدى حكمه القاسي. ففي ابريل ١٨٨٥، قام بغزو مخيمٍ لقبيلة العجمان ونَهْبه، لرد الصاع صاعين، نظراً للأضرار التي أوقعتها هذه القبيلة برعاياه. وقد كان هذا المخيم بعيداً عن العاصمة وقريباً من الخليج، كبلدة العوينة في وادي المياه. لكن العجمان أحرزوا، في هذه المناسبة، نجاحاً، بمطاردة فريقه، واستعادوا بعض خيلهم التي فر الغزاة بها. وقد أشرنا، سابقاً، إلى المصاعب التي واجهت الأمير عامي ١٨٩٤ و ١٨٩٥، ولا سيما مع القبائل العربية على حدود الأحساء.

Closer relations with the Turks and occasional friction on the Hasa border, 1885-97

Towards the end of his reign the relations of the Amīr Muhammad with his Turkish neighbours appear to have become more friendly and more direct: this may have been the result of attentions paid by the Turks, who no doubt were anxious to profit by the rapid expansion of Ibn-Rashid's power in Central Arabia. In 1886, the way having been prepared by despatch of presents in the preceding year, an Ottoman mission visited Hāil to arrange for the establishment of a Turkish Government mosque and school at Hāil and were dismissed with gifts, but without a favourable answer. In 1888, when his successes in Southern Najd began to be considerable, the Shammar Amīr was careful to inform the Porte of his victories and to pretend that he was acting in the Turkish interest. In the same year reports were circulated that Ibn-Rashīd was about to invade Trucial 'Omān with the countenance of the Turkish Government; but they turned out to be premature if not baseless, and the existence of any such design was denied by the Porte.

As noticed in the history of Hasa, some friction, arising out of tribal questions and raids, occurred in 1894 and 1895 between the Shammar Amīr and the Turkish authorities in Hasa.

Government, personality and death of Muhammad-bin-'Abdullah

Repression of the Bedouins by the Amir Muhammad

In almost every year of his reign the Amīr Muhammad rode against some offending Bedouin tribe; and the 'Anizah, 'Ataibah and Mutair, in turn, felt the weight of his hand. In April 1885, in retaliation for injuries committed upon some of his subjects, Ibn-Rashīd actually raided and plundered a camp of the 'Ajmān so far distant from his capital and so near to the Persian Gulf as 'Awainah in Wādi-al-Miyāh; but on this occasion the 'Ajmān were successful, by a pursuit of his party, in recovering some of their horses that had been carried off. Allusion has just been made above to the Amir's difficulties in 1894 and 1895 with Arab tribes on the borders of Hasa.

شخصية الأمير محمد ومظهره

تبدو سيرةُ محمد بن عبد الله، بحد ذاتها، برهاناً على أنه رجل يتمتع بقدراتٍ وحيوية فائقة. لكنه كان مديناً، إلى حدٍّ كبير، لشخصية ابن عمه حمود بن عبيد، الثابتةً والقوية، والتي ولّدت لدى، معظم زوّار حائل الأوربيين، انطباعاً أعمق ممّا ولّدته شخصية الأمير بالذات. فأثناء حكم محمد، زار شمالَ نجد المستر و. س. والليدي آن بلنت. كذلك زار المنطقة الفرنسي س. هوبير والمستر س. م. دوتي الذي كان، بلا شك، هو الأعظم والأدقّ في معلوماته، والأكثر تعاطفاً مع جميع المكتشفين لأواسط شبه الجزيرة العربية.

كان محمد متوسط الطول، لكنه قويٌّ وغليظ البنية. أما لحيته، فكانت ذات شكل يُعرَف بـ«الإِسباني».

تاريخه الشخصي ووفاته، ١٨٩٧

تزوج محمّد العديد من النساء، وكانت بعض أحلاف المصاهرة هذه تمليها اعتبارات سياسية، ومثال ذلك: الحلف الذي عقده مع العائلة الحاكمة في بريدة بزواجه من شقيقة حسن بن مهنا. لكنّ هدفه الرئيسي كان، بلا شك، تأسيس عائلة. بيد أن أمله خاب، إذ توفي، عام ١٨٩٧، دون أن ينجب أولاداً. وقد ربطت الحياكات الشعبية بين قدره هذا وبين المجزرة الوحشية التي ذهب ضحيتها أولاد طلال.

عبد العزيز بن متعب، ١٨٩٧ ـ ١٩٠٦

وضع عبد العزيز في بداية عهده

فُضِّل عبد العزيز، وهو ابن وحيد للأمير متعب الذي مات قتلاً، على جميع أقربائه الشباب، فضَّلَهُ الأميرُ المتوفّى، فجاء عبد العزيز خلفاً له على عرش الإمارة. أما حمود وأبناؤه، فلم يُعرف عن سلوكهم شيء في هذه المناسبة. ومن المحتمل أن يكون عسار بن بندر قد توفي. ونظراً للأملاك الشاسعة التي ينبغي أن يسيطر عليها عبد العزيز ويحكمها، معتمداً على مصادر جبل شمر القليلة، فقد كان موقفه موقفاً صعباً. وفي مطلع عهده، زاد من إضعاف مركزه جورُهُ على رعاياه في المناطق البعيدة عنه، الذين كان يرتاب في إخلاصهم له، وتجاهُلُه لابن عم والده، حمود بن عبيد، صاحب النفوذ الكبير، فضلاً عن استعداء مبارك، شيخ الكويت. وقد زاد من مرارة النزاع مع الكويت، الذي نشأ عن خصومات تتعلق بولاء بعض القبائل البدوية، زاد منها التشجيع الذي لقيه، فيما بعد، أبناء

Character and appearance of the Amīr Muhammad

The career of Muhammad-bin-'Abdullah seems in itself to prove that he was a man of more than average energy and ability; but he owed much to the constancy and force of character of his cousin Hamūd-bin-'Obaid, and the personality of the latter seems to have made a deeper impression on most European visitors to Hāil than that of the Amīr himself. It was during the reign of Muhammad that Northern Najd was visited by Mr. W. S. and Lady Anne Blunt, by the Frenchman Mr. C. Huber, and Mr. by C. M. Doughty, of whom the last was without doubt at once the greatest, the most exact, and the most sympathetic of all Central Arabian explorers.

Muhammad was barely of the middle height, but in build he was strong and thick-set. His beard was of the shape known as Spanish.

His personal history and death, in 1897

The Amīr Muhammad was many times married. Some of his matrimonial alliances were dictated by political considerations, as for instance that which he contracted with the ruling family of Buraidah by marrying a sister of Hasan-bin-Mahanna, but his principal object was undoubtedly to found a family. In this, however, he was disappointed, and he died childless in 1897 - a fate which popular superstition did not fail to connect with his cruel butchery of the sons of Talāl.

'ABDUL 'AZĪZ-BIN-MAT'AB,
1897-1906

Position of 'Abdul 'Azīz at the beginning of his reign

The favourite of the late Amīr among his younger relations had been 'Abdul 'Azīz, the only son of his murdered brother Mat'ab; and 'Abdul 'Azīz it was who now succeeded to the Amirship. Nothing is known regarding the behaviour of Hamūd and his sons on this occasion; and 'Asar, the son of Bandar, was perhaps already dead. The situation of 'Abdul'Azīz was difficult on account of the extent of the dominions which, relying on the small resources of Jabal Shammar only, he must hold and govern. At the outset he appears to have further weakened his position by oppressing his more distant subjects, of whose loyalty he was doubtful, by ignoring his father's influential cousin Hamūd-bin-'Obaid, and by making an enemy of Mubārak, Shaikh of Kuwait. The quarrel with Kuwait, which arose out of disputes about the allegiance of Bedouin tribes and was greatly embittered by encouragement

شيخ الكويت من حائل، والذي نجم عنه ضرر بالغ بمصالح عبد العزيز، لأن شخصية الشيخ مبارك الفذّة وذات النفوذ الواسع، قدّمتْ خدمة عظيمة لقضية ابن سعود. وقد أُقفل ميناء الكويت في وجه ابن الرشيد الذي أصبح يعتمد، نتيجة ذلك، على جيرانه الأتراك المشككين فيه أصلاً، للحصول على كامل مؤونته ومعداته الحربية من أسلحة وذخيرة. وبعد بضع سنوات، كانت النتيجة، فقدان نجد الجنوبية والقصيم، وجَعْل ابن الرشيد يعتمد اعتماداً كليّاً على الباب العالي.

الانهيار التدريجي لسلطة أمير شمر على يد الوهابيين، ١٨٩٩ - ١٩٠٦

غزو شيخ الكويت للقصيم وإعادة احتلال الوهابيين لجنوب نجد، ١٩٠٠ - ١٩٠٣

في عام ١٨٩٩، وبتحريضٍ من جانب الأتراك كما يبدو، اتخذ ابن الرشيد من شيخ الكويت موقف المُهدِّد. وفي العامِ التالي، بدأت حرب علنية بين أمير شمر وعبد الرحمن، زعيم العائلة الوهابية الحاكمة التي كانت قد مُنِحَتْ ملاذاً في الكويت لفترة من الزمن، وأصبحت الآن تتلقى مساعدة علنية من شيخ الكويت. وروي مسار الحملة بالتفصيل في الفصل الأول الذي يتكلم عن تاريخ نجد. ويكفي هنا مجرد ذكر الأحداث الرئيسية. ففي اغسطس ١٩٠٠، غادر الزعيم الوهابي الكويت إلى الداخل، وتمكن من إحراز انتصارات أولية. وبعد مضي شهرين أو ثلاثة أشهر، تمكن الأتراك، الذين استنجد بهم ابن الرشيد، من تجنيبه وتجنيب شيخ الكويت صداماً بينهما على الحدود العراقية. وفي أوائل عام ١٩٠١، تقدم شيخ الكويت إلى داخل القصيم يرافقه عبد الرحمن بن سعود، فبدا موقف ابن الرشيد موقفاً حرجاً نوعاً ما، لكنَّ أمير شمّر تمكن في معركة صريف، التي وقعت بتاريخ ١٧ مارس، من إنزال هزيمةٍ نكراء بالغزاة، كانت سبباً في تحطيم قوتهم كلياً. ومهما يكن من أمر هذه المعركة، فقد قتل فيها من الشمر سالم ومهنا، ولدا حمود بن عبيد. وفي خريف السنة نفسها، بادر ابن الرشيد بالهجوم على الكويت، وأقام مقرّاً رئيسياً في الحفار. وفي سبتمبر، سببت غارات محاربيه ذعراً في الكويت والمنطقة المحيطة بها. ومن نوفمبر ١٩٠١ إلى يناير ١٩٠٢، ساد قلق عظيم، نتيجة تحرك ابن الرشيد إلى صفوان، التي لا تبعد كثيراً عن البصرة، حيث بقي على اتصال وثيق بالموظفين الأتراك. وساد اعتقاد أن الهجوم على الكويت أصبح وشيكاً. فاتخذت البحرية البريطانية وضعاً يمكنها من مساعدة الشيخ على

subsequently given at Hāil to some rebellious nephews of the Kuwait Shaikh, was especially detrimental to the interests of 'Abdul 'Azīz; for the remarkable personality and far-reaching influence of Shaikh Mubārak were of great service to the cause of Ibn-Sa'ūd, and the port of Kuwait was closed to Ibn-Rashīd, who thus became dependent on his suspicious neighbours the Turks for his entire supply of arms and warlike stores. The results were the loss, within a few years, of all Southern Najd and Qasīm, and the reduction of Ibn-Rashīd himself to a state of complete dependence upon the Porte.

Gradual subversion of the power of the Shammar Amīr by the Wahhābis, 1899-1906

Invasion of Qasīm by the Shaikh of Kuwait and reconquest of Southern Najd by the Wahhābis, 1900-03

In 1899, not apparently without incitement on the part of the Turks, Ibn-Rashīd assumed a threatening attitude towards the Shaikh of Kuwait; and in the next year open warfare began between the Shammar Amīr and 'Abdur Rahmān, the head of the Wahhābi ruling family, who had for some time been harboured, and was now openly assited, by the Shaikh of Kuwait. The course of the campaign has been fully related in the chapter on the history of Najd, and here it will suffice merely to mention the principal events. In August 1900 the Wahhābi chief left Kuwait for the interior and achieved some preliminary successes; and two or three months later a collision between Ibn-Rashid and the Shaikh of Kuwait on the borders of 'Irāq was with difficulty averted by the Turks, whose assistance the former had invoked. Early in 1901 the Shaikh of Kuwait advanced into Qasīm, accompanied by 'Abdur Rahmān, Ibn-Sa'ūd, and the position of Ibn-Rashīd appeared somewhat critical; but on the 17th of March, at the battle of Sarīf, the Shammar Amīr succeeded in inflicting a serious defeat on the invaders, by which their force was entirely broken up; on the side of the Shammar, however, Sālim and Mahanna, sons of Hamūd-bin-'Obaid, were killed. In autumn of the same year Ibn-Rashīd took the offensive against Kuwait, making his headquarters at Hafar; and in September a panic was caused at Kuwait by the raids of his partisans in the surrounding district. From November 1901 to January 1902 acute anxiety prevailed in consequence of a movement by Ibn-Rashīd to Safwān not far from Basrah, where he remained in close correspondence with the Turkish officials, and an attack upon Kuwait was believed to be imminent. Dispositions were made, however, by the British naval authorities to assist the Shaikh in repelling any act of

صدٍّ أي عمل عدائي. وفي النهاية، عاد الأمير بهدوء إلى بلاده، عبر آبار لينا. وفي الوقت الذي انسحب فيه ابن الرشيد من صفوان واستعاد ابن سعود الرياض ومناطق الخرج وحريق لوالده، سعى أمير شمر إلى الحصول على المساعدة من والي البصرة ومن الصدر الأعظم في القسطنطينية، مشدداً على مناشدته من خلال تلميحات إلى أن الحكومة البريطانية كانت تقوم بمساعدة خصمه. وقد أصبحت القصيم، بشكل عام، مناصرة للقضية الوهابية. وفي نوفمبر ١٩٠٢، وبعد أن حاول ابن الرشيد غزو جنوب نجد، أصيب بنكسة خطيرة في الخرج كانت، على ما يبدو، سببَ خسارته لكامل تلك المنطقة، باستثناء السدير، والوشم ووادي السر. وفي بداية عام ١٩٠٣، كان أمير شمر ما يزال مسيطراً على الزلفي في السدير. لكن الوهابيين استعادوا تلك البلدة في نهاية العام. وفي فبراير ١٩٠٤، وبتحقيق هزيمة لقوة شمرية في وادي السر، عاد جنوب نجد برمته إلى ابن سعود.

استعادة الوهابيين للقصيم، ١٩٠٤

تابع الوهابيون، فوراً، انتصاراتهم بالتقدم إلى القصيم. وفي ٢٢ مارس ١٩٠٤، نشبت، تحت أسوار عنيزة، معركة حاسمة هُزم فيها ماجد بن حمود، قائد القوات الشمالية، ومُنِيَ بخسارة كبيرة، كما لقي أخوه عبيد حتفه. وقد سبب هذا العمل الفاشل فقدان ابن الرشيد للقصيم بأكمله.

هزيمة الأتراك وابن الرشيد في القصيم، ١٩٠٤

بعدئذ، أرسل الأتراك قوات من العراق لمساعدة ابن رشيد على استعادة مكانته في القصيم. لكن قوات الحلفاء هُزمت في اشتباكين: الأول في البكيرية بتاريخ ١٥ يوليو، والثاني في قصر ابن عقيل بتاريخ ٢٧ سبتمبر. وتراجعت بقايا القوات التركية إلى قحافة.

احتلال الأتراك للقصيم وثورة داخلية ضد ابن الرشيد، ١٩٠٥ - ١٩٠٦

في ابريل ١٩٠٥، ونتيجة للترتيبات التي قام بها الباب العالي مع ابن سعود، قامت قوة تركية، بعضها من العراق وبعضها من الحجاز، باحتلال القصيم، دون مقاومة. واكتملت المهزلة حين وُضعت القصيم تحت إدارة اسمية تابعة لتركيا. وفي يونيو ١٩٠٥، تمرد سلطان بن حمود بن عبيد على سلطه قريبه، أمير شمر. وحصل ظاهرياً على سيطرة مستقلة لجوف الأمير في أقصى الشمال، بمساندة السكان والقبائل المحيطة بالمكان. وقد تقدم بشكوى ضد ابن الرشيد إلى سلطان تركيا لكن دون نتيجة.

aggression; and in the end the Shammar Amīr returned quietly to his country viá the wells of the Lainah. About the time that Ibn-Rashīd withdrew from Safwān, the son of Ibn-Sa'ūd recovered Riyādh and the districts of Kharj and Harīq for his father; and the Shammar Amīr then sought aid from the Wāli of Basrah and from the Grand Wazīr at Constantinople, enforcing his appeal by insinuations that the British Government were assisting his adversary. Qasīm generally had now become favourable to the Wahhābi cause; and in November 1902, having attempted an invasion of Southern Najd, Ibn-Rashīd sustained a Serious reverse in Kharj by which, apparently, the whole of that province except Sadair, Washam and Wādi-as-Sirr was lost to him. At the beginning of 1903 the Shammar Amīr still held Zilfi in Sadair; but by the end of the year that town, too, had been regained by the Wahhābis; and in February 1904, on the defeat of a Shammar force in Wādi-as-Sirr, Southern Najd in its entirety reverted to Ibn-Sa'ūd.

Recovery of Qasīm by the Wahhābis, 1904

The Wahhābis immediately followed up their successes by advancing into Qasīm; and on the 22nd of March 1904 a decisive battle was fought under the walls of `Anaizah in which Mājid-bin-Hamūd, the commander of the northern forces, was defeated with loss, and his brother 'Obaid killed. By this unsuccessful action the whole of Qasīm was lost to Ibn-Rashīd.

Defeat of the Turks and Ibn-Rashīd in Qasīm, 1904

The Turks then sent troops from 'Irāq to assist Ibn-Rashīd to recover his position in Qasīm; but the allied forces were defeated in two disastrous engagements, the first at Bukairīyah on the 15th of July, and the second at Qasr Ibn-'Aqaiyil on the 27th of September. The remains of the Turkish expedition retired upon Kaháfah.

Turkish occupation of Qasīm and domestic rebellion against Ibn-Rashīd, 1905-06

In April 1905, in consequence of arrangements made by the Porte with Ibn-Sa'ūd, a Turkish force, drawn partly from 'Irāq and partly from Hijāz, occupied Qasīm without opposition; and the farce was enacted of placing Qasīm under nominal Turkish administration. In June 1905, Sultān, son of Hamūd-bin-'Obaid, went into rebellion against his relative, the Shammar Amīr, and apparently obtained independent possession of Jauf-al-'Āmir in the extreme north, not without the countenance of the inhabitants and of the surrounding tribes; he also complained to the Sultān of Turkey against Ibn-Rashīd, but without result.

موت الأمير عبد العزيز بن متعب، ١١ ابريل ١٩٠٦

بعد فترة استراحة، استعد الوهابيون لاستئناف الهجوم على ابن الرشيد، بعد أن شجعهم الوهن البادي على الحاميات التركية في القصيم. وكان أمير شمر، آنذاك، مرابطاً على حدود القصيم، ربما ليحقق هدفاً مزدوجاً، فيمنع التحرك شمالاً ضد حائل، وينزل الضرر بالعدو عندما تسنح له الفرصة بذلك. وفي ديسمبر ١٩٠٥، كان ابن الرشيد في قحافة. وفي مارس ١٩٠٦، احتل تمامي في الباطن. وفي ١١ ابريل ١٩٠٦، باغته الوهابيون وقتلوه في الرويضة، وهو مكان لا يبعد عن الموقع التركي أكثر من ٣٠ ميلاً. وقبل مصرعه بوقت قصير، طلب من شيخ الكويت أن يستخدم مساعيه الحميدة، ورجاه أن يعتبره كابنٍ له، كما طلب منه أن يقوم بترتيب صلح، بالنيابة عنه، مع ابن سعود.

شخصية عبد العزيز بن متعب

حالت العداوةُ بين عبد العزيز وشيخ الكويت، إلى حدٍّ مًا، دونَ وصول معلومات صادقة وحقيقية متعلقة بقضايا جبل شمّر، إلى السلطات السياسية البريطانية في الخليج. وساد شكّ كبير حول صفات عبد العزيز الحقيقية، وما زال يسود. فالانطباع الأول الذي كونه عن الأمير أن الأمير رجل متهور، قاسٍ، خال من الفطنة والرأي الحكيم. أما إدارته، ولا سيما في المناطق البعيدة التابعة له، فقد كانت قاسية إلى أبعد الحدود ومثيرة لشعور عدم الولاء، لكن، نتيجة معلومات جرى الحصول عليها فيما بعد، عدّلت هذه النظرة إليه، وظهر في النهاية أنه كان، إلى حدٍّ مًا، ضحية سوءَ الطالع وليس ضحية حماقته. أما شجاعته ومهارته في ساحة المعركة، كقائد عسكري، فلم تكونا موضع شك، على الرغم من حاجته إلى النجاح.

علاقات عبد العزيز بن متعب بالحكومة البريطانية، ١٨٩٧ - ١٩٠٦

مفاتحات من أمير شمر إلى الحكومة البريطانية، ١٩٠١

في مايو ١٩٠١، وبعد غزو القصيم من قبل شيخ الكويت وابن سعود، قام عبد العزيز بمفاتحات مع الحكومة البريطانية، على مسؤوليته الخاصة، بعد إصابته بخيبة أمل من التصرف التركي المتراخي وغير الفعال الذي جرى بالنيابة عنه. وتأثر تأثراً بالغاً بالمزايا التي آلت إلى شيخ الكويت نتيجة الحماية البريطانية. وكانت المناسبة التي أتاحت له ذلك رسالةً تلقاها من السلطات السياسية البريطانية تقترح تسوية الخلافات مع الشيخ مبارك: لأن الأمر يقتضي ذلك، فرد عليها الأمير برسالة مكتوبة تميل إلى الغطرسة نوعاً مًا. لكنه، في الوقت نفسه، كلف وكيله في البصرة أن يبلغ المستر راتِسْلو، القنصل الإنجليزي هناك،

Death of the Amir 'Abdul 'Aziz-bin- Mat'ab, 11th April 1906

After a short respite the Wahhābis, emboldened by the obvious powerlessness of the Turkish garrisons in Qasīm, prepared to resume their attacks on Ibn-Rashīd; and the Shammar Amīr hung on the borders of Qasīm, porbably with the double object of preventing a northward movement against Hāil and of inflicting damage upon the enemy, if an opportunity should occur. In December 1905 Ibn-Rashīd was at Kaháfah; in March 1906 he was at Thamāmi in Bātin; and on the 11th of April 1906 he was surprised and killed by the Wahhābis at Ruwaidhah, probably not more than 30 miles from the nearest Turkish post. Shortly before his death 'Abdul 'Aziz had invoked the good offices of the Shaikh of Kuwait, whom he had asked to look upon him as a son, and to arrange a peace on his behalf with Ibn-Sa'ūd.

Personality of 'Abdul 'Azīz-bin-Mat'ab

Partly in consequence of the enmity between him and the Shaikh of Kuwait, by which authentic information regarding Jabal Shammar affairs was prevented from reaching the British political authorities in the Persian Gulf, considerable doubt prevailed, and still prevails, as to the real character of 'Abdul 'Azīz. The impression at first formed of the Amīr by our officials was that he was of a harsh and impetuous disposition, without prudence or judgment, and that his administration, especially in his outlying dependencies, was excessively severe and provocative of disloyalty; but the result of later enquiries was to modify this opinion, and to show that he was in the end the victim rather of ill-fortune than of his own folly. His courage and skill as a military leader, despite his want of success in the field, have never apparently been called in question.

Relations of 'Abdul 'Azīz-bin-Mat'ab with British Government 1897-1906

Overtures from the Shammar Amīr to the British Government, 1901

In May 1901, after the invasion of Qasīm by the Shaikh of Kuwait and Ibn-Sa'ūd, 'Abdul 'Azīz, disappointed at the dilatory and ineffectual action of the Turks on his behalf and strongly impressed with the advantages which the Shaikh of Kuwait had derived from British protection, made overtures on his own account to the British Government. The occasion was a message sent him by the British political authorities, suggesting that he should settle his differences with Shaikh Mubārak, to which the Amīr replied by a letter written in a somewhat haughty strain; but simultaneously he caused his agent at Basrah to inform Mr. Wratislaw, the British Consul there, that the written

أنَّ الاتصال المكتوب كان مجرد ستار يُخفي وراءه، فعلاً، رغبةً حقيقية في تنمية علاقات جيدة مع الحكومة البريطانية. واقترح: أنه يتوجب على الحكومة البريطانية أن تمدّه بالعتاد والذخيرة، على حسابه الخاص، وأن عليها إقالة عدوه الحقيقي، شيخ الكويت لصالح ابن شقيقه. أما الأمير، فسيتعهد، من جهته، بعدم التدخل في شؤون الكويت، وبأنه سيضمن أمن بناء خط السكة الحديدية، الذي تقوم به شركة بريطانية عبر شبه الجزيرة العربية.

أوامر حكومة صاحب الجلالة حول الموضوع ونتائجه

كانت حكومة الهند مهتمة جداً بألا تنفِّر الأمير وتخسر عطفه، في حين كانت تعتبر طلباته من النوع الذي لا يمكن تلبيته. لذلك اقترحت أنه يتوجب إرسال ضابط بريطاني من جهة العقبة لمقابلة الأمير والتحقق منه، ولا سيما من وجهات نظره وطبيعة شخصيته. وفكّرت أنه من المستحسن أن تأخذ الحكومة البريطانية على عاتقها، في المستقبل، كبح جماح شيخ الكويت عن القيام باعتداءات ضد الأمير، وأن تستخدم مساعيها الحميدة لمنع الاعتداء التركي على نجد. لكن حكومة جلالته امتنعت عن الموافقة، خشية أن تسبّب المهمة إثارة التعقيدات مع تركيا، ومخافة أن يتخذ أي شيء شكلاً من الحماية قد ينطوي على التزامات لا يمكن القيام بها، دون اللجوء إلى القوة الحربية. وبناء على ذلك، لم يُشْرع في أي عمل. وبعد بضعة أشهر، وكما سبق أن رأينا، وقع أمير شمر في أيدي الأتراك بشكل كامل ومطلق أكثر من أي وقت مضى، بل اشترك معهم في التهديد بهجومٍ على الكويت. وتوقفت، بعد هذا، العلاقات والاتصالات بين الأمير عبد العزيز والحكومة البريطانية.

متعب بن عبد العزيز، ١٩٠٦ ـ ١٩٠٧

وضع متعب عند تولي الإمارة، في ابريل ١٩٠٦

خلف الأميرَ عبد العزيز أكبرُ أبنائه، متعب، وهو شاب ينوف على الثامنة عشرة من العمر. وكان له من استقامته وسخائه، المعزّزين بإعفاء من الضرائب لسنة كاملة، وبإعادة مخصصات شخصية مختلفة كان والده قد خفضها أو ألغاها، كان له، من ذلك، ما ترك، في رعاياه، أثراً فورياً طيباً. بيد أن إمارة جبل شمّر كانت، آنذاك، قد أُفقرت بحيث أن الأمير الشاب لم يعد يتمكن من تأمين الجزية السنوية البالغة ٨٠ حصاناً، والتي تعوّد أسلافه أن يؤدوها إلى سلطان تركيا.

communication was a mere blind, and that he really desired to cultivate good relations with the British Government. He suggested that the British Government should undertake to supply him, at his own cost, with arms and ammunition, and that they should depose his enemy, the actual Shaikh of Kuwait, in favour of a nephew: the Amīr on his part, would undertake not to interfere in Kuwait affairs, and would guarantee the safe construction by British enterprise of railways across Arabia.

Orders of His Majesty's Government on the same and result

The Government of India, while they considered that the Amīr's requests were such as could not be granted, were anxious not to alienate his sympathy. They therefore proposed that a British officer should be sent from the side of 'Aqabah to interview the Amīr and to ascertain more particularly his views and the nature of his personality, and they thought it might even be advisable that the British Government should undertake to restrain the Shaikh of Kuwait in future from hostilities against the Amīr and to use their good offices to prevent Turkish aggressions on Najd; but His Majesty's Government, fearing that a mission might give rise to complications with Turkey and that anything in the nature of a protectorate might involve obligations which could not be discharged without resort to material force, withheld their approval. Accordingly no action was taken; and a few months later, as we have seen, the Shammar Amīr fell more completely than before into the hands of the Turks and even joined with them in threatening an attack on Kuwait, after which no further communications passed between the Amīr 'Abdul 'Azīz and the British Government.

MAT'AB-BIN-'ABDUL 'AZĪZ
1906-07

Position of Mat'ab at his accession, April 1906

'Abdul 'Azīz was succeeded by his eldest son Mat'ab, a youth about 18 years of age, whose straightforwardness and generosity, aided by the remission of a year's taxes and the restoration of various personal allowances that had been reduced or abolished by his father, produced an immediate and favourable impression upon his subjects. The principality of Jabal Shammar was now, however, so impoverished that the young Amīr could no longer find the annual tribute of 80 horses which his predecessors had been accustomed to pay to the Sultān of Turkey.

العلاقات بابن سعود وشيخ الكويت

عَقِبَ وفاة عبد العزيز، واصل الوهابيون إصرارهم على نيْل امتيازهم من خلفه. وفي يونيو ١٩٠٦، ظهر ابن سعود على أبواب حائل بالذات، مطالباً بالجزية. إلا أنه لم يستطع أن يستولي على العاصمة. وسرعان ما أرغمته ندرة المؤن على الانسحاب من جوارها. أما شيخ الكويت، الذي كان، على ما يبدو، قد وافق على مفاوضة الحاكم الوهابي بالنيابة عن الأمير الراحل عبد العزيز، فقد وافق على متابعة جهوده، نزولاً عند طلب أمير شمّر الجديد وقريبه المسن حمود، وسواه من أفراد العائلة. وأخيراً، وبعد محادثات بين الرؤساء، أو وكلائهم، في القصيم، جرى التوصل إلى سلام عادي، في يوليو ١٩٠٦، على أساس أن يحتفظ كل أمير بما كان يملكه وقتذاك.

العلاقات بالباب العالي

أبدى الأتراك كثيراً من التعاطف مع الأمير متعب، حين تولى السلطة. إلا أن وضعهم، في القصيم، بالذات، كان من الضعف بحيث أنهم لم يتمكنوا من تقديم أي عون حقيقي. وبناء على ذلك، اكتفى السلطان أن عزّى الأمير الشاب بموت والده، واعترف به خلفاً له، ووعده أن يُنزل العقاب بقتلة أبيه، ويستمر في إعطائه المعونة المالية التي كانت تُعطى لوالده. وفي سبتمبر ١٩٠٦، وصل طالب باشا، ياور السلطان، إلى حائل، حاملاً معه وساماً تركياً للأمير. لكن، في نوفمبر ١٩٠٦، سُحبت الحامية التركية من القصيم، باستثناء ٢٠ رجلاً أو ٤٠. وبذلك، ومن الناحية العملية، لم يعد للنفوذ التركي من وجود في نجد.

مقتل متعب بن عبد العزيز، في يناير ١٩٠٧

في الأسبوع الأول من يناير ١٩٠٧، أضيفت جريمة جديدة إلى سجلات آل الرشيد الملطخة بالدماء. فبعد أن انسحب سلطان بن حمود إلى الجوف عام ١٩٠٥، وعاد إلى حائل في وقت لاحق، أقنع الأمير متعب بالانضمام إليه في رحلة صيد بالمنطقة، ثمّ أطلق عليه الرصاص غدراً، وأرداه قتيلاً. وفي الوقت نفسه، قام شقيقا سلطان، سعود وفيصل، وابن عمه ضاري، بقتل مشعل ومحمد، شقيقي الأمير، وطلال بن نايف، نجل ابن عم الأمير. ولدى عودتهم إلى المخيم، أذاع القتلة خبراً أن طلال قتل ابنيّ عبد العزيز، وأنهم انتقموا لهما منه على الفور. لكن روايتهم لم تحظَ بأي تصديق. كذلك أُعدم طفل لطلال بن نايف. وبهذه الجرائم لم يُتْرَكْ على قيد الحياة من ذكور سلالة عبد الله بن علي، أول محافظ لجبل شمّر،

Relations with Ibn-Sa'ūd and the Shaikh of Kuwait

After the death of 'Abdul 'Azīz the Wahhābis continued to press their advantage against his successor, and in June 1906 the son of Ibn-Sa'ūd appeared at the very gates of Hāil demanding tribute, but he could not take the capital, and he was soon obliged by scarcity of supplies to withdraw from its vicinity. The Shaikh of Kuwait, who had apparently consented to negotiate with the Wahhābi ruler on behalf of the late 'Abdul 'Azīz, agreed at the urgent request of the new Shammar Amīr, of his elderly relation Hamūd and of others of the family, to continue his efforts; and at length in July 1906, after discussions between the principals or their agents in Qasīm, a regular peace was arranged, apparently on the basis that each Amīr should keep what he then held.

Relations with the Porte

The Turks showed much sympathy with the Amīr Mat'ab when he came to power, but their own position in Qasīm was so weak that they could afford him no real assistance; and the Sultān accordingly confined himself to condoling with the young chief on his father's death, to recognising him as his father's successor, and to promising the punishment of his father's murderers and the continuance to himself of his father's subsidy. In September 1906 Tālib Pāsha, an aide-de-camp of the Sultān, arrived at Hāil with a Turkish decoration for the Amīr; but in November 1906 the Turkish garrison, except a score or two of men, was withdrawn from Qasīm, and Turkish influence in Najd virtually ceased to exist.

Murder of Mat'ab-bin-Abdul 'Azīz, January 1907

In the first week of January 1907 a fresh crime was added to the bloodstained annals of the Al Rashīd. Sultān-bin-Hamūd, who had withdrawn to Jauf in 1905 and had subsequently returned to Hāil, induced the Amīr Mat'ab to join him on a hunting expedition in the country, in the course of which he treacherously shot him dead with his own hand; and simultaneously Sultān's brothers, Sa'ūd and Faisal and his cousin, Dhāri killed Mash'al and Muhammad, the brothers of the Amīr, and Talāl, the son of the Amīr's cousin Nāif. On their return to camp the murderers gave out that Talāl had killed the sons of 'Abdul 'Azīz and that they had taken immediate vengeance on him, but their story obtained no credence. An infant son of Talāl-bin-Nāif was also put to death. By these crimes not a single male descendant of 'Abdullah-bin-'Ali, the first Mahfūdh of Jabal Shammar, was left alive except

سوى طفلٍ لعبد العزيز بن متعب، كانت أمه، على ما يبدو، قد حملته معها، حين حجّت إلى المدينة. وبعد ذلك، طُرد الإناث اللائي هن من فرع عبدالله، أو هاجرن طوعاً إلى المدينة، التي توجّه إليها أيضاً حمود بن عبيد، أكبر أفراد أسرة آل الرشيد سنّاً، ووصلها في السابع من ابريل. وقد عاش حمود في حائل متقاعداً، طوال حياة عبد العزيز الذي لم يكن حمود يوافق على سياسته، ولم يكن عبد العزيز بدوره ينشد نصيحته. لكنّ إحدى بناته، وهي والدة الأمير متعب وأخويه، كانت قد تزوجت بعبد العزيز. ويبدو أن قلب هذا الرجل المسن قد انكسر لمقتل أحفاده على أيدي أبنائه.

سلطان بن حمود، منذ ١٩٠٧

مكانة سلطان بعد توليه السلطة

كان موقف سلطان، بعد ارتقائه سدة الإمارة، موقف الخاضع لابن سعود. وبدا أنه متلهف إلى إقامة علاقات طيبة معه. غير أن الحكومة التركية لم تعترف، على ما يبدو، بسلطان، إذ أن المخصصات، التي كانت تدفع لسلفيه من قِبَل الباب العالي، توقّف دفعها له. وقام سلطان مرتين بمفاتحة الحكومة البريطانية، بواسطة شيخ الكويت. لكن المحاولتين لم يعترف بهما (١٩٠٧).

الملحق رقم ٢:

تاريخ منفصل لمنطقة القصيم

تاريخ القصيم المبكر

لم يترك السرد المفصل، الذي قدّم في الفصل السابق وفي الملحق عن أوضاع وسط شبه الجزيرة العربية، لم يترك إلا القليل مما ينبغي أن نلاحظه هنا في تاريخ القصيم، إلى جانب الأوضاع الداخلية.

والظاهر أن القصيم كانت من أولى مكاسب القوى الوهابية الصاعدة، في نهاية القرن الثامن عشر. لكن لم تُحفظ لنا أي تفاصيل عن الطريقة التي جرى بها احتلال القصيم أو دمجها بالممتلكات الوهابية.

دخول المصريين إلى القصيم ، ١٨١٥ ، والاحتلال المصري لها ١٨١٧ - ١٨٢٤

في مكان آخر من هذا العرض، تناولنا، بالتفصيل الكامل، غزو طوسون باشا للقصيم،

an infant son of 'Abdul 'Azīz-bin-Mat'ab, whom his mother had apparently taken with her on a pilgrimage to Madinah. The females of 'Abdullah's branch were next expelled, or themselves voluntarily emigrated, to Madinah, whither Hamūd-bin-'Obaid, the senior member of the Āl Rashīd family also betook himself, arriving there on the 7th of April. Hamūd had lived in retirement at Hāil during the lifetime of 'Abdul'Azīz, of whose policy he did not approve, and who did not seek his advice; but one of his daughters had married 'Abdul 'Azīz and was the mother of the Amīr Mat'ab and his brothers; and it seemed that the old man's heart was broken by the murder of his grandsons by his sons.

SULTAN-BIN-HAMŪD

SINCE 1907

Position of Sultān after his accession

The attitude of Sultān after his accession was subservient towards Ibn-Sa`ūd, with whom he appeared anxious to establish good relations; but the Turkish Government apparently did not recognise Sultān, for the allowances paid by the Porte to his two predecessors were not continued in his favour. Sultān twice made overtures through the Shaikh of Kuwait to the British Government; but they were not acknowledged (1907).

ANNEXURE NO. 2

SEPARATE HISTORY OF THE QASĪM DISTRICT

Early History of Qasīm

The detailed narrative of affairs in Central Arabia given in the preceding chapter and Annexure leaves little besides internal affairs to be noticed in the present separate history of Qasīm.

Qasīm appears to have been among the first acquisitions of the rising Wahhābi power at the end of the 18th century; but no details have been preserved of the manner in which it was occupied or incorporated with the Wahhābi dominions.

Qasīm entered by the Egyptians, 1815, and the Egyptian occupation of Qasīm, 1817-24

The invasion of Qasīm by Tūsūn Pāsha in 1815, resulting in a peace

عام ١٨١٥. وهو الغزو الذي أدى إلى صلح بين المصريين والوهابيين، كما أدى الى احتلال المصريين لهذه المنطقة بين عامي ١٨١٧ و١٨٢٤. ويبدو، من التشجيع الذي منحه بعضُ أعيان القصيم لطوسون باشا، أنَّ نسبة كبيرة من الأهالي كانت، عام ١٨١٥، ساخطة على الحكم الوهابي. غير أن الحجيلان، الأكثر نفوذاً بين الزعماء المحليين، كان متفانياً في قضية ابن سعود، ولم يكن ليقبل أيّ اتصال بالمصريين. وتجلت العمليات الرئيسية في حملة ابراهيم باشا في القصيم، بالحصار الفاشل للرس، والاستيلاء على خبرة وعنيزة، ثم باحتلال بريدة، وكانت بلا مقاومة. ويبدو أن معظم القوات المصرية قد سُحبت من القصيم حوالي عام ١٨١٩، وهو العام الذي مرّ فيه النقيب سادلر بعنيزة والرس، في مهمة سياسية لدى ابراهيم باشا كلّفته إياها حكومة الهند. ويبدو أن بعض هذه القوات قد بقيت حتى عام ١٨٢٤، حين قام الأمير الوهابي فيصل بن تركي، عند ارتقائه سدة الإمارة، بطرد آخر الحاميات المصرية من نجد.

الوهابيون يعيدون فتح القصيم بواسطة محافظ جبل شمّر، حوالي ١٨٣٥

لم يُعرف شيء عن وضع القصيم، خلال السنوات التي أعقبت انسحاب القوات المصرية مباشرة. لكن يُرجح أن المنطقة تمتعت باستقلال عملي. وحين عَيَّن الأميرُ فيصل الوهابي، عام ١٨٣٥، عبد الله بن علي حاكماً لولاية جبل شمّر، فكان أول حكامها من آل الرشيد، كان خصومه الرئيسيّون، بيت علي الذين سيطر نفوذهم، حتى ذلك الوقت، على الإمارة الشمالية، كان هؤلاء الخصوم يحظون بدعم أهل القصيم. وكانت النتيجة النهائية لهذا الصراع، أن أخضع عبد اللّه بن علي القصيم وسلّمها إلى سيّده، الأمير الوهابي. وربما كانت الحملة التي أُسيء تسييرها، قد انطلقت من عنيزة خلال هذه الفترة، لمهاجمة أمير حائل، فلقيت معاملة فظة وخالية من أي تعاطف من قبل شقيقه عبيد

الاحتلال المصري للقصيم، ١٨٣٧ - ١٨٤٢

في موضع آخر من هذا العرض، وصفنا احتلال المصريين الثاني للقصيم، كما فعلنا عند تناولنا لاحتلالهم الأول. ويبدو أن الاحتلال الثاني قد بدأ عام ١٨٣٧، حين أرسل المصريون قوات إلى نجد لمعاونة خالد بن سعود، الذي اقترحوه، كمُطالب بالإمارة الوهابية، معارضةً لفيصل بن تركي. وكانت القصيم المكانَ الذي انطلق منه خالد في مسعى عديم الجدوى، لاستعادة نجد الجنوبية عام ١٨٤٢، بعد أن كان عبد الله بن ثنيان قد أخرجه من السلطة. وكانت القصيم المكان الذي بدأ فيه الأمير السابق فيصل مسيرته الظافرة إلى الرياض عام ١٨٤٣، بعد عودته من الأسر في مصر. ولا يمكننا أن نحدد، على وجه الدقة

between the Egyptians and the Wahhābis, and the occupation of the district by the Egyptians between 1817 and 1824 are fully dealt with elsewhere. From the encouragement given to Tūsūn Pāsha by some of the leading men in Qasīm it would seem that in 1815 a considerable proportion of the inhabitants were discontented with Wahhābi rule; but Hijailān, the most influential of the local chiefs, was devoted to the cause of Ibn-Sa'ūd and would hold no communication with the Egyptians. The principal operations of Ibrāhīm Pāsha's campaign in Qasīm were an unsuccessful siege of Rass, the capture of Khabrah and 'Anaizah, and the occupation of Buraidah without resistance. The bulk of the Egyptian troops seem to have been withdrawn from Qasīm about 1819, the year in which Captain Sadleir passed through 'Anaizah and Rass on a political mission from the Government of India to Ibrāhīm Pāsha; but some apparently remained until 1824, when the Wahhābi Amīr Faisal-bin-Turki, at his accession, drove the last of the Egyptian garrisons from Najd.

Wahhābi reconquest of Qasīm through the Mahfūdh of Jabal Shammar, about 1835

Nothing is known of the position of Qasīm during the years that immediately followed the withdrawal of the Egyptian troops; but it is probable that the district enjoyed practical independence. When 'Abdullah-bin-'Ali, the first of the Āl-Rashīd to rule Jabal Shammar, was placed over that province in 1835 by the Wahhābi Amīr Faisal, his principal opponents, the Bait 'Ali, whose influence had hitherto predominated in the northern principality, were supported by the people of Qasīm; and the final result of the struggle was the subjugation of Qasīm by 'Abdullah-bin-'Ali, who handed it over to his master, the Wahhābi Amīr. It was perhaps during this period that an ill-conducted expedition started from 'Anaizah to attack the Amīr of Hāil and received short shrift at the hand of his brother 'Obaid.

Egyptian occupation of Qasīm, 1837-1842

The second occupation of Qasīm by the Egyptians is described, like the first, in another place; it began apparently in 1837, when the Egyptians sent troops into Najd to assist Khālid-bin-Sa'ūd, whom they had put forward as a claimant of the Wahhābi Amirship in opposition to Faisal-bin-Turki. It was from Qasīm that Khālid, after he in his turn, had been ousted from power by 'Abdullah-bin-Thanaiyān, made an ineffectual effort to recover Southern Najd in 1842; and it was in Qasīm that the ex-Amīr Faisal, returning from his captivity in Egypt, commenced his victorious march on Riyādh in 1843. The

تاريخاً مضبوطاً لانسحاب آخر موقع مصري عسكري من القصيم. لكن لا بد أنه قد حدث، بعد ربيع عام ١٨٤٢، لأن قلة من الجنود المصريين، الملحقين بالأمير خالد، كانوا ما يزالون في الأحساء.

فترة ١٨٤٢ - ١٨٦٢

يبدو أن أهل القصيم، خلال السنوات القليلة الأولى التي تلت انسحاب القوات المصرية، قد تعاونوا مع السلطات الوهابية لإعادة النظام الى نجد، ووفروا الفرق العسكرية منهم، وأدوا الجزية السنوية بانتظام إلى الحكومة الوهابية.

تمرد القصيم على الوهابيين، ١٨٤٨، ثم إخضاعه

في عام ١٨٤٨، وبعد مفاوضاتٍ سرية، أقدم أهل القصيم، طبقاً لغريزتهم التي تملي عليهم، بشكل لا يتبدل، إبطال كل سلطة صاعدة، أقدموا على نقلِ ولائهم المباشر من الرياض إلى حائل. وقد طاوع الأمير الوهابي هذا التغير، لبعض الوقت، وقبل تفسيرات تابعه في حائل. إلا أنه لم يمضِ وقت طويل حتى بدأ يطبق بحقّ أهل القصيم سياسة الدَّك والدمج، التي كانوا قد ساعدوه بأنفسهم على تطبيقها جنوبي نجد. وكانت بريدة، الأصغر من عنيزة والأقل شأناً، أوَّلَ مكان وقع الاختيار عليه للإخضاع. وسرعان ما أصبحت هذه المدينة راغبةً في السلام، نتيجة قطع تجارتها. عند ذلك، دعا الأميرُ الوهابي إلى الرياض بعضَ أفراد أسرة بني العليان، العائلة الرئيسية، للبحث في الشروط. غير أنه، فور وصولهم، أمر بقتلهم. وفي الحال أرسل ابنه عبد اللّه على رأس جيش إلى القصيم. وشلت بريدة أمام الأحداث المفاجئة، واستسلمت. ثم عين عليها حاكماً وهابياً صلباً من أبناء الرياض هو مهنا.

ثورة عنيزة الناجحة على الوهابيين، ١٨٥٣

ليس في الإمكان تحديد التاريخ الدقيق لهذه الأحداث، ولضم عنيزة التي كانت، عام ١٨٥٢، تحت حكم جلوي، شقيق الأمير الوهابي. بيد أن أهل عنيزة، الذين وجدوا النير الوهابي لا يطاق، ثاروا عام ١٨٥٣، تحت قيادة يحيى، الذي كان ابنه عبداللّه شيخاً في ذلك الوقت. وبهدوء، ودون إراقة دماء، نقلوا جلوي إلى بريدة. وفي الحال زحف الأمير الوهابي فيصل من الرياض، على عنيزة، فانضم إليه، عند أسوارها، محافظ جبل شمّر. لكن قواتهما الموحدة لم تستطع أن تنال من المدينة العنيدة، إذ أنها كانت إلى حدٍ ما، قادرة على الاكتفاء الذاتي، بسبب حقولها ونخيلها داخل أسوارها الخارجية. وتقول إحدى الروايات أن شريف مكة، الذي طلب شيخ عنيزة وساطته، تمكن من إقناع الوهابيين برفع الحصار. وقد اعتبر

exact date of the withdrawal of the last Egyptian military post from Qasīm cannot be fixed; but it must have been later than the spring of 1842, when a few Egyptian soldiers attached to the Amīr Khālid still remained in Hasa.

Period from 1842 to 1862

During the first few years after the withdrawal of the Egyptians the people of Qasīm appear to have co-operated with the Wahhābi authorities for the restoration of order in Najd, and to have furnished military contingents and paid annual tribute with regularity to the Wahhābi Government.

Rebellion of Qasīm against the Wahhābis 1848, and its subjugation

In 1848, however, true to the instinct which invariably bade them counteract a rising power, the Qusmān, after secret negotiations, transferred their direct allegiance from Riyādh to Hāil. The Wahhābi Amīr for a time acquiesced in the change and accepted the explanations of his vassal at Hāil; but before long he began to put in force against the people of Qasīm the levelling and incorporating policy which they themselves had assisted him to apply to Southern Najd. Buraidah, smaller and less important than 'Anaizah, was the first place singled out for reduction; and, its commerce having been cut off, the town quickly became desirous of peace. Thereupon the Wahhābi Amīr invited some members of the leading family, the Bani 'Alaiyān, to Riyādh to discuss terms; but on their arrival he caused them to be massacred and instantly despatched his son 'Abdullah with an army to Qasīm. Paralysed by the suddenness of these occurrences Buraidah submitted; and Mahanna, a rigid Wahhābi and a native of Riyādh, was installed there as governor.

Successful revolt of 'Anaizah against the Wahhvbis, 1853

The exact date of these events and of the annexation of 'Anaizah, which in 1852 was governed by Jalui, a brother of the Wahhābi Amīr, cannot be determined; but it was in 1853 that the people of 'Anaizah, finding the Wahhābi yoke intolerable, rose under Yahya, whose son 'Abdullah was Shaikh at the time, and quietly and without bloodshed removed Jalui to Buraidah. The Wahhābi Amīr Faisal at once marched from Riyādh against 'Anaizah and was joined before the walls by his Mahfūdh of Jabal Shammar; but their united forces could make no impression on the stubborn town, which was partially self-supporting on account of the fields and date-plantations enclosed within the outer walls. According to one account the Wahhābis were at last induced to raise the siege by the Sharīf of Makkah, who, from the point of view of his own interests, regarded the independence of 'Anaizah as a

شريف مكة استقلال عنيزة من وجهة نظره كابحاً مهماً في وجه الوهابيين.

الإدارة الوهابية في القصيم، ١٨٥٣-١٨٦٢

بعد عدة سنوات من فشل هذه الحملة، انشغل الوهابيون بسحق بدو حرب والعتيبة الذين كانوا مناصرين لعنيزة، فضلاً عن انشغالهم بتوسيع ملحقات بريدة، قاعدتهم في القصيم، بغية عزل عنيزة ومضايقتها. وكان مهنا، حاكم بريدة الوهابي، مشاكساً جائراً ومبتزاً، بذل أقصى ما في وسعه لكسر معنويات أهل القصيم الخاضعين لحكمه، بإرسالهم في حملات عسكرية متكررة لمصلحة الوهابيين. وفي عام ١٨٥٦، سلب قافلة حجاج من الفرس بفعالية جعلت الحج، من فارس عبر شبه الجزيرة العربية، يتوقف كلياً لسنتين. وهذا العمل ربما كان من الأعمال الغريبة الخاصة به، التي جعلت المدعو عبد الله العزيز، أحد أفراد الأسرة الحاكمة سابقاً، يفر من بريدة. ولقي اللاجىء استقبالاً كريماً من أهالي عنيزة. لكنه سرعان ما قُتل بعد ذلك على أيدي الوهابيين في الصحراء.

محاولة الوهابيين الفاشلة لإخضاع عنيزة، ١٨٦٢

ولعل الحرب المكشوفة التي أعلنها ابن سعود على عنيزة، آنذاك، قد جاءت نتيجةً لهذه الحادثة، لأن أهل عنيزة اعتبروا أنفسهم على عداء مع الأمير الوهابي، بسبب مقتل ضيفهم. لكن ذُكر أيضاً أن ما دفع إلى هذه الحرب: أن شيخ عنيزة رفضَ المثول شخصياً أمام الأمير الوهابي، ورفض أن يضمن تأدية الجزية التي كانت مطلوبة منه. وفي هذا الوقت، كانت عنيزة تحت حكم زامل الذي شهد القتال في شبابه، قائداً لفرقة عنيزة، في حملة وهابية على عمان، ثم تميز اسمه بشهرة مشرّفة في تاريخ القصيم لاحقاً. وكان قد خلف ابن عمه عبد الله، الذي كان شيخاً عام ١٨٥٣. لكن أباه أيضاً كان قد تولى الإمارة في وقت من الأوقات. وبدأ الوهابيون عملياتهم ضد عنيزة بحصار غير محكم نَظَّمه مهنّا من مدينة بريدة المجاورة. وردّ أهل عنيزة على ذلك بقوة، بتخريبهم أراضي بريدة وبساتينها. وتعاطفت القصيم كلها سراً مع أهل عنيزة. حتى ان بريدة نفسها، التي هي، في العادة، على عداوة غالبة مع عنيزة، كانت على وشك التمرد على الوهابيين. وكان ابن الرشيد وشريف مكة على استعداد للتدخل لولا خشيتهم من قطيعة شخصية مع ابن سعود. وهكذا تُركت عنيزة لتصمد وحدها*.

* عندما حدث هذا، مرّ بالجريف الذي لاحظ تاريخ نجد في مهمته المفترضة من قبل امبراطور الفرنسيين إلى الأمير الوهابي، مرّ عبر القصيم في طريقه من حائل إلى الرياض.

valuable check upon the Wahhābis, and whose mediation the Shaikh of 'Anaizah had sought.

Wahhābi administration in Qasīm, 1853-62

For some years after the failure of this expedition, the Wahhābis occupied themselves with crushing the Harb and 'Ataibah Bedouins, who were partisans of 'Anaizah, and with extending the dependencies of Buraidah, their headquarters in Qasīm, in such a way as to isolate and harass 'Anaizah. Mahanna, the Wahhābi governor of Buraidah, was an oppressive and extortionate ruffian who did his best to break the spirit of the Qusmān under his rule by sending them on frequent military expeditions in the interest of the Wahhābis; in 1856 he fleeced a Persian pilgrim caravan so effectually that for two years the Persian Hajj across Arabia ceased altogether; and it was probably some characteristic act of his which occasioned the flight from Buraidah of a certain 'Abdullah-al-'Azīz, a member of the former ruling family. The fugitive was kindly received by the people of 'Anaizah, but soon afterwards he was murdered by Wahhābis in the desert.

Unsuccessful attempt of the Wahhābis to reduce 'Anaizah, 1862

Open hostilities which were now declared by Ibn-Sa'ūd against 'Anaizah may have been a consequence of this incident, for the people of 'Anaizah considered themselves at feud with the Wahhābi Amīr on account of the murder of their guest; but it has also been stated that the war was provoked by the refusal of the Shaikh of 'Anaizah to appear in person before the Wahhābi Amīr and answer for tribute which was claimed of him. 'Anaizah was at this time ruled by Zāmil, who had seen fighting in his youth as leader of the 'Anaizah contingent in a Wahhābi expedition against 'Omān, and whose name was honourably distinguished in the later history of Qasīm; he had succeeded his cousin 'Abdullah, who was Shaikh in 1853, but his father also had once held the Shaikhship. The Wahhābis began their operations against 'Anaizah with a loose blockade organised by Mahanna from the neighbouring town of Buraidah, to which the people of 'Anaizah retorted vigorously by laying waste the lands and gardens of Buraidah. All Qasīm secretly sympathised with the 'Anaizans, and even Buraidah itself, between which town and 'Anaizah enmity usually prevailed, was on the verge of rising against the Wahhābis. Ibn-Rashīd and the Sharīf of Makkah would willingly have intervened, but they dreaded a personal rupture with Ibn-Sa'ūd; and 'Anaizah was left to stand alone.*

*At this juncture Palgrave, whose supposed mission from the Emperor of the French to the Wahhābi Amīr is noticed in the history of Najd, passed through Qasim on his way from Hail to Riyadh.

تجمعت، بشكل تدريجي، قوةٌ كبيرة أمام عنيزة بقيادة أحد الأقرباء المقرّبين من الأمير الوهابي، الذي أتى معه بفرق من البدو، من الأحساء البعيدة، وحتى من عمان، الأبعد. وانضم طلال، أمير جبل شمّر، وعمه عبيد، إلى معسكر الوهابيين. أما مهنا، حاكم بريدة، ووهابيو القصيم، فقد كانوا موجودين هناك من قبل. وضُرب الحصار المعتاد حول عنيزة. لكن مدفعية الوهابيين لم تؤثر، قط، على الأسوار. وسرعان ما فترت العمليات، إذ كان جيش القصيم يتمنى لها الفشل في قرارة نفسه، كما أن البدو الذين جيء بهم من بعيد، لم يكونوا معنيين بنجاحها. وفي إحدى المناسبات، هُزم قسمٌ من القوة المحاصِرة هزمهم هجوم مفاجيء قام به المحاصَرون، الذين استولوا على عَلَم وهابي. أمّا زامل، الذي كانت انسانيته لا تقل عن شجاعته، فقد كان يبذل جهده لمنع مذبحة تنال الفارين، حين هبت، فجأة، عاصفة ممطرة أطفأت فتائل سلاح مقاتلي عنيزة. وفي الحال، اجتاحهم الخيالة الوهابيون. وبذلك تحول شبه النصر الذي حققه المدافعون عن عنيزة إلى أخطر هزيمة نزلت بهم طوال الحصار. بعد ذلك، لم يقع سوى مناوشتين صغيرتين. وفي النهاية، تراجع الوهابيون وتركوا عنيزة كما كانت عندما أتوا، إليها، مدينة حرة.

فترة ١٨٦٢ ـ ١٨٩١

استغلال القصيم واستقراره، ١٨٦٢ ـ ١٨٨٠

يبدو أن القصيم قد تمتّع، طوال السنوات الثلاثين التالية، بالحصانة ضد الاضطرابات، باستثناءالاضطرابات التي كانت ذات طابع لا يذكر، والتي نجمت عن غارات قام بها بدو ضد آخرين من البدو، كما نجمت عن حملات تأديبية قام بها السكان المستقرون على البدو الذين كانوا يعكرون صفو السلم. وفي عام ١٨٧٨، وبمساعدة أبناء عنيزة من سكان المدن، ألحقت قبيلة المطير هزيمة واضحة بقبيلة قحطان التي كانوا على عداءٍ معها، وجرى ذلك في جوار آبار دخنة. ومع حلول عام ١٨٨٠، كانت بريدة قد أصبحت مدينةً مستقلة عملياً، ولم تعد تبدي أي احترام للحاكم الوهابي. لكنها أظهرت احتراماً كبيراً لأمير جبل شمّر الذي كانت سلطته تزداد يوماً بعد يوم. وفي هذا الوقت بالذات، كان رسّام الخرائط الفرنسي المقدام، المسيو س. هوبير، ومعاصره الأكبر، الرحالة الإنجليزي المستقل، المستر س. م. دوتي، الذي يبرز اسمه إلى جانب اسم نيبور، في مقدمة العاملين الآخرين في ميدان شبه الجزيرة العربية.

فتح ابن الرشيد للقصيم، ١٨٨٠ ـ ١٨٩١

بعد ذلك بوقت قصير، امتلك ابن الرشيد بريدة وملحقاتها. إلا أنه لم يكن في البداية

By degrees a large force was collected before 'Anaizah under a near relation of the Wahhābi Amīr who brought with him Bedouin contingents from distant Hasa and still more distant 'Omān; Talāl, the Amīr of Jabal Shammar, with his uncle 'Obaid joined the Wahhābi camp; and Mahanna, governor of Buraidah, and the Wahhābis of Qasīm were already present. A regular siege of 'Anaizah was then undertaken, but the Wahhābi artillery produced no effect on the walls and the operations soon flagged, for the Qasīm levy at heart desired their failure and the Bedouins brought from a distance felt no interest in their success. On one occasion a part of the besieging force was routed by a sally of the besieged, a Wahhābi standard was taken, and Zāmil, no less humane than courageous, was already exerting himself to prevent a massacre of the fugitives, when of a sudden a rain-storm broke and the matches of the 'Anaizah musketeers were extinguished: in a moment the mounted Wahhābis had ridden them down and the half-won victory of the defenders of 'Anaizah was converted into the most serious defeat that they suffered during the whole siege. After this only two petty skirmishes took place, and finally the Wahhābis retired leaving 'Anaizah as they found it, a free town.

Period from 1862 to 1891

Qasīm independent and at rest from war, 1862-80

During the next 30 years Qasīm appears to have enjoyed immunity from disturbances, except those of a petty character resulting from raids by Bedouins upon Bedouins, and from punitive expeditions by the settled population against nomad breakers of the peace. In 1878 a notable defeat was inflicted on the Qahtān near the wells of Dukhnah by the Mutair, with whom they were at feud, assisted by the townsmen of 'Anaizah. By 1880 Buraidah had become a practically independent town and no longer paid any deference to the Wahhābi ruler; but it showed considerable respect for the Amīr of Jabal Shammar, whose power was now increasing from day to day. This was the time of the wanderings in Qasīm of the enterprising French cartographer Mr. C. Huber and of his greater contemporary, the private English traveller Mr. C. M. Doughty, whose name stands with that of Niebuhr above those of all other workers in the Arabian field.

Qasīm conquered by Ibn-Rashīd, 1880-91

A little after this Ibn-Rashīd possessed himself of Buraidah and its

أوفر نجاحاً من الوهابيين في جهوده لإخضاع عنيزة. وفي عام ١٨٨٥، ألحق القائد الوهابي، محمد بن سعود، الهزيمة بأمير شمّر في القصيم، واسترجع بريدة مؤقتاً. وكان ذلك آخر نجاح مؤكد أحرزه الوهابيون في القصيم، إلى حين. وفي عام ١٨٩٠، تشكل تَجمّعٌ، لمقاومةِ تقدّم ابن الرشيد، ضَمَّ القصيم كله وجنوب نجد، إلى جانب قبيلتي العتيبة والمطير البدويتين. لكن هذا التجمع هُزم هزيمةً أقرب إلى الكارثة في معركة بريدة، أو مليدة، التي دارت رحاها في مارس، أو ابريل، ١٨٩١. وكان زامل، محارب عنيزة القديم، الذي كان الروح الحافزة لهذا الاتحاد على ما يبدو، كان في عداد القتلى؛ وسقط معه علي، ثاني أبنائه، وقريباه خالد بن عبدالله، وعبد العزيز بن ابراهيم؛ واقتيد عدة أشخاص آخرين من تلك الأسرة أسرة السليمي الحاكمة في بريدة، أسرى إلى حائل.

القصيم مقاطعة من جبل شمّر، ١٨٩١ ـ ١٩٠٤

سارع أمير شمّر، على الفور، إلى وضع القصيم في ظل حاكم من جماعته. وظل الوضع السياسي لهذه المقاطعة على حاله دون تغيير، طوال ١٠ سنوات. وفي عام ١٩٠١، شجع إقدام شيخ الكويت على غزو القصيم لمصلحة الوهابيين، شجّع أهلَ هذه المقاطعة على الأمل بالتحرر من طغيان شمّر. غير أن تطلعاتهم خابت عندما اندحر الغزاة في معركة صريف، وعانى الكثيرون منهم معاناة شديدة، لأنهم تجرأوا على إظهار تعاطفٍ سابق لأوانه مع قضية ابن سعود. وبين الذين قتلوا في هذه المعركة صالح بن علي، ومحمد بن عبدالله، ومحمد بن حسن، وصالح بن عبد الله، وعلي بن عبد الله، ومحمد بن ابراهيم، وجميعهم ينتسبون إلى أسرة أبي الخيل الحاكمة في بريدة. كذلك أبعد ابن الرشيد عدة أشخاص آخرين من تلك الأسرة، إلى حائل، أو أُرغموا على السعي إلى الأمان في المنفى. وأخيراً، وفي مارس ١٩٠٤، خسر ابن الرشيد القصيم بكامله، على أثر معركة بين قواته وقوات الوهابيين، بالقرب من عنيزة.

غزو الأتراك للقصيم، ١٩٠٤، والاحتلال التركي لتلك المقاطعة، ١٩٠٥ ـ ١٩٠٦

في الفصل السابق الخاص بتاريخ نجد، وُصف سير الأحداث اللاحقة في القصيم، بصورة وافية، وإلى حد لا يمكن معه إضافة أي شيء. وفي عام ١٩٠٤، أقدم الأتراك بالتحالف مع ابن الرشيد، على غزو القصيم. لكنهم مُنوا بهزيمتين خطيرتين على أيدي أهل القصيم وابن سعود، وأُجبروا على الانسحاب إلى قرية قحافة في جبل شمّر. وفي ابريل ١٩٠٥، وبموجب ترتيبات مع ابن سعود، توصلوا إلى احتلال القصيم سلمياً. واستمر هذا

dependencies; but he was at first no more successful than the Wahhābis had been in his efforts to subjugate'Anaizah. In 1885 Muḥammad-bin-Sa'ūd, a Wahhābi commander, defeated the Shammar Amīr in Qasīm and temporarily recovered Buraidah; this was, for the time the last decided success gained by the Wahhābis in Qasīm. In 1890 a combination to resist the progress of Ibn-Rashīd was formed, embracing the whole of Qasīm and Southern Najd besides the Bedouin tribes of the 'Ataibah and Mutair; but it was disastrously defeated, at the battle of Buraidah or Mulaidah, which was fought in March or April 1891. The veteran Zāmil of 'Anaizah, who seems to have been the leading spirit among the confederates, was himself among the slain; with him fell his second son 'Ali and his relatives Khālid-bin-'Abdullah and 'Abdul 'Azīz-bin-Ibrāhīm; and a number of the ruling Salaimi family of Buraidah were carried into captivity at Hāil.

Qasīm a district of Jabal Shammar, 1891-1904

The Shamamr Amīr at once placed Qasīm under a governor of his own, and for ten years the political position of the district remained unchanged. In 1901 the invasion of Qasīm by the Shaikh of Kuwait, acting in the Wahhābi interest, encouraged the Qusmān to hope for release from Shammar tyranny; but their expectations were disappointed by the defeat of the invaders at the battle of Sarīf, and many of them suffered severely for having ventured to show premature sympathy with the cause of Ibn-Sa'ūd. Among those killed in the battle were Sālīh-bin-'Ali. Muhammad-bin-'Abdullah, Muhammad-bin-Hasan, Sālīh-bin-`Abdullah, 'Ali-bin-'Abdullah, and Muhammad-bin-Ibrāhīm, all belonging to the ruling Abul Khail family of Buraidah; and several other members of that family were either deported by Ibn-Rashīd to Hāil or obliged to seek safety in exile. At length, in March 1904, the whole of Qasīm was lost to Ibn-Rashīd in consequence of an encounter, near 'Anaizah, between his troops and those of the Wahhābis.

Turkish invasion of Qasīm, 1904, and Turkish occupation of the district, 1905-06

The subsequent course of events in Qasīm is so fully described in the preceding chapter on the history of Najd that nothing can be added here. In 1904 the Turks, in alliance with Ibn-Rashīd, invaded Qasīm; but they suffered two serious defeats at the hands of the Qusmān and Ibn-Sa'ūd and were obliged to retire to the village of Kaháfah in Jabal Shammar. In April 1905, under arrangements made with Ibn-Sa'ūd, they achieved a pacific occupation

الاحتلال حتى نوفمبر ١٩٠٦. لكنه لم يكن احتلالاً فعّالاً قط. وقد عجزوا عن منع الوهابيين من مهاجمة حليفهم ابن الرشيد وقتله على حدود المقاطعة، كما عجزوا عن الحصول، من ابن سعود، على أي اقتناع مرضٍ لإقدام ابنه على خطف صالح بن حسن، أمير بريدة، الذي كانوا قد عيّنوه قائمقام. وفي عام ١٩٠٧، كان عدد الجنود الأتراك الذين ظلوا في القصيم لا يتجاوز ٥٠ جندياً. وبعد وفاة ابن الرشيد، أُطلق سراح عدد من الأسرى السياسيين الذين ينتمون إلى الأسرتين الحاكمتين في عنيزة وبريدة، والذين كانوا قد أُسروا بعد معركتي بريدة (١٨٩١) وصريف (١٩٠١)، وبدأ غيرهم، من الذين كانوا يعيشون في الخارج، بالعودة إلى ديارهم من المنفى.

of Qasīm which continued until November 1906; but it was never effective, and they were unable to prevent the Wahhābis from attacking and killing their ally Ibn-Rashīd on the borders of the district, or to obtain any satisfaction from Ibn-Sa`ūd for the kidnapping by his son of Sālih-bin-Hasan, Amīr of Buraidah, whom they had appointed to be Qāim-Maqām. In 1907 the Turkish troops remaining in Qasīm numbered less than 50 men. After the death of Ibn-Rashīd a number of political prisoners belonging to the ruling families of 'Anaizah and Buraidah, taken after the battles of Buraidah (1891) and Sarīf (1901), were released; and others who had been living abroad began to return home from exile.

الفصل التاسع

تاريخ العراق التركي

في عام ١٦٠٠، وهو العام الذي بدأ فيه مسحنا لتاريخ العراق التركي المعاصر، كان محمد الثالث هو سلطان تركيا، كما سبق أن ذكرنا في الفصل الذي يتكلم عن التاريخ العام للخليج. وقد سادت حالة الحرب بينه وبين الشاه عباس الأول، ملك فارس الصفوي. وفي عام ١٦٠٠، كان جزء كبير من شمال غرب فارس، الذي فتحه الأتراك قبل عدّة سنوات، ما يزال خاضعاً للباب العالي، مشكّلاً بشلكية تبريز التي كانت تُعتَبر في المرتبة الثالثة من الأمبراطورية العثمانية، لأنها تلي القاهرة وبغداد، من حيث الوقار. لكن في عام ١٦٠٣، أي قبل وفاة محمد الثالث بفترة قصيرة، استعاد الفرس تبريز، وطُرد الأتراك جزئياً من فارس.

أحمد الأول، ١٦٠٣ - ١٦١٧*

في ٢٢ ديسمبر ١٦٠٣، توفي محمد الثالث، وخلفه في السلطنة ابنُه أحمد الأول، أكبر ولديه اللذين بقيا على قيد الحياة.

العلاقات بفارس، ١٦٠٣ - ١٦١٧

استمرت الحرب مع فارس في عهد السلطان الجديد، ولم تكن لصالح تركيا. وفي سنة ١٦٠٤، تقدم علي ڤاردي خان على رأس قوة إلى جوار بغداد. لكن، بعد سلسلة من المناوشات تمكن فيها من أسر ٣٠٠ جندي، انسحب فجأة وبلا أيّ سبب قابل للتعليل. وفي عام ١٦٠٥، بدأت قوة فارسية بمحاصرة بغداد، فاستُدعي علي ڤاردي خان، استدعاه الشاه الذي كان قد صمم على سحق العثمانين في ساحة المعركة، والذي نجح، فيما بعد، في تحقيق هدفه نجاحاً كاملاً، بفضل استعدادات جبّارة. واستمرت الحرب، على كل حال، أثناء

---

* موظفٌ مجهولٌ وضع المصادرَ الخاصة بتاريخ العراق التركي من عام ١٦٠٠ إلى عام ١٧٧٣، في كتابٍ عنوانه:
"Précis of Information in regard to the first Connection of the Hon'ble East India Company with Turkish Arabia"، ١٨٧٤.

وللمستر ج.أ سالدنها: *"Selections from State Papers, Bombay, regarding the East India Company's Connection with the, Persian gulf, with a Summary of Events, 1600-1800."*، الذي طُبع عام ١٩٠٥.

أما كتاب: *"Voyage en Arabie."*، ١٧٧٦ لـ نيبور الذي قام برحلة في البلاد عام ١٧٦٥ - ١٧٦٦، فيضمّ كمية كبيرة من المعلومات ذات العلاقة. ويمكن أن نقع على حقائق لفترات زمنية خاصة في المؤلفات التالية: *Travels of pedro Teixeira* ١٩٠٢، المتعلق بسنة ١٦٠٤، وكتاب:
"Travels of Sig. Pietro della Valle, 1665 Collections of Travels through Turkey into Persia and the East Indies, 1684"، المتعلق بسنة ١٦٢٥، وقد كتبه ج.ب تاڤرنييه، الذي قام برحلته في العراق التركي عام ١٦٥٢، فضلاً عن كتاب:
"A New Account of the East Indies, 1789."، للنقيب أ. هاملتون الذي، يبدو أن معرفته بالبلاد قد امتدت من عام ١٦٨٨ حتى ١٧٢٣. أما كتاب البروفسور إ. س. جريسي: *"History of the Ottoman Turks"*، فيمكن الرجوع إليه لمعرفة أوضاع تركيا العامة اثناء هذه الفترة. وأما كتاب السير ج. سالكولم: *"History of Persia"*، فيتحدث عن العلاقات التركية الفارسية.

CHAPTER IX
HISTORY OF TURKISH 'IRĀQ

In 1600, the year from which we begin our survey of the modern history of Turkish 'Irāq, Muhammad III was Sultān of Turkey; and war prevailed, as related in the chapter on the general history of the Gulf, between him and Shah 'Abbās I, the Safavi monarch of Persia. In 1600 a considerable part of north-western Persia, conquered by the Turks some years previously, was still subject to the Porte and formed a Pashāliq of Tabrīz, which was reckoned the third in the Ottoman Empire as being next in dignity after those of Cairo and Baghdād; but in 1603, that is shortly before the death of Muhammad III, Tabrīz was recovered by the Persians, and the Turks were partially expelled from Persia.

AHMAD I 1603-17*

Muhammad III died on the 22nd of December 1603 and was succeeded in the Sultanate by Ahmad I, the elder of his two surviving sons.

Relations with Persia, 1603-17

The war with Persia continued, under the new sovereign, to the increasing disadvantage of Turkey. In 1604 'Ali Vardi Khān, a Persian general, advanced into the neighbourhood of Baghdād; but after a series of skirmishes, in which he captured about 300 prisoners, he suddenly and somewhat unaccountably withdrew. In 1605 a Persian force began an investment of Baghdād, but it was recalled by the Shāh, who had now resolved to crush the Ottomans in the field and who, by dint of immense preparations, was afterwards completely successful in so doing. The war, however, was carried on, without any very notable incident, during the whole

---

* The special authorities for the history of Turkish 'Irāq from 1600 to 1773 are an anonymous official *précis of Information in regard to the first Connection of the Honble East India Company with Turkish Arabia*, 1874, and Mr.J.A. Saldanha's *Selections from State Papers, Bombay, regarding the East IndiaCompany's Connection with the Persian Gulf, with a Summary of Events, 1600-1880*, printed in 1905; besides which the *Voyage en Arabie*, 1776 of Niebuhr, who travelled in the country in 1765-1767 contains a large amount of relevant information. Facts relating to particular periods will also be found in the following works: *Travels of Pedro Teixeira*, 1902, relating to 1604; *Travels of Sig. Pietro della Valle, 1665*, relating to 1625; *Collections of Travels through Turkey into Persia and the East Indies, 1684*, by J. B. Tavernier, whose journey in Turkish `Irāq was made in 1652; and a *New Account of the East Indies*, 1739, by Captain A. Hamilton, whose acquaintance with the country seems to have extended from 1688 to 1723. Professor E. S. Creasy's *History of the Ottoman Turks*, 1856, may be consulted for general Turkish affairs during the period, and Sir J. Malcolm's *History of Persia*, 1815, in regard to Turko-Persian relations.

عهد أحمد الاول بأكمله، دون حادثٍ يستحق الذكر. وحوالي عام ١٦١٤، احتفظت فارس، في ريشهر، بأسطول مؤلف من ١٠٠ «فرقاطة»، ومن سفنٍ شراعية كبيرة، بقصد منع الاتصال بين ميناء البصرة التركي وميناء هرمز البرتغالي، اللذين كانت فارس تنظر إليهما نظرة عداء.

التاريخ الداخلي، ١٦٠٣ ـ ١٦١٧

ترك الرحالة البرتغالي بيدرو تيكسيرا، الذي زار العراق عام ١٦٠٤، ترك وصفاً مشوقاً للمنطقة كما كانت عليه في تلك السنة، فجاءت روايته مفيدة، ولا سيما في ما يتعلق بالنتائج غير المباشرة، في البلاد، للحرب الشنيعة، التي كان الأتراك يشنونها ضد فارس.

بغداد في ١٦٠٤

في عام ١٦٠٤، كان يحكم بغداد يوسف باشا، وهو شركسي مخصي كان قَد عُيِّن مؤخراً لحكم البشلكية. وكانت بغداد في ذلك الحين المركز الثاني في الأمبراطورية التركية، وتأتي من حيث الأهمية بعد مصر. وكانت سلطة هذا الموظف سلطةً مطلقةً في معظم الأمور، سواءٌ في السلم أو في الحرب. لكنه، في تعامله مع التجار والأجانب، كان عليه أن يأخذ بالحسبان أنَّ من قبل السلطان التركي، حامياً رسمياً لتلك الطبقات من الناس يقيم في بغداد. وبما أن بغداد قد تعرضت مؤخراً لتهديد من الفرس، فقد كان مدى حصول الحكومة المحلية على المصادر العسكرية قضية من أهم القضايا، أثناء الفترة التي كان تيكسيرا يقوم فيها بزيارة البلاد. وقد لاحظ الرحالة أنه كان بإمرة الباشا، في بغداد نفسها، قوةٌ قوامها ٤٠٠٠ جندي أو ٥٠٠٠ منهم ١٥٠٠ جندي انكشاري. كما كان هناك ١٠,٠٠٠ مقاتل تقريباً في الجوار، فضلاً عن حرس شخصي يراوح عدده بين ١٥٠٠ رجلٍ و ٢٠٠٠. وكان السور، الذي يحيط بالمدينة من ناحية فارس، مبنياً في ذلك الوقت من الآجر المقسّى بالنار، وترتبط به عدة أبنية إضافية، تضم أربعة معاقل نُصبت فوقها مدافع برونزية ثقيلة في حالة جيدة. أما خارج هذا الحصن، فكانت حفرة عميقة. وكان في بغداد دار لصك النقود الذهبية والفضية والنحاسية، فضلاً عن مدرستين تنفق الحكومة عليهما: واحدة للتدريب على الرمي بالسهام وأخرى للتدريب على استعمال البنادق. أما التجارة، فكانت تجري مع الهند عن طريق نهر دجلة والبصرة، في حين تجري مع حلب، عبر الصحراء. وفي أوقات السلم العادية، كان ثمة تجارة مباشرة مع فارس.

reign of Ahmad I. About 1614 a fleet of 100 "frigates" and galleys was said to be maintained by the Persians at Rīshehr, in order to prevent communication between the Turkish port of Basrah and the Portuguese port of Hormūz, both of which the Persians regarded as hostile.

Internal history, 1603-17

The Portuguese traveller Pedro Teixeira, who visited 'Irāq in 1604, has left an interesting description of the province as it was in that year; and his account is specially instructive in regard to the indirect results, in the country, of the disastrous war which the Turks were then waging in Persia.

Baghdād in 1604

Baghdād, at this time the second government in the Turkish Empire and inferior in importance to Egypt only, was governed in 1604 by Yūsuf Pāsha, a Circassian eunuch, who had very recently been appointed to the Pashāliq. The power of this official was absolute in most matters, whether in peace or war; but, in dealing with merchants and foreigners, he had to reckon with an official protector of those classes who resided at Baghdād on the part of the Sultān of Turkey. As Baghdād had recently been threatened by the Persians, the extent of the military resources of the local government was one of the most important questions at the time of Teixeira's visit; and the traveller observed that the Pāsha had at command, in addition to a personal guard of 1,500 to 2,000 men, a force of 4,000 or 5,000 troops in Baghdād itself, of whom about 1,500 were Janissaries, and nearly 10,000 more in the vicinity. The wall enclosing the city on the side towards Persia was at this time of burnt brick; connected with it were many subsidiary works, including four strong bastions on which heavy bronze guns in good condition were mounted; and outside was a deep ditch. There was a mint at Baghdād in which gold, silver and copper coins were struck; and a school of archery and another of musketry were maintained by the government. Trade was carried on with India by way of the Tigris and Basrah, and with Aleppo across the desert; in ordinary times of peace there was also a direct trade with Persia.

جبهة كربلاء والنجف، ١٦٠٤

كانت كربلاء والنجف تخضعان، عادة، للسلطة العثمانية، وكانت الحاميات التركية تقيم في كلتا المدينتين. أما ناصر بن مهنا، أقوى شيوخ الصحراء نفوذاً، والأقرب إلى تركيا، فقد تعوّد الإقرار بولائه للباب العالي. لكن، في عام ١٦٠٤، وبسببِ الهزائم التي مُنيت بها القوات التركية في فارس وانسحاب الحامية التركية المألوفة، كانت كربلاء في حالةِ ثورة. وأثناء وجود تيكسيرا فيها، بيعت في السوق، علناً، خيول وثيابٌ وأسلحةٌ تعود لـ ٣٠ جندياً تركياً أو ٤٠، قتلوا مؤخراً على أيدي عرب محليين. وفي كلتا المدينتين كربلاء والنجف، كان تحامل الشيعة على المسيحيين واليهود قد بلغ درجته القصوى.

البصرة في ١٦٠٤

كانت مدينة البصرة تضم، في السنة نفسها، حوالي ١٠,٠٠٠ بيت، أغلبها بيوت كبيرة، لكن بنيانها ضعيف، وما خلا تلك البيوت فمجرّد أكواخ من الخيزران. أما التحصينات، فكانت متهدمة ويحيط بها خندق عميق واسع يملأ بالماء من الخليج الصغير. وكان يحكم البلد والقرى التابعة له واحد من الباشوات. وقد بلغ تعداد الحامية التي تقيم في مركز القيادة ٣٠٠٠ جندي من الأتراك والأكراد والعرب. وكان ثمة مركز للجمارك تجني الإيصالات الصادرة عنه فائضاً كبيراً، بعد دفع جميع النفقات الإدارية، كما كانت هناك ترسانة تضم مدفعية جيدة. لكن المراكب المسلحة التي كان الأتراك يحتفظون بها «للاستعمال على النهر وفي الجوار لحفظ النظام بين العرب المتمردين الذين كانوا ينتزعون منهم ضرائب باهظة»، فقد وُصِفت أنها كانت قليلة، صغيرة الحجم، سيّئة البناء والتصميم. أما شيخ عربستان الذي كانَ يملك الهويزة والدورق اللتين أصبحت كل منهما تُدعى، حديثاً، فلاحية، فقد أخذ يُطالب بالبصرة. وفي عام ١٦٠٤، كان شيخ عربستان في حالة حرب مع الأتراك. ولكي يمنع الأتراكُ الغزاةَ العرب الذين كانوا يعيشون في البر والبحر، فقد شيّدوا حصوناً في عدة أماكن على ضفة النهر. وكان من هذه المراكز مركز إلى جهة عربستان من النهر، مقابل سراجي، يبعد ثلاثة أميال عن جنوب البصرة، حيثُ كان مرسى السفن الكبيرة التي تزورُ الميناء. وكانت التمور مادة التصدير الرئيسية للبصرة في تلك الأيام، كما هي الحال الآن. وكانت ترسل إلى بغداد والموانىء الفارسية المختلفة وهرمز. وكان التعامل التجاري يشمل بغداد، وفارس، والقطيف، والأحساء، والبحرين، وهرمز. ويمكن القول إن جميع البضائع الهندية كان يجري تسلّمها من هذه السوق التي ورد ذكرها أخيراً، والتي كانت ما تزال في حوزة البرتغاليين. وكانت بعضُ المواد الغذائية التي تستورد من الدورق في عربستان، ومن ريك وريشهر على الساحل الفارسي.

The Karbala-Najaf frontier in 1604

Karbala and Najaf were ordinarily subject to Ottoman authority, Turkish garrisons were usually quartered in both those towns, and the nearest of the influential desert Shaikhs, Nāṣir-bin-Mahanna, was accustomed to profess allegiance to the Porte; but in ·1604, on account of the defeats lately sustained by the Turkish forces in Persia and of the withdrawal of the customary Turkish garrison, Karbala was in a state of revolt; and during Teixeira's stay there the horses, clothing and arms of some 30 or 40 Turkish soldiers, recently killed by Arabs of the place, were sold in the open market. Both at Karbala and at Najaf the Shīa'h prejudice against Jews and Christians was at this time very strong.

Basrah in 1604

The town of Basrah comprised in the same year about 10,000 houses, many large but of poor construction, and others merely reed huts. The fortifications were in ruins, but outside them ran a deep and wide ditch, filled with water from the creek. The town and its dependencies were governed by a Pāsha; the military garrison at headquarters amounted to 3,000 Turks, Kurds and Arabs; and a customs house existed, of which the receipts, after defraying all administrative expenses, yielded a large surplus. There was an arsenal containing some good artillery; but the armed vessels maintained by the Turks "for use in the river and thereabouts, to keep in order the rebellious Arabs, from whom they exact heavy tribute" were described as "few, of small scantling, and ill-built." The Shaikh of 'Arabistān, to whom Hawīzeh and Dōraq - the modern Fallāhīyeh - belonged, claimed Basrah, and in 1604 he was at war with the Turks; and the Ottoman authorities, to restrain amphibious Arab marauders, had built forts at numerous places on the bank of the river. Among these posts was one on the 'Arabistān side of the river opposite to Sarāji, three miles below Basrah, where was the anchorage for large vessels visiting the port. Dates were in those days, as now, the principal export of Basrah, and went to Baghdād, to various Persian ports and to Hormūz; trade generally was with Baghdād. Persia, Qatīf, Hasa, Bahrain and Hormūz, all Indian goods being received from the last named market, which was still in the possession of the Portuguese; and some food-stuffs were imported from Dōraq in 'Arabistān and from Rīg and Rīshehr upon the Persian Coast.

العلاقات البريطانية، ١٦٠٣ ـ ١٦١٧

لم يكن لشركة الهند الشرقية أيُّ منشأة في العراق التركي، خلال هذه الفترة. لكن إرسال المستر كونوك إلى فارس، بالنيابة عن الشركة، عام ١٦١٦، كما هو مذكور في الفصل الخاص بالتاريخ العام للخليج، قد أدّى إلى فتح خط اتصال إنجليزي بين فارس وأوروبا مروراً ببغداد وحلب. وفي يونيو ١٦١٧، بادر كونوك، الذي كان في أصفهان، فطلب من القنصل الإنجليزي في حلب أن يقوم بالترتيبات اللازمة لتأمين رجلين عربيين، يكونان موضعَ الثقة، لينقلا رسائله بين بغداد وحلب. إذ كان الخطر الرئيسي، الذي ينبغي الاحتراس منه، متمثلاً في اعتراض الرسائل من قِبَل المبعوثين البرتغاليين في بغداد. وفي أغسطس من السنة نفسها، نقل كونوك، بهذا الطريق، خبرَ نجاحه في الحصول على فرمان من شاه عباس لصالح التجارة الإنجليزية.

مصطفى الأول (عهده الأول) وعثمان الثاني، ١٦١٧ ـ ١٦٢٢

عند وفاة السلطان أحمد الأول في ٢٢ نوفمبر ١٦١٧، ارتقى شقيقُه الأصغر مصطفى العرشَ. لكنه خلع عنه، بعد فترة وجيزة من الحكم، لثبوت عجزه وتقصيره. وفي ٢٦ فبراير ١٦١٨، حل محله عثمان الثاني، ابن أحمد الأول، وكان له من العمر في ذلك الحين ١٤ سنة. واستمر عثمان في الحكم حتى عام ١٦٢٢، عندما قتله الانكشاريون.

وأثناء عهد عثمان الثاني، عُقد صلح مع فارس، تنازلت تركيا بموجبه عن كل الأقاليم التي فتحتها في فارس. ولم يقع، أثناء تلك الفترة، أي حدث مهم في العراق. وفي عام ١٦١٩، استمرت إدارة شركة الهند الشرقية بلندن في تلقّي أخبار الأوضاع الفارسية عن طريق حلب.

مصطفى الأول (فترة عهده الثانية) ومراد الرابع، ١٦٢٢ ـ ١٦٤٠

عند وفاة عثمان الثاني، أصبح مصطفى، مرة أخرى، سلطاناً على تركيا. لكنَّ حالة الجنون التي كان يعاني منها، اقتضت خلعه بعد انقضاء حوالي عام. وخلفه على العرش مراد الرابع، الشقيق الأصغر لعثمان الثاني، الذي كان له من العمر ١١ عاماً، عند ارتقائه العرش في ١٠ سبتمبر ١٦٢٣. واستمر مراد يشغل العرش حتى وفاته في التاسع من فبراير ١٦٤٠.

English relations, 1603-17

The East India Company had not, during this period, any establishments in Turkish 'Irāq; but the despatch of Connock to Persia on their behalf in 1616, as related in the chapter on the general history of the Gulf, led to the opening up pf an English line of communication between Persia and Europe viá Baghdād and Aleppo. In June 1617, Connock, who was then at Isfahān, requested theEnglish Consul at Aleppo to arrange for a couple of trustworthy Arab messengers to convey his correspondence between Baghdād and that place; the chief danger to be guarded against was, apparently, interception of the despatches by Portuguese emissaries at Baghdād. In August of the same year Connock transmitted by this route the news of his success in obtaining a Farmān for English trade from Shāh 'Abbās.

MUSTAFA I (FIRST REIGN) AND 'OTHMĀN II, 1617-22

On the death of the Sultān Ahmad I, on the 22nd of November 1617, his younger brother Mustafa was raised to the throne; but, proving imbecile, he was deposed after a brief reign of three months. On the 26th of February 1618 the place of Mustafa was taken by 'Othamān II, a son of Ahmad I, whose age at the time was only 14 years; and 'Othmān ruled until 1622, when he was murdered by Janissaries.

In the reign of 'Othmān II a peace was made with Persia, having for basis the surrender of all the Turkish conquests in Persia; and during the period no event of importance occurred in 'Irāq. In 1619 the Court of the East India Company in London continued to receive news of Persian affairs through Aleppo.

MUSTAFA I (SECOND REIGN) AND MURĀD IV, 1622-40

On the death of 'Othmān II, Mustafa once more became Sultān of Turkey; but insanity again necessitated his removal after the lapse of about a year, and he was succeeded by Murād IV, a younger brother of 'Othmān II, whose age, at his accession on the 10th September 1623, was only 11 years. Murād occupied the throne until his death on the 9th of February 1640.

العلاقات بفارس، ١٦٢٢ ـ ١٦٤٠

احتلال الفرس لبغداد، ١٦٢٣

لم يَدُم الصلح بين فارس وتركيا وقتاً طويلاً. ولم يتأخر الفرس عن استغلال تفوقهم العسكري على الأتراك، هذا التفوق الذي كانوا يتمتعون به، بشكل لا يقبل الجدل، وبدأوا تهديدهم فوراً لبغداد. وكان يحكم بغداد «طاغية» محلي استولى على الحكم فيها وكان يعمل جاهداً ليستقل عن الباب العالي. لكن، في عام ١٦٢٣، قام ابن له يُدعى درويش محمد، بارتكاب فعل الخيانة، فسلَّم المدينة إلى الشاه عباس، الذي قام باحتلالها فوراً، وأعدم الحاكم المغتصب علناً. كما استولى الفرس على كركوك والموصل وعنّة، ووضعوا فيها حاميات من جندهم. لكن الغزاة لم يتمكّنوا من الاحتفاظ بعنة طويلاً، لأن مطلق، الملقب بأبي الريش، وأعظم الشيوخ العرب في الصحراء، قام بطرد حاميتهم، قيزيلباش، من المدينة، بعد عودة الشاه عباس إلى فارس. ويبدو أن الحلة وكربلاء والنجف قد أصبحت جميعاً تحت سلطة الشاه، بعد سقوط بغداد بوقت قصير. وكانت لدى الأتراك مخاوف حتى على سلامة حلب بالذات. ولم يصل الإمام قولي خان، حاكم شيراز، الذي كان الشاه قد أصدر إليه أمراً بالالتحاق بالعملية ضد بغداد، لم يصل إلاّ بعد احتلال المكان، إذ أخّرته في الطريق بعض المصاعب التي صادفها مع شيخ الهويزة، الذي كان ينبغي له، هو الآخر، الالتحاق بالحملة، استناداً إلى أنه تابعٌ لفارس.

هجوم الفرس على البصرة، ١٦٢٤ ـ ١٦٢٥

بعد سقوط هرمز عام ١٦٢٢، انسحب البرتغاليون في البدء انسحاباً كلياً من التعامل التجاري مع فارس وبدأوا يبيعون بضائعهم في البصرة، بشكل رئيسي، ولم يكن هذا النظام التجاري لصالح فارس على الإطلاق. ولم يكن في إمكان الشاه، للضعف الذي كانت تعاني منه قواته البحرية، أن يأمل منع نظام كهذا، إلا إذا استولى على البصرة. ونتيجة لذلك، طلب من باشا البصرة، الذي كان، حينذاك، مواطناً يُدعى افراسياب، أن يعترف بسيادة فارس، وذلك من خلال صكّ عملاتٍ فارسية وإحلال اسم الشاه محل اسم السلطان في صلاة الجماعة، كما طلب منه أن يفرض على أهل البصرة لبس العمامة ذات الشكل الفارسي، ووعده الشاه، إن هو أنجز هذه الشروط، أن يعتبره، هو وورثته، حكام البصرة بالوراثة، وينبغي إعفاؤهم من تأدية الجزية، وتمتُّعهم باستقلال كامل في شؤونهم المحلية.

Relations with Persia, 1622-40

Occupation of Baghdād by the Persians, 1623

The peace between Turkey and Persia was of short duration, for the Persians were not slow in turning to account the military superiority which at this period they indisputably possessed over the Turks, and they soon began to threaten Baghdād. Baghdād was in the possession of a local "tyrant," who had seized the government and was endeavouring to make himself independent of the Porte; but in 1623 his son, named Darwīsh Muhammad, betrayed the city into the hands of Shāh ʿAbbās, who at once occupied it and put the usurping ruler publicly to death. Kirkūk, Mūsal and ʿĀnah were then taken and garrisoned by the Persians; but the invaders did not long retain possession of ʿĀnah, whence their Qizilbāsh garrison was expelled soon after the return of Shāh ʿAbbās to Persia by Mutlaq, surnamed Abu Rish, the greatest of all the Arab Shaikhs of the desert. Hillah, Karbala and Najaf appear to have come under the authority of the Shāh soon after the fall of Baghdād; and there were fears, though ill-founded, on the part of the Turks for the safety even of Aleppo. Imām Quli Khān, governor of Shīrāz, whom the Shāh had ordered to join him in the operations against Baghdād, did not arrive until after the taking of the place; he had been delayed en route by difficulties with the Shaikh of Hawīzeh, who as a vassal of Persia should have accompanied his march.

Attacks by the Persians on Basrah or its dependencies, 1624-25

After the fall of Hormūz in 1622 the Portuguese at first withdrew altogether from business in Persia and began to dispose of their goods chiefly at Basrah - a system of trading which was highly disadvantageous to Persia, and one which the Shāh, on account of his naval weakness, could not hope to prevent except by capturing Basrah. He consequently required the Pāsha of Basrah, then Afrāsiyāb, a native of the country, to acknowledge the suzerainty of Persia by causing Persian coin to be struck, by substituting the name of the Shāh for that of the Sultān in public prayers, and by obliging the people of Basrah to wear their turbans in the Persian style; and he promised that, on these conditions, being fulfilled, the Pāsha and his heirs should be recognised as the hereditary rulers of Basrah, should be exempted from payment of tribute, and should enjoy perfect independence in all local concerns.

ورفض باشا البصرة هذا الاقتراح دون تردد، لاعتماده على المساعدة البحرية التي سيقدمها البرتغاليون إليه، لأنَّ مصالحهم كانت مماثلة لمصالحه بالذات. وعند ذلك، أصدر الشاه عباس أوامره إلى الخان في شيراز بالتوجه ضد الباشا. وقام بالهجوم جيشٌ كان متجهاً إلى عربستان، عن طريق شوشتر، وكان على وشك احتلال كوبان، التي كانت تعتبر، آنذاك، من المناطق الملحقة بالبصرة. لكنَّ كوبان أنقذت بفضل جهود البرتغاليين الذين قامت مراكبهم الحربية الموجودة في نهر قارون، أو في خور كناكة، بقصف المعسكر الفارسي. وقد وقع هذا الهجوم على كوبان عام ١٦٢٤. أما الجنود الفرس الذين استخدموا في هذه العملية وفي معظم العمليات حول بغداد، فقد كانوا من جنود القيزيلباش.

وفي مستهل عام ١٦٢٥، قام الفرس مرة أخرى، بقيادة الإمام قولي خان، بغزو جديد لمنطقة البصرة، فقام أولاً، بطرد شيخ الهويزة، لأنه أغفل التقيد بدعوة الشاه له إلى بغداد، فلجأ الآن إلى البصرة مع ٥٠٠ من أتباعه. أثناء ذلك، خلف علي والده أفريسياب على بشلكية البصرة. وبما أن الفرس كانوا يسيطرون على بغداد والحلّة اللتين تتحكمان بنهري دجلة والفرات على التوالي، فلم يكن في استطاعة الأتراك إرسال إمدادات إلى الباشا الجديد في البصرة. وفي مارس ١٦٢٥، عندما كان الرحالة الإيطالي بيترو ديلاّفالي في البصرة، كان الذعر يسود المدينة كلها، ولم يكن لدى الباشا ما يعتمد عليه، بشكل رئيسي، سوى خمسة مراكب برتغالية كانت، مقابل خدماتها له، تتلقى إعانة مالية سخية لإبقائها راسية في النهر، لحماية المدينة. وفي ١٣ مارس، أُذيع بلاغ في المدينة يدعو كل بيت إلى إرسال رجل مسلح واحد إلى عسكر الباشا ليُستَخدم ضد الفرس، الذين يقال إنهم كانوا قاب قوسين أو أدنى من المدينة. وفي ١٤ مارس، وصلت أخبار تقول إن القوات الفارسية كانت في جوار بلدة القرنة، وكانت تبغي، بشكل واضح، العبور إلى الضفة العربية من شط العرب، دون أن تلقى معارضة. فانطلق الباشا مع جميع قواته البرية وثلاثة من المراكب البرتغالية لمواجهة القوات الفارسية. وفي ١٦ مارس، اشتبك الجيشان. وفي اليوم عينه، أرسل القائد البحري البرتغالي جونسا لفودي سيلفيرا السفينتين الباقيتين وسفينة أخرى صغيرة لتتصدى، إذا أمكن ذلك، لسبع قطع مدفعية كان الفرس على وشك جلبها بحراً إلى الدورق، لاستخدامها ضد البصرة. وفي التاسع عشر من الشهر نفسه، عمد الشيخ عبد السلام، وهو مواطن بارز في البصرة، إلى حشد مجموعة كبيرة من الرجال المسلحين، قصد أن يسير على رأسها لنجدة الباشا. وكانت المجموعة تضمّ ٢٠٠ من حملة البنادق القديمة «القربينات»، وأسلحة أخرى. لكن سيماء المحاربين لم تكن تبدو عليهم. وفي ٢٣ مارس، وردت إلى البصرة أخبار

This proposal the Pāsha of Basrah, relying on the naval aid of the Portuguese, whose interests in the matter were identical with his own, unhesitatingly rejected; and thereupon Shāh 'Abbās directed the Khān of Shīrāz to proceed against him. A Persian army, descending into 'Arabistān by way of Shūshtar, attacked and very nearly captured Qubbān, which was then regarded as a dependency of Basrah; but Qubbān was saved by the efforts of the Portuguese, whose vessels, either from the Karūn river or from Khor Qanāqeh, bombarded the Persian camp; and the invaders retired. This attack on Qubbān took place in 1624. The Persian troops employed in it, as in most of the operations around Baghdād, were described as Qizilbāsh.

About the beginning of 1625 the Persians under Imām Quli Khān made a fresh incursion into Basrah territory; but first they expelled from Hawīzeh the Shaikh of that place, who had neglected to comply with the Shāh's summons to Baghdād, and who now took refuge at Basrah with about 500 followers. In the meanwhile Afrāsiyāb had been succeeded in the Pashāliq of Basrah by his son 'Ali; and, as both Baghdād and Hillah, commanding the Tigris and the Euphrates respectively, were now held by the Persians, it was impossible for the Turks to send help to the new Pāsha. In March 1625, when the Italian traveller Pietro della Valle was at Basrah, panic prevailed, and the chief reliance of the Pāsha was on five Portuguese vessels, for the services of which the Portuguese received a liberal subsidy and which they kept anchored in the river to protect the town. On the 13th of March proclamation was made in the town that every house must send one armed man to the Pāsha's camp to be employed against the Persians, who were now said to be close at hand. On the 14th news was received that the Persian forces were in the neighbourhood of Qūrnah, their object being evidently to cross unopposed to the Arabian bank of the Shatt-al-'Arab; and the Pāsha set out with his whole land force and three of the Portuguese ships to encounter them. On the 16th of March the two armies were reported to be in contact; and on the same day Gonsalvo de Silveira, the Portuguese naval commander, sent his remaining two ships and a smaller vessel to intercept, if possible, seven pieces of artillery which the Persians, it was thought, were about to bring by sea to Dōraq for use against Basrah. On the 19th an eminent citizen of Basrah, Shaikh 'Abdus Salām, mustered a large body of armed men, with which he proposed to march to the assistance of the Pāsha; it included no less than 200 Sabians, carrying arquebuses and other weapons like the rest, but unwarlike in their appearance. On the 23rd authentic intelligence reached Basrah that the

موثوق بها مفادها أن الفرس هجروا معسكرهم بسرعة، واتجهوا نحو بلادهم، تاركين وراءهم مؤنهم، بل حتى المواد المطبوخة والمعدة للطعام. ويُعتقَد أن السبب الكامن وراء هذا التحرك، هو صدور أمر باستدعاءِ هذه القوات، لأن جنود باشا البصرة لم تكن قد أوقعت بهم أي خسارة. وفي ٣١ مارس، عادت السفينتان البرتغاليتان، اللتان كانتا قد أُرسلتا، عادتا فاشلتين في تحقيق هدفهما الرئيسي. لكنّهما تمكنتا من أسر ثلاثة طرادات فارسية صغيرة. وأمر البرتغاليون، بحسب عادتهم البربرية، بإعدام جميع المسلمين الذين كانوا على ظهر المركب، بمن فيهم الأطفال والأولاد، باستثناء رجلٍ غني استبقوه حياً على أمل إمكانية الحصول على فدية كبيرة. وفي السابع من ابريل، وقد أصبح الفرس على مسافة لم تعد تشكل خطراً، دخل الباشا إلى البصرة من جديد مع جميع جنوده وسط مظاهر النصر.

الأوضاع من ١٦٢٥ إلى ١٦٣٨

بعد هذه الأحداث، بقيت الحال كما هي لعدّة سنوات. ويبدو أن الأتراك، من وقتٍ إلى آخر، كانوا يحاولون، جاهدين، زحزحة الفرس من بغداد، لكن دون جدوى. وقد تمكن صافي قولي خان، ذو الأصل الأرمني، الذي كان حاكماً لبغداد باسم الشاه، تمكّن بنجاحٍ من صدِّ هجومين قاموا بهما عند نهاية الفترة. وفي عام ١٦٢٥، امتدَّ نفوذ الفرس إلى مسافة بعيدة على نهر الفرات، حتى مدينة العرجة التي تقع على الضفة الشمالية، وتشغل تقريباً المركز الحديث لمدينة الناصرية. وقد كان زعيم العرجة شخصٌ يُدعى حسن آغا، وهو لاجيء كردي استطاع أن يقيم له نفوذاً قوياً على العرب في المنطقة المحيطة بها. وساد اعتقادٌ أنه في الواقع كان يخلص لمصلحة الفرس، أما في العلن، فكان ما يزال يقر بالطاعة للباب العالي.

الأتراك يستعيدون بغداد، ١٦٣٨

عام ١٦٣٨، سار السلطان التركي مراد الرابع، الذي كان قد انتزع أريڤان من الفرس عام ١٦٣٥، سار شخصياً على رأس قوة كبيرة لاستعادة بغداد، في حين انطلق عدوه من سكوتاري في الثامن من مايو. وفي ١٥ نوڤمبر، وصل إلى بغداد بعد مسيرة ١١٠ أيام تخللها التوقف في أمكنة متعددة. فوجد أن المدينة تضم حامية من ٣٠,٠٠٠ رجل، بينهم ١٢٠٠ رجل مدربين على استخدام البنادق. وبحلول ٢٢ ديسمبر ١٦٣٨، دُمّرت دفاعات بغداد، على طول جبهة تمتدّ إلى ٨٠٠ ياردة، تدميراً كاملاً حتّى سوّيت بالأرض. وقد أورد كاتب عثماني وصفاً لذلك، إذ قال: «كان يمكن لرجل أعمى أن ينطلق بحصانٍ ذي لجامٍ محلول، دون أن يتعثّر». بيد أن المحاولات التي قام بها الأتراك لاقتحام هذه الثغرة في اليوم

Persians had hastily abandoned their camp and marched away towards their own country, leaving their supplies and even their cooked provisions behind, and the cause of the movement was conjectured to be an order of recall, for no loss had as yet been inflicted on them by the troops of the Pāsha of Basrah. On the 31st of March the two Portuguese ships despatched on the 16th returned to Basrah, having failed in their principal object. Three Persian Tarādahs, however, had been captured, all the Muhammadans on board of which, including children, the Portuguese according to their barbarous custom put to death, except one rich man whom they kept alive in hope of a large ransom. On the 7th of April, the Persians being now at a safe distance, the Pāsha re-entered Basrah in triumph with all his troops.

Affairs from 1625 to 1638

After these events matters remained in statu quo for a number of years. The Turks, it would appear, occasionally endeavoured, but without avail, to dislodge the Persians from Baghdād; two of their assaults were repulsed with success towards the end of the period by Safi Quli Khān, an Armenian by race, who then governed Baghdād in the name of the Shāh. In 1625 the influence of the Persians extended so far down the Euphrates as 'Arjah, a place on the left bank occupying approximately the position of the modern Nāsirīyah; and the chief of 'Arjah, one Hasan Āgha, a refugee Kurd who had established a strong influence over the surrounding Arabs, was believed to be at heart devoted to the Persian interest, though openly he still professed obedience to the Porte.

Recovery of Baghdād by the Turks, 1638

In 1638 the Turkish Sultān, Murād IV, who in 1635 had wrested Erivan from the Persians, marched in person with a large force to recover Baghdād; his host set forth from Scutari on the 8th of May; and on the 15th of November, after 110 days of actual marching interspersed with halts, it arrived before Baghdād. The city was found garrisoned by about 30,000 men, of whom 1,200 were trained musketeers. By the 22nd December 1638 the defences of Baghdād along a front of 800 yards had been so completely levelled with the ground that, in the words of an Ottoman Writer, "a blind man might have galloped over them with loose bridle without his horse stumbling." The attempts made by the Turks to storm the breach on that and

التالي باءت بالفشل. لكن، في ٢٤ ديسمبر، نُفّذ الهجوم، لكن بخسارة طيار محمد باشا، الصدر الأعظم، الذي كان يقود الهجوم، عندما أصابته رصاصة قاتلة. في البداية، مُنحت الحامية الرحمة. لكن سواء أكان ما حدث عملاً غادراً أم أنه جاء نتيجةَ خرق الفرس للشروط، فقد حصلت مذبحة سقط فيها ٢٠,٠٠٠ من جنود الجيش. وبعد أيام قليلة، حصلت مذبحة عامة لسكان بغداد المدنيين، بناءً على أوامر السلطان مراد، بعد أن استشاط غضباً من انفجار مخزنٍ للبارود أودى بحياة عدد كبير من جنوده. وبقي السلطان في العراق حتى فبراير ١٦٣٩. وربما قام بزيارةٍ للنجف حيث ما تزال إحدى بوابات المدينة * تحمل اسمه «بوابة مراد». وعند مغادرته بغداد، قيل إنه خرج من «باب الطلسم» الذي سُدّ نهائياً بالطوب، ولم يفتح بعد ذلك. وتركت حامية تركية قوية في بغداد بقيادة ضابط قدير. ومن ذلك الحين وحتى اليوم، استمرت المدينة في خضوعها للحكم التركي. لكن لم يقم أي سلطان تركي** بزيارتها بعد ذلك.

الصلح مع فارس، ١٦٣٩

في عام ١٦٣٩، عُقد صلح دائم بين فارس وتركيا، وجرى، في الوقت نفسه***، تثبيت الحدود المشتركة بين الأمبراطوريتين بشروطٍ عامة، في معاهدة صيغت، بعد «نقاش عاصف»، بين الصدر الأعظم العثماني والمفوض الفارسي. وشروط هذا الاتفاق، الذي عُقد وأعيد تأكيده عام ١٧٤٦ وعام ١٨٢٣، استدعت الملاحظة، فيما بعد.

التاريخ الداخلي، ١٦٢٢ - ١٦٤٠

بشلكية البصرة، ١٦٢٢ - ١٦٤٠

في مستهل القرن السابع عشر على وجه التقريب، أصبحت بشلكية البصرة ملكاً لأفراسياب باشا الذي أشرنا إليه من قبل، وهو رجلٌ ذو مكانة جيدة في الجوار تمكّن، بحسب أحد التقارير، من الحصول على الحكم بدفعه مبلغاً مقداره ٤٠,٠٠٠ قرش إلى عيوض، المرشح الرسمي للباب العالي. وبما أن الأتراك كانوا ينظرون باهتمام إلى قوة

* تذكر الروايات المحلية أن السلطان مراد دخل النجف سيراً على الأقدام ليظهر احترامه للإمام علي، وانه، حين كان يجتاز هذه البوابة ذات العلاقة، أسْقطت عمامته عن رأسه أسقطها تدافعُ حشود الناس. وتبدو هذه القصة غير محتملة الحدوث، لكن هذا لا يعني أن مراد لم يقم بالزيارة إلى النجف.

** أخذ مصدر الرواية المذكورة أعلاه عن استعادة بغداد، أُخذ، بشكل رئيسي، من كتاب للبروفسور كريسي عنوانه: *"History of the Ottoman Turks"* المجلّد الأول، ص ٤٠٨ - ٤١١. أما الكاتب تافرنييه في مؤلفه: *Persian Travels*، الكتاب الثاني، الفصل السابع، فيقدّم رواية مختلفة عن المشكلة، تبدو بعيدة الاحتمال. مع أن الحصول على أحداثها جرى فوراً وبشكل معاصر تقريباً لما جرى. لكنَّ كلتا الروايتين تتفقان على ان اكثر من ٢٠,٠٠٠ جندي من الحامية قد ذبحوا بعد أن أُعطوا وعداً بالرحمة.

*** ذُكرت المادة التي تتألف منها معاهدة عام ١٦٣٩، ذكرها الكاتب رولينسن في كتابه: *Memorandum on the Turko-Persian Frontier,* ١٨٤٤.

the following day were repulsed, but on the 24th of December it was carried with the loss of Taiyār Muhammad Pāsha, the Sultān's Grand Vazīr, who was shot dead in leading the attack. Quarter was a first granted to the garrison; but later, whether treacherously or on account of some breach of conditions by the Persians, it was revoked, and over 20,000 of the defeated army were massacred. A few days later a general slaughter of the civil inhabitants of Baghdād took place under the order of Murād, infuriated at the explosion of a powder magazine which had caused great loss among his troops. The Sultān remained in 'Irāq until February 1639, possibly visiting Najaf, where one of the* town gates is still called after him "Bāb Murād"; at his departure from Baghdād he is said to have passed through the Bāb-al-Tilism, which was then bricked up and has never since been opened. A strong Turkish garrison, commanded by a capable officer, was left at Baghdād; and from that time to the present the city has remained continuously under Turkish rule, but it has never again been visited by the Turkish sovereign.**

Peace with Persia, 1639

In 1639 a permanent peace was arranged between Turkey and Persia, the common frontier of the two empires being at the same*** time fixed in general terms by a Treaty drawn up after "much stormy discussion" between the Ottoman Prime Minister and a Persian Commissioner. The terms of this settlement, which was reaffirmed in 1746 and again in 1823, will call for notice hereafter.

Internal history, 1622-40

The Pashāliq of Basrah, 1622-40

Probably about the beginning of the 17th century, the Pashāliq of Basrah came into the possession of Afrāsiyab Pāsha, already mentioned, a man of good position in the neighbourhood, who, according to one account, obtained the government by paying 40,000 piastres to Aiyud, the official nominee of the Porte. The Turks, having regard to the strength of Afrāsiyāb's local

---

*Local tradition asserts that Murād, to show his respect for 'Ali, entered Najaf on foot, and that in passing through the gate in question his turban was thrown from his head by the jostling of the crowd. This story appears highly improbable, but it does not follow that Murād did not visit Najaf.

**The above account of the recovery of Baghdād is mainly from Professor Creasy's *History of the Ottoman Turks*, Volume 1, pages 408-11, Tavernier in his *Persian Travels*, Book II, Chapter VII, gives a different version of the affair, which, though obtained upon the spot and almost contemporaneous, seems improbable. Both accounts agree that over 20,000 of the garrison were massacred after having received quarter.

***The substance of the treaty of 1639 is given in Rawlinson's *Memorandum on the Turko-Persian Frontier*, 1844.

أفراسياب ونفوذه المحلي، وإلى جودة إدارته ونوعيتها، وإلى اعترافه بالولاء للباب العالي وربما كانوا ينظرون، أكثر من ذلك، إلى صعوبة طرده بالقوة، فقبلوا به، وصارت البصرة وملحقاتها من الآن وحتى ١٦٦٩، صارت تعتبر خارج نطاق سيطرتهم المباشرة. لقد عامل أفراسياب الأجانب، في مناطق سيادته، باحترامٍ، كما ازدهرت التجارة أثناء حكمه. ويبدو أنه تُوفّي حوالي آخر عام ١٦٢٤، أو في مطلع عام ١٦٢٥، فخلفه ابنه علي باشا، الذي «كان يتدخل في شؤون الحكم عنوة حتى قبل وفاة والده».

وكانت إحدى أولى الواجبات، التي آلت إلى علي باشا، الدفاع عن البصرة ضد الفرس، عندما هددوها في مارس ١٦٢٥. وفي ١٣ مايو ١٦٢٥، وأثناء وجود الرحالة بيترو ديلاّ ڤالي مؤقتاً في البصرة، ورد خَبَر تثبيته في بشلكية البصرة من قبل السلطان التركي، وقد أرفق هذا التثبيت بثوب الشرف وسيف معكوف. وفي فترة لاحقة، أمر علي باشا بتحصين القرنة، التي كانت مدينة مفتوحة سابقاً.

قضايا تتعلق بحدود كربلاء ـ النجف، ١٦٢٢ ـ ١٦٤٠

في عام ١٦٢٥، ساد الاضطراب حدودَ العراق الغربية بسبب سلوك مطلق، الملقب بأبي الريش، وناصر بن مهنا، وهما اثنان من أهم شيوخ الصحراء كانت الحرب ناشبةً بينهما. وكان أولهما أكثر قوة، لأنه الزعيم الأول لقبيلةٍ كبيرة جداً* في الشمال. لكن الثاني كان الأقرب إلى العراق. وكانت القوافل تسافر عادة من البصرة إلى كربلاء تحت حمايته مقابل تكاليف باهظة. وعندما احتل الفرس بغداد، عام ١٦٢٣، كان ناصر قد أعلن ولاءه للشاه، في حين واصل أبو الريش دعمه للأتراك. لكن سرعان ما انشقَّ ناصر عن الفرس. وفي يونيو ١٦٢٥، وبعد أن أقنع ناصر أعضاء قافلة كبيرة كانت في طريقها من البصرة إلى حلب بالدخول في خدمته، حاول أن يطرد الفرس من كربلاء. ومهما يكن من أمر هذه الحامية، فقد، تمكنت من صد هجومه وإنزال الخسارة به. وفي الشهر نفسه، وحين كان الرحالة بيتروديلا ڤالي مخيماً في قصر الأخيضر، على مقربة من شفَّاطة، خضع لابتزاز الشيخ أبو طالب، ابن الشيخ ناصر، الذي أناط به والده، الشيخ ناصر، كل المهام التنفيذية في القبيلة، بعد أن تقدم به السن وتقاعد عن الشؤون الدنيوية، وبعد السير بضعة أميال، دخل بيترودي ڤالي مناطق أبي الريش، الذي كان عليه أن يؤدي له ضريبة أيضاً.

* ليس في وسعنا تحديد القبيلة الحقيقية التي ينتمي إليها كل من هذين الشيخين. ويمكن أن تكون في كلتا الحالتين قبيلة العنزة، أو بني خالد، أو شمر الشمالية. وربما لم يكن الشيخان كلاهما ينتميان إلى القبيلة نفسها. ويبدو محتملاً، من موقع القبيلة الجغرافي أن مطلق كان شيخ قبيلة العنزة.

influence, to the excellence of his administration, to his profession of loyalty to the Porte and, most of all perhaps, to the difficulty of expelling him by force, acquiesced; and Basrah and its dependencies must, from this time until about 1669, be regarded as beyond their direct control. Afrāsiyāb treated foreigners in his dominions with consideration, and trade flourished under his rule; he died apparently about the end of 1624 or the beginning of 1625; and he was succeeded by his son 'Ali Pāsha, who "had intruded into the Government by force before his Father expired."

One of the first tasks that devolved on 'Ali Pāsha was the defence of Basrah against the Persians when they threatened it in March 1625; and the news of his confirmation in the Pashāliq, accompanied by a robe of honour and a scimitar from the Sultān of Turkey, reached Basrah on the 13th of May 1625 during the sojourn there of the traveller Pietro della Valle. At some later period 'Ali Pāsha caused Qūrnah, formerly an open town, to be fortified.

Affairs on the Karbala-Najaf frontier, 1622-40

In 1625 there was much unrest upon the western frontier of 'Irāq, due to the behaviour of Mutlaq, surnamed Abu Rīsh, and of Nāsir-bin-Mahanna, two principal Shaikhs of the desert who were at war with one another; the former was the more powerful being paramount chief of some very large tribe* in the north; but the latter was the nearer to 'Irāq, and caravans ordinarily travelled from Basrah to Karbala and some distance beyond it under his protection, for which they paid a high price. At the taking of Baghdād by the Persians in 1623 Nāsir had declared for the Shāh, while Abu Rīsh continued to support the Turks; but Nāsir soon broke with the Persians, and in June 1625 he attempted, after impressing into his service the members of a large caravan on its way from Basrah to Aleppo, to drive the Persians out of Karbala. The garrison, however, repelled his attack with loss. In the same mouth the traveller Pietro della Valle, while encamped at Qasr-al-Akhaidhir near Shifāthah, was subjected to extortion by Shaikh Abu Tālib, the son of Shaikh Nāsir, to whom his father, now old and retired from worldly affairs, had committed all executive functions in the tribe. A few marches further on Pietro della Valle entered the territories of Abu Rīsh, to whom also he was obliged to pay toll.

---

*The actual tribe to which either of these Shaikhs belonged cannot be determined. It may have been, in either case, the 'Anizah, the Bani Khālid or the Northern Shammar. Probably both Shaikhs did not belong to the same tribe. From his geographical position it seems not unlikely that Mutlaq was head of the 'Aniah.

العلاقات الإنجليزية، ١٦٢٢ - ١٦٤٠

بداية التجارة الإنجليزية في البصرة، ١٦٣٥

قامت العلاقات التجارية بين إنجلترا والعراق التركي لأول مرة، خلال الفترة التي نتناولها الآن. ويبدو أن تأسيس هذه العلاقات يُعزى إلى الفكرة القائلة: إن تجارة شركة الهند الشرقية، التي أعيقت في فارس بوضع العراقيل العديدة في طريقها، قد تجد لها مجالاً أكثر حرية في ظلّ العلم التركي. وقد اشتملت الخطوة الأولى، التي اتخذت عام ١٦٣٥، على إرسال الشركة مركباً شراعياً صغيراً إلى البصرة يحمل إمكانية استثمار صغيرة.

الفرنسيون في العراق التركي، ١٦٢٢ - ١٦٤٠

عُيّن أول أسقف لاتيني لبابل، أي لبغداد، عام ١٦٣٨، وكان يدعى م. برنارد دو ڤال، وينتمي إلى الرهبنة الكرميلية الفرنسية.

ابراهيم، ١٦٤٠ - ١٦٤٨

عند وفاة مراد في التاسع من فبراير ١٦٤٠، خلفه شقيقه ابراهيم الذي حكم حتى أغسطس ١٦٤٨، حيث لقي حتفه قتلاً على يد الإنكشارية.

العلاقات الإنجليزية، ١٦٤٠ - ١٦٤٨

لا يعرف إلا القليل عن الأوضاع الداخلية للعراق في عهد السلطان ابراهيم*. لكن هناك بعض الحقائق المتعلقة بأوضاع شركة الهند الشرقية قد تمت مراعاتها.

ففي سنة ١٦٤٠، وبضغط منافس مارسه الهولنديون وشركة كورتنز في مكان آخر، أرسلت شركة الهند الشرقية موظفيها المستر ترستون والمستر بيرس إلى البصرة مع شحنة اختبارية، فوصلا إليها في ٣١ مايو، وحصلا، من الباشا، على ترخيص بإنزال بضاعتهما إلى البر. لكن، بما أن السوق كانت متخمةً آنذاك، لوصول أسطولٍ تجاري برتغالي، فلم يحققوا مبيعاً إلا بمبلغ ٣٠,٠٠٠ روبية، من مسقط. ويبدو أن الاضطرابات السياسية في العراق سنة ١٦٤١، قد أعاقت القيام بأي عمل تجاري إضافي. لكن، بحلول عام ١٦٤٣، برزت إلى حيز الوجود وكالة إنجليزية في البصرة، على أساس مؤقت. وكانت المداخيل مرضية إلى درجة تقرر معها أن تستمر بشكل دائم. ولم تكن المنافسة الهولندية بعد قد تغلغلت في البصرة. وكان هناك إمكانية مقايضة البضائع الكمالية الإنجليزية، التي لاقت استحساناً عند سكان البلاد الأكثر ثراءً، ببضائع قابلة للبيع في إنجلترا.

---

* إنّ أسماء الباشوات، الذين تعاقبوا على بغداد أثناء هذه الفترة، وتواريخهم مدوّنة في كتاب نيبور: *"Voyage en Arabie"*، المجلد الثاني، ص ٢٥٢.

English relations, 1622-40

Beginning of English trade at Basrah, 1635

English commercial relations with 'Irāq were first established during the period with which we are now dealing. Their institution seems to have been due to an idea that the East India Company's trade, which in Persia was then hampered by numerous obstacles, might find freer course under the Turkish flag. The first step, taken in 1635, consisted in the despatch by the Company to Basrah of a pinnace with a small "investment."

The French in Turkish 'Irāq, 1622-40

The first Latin Bishop of Babylon, that is of Baghdād, was appointed in 1638 and was M. Bernard du Val, a French Carmelite.

IBRĀHĪM, 1640-48

Murād, at his death on the 9th of February 1640, was succeeded by his brother Ibrāhīm, who ruled until August 1648 and was then murdered by Janissaries.

English relations, 1640-48

Of the interna affairs of 'Irāq under the Sultanate of Ibrāhīm little is* known; but some facts relating to the affairs of the English East India Company have been preserved.

In 1640, under pressure of competition elsewhere by the Dutch and by Courten's Association, Messrs. Thurston and Pearce, two employés of the Company, were sent with an experimental cargo to Basrah. They arrived there on the 31st of May and obtained a license from the Pāsha to land their goods; but the market had been recently glutted by the arrival of a Portuguese trading fleet from Masqat, and they only realised Rs. 30,000 by their sales. Political disturbances in 'Irāq in 1641 seem to have delayed further action; but by 1643 an English Factory had come into existence at Basrah on a provisional footing, and the returns were so satisfactory that it was decided to make it permanent. Dutch competition had not as yet penetrated to Basrah; and there it was found possible to exchange English luxuries, which were appreciated by the wealthier natives, for goods saleable in England.

---

*The names and dates of the Pāshas of Baghdād during this period will be found in Niebuhr's *Vayage en Arabie*, Volume II, page 252.

وفي يونيو ١٦٤٥، نُقلت ممتلكات شركة الهند الشرقية في بندر عباس، بشكل مؤقت، إلى البصرة، أثناء أزمة وقعت بين الفرس والهولنديين. لكن الهولنديين وجدوا، الآن، طريقهم إلى سوق البصرة. وفي عام ١٦٤٥ ـ ١٦٤٦، كان توماس كوجان ووليم ويل مُمَثِّلَين للشركة في البصرة. وقد أصاب الخرابُ مؤقتاً التجارة الإنجليزية في العراق عام ١٦٤٥، بسبب وصول أسطول هولندي إلى البصرة. وفي عام ١٦٤٧ ـ ١٦٤٨، استمرت أعمال الشركة التجارية بين الهند والبصرة، دون أن تدرَّ ربحاً، بسبب المنافسة الشديدة التي لقيتها من الهولنديين.

محمد الرابع، ١٦٤٨ ـ ١٦٨٧

خلف ابراهيم على سلطنة تركيا محمدُ الرابع الذي امتدت فترة حكمه من عام ١٦٤٨ حتَّى ١٦٨٧.

الأوضاع الداخلية، ١٦٤٨ ـ ١٦٨٧

بغداد في ١٦٥٢

نحن مدينون، بكل ما نعرفه تقريباً، عن الحالة الداخلية في العراق أثناء حكم محمد الرابع، مدينون للرحالة تاڤرنييه الذي زار بغداد، ثم سافر عن طريق نهر دجلة نزولاً إلى البصرة عام ١٦٤٢.

كانت بغداد، كما وجدها تاڤرنييه، تحت حكم أحد الباشوات، وكانتْ أهميتها، ذلك الحين، ما تزال أهمية عسكرية إلى حد كبير. كان للمدينة سورٌ من الآجر، نُصب على المواقع المحصنة منه حوالي ٦٠ مدفعاً يُمكن لأقواها إطلاق قذيفة لا تتعدى خمسة أرطال أو ستة. أما الخندق المائي، الذي يحيط بالمدينة، فقد كان واسعاً، ويراوح عمقه بين خمس قامات أو ست. كان الحصن يَشغل الموقع نفسه، الذي يشغله اليوم قرب بوابة المعظم، وقد نُصب فيه ١٥٠ مدفعاً غير مثبّت على عربات. أما حامية بغداد، فكان تعدادها ٥٠٠٠ رجل وكانت تضم ٣٠٠ من الانكشاريين وبعض الفرسان و٦٠ طوبجياً بقيادة السنيور مخائيل، وهو ضابط أوروبي سبق أن اشترك في الحصار، سنة ١٦٣٨، إلى جانب الأتراك. ومع أن تجارة المدينة كانت تجارة رائجة على نطاق كبير، فإن هذا الرواج كان أقل بكثيرٍ من ذلك الذي عَرَفَتْه أيّامَ الفرس. وقد عُزيَ ذلك إلى المذبحة التي نفّذها الأتراك، عند استيلائهم على المكان، وقضوا فيها على عددٍ كبير من التجار الذين هم من أكثر التجار ثراء. ويمكن الاستنتاج من ملاحظات تاڤرنييه: أن بغداد، في عام ١٦٥٢، قد جرّدت من معظم سكانها

In June 1645 the property of the East India Company at Bandar 'Abbās was temporarily transferred to Basrah during a crisis between the Persians and the Dutch, but the Dutch had now found their way into the Basrah market. In 1645-46 the representatives of the Company at Basrah were Thomas Cogan and William Weale. The trade of the English in 'Iraq was temporarily ruined in 1645 by the arrival of a Dutch fleet at Basrah; and in 1647-48 the Company's business between India and Basrah continued unprofitable owing to the keen rivalry of the Dutch.

MUHAMMAD IV, 1648-87

Ibrāhīm was followed in the Sultanate of Turkey by Muhammad IV, who reigned from 1648 to 1687.

Internal affairs, 1648-87

Baghdād in 1652

Almost all that we know of the internal state of 'Irāq during the reign of Muhammad IV we owe to the traveller Tavernier, who visited Baghdad and journeyed down the Tigris to Basrah in the year 1642.

Tavernier found Baghdad under the government of a Pāsha; and its importance was at this time still largely military. The city wall was of brick, and on the bastions were mounted about 60 guns, none of which, however, could throw a shot of more than five or six pounds weight; the moat was wide and five or six fathoms deep; and the citadel, mounting 150 guns, mostly without carriages, occupied the same site as at the present day, near to the Mu'adhdham gate. The garrison as Baghdad amounted to about 5,000 men, including 300 Janissaries, some cavalry, and about 60 artillerists - the last under the command of Signor Michael, a European who had taken part in the siege of 1638 on the side of the Turks. The trade of the city, though considerable, was less than it had been under the Persians; this was attributed to the slaughter by the Turks, at the capture of the place, of many of the richest merchants; and from Tavernier's remarks it may be inferred that Baghdād was in 1652 to a great extent depopulated. The majority of the

الذين كان معظمهم من الشيعة والذين كانوا مُرغَمين على التصرف بلياقة وتهذيب مع السنة وسواهم من معتنقي الديانات الأخرى. أما الموظفون الأتراك، فكانوا يجمعون الضرائب المفروضة على الجواميس وغيرها من الحيوانات التي تمر في نهر دجلة على مسافة قصيرة من بغداد، كما يفعلون اليوم تماماً.

البصرة في ١٦٥٢

في عام ١٦٥٢، كان حسين باشا، ابن علي باشا وحفيد أفراسياب باشا، حاكماً على البصرة. وكان هذا الحاكم كأسلافه يعتبر نفسه مستقلاً فعلياً عن الباب العالي. وعندما تبوأ الحكم، أخذ يعزز تحصينات مدينة القرنة، التي كان يحكمها ابنه، بزيادة سورٍ آخر، وزوّد حصنه بالمدافع. أما في القرنة، فقد كان على جميع المراكب المبحرة في النهر أن تخضع للفحص، فتُمنح تراخيص تبين كمية الضرائب التي كان عليها أن تدفعها في البصرة. وفي البصرة، كانت ترتيبات الشرطة مدعاة للإعجاب. وكان يؤمُّ الميناء العديدُ من الأجانب، منهم الهولنديون الذين كانوا يجلبون التوابل سنوياً، والتّجارُ الإنجليز الذين كانوا يتاجرون بالبهارات ويتاجرون، وإلى حدٍّ ما، بالقرنفل، والهنودُ الذين كانوا يستوردون النيلة والبفتة* وبضائع أخرى مختلفة، فضلاً عن العديد من التجار الوافدين من مختلف أنحاء الأمبراطورية العثمانية. وكانت الضرائب المفروضة على التمور مصدراً رئيسيّاً لثروة الباشا، الذي كان يحقق مكاسبَ وفيرةً من صك عملةٍ خاصة به. وكانت الرسوم الجمركية تجمع في البصرة بمعدل ٥٪، لكنها كانت بالفعل لا تزيد على الـ٤٪. ولم يعد يُشاهَد رهبان برتغاليون في البصرة. لكنَّ بعض الرهبان الكرمليين الإيطاليين كانوا ما يزالون يشاهَدون هناك.

الأحداث في البصرة، بعد ١٦٥٢

كانت سياسة حسين باشا تتسم بالتسامح مع المسيحيين بوجهٍ خاص، مما جلب له مزيداً من الثروة. وقد أضاف جزءاً إلى سور البصرة ليشمل ضفة شط العرب، وبنى داراً حصينة في ضاحية المدينة المعروفة اليوم باسم منَاوي. وفي النهاية، دفعه الغرور إلى استغلال ازدهار أوضاعه، ليقوم باعتداءٍ على بشلكية بغداد، ويضم بعض قراها إلى ولايته. وقد نجح في صدّ القوات التي قام الأتراك، آنذاك، بإرسالها من بغداد ضدّه. لكنّ قريباً من أقربائه الشباب أرسله إلى القسطنطينية للتفاوض بالنيابة عنه، غدر به وعاد على رأس قوة من الجنود مزوداً بتكليف رسمي من جانب السلطان ليتسلم بنفسه الحكمَ في البصرة.

---

* أقمشة بيضاء للرجال.

inhabitants were Shi'ahs, but they were obliged to behave with civility towards Sunnis and the followers of other religions. On the Tigris below Baghdād taxes on buffaloes and other animals were collected by the Turkish officials as at the present time.

Basrah in 1652

The ruler of Basrah in 1652 was Husain Pāsha, a son of 'Ali Pāsha and grandson of Afrāsiyāb Pāsha; this ruler, like his two predecessors, considered himself virtually independent of the Porte. Since his accession to power he had strengthened Qūrnah, of which his son was governor, with a second wall; his fort there was well provided with artillery, and at Qūrnah all vessels proceeding down the river were examined and supplied with passes showing the amount of customs duty to which they were liable and which they must pay at Basrah. At Basrah the police arrangements were admirable, and the port was frequented by many foreigners including the Dutch, who came annually bringing spices, the English, who dealt in pepper and to a less extent in cloves, and Indians who imported calico, indigo and miscellaneous goods; there were also many traders from other parts of the Turkish Empire. The principal source of the Pāsha's wealth was a tax upon date palms; but he also derived considerable profit from coining his own money; and customs duty was collected at Basrah at a rate nominally of five per cent., but in practice of four only. There were no longer any Portuguese friars at Basrah; but Carmelites, at this time Italians, still remained.

Events at Basrah after 1652

The policy of Husain Pāsha was liberal, especially towards Christians, and brought him wealth; he extended the town wall of Basrah to the bank of the Shatt-al-'Arab and built a fortified residence in the suburb now known as Manāwi; and at last he so far presumed upon the prosperity of his affairs as to commit aggressions on the Baghdād Pashāliq and to annex some of its villages. He was successful in repelling a force which the Turks then despatched against him from Baghdād; but a young relation, whom he sent to Constantinople to negotiate on his behalf, played him false and returned with troops and an authority from the Sultān to assume the Government of Basrah

وتبعَ ذلك صراعٌ لم تكن نتيجته في صالح حسين باشا الذي أُجبر على التراجع إلى فارس، فأصبحت البصرة وملحقاتها تحت سلطة غريمه. وقد حدثت هذه الثورة، التي يبدو أنّها أعادت السيطرة التركية المباشرة إلى البصرة والمناطق المحيطة بها، حدثت حوالي سنة ١٦٦٩*.

العلاقات الإنجليزية، ١٦٤٨ - ١٦٨٧

تجارة شركة الهند الشرقية مع البصرة، ١٦٤٨ - ١٦٨٧

كانت العلاقات الإنجليزية مع العراق، أثناء الفترة التي يتناولها البحث، تعتمد فقط على العلاقة التجارية بين شركة الهند الشرقية والبصرة.

الحجز على ممتلكات الشركة في البصرة من قبل الباشا، ١٦٥٧

يبدو أن الوكالة الاختبارية، التي جرى إنشاؤها في البصرة حوالي عام ١٦٤٣، والتي لم يُشر إليها تافرنييه مع أنه زار البصرة عام ١٦٥٢، قد استمرت في الوجود حتى سنة ١٦٥٧، وهي السنة التي استولى فيها باشا البصرة على مكاتب الشركة وممتلكاتها، على أثر شائعة روجها التجار المغامرون، مفادُها: أن شركة الهند الشرقية كانت على وشك الحلّ. وفي تلك السنة بالذات، قام شخص، هو المستر بَلْ، بزيارة البصرة، على أحد مراكب الشركة. لكنه لم ينجح إلا في الحصول على حمولةٍ قيمتها ٩٠٠ روبية كتكاليف لرحلة العودة.

زيارة المستر كرانمر والمستر سانت هِلْ للبصرة، ١٦٦١

في ابريل ١٦٦١، أرسل المستر جورج كرانمر والمستر روبرت سانت هل من سورات إلى البصرة، بالفرقاطة «أميريتا» وعلى متنها، حمولة من القماش والبهارات وخشب الأرزن والأرز وغيرها. وقد زُوّدا بتعليمات مفادها: تذكير الباشا بوعدٍ، قطعه في العام المنصرم، يتعهد فيه بتوفير «مقر أفضل من المقرّ الذي استولى عليه منَ الشركة المحترمة». وكان عليهما، إذا فشلت احتجاجاتهما المتعلقة بهذه النقطة، أن يقوما باستئجار مقرٍّ مناسب على نفقتهما، وينزلا البضائع المشحونة إلى البر، ويحتفظا بالبضائع المُعدّة للبيع، على ظهر المركب، ليتجنبا دفع الرسوم الجمركية، وينتفي أيّ شك في بيعها المربح. وكان على المستر سانت هِلْ أن يعود على متن الفرقاطة «أميريتا» التي ينبغي ألاّ تستبقى إلى ما بعد ٢٠ سبتمبر. لكن على المستر كرانمر أن يبقى حتى تُستوفى جميع المستحقات العائدة من بيع البضاعة.

---

* يقدّم الملازم أ.ت ويلسون رواية عن هزيمة حسين باشا مختلفة بعض الشيء وحافلة بالتفاصيل، وذلك في: *Précis of the relations of the British Government with the Tribes and shaikhs of 'Arabistān*، ١٩١٢، ص٧.

himself. A contest ensued of which the result was unfavourable to Husain Pāsha and obliged him to retire to Persia, and Basrah and its dependencies came under the power of his rival. This revolution, which seems to have had the effect of restoring direct Turkish control over Basrah and the surrounding districts, took place in or about the year 1669.*

English relations, 1648-87

East India Company's trade with Basrah, 1648-87

English relations with 'Irāq, during the period now under consideration, depended solely on the commercial connection of the East India Company with Basrah.

Seizure by the Pāsha of the Company's possessions at Basrah, 1657

The experimental Factory established at Basrah about 1643, though it is not mentioned by Tavernier who visited the place in 1652, apparently continued to exist until 1657, in which year the Pāsha of Basrah, in consequence of a rumour propagated by the Merchant Adventures that the East India Company was about to be dissolved, seized upon the premises and goods of the Company. A Mr. Bell had visited Basrah in that year with one of the Company's vessels, but he had only succeeded in obtaining freight to the amount of Rs. 900 for his return voyage.

Voyage of Messrs. Cranmer and Sainthill to Basrah, 1661

In April 1661 Messrs. George Cranmer and Robert Sainthill were sent from Sūrat to Basrah in the "Amerita"frigate with a cargo of Sūrat and other cloth, pepper, cassia lignum, rice, etc. They were instructed to remind the Pāsha of a promise given by him in the previous year that he would provide "a better house than that taken from the Hon'ble Company," and, if their representations on this point failed, they were to hire suitable premises on their own account. Freight goods were to be landed at once; but goods for sale were to be kept on boardship, with a view to avoiding payment of customs, until any doubts that might appear as to their profitable disposal had been removed. Mr. Sainthill was to return on the "Amerita," which was not to be dctained beyond the 20th of September; but Mr. Cranmer was to remain until the amounts due for goods sold had been collected in full.

* A somewhat different and fuller account of Husssain Pāsha's affairs is given by Lieutenant A.T. Wilson, in his *Précis of the relations of the British Government with the Tribes and Shaikhs of 'Arabistān*, 1912, page 7.

رحلة المستر لامبتون والمستر برومفيلد إلى البصرة، ١٦٦٢

في عام ١٦٦٢، أصدر المكتب الرئيسي في سورات أمراً بإرسال المركب «سي فلَوَرْ» مع حمولةٍ إلى البصرة، بإشراف المستر رالف لامبتون والمستر هنري برومفيلد.

رحلة المستر ادامز إلى البصرة، ١٧٧٦

وفي ابريل ١٦٧٦، عين المكتب الرئيسي في سورات المستر جيمس آدمز نائباً لرئيس مؤسستها في فارس، وأرسلته إلى الخليج على متن الباخرة «ريفنج»، بعد تزويده بتعليمات تقضي بتسليم جزءٍ من شحنة البضائع المُرسَلة إلى البصرة، والعودة، من ثمّ، إلى بندر عباس لتسلُّم مهام المركز الذي عُيِّن له.

الامتيازات الأجنبية، ١٦٦١ - ١٦٧٥

في عام ١٦٦١، قام هَنِيدْج، إيرل وينتشلسي، والسفير فوق العادة الذي يمثل ملك إنجلترا لدى الباب العالي، قام بالتوقيع على اتفاقية منح الامتيازات الأجنبية الشهيرة* مع تركيا، التي تضمّ مجموعة من البنود تحدد بشكل عام حقوق الرعايا الإنجليز في الامبراطورية العثمانية، كما تحدد الرسوم الجمركية، التي يطالب بدفعها رعايا إنجلترا، بـ٣٪. وفي عام ١٦٧٥، جرى تعديلها وتفصيلها بواسطة سفير إنجليزي آخر هو السير جون فنش.

الفرنسيون في العراق التركي، ١٦٤٨ - ١٦٨٧

في سنة ١٦٧٩، أصدر لويس الرابع عشر، ملك فرنسا، مرسوماً يقضي بتعيين رئيس الرهبان الكرمليين في البصرة قنصلاً لفرنسا في ذلك المكان، بصرف النظر عن قوميته الشخصية.

سليمان الثاني، وأحمد الثاني، ومصطفى الثاني وأحمد الثالث، ١٦٨٧ - ١٧٣٠

لم تتميز عهودُ حكم السلاطين الأربعة التالين: سليمان الثاني (١٦٨٧ - ١٦٩١)، أحمد الثاني (١٦٩١ - ١٦٩٥)، مصطفى الثاني (١٦٩٥ - ١٧٠٣) أحمد الثالث (١٧٠٣ - ١٧٣٠)، لم تتميز عهودهم بأي حدث مهم في منطقة الخليج. وفي الفصل الذي يتكلم عن تاريخ الخليج العام، الذي يُستَشفّ منه أن الأتراك حصلوا على جزءٍ كبير من شمال - غرب فارس، في هذا الفصل وصف للاتجاه العام للعلاقات التركية - الفارسية بعد احتلال افغانستان لفارس سنة ١٧٢٢. وقد أظهروا، في البدء، ميلاً قوياً إلى الدخول في اتفاق مع الروس ومع ممثل الأسرة الصفوية الحاكمة في فارس، لتقسيم البلاد. لكن الأتراك تمكنوا، فيما بعد، من الوصول إلى تفاهم مع الأفغانيين، ثم تراجعوا من فارس عند مواجهة نادر شاه.

* ثُبّت النص الذي كُتبت فيه الامتيازات مع بعض التعديلات، ثُبّت نهائياً في معاهدة سلام عُقدت في الدردنيل عام ١٨٠٩. يمكن الحصول عليها في كتاب اتشيسون: *"Treaties"*.

Voyage of Messrs. Lambton and Bromfield to Basrah, 1662

In 1662 the Predency of Sūrat ordered the ship "Seaflower" to be despatched to Basrah, with a cargo in charge of Messrs. Ralph Lambton and Henry Bromfield.

Voyage of Mr. Adames to Basrah, 1676

In April 1676 the Sūrat Presidency appointed Mr. James Adames to the second place on their establishment in Persia and sent him to the Gulf in the "Revenge," with orders first to deliver some freight goods shipped for Basrah and then to return to Bandar 'Abbās and assume his appointment.

The Capitulations, 1661-75

The celebrated Capitulations* with Turkey, a set of articles defining generally the rights of English subjects in the Turkish Empire and restricting the customs duty exigible from the English to 3 per cent., were concluded by Heneage, Earl of Winchelsea, Ambassador Extraordinary from the King of England to the Porte, in 1661; and in 1675 they were amended and amplified through Sir John Finch, another English Ambassador.

The French in Turkish 'Irāq, 1648-87

In 1679 Louis XIV of France by a decree appointed the Superior of the Carmelites at Basrah to be, ex-officio, French Consul at that place, irrespective of his personal nationality.

SULAIMĀN II, AHMAD II, MUSTAFA II AND AHMAD III, 1687-1730

The reigns of the next four Sultāns of Turkcy, viz., Sulaimān II (1687-91), Ahmad II (1691-95), Mustafa II (1695-1703) and Ahmad III (1703-30), were not distinguished by any very remarkable events in the region of the Persian Gulf. The general course of Turco-Persian relations after the Afghān occupation of Persia in 1722 is described in the chapter on the general history of the Gulf, from which it will be seen that the Turks obtained possession of a large part of north-western Persia and were at first inclined to enter on a partition of the country with the Russians and a representative of the late Safavi Persian dynasty, but that they afterwards came to an understanding with the Afghāns, and that they finally began to retire from Persia before Nādir Shāh.

---

*The text of the Capitulations, as finally confirmed (with alterations) by the Treaty of Peace concluded at the Dardanelles in 1809, will be found in Aitchison's *Treaties*.

الأوضاع الداخلية، ١٦٨٧ ـ ١٧٣٠

إنَّ ضعف العلاقات الرسمية الإنجليزية بالبصرة، أثناء هذه الفترة، والغياب العام لروايات الرحالة الذين يقومون برحلاتهم كمواطنين عاديين، يخلقان حالة من الجهل التام تقريباً للحالة السائدة في العراق بين عامي ١٦٨٧ و ١٧٣٠*.

احتلال الفرس للبصرة ونهايته، ١٦٩١

يبدو أن الفرس قد احتلوا البصرة، إبان سلسلة من السنين انتهت سنة ١٦٩١. وكان هذا الاحتلال، كما هو واضح، قد بدأ أثناء الفترة التي سبقَ وصفُها، والتي تقع بين عامي ١٦٤٨ و ١٦٨٧. ومن المحتمل أن يكون هذا الاحتلال قد نتج عن لجوء حسين باشا، الحاكم الشرعي، إلى فارس، عندما طرده أحد أقربائه الشباب، كما ذكرنا آنفاً. وفضلاً عن ذلك، فليس هناك سجل للحقائق التي تتعلق بالإدارة الفارسية في البصرة. لكن ذُكِرَ أنها كانت مؤاتية للتجارة. وفي عام ١٦٩١، انسحب الفرس من البصرة، نتيجة انتشار خطيرٍ لوباء الطاعون. وبقيت المدينة، بعد ذلك، في حالة من الإهمال السياسي، قد هجرها سكانها، إلى حد ما، حتى عام ١٦٩٥، عندما استأنفت الحكومة العثمانية ملكيتها للمدينة.

إدارة بغداد، ودمج حكومتي بغداد والبصرة، ١٧٠٢ ـ ١٧٢٣

في عام ١٧٠٢، عندما عُيّن حسن باشا حاكماً لبغداد للمرة الثانية، كان إقليم العراق وملحقاته في حالة مزرية، بسبب سوء التنظيم. وكان الانكشاريون أسياد بغداد، في حين كان العرب يسيطرون على المنطقة المحيطة بها. ولم يكن لحالة الأمن التجاري وجودٌ، كما هاجرَ معظم التجار المحليين إلى أصفهان. وكان يحكم إقليم كردستان المجاور باشا مستقل من الطبقة الأولى. وقد جرى تعيين حاكم ماردين من قبل القسطنطينية مباشرة. حتّى البصرة نفسها كانت بشلكية منفصلة كلياً عن بغداد. أما حسن باشا، الذي كان يتمتع بصفات الرجل القوي، فقد حقَّق صيتاً إضافياً يتعلق بقدرته على التدخل في أوضاع فارس المربكة لصالح تركيا، وحقق نجاحاً، خلال فترة حكمه التي استمرت ٢١ عاماً، في مداواة هذه المساوىء. وفي بشلكية بغداد، استطاع الباشا أن يحطم سلطة الانكشارية والعرب، ويعيد تثبيت الأمن للحفاظ على الأرواح والممتلكات. وقد تمكن من الاستيلاء على ماردين

* يبدو أن هاملتون كان المصدر المعاصر الوحيد الذي يملك معرفة محلية (أنظر كتابه: *"New Account"*، المجلّد الاول، من صفحة ٧٥ حتى صفحة ٨٨). وقد وردت لائحة بباشاوات بغداد، على كل حال، في كتاب نيبور: *"Voyage en Arabie"*، المجلد الثاني، ص ٣٥٢ ـ ٣٥٣.

Internal affairs, 1687-1730

The slightness of the English official relations with Basrah during the period and the general absence of accounts by private travellers leave us in almost complete ignorance of the state of 'Irāq between 1687 and 1730.*

Persian occupation of Basrah, ending 1691

During a series of years, ending in 1691, Basrah appears to have been occupied by the Persians; this occupation must apparently have begun during the period last described (1648-87), and it may have been a consequence of the retirement to Persia of Husain Pāsha, the rightful governor, on his expulsion from Basrah, as already related, by a younger relation. No facts concerning the Persian administration of Basrah are on record, but it is stated to have been favourable to trade. In 1691 the Persians withdrew from Basrah in consequence, it would seem, of a severe epidemic of plague; and thereafter the town remained in a politically derelict condition and partly deserted by the inhabitants until 1695, when the Ottoman Government resumed possession.

Administration of Baghdād and amalgamation of the Baghdād and Basrah governments, 1702-23

In 1702, when a certain Hasan Pāsha was appointed for the second time governor of Baghdād, the province of 'Irāq and its dependencies was in a miserable state of disorganisation. The Janissaries were masters of the city of Baghdād, and the Arabs held the surrounding country; security of trade did not exist; and most of the local merchants had migrated to Isfahān. The neighbouring district of Kurdistān was ruled by an independent Pāsha of the first class; the governor of Mārdin was appointed direct from Constantinople; and even Basrah was a Pashāliq altogether separate from that of Baghdād. Hasan Pāsha, who must have been a man of strong character and who derived additional prestige from his ability to intervene with advantage to Turkey in the distracted affairs of Persia, succeeded in the course of his rule of 21 years in remedying these evils. In the Baghdād Pashāliq he broke the power of the Janissaries and the Arabs, re-establishing security of life and property; he obtained the addition of Mārdīn to his own territories; and, by persistently

*Hamilton (vide his *New Account*, Volume I, pages 75 to 88) appears to be the only contemporaneous authority having local knowledge. A list of the Pāshas of Baghdād is given, however, by Niebuhr in his *Voyage en Arabie*, Volume II, pages 352-3

ليضمّها إلى المقاطعات التابعة له. وقد ضَمِن، بإصراره الدائم على خلق الصعوبات في وجه الباشاوات المرسلين من القسطنطينية لحكم البصرة، ضَمِن، في النهاية، حاكمية البصرة لابنه احمد. وعند وفاته عام ١٧٢٣، خَلَفَه ابنه أحمد الذي نال حظوة لدى الباب العالي، لتصرفه في القضايا المتعلقة بفارس. وقد أجاز له أن يحتفظ ببغداد والبصرة وماردين تحت سيطرته، كمسؤولية موحّدة.

سوء الإدارة في البصرة، حوالي ١٧٢١

من المحتمل أن تكون مدينة البصرة، لإدارتها السيئة أثناء تعرف النقيب هاملتون عليها حوالي عام ١٨٢٠، من المحتمل أن تكون، منذ عهد قريب، قد دخلت في حكم حسن باشا، وصارت تحت هيمنته، من خلال ابنه أحمد. وقد احتفظ حسن باشا بقواتٍ كبيرة من الانكشاريين في القرنة والبصرة. ولكن حامية القرنة كانت أقوى من حامية البصرة. كما احتفظ بثماني سفن حربية أو عشر في القرنة، مقابل الاحتفاظ بخمس سفن فقط في البصرة. وكان ضباط هذه السفن بقيادة «قبطان باشا»، أو عميد خاص بهم، وكانوا مستقلين عن السلطات المدنية العادية. وفي عام ١٧٢١، وأثناء تمرد قام به السكان المدنيون ضد حاكم البصرة بسبب ابتزازاته التي جلبت له الخراب، وقف مفتي البصرة وضباط البحرية الأتراك إلى جانب المتمردين، وأقاموا مخيماً لهم على شط العرب في مناوي أو بالقرب منها. وفي آخر الأمر، ومع أنه لم يجرِ أي قتال، فقد أُجبِر الحاكم المدني على التوصل إلى اتفاقٍ مع المتمردين، وإصدار حكم بإعدام واحد من مرؤوسيه اكتسب شهرة سيئة كمبتز للأموال بالتشهير والتهديد. وكان السلب على الصعيد الرسمي هو القاعدة. فراح التجار يتحسرون على أيام الاحتلال الفارسي للبصرة. حتى التجار الأوروبيون لم يسلموا من المضايقة. ففي عام ١٧٢١، أرغم الباشا النقيب هاملتون نفسه على التخلّي عن جزءٍ من البهارات التي جلبها للبيع، على أن يبيع قسماً منها بسعر أقل بكثير مما عرضه عليه التجار. ويبدو أن المشاكل بين الأتراك والعرب كانت أمراً مألوفاً، بسبب الصرامة التي كان يبديها الأتراك في جمع الضرائب. ويروي النقيب هاملتون حادثة بتفاصيل دقيقة عن فرقة من الانكشارية أرسلت بمهمة لإرغام الناس على دفع الضرائب، فأُبيدت عن بكرة أبيها، أبادها العرب الذين أُرسِلَ الانكشاريون لإجبارهم على الدفع. ويصف النقيب المذكور الحادث أنه وقع في قبعان. لكنْ هناك احتمال أكبر أن تكون جزيرة عبادان مكان وقوع المأساة*، كما تشير تفاصيل حكايته.

* حتى هذا الافتراض لا يخلو من الصعوبات، بسبب التغيّر الطفيف الذي طرأ على مجرى شط العرب.

creating difficulties for the Pāshas sent from Constantinople to take charge of Basrah, he in the end secured that government for his own son Ahmad. On his death, in 1723, he was succeeded by Ahmad, who so recommended himself to the Porte by his conduct in Persian affairs that he was permitted to retain Baghdād, Basrah and Mardin as a single charge.

Maladministration at Basrah about 1721

It seems probable, from the maladministration which prevailed at the time of Captain Hamilton's acquaintance with Basrah, viz., about 1721, that the place had then only recently come under the strong rule of Hasan Pāsha through his son Ahmad. Large Janissary forces were maintained at Qūrnah and at Basrah, the garrison of the former being much stronger than that of the latter place; and 8 or 10 armed galleys were maintained at Qūrnah, as against only 5 at Basrah. The officers of the galleys, under a "Captain Pāsha" or Commodore of their own, were at this time independent of the ordinary civil authorities; and in 1721, in a rebellion of the civil population against the governor of Basrah, by whose exactions they were being ruined, the Mufti of Basrah and the Turkish naval officers ranged themselves on the side of the rebels and formed a camp on the Shatt-al-'Arab, apparently at or near Manāwi; and eventually the civil governor, though no fighting took place, was obliged to come to terms with them and to put to death one of his own minions, a notorious blackmailer and extortioner. Official robbery was now the rule; the native merchants looked back with regret to the days of the Persian occupation; and even Europeans were not exempt from annoyance, for in 1721, Captain Hamilton himself was compelled by the Pāsha to part with a quantity of pepper, which he had brought for sale, at a price below that which had been offered him by merchants. Troubles between the Turks and the Arabs, due to the rigorous collection of taxes by the former, appear to have been not infrequent. Captain Hamilton gives minute details of a case in which a party of Janissaries, sent to exact revenue, were destroyed to the last man by the Arabs whom they had gone to coerce; he describes the affair as having occurred at Qubbān; but, from his account, 'Abbadān Island seems more likely to have been the scene of the tragedy.*

---

*Even this supposition is not free from difficulties, created perhaps by some change in the course of the Shatt-al-'Arab.

تعيين محمد باشا حاكماً للبصرة، ١٧٢٧

في نهاية عام ١٧٢٧، عُيّن شخص يُدعى محمد باشا حاكماً على البصرة، ويرجّح أن تعيينه قد جاء من قبل أحمد باشا حاكم بغداد.

العلاقات الإنجليزية، ١٦٨٧ - ١٧٣٠

خلال الجزء الأول من نصف القرن الذي نحن في صدده، كانت التجارة الإنجليزية مع البصرة تتواصل من سورات أو من بندر عباس، لأن سجلات شركة الهند الشرقية لم تأتِ على ذكر محطة تجارية في البصرة، مع أنها كانت تشير، في كثير من الأحيان، إلى «مراكب البصرة». أما اتجار النقيب هاملتون بالبهارات وسوء المعاملة التي لقيها في البصرة عام ١٧٢١، فقد سبق لنا ذكر هذا الأمر.

إقامة وكالة دائمة في البصرة، حوالي ١٧٢٣

حوالي سنة ١٧٢٣، وربما قبل ذلك، أقيمت محطة تجارية بشكل واضح في البصرة. وفي ابريل ١٧٢٤، عقد الرئيس والمجلس في بومباي اجتماعاً للتشاور بشأن حالة الشركة وأوضاعها في البصرة. وقد أُبديت ملاحظة مفادها: «يبدو أننا حتى الآن لم نستطع القيام بشيء في صالح السادة، أصحاب العمل، أكثر من مجرّد وعدٍ من الباشا بأننا لن ندفع سوى ٣٪ رسوماً* على الأجواخ التي لم يُبَعْ أي قسم منها، في الوقت الذي بعث فيه المستر هوساي بنصائح حول إمكانية بيعها، ظهرت وكأنها تدعو إلى التسلية أكثر مما تدعو إلى تطبيق حقيقي لخدمة مرؤوسيه، في حين يستمرُّ منهمكاً، إلى حدٍّ كبير، في تجارته الخاصة». كذلك فإن المستر هوساي، الذي تكلمنا عنه، قد جلب إلى البصرة القسمَ الأكبر من الممتلكات الشخصية للمحطة التي لفظت أنفاسها في بندر عباس، دون أن يقدم أي تقرير عنها. وأُشيع أيضاً أنه كان ينوي الذهاب من هناك إلى أوروبا مباشرة دون أن يمنح إذناً بذلك، أو العودة إلى مكاتب الشركة الرئيسية كما تقتضي قوانين الشركة. لذلك تقرر أن يستدعى إلى بندر عباس. لكن، لئلا تبقى البصرة شاغرة، طُلب إلى الوكيل في فارس أن يتوجه إلى ذلك المكان بنفسه، أو أن يرسل المستر ا. ادلين بدلاً منه، إذا لم يكن في إمكانه، هو، القيام بذلك. وفي الاجتماع عينه، تقرر أنْ يُنشر في البصرة إعلان «يطلب من جميع رعايا بريطانيا العظمى، الذين يقومون بأعمالٍ تجارية في ظل حماية الشركة، التقيد بقوانين الوكالة، والامتناع قطعيّاً عن التعامل مع الحكومة في أيّ من القضايا التي تتعلق بتجارتهم، إلا من خلال الوكالة».

* كانت هذه النسبة الحدَّ الأقصى الذي حدّدته الامتيازات التي سبق أن رأيناها. لكن يبدو أن باشا البصرة لم يكن على استعداد للموافقة على القيود التي فرضتها عليه حكومة القسطنطينية، فضلاً عن أنَّ الباشا نفسه وممثل الشركة في البصرة لم يكن لديهما نصّ هذه الامتيازات، كما سيظهر فيمّا بعد، في عام ١٧٠٢، حين أرسل السير ن. ويت عن الشركة الإنجليزية الجديدة للهند الشرقية وكلاء إلى البصرة للقيام باستقصاءات. وذكر هؤلاء أن الضرائب هناك ستدفع بمعدل ٨٪.

Muhammad Pāsha appointed to Basrah, 1727

At the end of 1727 one Muhammad Pāsha was appointed, presumably by Ahmad Pāsha of Baghdād, to the Government of Basrah.

English relations, 1687-1730

During the first part of the half century with which we are now concerned, the English trade with Basrah must have been carried on from Sūrat or Bandar 'Abbās, for the East India Company's records, though they contain numerous references to "Bassorah ships," do not mention any Basrah Factory. Captain Hamilton's dealings in pepper and the ill-treatment which he received at Basrah in 1721 have already been noticed above.

Establishment of a permanent Factory at Basrah, about 1723

About 1723, or perhaps earlier, a permanent Factory was evidently established at Basrah. In April 1724, the President and Council at Bombay held a consultation on the state of the Company's affairs at Basrah, and it was remarked that "there is nothing yet done "for the advantage of our hon'ble employers, more than a promise obtained from the Bashaw that we shall pay but three per cent. duties* on the broadcloth, none of which being disposed of at the time Mr. Houssay despatched those advices; the prospect he gives us of selling it seems rather an amusement than any real application to serve his employers, while he continues so much involved in private trade".'As the said Mr. Houssay had carried with him to Basrah the greater part of the effects of a deceased Factor at Bandar 'Abbās and had given no account of the same, and as it was rumoured that he intended to depart thence direct to Europe without either being granted leave or returning to head-quarters as required by the Company's rules, it was decided to recall him to Bandar 'Abbās; but, in order that Basrah might not be left unoccupied, the Agent in Persia was directed to proceed thither himself, or, if he could not go, to send a Mr. E. Edlyne in his stead. At the same meeting a notification was drawn up, to be published at Basrah, "requiring all the subjects of Great Britain trading under the Honourable Company's protection to be conformable to the rules of the factory, and positively forbidding them to treat with the Government in any matters relating to their trade but through the factory."

---

*This, as we have seen, was the maximum fixed by the Capitulations, but it is probable that at this time the Pāsha of Basrah did not readily acquiesce in any limitations imposed on him by the Government at Constantinople; moreover, as will appear further on, neither the Pāsha himself nor the Company's representative at Basrah had a copy of the Capitulations. In 1702, when Sir N. Waite of the Englih or New East India Company sent agents to Basrah to make enquiries, they reported that customs would be payable at the rate of eight per cent.

صعوبات مع الحكومة المحلية في البصرة، ١٧٢٧ ـ ١٧٢٨

في سنة ١٧٢٧ ـ ١٧٢٨، عندما كان المستر فرنش ممثلاً للشركة في البصرة، نشأت عدة متاعب مع الحكومة المحلية، لكنها سُوّيت في النهاية بشكل مرضٍ. وفي سنة ١٧٢٧، طلب الباشا مكوساً جديدة تبلغ قيمتها خمسة قروش عن كل رأس من الفرس العاملين في خدمة الأوروبيين في البصرة. وقد تنصّل الهولنديون من هذا المطلب، باستغنائهم عن خدمات العاملين في خدمتهم. أما المستر فرنش، فقد رفض صراحةً أن يلتزم بهذا المطلب مناشداً وملحاً على أن الفرمان الممنوح للإنجليز* يعفيهم من ضرائب كهذه تُفرض عليهم، وعرض، في الوقت عينه، أن يتخلى عن هذا الفرمان ثانية، إذا لم يكن المقصود الالتزام به. وفي النهاية، توصل المستر فرنش إلى النتيجة المتوخاة. بعد هذا الحادث بفترة وجيزة، تعرض لإلحاح في الطلب من قبل وكيل الباشا لتقديم هدية. وعند وصول سفينة الشركة «بريطانيا»، تعمد المستر فرنش عدم رفع العلم الإنجليزي كالمعتاد، فقدم له الباشا ضماناتٍ جديدة من الصداقة والحماية. وبعد أن أنجز هذا، حدثت مصالحة تبعتها علاقات أفضل، استمرت فترة طويلة من الزمن. وفي عام ١٧٢٨، وبواسطة السفير البريطاني في القسطنطينية على الأرجح، تلقى ممثلُ الشركة في البصرة أمراً صادراً عن سلطان تركيا إلى باشا البصرة، يطلب إليه فيه أن «يلتزم بالنصوص التي جرى الاتفاق عليها مع الحكومة، عند وصول المستر هوساي الأول». ويتضح من هذا الأمر أن افتتاح الوكالة في البصرة، حوالي عام ١٧٢٣، قد سبقه اتفاق ما مع السلطات المحلية. لكن لم يكن لهذا الأمر فائدة فورية تصل إلى حدها الأقصى، لأنه أشار إلى الامتيازات الأجنبية التي لم يكن لدى الباشا أو لدى المستر فرنش نسخة عنها. لذلك، فقد كان المستر فرنش مجبراً ثانيةً على العودة إلى السفير لاستشارته. وفي أغسطس ١٧٢٨، نشأت صعوبة أخرى من جرّاء إلقاء السلطات التركية القبض على مترجم المستر فرنش وتصفيده بالأغلال، لادعائه بإدارة أملاك أرمني مُتوفًّى دون الحصول على إذن من القاضي. فانسحب المستر فرنش مع بقية أفراد الجالية الإنجليزية في البصرة إلى متن السفينة «بريطانيا»، وانتهى الامر لصالح المستر فرنش، لأن الباشا أو ربما «القبطان باشا»** قدم له كل الضمانات التي توفر له الحماية التي يرغب فيها، كما صدر عنه فرمان ينص على ما يلي: «في حال ارتكاب خدمنا أيّ جريمة في المستقبل ستكون لنا الحرية المطلقة في إنزال العقاب بهم. وعندما ينشب خلاف بشأن ديون أو اتفاقياتٍ مع أحد سكان البلاد، فإن القاضي ينظر في القضية بحضور المقيم

---

* هذه الإشارة ينبغي أن تكون إلى كفالةٍ مكتوبة من الحكومة المحلية (انظر الهامش السابق).

** هناك تفسير إضافي لهذا التعبير. انظر صفحة ١٢٠.

Difficulties with the local government at Basrah 1727-28

In 1727-28, Mr. French being then the Company's representative at Basrah, several difficulties with the local government arose; but they were all, in the end, satisfactorily adjusted. In 1727 the Pāsha suddenly demanded a poll tax of five Qurūsh per head on account of the Persian servants employed by Europeans at Basrah. The Dutch evaded the requisition by discharging their servants; but Mr. French positively refused to comply, 'pleading and insisting that, by the phirmaund granted to the English,* they were exempted from such impositions, offering to deliver up the same again if it was not intended to be conformed to, which at last had the desired effect.' Soon after this, having been badgered for a present by the Pāsha's Kehiyah or deputy, Mr. French, on the arrival of the Company's ship "Britannia," purposely did not hoist the English flag as usual. The Pāsha then gave him fresh assurances of friendship and protection, and, when this had been done, a reconciliation took place, after which relations continued on a better footing for a time. In 1728 the Company's representative at Basrah received from Constantinople, apparently through the British Embassy there, an order of the Sultān of Turkey directing the Pāsha of Basrah to comply "with the terms stipulated with that Government on Mr. Houssay's first arrival," from which it would appear that the opening of the Factory at Basrah about 1723 had been preceded by some agreement with the local authorities; but this order was not immediately serviceable to its full extent, for it referred to the Capitulations, of which neither the Pāsha nor Mr. French had a copy; and Mr. French was obliged again to refer to the Ambassador. In August 1728 another difficulty arose from the arrest by the Turks of Mr. French's Linguist, whom they put in irons for having presumed to administer the estate of a deceased Armenian without an order from the Qādhi. Mr. French, with the rest of the English at Basrah, immediately retired on board the "Britannia," and the affair ended much to his advantage; for the Pāsha, or perhaps the Captain Pāsha,** in the end "gave him assurances of all the favour and protection he could desire, and a phirmaund, that in case any of our servants for the future commit any crimes we shall have the liberty of punishing them ourselves, and when any disputes shall arise about debts or contracts with the country people the

---

*The reference must be to some written guarantee of the local government. See last footnote.
**This term is explained further on, see page 120.

البريطاني. وإذا حدث أن هذا المقيم اعتقد أن الحكم غير منصف، فلن يكون الحكم مُلزِماً حتى يقره الباشا، بعد الاستماع العادل لحيثيات القضية». وفي الوقت الذي كانت فيه هذه الصعوبات على طريق التسوية، كان للشركة عدة مطالب مناقضة للباشا تتعلق بالابتزازات. لكن يبدو أنها لم تُفرَض بنجاح. ومهما يكن من أمر، فإن موقف الباشا أصبح بعد كل هذا موقفاً أكثر إيجابية من الوكالة.

تجارة الشركة والضرائب القنصلية في البصرة، ١٧٢٧ ـ ١٧٢٨

يبدو أنَّ بضاعة الشركة في البصرة كانت تشتمل، في هذا الوقت، على الأجواخ والأقمشة الناعمة بشكل رئيسي. وكان الحديد يُستورد أيضاً لأسواق الهويزة وشوشتر. وكانت الفترة الواقعة، بين اكتوبر وديسمبر، الفترة الأكثر ملاءمة لحصول الهند على بضاعتها، لأن المراكب القادمة من بغداد والقوافل القادمة من حلب، كانت، في العادة، تصل إلى البصرة في تلك الأشهر.

وقد بلغت الضرائب القنصلية المستعادة في البصرة، بين ٣١ يوليو ١٧٢٧ و١ يناير، بسبب وجود الشركة فيها، بلغت ٢٦,٩٠٤ محموديات و١٩ قرشاً. وكانت هذه العائدات رسوماً يستوفيها القناصل والسفراء الإنجليز من البضاعة المنقولة على سفن إنجليزية، وقد اعترف بها البند ٣٥ من قانون الامتيازات الاجنبية. وبما أن هذه الضرائب كانت تجمع في البصرة من قبل ممثل للشركة، فيبدو أنه كان يتمتع بوضع قنصلي*. لكن معدل هذه الضريبة القنصلية لم يُذكَرْ.

محمود الأول، ١٧٣٠ ـ ١٧٥٤

علاقات العراق التركي بفارس، ١٧٣٠ ـ ١٧٥٤

كما سبق أن شرحنا في الفصل الذي يتكلم عن تاريخ الخليج العام، سادت، عند اعتلاء السلطان محمود الأول العرش عام ١٧٣٠، حالة من الحرب بين تركيا وفارس، واستمرت، والحظ فيها يتقلب بين الفرقاء المتحاربين، ثم تبعتها فترة سلام بعد عام ١٧٣٦، حتى ١٧٤٤. لقد كانت العراق ساحة الأحداث الرئيسية لهذا الصراع. من هذه الأحداث نذكر عمليات نادر شاه ضد بغداد عام ١٧٣٣، ومحاولتين قام بهما الفرس للاستيلاء على البصرة. وكانت المحاولة الثانية منها عام ١٧٤٣.

* يبدو انه كان للسفير الإنجليزي، في ذلك الوقت، سلطةُ تعيين القناصل في اي مكانٍ من الامبراطورية العثمانية. انظر المادة ١٤ من الامتيازات في شكلها الأساسي، كما ورد في ملخص يضم معلومات بشأن اول علاقة قامت بين شركة الهند الشرقية وبلاد العرب التركية عام ١٨٧٤، الملحق الاول. لكن سيبدو، من الظروف التي صُرِّح فيها لإقامة قنصلية في البصرة عام ١٧٦٤، (انظر صفحة ١٢٩)، ان الصفة القنصلية لممثل الشركة، حتى ذلك العام، لم يكن معترفاً بها اسمياً من جانب الباب العالي.

Cauzy shall examine the affair in the presence of our Resident, and in case he (the Resident) shall think the sentence not equitable it shall not bind till the Bashaw, upon a fair hearing, confirms it." At the time when these difficulties were in course of settlement the Company had various claims against the Pāsha on account of exactions, but it does not appear that they were ever successfully enforced. The attitude of the Pāsha, however, was after this much more favourable to the Factory.

The Company's trade and consulage at Basrah, 1727-28

The Company's goods at Basrah seem to have consisted at this time chiefly of broadcloth, 'perfects,'* 'long ells' and other kinds of cloth; but iron also was imported, apparently for the markets of Hawīzeh and Shūshtar. From October to December was the best time to obtain freights for India, for the boats from Baghdād and the caravans from Aleppo ordinarily reached Basrah in those months.

The amount recovered at Basrah between the 31st of July 1727 and the 1st of January 1728 as 'consulage' due to the Company amounted to 26,904 Mahmūdis and 19 Qurūsh. This 'consulage' was a duty recoverable by English Ambassadors and Consuls on goods carried in English ships, and was recognised by the 35th Article of the Capitulations; and, from its being collected at Basrah by the Company's representative, it appears that he must have been invested with consular status.** The rate of consula at this time is not stated.

MAHMUD I 1730-54

Relations of Turkish 'Irāq with Persia, 1730-54

As explained in the chapter on the general history of the Gulf, war prevailed, at the accession of the Sultān Mahmūd I in 1730, between Turkey and Persia; and it continued, with varying fortune and an interval of peace after 1736, until 1744. The principal events of this contest were, in 'Irāq, the operations of Nādir Shāh against Baghdād in 1733 and two attempts by the Persians to capture Basrah, of which the second was made in 1743.

---

*Quaere, "perpets."

** It was apparently in the power of the English Ambassador at this time to appoint a Consul anywhere in the Turkish Empire - see Article 14 of the Capitulations in their original form, as given in the Précis containing Information in regard to the first Connection of the Honourable East India Company with Turkish Arabia, 1874, Appendix A - but, from the circumstances in which a "Consulary Birat" for Basrah was obtained in 1764, (vide page 129 post) it would seem that until that year the consular character of the Company's representative there had not been formally admitted by the Porte.

عمليات نادر شاه ضد بغداد، ١٧٣٣

في عام ١٧٣٣*، قام نادر شاه، الذي أصبح، منذ عهد قريبٍ، الوصيّ على عرش فارس عند إقالة الشاه طهماسب، قام بغزو العراق التركي، وضرب حصاراً على بغداد التي كان ما يزال يحكمها أحمد باشا، الابن القدير والنشيط لحسن باشا. لكنّ خصمه الرئيسي كان وزيراً سابقاً في حكومة الأمبراطورية العثمانية، ويدعى طوبال عثمان، أو عثمان الأعرج. وقد أُرسِل خصيصاً من قبل القسطنطينية، لقيادة قوات السلطان ضد فارس. وقد وُصف عثمان بـ«أنهّ رجل يُجمِعُ على تقديره كلّ الكتاب المسيحيين والمسلمين، إذ أنه لم يكن ماهراً وحكيماً وشجاعاً فحسب، بل قدَّم الدليل الساطع على كونه كريم النفس لا ينكر جميلاً، ممَّا يضفي الشرف على الطبيعية البشرية». وتقدم نادر شاه على رأس معظم قواته، بعد أن ترك قسماً مهماً منها في الخنادق أمام بغداد لمهاجمة طوبال عثمان الذي كان معسكراً في سامراء على نهر دجلة. وفي تلك المنطقة المجاورة، وحوالي ١٨ يوليو ١٧٣٣، دارت رحى أكثر الاشتباكات دموية وأعنفها، بين الأتراك والفرس. وانتهت المعركة، بعد قتالٍ ضارٍ دام ثماني ساعات متواصلة، بهزيمة تامة وساحقة لقوات نادر شاه التي لم يكتمل جمع شتاتها حتى وصوله إلى همدان. وعندما تلقى أحمد باشا نبأ انتصار الأتراك، قام بهجوم على الفرقة الفارسية المحيطة ببغداد وطردها، بعد أن ذبح عدداً كبيراً من أفرادها، الذين تمكن القليل منهم، كما قيل، من العودة إلى فارس بأمان، باستثناء فريق بقيادة محمود خان بَلوش. وما إن انصرمت ثلاثة أشهر على ذلك، حتى قام نادر شاه، الذي لم تثبط هذه الكارثة همته، بغزو الأراضي التركية بجيش جديدٍ، ودارت معركة أخرى كان النصر فيها حليف الفرس هذه المرة. وكان من بين القتلى طوبال عثمان نفسُه الذي كان مُقْعداً يُنقل عادةً في محمل. وقد جيء برأسه إلى نادر شاه الذي أمر أن يعاد إلى المعسكر التركي بكل مظاهر التكريم.

هجوم الفرس على البصرة، ١٧٣٥ - ١٧٤٠

يبدو أن مساعدة البريطانيين للأتراك في الدفاع عن البصرة ضد القوات الفارسية، عام ١٧٣٥، قد أثارت استياءً كبيراً لدى نادر شاه. ولم يُعْرف على وجه التحديد ما الذي حدث. لكن الظروف حرضت نادر شاه أن يطلب إلى البريطانيين التكفير عن غلطتهم بتقديم مساعدة له في هجومه على البصرة. وقد وردت، في ٢٢ أكتوبر ١٧٣٥، من يوميات رئاسة بومباي ملاحظات لها علاقة بهذا الأمر، مفادها أن «قضية البصرة المشؤومة (التي لم يفد

* بحسب نيبور، دام حصار نادر لبغداد ثمانية أشهر، ويفترض، في هذه الحالة، أن يكون قد بدأ في ديسمبر ١٧٣٢.

Nādir Shāh's operations against Baghdād, 1733

In 1733* Nādir Shāh, who had recently become regent of Persia on the deposition of Shāh Tahmāsb, invaded Turkish 'Irāq and laid siege to Baghdād, of which Ahmad Pāsha, the able and energetic son of Hasan Pāsha, was still governor; but his principal opponent was an ex-Vazīr of the Turkish Empire, named Tōpal 'Othmān or 'Othmān the Lame, who had been specially sent from Constantinople to command the Sultān's forces against the Persians. This 'Othmān has been described as a man 'justly celebrated by Christian as well as Mahomedan writers, ... and who was not only skilful, sage, and valiant, but who gave proofs of a noble spirit of generosity and gratitude, such as does honour to human nature.' Nādir Shāh, leaving a considerable force in the trenches before Baghdād, advanced with his main body against Tōpal 'Othmān, who was encamped near Sāmarrah on the Tigris; and in that vicinity, on or about the 18th of July 1733, was fought one of the bloodiest engagements that ever took place between Turks and Persians. It resulted after a furious combat lasting eight hours, in the complete overthrow and rout of Nādir Shāh's army, which was not rallied until it reached Hamadān; and Ahmad Pāsha, on receiving news of the Turkish victory, sallied out against the Persian division investing Baghdād and drove them off with great slaughter, few of them, it was said, regaining Persia in safety, except a party commanded by Mahmūd Khān, Balūch. Within three months Nādir Shāh, whom this disaster had not dispirited, invaded Turkish territory with a fresh army; a battle followed, in which the Persians were victorious; and Tōpāl `Othmān himself who was infirm and generally rode in a litter, was among the slain. His head was brought to Nādir Shāh, who caused it to be sent with all honour to the Turkish camp.

Persian attacks on Busrah, 1735 and 1740

Great offence was given to Nādir Shāh by the action of the British at Basrah in helping, or preparing to help, the Turks in the defence of that place against a Persian force, apparently in 1735. What actually occurred is not known; but the circumstances provoked a demand by Nādir Shāh that the British should expiate their fault by rendering him assistance against Basrah, and in connection therewith it is remarked in a Bombay Presidency Diary, under the date 22nd October 1735, that 'the unlucky affair at Basrah (of

*According to Niebuhr, Nādir's siege of Baghdād lasted eight months, and in that case it must have begun in December 1732.

منها سوى التجار الذين يعملون لحسابهم الخاص)، قد سبّبت هذه المشاكل». غير أن سلطات بومباي كانت، على كل حال، تشك في الشكل الذي تنظر فيه أوروبا إلى إعارتها مراكب للفرس، وتخشى أن يُثير هذا الإجراء حفيظة الأتراك ويدفعهم إلى اتخاذ أشد الإجراءات ضد البريطانيين في البصرة، فأصدرت أوامر صارمة إلى وكيلها في بندر عباس بالامتناع، مؤقتاً، عن وضع أي سفن في متناول الفرس. لكن، في حال عدم التمكن من تأمين مصالحهم في فارس بأي وسيلة أخرى، فقد خولوه أن يلجأ إلى وسيلة أسلم هي البيع. وقد جرى، فيما بعد، تحويل سفينتين بهذه الطريقة. وفي عام ١٧٣٦، أزالت حالة السلام بين الفرس والأتراك احتمال حصول صدامات أخرى في الوقت الحاضر.

في عام ١٧٤١، ظهرت بوادرُ تجدّد نشاط الفرس في اتجاه البصرة، إذ كانوا، كما قيل، يبنون جسوراً من قوارب في الهويزة. وفي ٢٨ أغسطس ١٧٤٣، بدأ الفرس بمحاصرة المدينة بقوات تبلغ أكثر من ١٢,٠٠٠ رجل. وقد فَعَل المستر دوريل، المقيم البريطاني الذي وجد نفسه في وضع حرج، فعل كل ما في استطاعته لتفادي التعقيدات بمنع السفن البريطانية من البقاء في الميناء، كما أبعد أيضاً فرقاطة صغيرة خاصة به. لكن بحارة هذه الفرقاطة، الذين كانوا من العرب، أرغموا قائدها على إعادتها إلى البصرة. وعندما رفض المستر دوريل بحزم إعارة مركبه للسلطات المحلية، أمرت هذه السلطات بالقبض عليه، واحتفظت به سجيناً، مدة يومين، في خيمة على سور المدينة، فاستسلم خوفاً من تعرضه لمزيد من السوء. لكن، في غضون ذلك، تسبب في إحداث عطل في الفرقاطة التي أُغْرِقَتْ فعلياً. وعندما علم الأتراك بذلك، أطلقوا سراحه، واعتبروا الأمر منتهياً. ورُفع الحصار بأوامرَ من نادر شاه في ٢٧ نوفمبر، وانسحب الجنود الفرس مع مدفعيتهم في الخامس من ديسمبر. لقد قام الفرس، خلال الحصار، بتدمير الأبنية المشيدة فوق قَبْرَي طلحة والزبير، في البصرة القديمة، وكانت قد شُيّدت تكريماً للثائرين ضد الإمام علي. لكنَّ سكان المدينة أعادوا بناءَ المزارات على الفور، بعد رحيل الفرس.

لم تحدث أعمال عدائية أخرى بين الفرس والأتراك في العراق، أثناء حكم محمود الأول. وفي عام ١٧٤٦، أبرمت معاهدة لإقامة الحدود بين البلدين وفقاً لترتيب قديم، عُقد عام ١٦٣٩، بين السلطان التركي مراد الرابع ونظيره الفارسي المعاصر له، على خط يفصل طرفه الجنوبي، أي خوزستان (أو عربستان)، عن العراق العربية. لكن لم يجر تحديد هذا الخط بالذات. وسُوِّيت، بموجب هذه المعاهدة، جميع القضايا العالقة بين تركيا وفارس.

which the private traders only reaped the advantage) first gave rise to these troubles.' The authorities at Bombay, however, doubtful as to the manner in which a loan of vessels by themselves to the Persians might be regarded in Europe and fearing that it might excite the Turks to take extreme measures against the British at Basrah, strictly enjoined the Agent at Bandar `Abbās not to place any of their ships temporarily at the disposal of the Persians; but they authorised him, in case their interests in Persia could not be secured by any other means, to resort to the safer expedient of sale, and two ships were eventually transferred in this manner. In 1736 a peace between the Persians and the Turks removed for a time the prospect of further collisions.

In 1741 signs of renewed activity in the direction of Basrah were given by the Persians, who were said to be building boat-bridges at Hawīzeh; and on the 28th of August 1743 they laid siege to the town with a force estimated at 12,000 men. Mr. Dorrill, the British Resident, found himself in a difficult position: he had done what he could to avoid complications by preventing British vessels from remaining at the port, and he had even sent away a small brigantine of his own; but the crew of the latter, who were Arabs, had compelled the master to bring her back to Basrah. Mr. Dorrill, having firmly refused to lend his vessel to the local authorities, was arrested by their orders and kept as a prisoner for two days in a tent upon the town wall, when he submitted, fearing worse evils; but in the meanwhile he had caused the brigantine to be damaged and practically scuttled, and the Turks, on becoming aware of this, released him and dropped the matter. By Nādir Shāh's orders the siege was discontinued on the 27th of November, and the Persian troops marched away with their artillery on the 5th of December. The Persians, during the siege, destroyed the buildings over the tombs of Zubair and Talhah at Old Basrah, as having been erected in honour of rebels against 'Ali; but the shrines were rebuilt by the inhabitants soon after their departure.

No further hostilities between the Persians and the Turks took place in `Irāq during the reign of Mahmūd I; and in 1746 the boundary of the two Empires was re-established by a Treaty, in accordance with the old arrangement between the Turkish Sultān Murād IV and his Persiān contemporary in 1639, on a line which towards its southern extremity divided Khūzistān (or 'Arabistān) from 'Irāq-i-' Arabi; but this line itself was not defined. The Treaty also disposed of all other important questions pending between Turkey and Persia.

الأوضاع الداخلية في العراق التركي، ١٧٣٠ - ١٧٥٤

أثناء حكم محمود الأول، استمرت بغداد والبصرة مع الأقاليم التابعة لهما تشكل بشلكية واحدة. أما الباشا، الذي كان يقيم في بغداد، فقد كان يمثله، بشكل عام، متسلمٌ أو حاكم يعينه هو شخصياً. وفي بعض الأحيان، إن لم يكن على الدوام، كان هناك قبطان باشا* في البصرة.

حكم أحمد باشا، حتى ١٧٤٨

كان أحمد باشا، كما عرفنا، ما يزال حاكماً لبغداد، عندما قام الفرس بمهاجمتها عام ١٧٣٣. وعندما أقاله السلطان مؤقتاً، عام ١٧٣٤، تقبل إبعاده بروح طيبة. لكن خلفاءه لم يتمكنوا من الحفاظ على النظام، فأعيد إلى مركزه حوالي عام ١٧٣٦. وفي عام ١٧٤١، اقترح الباب العالي أخذ البصرة من أحمد باشا، وإعطاءها شخصاً يُدعى حسين باشا. لكن الباب العالي عجز، كما يبدو، عن تنفيذ نيّاته. وقيل إن أحمد باشا هو الذي شجع على قيام الفرس بهجوم على البصرة عام ١٧٤٣، لتعزيز أهميته، أو لمنع صرفه من مركزه للمرة الثانية، وليجعل من هذا التشجيع وسيلةً تمكنه من الحصول على المال والمدافع ومؤن أخرى من الباب العالي. وبعد فشل الهجوم، استمر يتمتع بالسلطة دون أن يعكّر أحد صفو هذا التمتع، حتى وافته المنية لأسباب طبيعية عام ١٧٤٧ أو عام ١٧٤٨، أثناء حملة ضد الأكراد. لقد كان أحمد باشا فارساً ماهراً يهوى صيد الأسود كوسيلةٍ رئيسية للاستجمام، كم قتل منها بمفرده، وليس لديه، من السلاح، سوى الرمح.

وفي عام ١٧٤١، أنزل أحمد باشا عقاباً قاسياً بالبدو الذين تمردوا. وتوقع بعد ذلك ألاّ تسبّب هذه القبائل أي مشاكل لعدّة سنوات. ولكن عام ١٦٤٦، أحدث العرب القاطنون قرب البصرة بعض الاضطرابات، فأُرسلت قوة من بغداد لتأديبهم بقيادة الباشا أو نائبه. وكان نائب الباشا متلهفاً لزيارة البصرة نفسها. لكن الباشا منعه من القيام بذلك. وكان عليه أن يكتفي باستدعاء وجهاء السكان الذين ابتز منهم الهدايا الكثيرة. وفي ربيع ١٧٤٧، أرسل أحمد باشا، إلى البصرة، متسلّماً جديداً لديه أوامر بإعادة تقييم بساتين النخيل «كي يرهق العرب بالضرائب المفروضة عليهم». وكتب المستر جريندون المقيم السياسي البريطاني في البصرة يقول: «بما أن العرب قد اعتقدوا أنهم مستغلون، فقد أعلنتِ العصيانَ قبيلةٌ تدعى المنتفق. وليحصنوا أنفسهم، ويسببوا للأتراك كل الضرر الذي في وسعهم أن يوقعوه بهم،

* انظر صفحة ١٢٠.

Internal affairs of Turkish 'Irāq, 1730-54

During the reign of Mahmūd I, Baghdād and Basrah with their dependencies continued to form one Pashāliq, and the Pāsha, who resided at Baghdād, was generally represented at Basrah by a Mutasallim or governor of his own appointment. At times, if not always, there was also a Captain Pāsha* at Basrah.

Government of Ahmad Pāsha, till 1748

Ahmad Pāsha, as we have seen, still ruled Baghdād when it was attacked by the Persians in 1733. He was temporarily removed by the Sultān, accepting his dismissal with a good grace, about 1734; but his successors were unable to maintain order, and about 1736 he was reinstated. In 1741 the Porte proposed to take Basrah from Ahmad Pāsha and give it to a certain Husain Pāsha; but they were unable, apparently, to give effect to their intentions. The Persian attack on Basrah in 1743 was said to have been promoted by Ahmad Pāsha for the purpose of enhancing his own importance, or of preventing his own removal from office for a second time; it became the means of procuring him money, guns, and other supplies from the Porte; and after its failure he remained in undisturbed enjoyment of power until his death, which occurred from natural causes in 1747 or 1748, in the course of a campaign against the Kurds. Ahmad Pāsha was a skilful horseman, and his principal recreation was hunting lions, which he more than once killed single-handed, armed only with a spear.

In 1741 Ahmad Pāsha severely chastised the Bedouins, who had rebelled, and it was anticipated that they would give no more trouble for some years; but in 1746 the Arabs near Basrah created disturbances, and a force was sent against them from Baghdād under the Pāsha's Kehiyah or deputy. The Kehiyah was anxious to visit Basrah itself, but he was prevented by the Pāsha and had to content himself with sending for some of the principal inhabitants, from whom he extorted large presents. In the spring of 1747 a new Mutasallim was sent by Ahmad Pāsha to Basrah with orders for a reassessment of the date groves, 'in order to oppress the Arabs in their tax, whereupon' - so wrote Mr. Grendon, the British Resident at Basrah - 'thinking themselves already too highly imposed upon, the tribe called Montefícks are rebelled, and to secure themselves and to (cause) the Turks

*See page 120 post.

فتحوا ضفاف النهر، فغُمرت الصحراء بالماء حتى حدود سور البصرة. وأحدث ما جرى ذعراً كبيراً للسكان أن تُسبِّبَ الروائح الكريهة الناشئة تفشّي حمى وبائية». وفي شهر يونيو، وصل الفيضان إلى حدٍّ خطيرٍ مسبّباً انهيار ثلاثة حصون من سور البصرة. فَوُضع السكان في حال سخرةٍ ثلاثة أيام، لإصلاح الاستحكامات المتداعية. وقد ألقت قوات أحمد باشا القبض مرتين على الشيخ سعدون، زعيم قبيلة المنتفق. وفي المرة الثانية، أعدمه سليمان، وكيل الباشا. وعقب هذا الإجراء إعدام غادر لرجال بارزين من قبيلة المنتفق، جاؤوا لزيارة سليمان، ويراوح عَددُهم بين الـ ١٥ رجلاً والـ ٢٠ مما ساهم في إضعاف القبيلة، وأوصلها إلى حالة من العجز لم تستعد قواها منه، إلا بعد زمن طويل، كما أنَّ الغارة المفاجئة التي شنها أحمد على قبيلة بني لام على نهر دجلة قد أقعدتهم إلى حدٍّ كبير.

حكم سليمان باشا، بدءاً من ١٧٤٩

لم يترك أحمد وريثاً ذكراً. لكن سليمان باشا، وكيله الذي كان في الأصل خادماً من جورجيا، وكان أحمد باشا قد زوّجه بابنته الكبرى عديلة خاتون، السيدة المتغطرسة الطموحة، اعْتُبِرَ ممثلاً للعائلة، بعد موت أحمد باشا. وبذلك أصبح الخليفة الطبيعي لحكم البشلكية. لكنَ الباب العالي كانت له آراء أخرى. ففي حين جعل البصرة بشلكية منفصلة وقدّمها في النهاية ترضيةً إلى سليمان باشا، حاول أن يثبت سلطته المباشرة على بغداد، بإرسال ثلاثة باشاوات أو أربعة بالتعاقب، من القسطنطينية. لكن جميع هؤلاء فشلوا في التعامل مع مشاكل القبائل العربية الذين لا ينصاعون للنظام في البلاد. وكان أول هؤلاء الباشوات الدخلاء على بغداد «كور فازير» الذي كان من الممكن ألاّ تتعدى مكانته رتبة موظف عادي، والذي تعرض لقصفٍ مدفعيٍّ، وهو في السراي، وطرده الانكشاريون قبل ١٣ مارس. وحل محله حاجي أحمدً باشا، الذي كان مقرراً له في الأساس أن يأتي إلى البصرة، والذي سبق أن عين القبطان باشا هناك ليقوم مقامه حتى وصوله. وفي أوائل عام ١٧٤٩، تقدم سليمان باشا، الذي كان أثناء ذلك قد رُشّح باشا على البصرة، تقدّم صعوداً في نهر الفرات، ماراً بالسماوة والديوانية حتى جوار الحلّة. وكان يصحبه في البداية حرسه الخاص فقط. لكنَّ علي آغا، حاكم الديوانية، تبنّى قضيته سراً، وانطلق فوراً إلى بغداد ليغري جنود الباشا الحاكم، الذي لم يكن، كما يبدو، إلا الوزير السابق ترياقي حاجي محمد، ليغريهم أن يتخلّوا عن ولائهم له. وهذا ما فعله بنجاح كبير ظَهر جلياً عندما تواجه الباشاوان

all the detriment in their power, they have opened the banks of the river which has laid the desert quite under water, to the very walls at Basrah; this accident has put the inhabitants into the greatest consternation, being now apprehensive lest the disagreeable stench arising from it should cause a pestilential fever.' In June the inundation became so serious that three bastions of the Basrah town wall collapsed, and the whole of the inhabitants were placed on corvée for three days to repair the tottering ramparts. Shaikh Sa'dūn, the chief of the Muntafik was twice captured by the forces of Ahmad Pāsha, and on the second occasion was put to death by Sulaimān, the Pāsha's Kehiyah; and this measure, followed by the treacherous execution of 15 or 20 leading men among the Muntafik who came one day to visit Sulaimān, reduced the tribe to a state of impotence from which it did not recover for many years. The Bani Lām also, upon the Tigris, were severely crippled by a sudden raid which Ahmad made upon them.

Government of Sulaimān Pāsha, from 1749

Ahmad Pāsha left no male heir; but his Kehiyah Sulaimān Pāsha, to whom, though originally a Georgian slave, he had given his eldest daughter 'Ādilah Khātūn, a haughty and ambitious lady, in marriage, was considered to represent the family after his death and to be the natural successor to the Pashāliq. The Porte, however, had other views, and while they made Basrah a separate Pashāliq and ultimately gave it as a solatium to Sulaimān Pāsha, they attempted to establish their own immediate authority at Baghdād by sending three or four Pāshas in succession from Constantinople; but all of these were unsuccessful in coping with the unruly Arab tribes of the country. The first of the intruding Pāshas of Baghdād was 'Cour Vazier,' who, as he was bombarded in his Sarāi and expelled by the Janissaries before the 13th of March 1748, may have been merely some local official; and his place was taken by Hāji Ahmad Pāsha, who had been originally destined for Basrah and who had already appointed the Captain Pāsha there to act for him until his arrival. Early in 1749 Sulaimān Pāsha, who had meanwhile been nominated Pāsha of Basrah, advanced up the Euphrates by Samāwah and Diwānīyah to the neighbourhood of Hillah. He was accompanied at the outset by his personal guard only; but 'Ali Āgha, the governor of Dīwānīyah, secretly espoused his cause and at once left for Baghdād to seduce the troops of the governing Pāsha - now apparently Tiryāki Hāji Muhammad, an ex-Wazīr- from their allegiance. This he did with such success that, when the two Pāshas

قرب الحلّة، وأُجبر باشا بغداد على الفرار، مع أن قواته كانت تضمّ ١٤,٠٠٠ رجل مقابل ٨٠٠ رجل مجموع قوة سليمان. وقبل نهاية العام، اعترف الباب العالي بسليمان حاكماً على جميع المناطق التي كان يحكمها أحمد باشا.

وفي ٢٢ فبراير ١٧٥٠، وصل متسلم سليمان باشا إلى البصرة، وتسلم مسؤولية المكان من القبطان باشا الذي كان يقوم بعمل الحاكم. وكان من المتوقع، بشكل واضح، أن يقاوم عملية تنحيته. لكنّه، بدلاً من أن يفعل ذلك، انسحب بهدوءٍ إلى مناوي. كما كان متوقعاً أن يقوم سليمان باشا بزيارة شخصية «عندما يكون من المؤكد أن عدداً من الرؤوس عديمة الأهمية ستُقطع». لكن يبدو أنه لم يأتِ. وقد يكون القبطان باشا قد نجا من المصير الذي تنبأوا له به، لأنه أهان عائلة سليمان أثناء غياب سليمان في حملةٍ ضد بغداد. وفي عام ١٧٥٢، بدأت نتائج إدارة سليمان باشا تظهرُ بشكل محسوسٍ من خلال استتباب الأمن الذي ساد البصرة، والذي مكن المقيم البريطاني أن يقول في تقريره: «إن هذه البلاد تنعم بفترة هدوء تام منذ أمد طويل، فالعرب في حالة من الزجر، والحبوب على أنواعها زهيدة الثمن، والتجار في المدينة أحرار من المضايقات، والمكان بوجه عام أكثر هدوءاً مما كان عليه منذ سنوات».

علاقات بريطانيا السياسية والعامة بالعراق التركي، ١٧٣٠ - ١٧٥٤

كانت العلاقات السياسية الإنجليزية بالعراق التركي، تتمثل فقط بتعامل موظفي شركة الهند الشرقية مع الحكومة المحلية.

صعوبات في البصرة، ١٧٣٥

سبق أن أشرنا إلى الصعوبات التي تورط فيها البريطانيون في البصرة، عام ١٧٣٥، نتيجةً للقتال الدائر بين الفرس والأتراك، والتنازلات التي كانت ضرورية بما يخص نادر شاه. لكنَّ المقيم السياسي في البصرة لم يُسحَبْ لإقناع الفرس بأَنْ ليس لدى البريطانيين ميلٌ نحو الأتراك، كما كان القصد في يومٍ من الأيام، ومُنح الوكيل في بندر عباس السلطةَ في نهاية عام ١٧٣٥، ومنح حريةَ التصرف والتقدير لمنع السفن التي تكون في حماية الشركة من زيارة البصرة. لكن لم تسنح الفرصة لممارسة سلطاته هذه.

رحلة المقيم إلى بغداد، ١٧٣٥ - ١٧٣٦

في مارس ١٧٣٦، كان المستر فرنش، المقيم البريطاني، قد عاد إلى البصرة من بغداد. وكان هدف رحلته، التي قام بها على مسؤوليته الخاصة إلى العاصمة، الحصولَ

encountered near Hillah, the Baghdād Pāsha, though his force consisted of 14,000 men as against 800 with Sulaimān, was obliged to fly; and before the end of the year Sulaimān Pāsha was recognised by the Porte as ruler of all the provinces that had been held by Ahmad Pāsha.

On the 22nd of February 1750 Sulaimān Pāsha's Mutasallim arrived at Basrah and received charge of the place from a Captain Pāsha who had been acting as governor; the latter was evidently expected to resist displacement, but instead he retired quietly to Manāwi. A visit from Sulaimān Pāsha in person was anticipated at this time, 'when it is very certain numbers of worthless heads will be chopped off,' but it appears that he did not come; and the Captain Pāsha may even have escaped the fate that was predicted for him on account of his having insulted the family of Sulaimān during the latter's absence on his campaign against Baghdād. In 1752 the effects of Sulaimān Pāsha's administration began to be perceptible in the greater security which prevailed around Basrah, and the British Resident was able to report: 'For some time past this country has been in perfect tranquillity; the Arabs kept under due restraint; grain of all kinds been very cheap; the merchants of the city unmolested, and the place in general in a more quiet state than for many years before.'

British political and general relations with Turkish 'Irāq, 1730-54

British political relations with Turkish 'Irāq still consisted solely in the dealings of the East India Company's servants with the local government.

Difficulties at Basrah, 1735

Reference has already been made to the difficulties in which the British were involved at Basrah, about 1735, in consequence of hostilities there between the Persians and the Turks, and to the concessions which it was found necessary to make in the matter to Nādir Shāh; but the British Resident at Basrah was not withdrawn, as had at one time been intended, for the purpose of convincing the Persians that the British had no leaning towards the Turks; and the Agent at Bandar 'Abbās, who had been invested at the end of 1735 with discretion to prevent ships under the Company's protection from visiting Basrah, found no occasion to exercise his powers.

Resident's journey to Baghdād, 1735-36

In March 1736 Mr. French, the British Resident, had lately returned to Basrah from Baghdād; the object of his journey to the capital, which seems to

من الباشا على تعويضٍ عن سوء سلوك المتسلم في البصرة. وقد أصاب في ذلك نجاحاً كبيراً.

رحلة مساعد المقيم إلى بغداد، ١٧٣٧ - ١٧٣٨

في عام ١٧٣٨، أرسل المقيم في البصرة المستر هويت ول مساعده المستر دوريل مع هدية إلى بغداد ليقابل أحمد باشا، ويلتمس مساعدته في أن يستعيد، ولا سيما من البدو، الديون المستحقة التي تعود ملكيتها إلى المستر فرنش، الذي توفي في العام السابق. وقد زار المستر دوريل بغداد أيضاً عام ١٧٣٧. وبعد تحصيل ما قيمته ٢٠,٠٠٠ تيلوت* من الشعير والتمر والقمح، استدعى الباشا الآغا الذي سبق أن أرسله ليدبر هذا الأمر. وعندما فُهم أنْ لاشيء آخر يمكن توقعه دون مدفوعات إضافية، صدر الأمر إلى المستر دوريل بالعودة إلى البصرة. وقد وضعت تكاليف مهمة المستر دوريل على حساب أموال المستر فرنش، التي بقي منها مبلغ ٣٠,٠٠٠ تيلوت، لم يجرِ تحصيله.

معاملة المقيم السياسي البريطاني معاملة سيئة، وغيرها من القضايا، ١٧٤٣ - ١٧٤٥

أدى حصار الفرس للبصرة عام ١٧٤٣، كما رأينا، إلى مهانةٍ خطيرة للمستر دوريل، المقيم. كما أن سلوك المتسلم العام والموظفين الآخرين نحوه ومطالبتهم بقروض أيضاً، قد أصبحت لا تطاق، حتى انه، في عام ١٧٤٤، اقترحَ، أن ينسحب إلى ظهر السفينة إذا أهمل أحمد باشا شكواه، كما اقترح أن يترك البصرة كلياً إذا استمر عدم تسوية شكاويه. لكن السلطات في بومباي قدمت له، على أي حال، نصيحة بالبقاء، شرط أن يتمكن من ذلك، برضوخه فقط لنفقاتٍ صغيرة. ويبدو أن الأمور قد عُدّلت بشكلٍ مؤقت. ففي عام ١٧٤٥، نشأت بين المقيم والمتسلم مشاكل جديدة، بسبب مطالبة الدائنين المحليين بمبالغ تصل إلى ١٦٦,٠٠٥ محموديات كحقوقٍ لهم في أموال المستر فرنش. وقد استعد المستر دوريل للانسحاب إلى بوشهر. لكن الأتراك وضعوا أيديهم على بضائع تخص بعض موظفي شركة الهند الشرقية وأرسلوها بالسفن إلى بغداد. وقد أُجبر المقيم على التوجه إلى بغداد، حيثُ كان يقطن الدائنون. وفي هذه المناسبة، استُقبل المقيم استقبالاً حسناً من قبل أحمد باشا الذي أقال متسلّم البصرة وعين مكانه يحيى آغا، وهو حاكم سابق يتمتع بسيرة حسنة، كما أمر بوضع اليد على ممتلكات بعض أعضاء مجلس المتسلم.

---

* لم تُذكر قيمةُ هذه العملة المعدنية.

have been undertaken on his own responsibility, was to obtain redress from the Pāsha for misbehaviour on the part of the Mutasallim of Basrah; and in this he was entirely successful.

Journeys of the Assistant to the Resident to Baghdād, 1737-38

In 1738 Mr. Dorrill, the Assistant to the Resident at Basrah, was sent by Mr. Whitwell, the Resident, to wait on Ahmad Pāsha at Baghdād with a present and solicit his aid in recovering debts due, especially from Bedouins, to the estate of Mr. French, who had died in the preceding year. Mr. Dorrill had visited Baghdād in 1737 also. After 20,000 'Telotas'* had been recovered in barley, dates and wheat, the Pāsha recalled the Āgha whom he had sent to Basrah to manage the business; and, as it was seen that nothing further could be expected without more payments, Mr. Dorrill was ordered to return to Basrah. The cost of Mr. Dorrill's mission was charged to Mr. French's estate, of which 30,000 Telotas remained unrecovered.

Ill-treatment of the British Resident and various cases 1743-45

The siege of Basrah by the Persians in 1743 led, as we had already seen, to a serious affront to Mr. Dorrill, the Resident; and the general behaviour of the Mutasallim and the other officials towards him, as also their demands for loans, had become so outrageous that in 1744 he proposed, if Ahmad Pāsha neglected his complaints, to retire on board ship and, if his grievances still remained unredressed, to leave Basrah. The authorities at Bombay, however, advised him to remain, provided he could do so by 'submitting only to a small expense,' and matters seem to have been temporarily adjusted. In 1745 there was fresh trouble between the Resident and the Mutasallim, arising partly out of Mr. French's estate against which claims amounting to 166,005 Mahmūdis had been brought by the native creditors, and Mr. Dorrill had prepared to retire to Būshehr; but the Turks seized goods belonging to some of the Company's Bombay servants and shipped them for Baghdād, obliging him instead to repair in haste to the capital, where the creditors resided. On this occasion the Resident was well received by Ahmad Pāsha, who removed the Mutasallim of Basrah, replacing him by Yahya Āgha, a former satisfactory governor, and caused the property of some members of the Mutasallim's council to be sequestrated.

---

*The value of this coin is not stated.

المقيم يقترح انسحابه من البصرة، ١٧٤٧

في عام ١٧٤٧، ونتيجة للفيضان الذي سببه المتمردون العرب عمداً، عندما انتفضوا على سلطة الباشا، اقترح المستر جريندون، المقيم في البصرة، أن يُسمح له بالانسحاب، لفترة من الزمن، إلى بغداد أو خرج أوريك أو بوشهر، خوفاً من انتشار الأوبئة، الذي كان سينتج عن الفيضان. لكن طلبه رفض من قبل الوكيل والمجلس في بندر عباس.

مقيمية البصرة يُعهد بها إلى كاتب فيها، ١٧٤٨

في يونيو ١٧٤٨، قام المستر جريندون، الذي يبدو أن البصرة لم تعجبه، قام فجأة بتسليم مهام المقيمية للمستر بومبت الذي كانت مهنته الكتابة، ثم رحل إلى بومباي لشؤون خاصة، دون أن يحصل على إذن مسبق من رؤسائه، فوجه له الوكيل والمجلس في بندر عباس انتقاداً لاذعاً وعنيفاً بسبب سلوكه. واعتبرا أنه يستحق اللوم الشديد، لأن حسين باشا أحدَ الدائنين الذين لهم حق في أموال المستر فرنش، كان قد وصل في الوقت الذي غادر فيه المقيمُ البصرة.

تهديد المقيم بالانسحاب من البصرة، ١٧٤٩

في ابريل ١٧٤٩، عندما زحف سليمان باشا على رأس قوة من البصرة لمهاجمة باشا بغداد، طلب وكيله، الذي استخلفه، قرضاً من المقيم فضلاً عن قرض أُعطيَ له سابقاً. فنكّس المقيم علمه، وهدد بترك البصرة. وعلى الأثر، كف وُكيل الباشا عن ذلك، وأرسل شخصاً مفوضاً صاحبَ نفوذ ليرجوه البقاء.

تجدد المشاكل مع الموظفين المحليين في البصرة، ١٧٥١

مرّة أخرى عام ١٧٥١، أذنب متسلم البصرة باللجوء إلى «إجراءات عنيفة وتصرّف شائن» نحو المقيم الذي اشتكى إلى سليمان باشا الذي وجّه تأنيباً شديداً وفعالاً جداً إلى مرؤوسيه، حتى ان أعمال الوكالة البريطانية كانت تنفذ، فيما بعد، دون أي عائق أو مضايقة.

جمع الوثائق المتعلقة بضمانات البريطانيين وامتيازاتهم، ١٧٥٢ - ١٧٥٤

في عام ١٧٥٢، صدر أمر للمقيمِ في البصرة بتجهيز ترجمات، كانت رئاسة بومباي قد طلبتها، لكل الضمانات التي بموجبها تمتع البريطانيون بامتيازات في العراق. وبما أنّ الحصول على الوثائق المطلوبة في البصرة كان غيرَ ممكن، فقد أحال المقيم الأمر إلى السفير البريطاني في القسطنطنية. لكن، حتى فبراير ١٧٥٤، لم يكن قد جرى بعد تسلّم الأوراق الضرورية في البصرة.

Suggested withdrawal of the Resident from Basrah, 1747

In 1747, in consequence of the inundation deliberately caused in that year by Arab rebels against the Pasha's authority and of the pestilence by which he apprehended that it would be followed, Mr. Grendon, the Resident at Basrah, sought permission to withdraw for a time to Baghdād, Khārag, Rīg or Būshehr; but his request was refused by the Agent and Council at Bandar 'Abbās.

Basrah Residency left in charge of a Writer, 1748

In June 1748 Mr. Grendon, who appears not to have liked Basrah, suddenly made over charge of the Residency to Mr. Pompet, Writer, and left for Bombay on private affairs, without first obtaining permission from his superiors. The Agent and Council at Bandar 'Abbās animadverted severely on his conduct, and they considered it to be the more reprehensible because Husain Pāsha, a new Mutasallim, who was one of the debtors to Mr. French's estate, had arrived at the time of his departure within a few days' march of Basrah.

Threatened withdrawal of the Resident from Basrah, 1749

In April 1749, Sulaimān Pasha having marched from Basrah to attack the Pāsha of Baghād, his Kehiyah, whom he had left behind, demanded a loan from the Resident in addition to one already given. The Resident, however, struck his flag and threatened to leave Basrah, whereupon the Kehiyah desisted and sent an influential deputation to beg him to stay.

Renewed trouble with the local officials at Basrah 1751

In 1751 the Mutasallim of Basrah was again guilty of 'violent measures and extraordinary behaviour' towards the Resident, who complained to Sulaimān Pāsha; and the latter administered 'so very effectual' a reprimand to his subordinate that the business of the British Factory was thereafter carried on without the least hindrance or molestation.

Collection of documents bearing on British grants and privileges 1752-54

In 1752 the Resident at Basrah was ordered to furnish translations, which had been called for by the Presidency of Bombay, of all the grants, etc., under which the British enjoyed privileges in 'Irāq. The required documents could not all be obtained at Basrah, and the Resident accordingly referred to the Ambassador at Constantinople; but up to February 1754 the necessary papers had not been received at Basrah.

تعليمات إلى المقيم في البصرة، ١٧٥٣

في عام ١٧٥٣، عُيّن المستر شو مقيماً في البصرة، وتلقّى، من الوكيل والمجلس في بندر عباس تعليمات عامة أبديا فيها ملاحظاتهما قائلين: «نحن كذلك علينا أن نعلمك أن الشركة الموقرة لن تقبل أي عذر لإقراض الحكومة مالاً أو بيعها بضائعَ الشركة دون قبض كامل المبلغ، لأن الشركة ستتيقّن بهذه الوسيلة أنها لن تُمنى بخسارة بسبب ديون هالكة.

حسن تصرف سليمان باشا مع المقيم في البصرة، ١٧٥٤

في يوليو ١٧٥٤، أظهر سليمان باشا، حاكم بغداد، مشاعر من الصداقة الحميمة حيال المستر شو، المقيم البريطاني في البصرة. ومن المحتمل أن يكون قد فعل ذلك بتأثير الإزعاج الذي كان الهولنديون يسببونه له في خرج، فأرسل إليه «سيفاً تركياً نادراً، وحصاناً أصيلاً، مع طقم مذهب عليه زركشة غنية، فضلاً عن رسائل إطراء غير عادية من الباشا ونائبه، أو (الوزير الأول)، والخازندار، والشاهبندار، الخ، تعبر عن رضاهم، ولا سيما في تلك المسألة، وتعبّر عن سلوك أمتنا اللائق والمنتظم في جميع الأوقات، والذي تقبلته حكومة الباشا. كما عبر أصحاب الرسائل في رسائلهم عن كامل استعدادهم ليس فقط لتثبيت جميع الهبات والخدمات السابقة في تلك المسألة، بل بزيادتها، إذا دعت الحاجة إلى ذلك. كما اكتشفوا أننا نمارس تلك الضمانات والخدمات بشكل صحيح وسليم في جميع الأوقات، مما يجعلنا جديرين يومياً بمزيدٍ من الأمثلة عن محبتهم وتقديرهم». وعندما تلقى المقيم هذه الهدايا والإطراءات في اجتماعٍ حاشدٍ بالسراي «لم يتأخر في استجماع كل ما يملك من بيان محدود». وطلب، فيما بعد، أن يُسمحَ له بتحميل الشركة تكاليفَ الهدايا المقابلة، كما هو العرف المتبع في مثل هذه المناسبات في جميع الأماكن الأخرى.

التجارة والضرائب القنصلية وغيرها من المستحقات الأخرى لشركة الهند الشرقية في العراق التركي، ١٧٣٠ ـ ١٧٥٤

التجارة، ١٧٣٠ ـ ١٧٥٤

لم تحتوِ السجلات الرسمية إلاّ على ملاحظات قليلة عن تجارة الهند الشرقية في البصرة، أثناء هذه الفترة. وفي عام ١٧٣٣، أحدث الغزو الفارسي اضطراباً كبيراً في الأسواق التركية. لكن، حوالي فترة ١٧٣٧ ـ ١٧٣٩، تحولت تجارة بندر عباس بمعظمها إلى البصرة، بسبب تعرّضها لإعاقة خطيرة نجمت عن حملات فارسية على عُمان، كانت تدار من ذلك الميناء. كما أصيبت بنكسة في المكانين نسبةُ الضرائب القنصلية الخاصة بالشركة.

Instructions to the Resident at Basrah, 1753

In 1753 Mr. Shaw was appointed Resident at Basrah and received some general instructions from the Agent and Council at Bandar 'Abbās in which they remarked: 'We are likewise to acquaint you that the Hon'ble Company will admit of no excuse for lending money to the Government, or selling their goods to them, without first receiving the amount; as by this means they are sure to sustain no loss from bad debts.'

Civility of Sulaimān Pāsha to the Resident at Basrah, 1754

In July 1754 Sulaimān Pāsha of Baghdād, possibly influenced by the trouble he was experiencing from the Dutch at Khārag, made friendly advances to Mr. Shaw, the British Resident at Basrah, and sent him 'a fine Turkish sabre, with a very noble horse, richly caparisoned with gilt furniture, with very extraordinary letters of compliments from the Bashaw, his Kia (or First Minister), and Cuzenedar, or Master of the Household, and Shahbunder, etc., expressing the particular satisfaction they received from the regular decent conduct of our nation at all times in the Bashaw's Government, and therein expressed their readiness, not only to confirm all former grants and favours, but even to add to them, if need were, as they found at all times made so proper a use thereof as to render us daily deserving of additional instances of their partiuclar affection and esteem.' The Resident, on receiving these presents and compliments at a large assembly in the Sarāi, 'failed not to muster all the little rhetoric he was master of;' and subsequently he asked to be allowed to charge the cost of the return presents to the Company 'as it is the custom at all other places on such public occasions.'

Trade, consulage and other dues of the East India Company in Turkish 'Irāq, 1730-54

Trade proper, 1730-54

The official records contain few notices of the East India Company's trade at Basrah during this period. In 1733 the markets of Turkish 'Irāq were greatly disturbed by the Persian invasion of that year; but about 1737-39 the trade of Bandar 'Abbās, being seriously hampered by the Persian campaigns in 'Omān which were being conducted from that port, was largely diverted to Basrah, and the proportion of the Company's consulage collected at the two

وأصبحت البصرة الآن وجهة معظم النحاسِ الذي كان يُستورد بمراكب من البنغال بشكل خاص. وفي عام ١٧٤١، أفادت تجارة الأقمشة الصوفية البريطانية في البصرة من الحظر الذي فرضته السلطات المحلية على مرور القوافل بين حلب وتلك السوق. وفي عامي ١٧٥٢ و ١٧٥٣، اشتد الطلب على المنسوجات في العراق التركي.

الرسوم القنصلية وغيرها من الرسوم

كانت قضية الرسوم القنصلية، وسواها من الرسوم التي كان يقوم بجمعها ممثلو الشركة في البصرة، كثيراً ما تَرِد في مراسلات تلك الأيام. وبمفهوم الامتيازات، كانت كل الأموال المجموعة من قبل الشركة في البصرة، رسوماً قنصلية. لكن يبدو أن الشركة قد حدّدت إطلاق هذه التسمية بذلك الجزء من العوائد الذي كانت تسمح لموظفيها أن يحتفظوا به لأنفسهم. أما الباقي، فقد سمَّته «رسوماً جمركية».

وفي عام ١٧٣١، تمكّن المستر فرنش، المقيم البريطاني، من الحصول على فرمان من الباشا يحدد الرسوم الجمركية التي يمكن فرضها على البضائع البريطانية في البصرة، بـ٣٪* . وكان المستر فرنش قد أنفق الأموال الضرورية من ماله الخاص لضمان هذا الامتياز. ففي حين كان يُتَوقّع أن يكون الامتياز، بشكل عام، في صالح التجارة إلى حد كبير، فقد فوِّضَ المستر فرنش بتحميل الشركة النفقات، فضلاً عن مكافأة شرفية، له شخصياً، تبلغ ٣,٠٠٠ قرش. كما فرضت ضريبة إضافية، مقدارها ١٪، على بضائع الشركة الخاصة، وإضافة ١٪ على بضائع التجار الذين يعملون لحسابهم الخاص، وعلى كل التجارة البريطانية بالبصرة في الوقت نفسه. وقد صدرت أوامر بأن يستمر العمل بهذا الترتيب، حتى استعادة المبلغ بأكمله مع الفائدة المتأتية عنه.

وفي عام ١٧٣٣، لم تُجْبَ أيُّ ضريبة قنصلية في البصرة، نتيجةَ توقف التجارة تماماً، بسبب قرب الجيوش الفارسية.

وفي عام ١٧٣٥، سواءٌ أكان ذلك قبل رفع الضرائب التي فرضت عام ١٧٣١، أم بعده، فقد فُرضت ضريبة إضافية ثانية فرضتها الشركة في البصرة لاسترداد النفقات التي جلبتها على نفسها، والتي تتعلق بأول محاولة فارسية على المدينة. وقد فُتِح حساب منفصل للصندوق الذي كوِّنَ تحت باب «مشاكل البصرة».

لقد منح المستر فرنش، المقيم البريطاني في البصرة ١٠٠ تومان، منحته إياها رئاسة

---

* كانت هذه هي النسبة التي حددتها نصوص اتفاقية الامتيازات سنة ١٦٦١، انظر الهامش صفحة ٩٩.

places was reversed. Copper in particular, imported into the Gulf in ships from Bengal, now went chiefly to Basrah. In 1741 the British woollen trade at Basrah benefited by a prohibition which the local authorities had imposed on the passage of caravans between Aleppo and that market. In 1752 and 1753 there was a great demand for perpets in Turkish 'Irāq.

Consulage and other dues

The question of the consulage and other dues collected by the Company's representative at Basrah is frequently noticed in the correspondence of the day. In the sense of the Capitulations all the collections of the Company at Basrah were 'consulage'; but the Company seem to have restricted that name to a portion which they allowed their officers to keep for themselves and to have styled the rest 'customs.'

In 1731 Mr. French, the British Resident, obtained a Farmān from the Pāsha restricting the Customs duty leviable on British goods at Basrah to* 3 per cent.; and, as Mr. French had made the disbursements necessary to secure this concession from his own private means, while the concession was expected to be highly advantageous to trade in general, he was authorised to charge the outlay to the Company, together with an honorarium of 3,000 Qurūsh for himself. An additional duty, in the shape apparently of one per cent imposed on the Company's own goods and an extra one per cent. on the goods of private traders, was at the same time laid on all British trade at Basrah; and it was ordered that this arrangement should remain in force until the whole amount, with the interest accruing thereon, should have been recovered.

In 1733 no consulage at all was obtained at Basrah, in consequence of a cessation of trade due to the nearness of the Persian armies.

In 1735, whether before or after the charge created in 1731 had been cleared off, an additional duty was again imposed by the Company at Basrah in recoupment of the expenses incurred by them in connection with the first Persian attempt upon the town. A separate account for the fund thus formed was opened under the heading 'Basrah Troubles.'

Mr. French, the British Resident at Basrah, was awarded 100 Tūmāns by

---

*This was the rate fixed by the Capitulations of 1661 but see footnote on page 99, ante.

بومباي تعويضاً جزئياً عن نفقات رحلته إلى بغداد عام ١٧٣٦، وأُعطي تعليمات أن يُحَمِّل «رئيس دائرة الرسوم الجمركية في البصرة هذه النفقات، ما دام، التجار سيجدون منفعة من هذا الإجراء بشكل عام».

في عام ١٧٤٠، خُفّض الرصيد المدين الواقع تحت باب «مشاكل البصرة»، الصادر في عام ١٧٣٥، خُفِّض إلى ١٦٧، ٢١٢ شاهية. وكان متوقعاً أن يُسدَّد كليّاً في غضون الفصل الذي كان قد بدأ.

منشآت شركة الهند الشرقية في العراق التركي، ١٧٣٠ ـ ١٧٥٤

تحدّد القائمة التالية، المثيرة للاهتمام، موظفي الشركة في البصرة كما كانت عليه عام ١٧٥١:

اسم الشخص ووظيفته	تاريخ الوصول إلى الهند	الراتب بالجنيهات	الراتب السنوي الحالي	العمر	اللقب
برابازون اليس المعين مقيماً	٢٢ فبراير ١٧٤٩	٥	٣٠	٢٨	تاجر صغير
ناثانييل بومبيت الذي أُمر بالانتقال إلى المقيمية	٩ ديسمبر ١٧٤٦	٥	١٥	٢٦	كاتب
جون هولمز مساعد المقيم	١٠ يونيو ١٧٥٠	٥	١٥٠	٣٦	الشخص الخامس في المجلس
دانفرز جريفز	١٨ مايو ١٧١٩	٥	٤٠	٦٢	تاجر أول
فرانسيس وود سكرتير	١٧ أغسطس ١٧٤٣	٥	١٥	٢٢	وكيل تجاري

وفي فترة سابقة، أي في عام ١٧٤١، كانت الوكالة تضم اثنين فقط، هما المستر توماس دوريل، المقيم المؤقت، والمستر دانفرز جريفز، مساعد المقيم، وكان راتبهما السنوي ٣٠ جنيهاً و٥ جنيهات على التوالي.

the Bombay Presidency in partial repayment of the expenses of his journey to Baghdād in 1736; and he was 'directed to charge it to the head of Basrah Customs, since the traders in general will find the benefit of this proceeding.'

In 1740 the debit balance under the 'Basrah Troubles' heading of 1735 had been reduced to 212, 167 Shāhis, and it was anticipated that it would be totally extinguished in the course of the season that had begun.

Establishments of the East India Company in Turkish 'Irāq, 1730-54

The following interesting list is extant of the Company's staff at Basrah as it stood in 1751:

Person's names and employments	Time of their arrival in India.	At what salary.	Present salary per annum	Ages	Title
		£	£		
Brabazon Ellis, Intended for Resident	22nd February 1749.	5	30	28	Junr. Merchant.
Nathaniel Pompet, but ordered to move to the *Residency	9th December 1746.	5	15	26	Writer.
John Holmes, Assistant to the Resident	10th June 1750.	5	150	36	Fifth in Council.
Danvers Graves	18th May 1719.	5	40	62	Seur Merchant.
Francis Wood, Secretary.	17th August 1743.	5	15	22	Factor.

At an earlier period however, in 1741, it consisted of only two persons, viz., Mr. Thomas Dorrill, Provisional Resident, and Mr. Danvers Graves, Assistant to the Resident, whose annual salaries were £30 and £5 respectively.

---

*Probably an error for "Presidency".

وكانت الشركة تدفع للمقيم مبلغاً آخر من العلاوات لتغطية نفقات الطعام وإيجار المنزل وغيرها من المصاريف. وكان هذا المبلغ يدفع، كما يبدو، كمبلغ إضافي على المعاش، ولم يجاوز عام ١٧٤٠، الـ ٥٠ روبية في الشهر، لم تكن تكفي لتغطية مادة واحدة وهي ايجار البيت. لذلك أوصى الوكيل والمجلس في بندر عباس بزيادة هذا المبلغ. لكن لم يخول المقيم تحميل الشركة تكاليف إيجار المنزل ومعاش المترجم، حتى عام ١٧٤٧.

في ذلك الوقت، كانت البصرة، كالعادة، أفضل من بندر عباس، كموقعٍ للوكالة، ومن الوجهة الصحية. ومهما يكن من أمر، فقد كان عام ١٧٣٧ سيّئاً جداً من الوجهة الصحية، فقد سبَّب المرض وفاة جميع السادة الإنجليز عدا المستر سترلنج، موظف المحاسبة في شركة «بولتني»، الذي عمد بتبصّر إلى ختم المستودعات. وكان بين الضحايا المستر فرنش، المقيم، الذي توفي في السابع نوفمبر. ولم تُسجّل وفيات أخرى، أثناء هذه الفترة، بين موظفي الشركة في البصرة.

الهولنديون في العراق التركي، ١٧٣٠ ـ ١٧٥٤

كان للهولنديين خلال القسم الأكبر من الفترة التي نستعرضها الآن، مقيميةٌ في البصرة. وفي نهاية عام ١٧٤٧، أُرسل منها رجلٌ رفيع المستوى، ليعيد تأسيس مستوطنة هولندية كانت قائمة، سابقاً، في بوشهر. وفي عام ١٧٥٢ على وجه التقريب، حلت كارثة بالمقيمية الهولندية في البصرة، التي كان يترأسها البارون نيبهاوزن المعروف*. وفي يوم من الأيام، ألقت السلطات التركية القبض على البارون بتهمة إقامة علاقة بإحدى النساء المحليات، ولم يطلق سراحه إلا بعد أن قدم رشوة مقدارها، كما يقال، ٥٠,٠٠٠ روبية. وفي الوقت نفسه، ابتُزت مبالغ ضخمة من أشخاص آخرين ينتمون إلى الوكالة الهولندية، أو لهم علاقة بها. وعند إطلاق سراح البارون أبحر إلى باتافيا، فترافق وصوله إليها مع وصول رسالة تتضمن شكاوى ضده، بعث بها حاكمُ البصرة التركي بواسطة الوكالة الهولندية في بندر عباس؛ فسُحبت الوكالة الهولندية من البصرة. وليس هناك ما يؤكد: هل جرى ذلك عند مغادرته البصرة أو بعدها؟ وبعد ما استطاع البارون نيبهاوزن أن يبرّىء نفسه من التهم الموجهة إليه بالشكل الذي يُرضي السلطات الهولندية في الهند الشرقية، كما رأينا في مكان آخر، عاد إلى الخليج عند نهاية عام ١٧٥٣، وباشر الاستقرار في جزيرة خرج مع قوة بحرية وعسكرية. وأثناء ذلك، حصل السفير الهولندي، من الباب العالي، على فرمان يسمح بإعادة رفع العلم الهولندي في البصرة. وعند وصول البارون إلى خرج، نقل رسالة إلى

---

* إن المصادر الرئيسية بشأن شخصية هذا السيد المحترم وأعماله توجد في هامش الصفحة ١٣٧، المجلد الاول.

The Company's allowance to the Resident for diet, house-rent and other charges, paid apparently in addition to salary, was in 1740 only Rs. 50 a month, which did not even cover the single item of house-rent, and the Agent and Council at Bandar 'Abbās recommended that it should be increased; but it was not until 1747 that the Resident was authorised to charge his house-rent and the salary of his Linguist to the Company.

At this time Basrah was, as a rule, a far healthier station than Bandar 'Abbās. In the year 1737, however, which was a very unhealthy one, sickness carried off 'all the English gentlemen* except one Mr. Sterling,' 'Purser of the Poultney, who prudently sealed up the warehouses;' and among the victims was Mr. French, the Resident, who died on the 7th of November. No other deaths during this period among the Company's servants at Basrah are recorded.

The Dutch in Turkish 'Irāq, 1730-54

The Dutch, during the greater part of the period which we are now examining, had a Residency at Basrah; and from it, at the end of 1747, a gentleman was sent to re-establish a Dutch settlement that had formerly existed at Būshehr. In or about 1752, however, calamity overtook the Dutch Residency at Basrah, of which the head was then the well-known Baron Kniphausen.** The Baron was arrested one day by the Turkish authorities on a charge of having had relations with a Muhammadan prostitute, and he was not released until he had paid, it was said, a bribe of Rs. 50,000; and large sums were extorted at the same time from other persons belonging to or connected with the Dutch Factory. On his release the Baron sailed for Batavia, where he arrived simultaneously with a letter containing complaints against him, sent by the Turkish governor of Basrah through the Dutch Factory at Bandar 'Abbās; and, whether at or after his departure is uncertain, the Dutch Factory at Basrah was withdrawn. Having cleared his character to the satisfaction of the Dutch authorities in the East Indies, Baron Kniphausen, as we have seen elsewhere, returned to the Persian Gulf at the end of 1753 and proceeded to settle with a naval and military force on the island of Khārag; and meanwhile the Dutch Ambassador at the Porte had procured a Farmān for the re-hoisting of the Dutch flag at Basrah. On arrival at Khārag

---

*Number not stated.
**The chief authorities on this gentleman's character and proceedings are specified in a footnote on page 137, Vol 1.

سليمان باشا من القائد الهولندي في باتافيا، يطالب فيها بالتعويض عن المبالغ التي ابتُزّت من موظفي الشركة الهولندية، وباستقبال نيبهاوزن شخصياً في البصرة، ويهدّدُ باللجوء إلى القوة في حال عدم التقيد بذلك. لكنَّ جواب الباشا أفاد، كما يبدو، أنه لن يعيد أيَّ أموال، وأنه، فقط، يقبل مقيماً هولندياً، شرط أن يكون شخصاً آخر غير البارون نيبهاوزن، وألاّ يُفرض عليه بالقوة. ويبدو أن السكان الرئيسيين في البصرة كانت لديهم اعتراضات قوية على عودة البارون نيبهاوزن، وهددوا بالنزوح عن المدينة إذا سُمح له بالعودة. ومهما يكن من أمر، فقد باشر البارون، عام ١٧٥٤، في محاصرة مصب شط العرب. وبعد فترة وجيزة، احتجز سفينتين قيمتين تعودُ ملكيتهما إلى رعايا أتراك، صادف أن رستا في جزيرة خرج. وهذه الإجراءات أجبرت الباشا على الخضوع لشروطه. وفي مطلع عام ١٧٥٥، أعيد دفع المال المبتز، وحصل الهولنديون على إذن بسحب بعض البضائع التي كانوا قد تركوها في البصرة، وبجمع الديون التي كانت مستحقة لهم هناك. وتلقى الهولنديون، فيما بعد، دعوةً من الأتراك للعودة إلى البصرة، أو على الأقل هكذا صرّحوا. لكنهم، من جانبهم، لم يتخذوا أي خطوة ليفيدوا من هذا الإذن.

الفرنسيون في العراق التركي، ١٧٣٠ ـ ١٧٥٤

يبدو أن نظام التمثيل القنصلي الفرنسي قد أعيد تغيير هيكليّته حوالي عام ١٧٤٠، عندما عُيّن قنصلاً فرنسياً في بغداد لأول مرة المسيو باييه، الكرملي الفرنسي، الذي أصبح، بعد بوقت قصير، أسقفاً لاتينياً على بغداد. وفي الوقت نفسه، تولى مسؤولية القنصلية الفرنسية في البصرة شخص عادي، بعد أن شغله ١١ شخصاً كنسياً، بين عامي ١٦٧٩ و ١٧٣٩. لكن هذا المسؤول العادي، المسيو دو مارتنفيل، توفي عام ١٧٤١، بعد فترة قصيرة من تعيينه. وفي عام ١٧٤٨، أصبح القنصل الفرنسي في البصرة يُدعى مقيماً. وقد صعد إلى ظهر سفينة برتغالية، وغادر البصرة يصحبه جميع أفراد المقيمية الفرنسية، لأنه لم يتسلَّم معاشاً من بونديشيري لمدة سنتين كاملتين. وربما كانت الحرب الدائرة بين بريطانيا وفرنسا، في ذلك الحين، سبب مصاعبه.

عثمان الثالث، ١٧٥٤ ـ ١٧٥٧

لم تتميز الفترة القصيرة لحكم السلطان عثمان الثالث بأيّ حدث مهم في العراق التركي.

the Baron sent to Sulaimān Pāsha a letter from the Dutch General in Batavia demanding repayment of the sums extorted from the Dutch Company's servants and the reception of Kniphausen himself at Basrah, and threatening that, in event of non-compliance, force would be used; but the reply of the Pāsha seems to have been that he would refund nothing, and that he would only admit a Dutch Resident if he were somebody other than Baron Kniphausen and were not imposed by force. It was apparently the case that the principal inhabitants of Basrah had very strong objections to Baron Kniphausen, and that they threatened to emigrate if he were allowed to return. In July 1754, however, the Baron proceeded to blockade the mouth of the Shatt-al-'Arab, and a little later he detained two valuable ships belonging to Turkish subjects which happened to call at Khārag; these proceedings quickly brought the Pāsha to terms; and by the beginning of 1755 the money extorted had been reimbursed, and the Dutch had obtained leave to remove some goods which they had left at Basrah, and to collect debts which were due to them there. Subsequently the Dutch were invited - or at least gave out that they had been invited - by the Turks to return to Basrah; but they took no steps to avail themselves of the permission.

The French in Turkish 'Irāq, 1730-54

The system of French consular representation in Turkish 'Irāq appears to have been remodelled about 1740, when a French Consul at Baghdād was appointed for the first time in the person of M. Baillet, a French Carmelite, who soon afterwards became Latin Bishop of Baghdād. About the same time a layman assumed charge of the French Consulate at Basrah, which had been held by eleven ecclesiastics between 1679 and 1739; but this first lay incumbent, a M. de Martainville, died in 1741, not long after his appointment. In 1748 the French Consul at Basrah, now described as the Resident, having received no pay from Pondichéry for two years, embarked with the whole of the French Residency establishment and property on board a Portuguese trading vessel and departed. His difficulties may possibly have been occasioned by the war then in progress between Britain and France.

'OTHMĀN III 1754-57

The short reign of the Turkish Sultān 'Othmān III is not marked by any important event in Turkish 'Irāq.

العلاقات الفرنسية والبريطانية

إعادة إنشاء المقيمية الفرنسية في البصرة، ١٧٥٥

في صيف ١٧٥٥، أعاد المسيو بردريا فتح المقيمية الفرنسية في البصرة، وصدرت التعليمات إلى المقيم البريطاني، المستر شو، أن يراقب، بعناية فائقة، الصفقات التي يجريها المسيو بردريا، وأن يرفع تقاريره إلى مجلس مديري شركة الهند الشرقية. وكان ثمّة «تصور» أنه قد أُرسل إلى البصرة «في هذه الفترة الحرجة»، بشكل رئيسي، لينقل الاستخبارات إلى أوروبا. وقد أُرسل هذا الأمر من بومباي بواسطة الوكيل والمجلس في بندر عباس. ووُصف الوكيل، حينذاك وفي مناسبات لاحقة، أنه «وكيل لكل أوضاع الأمة البريطانية». وقد يعود هذا الأسلوب في المخاطبة إلى اقتراب الحرب. لكنه ظلّ يستعمل بعدها، لعدة سنوات.

رحلة المقيمَين البريطاني والفرنسي إلى بغداد، ١٧٥٦

في أوائل عام ١٧٥٦، وبعد أنْ تعرَّض المستر شو للإهانة والتهديد من قِبَل أحد أصحاب القوارب العاملة على نهر البصرة، طلب من المتسلم تعويضه عما ألمّ به. لكن الموظف، بدل أن يستجيب له، حرَّض العامة عليه. فوقعت أعمال شغب تعرضت خلالها حياة المقيم البريطاني للخطر. وبما أن الباشا في بغداد قَبِلَ رواية المتسلّم التي حمّلت المقيم البريطاني كامل اللوم، فقد قام المستر شو برحلة إلى بغداد، تاركاً مساعده المستر جاردن مسؤولاً عن المقيمية. وقد صحبه في هذه الرحلة المسيو بردريا، المقيم الفرنسي، الذي يبدو أنه كان على علاقة طيبة به. وفي بغداد، استطاع المستر شو، من خلال لقاءٍ شخصي بسليمان باشا، أن يضمن عزل المتسلم ومعاقبة المذنبين الأقل أهمية. كما أصدر الباشا فرماناً «أمر فيه بتقديم كل مظاهر التكريم والاحترام لصالح الأمة البريطانية وسمعتها، وأعلن أن أدنى خرق لهذا الفرمان سيصحبه على الفور حكم بالموت ومصادرة الأملاك». وقد أثار المقيمان، أثناء وجودهما في بغداد، مسألة رسوم الرسو في البصرة، حيث جرت العادة بفرض هدية قيمتها ٩٠٠ قرش عن كل سفينة صغيرة و١٥٠٠ قرش عن كل سفينة كبيرة، ترسو في المرفأ. وجرى الحصول على فرمانات من الباشا تلغي هذه الرسوم. وأظهر المسيو بردريا شيئاً من الطيش بتقديمه مبلغ ٦٠٠٠ قرش إلى الباشا في هذه المناسبة. وخشي المستر شو أن يُتَوقّع منه دفع مبلغ مماثل. لكنه عقد النيّة أن يرفض دفع أكثر من ٤٠٠٠ قرش، وأن يستعيد هذا المبلغ بفرضِ رسوم رسو مؤقتة على السفن

French and British Relations

Re-establishment of the French Residency at Basrah, 1755

In the summer of 1755 the French Residency at Basrah was re-opened by a M. Perdria, whose transactions the British Resident, Mr. Shaw was directed to watch very carefully and report to the Court of Directors of the East India Company, for it was 'imagined' that the Frenchman had been sent to Basrah 'at this critical juncture' chiefly to forward intelligence to Europe. This order was sent from Bombay through the Agent and Council at Bandar 'Abbās, the Agent being described on this and on various later occasions as 'Agent for all affairs of the British Nation,' a style of address due perhaps to the approach of war, but one that continued in use for a number of years after.

Journey of the British and French Residents to Baghdād, 1756

About the beginning of 1756 Mr. Shaw, having been insulted and threatened by a boatman on the Basrah river, applied for redress to the Mutasallim; but that officer, instead of complying, incited the populace against him, and a riot occurred by which his life was endangered. As the Pāsha at Baghdād accepted the Mutasallim's version of the affair, by which the whole blame was thrown upon the British Resident, Mr. Shaw undertook a journey to Baghdād, leaving his Assistant, Mr. Garden, in charge at Basrah; he was accompanied by M. Perdria, with whom he seems to have been on good terms. At Baghdād, by means of a personal interview with Sulaimān Pāsha, Mr. Shaw was able to secure the removal of the Mutasallim and the punishment of the less important offenders; and the Pāsha also granted a Farmān 'in which he directed that all possible honour and regard should be paid to the interest and credit of the British nation, and declared that the least breach of that order would be attended with immediate loss of life and estate.' The question of anchorage duties at Basrah, where it had been the custom to exact a present of 900 Qurūsh from every small and one of 1,500 from every large ship visiting the port, was raised by the two Residents during their visit at Baghdād, and Farmāns were obtained by them from the Pāsha abolishing these duties. M. Perdria was imprudent enough to give the Pāsha a present of 6,000 Qurūsh on this occasion, and Mr. Shaw feared that he would be expected to pay a like amount; but he proposed to decline giving more than 4,000 Qurūsh and to recover that amount by temporarily charging British

البريطانية في البصرة، بالنيابة عن شركة الهند الشرقية، مماثلة لتلك التي تعوّدوا دفعها للأتراك. وكانت حكومة بومباي قلقة، نوعاً ما، من هذه النفقات التي التزم المستر شو بها، دون الحصول على السلطة التي تخوله ذلك. لكنها وافقت على إمكانية استعادة المال الذي أُنفق بالطريقة المقترحة، شرط أن يحترم الأتراك نصوص الفرمان الجديد، ويمتنعوا عن جباية رسوم الرسو. واستمرت عملية استعادة المال حتى توقّفت عام ١٧٦٠، بعدما دُفع الدين بكامله. وكان أملُه: أن إزالة رسوم الرسو عن السفن التي تعودت، حتى ذلك الحين، تغيير مسارها من بوشهر أو بندر عباس أو حتى مسقط، سوف تستميل هذه السفن إلى زيارة البصرة.

سوء سلوك موظفي الشركة البنغاليين في البصرة، ١٧٥٤ - ١٧٥٧

يبدو أن هناك مشاكل كان يسببها سادة يعملون في مؤسسة الشركة في البنغال، ويزاولون التجارة في البصرة، ويحاولون، بعض الأحيان، تجاهل المقيم السياسي. وكان أحدَ المسيئين الرئيسيين رجلٌ يُدعى المستر بالدريك، لديه بعض الأعمال التجارية هناك، عام ١٧٥٤. وفي أوائل عام ١٧٥٧، عمدت الرئاسة في بومباي، «إحساساً منها بالعواقب الوخيمة الناجمة عن سعي السادة من البنغال إلى التهرب من أي تبعية لمقيم الشركة الموقرة»، عمدت إلى تخويله صلاحية منع تقديم أي طلب إلى السلطات التركية إلا عن طريقه بالذات.

مصطفى الثالث، ١٧٥٧ - ١٧٧٣

لم يتأثر تاريخ العراق التركي، في عهد مصطفى الثالث، تأثراً كبيراً بما كان يجري من أحداثٍ في أنحاء الامبراطورية العثمانية الأخرى، إلا بمقدار ما منعت الحرب مع روسيا سلطانٍ تركيا من فرض سلطته على باشا بغداد. أما العلاقات السلمية التي أقيمت أخيراً، بين تركيا وبلاد فارس، فقد استمرت دون تعكير. وقد مات مصطفى الثالث في الأيام الأخيرة من عام ١٧٧٣.

باشوات بغداد، من ١٧٥٧ - ١٧٧٣

في هذه الفترة، استمر باشا بغداد في حكم العراق التركي كله؛ وشغلَ هذا المنصِب سلسلةٌ من الرجال الذين كانوا يتمتعون بنفوذ محلي، والذين وجد الباب العالي استحالة الاستغناء عن خدماتهم، مهما بلغت رغبته في ذلك.

ships at Basrah the same anchorage dues on behalf of the Company as they had been accustomed to pay to the Turks. The Government of Bombay were somewhat concerned at the expense to which the Resident had thus committed himself without proper authority; but they agreed that, provided the terms of the new Farmān were respected by the Turks and no anchorage dues collected by them, the money spent might be recovered in the manner suggested; and recoveries continued to be made until 1760, when, the whole amount having been made good, they ceased. It was hoped that by the removal of the anchorage dues ships which had hitherto been accustomed to turn back from Būshehr, Bandar 'Abbās or even Masqat would be induced to visit Basrah.

Misbehaviour of Bengal servants of the Company at Basrah, 1754-57

Trouble appears to have been caused from time to time by gentlemen of the Company's Bengal establishment who carried on a trade at Basrah, and who sometimes tried to ignore the Resident; one of the principal offenders was a Mr. Baldrick who had business there in 1754. Early in 1757 the Bombay Presidency, 'being sensible of the ill-effects of the Bengal gentlemen endeavouring to evade any dependency on the Hon'ble Company's Resident,' empowered that officer to prevent any application being made to the Turkish authorities, except through himself.

MUSTAFA III, 1757-73

The history of Turkish 'Irāq during the reign of Mustafa III was little affected by events in other parts of the Ottoman Empire, except in so far as war with Russia prevented the Sultān of Turkey from enforcing his authority over the Pāsha of Baghdād. The peaceful relations at last established between Turkey and Persia were not disturbed. Mustafa died in the last days of 1773.

Pāshas of Baghdād from 1757 to 1773

During this period the whole of Turkish 'Irāq continued to be governed by a Pāsha of Baghdād; and that office was filled by a series of men possessing local influence, with whose services the Porte, however much they might wish to do so, found it impossible to dispense.

سليمان باشا، حتى ١٧٦٢

احتفظ سليمان باشا، الذي استولى على الحكم في بغداد عام ١٧٤٩، ثم ثبّته الباب العالي في منصبه، احتفظ بمركزه هذا حتى موته، في ١٤ مايو ١٧٦٢. وقد بُذلت أكثر من محاولة واحدة، بَذَلَتْها القسطنطينية على الأرجح، لتحطيمه بوسائل غادرة. لكنها جميعها باءت بالفشل. ومع أنه كان بعيداً كل البعد عن أن يؤدي للسلطان أي جزية لا يستهان بها، فقد كان، معظم السنوات، قادراً، ومستعداً ليبرهن أنه أنفق، بالنيابة عن الحكومة التركية، أكثر مما تلقى. وقد أظهر سليمان باشا نشاطاً كبيراً في إدارة ولايته، وزرع الرعب في بعض قبائل العرب التي تعوّدت السرقة وأخضعها لنظام يمكن احتماله. وقد أطلق عليه لقب «أبو الليل» بسبب غاراته الليلية عليها. أما في بغداد، فكان معروفاً باسم «سليمان الأسد». وقيل إن الرحلة بين بغداد والبصرة، عن طريق الفرات، أم عن طريق دجلة، كانت، في عهده، رحلةً آمنة حتى للمسافرين الذين لا يصحبهم حامٍ من إحدى القبائل. وفيما كانت الاضطرابات تعم بلاد فارس، كانت البصرة وبغداد، بفضل الأمن الذي يسود مناطق سيطرته، تجتذبان نسبة كبيرة من التجارة الهندية التي كانت، في السابق، تنشُد بندر عباس وأصفهان. إلا أن سليمان باشا تأثر، إلى حد مفرط، بزوجته عديلة خاتون التي كانت تُجري المقابلات، وتتدخل في الأمور العامة، بل أنشأت وسام استحقاق خاصّاً بها، شارتُه شريطٌ حريري يُلف حول الرأس. وفي عام ١٧٥٨، أقدم سليمان باشا، بتحريضٍ منها، على دعوة سليم، الزعيم الكردي الذي قُتلَ أبوها أحمد أثناء حملة عسكرية ضده، إلى زيارةِ بغداد، حيث غدَر به سليمان وقتله خنقاً. وفي السنة نفسها، وفي الوقت الذي كان فيه الدكتور ايفز يزور بغداد، كان سليمان باشا رجلاً في الـ ٦٠ من عمره، محروماً من الأبناء، ومدمناً على عيوب يمارسها بشكل غير طبيعي.

علي باشا، ١٧٦٢ ـ ١٧٦٤

عند موت سليمان باشا دون تركه لذرية، أَفْلَحَ علي آغا متسلم البصرة الذي كان من قبل حاكم الديوانية، والذي قدّم لسليمان باشا، بوصفه متسلماً، عوناً لا يقدر، للاستيلاء على البشلكية، أفلح في الفوز بالمنصب الشاغر لنفسه، وذلك عن طريق التوصيات التي تقدم بها المسؤولون المحليون في بغداد، فضلاً عن الرشاوى التي أُعطيت في القسطنطينية. وقد عُيِّن في يوليو ١٧٦٢، وظلت حكومتا بغداد والبصرة، على غير ما كان متوقعاً بشكل عام، مندمجتين في مسؤولية واحدة. وأول خطرٍ كان على علي باشا أن يتدبّره، كان انتفاضةَ الانكشاريين في بغداد، التي أرغمته على ترك المدينة مؤقتاً. لكنه، وبمساعدة عرب الريف والمواطنين الأكثر نفوذاً في المدينة، والذين كانوا جميعاً إلى جانبه، تمكن، بسرعة، من القضاء على هذا التمرد، بل تمكن من معاقبة كبار قادته بالموت. وبعد ذلك، أخضع

Sulaimān Pāsha, till 1762

Sulaimān Pāsha, who had seized the government of Baghdād in 1749 and was afterwards confirmed therein by the Porte, retained his position until his death on the 14th of May 1762. More than one attempt was made, probably from Constantinople, to destroy him by foul means, but all were unsuccessful; and, so far from his paying any substantial tribute to the Sultān, he was in most years able and ready to prove that he had spent, on behalf of the Turkish Government, more than he had received. In the administration of his province he showed great energy, and he made himself the terror of the thievish Arab tribes, whom he reduced to tolerable order, and who surnamed him 'Abu Lail' on account of his nocturnal raids upon them. At Baghdād he was known as 'Sulaimān the Lion.' In his time the journey between Baghdād and Basrah, whether by the Euphrates or by the Tigris, is said to have become safe even for travellers unaccompanied by a tribal protector; and the security that prevailed in his dominions, while disturbances were rife in Persia, had the effect of drawing a large proportion of the Indian trade, which had formerly sought Bandar 'Abbās and Isfahān, to Basrah and Baghdād. He was however influenced, to an undue extent, by his wife 'Adilah Khātūn, who gave audiences, interfered in public business, and even instituted an order of merit of her own, of which the badge was a silk ribbon worn round the head; and it was at her instigation that, in 1758, he invited Sālim, the Kurdish chief on a campaign against whom her father Ahmad had expired, to Baghdād and treacherously put him to death by strangling. In 1758, at the time of Dr. Ives' visit to Baghdād, Sulaimān Pāsha was a childless man over sixty years of age, but addicted to unnatural vices.

'Ali Pāsha 1762-64

On the death of Sulaimān Pāsha without children, 'Ali Āgha, Mutasallim of Basrah, who had formerly been Governor of Diwānīyah and who in that capacity had given Sulaimān Pāsha invaluable aid in seizing the Pashāliq, contrived, by means of the recommendations of the local Baghdād officials supplemented by bribes at Constantinople to obtain the vacant post for himself. His appointment took place in July 1762, and the governments of Baghdād and Basrah remained, contrary to the general expectation, a combined charge. The first danger with which 'Ali Pāsha had to cope was a rising of the Janissaries at Baghdād, which obliged him temporarily to abandon the city; but very soon, with the help of the country Arabs and of the most influential citizens, who were all upon his side, he was able to suppress

كردستان لطاعته، ثم قام، على القبائل العربية في الأقاليم، بحملات كثيرة سيأتي ذكرها فيما بعد. لكنَّ إحدى هذه الحملات، وهي حملة ضد الخزاعل، انتهت بكارثة عليه. ولكنْ من المعتقد أن سقوطه، عام ١٧٦٤، إنما يعود، بشكل رئيسي، إلى مكائد عديلة خاتون ضده، وهي التي كان قد ترعرع في كنف والدها. وكان قد أقصاها عن السلطة بشكل صارم. وكان يُشكّ أن لديه مخططاً لإبعادها عن بغداد. وصادف أن علي باشا كان ابناً لوالدين وضيعين، ومن عرقٍ فارسي. ويقال إنه كان متستراً متنكراً. وقد غَلّفت هذه الحقيقة تأكيدات أعدائه بمظهرٍ من المصداقية، وبأنه على استعداد لتسليم البلاد إلى الشاه الفارسي. وثبتت هذه الفكرة في ذهن الكثيرين نتيجة انتصاراته التي حققها على الانكشاريين والأكراد السنة وفشله في مواجهة الخزاعل من الشيعة. وقد استطاعت أخيراً عديلة خاتون إقناع بعض كبار المسؤولين في بغداد، الذين كانوا، حتى ذلك الحين، من أنصار علي باشا المخلصين، بالاعتقاد أنه ينوي إعدامهم، وأن عليهم أن ينظروا إلى تأمين سلامتهم بإثارة العصيان عليه. وأقدموا على ذلك بصورةٍ مفاجئة، وأحرزوا نجاحاً كبيراً أرغمه على الاختباء في مدينة بغداد، بأفضل ما يستطيع. لكنه، بعد بضعة أيامٍ، قبض عليه في زي نسوي، إذْ كان يحاول الهرب إلى الريف، فأعيد إلى السراي وأُعدم.

عمرو باشا، بعد ١٧٦٤

وخلفاً لعليٍّ، كباشا على بغداد، جاء عمرو، الزوجُ الثاني لشقيقة من شقيقات عديلة خاتون أصغر منها؛ وكان زوجُها الأول قد أُعدِمَ استناداً إلى أدلّة كاذبة أقنعتْ تلك المرأة المستبدّة سليمان باشا بها. وكان عمرو باشا رجلاً ذا مقدرة، ولم تكن عديلة خاتون راضية عن ترفيعه إلى مرتبة البشلكية. لكنَّ مجلساً من كبار المسؤولين في بغداد هو الذي اقترح اسمه، ثم قبله الباب العالي.

متسلمو البصرة، ١٧٥٧ - ١٧٧٣

كان باشا بغداد هو الذي يعين المتسلمين أو نواب الحكام، لإدارة شؤون البصرة والأقاليم التابعة لها، وهو الذي يقيلهم بحسب مشيئته، كما جرت العادة منذ حوالي عام ١٧٢٠.

علي آغا، ١٧٦١

يبدو أن علي آغا، الذي أصبح فيما بعد باشا بغداد، قد شغل منصب نائب حاكم البصرة عام ١٧٦١. وفي ذلك العام قاد حملة على قبيلة بني كعب.

the revolt and even to punish the ringleaders with death. After this he reduced Kurdistan to obedience and undertook various expeditions, which are noticed further on, against Arab tribes of the province; but, of these last, one against the Khazā'il ended disastrously. His fall, however, which occurred in 1764, is believed to have been due chiefly to the intrigues of 'Ādilah Khātūn, in whose father's household he had been brought up, but whom he had rigorously excluded from power and whom he was suspected of a design to remove from Baghdād. 'Ali Pāsha, who was of humble parentage, happened to be a Persian by race; and this fact invested with some plausibility the assertions of his enemies that he was a Shī'ah in disguise, prepared to hand over the country to the Shāh of Persia - a notion which to many minds was confirmed by his successes against the Sunni Janissaries and Kurds and his failure against the Shī`ah Khazā'il. 'Ādilah Khātūn at last succeeded in persuading some of the principal officials, who had hitherto been among 'Ali's sincere supporters, to believe that he intended to put them to death, and to consult their own safety by raising an insurrection against him; and this they did so suddenly and so successfully that he was obliged to hide himself, as best he could, in the city of Baghdād. A few days later he was arrested in female attire while attempting to escape to the country, brought back to the Sarāi, and executed.

'Umr Pāsha, after 1764

'Ali was succeeded as Pāsha of Baghdād by 'Umr, the second husband of a younger sister of 'Ādilah Khātūn, whose first husband that masterful woman had induced Sulaimān Pāsha, on false evidence, to put to death. 'Umr Pāsha was regarded as a man of mediocre ability, and his elevation to the Pashāliq cannot have been agreeable to 'Ādilah Khātūn; but his name was proposed by a council of the chief officials at Baghdād and was accepted by the Porte.

Mutasallims of Basrah, from 1757 to 1773

Basrah, with the districts dependent on it, was administered, as it had been since about 1720, by Mutasallims or Deputy-Governors whom the Pāshas of Baghdād appointed and removed at will.

'Ali Āgha, 1761

'Ali Āgha, afterwards Pāsha of Baghdād, appears to have been Deputy-Governor of Basrah in 1761, in which year he commanded an expedition against the Ka'ab tribe.

محمود، ١٧٦٤

في صيف ١٧٦٤، كان متسلم البصرة رجلاً يدعى محمود، عرف بأنه جندي باسل. واعتُقد أنه لو كان موجوداً في بغداد عند موت علي باشا، لأصبح أحد المرشحين للبشلكية.

سليمان آغا، ١٧٦٥ - ١٧٦٨

جاء سليمان آغا ذو الأصل الجورجي خلفاً لمحمود، وقُدّر له أن يؤدي دوراً مهماً في تاريخ العراق التركي لمدة طويلة، حتى انتهى به الأمر إلى تسلّم حاكمية بشلكية بغداد. اتصف حكم سليمان آغا في الحقبة الأولى من ولايته في البصرة، بالاعتدال، وتميّز بتخليه عن الجشع. إلا أنه أثار غيرة اسماعيل، نائب باشا بغداد. وعلى الرغم من احتجاج الوكيل البريطاني في البصرة، فقد عُزِل من منصبه في أوائل عام ١٧٦٨، بحجة انه أهمل إرسال ما يكفي من المال إلى بغداد، وأنه أخفق في تسديد فواتير كبيرة كان قد سحبها سيّده الباشا، على أن تدفع من الإيرادات العامة في البصرة.

عبد الرحمن بك، ١٧٦٨

ضمن عبد الرحمن بك تعيينه متسلّماً، بتقديمه رشوةً ضخمة لباشا بغداد، ووعده بزيادة إنتاج ولاية البصرة مالياً. لكنه لم يحتفظ بمنصبه هذا طويلاً. ففي اكتوبر ١٧٦٨، أصبح المنصب شاغراً من جديد، عقب وفاة شاغله فجأة، دون استبعاد الشك في أنه مات مسموماً.

سليمان آغا، ١٧٦٨ - ١٧٦٩

على أثر ذلك، أعيد سليمان آغا فوراً إلى نيابة الولاية. لكنّ سلوكه نحو البريطانيين والمسيحيين بشكل عام، خلال ولايته الثانية هذه، لم يكن سلوكاً مرضياً، ممّا دفع الباشا إلى عزله عام ١٧٦٩، إثر شكاوى قدمتها شركة الهند الشرقية.

يوسف آغا، ١٧٦٩ - ١٧٧١

كان موقف يوسف آغا، المتسلم الجديد من الجاليات الأجنبية، موقفاً ودّياً. لكنه مع أسف الجاليات الشديد، عزل في أغسطس ١٧٧١، لصالح سليمان باشا الذي عيّنه الباشا مرة أخرى. وقد يكون يوسف آغا هذا هو نفسه حاجي يوسف الذي كان مسؤولاً عن مدينة البصرة في أكتوبر ١٧٦٣.

Mahmūd, 1764

In the summer of 1764 the Mutasallim of Basrah was one Mahmūd, who had the reputation of being a good soldier, and who, it was thought, might have become a candidate for the Pashāliq, had he been present at Baghdād at the time of 'Ali Pāsha's death.

Sulaimān Agha, 1765-68

Mahmūd appears to have been succeeded by Sulaimān Āgha, a Georgian, who was destined to play a long and important part in the history of Turkish 'Irāq and to rise eventually to the governorship of the Pashāliq. Sulaimān, during his first term of office at Basrah, ruled with moderation and distinguished himself by his freedom from rapacity; but he incurred the jealousy of Ismā'īl, the Kehiyah of the Baghdād Pāsha; and, notwithstanding a protest by the British Agent at Basrah, he was removed, early in 1768, for his negligence in not sending enough money to Baghdād, and for failing to meet some large bills drawn by his master the Pāsha against the public revenues of Basrah.

'Abdur Rahmān Baig, 1768

'Abdur Rahmān Baig, who, by paying a considerable bribe at Baghdād and promising to make Basrah a financially more productive province, had secured his own nomination to the Mutasallimate, did not retain his position long. In October 1768 the post was again vacant, the holder having died suddenly, not without suspicion of poison.

Sulaimān Āgha, 1768 69

Thereupon Sulaimān Āgha was immediately reinstated in the Deputy-Governorship; but his conduct towards the British and Christians in general was unsatisfactory during this, his second period of rule; and in 1769 he was actually removed by the Pāsha on the representations of the East India Company's Agent.

Yūsuf Āgha, 1769-71

The attitude of Yūsuf Āgha, the new Mutasallim, towards the foreign community was friendly; but in August 1771, to their great regret, he was displaced in favour of Sulaimān Āgha, whom the Pāsha had now reappointed. This Yūsuf Āgha may have been identical with one Hāji Yūsuf who had charge of the town of Basrah in October 1763.

يبدو أن سليمان آغا قد احتفظ، بعد ذلك، بالمتسلمية حتى سقوط البصرة في أيدي الفرس عام ١٧٧٦، وانتهاء الحقبة التي تهمنا الآن. إلاّ أنه عُزل لمدة قصيرة انتهت عام ١٧٧٣، تولى يوسف آغا، خلالها، المتسلمية من جديد. وسنشير في الموضع المناسب إلى سلوكه الحميد في الدفاع عن المدينة.

المقر الإداري الرئيسي في العراق التركي، في ١٧٥٨ و١٧٦٥

ترك الرحالتان آيفز ونيبور، اللذان زارا بغداد والبصرة، الأول عام ١٧٥٨ والثاني عامي ١٧٦٥ و١٧٦٦، تركا تقارير مهمة ودقيقة حول هاتين المدينين اللتين كانتا، وما تزالان، مركزي السلطة الأساسيين في العراق التركي.

كان شكل الحكم في بغداد صورة مصغرة عن الحكم في القسطنطينية. وكانت معظم المناصب الرسمية، التي تقع في نطاق مسؤولية الباشا، تُقدَّم هدية شخصية منه. لكن كان عليه أن يعرض كل المسائل ذات الأهمية الكبرى على مجلسه أو الديوان الذي لم يكن من أعضائه، الآغا أو قائد الانكشارية وقاضي القضاة ونقيب مقام الشيخ عبد القادر فحسب، بل كان من هؤلاء الأعضاء أيضاً جميع الرسميين السابقين، أصحاب المناصب العالية المقيمين في البصرة وبعض أصحاب السلطة الدينية. أما منصب قاضي القضاة، فتجدرُ الإشارة إلى أنه كان يُشْغَلُ كلّ سنة من قبل موظف جديد تعيّنه القسطنطينية. وأمّا الموظف المنفذ، الذي يأتي بعد الباشا مباشرة في الرتبة والسلطة، فهو الكيخيا، أو الوزير، الذي كان مسؤولاً بعد الباشا عن جميع الشؤون سواء أكانت شؤوناً مدنية أم عسكرية. وكان ثمة موظفون آخرون يملكُ بعضهم صفة الخدمة العامة، في حين ينتمي البعض الآخر إلى أهل بيت الباشا. ويراوح عدد القوات الخاضعة مباشرة لأوامر باشا بغداد، بما فيها حرسه الخاص، بين ٦٠٠٠ رجل و٧٠٠٠. يُضاف إلى هذا العدد ما في مقر القيادة من قوة كبيرة للمدفعية وفيالق متعددة من الانكشارية، ويراوح عدد هؤلاء بين ١٠,٠٠٠ جندي انكشاري و٤٠,٠٠٠. لكنْ لم يكن للباشا سلطةٌ على قوة المدفعية المُشار إليها، ولا على القوات الانكشارية التي كانت قوات امبراطوريةً تتلقى أوامرها من القسطنطينية. وكان قسمٌ من الانكشارية مدنيين من مختلف المستويات الاجتماعية، قد انخرطوا في القوات، وكان دافعهم الوحيد الطمع في الحماية والامتيازات التي أصبح لهم الحق في الحصول عليها بصفتهم أعضاءً في الانكشارية. حتى انّ باشا بغداد رأى أنَّ من المفيد أحياناً، أن ينخرط في الانكشارية. ولم يكن من غير المألوف في بغداد أن تتعاقد الحكومة مع بعض الأفراد ليعملوا

Sulaimān Āgha, 1771-76

Sulaimān Āgha seems after this - with a short interval, ending in 1773, during which he was again replaced by Yūsuf Āgha - to have retained the Mutasallimate until the capture of Basrah by the Persians in 1776, after the close of the period with which we are now concerned. His creditable conduct in the defence of the town will be noticed in its proper place.

Administrative head-quarters in Turkish 'Irāq in 1758 and 1765

Interesting and minute accounts of Baghdād and Basrah, then as now the two main seats of government in Turkish 'Irāq, have been left by the travellers Ives and Niebuhr, who visited them in 1758 and 1765-66 respectively.

The form of government at Baghdād was the same, in miniature, as that at Constantinople. Most official appointments within the limits of his charge were in the personal gift of the Pāsha; but he was obliged to submit all matters of great importance to his Council or Diwān, of which not only the Āgha or commander of the Janissaries, the chief Qādhi, and the Naqīb of the shrine of 'Abdul Qādir, but also every ex-official of high rank resident at Basrah and various ecclesiastical authorities were members. The chief Qādhiship, it may be mentioned, was held every year by a new incumbent, appointed from Constantinople. The executive functionary next in rank and power to the Pāsha himself was his Kehiyah or Minister, who had charge under him of all matters, whether civil or military; and other officials, some of whom possessed a public character while some belonged rather to the household of the Pāsha, were numerous. The troops under the direct orders of the Pāsha of Baghdād, including his personal guards, amounted to 6,000 or 7,000 men; and in addition to these there were at headquarters a strong force of artillery and various corps of Janissaries, the latter variously estimated at 10,000 to 40,000 men: but over the artillery in question and over the Janissaries, who were imperial troops and received their orders from Constantinople, the Pāsha had no control. A number of the Janissaries were civilians in different ranks of life, who enlisted merely for the sake of the protection and privileges to which they became entitled as members of the corps; and sometimes even the Pāsha of Baghdād found it expedient to enrol himself as a Janissary. To meet a demand for extra troops to serve against the

ضباطاً مسؤولين عن قواتٍ من الرعاع غير المدربين يجمعونها بأنفسهم، وذلك تلبية للحاجة إلى قوات إضافيةٍ لمحاربة الأكراد أو القبائل العربية.

كانت الاستحكامات الدفاعية في مدينة بغداد تتألف، وقتذاك، من سورٍ كبير يمتد على طوله متراس فتحت فيه كوىً للرماية، وبُنيت فيه تسعة حصون بارزة، في كلٍ حصن عدد من المدافع النحاسية يراوح بين ستة مدافع وثمانية، من عياراتٍ مختلفة. وكان هناك، خارج السور، خندقٌ كبير يليه منحدر خفيف. وكان يبلغُ الارتفاع من قاعٍ الخندق إلى أعلى السور حوالي ٤٠ قدماً. أما عدد المدافع في بغداد، المثبتة أو المحمولة، فكان حوالي ١٥٠ مدفعاً من مختلف الأحجام.

البصرة

أما البصرة، التي علق الرحالتان على قذارتها غير المعقولة، فقد كان المتسلم الموظفَ الرئيسيَّ فيها، وكان يقيمُ في ساحة مكشوفة وسطَ البلدة بين السكان المحليين، على ضفة خليج العشار الجنوبية، بعيداً عن شط العرب. وفي الأيام التي سبقت إلغاء بشلكية البصرة، أي قبل عام ١٧٢٠، كان الباب العالي يُعيّن، إلى جانب نائب الحاكم، القبطان باشا أو قائد البحرية الذي كان على درجةٍ عالية من الوقار، فضلاً عن تمتّعه بسلطة مستقلة. لكن، بعد اندماج البصرة في بشلكية بغداد، أصبح تعيينه يتوقف على باشا بغداد، وقُلِّصت سلطته إلى حد كبير. ويبدو أن مقر القبطان باشا كان، عام ١٧٦٥، يقع، على وجه التحديد، في المكان الذي يقيم فيه العميد البحري التركي في البصرة اليوم. وفي البصرة، كما في بغداد، جهازٌ كبير من الموظفين يشمل القاضي الذي يُرسل سنوياً من القسطنطينية. وكان مطلوباً من متسلم البصرة، كما هو مطلوب من باشا بغداد، أن يستشير مجلسه في الشؤون المهمة. وكان للقبطان باشا والقاضي ووجهاء المدينة وغيرهم مقاعدُ في هذا المجلس. وعُرف هؤلاء الوجهاء بمجموعهم، ومنهم نقيب البصرة، بـ آجال* البلد. وكانت تشمل امتيازاتهم التي يتمتعون بها الإعفاء من ضريبة الأرض والحقّ في ممارسة سلطة قضائية خاصة على ممتلكاتهم. أما الانكشاريون في البصرة، فكانوا أكثر إثارة للشغب مما هم عليه في بغداد، وذلك لبعدهم عن مراقبة ضباطهم الكبار المقيمين في القرنة. فعند موت سليمان باشا عام ١٧٦٢، لم

* هكذا ذكر نيبور. أما في السجلات الرسمية الإنجليزية، آنذاك، فيبدو، بوجه عام، أنهم عُرفوا بـ «العيون». وهذا هو المقصود، ويحتمل أن تكون، كلمة «الأعيان».

Kurds or the Arab tribes, it was not uncommon at Baghdād to grant contracts to individuals, who themselves acted as officers of the untrained rabble which they collected.

The defences of the main town of Baghdād consisted at this time of a wall with a parapet, loopholed throughout its length, and of nine bastions, each mounting six to eight brass guns of miscellaneous calibres. Outside the wall there was a good ditch, and beyond the ditch an indifferent glacis; and the height from the bottom of the ditch to the top of the wall was about 40 feet. The number of guns at Baghdād was about 150 of all sizes, mounted and unmounted.

Basrah

At Basrah, on the phenomenal filthiness of which both travellers comment, the principal official was the Mutasallim, who had his residence in an open square of the native town, on the south bank of the 'Ashār creek, far from the Shatt-al-'Arab. In the days preceding the abolition of the Basrah Pashāliq, before 1720, not only the Deputy-Governor but also a 'Kapitān (Captain) Pāsha' or naval commandant was appointed by the Porte, and the Kapitān Pāsha was a personage of high dignity and independent powers; but, on the incorporation of Basrah in the Baghdād Pāshāliq, he became a nominee of the Baghdād Pāsha and his authority was greatly curtailed. The abode of the Kapitān Pāsha in 1765 appears to have been almost precisely at the spot occupied by the Turkish Commodore at Basrah at the present day. At Basrah, as at Baghdād, there was a considerable body of officials, including a Qādhi sent annually from Constantinople; and the Mutasallim of Basrah, like the Pāsha of Baghdād, was required in serious questions to consult his Council, on which the Kapitān Pāsha, the Qādhi, the notables of the country and others had seats. The notables, among whom was the Naqīb of Basrah, were collectively known as the* Ajal-al-Balad; their privileges included exemption from the land-tax, and rights of private jurisdiction upon their own estates. The Janissaries at Basrah, being removed from under the eye of their own principal officers, who were stationed at Qūrnah, were even more troublesome than at Baghdād; and on the death of Sulaimān Pāsha in 1762 the

---

*So Niebuhr; but in the English official records of the day they seem to be generally mentioned as the "Ions," by which, presumably, the term A'yān اعيان is intended.

يتمكن المتسلم، بكامل قواته، أن يمنعهم من القيام بنهب بيوت الأرمن واليهود والهندوس في وضح النهار، بل وبيوت المسلمين الذين لم ينخرطوا في صفوف الانكشارية. وفي خضم الفوضى التي وقعت، غالباً ما كان الانكشاريون يشتبكون بعضهم مع بعض، وغالباً ما كان يقتل في اليوم الواحد بين ثمانية رجال و١٢ رجلاً، فضلاً عن عدد مماثل من المواطنين المسالمين العاديين. وقد يظنّ البعض أن أي متسلمٍ محاطٍ بهذا العدد الكبير من القوى المستقلة، لا بُدَّ أن يكون بلا سلطة فعلية. إلاّ أن الواقع لم يكن كذلك. فقد كان من الملاحظ أن الرجل القادر والبارع في الإيقاع بينَ الفرقاء لمصلحته، لم يكن قادراً فقط على أن يحتفظ بسلطته على البصرة، بل قادراً أن يجمع ثروةً طائلة عن طريق الاغتصاب والابتزاز.

الديوانية والحلة

كان في العراق التركي مركزان رسميان مهمان إلى جانب بغداد والبصرة، هما الديوانية، المعروفة عموماً باسم الحسكة، والحلة. وقد مر فيهما الدكتور آيفز وفريقه في طريقهم صعوداً عبر الفرات، فوجدوا أن المسؤول عن الديوانية هناك هو علي آغا الذي أصبح، فيما بعد، باشا بغداد، والذي ترك أثراً عميقاً فيهم لأنه رجلٌ كريم، دمثُ الأخلاق وجدير بالتقدير. وكانت سلطة حاكم الديوانية القضائية في ذلك الوقت، تمتد إلى القرنة من جهة، وإلى الحلة من جهة أخرى.

الأوضاع القَبلية الداخلية، ١٧٥٧ ـ ١٧٧٣

على الرغم من العقوبات القاسية التي عمد أحمد باشا، ومن ثم سليمان باشا، إلى إنزالها بالقبائل العربية من حين إلى آخر، فقد وجد الدكتور آيفز وفريقه خلال سفرهم صعوداً عبر الفرات عام ١٧٥٨، أنه لم يكن لدى القبائل احترامٌ للسلطة التركية، بأي شكل من الأشكال، ولم تُبدِ القبائل أيّ مظهر من مظاهر الخضوع لها.

تمرد بني لام، ١٧٦٣

في اكتوبر ١٧٦٢، انطلق علي باشا، الذي كان حاكماً على العراق التركي منذ أكثر من عام، انطلق بنفسه لتأديب عرب بني لام الذين كانوا يسبّبون المشاكل. ويبدو أنه قد أنزل بهم هزيمة في محلة بجوار الهويزة.

تمرد الخزاعل، ١٧٦٣ ـ ١٧٦٥

لكنَّ علي باشا كان أقل حظاً في تعاطيه مع الخزاعل الذين كانت لَمْلَم عاصمتهم القبلية.

Mutasallim, with all his troops, was unable to prevent them from plundering in broad daylight the houses of Armenians, Jews and Hindus, and even those of such Muhammadans as had not enrolled themselves in a Janissary Corps. In the disorders which occurred, the Janissaries frequently came to blows among themselves, and as many as eight to twelve of them were often killed in a single day, besides an equal number of ordinary peaceful citizens. It might be supposed that a Mutasallim, surrounded by so many independent forces, must have been practically powerless; but such was not the case; and it was observed that an able man, skilled in playing off one faction against another, was able not merely to maintain his authority at Basrah, but even to amass considerable wealth by extortion.

Dīwānīyah and Hillah

Two other important official centres besides Baghdād and Basrah were Dīwānīyah, generally known as Haskah, and Hillah, through both of which Dr. Ives and his party passed on their way up the Euphrates, finding in charge of the former 'Ali Āgha, afterwards Pāsha of Baghdād, who struck them as a 'generous, genteel, worthy man.' The jurisdiction of the governor of Dīwānīyah at that time extended to Qūrnah on the one side and Hillāh on the other.

Internal tribal affairs, 1757-73

Notwithstanding the severe punishment which Ahmad Pāsha and Sulaimān Pāsha had from time to time meted out to the Arab clans, Dr. Ives and his party, in travelling up the Euphrates in 1758, found the tribesmen in places by no means respectful or submissive to Turkish authority.

Bani Lām rebellion, 1763

In October 1763 'Ali Pāsha, who had then ruled Turkish 'Irāq for more than a year, went in person to chastise the Bani Lām Arabs, who had been giving trouble, and apparently defeated them in the neighbourhood of Hawīzeh.

Khazā'il rebellion, 1763-65

He had less good fortune in his dealings with the Khazā'il, having their

فقد أقفلوا الفرات في وجه القوارب التي لم تدفع لهم الأتاوة المطلوبة. حتى انهم أنزلوا بعلي باشا هزيمة نكراء. وما إن تسلَّم عمرو باشا الحكم حتى اجتاح بلادهم وأحرق لَمْلَمْ وطرد الشيخ حمود الحاكم، ثم قطع رؤوس ستة من زعمائهم أو سبعة، وأرسل الرؤوس إلى القسطنطينية. لكن سرعان ما ظهر حمود من جديد، وطرد الشيخ الذي عينه الأتراك مكانه. أما عمرو باشا، الذي لم يكن يرغب في شن حملة ثانية، فقد آثر الاعتراف به. إلا أنَّ الخزاعل لم يجازفوا، بعد ذلك، في اعتراض المراكب في الفرات، مع أن الاتراك الذين كانوا يمرون في بلادهم كانوا عرضةً للذم والقدح بوصفهم من السنة.

تمرد المنتفق، ١٧٦٩

شملت أراضي قبيلة المنتفق الكبيرة، ذلك الوقت، الضفةَ الغربية من شط العرب، الممتدة من البصرة إلى القرنة، وضفتي نهر الفرات من القرنة إلى جوار ما يعرف اليوم بالناصرية. وبعد أن استعادت القبيلة قوتها عام ١٧٦٩ إثر العقاب الذي أنزله بها أحمد باشا، عادت وانتفضت على الأتراك بقيادة عبد الله، أحد إخوة سعدون الراحل، فقطعت حركة التمرد هذه حركةَ المواصلات تماماً بين البصرة وبغداد، سواء عن طريق دجلة أو الفرات. ونجح المتمردون، إحدى المرات، في الاستيلاء على عدة قرى قرب البصرة، حتى انهم تمكنوا من محاصرة أهل البصرة داخل أسوار مدينتهم، لبضعة أيام. وكان سبب هذه المشكلة رفض الشيخ عبد الله دفع أي مبلغ للأتراك من حساب مداخيل الأرض المتأخرة عن تسع سنوات. وفي شهر نوفمبر، وصل باشا بغداد إلى تخوم بلاد المنتفق عند أم لبّاس، في منتصف الطريق تقريباً بين السماوة والقرنة. في الوقت نفسه تقريباً، طُلب العون من قبيلة بني كعب، فوصل إلى البصرة ١٤ قارباً من نوع جاليڤات تخص بني كعب، سارت تسعة منها صعوداً في شط العرب، ترافقها بعض السفن التركية بقيادة القبطان باشا. وكان على متن الأسطول بكامله ١٥٠٠ رجل مسلح، جاؤوا للقيام بعمليات ضد قبيلة موالية لقبيلة المنتفق، مستوطناتها على الضفة الشرقية من شط العرب بين البصرة والقرنة. وفي أغسطس ١٧٦٩، وقبل بدء هذه الحملة ضد المنتفق، أعلن باشا بغداد عزل عبد الله من مشيخة القبيلة لصالح الشيخ فدحل. لكننا لا نعرف بوضوح كيف انتهت الأمور في الواقع.

تجدد الاضطرابات، ١٧٧٣

حوالي نهاية عام ١٧٧٣، قُطعت المواصلات مرة أخرى بين البصرة وبغداد. وكان مردُّ ذلك إلى المشاكل القائمة بين الحكومة التركية والقبائل العربية، كما كان الوضع من قبل.

tribal capital at Lāmlūm, who had closed the Euphrates to all boats that did not pay them blackmail, and he even sustained a severe defeat at their hands; but 'Umr Pāsha soon after his accession invaded their country, burned Lāmlūm, expelled the reigning Shaikh Hamūd, and cut off the heads of six or seven of the principal men, which he sent to Constantinople. Hamūd, however, soon reappeared, ejecting a new Shaikh whom the Turks had installed, and 'Umr Pāsha, who had no desire to undertake a second campaign, thought it as well to recognise him; but the Khazā'il, though Turks passing through their country were still exposed to obloquy as Sunnis, did not venture after this to stop boats on the river.

Muntafik rebellion, 1769

In 1769, the great Muntafik tribe, whose domains at this time embraced the western bank of the Shatt-al-'Arab from Basrah to Qūrnah and both banks of the Euphrates from Qūrnah to the neighbourhood of the modern Nāsirīyah, and who had now recovered from the punishment inflicted on them in the time of Ahmad Pāsha, rose against the Turks under the leadership of 'Abdullah, a brother of the deceased Sa'dūn. Communication between Basrah and Baghdād, both by the Euphrates and by the Tigris, was completely closed by this rising: at one time the rebels succeeded in capturing several villages near Basrah; and for some days they even confined the inhabitants of Basrah within the walls of the town. The cause of the trouble was the refusal of Shaikh 'Abdullah to make any payment to the Turks on account of his land-revenue, which was already in arrear by about nine years. In November the Pāsha of Baghdād reached the confines of the Muntafik country at Umm Labās, about midway between Samāwah and Qūrnah; and about the same time, the aid of the Ka'ab tribe having been invited, fourteen Ka'ab Gallivats arrived at Basrah, of which nine proceeded up the Shatt-al-'Arab in company with some Turkish vessels under the Kapitān Pāsha, the whole fleet carrying about 1,500 armed men, to operate against a tribe in alliance with the Muntafik whose settlements lay on the east bank of the Shatt-al'Arab between Basrah and Qūrnah. In August 1769, before this expedition against the Muntafik began, the Pāsha of Baghdād announced the deposition of 'Abdullah from the Shaikhship of the tribe in favour of one Fadhal; but how matters actually ended is not clear.

Renewed troubles, 1773

Towards the end of 1773, communication between Basrah and Baghdād was again interrupted, trouble between the Turkish Government and the Arab tribes being, as before, the cause.

مشاكل الأتراك مع قبيلة بني كعب، ١٧٥٧ ـ ١٧٧٣

ثمة مشاكل أكثر خطورة كانت في انتظار الأتراك ومعهم البريطانيّون الذين سارعوا بتهور لمحالفتهم في النزاع مع قبيلة بني كعب في قوبان والدورق، وكانت هذه القبيلة التي تزداد قوة، يوماً بعد يوم، بقيادة الشيخ سلمان أو سليمان. وكان بنو كعب يُعتَبرون، في البصرة، من الرعايا الأتراك* ،كما يتطلب العرف، وقد تأكد أنهم تعوّدوا في الماضي دفعَ ضريبةٍ للأتراكِ، عن أرضهم المحاذية لقوبان، على الأقل. غير أن شيخ القبيلة أخذ يُوقع بين الفرس والأتراك، وامتنع، في الوقت نفسه، عن أداء الجزية إلى أيٍّ من البلدين، وتعدّى على حكومة البصرة باحتلال قرى ومساحاتٍ من الأراضي، على طول شط العرب، بل على ضفته الغربية. لقد حرص شيخ بني كعب، خلال كل هذه الأعمال، على علاقات طيبة مع وجهاء العرب في جوار البصرة، فأبعد بعضهم، بالرشوة، عن الاهتمام بالمصلحة التركية. وبعد أن غزا كريم خان، قائد الفرس، بلاد شيخ بني كعب عام ١٧٥٧، شرع في إعداد أسطولٍ أنزل أول سفينة منه إلى البحر عام ١٧٥٨.

الحملة الإنجليزية ـ التركية الأولى على قبيلة بني كعب، ١٧٦١ ـ ١٧٦٢

أمر باشا بغداد عام ١٧٦١ علي آغا، متسلم البصرة، بالزحف على شيخ بني كعب، لاتهامه «بارتكاب الكثير من اعمال المخالفات مؤخراً». فأطاع الآغا، وزحف بقواته الخاصة، عن طريق البر، بعد أن عززها بقواتٍ أخرى، أُرسلت إليه من بغداد، كما زحف بفرقة قبليةٍ عربية، حتى وصل إلى قوبان. وفي يونيو من العام نفسه، وبطلب جدّي من نائب الحاكم التركي، قام المستر دوجلاس، الوكيل البريطاني في بندر عباس، الذي كان يقوم بجولة تفتيشية للبصرة، قام بإرسال السفينة «سوالو»، سفينة الشركة، لتتعاون مع ١٤ سفينة تركية من نوع ترانكيس على حصار خور موسى، أو أحد روافده، حيثُ كانت ترسو بعض قوارب العدو المسلحة. أما الشيخ سلمان، فقد لجأ، هرباً من الحملة التركية، إلى قلعته في الدورق أوالفلاحية، التي وجد أن من العسير الوصول إليها. لكن في النهاية تسبّب الحصار في إيصاله إلى حالة من الضيق الشديد، فاشترى السلام بإرساله الهدايا إلى باشا بغداد. عند ذلك، انسحبت القوات التركية من عربستان وعادت السفينة «سوالو»، في الوقت نفسه، إلى البصرة. وفي عام ١٧٦٢، حاصرت قبيلةُ بني كعب البصرة بإغلاق شط العرب في وجه السفن، سواء السفن المتجهة صعوداً أو نزولاً.

* كان هذا رأي الأتراك ورأي الوكيل البريطاني في البصرة، عام ١٧٦٧. ولعل الوكيل البريطاني تأثر ببيئته التركية. إلا أن أراضي بني كعب، بحسب نيبور، تقع في الأصل في فارس. أما أراضيهم التي كانت في تركيا، فهي الأراضي التي استولوا عليها من الأتراك في وقتٍ لاحق.

Difficulties of the Turks with the Ka'ab, 1757-73

More serious troubles than these, however, were in store for the Turks- and also for the British, who rashly became their allies in the quarrel - with the Ka'ab tribe of Qubbān and Dōraq, whose power, under their Shaikh Salmān or Sulaimān, was day by day increasing. The Ka'ab were regarded at Basrah as being properly* Turkish subjects, and it was asserted that they had been wont in the past to pay revenue to the Turks for that portion, at least, of their territory which adjoined Qubbān; but the chief of the tribe had now begun to play off Persia against Turkey, at the same time withholding tribute from both countries, and also to encroach on the government of Basrah by occupying villages and tracts upon the Shatt-al-'Arab, even upon its western side. Throughout his proceedings the Ka'ab Shaikh was careful to stand well with the Arab notables of the Basrah neighbourhood, some of whom he detached from the Turkish interest by bribery; and, after the invasion of his country by Karīm Khān, Vakīl of Persia, in 1757, he set about creating a fleet of which the first vessel was launched in 1758.

First Anglo-Turkish expedition against the Ka'ab, 1761-62

In 1761, the Ka'ab Shaikh 'having of late been guilty of many enormities,' the Pāsha of Baghdād ordered 'Ali Āgha, Mutasallim of Basrah, to proceed against him. The Āgha obeyed, marching by land with his own troops, after they had been reinforced by others sent from Baghdād and by an Arab tribal contingent, to Qubbān; and in June of that year, at the earnest request of the Turkish Deputy-Governor, Mr. Douglas, the British Agent at Bandar 'Abbās, then inspecting Basrah, sent the Company's vessel 'Swallow' to co-operate with 14 Turkish Trankis in blockading Khor Mūsa, or one of its branches, in which some of the enemy's armed boats were lying. Shaikh Salmān took refuge from the Turkish expedition in his fortat Dōraq or Fallāhīyeh, which was found to be extremely difficult of access; but ultimately he was reduced to serious straits and purchased peace by sending presents to the Pāsha at Baghdād. The Turkish forces were then withdrawn from 'Arabistān, the 'Swallow' at the same time returning to Basrah. In 1762, the Ka'ab blockaded Basrah by closing the Shatt-al-'Arab to all vessels, whether bound upwards or downwards.

---

*This was the opinion of the Turks and also of the British Agent at Basrah in 1767, who may have been influenced by his Turkish surroundings; but according to Neibuhr the original territory of the Ka`ab all lay in Persia, and only those of their lands were in Turkey which they had subsequently seized from the Turks.

الحملة الإنجليزية - التركية الثانية على قبيلة بني كعب، ١٧٦٣

في اكتوبر ١٧٦٣، دخل عدد من أتباع شيخ بني كعب إقليمَ الدواسر، على الضفة الغربية بأسفل شط العرب، وطردوا أهله. ولما كان لشركة الهند الشرقية مصلحة في بعض تمور الدواسر، فقد أظهر المستر برايس، الذي كان قد فتح الوكالة البريطانية الجديدة مؤخراً في البصرة وكان ما يزال مسؤولاً عنها، أظهر ميلاً إلى إرسال سفينة لمنع الغزاة من نزع أشجار النخيل. بيد أن المتسلم نصحه بالعدول عن القيام بمثل هذا العمل الحاسم. وعوضاً عن ذلك، كتبَ المتسلم رسالةً ليبعثها الوكيلُ إلى الشيخ سلمان. أما علي باشا، حاكم بغداد، الذي قاد، بصفته متسلماً للبصرة، الحملةَ الأخيرة ضد قبيلة بني كعب، فقد وصل، أثناء ذلك، إلى جوار البصرة، بنفسه. وما إن سمع بنو كعب باقترابه، حتى انسحبوا من الدواسر. فنزلت، حينئذ، السفينة «سوالو» في شط العرب بقيادة النقيب نسبيت ترافقها بعض القوارب حاملةً ١٠٠ جندي اختارهم للمهمة نائب الحاكم لحماية التمور، موضوع النزاع. إلا أن علي باشا، التوّاق إلى تحطيم نفوذ قبيلة بني كعب، كتب إلى المستر برايس ما يلي:

لا تتحقّق رغبتي، التي يعتمد عليها خيرُ حكومتي ورفاهيتها، إلاّ إذا أرسلت مراكبك لتسد مصب النهر، ويتزامن ذلك مع زحف جيشي عن طريق البر. واعتبر أنك مخول بالاستيلاء على أي شيء يخص بني كعب يقع في طريقك أو حرقه أو تدميره. باختصار اجعلوا من أنفسكم أسياداً لسفن «جاليڤات»، خاصة بني كعب، الذين سيحاولون حتماً الهرب بالبحر. وتعتبر رسالتي هذه بمثابة تفويض كافٍ لتبرير أيّ حدث. واعلمْ أن تدمير قبيلة بني كعب سيشكل مجداً لأمتك وليس لي. كما يمكن أن يكون لديك القناعة بأن مساعدتك السريعة هذه ستلقى الاعتراف الوثيق من السلطان ومكافأتك عليها. ويبقى الآن أن تقوم بإرسال السفن حالما تتلقى رسالتي. ففضلاً عن المجد الذي سيؤول إليك، فإن هذا العمل، الذي يقود إلى تدمير أولئك الذين يسببون المضايقة لأصدقائنا، لجديرٌ بالتقدير والثناء. لذلك، يتوقف نجاح هذا الأمر على جهدك الدؤوب وصداقتك وإخلاصك.

نتيجة لهذا الطلب، أُرسلت سفينتا الشركة «تارتر» و«سوالو» لمساعدة الباشا، واشتبكت غير مرة مع أسطول قبيلة بني كعب الذي بات يشمل سفناً عدة. لكن الصلح عُقد مرةً أخرى، وانسحبت الحملة دون إنجاز أي تسوية دائمة.

الحملة الإنجليزية - التركية الثالثة على قبيلة بني كعب، ١٧٦٥

في عام ١٧٦٥، عندما زحف كريم خان، حاكم الفرس، على قبيلة بني كعب للمرة الثانية بغية إخضاعها، كان قد تلقى وعداً من الأتراك بالمساعدة. وكان الأسطول المحارب

Second Anglo-Turkish expedition against the Ka'ab, 1763

In October 1763, a number of the Ka'ab Shaikh's people entered the Dawāsir district, upon the western side of the lower Shatt-al-'Arab, and drove away the inhabitants. As the East India Company had an interest in some dates in Dawāsir, Mr. Price, who had recently opened the new British Agency at Basrah and still held charge of it, was inclined to send a vessel to prevent their removal by the raiders; but the Mutasallim advised him against taking any such decided action and wrote a letter for him to send, instead, to Shaikh Salmān. Meanwhile 'Ali Pāsha of Baghdād, who as Mutasallim of Basrah had commanded the last expedition against the Ka'ab, himself arrived in the vicinity of Basrah; and the Ka'ab, hearing of his approach, withdrew from Dawāsir, whereupon the 'Swallow,' Captain Nesbitt, accompanied by boats carrying 100 troops detailed by the Deputy-Governor of Basrah, dropped down the river to secure the dates in dispute. 'Ali Pāsha, however, was anxious to destroy the power of the Ka'ab and wrote as follows to Mr. Price:

> My desire is, as the well-being of my Government depends upon it, that, while I march with my army by land, you will send your ships to block up the mouth of the river, and you have full power to take, burn, and destroy whatever you may meet with belonging to the Chaab. In short, make yourselves masters of the Gallivats, as they will no doubt endeavour to escape to sea; and this my letter shall be a sufficient warrant for anything that may happen. The demolishing the Chaab will be a glory to your nation, and not to me, and you may be persuaded that this your ready assistance will be well known, and I doubt not recompensed, by the Sultan. It remains now with you, as soon as my letter arrives, to despatch away the ships, as besides the glory that will accrue, 'tis ever meritorious to demolish those who molest the least of our friends. The success, therefore, of this affair depends on your diligence, friendship, and sincerity.

In consequence of this request, the Company's ships 'Tartar' and 'Swallow' were sent to the Pāsha's assistance and had more than one encounter with the Ka'ab fleet, which now numbered several Gallivats; but again peace was made, and the expedition withdrawn, without any permanent settlement having been achieved.

Third Anglo-Turkish expedition against the Ka'ab, 1765

In 1765, when Karīm Khān, the ruler of Persia, marched for the second time against the Ka'ab with the object of subjugating them, he had obtained a

لسلمان، شيخ قبيلة بني كعب، يضمّ عشر سفنٍ كبيرة من نوع جاليڤات أو ١٢، وكان يمتلك إلى جانبها ٧٠ سفينة أصغر حجماً. وما إن دخل كريم خان إقليم بني كعب، حتى بدأ بالتراجع غرباً، متنقلاً في البحر من مكان إلى آخر، فقطع في النهاية شط العرب ودخل الأراضي التركية. أما الأتراك الذين عزموا، فعلاً، على مساعدة الفرس، بحسب الاتفاق القائم بينهم، فقد، استدعوا من بغداد كتيبة مشاة تعرف باسم البرتاليس، وجمعوا أسطولاً مؤلفاً من ١١ تكنة، وسفينة جاليڤات واحدة بقيادة القبطان باشا في البصرة. «والتكنة مصطلحٌ يطلق على نوع من القوارب الصغيرة المسلحة المسطحة الشكل والمطلية بالقار». كذلك استأجر الأتراك سفينة بريطانية خاصة تُدعى «فاني» يقودها القبطان براكنسون، أرادوا أن تنضمّ إلى الحملة، وذلك استناداً إلى اتفاق قانوني بشأن المخاطر والنفقات وتقاسم الغنائم. كما حصلوا على خدمات شابين إنجليزيين لقيادة اثنتين من تكناتهم. لكنهم، أي الأتراك، ماطلوا في تنفيذ هذه الترتيبات. ففي حين كانت قواتهم على وشكِ البدء بالحملة في أوائل مايو، وصلت رسالة من كريم خان يعبر فيها عن استيائه من تصرفهم ويبلغهم انسحابه من إقليم بني كعب. وعلى أثر هذه الرسالة، أُبطلت الحملة التركية. لكنها، في النهاية، تلقّت الأوامر بالزحف على القبيلة منفردة، دون أن تكون القواتِ الفارسية إلى جانبها. وبدأت القوات التركية البرية البالغة نحو ٥٠٠٠ رجل تزحف نزولاً على الضفة اليمنى من شط العرب، وتوافق تحرّك الأسطول في النهر مع تحركهم. ولوحظ أن المتسلم بقي على الدوام في المؤخرة، ومعه خيرة قواته، في حين راح الجنود الأدنى كفاءة، الذين كانوا في المقدمة، راحوا يزيلون العوائق من الطريق. وفي النهاية، وصلت طلائع القوة التركية قبالة الطرف الشمالي من جزيرة عبادان، حيث يرسو أسطول بني كعب. وبات الأتراك ليلتهم هناك في حماية السفينة «فاني»، في حين أقام المتسلم والقبطان باشا معسكرهما على مقربة فرسخين من البصرة. وفي ساعات الظلمة، باغت أسطول قبيلة بني كعب السفنَ الخاضعة لقيادة القبطان باشا، واعتقل ثلاثاً من تكناته دون مقاومة. وفي اليوم التالي، أبحر أسطول القبيلة بهدوء في النهر أمام أنظار الأتراك، ونهب قرى عدة قرب البصرة، ثم استولى على عدد من القوارب الصغيرة. لكن الشيخ سلمان ما لبث أن قدم عرضاً بتسديد دفعة واحدة للأتراك. فرُتب الصلح على هذا الأساس، وعادت القوات التركية إلى البصرة، بعد غياب في ميدان القتال لم يَدُم ثلاثة أسابيع.

تجدّد الاضطرابات مع قبيلة كعب، اغسطس ـ اكتوبر ١٧٦٥

كانت مشاركة الرعايا البريطانيين في هذه الحملة الفاشلة قد نالت موافقة المستر بيتر الوين رنش، وكيل شركة الهند الشرقية في البصرة. هذا إن لم يكن هو قد رتب الأمر بنفسه.

promise of co-operation from the Turks. The fighting fleet of Shaikh Salmān, Ka`ab, now consisted of as many as 10 or 12 Gallivats, besides which he owned about 70 smaller vessels; and no sooner did Karīm Khān enter his territory than he began to retire to the westwards, moving from one point to another by water, and eventually crossing the Shatt-al-'Arab into Turkish territory. The Turks, who really intended to assist the Persians according to their agreement, brought down an infantry regiment, known as the Barātaliis, from Baghdād; they collected a fleet of 11 Taknahs and a Gallivat - the former a small kind of armed vessel, flat, and coated with bitumen - under the Kapitān Pāsha at Basrah; they chartered a private British vessel, the snow "Fanny," Captain Parkinson, to join the expedition under a regular agreement as to risk, pay, and division of prizes; and they obtained the services of a couple of young Englishmen to command two of their own Taknahs. They had been dilatory, however, in completing these arrangements; and early in May, just as their force was about to start, a letter arrived from Karīm Khān in which he expressed his dissatisfaction with their conduct and informed them of his own retirement from the Ka'ab country. Upon this the Turkish expedition was countermanded; but eventually it received orders to proceed independently of the Persians. The Turkish land forces, amounting to about 5,000 men, then began their march down the right bank of the Shatt-al-'Arab, the fleet in the river conforming to their movements; the Mutasallim, it was observed, invariably remained well in the rear with his best troops, while the inferior troops cleared the way. At length the head of the Turkish force arrived opposite the northern end of 'Abbādān Island, off which the Ka'ab fleet was anchored, and halted there for the night under the protection of the "Fanny," while the Mutasallim and Kapitān Pāsha encamped a couple of leagues nearer to Basrah. During the hours of darkness the Ka'ab fleet surprised the vessels under the command of the Kapitān Pāsha and captured three of his Taknahs without resistance; and on the next day they sailed quietly up the river in full view of the Turks, plundered several villages near Basrah, and took a number of small boats. Soon afterwards, however, Shaikh Salmān offered to make a single payment to the Turks; and a peace having been arranged on this basis, the Turkish forces returned to Basrah after an absence in the field of less than three weeks.

Renewed trouble with the Ka'ab, August- October 1765

The participation of British subjects in this ineffectual expedition had been sanctioned, if not actually arranged, by Mr. Peter Elwin Wrench, the East India Company's Agent at Basrah, who, as remarked by the traveller

وقد وردت ملاحظة من الرحالة أنه كان من المفضَّل، للمستر بيتر، أن يكون تاجراً من أن يكون سياسياً. وقد أكد شيخ بني كعب أنه، بعقد الصلحِ مع الأتراك، لم يتخلَّ عن حقه في الانتقام من البريطانيين الذين كان لديه كل الحق أن يبدي استياءه منهم، لموقفهم العدائي منه. ففي يوليو ١٧٦٥، قامت قبيلة بني كعب بهجوم مباغت على السفن البريطانية سنذكره بالتفصيل في باب تاريخ عربستان. وفي ٢٤ أغسطس، ظهرت ثماني سفن جاليڤات لقبيلة بني كعب في البصرة. وعلى أثر ذلك، وبذريعة صد الغزاة، انتقلت، قبيلة المنتفق، بزعامة الشيخ عبد الله، إلى مزارع النخيل على الضفة اليمنى من النهر عند أسفل البصرة، حيث انضمّت إلى العدو في الاستيلاء على الثمار وحملها بعيداً. أما المتسلم، الذي تخوف بشكل رئيسي من حلفٍ علني قد يحل فجأة محل التفاهم السري بين قبيلتي بني كعب والمنتفق، فقد بقي في مناوي، حيث حشد قواته للدفاع عن المدينة. وقد استمر هذا الموقف البغيض حتى ١٠ أكتوبر، حين غادر بنو كعب المكان. وحين لم يبقَ لأصحاب النخيل إلا القليل من محصول التمر.

الحملة الإنجليزية ـ التركية الرابعة على قبيلة بني كعب، ١٧٦٦ ـ ١٧٦٨

دَفعت الاعتداءات التي لم يسمع بمثلها قط، والتي ارتكبتها قبيلة بني كعب ضد سفن ترفع العلم البريطاني، دفعت شركة الهند الشرقية في العام التالي إلى إرسال قوة كبيرة مختلطة لمعاقبة هذه القبيلة. تبع ذلك حملة سنتطرق إلى تفاصيل مسارها كاملة في تاريخ عربستان. ويكفي أن نذكر هنا أن الأتراك قد اشتركوا إلى جانب البريطانيين. وقد انتهى أعنف اشتباك في هذا القتال بهزيمة البريطانيين هزيمةً تدعو إلى الأسف العميق للبريطانيين. وتوقفت هذه العمليات بتدخلٍ من كريم خان، حاكم فارس. ففي مارس وابريل ١٧٦٧، وكما ذُكر في الفصل التاريخي المتعلّق بالساحل الفارسي، بذل مبعوث أرسله كريم خان جهوداً صادقة للحصول على تعويض للبريطانيين والأتراك من قبيلة بني كعب، لكن دون جدوى. فظل الحصارُ البحري على بلاد قبيلة بني كعب، الذي فرضه البريطانيون عند انسحابهم، ظلّ قائماً بشكل محكم حتى عام ١٧٦٨. ففي ذلك العام، خسر البريطانيون دعم حاكم الفرس في مسألة بني كعب، نتيجة فشلهم في تنفيذ اتفاق معه يقضي بالاستيلاء على جزيرة خرج، وتخلوا عن المفاوضات في شيراز في وقت سابق لأوانه. وجرى التخلي عن الحصار البحري على قبيلة بني كعب، كما بدا في ذلك الحين. ولمّا وجد بنو كعب أنفسهم أحراراً مرة أخرى، راحوا يبنون الحصون على ضفّتي شط العرب.

Niebuhr, may have been a better merchant than he was a politician; and the Ka'ab Shaikh contended that, in making peace with the Turks, he had not abandoned his right of retaliation on the British, whose unfriendly action he had every reason to resent. An alarming attack by the Ka'ab upon British shipping, which is described at length in the history of 'Arabistān, followed in July 1765; and on the 24th of August eight Ka'ab Gallivats appeared at Basrah, whereupon the Muntafik tribe under Shaikh 'Abdullah, on pretence of repelling the invaders, migrated into the date plantations on the right bank of the river below Basrah and there joined the enemy in making away with the fruit. The Mutasallim, whose chief fear was that an open combination might suddenly replace the secret understanding between the Ka'ab and the Muntafik, remained inactive at Manāwi, where he had concentrated all his troops for the defence of the town; and the disagreeable situation continued until the 10th of October, when the Ka'ab took their departure. By this time little of the date crop remained to be collected by the proprietors.

Fourth Anglo-Turkish expedition against the Ka'ab, 1766-68

The unheard-of aggressions committed by the Ka'ab in 1765 upon vessels under the British flag obliged the East India Company to despatch a considerable mixed force in the following year for the punishment of the tribe. A campaign followed, of which the course is fully detailed in the history of 'Arabistān, and of which it is enough to say here that the Turks took part, as the nominal principals, on the same side as the British; that the heaviest action fought resulted in a deplorable defeat of the British; and that the operations were finally brought to an end by the intervention of Karīm Khān, Vakīl of Persia. In March and April 1767, as described in the historical chapter relating to the Persian Coast, a genuine effort was made by an emissary from Karīm Khān to the Ka'ab to obtain satisfaction for the British and the Turks, but it failed; and a naval blockade of the Ka'ab country, which the British had established on their retirement, was rigorously maintained until 1768. In that year, in consequence of their failure to take the island of Khārag under an arrangement which they had formed with Karīm Khān, and of the premature abandonment of further negotiations at Shīrāz, the British forfeited the support of the Vakīl in the Ka'ab case. The naval blockade of the Ka'ab was then, apparently, abandoned; and the Ka'ab, finding themselves once more at large, began to build forts upon both sides of the Shatt-al-'Arab.

مساعدة قبيلة بني كعب للأتراك، ١٧٦٩

في أواخر عام ١٧٦٩، وكما ذكرنا في جزء سابق، بدأ بنو كعب يتبرمون من علاقتهم بالفرس، فأبحروا، فعلاً، بأسطول مؤلّفٍ من ١٤ سفينة جاليڤات، لمساعدة متسلم البصرة التركي ضد قبيلة المنتفق.

تجدد التصادم بين قبيلة بني كعب والأتراك، ١٧٧١ ـ ١٧٧٣

في عام ١٧٧١، كان الأتراك ما يزالون في حالة سلم مع قبيلة بني كعب التي بدا أنها تخلّت عن عدائها للبريطانيين. كما أنَّ الأتراك، الذين كان لهم مطالبُ من بني كعب بلغت قيمتها ٢٠,٠٠٠ روبية ولم يبت فيها بعد، والبريطانيين الذين لم يتلقوا أي تعويض عن الأعمال الوحشية التي ارتكبها بنو كعب ضدهم عام ١٧٦٥، قد بدا من المحتمل حصول الفريقين على تعويضات من القبيلة. فحدثت، قبل نهاية عام ١٧٧٣، قطيعة جديدة بين قبيلة بني كعب والأتراك، وعطّلت القبيلة حركةَ التجارة في البصرة بوضع ثلاث سفن من نوع جاليڤات في موقع من النهر يمكنها من إغلاق الملاحة فيه.

العلاقات البريطانية السياسية العامة بالعراق التركي، ١٧٥٧ ـ ١٧٧٣

زيارة المستر جاردن لبغداد، ١٧٥٨

في عام ١٧٥٨، قام المستر جاردن الذي كان ما يزال مساعداً للمستر شو، قام بزيارة لبغداد غرضها المهم هو الحلول المؤقت محلّ الخوجا رافائيل، التاجر الأرمني الفارسي الذي كان يقوم عادةً بدور وكيل المقيم في ذاك المكان أو «الوكيل القضائي». وفي بغداد، استقبل المستر جاردن الرحالة الإنجليزي الدكتور ايفز ومرافقيه الذين كوّنوا انطباعاً جيداً عن شخصه بوصفه «شاباً بريطانياً مثقفاً ومهذباً».

رحلة المقيم البريطاني إلى بغداد، ومنح فرمان من الباشا، ١٧٥٩

في صيف ١٧٥٩، قام المستر شو، المقيم البريطاني في البصرة، برحلة إلى بغداد، لإبطال مفعول التأثير الذي خلفته، إلى حدٍّ مّا، زيارةُ المقيم الفرنسي الأخيرة لبغداد، وللتعبير عن الامتنان لسليمان باشا الذي أرسل إليه الأموال والدعوات الملحّة. وقد تكون الزيارة أيضاً لخدمةِ مصالح الوكيل التجارية الخاصة. لقد نزل المستر شو ضيفاً على الباشا من أواخر يونيو حتى منتصف أغسطس. ولقي خلال إقامته كلّ حفاوة، كما عبّر عن

Assistance lent by the Ka'ab to the Turks, 1769

At the end of 1769, as noticed in an earlier section, the Ka'ab, who had now begun to tire of their Persian connection, actually proceeded to the assistance of the Turkish Mutasallim of Basrah against the Muntafik with a fleet of 14 Gallivats.

Renewed friction between the Ka'ab and the Turks, 1771-73

In 1771, the Turks were still at peace with the Ka'ab, and the latter appeared to have dropped their animosity against the British; but neither the Turks, who had unsettled claims against them amounting to more than Rs. 20,000, nor the British, who had received no compensation for the outrages of 1765, appeared likely to obtain any satisfaction from the tribe. Before the end of 1773 a fresh rupture occurred between the Ka'ab and the Turks, and the former stopped the trade of Basrah by stationing three of their Gallivats so as to close the navigation of the river.

British political and general relations with Turkish 'Irāq, 1757-73

Visit of Mr. Garden to Baghdād, 1758

In 1758, Mr. Garden, who was still Mr. Shaw's Assistant, visited Baghdād on important affairs, temporarily superseding Khōjah Raphael, an Armenian merchant from Persia, who was the Resident's ordinary agent or 'attorney' at that place. Mr. Garden entertained there the English traveller Dr. Ives and his companions, on whom, as 'an accomplished young gentleman' he made a favourable impression.

Journey of the British Resident to Baghdād and grant of a Farmān by the Pāsha, 1759

In the summer of 1759 - partly to neutralise the effects of a visit which the French Resident had recently paid to Baghdād, partly to gratify Sulaimān Pāsha, who had sent him money and pressing invitations, and partly perhaps to attend to the interests of his own private trade - Mr. Shaw, the British Resident at Basrah, made a journey to Baghdād, where he remained as the Pāsha's guest from the end of June until the middle of August. He was treated

ذلك بنفسه إذْ قال: «لقد نلتُ من أسباب التقدير والخدمات العلنية ما أثار بهجة الأصدقاء وأربك أعداء أمتنا». وكانت النتيجة الرئيسية لزيارة المقيم، من وجهة النظر الرسمية، أن منحه الباشا فرماناً يأمرُ فيه متسلم البصرة بتنفيذ الامتيازات كلها تنفيذاً دقيقاً. أما المستر شو، ومخافة أن تبدو جهوده للحصول على وثيقة كهذه جهوداً عابثة لا داعيَ لها في نظر رؤسائه، فقد حرص أن يشرح أنَّ مفعول هذه الأوامر الجديدة ليس فقط التأكيد على إلغاء رسوم الرسو أو «هدايا السفن»، لأن التفاهم بشأن هذا الأمر قد جرى التوصل إليه عام ١٧٥٦، بل أكّد إلغاء الرسوم غير النظامية على الشحن البحري وعلى نقل البضائع إلى الداخل. وكان إعفاء الشركة من رسوم النقل إلى داخل البلاد، وهذا إجراء لم يجر التمتع به عملياً حتى الآن، كان هذا الإعفاء ليمكّن الشركة من تزويد تجار بغداد المحليين بالبضائع، بالشروط نفسها التي تتعامل بها مع تجار البصرة، شرط أن يتحمل المشترون من جهتهم مخاطرَ النقل. وستكون نتيجة ذلك انخفاض أسعار المنتوجات الصوفية في بغداد بنسبة ١٣٪. وعند عودة المستر شو إلى البصرة في منتصف سبتمبر، لقي استقبالاً ودياً عارماً من قبل المسؤولين والتجار والمواطنين في المدينة. وقد عزا هذا الوضع إلى التكريم الذي لقيه من الباشا في بغداد، وإلى أنه استطاع، بواسطة احتجاجاته، أن يحصل على تسوية عدة مظالم تتعلق بالبصرة في بغداد.

محاولة الباشا فرض رسوم جمركية بمعدّل ٥٪ على البضائع البريطانية، ١٧٦٠

لا بد أن يكون احترام سليمان باشا للمستر شو واحترامه لتنفيذ الامتيازات، قد أخذ يفتر بسرعة، بعد عودة المستر شو إلى البصرة. ففي السنة التالية، طلب المستر شو، مدعياً العمل بناء على أوامر من القسطنطينية، طلب من التجار الأوروبيين أن يدفعوا رسوم الاستيراد على بضائعهم بمعدل ٥٪، بدل ٣٪، وهي النسبة المقبولة بحسب المعاهدة؛ فقام متسلم البصرة المتعاطف مع البريطانيين بإبلاغ هذا الطلب، بشكل خاص، إلى المقيم، وإطلاعه، استناداً إلى هذا القرار، على تدخل السلطات ببغداد في البضائع الأوروبية. ونصح المقيم أن يحتجّ على هذا القرار الجديد وأن يبقي في الوقت نفسه «سوالو» في البصرة، للإيحاء بنية نقل بضائع الشركة إليها. ثم وعد المتسلم بأنه، من جهته، لن يقصر في الاحتجاج. وفي النهاية، تمَّ الحصول على سحب القرار البغيض، مع أن ذلك لم يتمّ من دون إبراز البريطانيين للامتيازات بشكل رسمي، أو من دون رفْض تقديم هدية طُلِب من الممثل

during the whole of his stay with the utmost distinction, or, as he himself expressed it, 'had such public honours and favours conferred on me as has rejoiced the 'friends, and confounded the enemies of our nation.' The principal result of the Resident's visit, from the official point of view, was the grant to him by the Pāsha of a Farmān in which the Mutasallim of Basrah was commanded to observe most carefully every article of the Capitulations; and, lest his labour in obtaining such a document should appear to his employers superfluous, Mr. Shaw was careful to explain that the effect of the new orders would be not only to confirm the abolition of the anchorage dues or 'Ships' presents,' regarding which an understanding had been reached in 1756, but also to abolish for the first time a number of other irregular charges on shipping and on the transit of goods to the interior. The exemption of the Company from inland transit dues, hitherto not enjoyed in practice, would enable them to supply the native merchants of Baghdād with goods on the same terms as those of Basrah, provided that the purchasers on their part undertook the risks of carriage; and the consequence would be a reduction of 13 per cent, in the price of woollens at Baghdād. Mr. Shaw, on his return to Basrah at the middle of September, met with a very hearty reception from the officials, merchants and citizens of the town - a circumstance which he attributed to the favour shown him by the Pāsha at Baghdād, and to the redress of several Basrah grievances which he had by his representations been able to obtain.

Attempt by the Pāsha to levy customs at 5 per cent, on British trade, 1760

Sulaimān Pāsha's regard for the Capitulations and for Mr. Shaw must rapidly have grown cool after the return of that gentleman to Basrah; for in the following year, professing to act under orders from Constantinople, he required payment of import duty by European merchants on their goods at the rate of 5 per cent, instead of the 3 per cent, admissible under treaty. The Mutasallim of Basrah, who was well affected towards the British, informed the Resident privately of this demand and of interference which had already been practised under it with the goods of Europeans at Baghdād; his advice was that the Resident should protest against the innovation, at the same time detaining the 'Swallow' at Basrah as if for the purpose of shipping off the Company's goods; and he promised that remonstrances on his own part should not be wanting. The withdrawal of the obnoxious order was at length obtained, though not without the solemn production of the Capitulations by the British, nor until a present

الشخصي للمستر شو في بغداد تقديمها. حينئذ فقط، أصبح معلوماً أن تصرف الباشا الشاذ كان عائداً إلى نصيحة من الكيخيا الجديد المعادي لجميع المسيحيين، والذي أُوكلت إليه مهمة شاقة هي إعادة ملء خزينة الدولة الفارغة.

أما مساعدة البريطانيين للأتراك ضد قبيلة بني كعب عام ١٧٦١، فقد أشرنا إليها آنفاً.

رفع مستوى المقيمية في البصرة إلى مستوى وكالة، ١٧٦٣

وفقاً للأوامر التي أجازها مجلس المديرين في العام السابق، راحت حكومة بومباي، في يناير ١٧٦٣، تستعد لنقل مقر الشركة الرئيسي في الخليج، من بندر عباس إلى البصرة. وكان لا بد من إجراء تحقيق مهم حول سلوك المقيم المتوفى هناك. وبما أن المستر دوجلاس، الوكيل في بندر عباس، قد اعتُبر مسؤولاً عن ذلك السلوك وفَقَد أهليته للمنصب نظراً لارتباطه السابق بالقضية، فقد انتُدب المستر وليام اندرو برايس من بومباي ليقوم مؤقتاً بمهام هذا الواجب الحساس، ولينشىء، في الوقت نفسه، وكالةً في البصرة. وقبيل وصول المستر برايس إلى الخليج، أواخر مارس ١٧٦٣، كان المستر دوجلاس قد عمد، كما سبق أن ذكر في موضع آخر، إلى مؤسسة الشركة في بندر عباس، وإرسال معظم المخزون التجاري إلى البصرة. ونتيجةً لذلك، تمكن المستر برايس، بعد أن توقف لمدة قصيرة في بوشهر بغية إنشاء مقيمية هناك تنفيذاً لأوامر حكومة بومباي، تمكّن من مواصلة مهمته بالتوجه إلى البصرة. فوصل في ١٣ مايو، ووجد عليها متسلماً جديداً، وصفه بـ«الرجل المتعجرف المستبد والعدو اللدود للمسيحيين». وكان هذا المتسلم قد وصل من بغداد قبل ثلاثة أيام فقط ليتسلم الحكم. وفي البداية، واجه بعض الصعوبة في تدبير استقبال لائق بالمستر برايس على الشاطىء. ولكنه، في النهاية، أرسل القبطان باشا والمفتي والشهبندر في ١٨ مايو لاستقباله، فنزل إلى البر وأُنشئت الوكالة.

ولا حاجة للإشارة مرة جديدة هنا إلى تدخل المستر برايس، عام ١٧٦٣، في المشاكل بين حكومة البصرة وقبيلة بني كعب، لأنه ذكر في فقرة سابقة.

البراءة القنصلية، ١٧٦٤

في أغسطس ١٧٦٤، تمكن المستر جرانفيل، السفير البريطاني في القسطنطينية، من الحصول على «براءة قنصلية»*، أو أمْرٍ من الباب العالي يعترف فيه بوكيل شركة الهند

* يُمكن العثور على «البراءة القنصلية» لعام ١٧٦٤، أو بالأحرى على ترجمتها التي أظهرها المقيم في البصرة بعد سنين عدّة، يمكن العثور عليها في كتاب اتشيسون *Treaties:* المجلد ١٣، ص٧ ـ ٩، الطبعة الرابعة. وإذا رجعنا إلى هذه الترجمة نجد أنها تحوي، في جوهر ما تحويه، البراءة التي حصلت عليها المقيمية في بغداد عام ١٨٠٢، والملخّصة في صفحة ٢١٣.

had been demanded from Mr. Shaw's private representative at Baghdād and refused; and only then did it become known that the eccentric behaviour of the Pāsha had been due to the advice of a new Kehiyah, who was an enemy of all Christians, and to whom had been assigned the difficult task of replenishing an empty exchequer.

The assistance against the Ka'ab given by the British to the Turks in 1761 has already been noticed above.

Elevation of the Basrah Residency to the status of an Agency, 1763

In accordance with orders passed by the Court of Directors in the previous year, the Government of Bombay in January 1763 prepared to transfer the Company's principal station in the Gulf from Bandar 'Abbās to Basrah; and, as an important inquiry was to be held at Basrah into the conduct of the late Resident there, for which Mr. Douglas, the Agent at Bandar 'Abbās, was held to be disqualified by his previous connection with the case, Mr. William Andrew Price was temporarily deputed from Bombay to carry out the delicate duty, and at the same time to establish the Agency. Before his arrival in the Gulf towards the end of March 1763, Mr. Douglas, as related in another place, had already withdrawn the Company's establishment at Bandar 'Abbās, sending most of the commercial stock to Basrah; consequently Mr. Price, apart from a halt which he made at Būshehr for the purpose of establishing a Residency there, as also directed by the Bombay Government, was able without delay to proceed on his mission to Basrah. He arrived there on the 13th of May, to find that a new Mutasallim, who bore 'the character of an haughty, imperious man, and a mortal enemy to Christians,' had arrived from Baghdād only three days previously to take charge of the Government; and he at first had some difficulty in arranging for his suitable reception on shore; but eventually, on the 18th of May, the Kapitān Pāsha, the Mufti and the Shah Bandar having been sent to meet him, he landed, and the new Agency was established.

It is unnecessary to refer again, in this place, to the intervention of Mr. Price in 1763, as described in an earlier paragraph, in the difficulties between the Basrah Government and the Ka'ab tribe.

The 'Consulary Birat,' 1761

In August 1764, a 'Consulary Birat,' or* order of the Porte recognising

---

*The "Consulary Birat" of 1764, or rather a translation of the same supplied a number of years afterwards by the Resident at Basrah, will be found in Aitchison's *Treaties*, Volume XIII, pages 7-9, 4th edition. A reference to that translation will show that the contents were substantially the same as those of the Barāat obtained for the Baghdād Residency in 1802 which is summarised at page 213 post.

الشرقية في البصرة قنصلاً بريطانياً هناك. وقد أرسل السفير هذه البراءة «مرفقة بتوصية من الباب العالي هي بمثابة براءة قنصلية أو تفويض» أرسلها إلى المستر رنش الذي كان يشغل منصب وكيل البصرة في ذلك الحين. ومن المرجح أن المستر جرانفيل كان صاحب فكرة طلب هذه البراءة. ولا شك أنه بالغ في تقدير قيمتها العملية. وقد واجه معارضة كبيرة من جانب الحكومة التركية قبل أن يبلغ هدفه وينتشي بالفرح لنجاحه الذي أعلنه في رسالة وجهها إلى الوكيل قال فيها:

تُعتَبر هذه البراءة وسيلةً من أضمن الوسائل التي نعرفها، وأكثرها فاعلية لحماية تجارة الشركة وممتلكاتها وحقوقها العادلة، في هذا الجزء من العالم: فهي توفّر لوكلاء الشركة الحاليين ووكلاء المستقبل، إقامةً هادئة ودائمة في البصرة، توفرها إلى الأبد، وبشكل أكثر ثباتاً من أي شيء آخر؛ وهي تُسكتُ نهائياً، لدى الباب العالي، ذلك المبدأ المعقّد والخطر، الذي يدعو إلى تغيير الوكلاء سنوياً؛ وقد سعت شركة الشرق إليها، بممارستها على جميع الأصعدة المهمة تقريباً، في سبيل شؤونها التجارية. فبفضلها سيكون من النادر أن يواجه القناصل المضايقات في مؤسساتهم، أو أنهم لن يواجهوا أي مضايقةٍ على الإطلاق. من هُنا، كانت لبراءةٍ كهذه البراءة فوائد ومزايا جلية وواضحة. بيد أنّ الشك كان يدور حول إمكانية الحصول عليها. ولم يكن السبب الأبعد من مجرد الشك، ليتمثّلَ فقط بشعور الباب العالي بعدم الرغبة في منحها وكراهيته الشديدة لعمل كهذا، بل بكونها، في حَدِّ ذاتها، مؤسسة جديدة لم نحاول ممارستها في البصرة، فاعتبرها الباب العالي بدعة مستحدثة. لكنني مع ذلك أصبت نجاحاً. وها أنذا أكرر تهنئتي لكم، راجياً أن تتمتع الشركة بثمار هذا النجاح لفترة طويلة.

كانت البراءة باسم المستر جاردن، الذي كان يقوم بمهمة وكيلٍ في البصرة، عندما كانت المفاوضات تجري على قدم وساق في القسطنطينية. لكنَّ السفيرَ أكد للمستر رنش أنْ لا أهمية لذلك، وأنّه، بعد انقضاء فترة وجيزةٍ من الزمن، سيكون من السهل على السفير أن يستبدِل باسم المستر جاردن اسم رنش وأن يكون ذلك بالطريقة المألوفة في مكان آخر.

في عام ١٧٦٥، صادف الباب العالي والسلطان بعضَ الصعوبات في إقناع السلطات في العراق التركي باحترام أوامره وإطاعتها. وقد فُهم أن مقاومة الأوامر كانت تُعزى إلى الرشوة التي قدمها بعض التجار المحليين لباشا بغداد، بسبب معارضتهم لمنح الوكيل البريطاني سلطاتٍ قنصلية. ولم يساور المستر رنش ومجلسه أي شك في أن المستر جاردن، الموجود آنذاك في بغداد، سيتمكن من تسوية الأمور مع الباشا، ولا سيّما إذا كان مخولاً أن يقدم هدية تفوق الرشوة حجماً. وقد أدرك الوكيل ومجلسه أنهما، إذا حصل الاعتراف بالسلطات القنصلية عملياً، سيتمكنان من إنزال بضاعة الزبائن المحليين إلى البر،

the East India Company's Agent at Basrah as British Consul there, was obtained by Mr. Grenville, the British Ambassador at Constantinople, and was forwarded 'together with the Grand Signior's commandment attending it, as likewise the Consulary patent or commission' from the British Ambassador himself, to Mr. Wrench, who at this time occupied the position of Agent at Basrah. Mr. Grenville, with whom the idea of applying for the Barāat probably originated, and who certainly over-estimated its practical value, encountered considerable opposition on the part of the Turkish Government before he carried his point, and he was proportionately elated by his success, in announcing which to the Agent he wrote:

> It is the surest and most efficacious means that we know of, in this part of the world, for protecting the Company's commerce, their property, and just rights: it secures to them for ever, and more firmly than anything else can, a permanent and quiet residence at Basrah for their future Agents there: it silences for ever that new tangled but dangerous doctrine of the Porte, the annual change of them. It is what has ever been practised by the Levant Company in almost all the considerable scales of the Levant for the sake of their commercial affairs; and by these means it is that their Consuls seldom or never meet with molestation in their respective establishments. The expediency and advantage of such a Birat is manifest and clear; the attainment of it was the doubtful point, and the more than doubtful, not only because of the extreme indisposition and aversion in the Porte to it, but because of its being in itself a new establishment, never practised by us before at Bassora, and an innovation in the eye of the Porte. In spite, however, I have succeeded; again I congratulate you upon it; and may the Company long enjoy the fruits of my success.

The Barāat ran in the name of Mr. Garden, who had been acting as Agent at Basrah while the negotiations at Constantinople were in progress; but the Ambassador assured Mr. Wrench that this was immaterial, and that after a little time had elapsed it would be easy for him to obtain the substitution, in a way that was customary elsewhere, of his own name for Mr. Garden's.

In 1765, some difficulty was experienced in inducing the local authorities in Turkish 'Irāq to respect and obey the recent commands of the Porte and the Sultan; but it was understood that their resistance was due to a bribe that some native merchants, who were opposed to the grant of Consular powers to the British Agent, had administered to the Pāsha of Baghdād; and Mr. Wrench and his council seem to have entertained no doubt that Mr. Garden, who was then at Baghdād, would be able to arrange matters with the Pāsha, especially if he were authorised to make him a present larger than the bribe. The Agent and Council understood that if the Consular powers of the Agency

وإيداعها منشآت الشركة، وسيتمكنان من أن يلقيا، على عاتق الحكومة التركية، مسؤولية الضريبة التي يؤديها زبائنهما، كما يتمكنان، بذلك، أن يسلما البضاعة مباشرةً للمستوردين، ويجنباهم عناء الإزعاج والنفقات التي تلازم حتماً مرور البضاعة في مركز الجمارك التركية. وكانت نتيجةُ هذا الإجراء التي توقعها الوكيل والمجلس قيامَ التجار المحليين بشكلٍ عام والأرمن، الذين كانوا أكبر المستوردين من الهند، بشكل خاص، قيامهم، كلهم، بترتيبات مستقبلية يجري، بموجبها، نقل جميع بضائعهم المرسلة إليهم على مراكب بريطانية. وبهذه الوسيلة كان سيزيد الدخل من الضرائب القنصلية في البصرة زيادةً تمكّنهم من إعادة المدفوعات إلى الشركة الناجمة عن النفقات التي جرّتها الشركة على حساباتها في القسطنطينية. وإذا بُرهن أنَّ تفسير نطاق السلطات القنصلية تفسيرٌ صحيح، أو إذا كانت النتائج المالية كما توقعها الوكيل، فلن يظهر ذلك مما سيتبع، باستثناء دليل واحد يعود إلى عام ١٧٦٩، وستسنح لنا الفرصة لإبداء ملاحظاتنا عليه، تحت عنوان آخر.

إنشاء مقيمية مؤقتة في بغداد، ١٧٦٥ - ١٧٦٦

جَلَبَ الترتيبُ الذي أوجد بناءَ شركة الهند الشرقية في ميناء البصرة حيث يقيم الوكيل في العراق التركي، في حين كان مسكنُ الحاكم التركي، لكامل الإقليم، في بغداد، جلب هذا الترتيب شيئاً من الإزعاج الواضح لعملية إبطال مفعول الإجراءات المختلفة المتخذة في أوقات مختلفة. ففي أعوام ١٧٣٧ و ١٧٣٨ و ١٧٥٨، زار بغداد مساعدُ المقيم. وفي أعوام ١٧٣٦ و ١٧٤٥ و ١٧٥٦ و ١٧٥٩ زارها المقيم بنفسه. وكان للمستر شو، أثناء توليه المسؤولية في البصرة، ممثل في بغداد هو تاجر أرمني فارسي يدعى الخوجا رافائيل. وعند النقطة التي وصلنا إليها الآن، أصبح المجلس والوكيل مقتنعين بضرورة الحفاظ على تمثيل أوروبي في بلاط الباشا.

أما انتدابهما مبعوثاً يمثّلهما في بغداد لأول مرّة، فقد نتج، مباشرةً، عن مشكلة نشأت عند تحصيل دينٍ ضخم مستحق لأصحاب العمل من رجل يدعى حاجي يوسف في البصرة، كما نتج عن أنهما، إلى الآن، لم يقوما بتهنئة سليمان باشا على توليه الحكم، ولم يقدّما له الهدية المعتادة. كذلك اعتبرا أن إرسال المبعوث فرصةٌ طيبة لضمان اعتراف الباشا بالصلاحيات القنصلية الممنوحة للوكيل البريطاني. ومعلومٌ، كما ذكرنا في الفقرة السابقة، أن الباشا بدا ميالاً إلى تجاهل هذا الاعتراف. أما المستر روبرت جاردن، الذي وقع اختيارهم

were recognised in practice, they would be able to land goods for native clients at the Company's premises and, on making themselves responsible to the Turkish Government for the duty payable by their customers, to hand them over direct to the importers, who would thus be spared the trouble and expense inseparable from the passage of goods through a Turkish custom house. The result of this procedure they expected to be that native merchants in general, and particularly the Armenians, whose import trade from India was the most considerable of all, would in future arrange to have all their goods consigned to them in British bottoms, by which means the receipts in consulage at Basrah would be increased and the Company re-imbursed for the heavy outlay that must have been incurred on their account at Constantinople. Whether, however, this interpretation of the scope of Consular powers proved to be correct, or whether the financial results were such as the Agent anticipated, does not, apart from one indication in the year 1769, on which we shall have occasion to remark hereafter under another head, appear from the sequel.

Temporary establishment of a Residency at Baghdād, 1765-66

The arrangement under which the East India Company's Resident or Agent in Turkish 'Irāq was located at the port of Basrah, while the Turkish Governor of the whole province had his residence at Baghdād, presented obvious inconveniences, to neutralise which various measures were taken at different times. In 1737, 1738 and 1758 an assistant to the Resident, and in 1736, 1745, 1756 and 1759 the Resident himself, visited Baghdād; Mr. Shaw, while he was in charge of Basrah, was ordinarily represented at the capital by Khōjah Raphael, an Armenian merchant from Persia; and, at the point which we have now reached, the Agent and Council seem to have become convinced of the necessity of maintaining a European representative at the Court of the Pāsha.

The immediate cause of their first deputing a gentleman to Baghdād was a difficulty which they experienced, from not having as yet formally congratulated Sulaimān Pāsha on his accession or made him the customary present, in recovering a large debt that was due to their employers from a certain Hāji Yūsuf at Basrah; and they thought that the opportunity was also a good one for securing recognition by the Pāsha of the consular powers conferred on the British Agent, which, as mentioned in the preceding paragraph, he seemed inclined to ignore; but it was not originally intended that Mr. Robert Garden, on whom their choice fell - partly because he had

عليه للقيام بالمهمة، أولاً لأنه قد قام بزيارة بغداد عام ١٧٥٨، وثانياً: لإتقانه اللغة التركية، وثالثاً لانه كان يلي الوكيل نفسه في الترتيب الوظيفي، فلم يكن مقصوداً بقاؤه هناك بشكل دائم. وأما نفقات رحلته، فقد قُدرت بـ ١٢٠٠ روبية. وفي ٢٨ مارس ١٧٦٥، غادر المستر جاردن البصرة متجهاً إلى بغداد، التي يبدو أنه بقي فيها لبعض الوقت. وعند استدعائه إلى الهند، أرسل المستر لايستر ليحل محلّه.

في عام ١٧٦٦، وبعد أن أقرت حكومة بومباي إنشاء مقيمية بغداد، بناءً على توصية الوكيل والمجلس في البصرة، أُرسل المستر جيمس مورلي من الهند ليتولى المنصب الجديد، فوصل إلى بغداد في الثاني من مايو، وحلّ محل المستر لايستر.

وتجدر الإشارة إلى أن تعاقب الممثّلين المذكورين لم يكن متواصلاً. فعندما زار الرحالة نيبور بغداد في يناير وفبراير ١٧٦٦، لم يكن ثمّة وجود لأي ممثل بريطاني. ولكن وجود موظف أوروبي في بغداد، عامي ١٧٦٥ و ١٧٦٦، كان دون شك أمراً نافعاً لتنسيق الحملة البريطانية التركية المشتركة على قبيلة بني كعب في تلك الأعوام. لكن، عندما علم مجلس المديرين بما حدث، استنكر عمل حكومة بومباي. وفي ٢٣ نوفمبر ١٧٦٦، استدعي المستر مورلي من بغداد.

العلاقات المالية للحكومة التركية بشركة الهند الشرقية المنبثقة من الحملة الإنجليزية - التركية الرابعة ضد قبيلة بني كعب، ١٧٦٦ - ١٧٧١

ذُكر مسار الحملة ضد بني كعب التي أخذها الأتراك على عاتقهم بالتحالف مع شركة الهند الشرقية عام ١٧٦٦، ذكر هذا المسار بتفاصيله في تاريخ إقليم عربستان، الذي كان ساحة للعمليات الحربية. لكن يمكن ملاحظة الترتيبات المالية بين الحلفاء بشكل أكثر مناسبة في هذا المكان. فقد قدّمت الشركة مساعدتها في البداية بلا مقابل. لكنّ الأتراك تباطأوا في تحضير الحملة المشتركة، حتى ان ممثلي الشركة وجدوا، في نهاية مايو، أن من الضروري الإلحاح على السلطات التركية أن تقوم بدفع جميع النفقات إذا احتُفظ بالقوة البحرية والعسكرية البريطانية إلى ما بعد نهاية شهر يونيو. فوافق باشا بغداد على هذا الشرط، وحدد مبلغ ١٠٠٠ تومان مبلغاً شهرياً يدفع طوال مدّة الحملة. والواضح أن هذا البدل كان يدفع مقدماً، لأنَّ الكيخيا محمد، أو محمود، قام، فور وصوله من بغداد في أواخر حزيران ليتولى قيادة القوات التركية، قام بتسليم الوكيل

already visited Baghdād in 1758, partly because he knew Turkish, and partly because he was next in standing to the Agent himself - should remain permanently, and the expenses of his trip were estimated at only Rs. 1,200. Mr. Garden, however, who left Basrah for Baghdād on the 28th March 1765, seems to have stayed there for some time; and, on his being recalled to India, Mr. Lyster was sent to take his place.

In 1766, the establishment of a Residency at Baghdād having meanwhile been sanctioned by the Government of Bombay on the recommendation of the Agent and Council at Basrah, Mr. James Morley was sent from India to take charge of the new appointment and arrived on the 2nd of May at Baghdād, where he relieved Mr. Lyster.

It should be noticed, however, that the succession of the gentlemen mentioned to another cannot have been continuous, for in January and February of 1766, when Niebuhr was at Baghdād, there was no British representative at that place. The presence of a European servant at Baghdād in 1765 and 1766 was no doubt useful in connection with the joint action of the British and the Turks in those years against the Ka'ab tribs; but the Court of Directors, on coming to know of what had been done, disapproved of the action of the Bombay Government; and on the 23rd of November 1766 Mr. Morley was recalled from Baghdād.

Financial relations of the Turkish Government with the East India Company, arising out of the fourth Anglo-Turkish expedition against the Ka'ab, 1766-71

The course of the expedition against the Ka'ab tribe undertaken by the Turks in 1766 in alliance with the East India Company is fully described in the history of the 'Arabistān province, which was the scene of the active operations; but the financial arrangements between the allies may be noticed, more appropriately, in the present place. The help of the Company was in the beginning gratuitous; but so tardy were the preparations of the Turks for the joint campaign that the representatives of the Company, towards the end of May, found it necessary to insist that, if the British naval and military forces were detained beyond the end of June, their expenses should be defrayed by the Turkish authorities and, this condition having been accepted by the Pāsha of Baghdād, a subsidy of 1,000 Tūmāns a month during the continuance of the expedition was arranged. This allowance was evidently payable in advance, for the Pāsha's Kehiyah, Muhammad or Mahmūd, on arriving from Baghdād towards the end of June to take command of the Turkish troops,

البريطاني أمراً بقبض ٦٠٠ تومان، دفعةً على الحساب، جرى إيفاؤها كما ينبغي في دار الجمارك بالبصرة. إلا أن الأتراك توقفوا عن دفع الأقساط بصورة منتظمة. وفي أغسطس، وبعد ضغوط كثيرة، استطاعت الشركة أن تحصل من الكيخيا على ٣٢٠ توماناً نقداً، وعلى كمية من التمور مرسلة إلى الحكومة التركية وُجد من اشتراها بـ١٠٨٠ توماناً في الثاني من فبراير ١٧٦٨. وبلغ ما استحق للشركة ١١,٧١٨ توماناً باستثناء قيمة كميّة التمور التي تسلّمتها من الأتراك، والتي استطاعت التخلص منها بمعدل ثلاثة تومانات للقارح الواحد الكبير. وقد بدأ متسلم البصرة يلمح في ذلك الحين إلى أن ما دفع للبريطانيين يكفي ثمناً لخدمات أسطولهم، فهدّد الوكيل، رداً على ذلك، بسحب الأسطول وترك البصرة بلا حماية. ويبدو أن هذه الحجة قد تغلبت على اعتراضات المتسلم، إذ أنَّ ديونَ الحكومة التركية قد انخفضت بحلول اكتوبر ١٧٦٨، إلى ٢٠٥٠ توماناً. وكما سنرى لاحقاً، فقد نشأت صعوبات عام ١٧٦٩، ولم يجر أي تخفيض إضافي حتى آخر أغسطس ١٧٧١. ويبدو أن جزءاً من المبلغ الذي جرى تحصيله، قد ورد من الجمارك التركية في البصرة. وحدث أن خصّص سليمان آغا للبريطانيين نصفَ عائدات الجمارك التركية، خلال توليه نيابة الولاية.

المشاكل مع سليمان آغا، وعزله عن متسلّمية البصرة، ١٧٦٩

بيد أنَّ سلوك سليمان آغا لم يكن دائماً سلوكاً مرضياً. ففي يونيو ١٧٦٩، أُجبر الوكيل البريطاني في البصرة، المستر مور، على بعثِ رسالة إلى باشا بغداد يشكو فيها ظلم ممثله وجوره وجشعه، ولا سيما معاملته المستبدة للأرمن ومختلف التجار المسيحيين*. وأشار في الوقت نفسه إلى توضيحاتٍ تبين موقف المتسلم من البريطانيين. ففي أسبوع واحد، أذن لاثنين من مرافقيه أن يضربا بالعصي حصان رجل محترم كان، عند ذاك، برفقة الوكيل. كما أمر بسجن بواب الوكالة البريطانية، وضَرْبِه دون أيّ سبب يمكن التأكد منه، سوى كونه مسيحياً ويعمل في الشركة. وقبل أن تصل رسالة الباشا، التي ذُكر فيها أن المتسلم قد جرى تأنيبه، وأُمِرَ أن يدفع تعويضات عن سلوكه، عبّر سليمان آغا بنفسه عن

* إنصافاً لسليمان آغا، تجدر الإشارة إلى أن تصرّفات المستر مور في البصرة تثبتُ غرابة أطواره وطبعه المتقلّب، وأن سليمان آغا، كما رأينا وسنرى فيما بعد، قد حافظ على علاقاتٍ طيبة وودية مع المسؤولين البريطانيين الآخرين. أما في النص، فقد عرضنا الأحداث من وجهة نظر المستر مور فقط.

immediately gave the British Agent an order for 600 Tūmāns, on account, which was duly honoured at the Basrah custom house. The Turkish instalments, however, soon ceased to be paid with regularity. In August, 320 Tūmāns in cash and an assignment of dates due to the Turkish Government, for which a purchaser at 1,080 Tūmāns was found, were obtained from the Kehiyah, but only by strong pressure; and on the 2nd of February 1768 the balance due to the Company was 11,718 Tūmāns, less the value of a quantity of dates made over to them by the Turks, of which they had been able to dispose at the rate of three Tūmāns per large Kāreh. Already the Mutasallim of Basrah had begun to hint that enough had been paid to the British for the services of their fleet, and the Agent in reply to threaten that he would send it away, leaving Basrah unprotected - an argument which seems to have prevailed over the objections of the Mutasallim, inasmuch as, by October 1768, the liabilities of the Turkish Government had been reduced to 2,050 Tūmāns. Difficulties, as we shall see hereafter, arose in 1769; and no further reduction had been effected up to the end of August 1771. It appears that a portion of the sum recovered was derived from the Turkish customs of Basrah, of which half was at one time assigned to the British for the purpose by Sulaimān Āgha during his Deputy-Governorship.

Difficulties with Sulaimān Agha and his removal from the Mutasallimate of Basrah, 1769

The conduct of Sulaimān Āgha, however, was not always satisfactory; and in June 1769 Mr. Moore, the British Agent at Basrah was driven to complain to the Pāsha of Baghdād by letter of the injustice, oppression and rapacity of his representative, and in particular of his tyrannical treatment of the Armenians and other Christian merchants.* At the same time he mentioned, as illustrations of the Mutasallim's attitude towards the British, that within a week he had allowed two of his attendants to strike with clubs the horse of a gentleman who was at the time in the company of the Agent, and had caused the porter of the British Factory to be imprisoned and beaten, for no reason that could be ascertained unless that he was a Christian and a servant of the Factory. Before the Pāsha's answer, which merely stated that the Mutasallim had been reprimanded and ordered to make reparation for his

---

*In fairness to Sulaimān it should be recalled that Mr. Moore, as proved by his whole conduct at Basrah, was a peculiar and flighty character; and that Sulaimān, as we have seen already and shall see again hereafter, lived on excellent terms with other British officials. In the text we have only Mr. Moore's version of the case.

رغبته في المصالحة، ووعد أن يلتزم بالشروط التالية التي وضعها المستر مور، والتي يهمنا منها الشرطان الأخيران لأنهما يلقيان الضوء على مسألة الرسوم القنصلية والجمركية وإعادة تسديد الدين المتوجب على الحكومة التركية للشركة:

أولاً: يتوجب على المتسلم أن يرسل مندوباً إلى الوكيل البريطاني ليعتذر عن الإهانات التي عرضَّه لها ولا سيما سَجْنه لبواب الشركة، وأن يعد بإصلاح سلوكه في المستقبل.

ثانياً: على المتسلم أن يدفع للوكيل حوالة بمبلغ ٢٠,٠٠٠ قرش، دفعةً من حساب الرسوم على بضائع التجار المحليين التي أنزلت إلى البر من سفن بريطانية معينة، وأن يسمح بأن تحتفظ شركة الهند الشرقية بالرسوم التركية على البضائع التي ينزلها البريطانيون من السفن نفسها، مقابل جزء من الديون المستحقة على الحكومة التركية.

ثالثاً: أما الرسوم على البضائع المحملة على السفن الأخرى، المتوقع وصولها خلال الموسم، فينبغي أن تُقسَّم على الشكل التالي: «تدفع نسبة ٣٪ على كل المُلْكيّة الإنجليزية للشركة المحترمة، وتقسم، بالتساوي، بين المتسلّم والشركة المحترمة، نسبة الـ ٧٪ المفروضة على كل ممتلكات البلاد، سواء باعها تجار إنجليز أو تجار محليون، فيكون لكل منهما نسبة ٣,٥٪.

ويتضح من هذه الشروط أن عدداً من التجار المحليين كانوا ما يزالون معتادين على إنزال بضائعهم المستوردة في دار الجمارك التركية، وليس في مخازن الشركة كما أمل الوكيل والمجلس عام ١٧٦٥.

ويبدو أن سلوك سليمان آغا قد استمر سلوكاً غير مرض، على الرغم من قبوله بشروط المستر مور. لأنَّ المستر مور والمستر جرين، عندما تلقيا أخباراً مفادها أن سليمان باشا قد زحف من بغداد ضد قبيلة المنتفق، أبحرا على متن الطراد «اكسبديشن» ترافقهما السفينة «فانسي»، قاذفة القنابل، واتجها صعوداً في الفرات نحو أم لباس على الضفة الجنوبية من النهر، في منتصف الطريق بين القرنة والسماوة. وهناك وجدا الباشا قد أقام معسكره. وكانا قد وصلا إلى المكان في السادس من نوفمبر، ليكتشفا أن المتسلم قد سبقهما بأيام، وحاز استماع الباشا إليه. لكن الوكيل، بعد رحيل المتسلم إلى البصرة، استطاع، في ١٢ من الشهر نفسه، الحصول على مقابلةٍ خاصة مع الباشا، نجم عنها، بعد أيام عدة، إرسال

conduct, reached Basrah, Sulaimān Āgha himself had expressed a wish for a reconciliation and had promised to comply with the following conditions laid down by Mr. Moore, the two last of which throw an interesting side-light on the question of consulage and customs and on that of repayment of the debt due by the Turkish Government to the Company:

First. - That the Mutasallim should send a deputation to the British Agent to apologise for the insults to which he had subjected him, especially in the imprisonment of the Factory porter, and to promise amendment of his conduct in future.

Second. - That the Mutasallim should give the British Agent an order for 20,000 Qurūsh on account of the duty on the goods landed by native merchants from certain specified British ships, and that he should agree to the Turkish customs on the goods landed by the British from the same ships being retained by the East India Company in part payment of the debt due to them by the Turkish Government.

Third - That the customs on the cargoes of the other ships expected during the season should be divided in the following manner, viz., 'the 3 per cent. on all English property to be all paid to the Honourable Company,' and 'the 7 per cent. on all country property whatever, whether sold by the English or country merchants, to be equally divided between the Mussaleem and the Honourable Company, or 3 per cent. each.'

From these conditions it would appear that a number of the native merchants were still in the habit of landing the goods which they imported at the Turkish custom house, and not at the Company's premises as had been hoped by the Agent and Council in 1765.

The behaviour of Sulaimān Āgha, notwithstanding his acceptance of Mr. Moore's terms, must have continued unsatisfactory; for on the 31st of October 1769, on news being received that Sulaimān Pāsha had marched from Baghdād against the Muntafik tribe, Mr. Moore and Mr. Green embarked on the 'Expedition' cruiser and proceeded up the Euphrates, accompanied by the bomb-vessel 'Fancy,' to Umm Labās on the south side of the river half way from Qūrnah to Samāwah, where they found the Pāsha encamped. They arrived there on the 6th of November, to discover that the Mutasallim had anticipated them by some days and obtained the Pāsha's ear; but on the 12th, after the Mutasallim's departure for Basrah, the Agent had a private interview with the Pāsha, which resulted a few days later in the

الكيخيا، شقيق الباشا، ليعزلَ سليمان آغا من الحكم وينصِّبَ مكانه يوسف آغا الذي كان معروفاً بصدقه وإنسانيته.

رفض البريطانيين مساعدة الأتراك ضد المنتفق، ١٧٦٩

في أغسطس ١٧٦٩، رجا باشا بغداد الوكيلَ البريطاني في البصرة وبشكل جدي أن يساعده بتقديم سفن الشركة، للقضاء على تمرد قبيلة المنتفق التي يتزعمها الشيخ عبد الله، المشار إليه سابقاً. لكن المستر مور كان يدرك حقَّ الإدراك العواقب الوخيمة التي نتجت عن تدخل الشركة في الحرب بين الأتراك وقبيلة بني كعب، وهو الذي كان دائماً على علاقة ودية مع الشيخ الثائر عبد الله، وهو الذي كان له، في ذلك الوقت، كما سبق أن رأينا، عدة شكاوى ضد المتسلم في البصرة، لم تُسوَّ بعد. ولتلك الأسباب كلّها، تهرّب الوكيل من طلب الآغا، متذرعاً أن السفن الأوروبية الكبيرة لا يمكن أن تعمل في الفرات. وفي وقت من الأوقاتِ، كان رأيُ الوكيل أن وقوع البصرة نفسها في قبضة قبيلة المنتفق أمر محتملٌ، وهو سبب إضافي قوي للحفاظِ على الحياد.

انسحاب موظفي الوكالة من البصرة، ٢٣ ابريل ١٧٧٣

في ربيع ١٧٧٣، تفشّى الطاعون في البصرة ونتج عنه عددٌ كبيرٌ من الوفيات. وانتشر الذعر في كل مكان. فانسحب المستر مور، الوكيل، وبعضُ الموظفين في أوائل ابريل إلى «بلقوار»، حيثُ أرسلت سفينتا الشركة «دريك» و«تايجر» لترسَوا، في حين سَجن الموظفون الباقون أنفُسَهم في بناية الوكالة في البصرة، وتجنبوا بعد ذلك الاتصال بالعالم الخارجي تجنّباً صارماً. وفي السابع من أبريل، وصلت إلى البصرة السفينة الحربية «سوالو»، وعلى متنها ٦٥ بالة من البضائع مرسلة من سورات. وبما أن قائد السفينة، السير جون كلارك، لم يسمح للقوارب، التي جاءت من الشاطىء، بالاقتراب من سفينته خشية أن ينقلوا إليها العدوى، فقد أفرغت الحمولة على متن طراد الشركة «دريك»، على أن تنزل إلى البر بعدَ زوال المرض. إلا أن المرض، بَدل أن يخف مع قدوم موسم الحر كما كان متوقعاً، فقد أخذ يستشري يوماً بعد يوم، وأصبح موقف موظفي الشركة مزعجاً للغاية، بعد أن هجرهم الخدم، واعتُبر أن ليس في إمكانهم إعادة ملء الشواغر بأمانٍ من الخارج.

وأخيراً، بعد أن قام الموظفون في ٢٣ ابريل بختم مخازن الوكالة، عهدوا بالوكالة إلى عناية الحكومة المحلية، وعينوا الخوجا بطرس وتاجراً أرمنياً آخر ليمثلا الشركة في

despatch of the Kehiyah, who was also the Pāsha's brother, to remove Sulaimān Āgha from his Government and to install in his place Yūsuf Āgha, who was generally reported to be an honest and humane man.

Refusal of the British to assist the Turks against the Muntafik, 1769

In August 1769, the Pāsha of Baghdād earnestly begged the British Agent at Basrah to lend him the assistance of the Company's vessels for suppressing the revolt of the Muntafik under Shaikh 'Abdullah, already mentioned; but Mr. Moore, to whom the disastrous consequences of the Company's intervention in the war between the Turks and the Ka'ab were well known, whose relations with the rebellious Shaikh 'Abdullāh had always been friendly, and who at the time - as we have already seen - had unredressed grievances against the Mutasallim of Basrah, evaded the request on the ground that large European ships would be unable to act in the Euphrates. In the opinion of the Agent there was even at one time a possibility of the town of Basrah being captured by the Muntafik, and this he regarded as a strong additional reason for observing neutrality.

Withdrawal of the Agency staff from Basrah, 23rd April 1773

In the spring of 1773 an outbreak of plague occurred at Basrah, resulting in heavy mortality and general panic. At the beginning of April, the Agent (Mr. Moore) and some of his establishment retired to 'Belvoir,' where also the Company's vessels 'Drake' and 'Tyger' were sent to lie, while the other members of the staff shut themselves up in the Factory building in the town of Basrah; and communication with the outer world was after that rigorously avoided. On the 7th of April the 'Swallow' sloop-of-war, arrived at Basrah with 65 bales of piecegoods from Sūrat; and as Sir John Clerke, the commander, would not allow any boats from the shore to approach his vessel lest they should bring contagion, the cargo was transhipped to the Company's cruiser 'Drake' with a view to its being landed after the epidemic had ceased. The disease, however, so far from abating at the approach of the hot weather, as had been expected, continued day by day to increase; and the position of the Company's employés, whose servants had deserted them and whose provisions had begun to fail and could not, it was supposed, be replenished with safety, soon became extremely inconvenient.

At length, on the 23rd of April, having first sealed up the warehouses, recommended the Factory to the care of the local government, and appointed Khōjah Petrus and another Armenian merchant to represent the Company in

غيابهم، ثم غادروا البصرة إلى بومباي على متن السفينتين «تايجر» ذات الثمانية مدافع و«دريك» ذات الـ ١٤ مدفعاً. وقد برروا تصرفهم في القرار الذي أعدّوه مباشرة قبل رحيلهم، وتركوه ليُقدَّم إلى مجلس مديري الشركة في لندن، استناداً إلى أنه لم يكن في البصرة أيّ ديونٍ مهمة، مستحقّة للشركة، وأن الطاعون قد سبَّبَ تعليق الأعمال تعليقاً كاملاً، وأنَّ من غير المأمون الاتصال بالسكان المحليين لفترة ستة أشهر على الأقل. وحرص الموظفون، عند رحيلهم، ألا يُظن في البصرة أنهم ما كانوا ينوون الذهاب إلى بومباي.

الاستيلاء على السفينة «تايجر» في شط العرب، ٢٦ ابريل ١٧٧٣

بعد مرور ثلاثة أيام؛ وحين كانت السفينتان تعبران شط العرب نزولاً، والسفينة «تايجر» تسبق السفينة «دريك» بنحو ثلاثة أميال، تعرّضت الأولى لهجومٍ غير متوقع من أربع سفن لقراصنة من ريك، اعتقد الملازم سكوت قائد «تايجر» أنها من سفن مسقط. وحين تبين أن كل البحارة الهنود قد ألقوا بأنفسهم في البحر، ولم يبق حوله سوى ١١ أوروبياً لمواجهة العدو، رمى بنفسه أيضاً في الماء، فالتقطته السفينة «دريك» ومعه أوروبيان واثنان من البحارة الهنود. وأُسر المستر بومونت والمستر جرين وهما تاجران كبيران بقيا على متن السفينة. أما باقي الطاقم، فلم يُعرَف مصيره.

لم تألُ السفينة «دريك» جهداً للحاق بالسفينة «تايجر» وسفن القراصنة الأربع التي تمكنت، بعد أن عاونتها سفينة جاليڤات خامسة، من جر السفينة المنكوبة بعيداً. فلم تنجح عملية المطاردة، لأن غاطس السفينة «دريك» لم يمكّنها من اجتياز الحاجز الرملي عند مدخل الميناء، قبل المد في الصباح التالي. فأدرك الوكيل ألاّ فائدة من مواصلة الطريق إلى ريك لاسترجاع «تايجر»، وإطلاق سراح الأسرى، لا سيما وأن حمولة السفينة كانت تفوق طاقتها. لهذا قرر مواصلة الرحلة «بأقصى سرعة خشية أن تفقد السفينة طريقها إلى بومباي بسبب تأخر الفصل».

أما تجارب المستر بومونت والمستر جرين اللاحقة، واستخدام الفرس للسفينة «تايجر»، فسنوردها في الفصل الخاص بتاريخ الساحل الفارسي. وأما الركاب الذين وصلوا إلى بومباي على متن «دريك»، فهم، على الأرجح، السادة مور ولويس ولاتوش. ولم يثبت: هل كان المستر رايلي، جراح الوكالة، قد غادر البصرة أم لا؟ لكن، من المؤكد، أنه كان موجوداً في منتصف اكتوبر ١٧٧٣، قبل عودة الوكيل والموظفين الآخرين بأكثر من شهرين.

their absence, they left Basrah for Bombay in the 'Tyger' of eight, and the 'Drake' of fourteen guns. In a resolution which they drew up immediately before starting, and which they left to be forwarded to the Court of Directors in London, they justified their conduct chiefly on the ground that there were not at Basrah any outstanding debts of consequence due to the Company, that the plague had caused a total suspension of business, and that it would be unsafe to hold communication with the natives for at least six months to come; and, in taking their departure, they were careful not to let it be suspected at Basrah that they meant to go so far as Bombay.

Capture of the 'Tyger' in the Shatt-al-'Arab, 26th April 1773

Three days later, while the two vessels were still descending the Shatt-al-'Arab, the 'Tyger', then three or four miles ahead of the 'Drake', was unexpectedly boarded by four piratical Gallivats from Rīg which her commander, Lieutenant Scott, had taken for Masqat vessels. Lieutenant Scott, finding that his lascars had all jumped over board and that he had only 11 Europeans left with whom to oppose the enemy, also threw himself into the water and was eventually picked up, along with two Europeans and two lascars, by the 'Drake'. Messrs. Beaumont and Green, Senior Merchants, who remained on board the vessel, were captured with her; but what became of the rest of the crew does not appear.

The 'Drake' made every effort to overtake the 'Tyger' and the pirate ships, which, assisted by a fifth Gallivat, quickly towed the unfortunate vessel away; but the pursuit, as the 'Drake' on account of her draught of water was unable to cross the bar before the next morning's tide, was unsuccessful; and the Agent, considering it useless to proceed to Rīg with the 'Drake' in her overloaded condition to demand the restoration of the 'Tyger' and the release of the prisoners, resolved to prosecute his voyage 'with the utmost expedition, lest from the lateness of the season the "Drake" should lose her passage to Bombay.' The subsequent experiences of Messrs. Beaumont and Green and the employment of the 'Tyger' by the Persians are described in the chapter on the history of the Persian Coast. The passengers who reached Bombay in the 'Drake' were apparently Messrs. Moore, Lewis and Latouche; it is not clear whether Mr. Reilly, the Agency Surgeon, ever left Basrah, and he was certainly there again at the middle of October 1773, more than two months before the return of the Agent and other members of the staff.

وليس في هذا الفصل أي إشارة إلى القضية التي شكلت موضوعاً لكثيرٍ من المراسلات بين الوكالة والحكومة التركية، بين عامي ١٧٦٥ و ١٧٦٨. وهذه ناتجة عن سلوك موظفي الوكالة (المستر شو والمستر جاردن)، كما سيُبحث في فقرة لاحقة.

تجارة شركة الهند الشرقية في العراق التركي، ١٧٥٧ - ١٧٧٣

كان لتجارة شركة الهند الشرقية في البصرة شأن كبير خلال هذه الفترة. لكن ممثّليها لم يحصلوا، على ما يبدو، إلا على القليل من الأعمال التجارية في بغداد، حتى خلال وجود مقيمية في ذلك المكان.

البضائع الصوفية

كانت المنسوجات الصوفية، على اختلاف أنواعها، سلعة الاستيراد الرئيسية، هنا كما في فارس. وقد قام المستر شو، أثناء زيارته لبغداد عام ١٧٥٩، بترتيب مسألة الشحن الترانزيت لبضائع الشركة، في المستقبل، إلى ذلك المكان معفاةً من الرسوم داخل البلد، وتمكّن، في الواقع، أن يبيعَ، فوراً، ١٠٠ بالة من القماش الخشن بسعر ٧,٤ محمودية للذراع، و٣٠ بالة من القماش الرقيق بسعر ١٧ محمودية للذراع. ووجد شو أن الأقمشة ما تزال تُستَورد بكميات كبيرة من حلب إلى بغداد. لكنه كان يأمل أن «يقلب» هذه التجارة رأساً على عقب، من خلال ترتيبات تُدخل عليها بعض التحسينات. وفي فبراير ١٧٦٨، كانت هناك «كميات كبيرة كبقايا» في البصرة. لكن كان من المتوقع أن تُسهّل التخلّصَ من هذه البضاعة غيرِ المباعة شحنةُ ١٠٠ بالة من الجوخ، قيمتها ٣٠,٥٦٩ روبية، بعضها من القماش الخشن وبعضها الآخر من القماش الملوّن، كانت قد أرسلت من بومباي. وفي عام ١٧٧١، كان هناك تراكم كبير للأصواف في كل من البصرة وبومباي، مُعَدَّة للبيع في الخليج. وقد صادق مجلس إدارة الشركة، كإجراء خاص، أن يستبدل بها الحرير الخام الكيلاني، على أن تُدفع الاصوافُ ثمناً لأقلّ من ثلاثة أرباع الحرير، ويتوقف بعدها شراء الحرير. لكن، من عام ١٧٦٣ حتى عام ١٧٧٣، كان المعدل السنوي لعدد بالات المنسوجات الهندية الموحدة القياس، المستوردة إلى البصرة، يراوح بين ٣٠٠٠ و ٣٥٠٠ بالة. وكانت هذه البالات في معظمها، مُلكاً لتجار مستقرّين في البنغال ومَدْراس وسورات، وكانت تُنقل بشكل رئيسي، في بواخر عائدة لرعايا بريطانيين أو لتجار مسلمين من سورات. أما العائدات، فكانت نقداً إلى حد كبير. وكانت شركة الهند الشرقية قد استوردت، خلال السنوات العشر نفسها، كمياتٍ كبيرة من الأجواخ إلى البصرة، وكميات صغيرة من الأقمشة المزينة بالنقوش.

No reference has been made in this section to a case which formed the subject of much correspondence between the Agency and the Turkish Government from 1765 to 1768, as it arose out of the conduct of two of the Company's servants (Messrs. Shaw and Garden) and is discussed, for that reason, in a later paragraph.

Trade of the East India Company in Turkish 'Irāq, 1757-73

The trade of the East India Company at Basrah was considerable during this period; but their representatives seem to have obtained but little business at Baghdād, even during the existence of a Residency at that place.

Woollen goods

The chief article of import, here as in Persia, was woollen cloth of various sorts; and Mr. Shaw, on his visit to Baghdād in 1759, besides arranging - as he believed - for the future transit of the Company's goods to that place free of inland duties, actually disposed on the spot of 100 bales of coarse cloth at 7.4 Mahmūdis per gaz and of 30 bales of fine cloth at 17 Mahmūdis per gaz. He found that there was still a considerable importation of cloth from Aleppo to Baghdād; but this trade he hoped, by means of improved arrangements, entirely to 'overset'. In February 1768 there were 'heavy remains' at Basrah; but 100 bales of broad cloth worth Rs. 30,569, consisting partly of coarse cloth and partly of coloured, had been consigned from Bombay and were expected to facilitate the disposal of the unsold stock. In 1771, there was a great accumulation of woollens, intended for sale in the Persian Gulf, both at Basrah and Bombay; and the Court of Directors, as a special measure, sanctioned their exchange for Gīlān raw silk, and less than 3/4 of the price of the silk to be paid in woollens, after which the purchase of silk was to be discontinued. From 1763 to 1773, however, the average annual number of bales of Indian piece-goods imported at Basrah was 3,000 to 3,5000. These were mostly the property of merchants settled in Bengal, in Madras, and at Sūrat; and they were chiefly carried in ships belonging to British subjects or to Muhammadan merchants of Sūrat. The returns were largely in specie. During the same ten years the East India Company imported broad cloth and long ells at Basrah in considerable, and embossed cloth in small quantities.

واردات أخرى

كان البن اليمني، الذي تجلبه السفن العمانية سنوياً، سلعةً تجارية مهمة في البصرة، خلال هذه الفترة. لكن حركة نقله عانت من انقطاع جدي ثلاث مرات: مرة من الاضطرابات التي أثارتها قبيلة بني كعب في شط العرب عام ١٧٦٥، ومرةً بسبب جشع المير مهنا في خَرْج عام ١٧٦٧، ومرة بسبب الحرب بين وكيل فارس وإمام عمان، عام ١٧٦٩. وقد بُذلت محاولة لإدخال قصدير كورنوول إلى البصرة عام ١٧٦١. لكن يبدو أن المحاولة لم تلقَ نجاحاً فورياً. إلا أن مزاولة تجارة القصدير كانت قائمة هناك عام ١٧٦٤. وجرى أيضاً استيراد الحديد والفولاذ والرصاص والسجاد، لكن ليس بكميات كبيرة.

التمور

كانت تجارة تصدير التمور قد نمت في هذا الوقت، وأحرزت بعضَ الأهمية، كما تُظهر المؤشرات. ففي اكتوبر ١٧٦٣، أُرسلت السفينة «سوالو» إلى الدواسر في شط العرب السفلي، لمنع التدخل في بعض شحنات التمور التي كان للمقيم السابق في البصرة، المستر شو، مصلحةٌ فيها، إذ كان مديناً للشركة. وفي أكتوبر ١٧٦٧، ذُكر أن المستر ليستر، من وكالة البصرة، كان في مهارزي، التي ربما كانت المنطقة المسماة بهذا الاسم في جزء من جزيرة عبادان، وكان «مُنشغلاً... في جمع ما يستطيعه من تمور». لكن سلوك قبيلة بني كعب أعاق عملياته. وفي عام ١٧٦٨، سمح الوكيل والمجلس أن يُدفع جزء من دين الحكومة التركية لشركة الهند الشرقية، بشكل تمور.

النقد

في عام ١٧٥٩، عندما أصبحت الروبية الفضية نادرة في البصرة، طلبَ المقيمُ والوكيل في بندر عباس، توجيهات بشأن نوعِ الذهب المُستَخدم في الدفعات المالية المُحوّلة من البصرة إلى الهند، عوضاً عن الروبيات الفضية. ولما لم يكُن المقيمُ، في وقت مبكر من العام التالي، قد تلقّى بعد تعليمات محددة، ولمّا لم يَعُد في الإمكان الحصول على الروبيات، فقد أرسل عملات «فينيشيان» و«ناديري»، إلى بندر عباس. ومن هناك أُرسلت إلى بومباي.

شحنات البضائع

يُثير المقتطف التالي المأخوذ من إحدى سفن بومباي «كونسالتيشن»، والمؤرخ في ٢٤ أبريل ١٧٦٩، يُثير الاهتمام لأنه يقدم صورة عن ممارسة الشركة بشأن شحنات البضائع، كما يُلقي بعض الضوء على مسائل تتعلق بالانضباط وردت، بشكل صحيح، في القسم التالي:

Other imports

Yaman coffee, brought annually by 'Omān vessels, was an important article of trade at Basrah during this period; but three times this traffic suffered serious interruption, viz., in 1765 by the Ka'ab disturbances in the Shatt-al 'Arab, in 1767 by the rapacity of Mīr Mahanna at Khārag, and in 1769 by the war between the Vakīl of Persia and the Imām of 'Omān. In 1761 an attempt was made to introduce Cornish tin at Basrah, but it does not appear to have been immediately successful; in 1764, however, there was a trade in tin there. Some iron, steel, lead, and carpets were imported also, but not in large quantities.

Dates

The export trade in dates had now grown to some importance, as shown by several indications. In October of 1763 the 'Swallow' was sent to Dawāsir on the Lower Shatt-al-'Arab to prevent interference with some dates in which Mr. Shaw, the ex-Resident at Basrah, who was indebted to the Company, had an interest; in October 1767 Mr. Lyster of the Basrah Agency was reported to be at Maharzi, probably the part of 'Abbādān Island so named, 'engaged ... in gathering in what dates he possibly can', but his operations were impeded by the behaviour of the Ka'ab tribe; and in 1768 the Agent and Council allowed part payment of the Turkish Government's debt to the East India Company to be made in dates.

Specie

In 1759, when silver rupees became scarce at Basrah, orders were requested by the Resident and by the Agent at Bandar 'Abbās as to the kind of gold in which remittances should be made, instead, from Basrah to India; and early in the following year, not having as yet received definite instructions and rupees being no longer procurable, the Resident sent 'Venetians and Nadiris' to Bandar 'Abbās, whence they were forwarded to Bombay.

Freights

The following extract from a Bombay Castle 'Consultation', dated 24th April 1769, is interesting, as it illustrates the practice of the Company in relation to freights, and also casts some light on matters of discipline falling properly under the next section:

لما كانت العريضةُ التي تقدم بها الأرمَن وغيرهم من التجار في البصرة، والتي تتضمن شكواهم من عدم تزويدهم بسفينة شحن سنوية من سورات، وشكواهم من مصاعب أخرى بشأن تجارتهم من هناك، لما كانت قد أُخذت الآن بعين الاعتبار، فإنَّ الرئيس يُعلن أن ذلك الجزء المتعلق به محضُ افتراء، لأنه لم يُصدر قَطّ أوامرَه للمستر برايس، أو يكتب إليه كلمة واحدة، حول الموضوع، في أي وقتٍ من الأوقات، كما زعم التجار أن هذا الرجل المحترم والمثالي قد أبلغ مندوبيهم. أما زعمهم ضد المستر برايس، فينبغي أن يُستدعى برايس للرد على هذه المزاعم. وعند ذلك، سوف تُتخذ الإجراءات المناسبة للحيلولة دون جميع الشكاوى التي من هذا النوع، في المستقبل، وذلك من خلال بعض القوانين الضرورية المتعلقة بسفن الشحن عموماً. إلا أننا لا نستطيع أن نقفلَ هذا الموضوع دون أن نسجل دهشتنا لأن الوكيل والمجلس قد عمدا، فوراً، إلى رفع هذه العريضة المذكورة أعلاه، إلى سادتنا الجديرين بالتكريم. فروايات من هذا القبيل ينبغي أن تُسلم إلينا، لأننا رؤساؤهما المباشرون، ومن ثم تُسلّم من خلالنا إلى الشركة الكريمة، ولأن التصرّف خلاف ذلك يتعارض تعارضاً مباشراً، مع أوامرهم وأوامرنا، ومع القوانين العامة التي ينبغي وضعها لتقديم النصح لأوروبا.

مؤسسات شركة الهند الشرقية في العراق التركي، ١٧٥٧ ـ ١٧٧٣

التنظيم والتعيينات

كان يمثل مصالح الشركة في العراق التركي، حتى سنة ١٧٦٣، كما رأينا، مقيم في البصرة خاضع لوكيل الشركة في بندر عباس. لكن، في السنة المذكورة، نُقلت الوكالة من بندر عباس إلى البصرة لتصبح، بالتالي، المحطة البريطانية الرئيسية في الخليج، وبقيت هناك إلى ما بعد نهاية هذه الفترة. ويبدو أن المستر جاردن قد عين، عام ١٧٦٠، وقبل أن يحصل هذا التغيير، وبفضل مؤهلاته الخاصة، يبدو أنه قد عين مقيماً مشاركاً للمستر شو الذي كان مساعداً له من قبل. لكن، في العام التالي، وكما سيتضح فيما بعد، نُقل الاثنان، وأعيدت المقيمية الواحدة إلى سابق عهدها. وفي عام ١٧٦٤، أُضيف إلى هيئة العاملين بالوكالة محاسبٌ مؤهلٌ هو المستر ج. سكيب، الكاتب، وأعطي بدلاً شهرياً مقداره ٢٠ روبية لتوليه مسؤولية الحسابات. وفي عام ١٧٦٤، أقرّت، على ما يبدو، فكرة تعيين رئيس «لاتي»، أو مسؤول جمارك خاص، مع هيئة من المساعدين، للحيلولة دون حدوثِ تزويرٍ أو احتيال. لكن حكومة بومباي لم توافق على اقتراحٍ للمستر برايس بضرورة تشييد «لاتي»، أو مركز خاص للجمارك، وإلزام التجار الوطنيين باستخدامه، وذلك خشيةَ أن يكون تشييد المبنى نفسه مكلفاً، وخشيةَ احتمال أن يثير متسلّمو البصرة في المستقبل اعتراضاتٍ على هذا النظام. وفي العام التالي، طلب الوكيل والمجلس مساعداً آخر لتمكينهما من القيام بالأعمال المعتادة. وفي عام ١٧٦٥ ـ ١٧٦٦، أقيمت في بغداد مقيمية مؤقتة خاضعة للبصرة، كما سبق أن شرحنا.

The petition from the Armenian and other merchants at Basrah, complaining of their not being furnished with an annual freight ship from Surat and other hardships in respect to their trade from thence, being now taken into consideration, the President declares that part which relates to him is an absolute falsity, as he never gave orders to, or ever wrote a syllable to, Mr. Price on the subject, as the merchants allege that gentleman informed their constituents; and in regard to what they allege against Mr. Price, he must be called upon to reply to it; when proper measures will be taken to prevent all complaints of this kind in future by making some necessary regulations in respect to freight ships in general. We cannot, however, close this subject without remarking our surprize at the Agent and Council having referred the above petition immediately to our Honourable Masters, as translations of this nature ought to be submitted to us as their immediate superiors and through us to the Honourable Company. Acting otherwise is directly contrary to their and our orders and the general rules prescribed for advices to Europe.

Establishments of the East India Company in Turkish 'Irāq, 1757-73

Organisation and appointments

The interests of the Company in Turkish 'Irāq were represented, as we have seen, until 1763, by a Resident at Basrah, subordinate to the Company's Agent at Bandar 'Abbās; but in the year mentioned the Agency was transferred from Bandar 'Abbās to Basrah, which thus became the principal British station in the Gulf, and it remained there until after the close of the period. In 1760, before this change occurred, Mr. Garden, on account of his special qualifications, seems to have been appointed Joint-Resident with Mr. Shaw, whose Assistant he had been; but in the next year, as will appear further on, both were removed, and the sole Residency was restored. In 1764 a qualified book-keeper in the person of Mr. G. Skipp, Writer, was added to the staff of the Agency and received an allowance of Rs. 20 per month for taking charge of the accounts. In 1764 the entertaining of a 'Latty' Master, apparently a private customs officer, with a staff of assistants, was sanctioned for the prevention of frauds; but the Bombay Government did not approve of a suggestion by Mr. Price, that a 'Latty' or private customs house should be erected and native merchants compelled to use it, as they feared that the building itself would be expensive to construct and that future Mutasallims of Basrah might raise objections to the system. In the following year the Agent and Council asked for another Assistant to enable them to cope with the ordinary work. In 1765-66 as already explained, a temporary Residency under Basrah existed at Baghdād.

وكالة البصرة وحياة الأوروبيين في البلد

كان مبنى الوكالة في البصرة، يقع، عام ١٧٦٥، على الضفة الجنوبية من خور العشار، على مسافة من شط العرب، ويبعد قليلاً عن مقر المتسلم، الذي كان يقع وسط المدينة القديمة. وكان للوكالة أيضاً مقرٌ ريفيٌّ أو فرعٌ لها، في منطقة «بلقوار» على شط العرب، يبعد أربعة أميال عن البصرة، وهو المكان الذي يمكن أن يكون مماثلاً لما يُعرف اليوم باسم كوت الفرنجي.

ويبدو أن موظفي الشركة في البصرة كانوا على وفاقٍ فيما بينهم، وكانوا يتناولون طعامهم على مائدة واحدة. ففي عام ١٧٦٣، حين أُوفد المستر برايس لرفعِ تقرير عن مسائل شخصية هناك، فَرضت حكومة بومباي «أن يعيش جميع الذين في البصرة، في منزل واحد (إذا أمكن)، ويتناولوا الطعام على مائدة واحدة، ويحافظوا على الانسجام التام، فيما بينهم، في كل ناحية من النواحي».

وكان الأوروبيون المقيمون في البلاد مضطرين، لاعتباراتٍ تتعلق بالكرامة، أن يحافظوا على شيء من الأبّهة. فلم يكن المستر جاردن يسمح للزوار الإنجليز في بغداد بالظهور سيراً على أقدامهم في الشوارع، بل جَعَلَهم يتقيدون بركوب الخيول المطهمة التي تكسو سروجها أغطية مزركشة. وقد تبنّى المقيمون الأوروبيون عموماً الزي التركي، وكان ثمن طقمين كاملين أنيقين ١٠٠ جنيه استرليني تقريباً.

ولم تكن الشكاوى من سوءِ الحالة الصحية كثيرةً، خلال تلك الفترة. لكن، في اكتوبر ١٧٧٠، اضطر المستر جاردن أن يعود إلى الهند بسبب مرضه، بعد بضعةِ أشهرٍ فقط من وصوله إلى البصرة ليتسلَّم منصبَه، مسؤولاً ثانياً فيها. وفي صيف ١٧٧١، انتشر «مرض عام» تقريباً، بين أفراد الهيئة العاملة. وفي عام ١٧٧٣، كما رأينا قبل قليلٍ، انتشر وباء الطاعون انتشاراً مخيفاً. لكن أحداً من العاملين في الوكالة لم يقع ضحيته.

قضية المستر شو والمستر جاردن، ١٧٦١ - ١٧٦٨

علينا الآن أن نلاحظ باختصارٍ قضيةً نشأت عن سلوك اثنين من موظفي الشركة في الخليج، وسببت، في مراحلها الأولى، اضطراباً رسمياً شديداً، ثم أدت في تطوراتها اللاحقة، إلى متاعب كبيرة مع الحكومة التركية.

كان المستر شو، الذي تولى منصب المقيم في البصرة من عام ١٧٥٣ إلى عام ١٧٦١، رجلاً متحرراً ومضيافاً، وكان اسمُه معروفاً ومقروناً، على ما يبدو، بالاحترام في أنحاء البلاد، كما كانت تربطه علاقات وديّة بعدد كبير من المسؤولين الأتراك في مختلف الأماكن،

The Basrah Factory, and life of Europeans in the country

The Agency building at Basrah, generally styled the Factory, was situated in 1765 near the southern bank of the 'Ashār creek at a distance from the Shatt-al-'Arab, a little way below the residence of the Mutasallim, which was about the middle of the native town; but there was also a country-house or branch of the Factory at 'Belvoir' on the Shatt-al-'Arab, 4 miles from Basrah, a place possibly identical with the modern Kūt-al-Farangi.

It seems that the Company's employés at Basrah, when they were on good terms with one another, lived in a sort of mess; for in 1763, on the occasion of Mr. Price's deputation to report on personal matters there, it was specially enjoined on him by the Bombay Government 'that at Basrah everybody live in one house (if it can be done), eat at 'one table, and in every respect keep up a perfect harmony.'

Europeans residing in the country were obliged, out of consideration for their dignity, to maintain some state; and Mr. Garden in 1758 would not allow English visitors at Baghdād to appear on foot in the streets and restricted them to riding magnificently caparisoned horses. European residents generally adopted Turkish costume, of which two complete suits, in good style, cost nearly £100.

Complaints of ill-health are not many during this period; but in October 1770 Mr. Garden was obliged by illness to return to India, only a few months after he had arrived to take up the appointment of Second at Basrah; in the summer o 1771 an 'almost general sicknes' prevailed among the staff; and in 1773, as we have seen above, there was a severe outbreak of plague, to which, however, none of the staff fell victims.

Case of Messrs. Shaw and Garden, 1861-68

We must now briefly notice a case, arising out of the conduct of two of the Company's servants in the Gulf, which caused a great official turmoil in its earlier stages, and which, in its later developments, was productive of much trouble with the Turkish Government.

Mr. Shaw, who held the office of Resident at Basrah from 1753 to 1761, was a liberal and hospitable gentleman, his name was well known and apparently respected throughout the country, and he maintained friendly relations with a number of Turkish officials in various places; but his conduct,

وكدليلٍ لرضى الشركة عنه، فقد رُشّح لمقيمية السند التي فَضّلها على البصرة. لكنّ سلوكه أصبح، على الرغم من ذلك، وبصورة تدريجية، سلوكاً لا يرضي رؤساءه. ويبدو أنه بدأ يشك في ضرورة رحلته إلى بغداد عام ١٧٥٩. وقد صدرت شكاوى من مجلس المديرين موضوعها الطريقة التي كان يُدير بها خدماتِ البريد البرية إلى أوروبا. وفي أوائل سنة ١٧٦١، وجدتْ حكومةُ بومباي من الضروري أن تطلب، من الوكيل في بندر عباس، الإلحاح على ضرورة الإبقاء على نفقات المقيمية في البصرة ضمن حدود معتدلة، ولا سيما في ما يتعلق بـ«بند الهدايا» الذي «لاحظنا أنه أصبح كبيراً جداً». ولمّا كان احتجاز المستر شو للسفينتين «دريك» و«سوالو» في البصرة، خلافاً للأوامر الصريحة الصادرة، قد سبب انزعاجاً كبيراً في الهند، فقد عيّنت حكومة الهند في آخر الأمر، وفي فبراير ١٧٦١، لجنة لرفع تقرير حول تصرفاته، وقررت أن تعزله من منصبه، بناءً على توصيات هذه اللجنة، وترسل المستر ستيوارت إلى البصرة بدلاً منه. ولما كانت حكومة الهند قد تلقت خطاباً من مجلس المديرين يأمر بإقصاء المستر شو في حال عجزه عن تبرير سلوكه في قضية البريد البرّي، فقد رأت هذه الحكومة من الأنسب قيام المستر دوجلاس، وكيلها في بندر عبّاس، بزيارة البصرة والتحقيق في هذا الموضوع إرضاءً لمجلس الإدارة.

وصل المستر دوجلاس والمستر ستيوارت إلى البصرة في ١٤ مايو ١٧٦١. وفجأةً، اتخذت القضية منحىً آخر، إذْ تبيَّن، في هذا الوقت، أنّ المستر شو والمستر جاردن، المقيمين المشتركين، كانا مسؤولين تجاه الشركة عن نقص بلغ ١٢,٣١٧ توماناً (أو حوالي ٦١,٥٨٥ روبية)، من دراهم الوكالة، ولم يكن في مقدورهما تسديده. وعلى ذلك، عمد المستر دوجلاس إلى تنحية المستر جاردن، لأن المستر شو كان، كما يبدو، قد نُحي عن العمل من قبل. وبقي المستر دوجلاس في البصرة حتى ١٧ اكتوبر ١٧٦١، حين عاد إلى بندر عبّاس تاركاً المستر ستيوارت مسؤولاً عن المقيمية. بعد ذلك، تقدم المستر شو بشكوى إلى حكومة بومباي مضمونها أن المستر دوجلاس قد أساء معاملته بغير وجهِ حقٍّ، وأن دوجلاس قد وضع سمعته موضع الشبهات، لدى المسؤولين الأتراك، إلى حد يصعب إصلاحها، وأنه شجع دائنيه من أهل البلاد على مناقشة ديونهم، ثم غادر في النهاية، لكنّه لو أخَّر مغادرته بضعة أيّام أخرى، لكان المستر شو تمكن من تسويةِ حسابه كاملاً. وتوسّل شو استنباط وسائلَ تتيح له تصفية أعمالِهِ التجارية في البصرة وتبرئة شخصه أيضاً.

في ٢١ يوليو ١٧٦٢، توفي، في البصرة بصورة مفاجئة، المستر ستيوارت، المقيم الجديد، وأرسل المستر دوجلاس المستر لايستر، من بندر عباس، لتولّي مسؤولية المقيمية كإجراءٍ مؤقت.

though he had at one time been designated for the Residency in Sind, as a mark of the Company's approbation, in case he preferred it to Basrah, had grown by degrees less and less satisfactory to his employers. The necessity for his journey to Baghdād in 1759 appears to have been called in question; complaints were made in 1760, by the Court of Directors, as to the inefficient manner in which the overland mail service to Europe was being managed by him; and, early in 1761, the Bombay Government found it necessary to call on the Agent at Bandar 'Abbās to insist that the expenses of the Basrah Residency should be kept within moderate bounds, particularly 'the article of presents, which 'We observed was become very large.' At length in February 1761, much inconvenience having been caused in India by Mr. Shaw's detention of the 'Drake' and 'Swallow' at Basrah contrary to express orders, the Bombay Government appointed a Committee to report on his conduct and decided, in accordance with its recommendations, to remove him and to send a Mr. Stuart to Basrah in his place; but, as a letter had also been received from the Court of Directors ordering the removal of Mr. Shaw in case he were unable to justify his conduct in the matter of the overland mails, they thought it well that Mr. Douglas, their Agent at Bandar 'Abbās, should visit Basrah and investigate that point for the satisfaction of the Court.

Messrs. Douglas and Stuart arrived at Basrah on the 14th May 1761, and the case suddenly took another turn. It was now discovered that Messrs. Shaw and Garden, the Joint Residents, were responsible to the Company for a shortage of 12,317 Tūmāns (or about Rs. 61,585) in the cash of the Factory, which they were unable to make good; and Mr. Garden was accordingly suspended from his employment by Mr. Douglas, Mr. Shaw being, it would seem, already under suspension. Mr. Douglas remained at Basrah until the 17th October 1761, when he returned to Bandar 'Abbās, leaving Mr. Stuart in charge of the Residency. Mr. Shaw then complained to the Bombay Government of having been unfairly treated by Mr. Douglas, who had hopelessly compromised his credit with the Turkish officials, encouraged his native debtors to dispute their liabilities, and finally departed just when a few days' delay might have enabled him to adjust the whole account; and he begged that means might be devised for enabling him to wind up his affairs at Basrah and also to vindicate his character.

On the 21st of July 1762 Mr. Stuart, the new Resident, died suddenly at Basrah; and Mr. Douglas, as a temporary measure, sent Mr. Lyster from Bandar 'Abbās to take charge of the Residency.

ولمّا كان تقرير المستر دوجلاس قد ترك حكومة بومباي في شك حول مسألة: هل كان المستر شو قد اختلس أموال الشركة؟ أم أنه، وباعترافه الشخصي، كان مذنباً فقط لمجرد انتهاك الأوامر القائمة التي تقضي أن يزوّد تاجراً من أهل البلاد يُدعى حاجي يوسف، ببضائع صوفية يكون ثمنها ديناً عليه، فقد قررت الحكومة، حين علمت بفراغ المنصب، أن ترسل شخصاً غير منحاز إلى المكان لجلاء القضية وتسويتها. وقد اختارت المستر و. أ. برايس الذي كانت قد خلعت عليه رتبة «الوكيل المؤقت في فارس»، مطلعَ عام ١٧٦٣. وكانت الأوامر قد صدرت إلى المستر دوجلاس بنقل وكالة الخليج من بندر عباس إلى البصرة. وكانت النية معقودة على أن يحتفظ، في نهاية المطاف، بالمسؤولية عنها، إذا رغب في ذلك، على أن تُعلَّق سلطاته كوكيل خلال فترة زيارة المستر برايس. ومهما يكن من أمر، فقد أتيحت له هذه الفرصة لدَحْضِ التهم التي وجهها إليه المستر شو. وقد فضّل المستر دوجلاس، الذي كان يعلو المستر برايس رتبة، ألا يذهب إلى البصرة استناداً إلى هذه الشروط. وبعد أن سحب مؤسسة بندر عباس ومعظم البضائع إلى البصرة، عاد إلى الهند دون أن يلتقي خلفه. وكان لتحريات المستر برايس أن تظهر أن المستر شو والمستر جاردن لم يكونا مدانين بأي ذنب من ذنوب سوء الائتمان، وإن كانا قد عصيا الأوامر؛ وأن حاجي يوسف كان مديناً بالفعل للمستر شو في حدود ١١,٦٧٤ توماناً. ونجح المستر برايس في الحصول على «تعهد» بهذا المبلغ من حاجي.

عند ذلك، وتحديداً في يناير ١٧٦٤، اعتبرت حكومة بومباي أن المستر شو والمستر جاردن ما يزالان مسؤولين عن رصيدٍ يبلغ ١١,٨٠٧ تومانات لصالح الشركة، اكتُشف، بتاريخ ٢٤ مارس ١٧٦٢، وأمرت المستر شو بالعودة إلى بومباي، حيث أفردت له مقعداً في المجلس «يتلاءم مع مكانته» لينتظر قرار مجلس المديرين، وألغت قرار الإيقاف المؤقت للمستر جاردن. لكنها رفضت أن تعينه مسؤولاً ثانياً في البصرة كما سبق أن أعطى المستر برايس توصية بذلك على ما يبدو. غير أنّ المستر شو لم يرَ مناسباً الامتثال لهذه الأوامر المتساهلة. وعوضاً عن ذلك، يمَّمَ شطر حلب حيث بقي هناك فترة من الزمن دون أن يخبر المديرين في لندن بوجوده هناك. وحين علم المجلس بهذا الظرف الإضافي، في نوفمبر ١٧٦٤، أمر بطرده من خدمة الشركة، وأصرّ، في الوقت نفسه، على استدعاء المستر جاردن فوراً من البصرة إلى الهند. وحين أتم المستر برايس العمل الذي انتُدب له، في يناير ١٧٦٤، غادر مجدداً إلى بومباي.

وكانت هذه نهايةَ القضية بين موظفي الشركة. لكن بقيت استعادة قيمة البضائع العائدة للشركة من حاجي يوسف الذي كان قد حصل عليها من المستر شو. وحتى مارس ١٧٦٥،

The Bombay Government, whom Mr. Douglas's report seems to have left in doubt whether Mr. Shaw had embezzled the Company's funds or had merely been guilty - as admitted by himself - of a breach of standing orders in supplying woollen goods on credit to a native merchant named Hāji Yūsuf, decided, on learning of the vacancy, to send an impartial person to the spot to clear up and settle the case; and they selected for this duty Mr. W. A. Price, whom, at the beginning of 1763, they invested with the rank of 'Provisional Agent of Persia'. Orders had already been issued to Mr. Douglas for the transfer of the Persian Gulf Agency from Bandar 'Abbās to Basrah, and it was intended that he should ultimately retain charge of it, if he pleased; but during Mr. Price's visit his powers as Agent were to be in abeyance, an opportunity, however, being afforded him at Basrah of disproving the charges brought against him by Mr. Shaw, Mr. Douglas, who was senior in standing to Mr. Price, preferred not to go to Basrah on these terms; and, after withdrawing the Bandar 'Abbās establishment and sending most of the stock to Basrah, he returned to India without meeting his successor. The result of Mr. Price's inquiry was to show that Messrs. Shaw and Garden, though they had disobeyed orders, had not been guilty of any dishonesty, and that Hāji Yūsuf was really indebted to Mr. Shaw to the extent of 11,674 Tūmāns; and for this amount Mr. Price succeded in obtaining an 'obligation' from the Hāji.

Hereupon the Bombay Government, in January 1764, held that Messrs. Shaw and Garden were still answerable to the Company for a balance of 11,807 Tūmāns, which had been struck on the 24th of March 1762; ordered Mr. Shaw to Bombay, where, with a seat in Council comformable to his standing' he was to await the decision of the Court of Directors; and cancelled the suspension of Mr. Garden, but refused to appoint him to the post of Second at Basrah, for which he had apparently been recommended by Mr. Price. Mr. Shaw, however, did not see fit to comply with these lenient orders, and instead betook himself to Aleppo, where he remained for some time without even informing the Directors in London of his presence there; and the Court, in November 1764, on becoming aware of this further circumstances, ordered him to be dismissed from the Company's service, while at the same time they insisted on Mr. Garden's being immediately recalled from Basrah to India. Mr. Price, after discharging his commission, had left again for Bombay in January 1764.

This was the end of the case as among the servants of the Company but it still remained to recover from Hāji Yūsuf the value of the goods, belonging to the Company, which he had obtained from Mr. Shaw. Up to March 1765 little

لم يطرأ أي تقدم يذكر في الأمر. ويبدو أن باشا بغداد قد أصرّ على ضرورة إبراز براهين يصدقها أحد القضاة، وأن الوكيل والمجلس في البصرة رفضا الامتثال، وكان ذلك بموافقة السفير البريطاني في القسطنطينية. في ذلك الشهر، كان المستر جاردن قد عاد إلى العراق التركي، فأرسل إلى بغداد لمقابلة الباشا بشأن هذه القضية وقضايا أخرى غيرها. وفور ذلك، طلب الكيخيا أن يُسمح له بتفحص سندات مالية بقيمة ٩٠٠٠ تومان كان حاجي يوسف قد أودعها البصرة، وأُبلغ، رداً على طلبه، أن السندات ستسلم إلى المتسلم، إذا رغب في ذلك. لكن الوكيل والمجلس لا يستطيعان تحمل مسؤولية إرسالها إلى بغداد. وفي النهاية، حصل المستر جاردن على أمر ببيع ممتلكات حاجي يوسف. لكن المتسلّم أوحى باستحالة العثورِ على من يشتري في الظروف العادية البيوتَ والأراضي وغيرها ممّا كان يؤلف ممتلكاته، بسبب ما كان الانكشاريون ودائنون سواهم يطلبونه من عقاراته، ورأى أن من الأفضل عرضها للبيع على أساس أنها أملاكٌ لشركة الهند الشرقية. وقد وافق الوكيل على هذا الاقتراح، شرط أن يُسلّم الحجج أو صكوك الملكية أولاً. فما كان من المتسلم إلا أن لجأ إلى أساليب مراوغة جديدة، فزعم أن الصكوك كانت «قديمة وأنه لم يبقَ منها غير القليل»، واقترح أن يجد الوكيل المشترين أولاً. وعندئذٍ، يمكن تزويده بشهادات باسم السلطان، تتفوق في قانونيتها على أي حجج أخرى.

في يونيو ١٧٦٦، وعند وصول الكيخيا من بغداد ليقود الحملة التركية ضد قبيلة بني كعب، وعد بتسوية الدين بكامله خلال ٢٠ يوماً أو ٣٠ بعد الهزيمة النهائية للعدو، وذلك من خلال «توزيع الأراضي على الأبناء وإرغامهم، من ثم، على دفع الديون بحسب ما يُتفق عليه». ومع أن الشرط، الذي كان يعتمد عليه الوعد، لم يتحقق، إلا أن الدفعَ بدأ بجدية، في ابريل ١٧٦٧.

ويبدو أن تسلّم الأقساط كان، بعد ذلك، يجري بانتظامٍ لفترة من الوقت، ولم يعد أحد يذكر القضية بعد مطلع عام ١٧٦٨. وقد يكون ذلك، لأن المطلب كان قد سوي.

عقارات المستر فرنش، ١٧٦٨

يبدو من تعليمات حكومة بومباي إلى الوكيل في البصرة، عام ١٧٦٨، أن الإجراءات كانت ما تزال جارية بشأن عقارات المستر فرنش، المقيم السابق، الذي كان قد توفي في البصرة، منذ وقت طويل يعود الى عام ١٧٣٧، وأن الأشخاص الذين لديهم مطالب نُصحوا أن يقدّموا بشأنها طلباتٍ إلى شركة الهند الشرقية في لندن.

or no progress had been made in the matter, the Pāsha of Baghdād apparently insisting on the production of proofs attested by a Qādhi, and the Agent and Council at Basrah, with the approval of the British Ambassador at Constantinople, refusing to comply; and in that month Mr. Garden, who had meanwhile returned to Turkish 'Irāq, was sent to Baghdād to interview the Pāsha in regard to this and other matters. The Kehiyah soon after asked to be allowed to inspect securities to the value of 9,000 Tūmāns which had been deposited by Hāji Yūsuf at Basrah, and in reply he was informed that they would be handed to the Mutasallim, if desired, but that the Agent and Council could not themselves undertake the responsibility of forwarding them to Baghdād. Eventually Mr. Garden obtained an order for the sale of Hāji Yūsuf's property; but the Mutasallim represented that on account of the demands of Janissaries and other creditors upon the estate, it would be impossible to find purchases for the houses, lands, etc., of which it consisted in the ordinary way, and that it would be better if they were put up for sale as the property of the East India Company. The Agent agreed to this suggestion on condition that the Hujjats or title deeds should first be delivered over to him; and the Mutasallim then had recourse to fresh evasions, alleging that the title deeds were 'old, and few or none remaining', and suggesting that the Agent should find the purchases first, when certificates in the Sultān's name would be furnished, superior in validity to any Hujjats.

In June 1766 the Kehiyah, on arriving from Baghdād to take command of the Turkish expedition against the Ka'ab, promised that within 20 or 30 days of the final defeat of the enemy he would settle the entire debt by 'separating the lands among the sons and obliging them to pay off the whole in proportion'; and though the condition on which the promise depended was not fulfilled, repayment had begun in earnest by April 1767.

For some time afterwards instalments seem to have been regularly received, and after the beginning of 1768 the case ceased to be mentioned, presumably because the claim had been settled.

Mr. French's estate, 1768

From instructions given by the Bombay Government to thc Agent at Basrah in 1768, it would seem that proceedings still continued in regard to the estate of Mr. French, the former Resident, who had died at Basrah so long before as 1737, and that persons having claims were now advised to make application to the East India Company in London.

قضية المستر سكيب، ١٧٦٨ - ١٧٦٩

في شهر أكتوبر ١٧٦٨، عندما عاد المستر سكيب من مهمته إلى شيراز المذكورة في تاريخ الساحل الفارسي، وكان، في الأصل، قد أُرسل عام ١٧٦٤ إلى البصرة كماسكِ دفاتر الحسابات، كفّ الوكيل والمجلسُ هناك يده، لخرقه الأوامر الصادرة إليه، بوصفه «حارس المستودع والمحاسب». وقد زُعم، على ما يبدو، أنه كان مُذنباً بعدم الأمانة، لبيعه بعض الأقمشة الصوفية الخفيفة بسعر بخس، بالاشتراكِ مع المستر رنش، الوكيل السابق؛ ولبيعه بعض المنسوجات. غير أن حكومة بومباي، التي كانت تعي جيداً عداء الوكيل المستر مور للمستر سكيب بسبب تباين سياساتهما إزاء فارس، وجدت المستر سكيب مذنباً بارتكابٍ خطأ في التقدير فقط، فألغت قرار التعليق المؤقت، وأعادت سكيب إلى مكانته. لكنها اقتضت منه، في الوقت نفسه، «أن يسدّد الفارقَ في سعر الأقمشة الصوفية الخفيفة، والمبلغَ الذي يدين به المستر لايستر للمستودع». لكن، مع أن حكومة بومباي رأت أنه لم يكن هناك ما يبرر توقيف المستر سكيب عن العمل في تلك الظروف، إلا أنها «أدانت بشدة» الوكيل والمجلس لإصدارهما أمراً بذلك، من دون أن يتيحَ أي فرصة للمستر سكيب ليقدم تفسيراً عن سلوكه.

الاتصال البري بين البصرة وأوروبا، ١٧٥٧ - ١٧٧٣

البريد

أشرنا سابقاً، بشأن قضية المستر شو، إلى الاهتمام الذي أبداه مجلس المديرين في شركة الهند الشرقية، حيال الصيانة الفعّالة للاتصال البرّي بين أوروبا والهند، عن طريق البصرة. ويمكننا أن نضيف هنا أنهم وصفوا، في المناسبة ذاتها، العنايةَ بهذه «القناة المهمة» كجزءٍ أساسيّ من واجبات المقيم. لقد أمروا حكومة بومباي بالإصرار على تأديته الدقيقة لهذه المهمة، بالعبارات التالية: «عليكم أن تراقبوا باحتراس أيّ شخص يُعيّن في البصرة مستقبلاً؛ فإذا فشل في وقت من الأوقات، في إجراء مراسلاته، معنا أو معكم، في موعدها، أو إذا تبيّن أنه يؤخر إيصال المشورات إلى الهند أو منها، استدعوه فوراً، إلى بومباي، فقد يثبت أن للمشوراتِ المبكرة أعظم نتيجة لشؤوننا، ولا سيما في زمن الحرب».

المسافرون

كان المسافرون الأوروبيون المتنقّلون بين أوروبا والشرق، وهم عموماً من موظفي شركة الهند الشرقية، كانوا يقصدون طريق البصرة البرّي إلى مدى محدود. لكن هذا

Case of Mr. Skipp, 1768-69

In October 1768, on his return from a mission to Shīrāz, described in the history of the Persian Coast, Mr. Skipp, who had originally been sent to Basrah as book-keeper in 1764, was suspended by the Agent and Council there for breach of trust and breach of orders in his capacity of 'Warehouse-keeper and Accomptant'. It was apparently alleged that he had been guilty of dishonesty in the disposal of some 'shalloons' at a low price jointly with Mr. Wrench, a former Agent, and also in the sale of some cloth but the Government of Bombay, who were well aware of the animosity of Mr. Moore, the Agent, against Mr. Skipp on account of the divergence of their Persian policies, found Mr. Skipp guilty of an error of judgment only, removed his suspension, and restored him to his standing, at the same time, however, requiring him 'to make good the difference on the price of the shaloons and the amount of Mr. Lyster's debt to the warehouse.' The Bombay Government, while they thought Mr. Skipp's suspension not unwarranted in the circumstances, 'highly condemned' the Agent and Council for having ordered it without allowing Mr. Skipp any opportunity of explaining his conduct.

Overland communication between Basrah and Europe, 1757-73

Mails

We have already alluded, in connection with Mr. Shaw's case, to the interest shown by the Court of Directors of the East India Company in the efficient maintenance of overland communication between Europe and India by way of Basrah. Here we may add that on the same occasion they described the care of this 'important channel' as an essential part of the Resident's duty and ordered the Bombay Government, in the following terms, to insist on his exact performance of the same: 'whoever in future is appointed to Basrah (you) will keep a watchful eye over his conduct; and if he ever fails in a punctual correspondence with us or yourselves, or is ever found to delay advices to or from India, call him immediately to Bombay; for early advices may prove of the greatest consequence to our affairs, in time of war especially.'

Travellers

The Basrah overland route was frequented, to a limited extent, by European travellers, generally servants of the East India Company, between Europe and the East; but to those using it without proper arrangements it

الطريق برهن أنه طريق خطرٌ أحياناً، للذين يستخدمونه دون أن يتخذوا الترتيبات الصحيحة. ففي سبتمبر ١٧٥٧، تعرض النقيب إيفرز للنهب، وهو في طريقه من البصرة إلى حلب. وفي مطلع عام ١٧٥٨، كان المستر بارتون، وهو تاجر متقاعد من شركة الهند الشرقية عاش بعضَ الوقت نبيلاً من نبلاء الريف، كان قد صمّم على زيارة الهند مرة ثانية، فتعرض للسلب، وكاد يُقتل على الطريق بين حلب وبغداد. أما الدكتور إيڤز ومرافقوه، الذين كانوا في العراق التركي من ابريل حتى يونيو ١٧٥٨، والعالم الرحالة نيبور الذي قضى في البلد الفترة الممتدة من أغسطس ١٧٦٥، إلى مارس ١٧٦٦، فقد وصلوا إلى البصرة قادمين من الخليج ثم عادوا إلى أوروبا، عن طريق بغداد ودياربكر وحلب. كذلك مرّ السير إِير كووت بالبصرة في رحلته إلى وطنه عبر الصحراء، عام ١٧٧١.

الفرنسيون في العراق التركي، ١٧٥٧ - ١٧٧٣

الفرقاطة الحربية الفرنسية «بريستول» في البصرة، ١٧٥٨

في بداية حرب السنوات السبع، كانت سفينة فرنسية حمولتها ٣٠٠ طن مزودة بـ ٢٠ مدفعاً من عيار ثلاثة أرطال، راسيةً في النهر بمدينة البصرة. وبقيت هناك حتى عام ١٧٥٨، يحميها حيادُ الميناء، إلى أن أُرسلت الفرقاطة الحربية الفرنسية، «بريستول»، بقيادة النقيب ريفاج، لتعود بها. وكانت الفرقاطة «بريستول» تحمل ٣٠ مدفعاً و١٤٠ بحاراً، بينهم ٨٥ أوروبياً، أما الباقون فمن جزر الهند الشرقية. وحين كان الدكتور إيڤز وأصدقاؤه في البصرة في إبريل ١٧٥٨، وجدوا أن السفينتين الفرنسيتين ما تزالان هناك، وأن الجاليتين البريطانية والفرنسية، برئاسة المستر شو والمسيو بيردريا، كانتا، ذلك الحين، تتبادلان المجاملات على الأرض التركية المحايدة، على الرغم من أن الحرب كانت سائدة بين بلديهما. ففي حفل عشاء أقامه المقيم الفرنسي في منزله الريفي، بلغ عدد المدعوين ٢٦ شخصاً، بينهم كامل الهيئة العاملة في الوكالة البريطانية، والزوار الإنجليز، وكل ضباط الفرقاطة «بريستول». وكان هذا، على ما يعتقد، أكبر عدد من الأوروبيين يجتمع في البصرة إلى الآن.

تنافس على الأولوية بين المقيمين، البريطاني والفرنسي، في البصرة، ١٧٥٩ - ١٧٦٥

في حوالي بداية عام ١٧٥٩، حين كانت حرب السنوات السبع ما تزال مستعرةً، توجه المقيم الفرنسي في رحلة إلى بغداد، وحصل من سليمان باشا على فرمان أُمِرَ فيه أنه، في المستقبل، ينبغي أن يكون «الأول الذي يجري استقباله في الزيارات الرسمية، وأن يلقى الاحترام الذي يفرضه اعتباره الأول بين المقيمين الأوروبيين». ولمّا عاد هذا الرجل الفرنسي إلى البصرة، شرع في معاملة المقيم البريطاني معاملة من هو دونه رتبة، استناداً

sometimes proved dangerous. A Captain lvers was plundered in September 1757 on his way from Basrah to Aleppo; and at the beginning of 1758 Mr. Barton, a retired East India merchant, who after living for some time the life of a country gentleman at home, had determined to revisit India, was robbed and very nearly killed between Aleppo and Baghdād. Dr. Ives and his companions, who were in Turkish 'Irāq from April to June 1758, and the scientific traveller Niebuhr, who spent in the country the period from August 1765 to March 1766, both arrived at basrah from the Persian Gulf and returned to Europe by way of Baghdād, Diyārbakr and Aleppo. Sir Eyre Coote also passed through Basrah on a homeward journey viá the desert in 1771.

The French in Turkish 'Irāq, 1757-73

The French war frigate 'Bristol' at Basrah 1758

At the beginning of the Seven Years' War a French vessel of 300 tons with twenty 3-pounder guns was lying in the river at Basrah; and there she remained, protected by the neutrality of the port, until 1758, when a French frigate of war, the 'Bristol', Captain Rivage, was sent to bring her away. The 'Bristol' carried 30 guns and a crew of 140 men, of whom 85 were Europeans, and the rest lascars. When Dr. Ives and his friends were at Basrah in April 1758, they found the two French ships still there; and on the neutral soil of Turkey, notwithstanding that war prevailed between their nations, numerous courtesies were exchanged between the British and the French communities, over which Mr. Shaw and M. Perdria at this time respectively presided. At a supper party given by the French Resident at his country house, the company, which included the whole staff of the British factory, the British visitors, and all the officers of the 'Bristol,' amounted to 26 - the greatest number of Europeans, it was believed, that had ever been assembled at Basrah.

Contest for precedence between the British and French Residents at Basrah 1759-65

About the beginning of 1759, the Seven Years' War being still in progress, the French Resident at Basrah made a journey to Baghdād and obtained from Sulaimān Pāsha a Farmān in which it was enjoined that he should in future 'be first received on the ceremonial visits and be respected as first of the European Residents.' The Frenchman, on returning to Basrah, proceeded on the strength of this Farmān to treat the British Resident as

إلى قوة هذا الفرمان، وأبلغَ رجالات البصرة الكبار وتجّارها، ولا سيما المسيحيين منهم، أن عليهم زيارة المقيم الفرنسي قبل المقيم البريطاني، في كل المناسبات العامة. لكن الأشخاص الذين وُجّه إليهم هذا الأمر رفضوا الامتثال له، وأبلغوا المستر شو، المقيم البريطاني، أنهم يفضلون البريطانيين على الفرنسيين. وبعث المستر شو، بناءً على ذلك، باحتجاجٍ إلى باشا بغداد كانت نتيجته أن أرسل الباشا أمراً إلى متسلم البصرة «يأمره هو وجميع ضباطه، بأن يعتبروا الإنجليز موضوع احترامهم الأول»، وكتبَ إلى المقيم الفرنسي في البصرة يشجُب الأمر المتعلق بالزيارات الأولى، والذي كان قد أخذ هذا الموظف إصدارَه على عاتقه، و«وجّه أيضاً، خطاباً إلى المستر شو يعبِّر فيه عن قلقه لوقاحة الرجل الفرنسي». وربما كانت لزيارة المستر شو لبغداد، في وقتٍ لاحق من السنة، بعضُ الإشارة إلى هذا الأمر. فقد ذُكر، على الأقل، أن سوء تصرّف المقيم الفرنسي في بغداد كان، في «بعض نواحيه، السببَ الأساسي» لدعوة الباشا له. وطال أمد الخلاف، واستمر بعد انتهاء الحرب، حتى عام ١٧٦٥، عندما حسمه سليمان آغا في النهاية، لصالح المقيم البريطاني، عند تعيينه متسلّماً للبصرة، وذلك بإعطائه الأفضلية على المقيم الفرنسي، بشأن الزيارة الأولى للسراي، وإصدار الأوامر إلى حرسه بمنع المقيم الفرنسي إذا حاول المجيء إلى هناك قبل أن يكون الإنجليز قد حظوا بالمقابلة الرسمية. وهكذا تكون نقطة المنافسة قد «حُسمت نهائياً لصالحنا».

وضع الفرنسيين، في ١٧٦٥ ـ ١٧٦٦

في سنة ١٧٦٥ ـ ١٧٦٦، التي قام نيبور خلالها بزيارة العراق التركي، كان يمثل الفرنسيين في البصرة مقيم لم يزاول التجارة، وأفاد أقصى الإفادة من راتب رسمي لم يكن يدفع بانتظام في أي حال من الأحوال. وكان المونسنيور بابيه ما يزال يجمع بين منصب القنصل الفرنسي في بغداد، وأسقف اللاتين في بابل. وقد توفي، فيما بعد، بداء الطاعون في بغداد، عام ١٧٧٣. وكانت الوكالة الفرنسية في البصرة تقع، عام ١٧٦٥، في جزءٍ من المدينة يقطنه السكان المحليون، على الضفة الجنوبية من خور العشار، وفي مكان أعلى قليلاً من مقر المتسلم.

الأمم الأوروبية الأخرى في العراق التركي، ١٧٥٧ ـ ١٧٧٣

البرتغاليون

يبدو أن البرتغاليين كانوا قد اختفوا تماماً من العراق التركي في هذا الوقت.

inferior to himself in rank, and informed the great men and merchants of Basrah, especially the Christians, that they must on all public days visit the French before the British Resident. The persons to whom this order was addressed refused, however, to comply with it, and informed Mr. Shaw, the British Resident, that they preferred the British to the French. Mr. Shaw thereupon made a representation to the Pāsha of Baghdād, of which the result was that the Pāsha sent a command to the Mustasallim at Basrah 'directing him and all his officers to regard the English as first in his esteem'; that he wrote to the French Resident at Basrah, condemning the order in regard to first visits which that officer had taken upon himself to issue; and that he 'also addressed a letter to Mr. Shaw, expressing his concern at the Frenchman's impudence.' Mr. Shaw's visit to Baghdād later in the year perhaps bore some reference to this affair: at least he reported that the ill-behaviour of the French Resident at Baghdād had been 'in some respect the original cause' of the Pāsha's invitation to himself. The dispute lingered on, after the conclusion of the war, until 1765, when Sulaimān Āgha, on his appointment to the Mutasallimate of Basrah, finally decided it in favour of the British Resident by 'giving him the preference to the French Resident in regard to the first visit to the Serai, and gave orders to his guards that, if he attempted to come there till after the English had had their audience, to stop him; so that point of contest is at last determin'd in our favour.'

The French position in 1565-66

In 1765-66 the year in which Niebuhr visited Turkish 'Irāq, the French were represented at Basrah by a Resident who did not engage in trade, and who made the most of an official salary by no means regularly paid; and the offices of French Consul at Baghdād and Latin Bishop of Babylon were still combined in the person of Mgr. Baillet, who eventually died of plague at Baghdād in 1773. The French Factory at Basrah was located in 1765 in the native town, on the south side of the 'Ashār creek, somewhat higher up than the residence of the Mutasallim.

Other European nations in Turkish 'Irāq, 1757-73

Portuguese

The Portuguese seem by this time to have disappeared entirely from Turkish 'Irāq

الهولنديون

لم يقم للهولنديين كيان في هذا البلد ثانية، بعد إبعادهم عن البصرة عام ١٧٥٢، أو حوالي هذا العام. لكنهم احتفظوا، من عام ١٧٥٤ إلى عام ١٧٦٥، بمستوطنة في جزيرة خرج المجاورة، التي كان يستورد منها التجار المحليون جميع أنواع التوابل والعقاقير الموجودة في سوق البصرة.

الإيطاليون

في هذا الوقت، كان في البصرة عددٌ من التجار الإيطاليين الذين كانوا يزاولون التجارة مع البندقية وليجهورن، من طريق حلب. وكان أكثرهم ثراءً، عام ١٧٦٥، تاجر يُدعى م. ليوني، يمثله في بغداد، وكيلٌ شاب من البندقية، كان كفؤاً لهذا التمثيل.

عبد الحميد الأول، ١٧٧٣ ـ ١٧٨٩*

كان عهد السلطان التركي عبد الحميد، ** الذي خلف مصطفى الثالث في نهاية عام ١٧٧٣، وحكم حتى موته في ربيع ١٧٨٩، عهداً شغله صراعٌ مستديم مع الروس تخللته واقعتان رئيسيتان: معاهدة كاينارتجي، التي فُرضت على تركيا عام ١٧٧٤، وضم روسيا للقرم عام ١٧٨٣. وكانت المصاعب التي كان على الباب العالي أن يغالبها في أوروبا، قد شغلت انتباهه إلى حد استثناء جميع القضايا الأخرى وعطّلت قدرته على كبح باشا بغداد، أو مساعدته، أو إرغامه على إحترام سلطته، أو تمكينه من صد الغزو عن أرضه حين اجتاحتها جيوش كريم خان، وكيل فارس.

* المصادر التالية، تُغطّي عهد عبد الحميد الأول وعهد سليم الثالث (١٧٧٣ ـ ١٧٨٩ و١٧٨٩ ـ ١٨٠٧): المصدر المجهول المؤلف: *"Précis containing information in regard to the First Connection of the Honourable East India Company with Turkish Arabia"*، الذي طُبِعَ عام ١٨٧٤.

وكتاب المستر سالدانها: *Selection from State Papers, Bombay regarding the East India Company's Connection with the Persian gulf, with a Summary of Events 1600-1800*، الذي طُبع عام ١٩٠٥.

وكلا المصدرين يغطي أحداث تلك الفترة كلها. وثمة مصادر معلومات أخرى قيّمة هي: *Travels in Asia and Africa*، ١٨٠٨. للكاتب أ. بارسونز، الذي كان موجوداً في البصرة عام ١٧٧٤ ـ ١٧٧٥، في بداية حصار الفرس.

وكتاب: *Observations on the Passage to India,* ، ١٧٨٤، للكاتب العقيد ج. كاپرْ الذي كان موجوداً في البصرة في فترة ١٧٧٨ ـ ١٧٧٩، قرابة نهاية الاحتلال الفارسي.

وكتاب: *Observation made on a tour from Bengal to Persia*، ١٧٩٠، للكاتب انساين و. فرانكلين.

وكتاب: *Journal of the Passage from India*، للكاتب الدكتور. ت هويل. وكلا الكاتبين كان في البصرة بداية عام ١٧٨٧، بعد مرور وقت قصير على انهيار اغتصاب الشيخ ثويني للسلطة.

وكتاب: *A Brief History of the Wahauby,* ، ١٨٣٤، للسير هـ. ج بريدجز، الذي كان عضواً في مقيمية البصرة من عام ١٧٨٧ إلى عام ١٧٩٥. وشغل، هو نفسه، منصب المقيم في بغداد، من عام ١٧٩٨ إلى عام ١٨٠٦. واخيراً كتاب: *Voyage dans L'Empire Othoman, L'Egypte et la Perse, 1801-1807.*، من وضع. م. اوليڤيية، الذي مرّ ببغداد مرتين في فترة ١٧٩٦ ـ ١٧٩٧. ويحتوي كتاب البروفسور إ. س. كريسي: *History of the Ottoman Turks,*، ١٨٥٦، على تاريخ تركيا العام خلال الفترة.

** كتب الوكيل والمجلس في البصرة، في ٢٣ ابريل ١٧٧٤، إلى حكومة بومباي، انه «...لا يوجد أمل في عقد صلح بين الأتراك والروس في وقت قريب، لأن السلطان الجديد حليم قد تولى مؤخراً، العرش التركي خلفاً لأخيه مصطفى الذي تُوفّي». ولا يعرف كاتب هذه السطور كيف يمكن تفسير الاختلاف في الأسماء هنا.

Dutch

The Dutch, after their removal from Basrah in or about 1752, never again established themselves in the country; but from 1754 to 1765 they maintained a settlement on the neighbouring island of Khārag, from which all the spices and drugs in the Basrah market were imported by native merchants.

Italians

There were now several Italian merchants at Basrah who carried on a considerable trade with Venice and Leghorn by way of Aleppo. One of the richest of these, in 1765, was a M. Leoni, who was very efficiently represented at Baghdād by a young Venetian agent.

ABDUL HAMID I, 1773-89*

The reign of the Turkish Sultān Abdul Hamīd,** who succeeded Mustafa III at the end of 1773 and ruled until his death in the spring of 1789, was occupied by an incessant struggle with the Russians, in which two leading incidents were the treaty of Kainardji, imposed on Turkey in 1774, and the complete annexation of the Crimea by Russia in 1783. The difficulties with which the Porte had to contend in Europe occupied their attention to the exclusion of all other affairs, and incapacitated them equally from restraining and from assisting the Pāsha of Baghdād, from obliging him to respect their own authority, and from enabling him to repel invasion when his territories were entered by the armies of Karīm Khān, Vakil of Persia.

---

*For the period covered by the reigns of 'Abdul Ham¬d I and Sālīm III (1773-89 and 1789-1807) in Turkish 'Irāq the official authorities are the anonymous *précis containing Information in regard to the First Connection of the hon'ble East India Company with Turkish Arabia*, printed in 1874, and Mr. J. A. Saldanha's *Selections from State Papers, Bombay, regarding the East India Company's Connection with the Persian Gulf, with a Summary of Events, 1600-1800* printed in 1905: both of these cover the entire period. Other valuable sources of information are *Travels in Asia and Africa*, 1808, by Mr. A. Parsons, who was present at Basrah in 1774-75 at the beginning of the siege by the Persians; *Observations on the Passage to India*, 1784, by Colonel J. Capper, who visited Basrah in 1778-79 towards the end of the Persian occupation; *Observations made on a Tour from Bengal to Persia*, 1790, by Ensign W. Francklin, and a *Journal of the Passage from India*, by Dr. T. Howel, both of whom were at Basrah at the beginning of 1787, shortly after the collapse of Shaikh Thuwaini's neurpation; a *Brief History of the Wahauby*, 1834, by Sir H. J. Brydges, who was a member of the Basrah Residency from -1787 to 1795 and himself Resident at Baghdād from 1798 to 1806; and, lastly, the *Voyage dans l'Empire Othoman, l'Egypte et la Perse, 1801-07*, of M. Olivier, who passed through Baghdād twice in 1796-97.

Professor E. S. Creasy's *History of the Ottoman Turks*, 1856, contains the general history of Turkey during the period.

**The Agent in Council at Basrah wrote on the 23rd of April 1774 to the Government of Bombay "... there is no hopes of a peace betwixt the Turks and "Russians being shortly concluded from a new Sultan Huleem having lately succeeded to the Turkish throne on the death of his brother Mustapha." The present writer is not aware how the discrepancy in names here is to be explained.

وباء الطاعون في العراق التركي، ١٧٧٣

بدأ وباءُ الطاعون الذي أدّى إلى انسحاب الوكالة البريطانية من العراق التركي، في أبريل ١٧٧٣، كما وصفنا من قبل، بدأ في شهر مارس، في بغداد التي انتقلت إليها العدوى من قافلة قادمة من أرضروم. لكنه امتدَّ إلى البصرة على الفور تقريباً. وفي بغداد، حيث لم يكن هذا الوباء الرهيب معروفاً، طوال أكثر من ٦٠ عاماً، استمر الوباء حتى منتصف مايو، ولم يتوقف في البصرة إلا بحلول شهر سبتمبر. وكان المونسنيور بابيه، أسقف بابل اللاتين، بين أبرز ضحايا الوباء في بغداد. بيد أنَّ الباشا وحاشيته قد وجدوا سبيلاً إلى النجاة، بعزل أنفسهم في قصر ريفي تحيط به الحدائق، ويقع على بعد ثلاثة أميال تقريباً، من المدينة. وكان كبيراً عددُ الوفيات التي سببها الوباء في البلاد. وأصيبت التجارة بالركود، وسادت كآبة عامة. لكن عدد الوفيات الإجمالي، الذي لم تكن هناك وسائل لتقديره، ربما بالغ به المعاصرون*.

الأوضاع في العراق التركي، من وباء الطاعون إلى حصار البصرة، ١٧٧٣ ـ ١٧٧٥

عودة الوكالة البريطانية إلى البصرة، يناير ١٧٧٤

بعد وصول المستر مور، الوكيل البريطاني في البصرة، وبعض من العاملين معه، إلى ميناء بومباي، في ١٤ مايو ١٧٧٣، قادمين من البصرة، ظلُّوا في الحجر الصحي بجزيرة بوتشر، حتى ١٧ يونيو التالي، حين سُمح لهم بالنزول إلى البرّ، في بومباي. ثم غادروا ثانية إلى البصرة في ٢٨ اكتوبر ١٧٧٣، بموجب أوامر الحكومة، آخذين معهم السفينتين الجديدتين، «تيجريس» و«يوفريتس»، اللتين كان قد جرى بناؤهما في بومباي، بطلبٍ صريحٍ من باشا بغداد، واللتين تحمل الواحدة منهما ١٤ مدفعاً. وبقيت المجموعة في مسقط من ١٧ نوڤمبر حتى أول ديسمبر، ليجروا، بالدرجة الأولى، إصلاحات في السفينة «يوفريتس» التي كانت قد جنحت إلى الشاطىء عند مدخل ميناء مسقط، ففقدت دفتها، وتكبدت أضراراً أخرى. وفي الخامس من يناير ١٧٧٤، وصلوا إلى البصرة ليشغلوا ثانيةً الوكالة البريطانية التي وُجدت، على ما يظهر، في حالة جيدة. ويبدو أن باشا بغداد قد سُرّ كثيراً بعودة الوكالة وبالسفينتين اللتين زُوّد بهما، وأهدى الوكيل حصاناً مع جُلٍّ مزركش، دليلاً على رضاه.

---

* نجح المسؤولون الاتراك عام ١٧٧٤، في إقناع المستر بارسونز ان ٣٠٠,٠٠٠ نسمة من أصل ٥٠٠,٠٠٠ قد ماتوا من وباء الطاعون في بغداد وحدها، في مدة لم تجاوز الأربعة أشهر، وأنَّ الاحياء قد دفنوا موتاهم بحسب الأصول، وأن السلطات قد سجلت كل وفاة حصلت. وجعلوا المستر بارسونز في البصرة يعتقد أن ٢٠٠,٠٠٠ نسمة قد ماتوا من أصل ٣٠٠,٠٠٠. كان هناك تقدير آخر، أوردته الوكالة البريطانية أظهر أن ٢٠٠,٠٠٠ قد توفوا في البصرة وضواحيها، وأن ٢,٠٠٠,٠٠٠ قد توفوا في الإقليم كله. وربما كان الرقم الاخير يزيد على مجموع سكان البلاد في الوقت الحاضر. لكن تجربة الهند مؤخراً، أظهرت أن عملية تناقص السكان في الأماكن الكبيرة، ليست على هذه الدرجة من السرعة، حتى عندما يكون الوباء في أقصى درجات الشدّة.

Epidemic of plague in Turkish 'Irāq, 1773

The epidemic of plague that occasioned the withdrawal of the British Agency from Turkish Irāq in April 1773, as before described, began in March at Baghdād, that place having received infection by a caravan from Erzeroum; but it extended almost immediately to Basrah. At Baghdād, where it had been unknown during more than 60 years, the fell disease continued until the middle of May, and at Basrah it did not cease until September. Mgr. Baillet, the Latin Bishop of Babylon, was among the more notable victims at Baghdād: while the Pāsha and his suite sought and found immunity by isolating themselves in a country palace, surrounded by gardens, at distance of about three miles from the city. The mortality from plague was heavy throughout the country, and there was stagnation of trade and general depression; but the total number of deaths, which there was no means of estimating, has probably been* exaggerated by contemporary writers.

Affairs in Turkish 'Irāq, from the epidemic of plague to the siege of Basrah, 1773-75

Return of the British Agency to Basrah, January 1774

Mr. Moore, the British Agent at Basrah, and a part of his staff, who arrived in Bombay harbour from Basrah on the 14th of May 1773, remained in quarantine on Butcher's Island until the 17th of June following, when they were allowed to land in Bombay. Under the orders of Government they left again for Basrah on the 28th October 1773, taking with them two new ketches of 14 guns each, the 'Tigris' and 'Euphrates,' which had been built at Bombay expressly to the order of the Pāsha of Baghdād. The party remained at Masqat from the 17th of November to the 1st of December, chiefly to admit of repairs to the 'Euphrates,' which had lost her rudder and sustained other injuries by going ashore at the entrance of Masqat harbour. On the 5th of January 1774 they reached Basrah and re-occupied the British Factory, which was found, apparently, in good order. The Pāsha of Baghdād seems to have been much pleased at the return of the Agency, and with the vessels supplied to him, and to have presented the Agent with a horse and trappings as a mark of his satisfaction.

---

*Turkish officials in 1774 succeeded in persuading Mr. Parsons that at Baghdad, out of about 500,000 inhabitants, more than 300,000 had died of plague in a little over four months and had been properly interred by the survivors, every burial being registered by the authorities. At Basrah, Mr. Parsons was led to believe that more than 200,000 people had perished out of 300,000. Another estimate, officially reported by the British Agency, showed a mortality of 200,000 in Basrah and its environs, and one of 2,000,000 in the entire province: the latter number probably exceeds the whole population of the country at the present day. Recent experience in India has shown that in large places, even when plague is most severe, the process of depopulation is not so rapid as this.

كان حاكم إقليم بغداد، آنذاك، رجلاً يدعى حماد باشا*، لا يُعرف عنه ما يجاوز هذه الوقائع: كان قبل عام ١٧٧٤، قد تولى الحكم، لعدة سنوات، ثم أهمل الحياة العامة فيما بعد، منصرفاً إلى حياة رخاء وعزلة. وفي سبتمبر ١٧٧٤، اقترف عملاً عقوقاً دنيئاً، عندما سمح باغتيال متبنّيه، الذي حصل، بفضل نفوذه، على باشوية بغداد، وقَتَلَ أبناءه معه، إذِ اشتبه أنه كان يستهجن إدارة الباشا وينوي تخريبها.

وظل جهاز الحكم، أثناء زيارة المستر بارسونز للعراق التركي عام ١٧٧٤، ظلّ تقريباً كما وجده كلٌّ من إيفز ونيبور قبل سنوات قليلة. فكان ما يزال هناك آغا للانكشاريين في بغداد، ممثلاً للحكومة المركزية التركية. لكنه كان قد أصبح لا شيء على الصعيد السياسي، وربما كان ذلك نتيجة انشغالِ الباب العالي بالشؤون الأوروبية. وكان ثمة قبطان باشا موجوداً في البصرة، وكانت تخضع لسلطته السواحل التركية في الخليج والممرات المائية العراقية أسفل بغداد والحلّة. وكان واجبه جباية الرسوم على حمولات كل السفن غير البريطانية التي تصل إلى البصرة أو تغادرها، كذلك جباية الرسوم من كل المراكب التجارية التي تمخر عباب الأنهار، فضلاً عن الضريبة الشهرية المفروضة على قوارب الصيد.

وكانت القبائل العربية، في هذا الوقت على الأقل، بالقوة نفسها التي كانت عليها فيما مضى. إذ كانت قبائل مستقلة عملياً، من نقطة على الفرات تقع على مسافة ٣٠ ميلاً أسفل الحلة، وإلى البصرة، بل نزولاً حتى شط العرب. وكانت تؤدي شيئاً من الجزية لباشا بغداد مقابل تمتعها بحمايته لكنها لم تتحمّل وجود موظفيه. وكان أفراد هذه القبائل يجبون رسوم مرور على المراكب التي تستخدم النهر للانتقال في أماكن مثل عرجاء والسماوة، لصالح زعمائهم. وكان المستر بارسونز قد زار عام ١٧٧٤، عاصمة لأحد هؤلاء الزعماء، قد تكون عاصمة شيخ المنتفق، تقع على ضفة النهر في منطقة تمتد بين سوق الشيوخ والقرنة. وكانت العاصمة مكوّنة بكاملها، من خيام تغطي مساحة شاسعة، ويقطنها عدد ضخم من السكان. وما كان ليحصى تقريباً عدد كل نوع من المواشي، العائدة لهذا المخيم. وكان بين الحيوانات العائدة للقبيلة أو زعيمها، خيولٌ من أفضل السلالات، فضلاً عن كلاب الصيد والصقور. ومن الطريف وجود ٢٠ نعامة داجنة، طُوقت أعناقها بشرائط حمراء وأجراس نحاسية.

* هذا ما يقوله بارسونز. لكن أليس هو، في الحقيقة، عمرو باشا، الذي تولى الحكم عام ١٧٦٤؟ أنظر الهامش صفحة ١٥٢.

Internal administration, 1773-75

The ruler of the Baghdād province at this time was one* Hamad Pāsha, of whom little is known beyond these facts: that in 1774 he had already held the government for a number of years; that latterly he had neglected public business for a life of ease and seclusion; and that in September 1774 he was guilty of an act of base ingratitude in allowing his adoptive father, whose influence had procured him the Pashāliq, to be assassinated along with his sons on a suspicion that he disapproved of the Pāsha's administration and meant to subvert it.

The machinery of government continued, at the time of Mr. Parson's visit to Turkish 'Irāq in 1774, to be much the same as it had been found a few years earlier by Ives and Niebuhr. There was still an Āgha of Janissaries at Baghdād representing the Turkish central government, but he had become- perhaps in consequence of the pre-occupation of the Porte with European affairs - a political cypher. A Kapitān Pāsha existed at Basrah, under whose control were the Turkish coasts of the Gulf and the waterways of 'Irāq below Baghdād and Hillah, and whose duty it was to collect tonnage dues on all non-British vessels arriving at or clearing from Basrah, as also on trading craft plying upon the rivers, and a monthly tax on fishing boats.

The Arab tribes were at this time at least as powerful as ever. From a point on the Euphrates 30 miles below Hillah to Basrah, and even further down the Shatt-al-'Arab, they were practically independent; they paid some tribute to the Pāsha of Baghdād for his protection, but they did not tolerate the presence of his officials; and they collected tolls upon river-borne traffic, at points such as 'Arjah and Samāwah, for the benefit of their own chiefs. The river-side capital of one of these chiefs, probably that of a Shaikh of the Muntafik, was visited by Mr. Parsons in 1774 between Sūq-ash-Shuyūkh and Qūrnah; it consisted entirely of tents, covered an enormous area, and sheltered a huge population; and the live stock of all kinds belonging to the camp were almost innumerable. Among the animals possessed by the tribe or their chief were horses of the best breeds, greyhounds, hawks, and even such a curiosity as a score of tame ostriches with red cloth collars and brass bells about their necks.

---

*So Parsons; but was he not really 'Umr Pāsha, who succeeded in 1764? See footnote on page 152 post.

ومن مصادر الدخل العام الرئيسية في العراق هذا الوقت، رسومُ الجمارك البحرية التي كانت تُجبى في البصرة بنسبة ٣٪ من قيمة البضائع التي كان يستوردها الأوروبيون، وبنسبة ٨٪ من تلك التي كان يستوردها الرعايا الأتراك وغيرهم من الآسيويين. كذلك كانت تُجبى رسوم مساوية من البضائع التي يُعاد تصديرها من البصرة إلى حلب، أو تُستورد من البصرة إلى بغداد. وكان تقدير القيمة، في الحالة الثانية، يعتمد على أسعار سوق بغداد. كما كانت الضريبة على شجر النخيل في جوار البصرة مصدراً مالياً آخر* ذا أهمية.

طريق التجارة، ١٧٧٣ ـ ١٧٧٥

كانت بغداد، في هذه الفترة، مركزاً مهماً للتجارة، حتى ان المستر بارسونز كتب، إثر زيارته لها فقال: «إنها السوق الرئيسية لمنتجات الهند وفارس والقسطنطينية وحلب ودمشق. باختصار إنها المخزن الشرقي الأعظم».

وكان للبصرة شأنٌ عظيم، لأنها الميناء البحري لبغداد، بالدرجة الأولى، لكن تجار حلب كانوا أحياناً، يزاولون تجارة مباشرة معها، عن طريق القوافل عبر الصحراء. وكان هؤلاء التجار الحلبيون يجلبون البضائع الأوروبية من البندقية بالدرجة الأولى، لبيعها في البصرة، ويجلبون النقد أيضاً، بشكل قطع نقد ذهبية شبيهة بنقود البندقية. وباستثناء البضائع الأوروبية، كانت واردات البصرة، من ناحية الخليج، مؤلفة، في الدرجة الأولى، من الأقمشة والمنسوجات الهندية وبن مخا والعقاقير والأعشاب الطبية من نواحٍ مختلفة في شبه الجزيرة العربية وفارس. وكان البن والصمغ والعقاقير العربية تصل إلى البصرة في سفن عمانية على الأغلب؛ وأحياناً كانت إحدى السفن البريطانية تجلب حمولة بن من مخا. أما بضائع فارس، فكانت تصل دائماً على سفن فارسية. وكانت كميات كبيرة من الأقمشة والملبوسات التي تصل إلى بغداد، تُرسل إلى أزمير والقسطنطينية. لكن العقاقير كانت، في معظمها، تجد طريقها إلى الاسكندرية، ومنها تُشحن إلى البندقية وليجهورن ومارسيليا ولندن وأمستردام. وكانت الخيول تُصدّر من البصرة إلى الهند حيث تُباع هناك بأسعار مرتفعة. وإلى جانب التجار الأتراك والأوروبيين، كان في البصرة عددٌ كبير من التجار الأثرياء، من أرمن ويهود، يعتمدون في رزقهم، على تجارة الترانزيت القاريّة، فيشترون إما على أساس العمولة، وإما بتقديم طلبات شراء مقدماً، وعلى مسؤوليتهم الشخصية.

---

* سنة ١٧٧٤، قيل إن هذه الضريبة على شجر النخيل في البصرة كانت تعطي حوالي ١٠٠،٠٠٠ تومان محلي، أو ١٨٧،٥٠٠ جنيه استرليني في السنة. لكن لا بدّ أن هذا التقدير مبالغ فيه. فالرقم المذكور يساوي تقريباً عائدات ولاية البصرة من جميع المصادر في الوقت الحالي.

Among the principal items of public revenue in 'Irāq at this time were the sea-customs, which were levied at Basrah at the rate of 3 per cent. ad valorem on goods imported by Europeans, and at 8 per cent, on those of Turkish subjects and other Asiatics; and equivalent duties were collected on goods re-exported from Basrah to Aleppo or imported at Baghdād from Basrah, the valuation in the latter case being made according to the rates of the Baghdād market. Another important fiscal resource was a* tax on date palms in the neighbourhood of Basrah.

Course of trade, 1773-75

Baghdād was at this period an important centre of trade, so much so that Mr. Parsons after visiting it wrote: 'This is the grand mart for the produce of India and Persia, Constantinople, Aleppo and Damascus; in short it is the grand oriental depository.'

Basrah was of consequence chiefly as the sea-port of Baghdād; but at times merchants of Aleppo carried on a direct trade with it across the desert by caravan. These Aleppo traders brought European goods to Basrah for sale, chiefly from Venice, also specie in the shape of Venetian Sequins; while from the Persian Gulf side, exclusive of European goods, the imports at Basrah were chiefly Indian piece-goods, Mokha coffee, and drugs from various parts of Arabia and Persia. The coffee, gums and Arabian drugs for the most part reached Basrah in 'Omāni vessels; but occasionally a British ship brought a cargo of coffee from Mokha; and goods from Persia invariably arrived in Persian bottoms. Of the piece-goods reaching Baghdād, large quantities were sent to Smyrna and Constantinople; but the drugs mostly found their way to Alexandretta, whence they were shipped to Venice, Leghorn, Marseilles, London and Amsterdam. Horses were exported from Basrah to India, where they fetched high prices. Besides Turkish and European merchants, there were many rich Armenian and Jewish traders at Basrah who lived by the continental transit trade, purchasing either on commission or, in advance of orders, at their own risk.

---

*In 1774 this tax on palms at Basrah was said to yield about 100,000 local Tumāns or £187,500 sterling a year, but this must have been an exaggerated estimate, the amount mentioned being approximately that of the revenue of the Basrah Wilāyat from all sources at the present day.

ويستحق خط القوافل المباشر، بين البصرة وحلب، إشارةً إضافية: لأنه كان، أحياناً، موضوع مراسلة بين الوكيل البريطاني في البصرة وباشا بغداد، الذي لم يكن يوافق بسهولة على القيام بتجارة مربحة عبر أراضيه، بدلاً من مزاولتها في العاصمة، حيث في الإمكان مراقبتها عن كثب. ومهما يكن من أمر، فقد سمح الباشا، في ربيع ١٧٧٣، بإرسال قافلة من البصرة مباشرةً إلى حلب نتيجة انتشار الطاعون في بغداد. إلا أن المستر مور، الوكيل البريطاني، لم يستطع، لتعجّله في الرحيل، أن يستغل فرصة وجود هذا الامتياز، ولم يتمكّن، بعد عودته، من الحصول على تجديدٍ فوري له. وأخيراً، وفي ابريل ١٧٧٤، مُنِحَ الإذن الضروري بهذا الشأن. وفي الوقت نفسه تقريباً، دخلت إحدى القوافل من حلب إلى البصرة.

الوكالة البريطانية في البصرة، والرسوم الجمركية وضرائب شركةالهند القنصلية، ١٧٦٣ ـ ١٧٧٥

كانت الوكالة البريطانية في البصرة ما تزال تشغل الموقع نفسه الذي كانت تشغله عام ١٧٦٦، في ذلك القسم من المدينة الذي يقطنه أبناء البلد. وكان في إمكان السفن التي تبلغ حمولتها ٨٠ طناً، والتي ترسو في الخور، أن تفرغ حمولتها عند بوابة البلدة بالذات. وتقع على الضفة الأخرى من الخور حديقة جميلة تابعة للوكالة. وكان لوكيل الشركة، بيت ريفي في مجيل، كوت الافرنج الحديث. وعلى الرغم من أن هذا البيت يقع على بعد نصف ميل إلى الداخل من حافة المياه، فقد كان يشرف على منظرٍ رائع لأعلى شط العرب وأسفله.

وكانت تُدفعُ عن كل البضائع المحمولة على سفن بريطانية، بما فيها كل الواردات من الهند، «رسومٌ وضرائبُ قنصلية» لشركة الهند الشرقية بنسبة تصل إلى ٦٪. وكانت هذه الرسوم والضرائب، غير الرسوم الجمركية التي تجبيها الإدارة التركية. وكانت ذات حجمٍ لا بأس به الإيراداتُ السنوية لهذه الرسوم ذات العلاقة والتي تعود بشكل رئيسيٍ إلى التجارة الهندية. وفي فبراير ١٧٧٤، أبلغ الوكيل البريطاني الباشا خشيته من أن الكثير من البضائع كانت تمرّ عبر دار جمارك بغداد باسمه، احتيالاً، وبنسبة معدّل الرسوم الأوروبية، أو حتى أقل منها. وطلب الامتناع، في المستقبل، عن معاملة أي بضائع، على أنها بضائع بريطانية، إلا إذا كانت مصدّقة من قبله شخصياً.

حصار الفرس للبصرة وإخضاعها، ١٧٧٥ ـ ١٧٧٦

لم يكن الاحتلال الفارسي للبصرة، الذي كان الحدث الرئيسي في تاريخ العراق التركي خلال حكم السلطان عبد الحميد، لم يكن مفاجئاً أو غيرَ متوقع، بل كان عكس ذلك، لأنّ

The question of direct caravans between Basrah and Aleppo deserves further mention, as it was occasionally a subject of correspondence between the British Agent at Basrah and the Pāsha at Baghdād, the latter of whom did not readily agree to a lucrative traffic being carried on across his territories otherwise than through the capital, where it could be closely supervised. In the spring of 1773, however, in consequence of the outbreak of plague at Baghdād, the Pāsha authorised the despatch of a caravan direct from Basrah to Aleppo; but Mr. Moore, the British Agent, was unable in the haste of his departure to take advantage of the concession, and after his return he could not at once obtain its renewal. In April 1774 the necessary leave was at last given; and about the same time a caravan from Aleppo came in at Basrah.

British Factory at Basrah, and customs and consulage of the East Indian Company 1763-1775

The British Factory at Basrah still occupied the same site in the native town as in 1766; and vessels of 80 tons, lying in the creek, could load and unload cargo at its very gate. On the opposite side of the creek was a good garden belonging to the Factory; and the Company's Agent had, besides, a country house at Magil, the modern Kūt-al-Farangi, which, though it stood about half a mile inland from the water's edge, commanded an excellent view both up and down the Shatt-al-'Arab.

All goods brought in British ships, including the whole of the imports from India, paid 'a duty and consulage' to the East India Company, amounting to 6 per cent., which was distinct from the customs levied by the Turkish administration; and the annual proceeds of the impost or imposts in question were, chiefly because of the Indian trade, not inconsiderable. In February 1774, the British Agent informed the Pāsha that he feared much merchandise was being fraudulently passed through the Baghdād custom house in his name at the European, or lower, rate of duty; and he requested that in future no goods should be treated there as British unless certified by himself to be such.

Siege and reduction of Basrah by the Persians, 1775-1776

The occupation of Basrah by the Persians, which was the principal event in the history of Turkish 'Irāq during the reign of the Sultān 'Abdul Hamīd, was neither unexpected nor sudden. On the contrary, an assault upon the town

التهديد بالهجوم على المدينة ظلّ قائماً لمدة تزيد على السنة قبل القيام به فعلياً. ويبدو أن الانتصارات التي أحرزها الأتراك، أنفسهم، على الفرس في كردستان، قد سرّعت هذا الحدث. وكانت مدة السنة الإضافية، التي انقضت بين حصار البصرة واستسلامها، كافية لإرسال نجدة من بغداد، أو حتى من القسطنطينية. ولكن يُرجّح أنّه لا الباشا*، «الحاكم الضعيف المعوز»، ولا السلطان، كانا في وضع يسمح لهما بتقديم أي عون فعال.

الأحداث التي أدت إلى حصار البصرة، ١٧٧٣ - ١٧٧٥

في خريف ١٧٧٣، حين كان الوكيل البريطاني وهيئته العاملة عائدين من رحلتهم إلى بومباي، كان هناك همس للمرة الأولى أن كريم خان يضمر نيّات سيئة للبصرة. وكان معلوماً أن حاكم كرمنشاه الفارسي، علي كولي خان، يعدّ العدّة لغزو كردستان، التي كانت آنذاك مقاطعة في بشلكية بغداد. وكان هناك خوف من أن يكون الأسطول والقوة البريّة في طور التجميع على الساحل الفارسي، بأوامر من الوكيل، لاستخدامهما ظاهرياً ضد مسقط، في حين أنهما هُيّئا في الحقيقة، لغزو البصرة. وكان الخوف الذي أثير في البصرة أن الخوجا بطرس، الذي كانت بضائع شركة الهند الشرقية قد وُضعت في عهدته، قد فكر في شحن هذه البضائع إلى بغداد لمزيد من الاحتراز. وصمم الوكيل نفسه، على نقل كل ما يمكن نقله من بضائع الشركة، على متن السفينتين «ريڤنج» و«دريك» اللتين جلبهما معه، إذا رأى عند وصوله إلى البصرة أن الهجوم وشيك.

من فبراير حتى مارس ١٧٧٤

بيد أن الوضع الفعلي في البصرة كان، كما تبيّن، أقل خطورة مما كان يُخشى أن يكون. لكن، في فبراير ١٧٧٤، وبعد إعادة انشاء الوكالة البريطانية بستة أسابيع تقريباً، تردد أن كريم خان طلب، بواسطة متسلم البصرة، تعاون الأسطولين التركي والبريطاني ضد إمام عمان الذي كان في حالة حرب معه، وهدّد بمهاجمة البصرة في حال عدم الرضوخ لمطلبه. وتأكدت هذه المعلومات بصورة وافية، من الرسائل التي وردت من المستر بومونت والمستر جرين، الموظَفين في شركة الهند الشرقية، اللذين كان يحتجزهما كريم خان في شيراز. وفي الحال، أبلغ المستر مور باشا بغداد أن طلب الوكيل غير مقبول، بقدر ما للأمر من علاقةٍ بالسفن البريطانية. وأضاف: «وفي رأيي المتواضع بالتالي، ينبغي لسموكم أمْر

* وهو الذي يسميه كل من بريدجز وأوليفييه عمرو باشا. لكنه لا يمكن أن يكون عمرو الذي خلف علي باشا عام ١٧٦٤، إلا إذا كان يُسمى ايضاً، حَمَدْ. انظر الملاحظة صفحة ١٤٩.

had been threatened for more than a year before any was actually made; and the event seems to have been in the end precipitated by successes which the Turks themselves gained, in Kurdistān, over the Persians. The further period of a year which elapsed between the investment of Basrah and its surrender was ample to admit of succour being sent from Baghdād, or even from Constantinople; but it is probable that neither the Pāsha,* 'a weak and needy ruler,' nor the Sultān was in a position to render effectual aid.

Events leading up to the siege of Basrah, 1773-1775

In the autumn of 1773, when the British Agent and his staff were on their return journey from Bombay, it was whispered for the first time that Karīm Khān had designs on Basrah. The Persian Governor of Kirmānshāh, 'Ali Quli Khān, was known to have made preparations for invading Kurdistān, then a district of the Baghdād Pashāliq; and it was feared that a fleet and land force which were being assembled on the Persian coast under the orders of the Vakīl, ostensibly for service against Masqat, were really intended to operate against Basrah the apprehension excited at Basrah at this time was so lively that Khōjah Petrus, in whose charge the goods of the East India Company had been left, thought of shipping them to Baghdād for greater security; and the Agent himself purposed, if on his arrival at Basrah he saw that an attack was imminent, to embark as much of the Company's goods as possible on the vessels 'Revenge' and 'Drake', which he brought with him.

February to March 1774

The actual position at Basrah was found less critical than had been feared; but in February 1774, some six weeks after the re-establishment of the British Agency, Karīm Khān was said to have requested, apparently through the Mutasallim of Basrah, the co-operation of the Turkish and British fleets against the Imām of 'Omān, with whom he was at war, and to have threatened in case of non-compliance to attack Basrah. This intelligence was fully confirmed by letters received from Messrs. Beaumont and Green, two of the East India Company's servants who were then confined by Karīm Khān at Shīrāz. Mr. Moore at once apprised the Pāsha of Baghdād that, so far as British vessels were concerned, the Vakīl's demand was inadmissible, adding: 'In my humble opinion, therefore, it behoves Your Excellency to order down

---

*Whom Brydges and Olivier both call 'Umr Pāsha, but who cannot well have been the 'Umr that succeeded 'Ali Pāsha in 1764 unless he was also called Hamad. See note on page 149 ante.

قواتكم بالتحرك فوراً، للدفاع عن هذا المكان وإصدار الأوامر إلى القبائل العربية المختلفة بالانطلاق إلى ضفاف هذا النهر، لمنع الفرس من النزول على هذا الجانب منه. وكلما أسرعتم في تنفيذ هذا الأمر كان ذلك أفضل، لأن البصرة، في اعتقادي، ليست في حالة تمكنها من الدفاع البتة». وفي الوقت نفسه، كان المستر مور حريصاً على اطلاع الباشا أن السفن البريطانية الموجودة في البصرة، آنذاك، لا يمكن، كما طلبت السلطات التركية، الاستغناءُ عنها، لتوفير مواكبة للسفن التجارية المتوجهة من مسقط إلى البصرة، لحمايتها من هجوم فارسي، وذلك لعدة أسبابٍ، منها: خطر تجدد وباء الطاعون، والمجازفة باحتمال حصول هجوم فارسي مفاجىء. وفي ٢٠ فبراير ١٧٧٤، أصدر الوكيل أوامره، بناءً على رأيه الشخصي حيال الموقف، بتزويد السفينتين «ريڤنج» و«دريك» بمؤن تكفي ثلاثة أشهر، وتهيئتهما لاستقبال مخزونٍ من الأصواف كان في الوكالة آنذاك. لكن المتسلم، سليمان آغا، شجب نقل البضائع الذي من شأنه، كما قال، أن يثير الرعب في المدينة، ويدفع العديد من السكان إلى الفرار، ويؤدي إلى توقف التجارة والوقوع في يد خصمهم، كريم خان، الذي كان يهدف، من تدمير تجارة البصرة، إلى إرغام البريطانيين على إعادة فتح مستوطنتهم في بوشهر. وفي نهاية الأمر، وافق المستر مور على تأجيل العملية أياماً قليلة، عندما تلقّى تأكيداً من المتسلّم أنه اتخذ ترتيبات للحصول، فوراً، على معلومات تتناول تحركات الجيش الفارسي، وأن هناك فرصة لفكّ ارتباط قبيلة بني كعب بقضية الفرس، لأن العدو لا يستطيع أن يحقق شيئاً بلا مساعدة أسطول هذه القبيلة. كذلك حصلت موافقة المستر مور على التأجيل، عندما عمد بالنيابة عن الباشا والسلطان، وبمشاركة الدفتردار والشيخ درويش، نقيب البصرة آنذاك، على الأرجح، إلى إعطائه ضمانةً إضافية بدفع تعويضٍ لشركة الهند الشرقية عن أي خسارة قد تُمنى بها من جرّاء بقاء بضائعها على الشاطىء في الوقت الحاضر. وتعهّد المستر مور أيضاً بامتناع العمارة البريطانية عن ضرب قبيلة بني كعب في عربستان التي لشركة الهند الشرقية مطالبُ ضدها، إذا استقدمت هذه القبيلة سفنها إلى البصرة للمساعدة في الدفاع عن المدينة. أما الاقتراح المتعلق بضرورة تدخل البريطانيين أنفسهم إلى جانب الأتراك، فقد ردّ المستر مور، بحسم، أن أبناءَ قومه مجردُ تجّار في البصرة، وأنهم سيراعون الحياد التام وسيلجأون إلى متن السفينة مع ما يستطيعون نقله من ممتلكات الشركة عند اقتراب الجيش الفارسي. لكنهم لن يغادروا المكان نهائياً ما دام في أيدي الأتراك. وفي مارس على الأرجح، أبلغ الوكيل باشا بغداد بما دار بينه وبين المتسلّم، وألحّ عليه، ثانية، بضرورة وضع البصرة في حالة الدفاع. لكن قبل نهاية ابريل، وردت من

Your troops immediately for the defence of this place and give orders to the different tribes of Arabs to march down to the banks of this river to prevent the Persians from landing on this side of it - the sooner this is done the better, as Bussora according to my notions is in no state of defence whatever', and at the same time he was careful to inform the Pāsha that the British ships then at Basrah could not be spared, partly because of the danger of a revival of plague and partly because of the risk of a sudden onslaught by the Persians, to furnish trading vessels bound from Masqat to Basrah, as had been requested by the Turkish authorities, with a convoy to protect them against Persian attack. On the 20th February 1774, acting upon his own view of the situation, the Agent caused the 'Revenge' and 'Drake' to be provisioned for three months and prepared for receiving the stock of woollens then in the Factory; but the Mutasallim, Sulaimān Āgha, deprecated the removal of the goods, which would, he said, alarm the town, cause many of the inhabitants to take flight, bring trade to a stand-still, and play into the hands of Karīm Khān, whose object it was by destroying the commerce of Basrah to compel the British to re-open their settlement at Būshehr. Eventually, on the Mutasallim's assuring the Agent that he had made arrangements for obtaining prompt information of the movements of the Persian army and that there was a prospect of detaching from the Persian cause the Ka'ab tribe, without the aid of whose fleet nothing could be effected by the enemy, and on his further giving a guarantee on behalf of the Pāsha and the Sultān, in which the Daftardār and Shaikh Darwīsh - the latter probably the Basrah Naqīb of the day - associated themselves with him, that the East India Company should be indemnified for any loss which they might sustain through their goods remaining for the present on shore, Mr. Moore agreed to delay action for a few days longer. He also undertook that the Ka'ab of 'Arabistān, against whom the East India Company had claims, should not be attacked by the British squadron if they brought their vessels to Basrah to help in the defence of the town; but, to a suggestion that the British should themselves intervene on the side of the Turks, Mr. Moore replied with decision that his nation were only merchants at Basrah, and that they would observe strict neutrality, retiring on board ship with so much of the Company's property as they could remove on the approach of the Persian army, but not finally quitting the place so long as it remained in possession of the Turks. The Agent, probably in March, informed the Pāsha of Baghdād of what had passed between himself and the Mutasallim and again urged that Basrah should be placed in a state of defence; but before the end of April, authentic information was received from

شيراز معلومات موثوق بها مفادها أن الفرس لم يتخذوا بعد أيّ استعداد لتجريد حملة ضد البصرة، وهي حقيقة كان شيخ قبيلة بني كعب قد نقلها من قبل إلى المتسلّم. وبدا الظن أن كريم خان قد وضع جانباً نيّاته العدوانية الأصلية، في الوقت الراهن على الأقل. في هذه الأثناء، كان المتسلم قد بذل ما في وسعه لتهدئة خاطر الوكيل، أنْ وعده بمساعدته ضد عدوه، إمام عمان، بواسطة السفينتين، «تيجريس» و«يوفريتس». لكن لا السفن كانت قد أُرسلت، ولا كانت هناك أيّ نية من جانبه، لإرسالها.

أبريل ١٧٧٤

ورداً على مفاتحات المتسلّم، وعدت بني كعب، في الحال، أن تتخلى عن الفرس، في حال نشوب حرب، وأن تبارح الدورق مع أسطولها. لكن لم يطل المقام بهذا التأكيد المقدم حتى كُشف القناع عن عدم جدواه، من خلال محاولة بني كعب الاستيلاء على السفينة التركية «فايز اسلام»، عند مصب شط العرب، كما روينا في الفصل الخاص بتاريخ عربستان. وقد أحبطت هذه المحاولة، أحبطها فقط الطرّاد البريطاني «ريفنج»، من البصرة، لإغاثة السفينة المهددة. وكان متسلّم البصرة ممتناً لهذه المساعدة التي قُدّمت له في هذه المناسبة، إلى حد أنه قصد بنفسه حديقة الوكالة، عند وصول السفينة «فايز اسلام»، سالمة إلى البصرة، في ١٥ ابريل، ليقدّم شكره إلى الوكيل البريطاني. وبعد مرور يومين، انسحب من البصرة، بصورة فجائية، كل رعايا شيخ بني كعب المقيمين فيها. وكان هناك خوف سببه وضع أسطول القبيلة، الذي كان في الوقت نفسه يتجمّع عند مدخل نهر قارون، وينذر أن هجوماً ضد البصرة أو ضد السفن البريطانية الراسية هناك، يمكن أن يكون وشيكاً، بتحريضٍ من الحكومة الفارسية. لكن قبيلة بني كعب لم تكن قد ارتكبت حتى الآن، أيّ عمل عدواني.

يناير ١٧٧٥

خلال صيف عام ١٧٧٥ وخريفه، هدأت الشائعات عن الخطر من فارس. لكن، في بداية عام ١٧٧٥، شنت قبيلة بني كعب سلسلة من الغارات الليلية على البصرة، الموصوفة في تاريخ عربستان، فأثارت الذعر من جديد لأنّها كشفت عن وجود المدينة في وضعٍ يفتقر إلى سبل الدفاع. وكانت الهزائم التي ألحقتها قوات باشا بغداد بقوات كريم خان في كردستان، قد أثارت غضبه الشديد. وقد افتُرض، بشكل عام، أنه سوف يرد عليها بالتحرك إما ضد بغداد وإما ضد البصرة. وفي جميع الاحتمالات سيكون التحرك ضد البصرة التي كانت أكثر تعرضاً للهجوم.

Shīrāz that no preparations had as yet been made by the Persians for a campaign against Basrah - a truth which had already been reported by the Ka'ab Shaikh to the Mutasallim - and it began to be believed that Karīm Khān had, for the time at least, laid aside his original aggressive intentions. The Mutasallim, in the meanwhile, had done his best to pacify the Vakīl by promising to assist him with the'Tigris' and 'Euphrates' ketches against his enemy the Imām of 'Omān; but neither had the vessels yet been sent, nor was there any intention on his part of sending them.

April 1774

The Ka'ab, in response to the Mutasallim's overtures, readily promised in case of a war to desert the Persians and to remove with their own ships from Dōraq; but hardly had this assurance been given when, as related in the chapter on the history of 'Arabīstān, its worthlessness was exposed by an attempt on the part of the Ka'ab to capture the 'Faiz Islām,' a Turkish ship, at the mouth of the Shatt-al-'Arab: an attempt which was frustrated only by the despatch of the British cruiser 'Revenge' from Basrah to the relief of the threatened vessel. The Mutasallim was so grateful for the assistance lent him on this occasion that, on the safe arrival of the 'Faiz Islām' at Basrah on the 15th of April, he repaired in person to the Factory garden to tender his thanks to the British Agent. Two days later all the subjects of the Ka'ab Shaikh at Basrah suddenly withdrew from the place; and it was feared, from the circumstance of the Ka'ab fleet being at the same time assembled at the mouth of the Kārūn, that an attack upon Basrah or upon the British vessels lying there, instigated by the Persian Government, might be impending. No hostile act, however, was as yet committed by the Ka'ab.

January 1775

During the summer and autumn of 1774, there was a lull in the rumours of danger from Persia; but at the beginning of 1775 a series of nocturnal raids by the Ka'ab on Basrah, described in the history of 'Arabistān, excited fresh alarm by illustrating the defenceless condition of the town. The wrath of Karīm Khān had recently been excited by defeats inflicted on his troops in Kurdīstān by those of the Pāsha of Baghdād, and it was generally supposed that he would retaliate by moving against either Baghdād or Basrah - in all probability against the latter, which was the more exposed to attack.

وفي ١٣ يناير ١٧٧٥، قام المتسلم والدفتر دار والشيخ درويش بزيارة مقر الوكالة لاستشارة الوكيل البريطاني حول الوضع ومعرفة الموقف الذي سيتخذه في حال حدوث غزو. وردَّ المستر مور أن علّق ببساطة على ضعف التحصينات والمدفعية والحامية الموجودة في البصرة، وأوصى بالحصول على تعزيزات من بغداد، تراوح بين ٣٠٠٠ و ٤٠٠٠ رجل، وأوصى بدعوة قبيلة المنتفق لمنع الفرس من الاجتياز إلى الضفة اليمنى من شط العرب، وتنظيم جهاز مخابرات عسكرية في فارس. وشرح، مثلما فعل في مرة سابقة، أنَّ الموقف البريطاني ينبغي أن يكون، بالضرورة، موقفاً محايداً، وأنه قد احتفظ بالطرادات البريطانية في البصرة فقط، من أجل حمل بضائع الشركة إذا دعت الحاجة إلى ذلك.

وبعد ذلك بيومين، أي في ١٥ يناير ١٧٧٥، وصلت أخبار إلى الوكالة البريطانية في البصرة، عن طريق بوشهر، تفيد أن جيشاً فارسياً قوامه ٥٠,٠٠٠ رجل، قد غادر شيراز بالفعل، بقيادة صديق خان (المعروف شعبياً باسم صادو)، وهو شقيق الوكيل، غادرها لمهاجمة البصرة. وكان السبب المزعوم، الذي ساقه كريم خان لافتتاح الحملة أخيراً، يرجع إلى سوء معاملة الحجاج الفرس في العراق التركي، أثناء زيارتهم للعتبات المقدسة الشيعية. ويبدو أنه وجّه إلى الأتراك أكثر من مطالبة واحدة بالتعويض أو الترضية*. لكنهم أهملوها قبل القطيعة الأخيرة. إلا أن هناك ما يحمل على الاعتقاد، كما ستُظهر المؤشرات اللاحقة، أن سلوك ممثلي شركة الهند الشرقية في البصرة، بتحويل التجارة الخارجية من فارس إلى العراق التركي، قد ساهم، على الأقل، في إيصال الأمور إلى محنةٍ كهذه.

في هذه الأثناء، استمر الضيق في البصرة، بل تزايد، من نشاط قبيلة بني كعب في أعمال السلب والنهب. وفي ليلة ٢٥ ـ ٢٦ يناير ١٧٧٥، استطاع ٣٠٠ رجل، يشكلون عصابة من هذه القبيلة، أن يدخلوا ليلاً إلى المدينة، متسلقين أسوارها، ويخلعوا أبواب عدد من المتاجر في السوق الرئيسية، ثم قفلوا عائدين يحملون معهم غنائم كبيرة من الأقمشة الهندية الفاخرة، دون أن ينالهم عقاب.

ولم تحدث أمور أخرى حتى السادس من مارس، عندما تمثلت أحوال المدينة غير المستقرة بهجومٍ شنته مجموعة من الرجال المسلحين على ثلاثة من الضباط البريطانيين

* يقول أوليفييه: (*Voyage*، المجلد الثاني، ص ٣٩٩) إن كريم خان طلب رأس باشا بغداد، وإلغاء الضريبة المفروضة على الحجاج الفرس.

On the 13th of January 1775, the Mutasallim, the Daftardār, and Shaikh Darwīsh visited the British Factory to consult the British Agent regarding the situation and to sound him as to the attitude which he would himself assume in case of an invasion. Mr. Moore, in reply, simply commented on the weakness of the fortifications, artillery and garrison of Basrah; recommended that a reinforcement of 3,000 to 4,000 men should be obtained from Baghdād, that the Muntafik tribe should be called out to prevent the Persians from crossing to the right bank of the Shatt-al-'Arab, and that a system of military intelligence should be organised in Persia; and explained, as on a former occasion, that the position of the British must necessarily be one of neutrality, and that the British cruisers had been kept at Basrah only for the sake of embarking the Company's goods in case of need.

Two days later, on the 15th of January 1775, news reached the British Agency at Basrah, viá Būshehr, that a Persian army of 50,000 men had actually left Shīrāz under the command of Sādiq (popularly known as Sadu) Khān, a brother of the Vakīl, to attack Basrah. The ostensible ground on which Karīm Khān thus at length opened the campaign was the ill-treatment of Persian pilgrims in Turkish 'Irāq when visiting the sacred shrines of Shī'ahdom; and it appears that more than one demand for satisfaction* or amendment had, in fact, been addressed by him to the Turks, and neglected by them, before the final rupture. There is reason, however, as subsequent indications will show, for holding that the conduct of the East India Company's representatives at Basrah in diverting foreign trade from Persia to Turkish 'Irāq had at least contributed to bring matters to an extremity.

The annoyance caused at Basrah by prowling Ka'ab meanwhile continued, and even increased; and on the night between the 25th and the 26th of January 1775 a gang of 300 men of that tribe entered the town by scaling the walls, broke open a number of shops in the principal bazaar, and retired unpunished with a large booty of fine India cloth.

March 1775

Nothing further happened until the 6th of March, when the unsettled state of the country was exemplified in an attack committed by a body of armed

---

*According to Olivier (*Voyage*, Volume II, page 399) Karīm Khān demanded the head of the Pāsha of Baghdād and the abolition of a tax on Persian pilgrims.

من طاقم الطرادات التابعة للشركة، كانوا قد ذهبوا للصيد على الضفة اليسرى من النهر، في مكان يبعد أربعة أميال أسفل البصرة. وقد أُصيب الضباط بجراح بالغة، وجُردّوا من ثيابهم، وتُركوا على أنهم قتلى. كذلك جُرّد بحّارة القارب من ملابسهم، وضُربوا ضرباً وحشياً. أما القارب نفسه، فقد أُخذ منهم. وبعد حلول الظلام، تمكن الضحايا من تتبّع ضفة النهر إلى نقطة مقابلة لسفنهم، فنادوا على من فيها، ونقلوا، من ثم، إلى متنها. لكن حالة أحد الضباط بدت ميؤساً منها، لأن رمحاً كان قد اخترق إحدى رئتيه.

وفي صباح ١٦ مارس، وصلت أنباء إلى البصرة أن طليعة الجيش الفارسي، وقوامها نحو ٣٠,٠٠٠ من المشاة والخيّالة، قد ظهرت عند مصب الصويب، أحد روافد شط العرب، الذي يقع على الضفة اليسرى من النهر الرئيسي، ويبعد ٣٥ ميلاً أعلى البصرة. وكان منتظراً وصول المؤخرة مع المدفعية، والقائد العام، خلال يومين. وقد وجد الفرس أنفسهم، بادىء الأمر، في مواجهة قوة عربية كبيرة عسكرت منذ أيام على الضفة اليمنى من شط العرب، لتوقف العبور، وتتشكل، على ما يبدو، من محاربي قبيلة واحدة، لعلّها المنتفق، بقيادة أحد شيوخها، ويُدعى عبد الله.

وبعد ظهر اليوم نفسه، وصل إلى البصرة مبعوثٌ من صادق خان، يحمل رسائل منفصلة، لكلٍّ من المتسلم والوكيل البريطاني وزعماء الطوائف العربية والأرمنية واليهودية، يُعرب فيها عن رغبته أن يرسل كل واحد من هؤلاء ممثلاً عنه للتفاوض مع القائد الفارسي بشأن افتداء المدينة. لكن المبعوث طُرد دون أن يتلقى ردّاً من أيٍّ من هؤلاء الذين وُجّهت الرسائل إليهم.

وهكذا، أدرك الأتراك في النهاية خطراً طال توقعه، دون أن يكونوا قد اتخذوا أي ترتيبات لمواجهته، على الرغم من أنهم كانوا قد تلقوا إشعاراً باقترابه قبل نحو ١٨ شهراً، إلا اذا كانوا قد فعلوا ذلك، خلال الأيام القليلة السابقة للهجوم.

دفاعات البصرة، مارس ١٧٧٥

تفحّص الرحالة، المستر بارسونز، دفاعات البصرة تفحّصاً دقيقاً، إذْ صادف وجوده بها في هذه الآونة. ويبدو أن هذا الموضوع الذي يستأثر بالاهتمام، نظراً للأحداث الأخيرة، يستدعي إعادة نشر روايته بإسهاب، وهي كالتالي:

المدينةُ مسوّرة ومحاطةٌ بخندق واسع عميق، ولها أربع بوابات، فضلاً عن بوابة ينقضون منها لفك الحصار. والأسوار المبنية من الطين ذات سماكة تراوح بين ٢٠ قدماً و٢٥، مع حاجز ترابي قرب

men on three British officers from the Company's cruisers, who had gone to shoot on the left bank of the river about four miles below Basrah; the officers were dangerously wounded, stripped, and left for dead; their boat's-crew were cruelly beaten and stripped; and the boat itself was taken away. After dark the victims of this outrage were able to follow the bank of the river to a point opposite their ships, which they hailed, and were taken on board; but the condition of one of the officers, whose lung had been penetrated by a spear, appeared to be desperate.

On the morning of the 16th of March, news reached Basrah of the appearance of the advance guard and main body of the Persian army, amounting to some 30,000 horse and foot, at the mouth of the Suwaib tributary of the Shatt-al-'Arab, upon the left bank of the main river about 35 miles above Basrah; the rear, with which were the artillery and the Commander-in-Chief, was expected to arrive in two days. The Persians at first found themselves confronted by a large Arab force which was encamped on the right bank of the Shatt-al-'Arab, having been posted there some days previously to hold the crossing; it consisted apparently of the fighting men of one tribe, possibly the Muntafik, under the command of one of their own Shaikhs whose name was 'Abdullah.

The same afternoon an envoy from Sādiq Khan arrived at Basrah with separate letters for the Mutasallim, the British Agent, and the heads of the Arab, Armenian and Jewish communities, desiring that each should send a representative to treat with the Persia commander for the ransom of the town. He was dismissed, however, without receiving an answer from any of those to whom the communication was addressed.

A long-expected danger had thus finally overtaken the Turks, who, notwithstanding that they had received about eighteen months' notice of its approach, had made no dispositions, unless during the few days immediately preceding, for meeting it.

Defences of Basrah, March 1775

The defences of Basrah were carefully examined by the traveller Mr. Parsons, who happened to be at Basrah at this juncture; and the interest which the subject possesses, in view of later occurrences, seems to warrant a reproduction of his account in extenso. It runs as follows:

> This city is walled and surrounded with a deep and broad ditch. It has four gates and a sally port. The walls are of mud, from twenty to twenty-five feet thick, with parapet

الخندق بعلو الصدر، ذي فتحات لإطلاق نيران البنادق أو الأسهم (والعرب رماة ماهرون). وتطوّق الأسوارُ المدينةَ من ناحية البرّ ومن النواحي المطلة على الخور أيضاً. ويقع مدخل المدينة على مسافة بعيدة، حيث ينتهي طوقُ الأسوار على الجانبين؛ وكل طرف تحميه استحكامات وبوابة تقع على مسافة ثلاثة أميال من البلدة. وفي المساحة الوسيطة عدة آلاف من أشجار النخيل وغيره، تتخللها أراضٍ مزروعة بالأرز. ويبلغ محيط الجدران نحو ١٢ ميلاً. وعلى الرغم من أن أقل من نصف المساحة المسوّرة غير مبني، فإن المدينة كبيرة، وقد كانت ذات كثافة سكانية قبل تفشي الطاعون عام ١٧٧٣. والبوابتان الرئيسيتان كبيرتان، وتقعان على الجانب البري، يُطلق على إحداهما اسم بوابة بغداد، وعلى الأخرى اسم بوابة الزبير. لكنّهما، لمسافة كبيرة على كلا الجانبين، تفتقران إلى حماية خندق. وتصل أساسات الأسوار، المبنية من الطوب المحروق، إلى علو مرتفع حتى انها تبدو فوق سطح الماء عندما يكون الخندق ممتلئاً. ويجري تسريب المياه من الخور إلى الخندق، في طلائع المدّ، وتُحفظ فيه بواسطة أبواب السد.

وهناك ثمانية أبراج ناتئة من السور، نُصبت على كل واحد منها ثمانية مدافع نحاسية من عيار ١٢ رطلاً، بالإضافة إلى ٥٠ مدفعاً نحاسياً، من عيار ستة أرطال و تسعة، على حمّالات بحرية منصوبة حول الأسوار. وقد بقيت هذه المدافع غير صالحة للاستخدام، إلى أن وصلت الأخبار عن نية الفرس محاصرة المدينة. عند ذلك، عمد المشرف، الذي كان متيقظاً، إلى إجراء الإصلاحات عليها. وقد كان لديهم كميات وافرة من الطلقات، ومن البارود الذي يُصنع في المدينة، نظراً لوجود كميات كبيرة من ملح البارود في الجوار، فلم يضطروا إلى استيراد البارود قط، بل كانوا يزودون به أماكن أخرى. أمّا الاستحكامات على جانبي مدخل الخليج، فتستثنى منها الأبراج الثمانية.

عند مدخل الخليج من ناحية اليمين، تقع قلعة صُوِّبت فوهات مدافعها الثمانية إلى الأسفل. وعلى الجهة المقابلة لها تنتصب ثمانية مدافع أخرى صُوِّبت فوهاتها أفقياً عبر النهر. وإلى اليسار، تتحكم بطارية من أربعة مدافع بمدخل الخور، وهي منصوبة بشكلٍ يجعلها تعمل بالتعاون مع القلعة في الدفاع عن مدخل الخور. وعلى بعد حوالي ١٠٠ ياردة في مركز أدنى منها، توجد بطارية أخرى مزدوجة مكونة من ١٢ مدفعاً في صفين يُطلق عليها اسم بطارية القبطان باشا، الذي يقع بيته وبيوت ضباطه ورجاله إلى جوارها. وبالقرب من هذه البيوت، بوابة يخرجون منها إلى المدينة عندما تدعو الحاجة. وهناك بوابة أخرى مثلها قرب القلعة، على الجهة اليمنى من مدخل الخور، تفتح أبوابها على المدينة في الوقت الذي تقع فيه القلعة عند نهاية أسوار المدينة من هذه الناحية. ومع ذلك، فإن هاتين البوابتين صغيرتان جداً وقد يكون من الأفضل أن تسمّيا بوابتين خلفيتين.

walls, breast high, which have small embarazures for musquetry or arrows (the Arabs being good archers). The walls not only encircle the city on the side of the land, but likewise on those of the creek, the entrance of which is at a considerable distance, where the walls terminate on both sides; each extremity being defended by a fortification and a gate, which are three miles distant from the town. In the intermediate space are many thousands of dates and other trees, mixed with rice grounds The walls are about twelve miles in circuit, and although not half the inclosed space built, yet it is a large city, and before the plague, in 1773, was very populous. The two principal gates are large, and are situated on the land side, one is called the Baghdad, and the other the Zobeir gate; neither of them is defended by a ditch, which is wanting for a considerable distance on each side. The foundation of the walls, which is built of burnt brick, reaches so high as to be above the water when the ditch is full. The water is let into the ditch, at the flood tide, from the creek, and is retained by flood gates.

There are eight bastions, on each of which are mounted eight brass guns, twelve pounders, which besides upwards of fifty brass cannon, six and nine pounders, on ship carriages, are mounted round the walls. These were in such a state as to be unfit for use, until news arrived of the siege intended by the Persians, when the musolem was very vigilant in seeing them repaired: shot they had in plenty, as well as gunpowder, which is made in the town, there being large quantities of salt-petre in the neighbourhood, so that they never import gunpowder, but supply other places with it. The fortifications on each side the creek's mouth are exclusive of the eight bastions.

At the entrance of the creek, on the right, is a castle with eight guns pointing down, and on the opposite side it has eight more, pointing up and across the river. On the left is a battery of four guns, which commands the entry of the creek, situated in such a manner as to act in conjunction with the castle, in defending the entrance of the creek. About one hundred yards lower is a double battery of twelve guns in two tiers, called the captain pāsha's battery; adjoining to which is his house, and those of his officers and men. Near this is a gate, which lets them out of the city when occasion offers. There is another such gate near the castle, on the right hand entrance of the creek, which admits into the city, the castle terminating the city walls on that side; yet both these gates are very small, and may rather be called postern gates.

السفن البريطانية في البصرة، مارس ١٧٧٥

في نوفمبر ١٧٧٤، حين وصل المستر بارسونز إلى البصرة، كانت السفن التالية أسماؤها، العائدة إلى شركة الهند الشرقية، كانت راسيةً في النهر. ويبدو أنها، باستثناء السفينة «ريفنج»، قد بقيت هناك حتى بداية الحصار: السفينة «ريفنج» التي تحمل ٢٦ مدفعاً أو ٢٨، ٢٠ منها من عيار ١٢ رطلاً، والتي تُعتبر أكبر سفينة محاربة في أسطول الشركة كله؛ السفينة «إيجل»، وهي من نوع سنو، وتحمل ١٦ مدفعاً؛ السفينة الصغيرة «سَكْسَسْ»، وهي من نوع كيتش وتحمل ١٤ مدفعاً. وقد اعتبر الحاكم والمجلس في بومباي، احتجاز الوكيل لهاتين السفينتين في ميناء البصرة دون إذنهما عملاً غيرَ ضروري، ويدعو إلى الأسف الشديد. كما أنهما استنكرا سياسة المستر مور الاستفزازية تجاه كريم خان، كما سبق أن شرحنا في تاريخ الخليج، لا سيما وأنهما، في هذا الوقت، ونتيجة القطيعة مع المراطة، كانا في حاجةٍ ملحة إلى كافة السفن التي يمكن أن يجمعاها. لذلك أرسلا، في فبراير ١٧٧٥، الأوامر الحازمة مع السفينة «دريك» التي كانت متجهة إلى الخليج، بوجوب إطلاق سراح السفينتين المذكورتين وإعادتهما، في غضون عشرة أيام من تلقي رسالتهما.

فضلاً عن المراكب البريطانية التي عددناها قبل قليل كسفنٍ موضوعة تحت أوامر الوكيل في البصرة، ينبغي أن تضاف سفينتا الباشا الجديدتان «يوفريتس» و«تيجرس» المزوّد كل منهما بـ١٤ مدفعاً، وما تزالان ترفعان العلم البريطاني، ويقودهما ضباط صف بحريون يعملون في خدمة شركة الهند الشرقية، وعلى متنيهما عددٌ قليل من البحارة الأوروبيين. فاحتفاظ المستر مور بهاتين السفينتين والإمساك بزمام أمرهما، لم يفضِ إلى مراعاة ثابتة للسياسة الحيادية التي جاهر بها مرتين، كما سيظهر فيما بعد.

العمليات حتى مغادرة الوكالة البريطانية البصرة، من ١٧ مارس إلى ١٠ ابريل ١٧٧٥

لم يكد الفرس يظهرون بقوتهم عند مصب نهر الصويّب حتى تخلى الشيخ عبد الله تخلياً شنيعاً عن موقعه، تاركاً العدو يعبر النهر دون مقاومة. وقد عبر هذا الجزء من القوات الفارسية النهر فوراً، على قوارب من جلد الماعز المنفوخ. لكنَّ صادق خان لم تكن توافرت لديه بعد الوسائل اللازمة لإلقاء مدفعيته وعتاده الثقيل على الضفة اليمنى. ولم يكن لدى سليمان آغا، متسلم البصرة، سوى ١٥٠٠ جندي نظامي تحت تصرفه. ولأنه لم يكن يستطيع الاعتماد كثيراً على ولائهم، فقد قرر البقاء في البصرة، وانتظار هجوم الفرس من خلف أسوار المدينة. لكنه أعطى مثالاً يحتذى، مثيراً للإعجاب، بشجاعته ويقظته، وأظهر قوة شخصية عظيمة في دفع استعدادات الدفاع إلى الامام.

British vessels at Basrah, March 1775

In November 1774, when Mr. Parsons arrived at Basrah, the following armed vessels belonging to the East India Company were lying in the river and apparently remained there, except the first-mentioned, until the commencement of the siege: the 'Revenge' of 26 or 28 guns, of which 20 were 12 pounders, the largest fighting ship in the Company's whole fleet; the 'Eagle,' snow, of 16 guns; and the 'Success,' ketch, of 14 guns. The detention of the 'Eagle' and 'Success' at Basrah by the Agent, without their authority, was considered unnecessary and was much regretted by the Governor and Council at Bombay, who disapproved - as explained in the history of the Persian Coast - of Mr. Moore's provocative policy towards Karīm Khān, and who at this time in consequence of a rupture with the Marāthas, themselves stood in urgent need of all the ships that they could collect; and in February 1775 they despatched peremptory orders by the 'Drake', snow, which was proceeding to the Gulf, that both the vessels named should be released and sent back to them within ten days of receipt of their letter.

To the British ships enumerated above should be added, as being under the orders of the British Agent at Basrah in this crisis, the Pāsha's new 14 gun ketches, 'Euphrates' and 'Tigris,' both of which still flew the British colours, were commanded by midshipmen in the Company's service, and had on board a few European sailors Mr. Moore's retention of these ketches under his own control did not, as will appear later on, conduce to a steady observance of that policy of neutrality which he had twice professed.

Operations until the departure of the British Agency from Basrah, 17th March to 10th April 1775

No sooner had the Persians appeared in force at the mouth of the Suwaib than Shaikh 'Abdullah basely deserted his post, leaving the enemy to cross the river unopposed. This a part of the Persian forces at once proceeded to do, mostly upon inflated goat-skins; but Sādiq Khān was as yet without the means of throwing his artillery and heavy stores over to the right bank. Sulaimān Āgha, Mutasallim of Basrah, had only about 1,500 regular troops at his disposal, and, as their loyalty was not much to be relied upon, he decided to remain at Basrah and await the attack of the Persians behind walls; but he set an admirable example to all by his courage and vigilance, and he showed great personal energy in pushing forward the preparations for defence.

في ١٩ مارس، أرسل المستر مور إحدى سفن الباشا الشراعية الجديدة صعوداً في النهر، للحصول على معلوماتٍ حول تحركات العدو. وكانت السفن في هذه المناسبة بقيادة ملازم من أحد الطرادات البريطانية، ويشغّلها بحارة أوروبيون. وقد ذهب معها المستر ابراهام، أحد العاملين بالوكالة.

في الساعة الثالثة من صباح ٢١ مارس، أبحر أسطول شيخ بني كعب الغادر الذي كان قد وعد الأتراك بأنه لن يساعد الفرس، لكنه عدل عن رأيه، الآن، في ضوء إمكانية نهب البصرة، منطلقاً من أسفل المدينة صعوداً في النهر للالتحاق بقوات صادق خان. لكن الطرادات البريطانية التي كانت، على ما يبدو، قد تلقت أوامر من الوكيل أن تَحُول دون التحامٍ من هذا النوع، لم تشعر، لسوء الحظ، بوجود سفنٍ لبني كعب من نوع جاليڤات كان عددها ١٤ سفينة، إلا بعد فوات الأوان على اعتراضها. لكنها طاردتها على الفور، وتمكنت كلٌّ من السفينتين، «سَكْسَسْ» و«إيجل» في نهاية المطاف، من الاستيلاء على سفينة من سفن العدو. وأُحرقت غنيمةُ السفينة «سَكْسَسْ» في عرض النهر، في حين أحضرت غنيمة الأخرى إلى البصرة. ووصلت بقية سفن أسطول بني كعب إلى المعسكر الفارسي، ولو أنها كانت في حالة عطب، إلى هذا الحد أو ذاك. وقد حالت بطاريات المدفعية البريّة، التي نصبها الفرس على ضفاف النهر، دون نجاح هجوم العمارة البحرية البريطانية عليهم.

في صباح ٢٢ مارس، صعد الوكيل البريطاني إلى متن السفينة «إيجل» التي كانت قد نُقلت إليها الاشياء النفيسة وأموال الوكالة، لخوفه، على الأرجح، من العواقب المقدّر لها أن تنجم عن تدخله الفاشل. وبعد ظهر اليوم نفسه، عادت السفينة «سَكْسَسْ» وإحدى سفن الباشا الشراعية من مطاردة العدو. وفي المساء، عادت سفينة الباشا الشراعية الأخرى، التي كانت قد أرسلت إلى أعلى النهر لتستطلع تحركات العدو في ١٩ مارس، بعد أن صادفتها المغامرات اللافتة للنظر.

فأثناء مرور هذه السفينة بالمعسكر الفارسي، وهي في طريقها صعوداً في النهر، أُديَّت لها التحية، ثم سُئلت عن سبب إغفالها تحية القائد العام الفارسي، فكان ردّها على ذلك أنها ذاهبة إلى مسافة أبعد في أعلى النهر، وسوف تطلق مدفعيتها لتحيته عند العودة. وفي ٢١ مارس، وبعد أن جرت مقابلة بين العمارة البريطانية وأسطول بني كعب، كان على السفينة الشراعية أن تمر من أمام بطاريات المدفعية الفارسية مرة أخرى، وهي في رحلتها نزولاً في النهر. ولمّا طلبت السلطات الفارسية من قائدها النزول إلى البرّ لزيارتهم، أرسل القائد جندياً يُدعى رايلي إلى الشاطىء، بعد أن ألبسه بزته الخاصة، لينتحلَ شخصيته،

On the 19th of March, Mr. Moore sent one of the Pāsha's new ketches up the river to obtain information of the movements of the enemy; she was commanded for the occasion by a lieutenant from one of the cruisers and manned by European sailors; and Mr. Abraham, one of the Factory staff, went in her.

At 3 a.m. on the morning of the 21st of March, the fleet of the treacherous Ka`ab Shaikh, who had formerly promised the Turks that he would not help the Persians but who had now changed his mind in view of a possible sack of Basrah, slipped up the river from below the town to join Sādiq Khān's force. The British cruisers, which had apparently received orders from the Agent to prevent such a junction, unfortunately did not perceive the Ka'ab Gallivats, 14 in number, until it was too late to intercept them; but they immediately gave chase. The 'Success' and the 'Eagle' having ultimately captured a Gallivat apiece, the prize of the former was burned in the river, while that of the latter was brought back to Basrah. The rest of the Ka'ab fleet reached the Persian camp, though in a more or less damaged condition; and land batteries which the Persians had thrown up on the banks of the river made it impossible for the British squadron to attack them, after arrival there, with any chance of success.

On the morning of the 22nd of March, the British Agent, perhaps apprehending the consequences that his unsuccessful interference was well calculated to produce, went on board the 'Eagle,' to which the treasure and valuables of the Factory had already been transferred. The same afternoon the 'Success' and one of the Pāsha's ketches returned from pursuing the enemy; and in the evening the Pāsha's other ketch - the one that had been sent up the river to reconnoitre upon the 19th - arrived, having met with some remarkable adventures.

On her way up stream, in passing the Persian camp, she had been hailed and enquiry made why she did not salute the Persian Commander-in-Chief, to which it was answered that she was going further up the river and would fire the salute on her return. On the 21st, the encounter between the British squadron and the Ka'ab fleet having meanwhile taken place, the ketch had to pass the Persian batteries once more on her downward voyage; and, on the Persian authorities requiring her commander to land and pay them a visit, he sent a private soldier named Ryley, whom he dressed in his own clothes, on

واحتجز، في الوقت نفسه، على متن السفينة اثنين من الفرس رهينتين. لكن نتيجة حادثة ما، فتح الفرس النار على السفينة، وحذت حذوهم مراكبُ لبني كعب من نوع جاليڤات كانت راسيةً بالقرب من الضفة الغربية للنهر. فردّت السفينة الشراعية على النيران بالمثل، وجُرح اثنان من الرجال على متنها، فانطلقت متوجهةً إلى البصرة، تاركةً رايلي خلفها. لكن انتحال الشخصية، التي كان رايلي أداتَها، لم يكتشف. وفي ٢٧ مارس، وبعد أن عومل معاملة طيبة خلال إقامته مع الفرس، وتمكن من الحصول على معلومات قيّمة بالنسبة الى تحركاتهم، وصل إلى البصرة سالماً، وأُطلق الفارسيان، اللذان كانا قد احتُجزا كرهينتين، محمَّلَين بالهدايا.

في ٢٣ مارس، وصل مبعوثان من قبل صادق خان إلى البصرة، وقابلا المتسلّم أولاً، ثم الوكيل البريطاني. وقد جاءا يطلبان مبلغاً من المال مقداره ٢,٠٠٠,٠٠٠ روبية فديةً للبصرة، مُهدِّدِين باقتحام المدينة في الحال، إذا لم يُدفع المبلغ. لكنهما طُردا، كما في المرة السابقة، بلا أي جواب على طلبهما.

وفي اليوم نفسه، وبناءً على اقتراحٍ من المستر أ. بارسونز، الرحالة الذي اقتبسنا عنه أكثر من مرة، والذي كان قبطاناً في الماضي وأصبح في فترة أقرب قنصلاً ووكيلاً بحرياً في الإسكندرونة للشركة التركية، والذي صادف وجوده الآن في البصرة بصفته الخاصة، شُرع في بناء مانعٍ لمرور السفن على شط العرب فوق خور العشّار مباشرة، مؤلف من قوارب مثبتة بالحبال والسلاسل بعضها بجوار بعض. وكان الغرض من هذا العمل، منع أساطيل فارسية أخرى، كان متوقعاً التحاقُها بأسطول بني كعب فوق البصرة.

ونتيجة الجهد المتواصل للضباط البحريين البريطانيين ورجال القبطان باشا، انتهى بناء المانع في مساء ٢٥ مارس، «لما فيه رضى جميع المعنيين بالمحافظة على البصرة»؛ حتى إن الآمال بدأت تراودهم أن «الجيش الفارسي سيُضطر إلى الارتحال خفية وعلى عجل، عندما لا يعود قادراً على التزود بالمدافع والذخيرة والمؤن الإضافية». وفي هذه الأثناء، وُضعت سفينتان من نوع جاليڤات، من أسطول القبطان باشا، تحمل كل منهما ثمانية مدافع، كما تحمل من ٨٠ رجلاً إلى ١٠٠ رجل، بإمرة قادة بريطانيين وترفع العلم البريطاني.

في ٢٦ مارس، دُمرت، بأمر من الوكيل البريطاني، سفينة جاليڤات من سفن بني كعب، كانت السفينة «إيجل» قد استولت عليها. وخلال هذه العملية، أُصيب أحد ضباط السفينة «سَكْسَسْ» بحروقٍ خطيرة، وهو يُشعل النار في خط البارود. وكانت الخشية من عدم شفائه.

shore to personate him, while two Persian hostages were at the same time taken on board the ketch. Through some accident the Persians then opened fire upon the ketch, as did also the Ka'ab Gallivats, which were lying near the western bank of the river; the ketch returned the fire; and, after two men had been wounded on board, she proceeded on her way to Basrah. Ryley was thus left behind, but the imposture of which he was the instrument was not discovered; and on the 27th, having been well treated during his stay among the Persians, and having obtained valuable information with respect to their movements, he reached Basrah in safety, and the Persian hostages were discharged with presents.

On the 23rd of March two emissaries from Sādiq Khān arrived at Basrah and interviewed first the Mustasallim and then the British Agent; they came to demand a sum of Rs. 20,00,000 as the ransom of Basrah; threatening that, if it were not paid, the town would presently be taken by storm; but they were dismissed, as on the former occasion, without any answer.

On the same day, at the suggestion of Mr. A. Parsons, the traveller already more than once quoted, who had been a sea captain and more recently Consul and Factor-Marine at Alexandretta under the Turkey Company, and who happened to be now at Basrah in a private capacity, the construction of a boom across the Shatt-al-'Arab immediately above the 'Ashār creek was commenced: it was composed of boats moored in a line across the river and connected by chains and cables. The object of this work was to prevent other Persian fleets, which were expected, from joining that of the Ka'ab above Basrah.

By the incessant labour of the British marine officers and the Kapitān Pāsha's men, the boom was finished on the evening of the 25th, 'to the satisfaction of everyone interested in the preservation of Basrah'; and hopes even began to be entertained 'that the Persian army, without 'further supply of cannon, ammunition and provisions, must soon decamp.' Two Gallivats of the Kapitān Pāsha's fleet, each carrying 8 guns and 80 to 100 men, had meanwhile been placed under British commanders, and the British flag hoisted on board of them.

On the 26th of March the Ka'ab Gallivat taken by the 'Eagle' was destroyed under the orders of the British Agent. In the course of the operation an officer belonging to the 'Success' was so severely burned in setting fire to a train of powder that it was feared he could not recover.

في ٢٧ مارس، أصبح معروفاً في البصرة، بعد وصول الجندي رايلي، أن معظم الجيش الفارسي أصبح في هذا الوقت، على الضفة اليمنى من النهر. لكن القائد ما يزال على الجهة الشرقية. وعلى الرغم من قلّة مدافعهم الثقيلة، فإن الغزاة كانوا، مزودين جيداً، بالذخائر والمؤن.

قيل إن الشيخ عبد الله، وهو نفسه الذي تراجع أمام الفرس عند ظهورهم للمرة الأولى، كان قد وصل إلى الزبير مع كل رجاله في الثاني من إبريل، ووعد بمساعدة الحاكم في الدفاع عن المكان. وفي اليوم نفسه، وصل إلى البصرة ثامر، شيخ قبيلة المنتفق، وكان متوقعاً منه أن يُربك الفرس أثناء سيرهم إلى البصرة، بقطع ضفتي النهر وإغراق الأرض بالماء. لكنه وصل إلى البصرة، يرافقه ٣٠٠ رجل، دون أن يكون قد فعل ذلك.

في الثالث من ابريل، ظهر حوالي ٢٠٠ انكشاري جاؤوا من بغداد، وكانوا قد تركوا قواربهم في الأعازير، وتوجهوا، سيراً على الأقدام، إلى القرنة، حيث صعدوا إلى قواربهم مرة أخرى، وعبروا إلى الضفة اليمنى من شط العرب، وأنهوا بذلك رحلتهم عن طريق البرّ، دون أن يحتكّوا بالعدو. وقد حملوا معهم رسائل من الباشا تتضمن وعوداً بالمزيد من المساعدة، إذ بدا ضئيلاً احتمالُ تمكّنه من الإيفاء بها.

في صباح السادس من ابريل، بدأت طلائع الجيش الفارسي تظهر على مرأى من البصرة، وبدأت تنصب خيامها على بعد ثلاثة أميال من بوابة بغداد المؤدية إلى المدينة. ومع حلول المساء، امتد معسكرهم ميلاً إضافياً، إلى كوت الفرنجة. وبدا أنه كان يضم عدة آلاف من الرجال، خيالة وراجلين.

في اليوم التالي، وصلت بقية قوات صادق خان، واتخذت موقعها بطريقة تجعل البيت الريفي للوكيل البريطاني في كوت الفرنجة، وسط معسكر الفرس الشاسع. وحوالي الظهر، بدأت العمليات الحربية بطريقة غريبة، إذ تقدم أربعة من الخيالة الفرس، إلى مسافة قريبة من سور المدينة إلى حد أن عشرة رجال أو ١٢ رجلاً من الحامية نزلوا من زاوية أحد الأبراج، قد تمكنوا من مباغتتهم وقتلهم جميعاً، والاستيلاء على ثلاثة من خيلهم. وكان جميع السكان الذكور في البصرة قد أصبحوا يحملون السلاح في هذا الوقت، وبدت معنوياتهم عالية. فقد ظلوا طوال الليل على الأسوار، على أهبة الاستعداد لصد أيٍّ هجوم بمجرد محاولة القيام به.

في صباح الثامن من أبريل، قامت مجموعة مؤلفة من حوالي ٣٠٠ خيّال فارسي باستطلاع أسوار المدينة. لكنهم حرصوا على البقاء خارج مدى النيران التركية.

On the 27th it became known at Basrah, on the arrival of Ryley, that the bulk of the Persian army were now on the right bank of the river, but that the commander still remained upon the eastern side; also that the invaders, though they had few heavy guns, were well supplied with ammunition and provisions.

On the 2nd of April it was stated that Shaikh 'Abdullah, the same who fell back before the Persians on their first appearance, had arrived at Zubair with all his men and promised to assist the governor in defending the place; and on the same day Shaikh Thāmir of the Muntafik tribe, who had been expected to embarrass the Persians during their march to basrah by cutting the banks of the river and laying the country under water, arrived in Basrah without having done this, accompanied by 300 men.

On the 3rd of April about 200 Janissaries from Baghdād made their appearance; they had left their boats at 'Azair, had marched to Qūrnah, where they re-embarked, had crossed to the right bank of the Shatt-al-'Arab, and had then finished their journey by land without coming in contact with the enemy. They brought with them letters from the Pāsha, containing promises of further help which there appeared little likelihood of his being able to fulfil.

Early in the morning of the 6th of April the advance guard of the Persian army came in sight of Basrah and began to pitch their tents about three miles from the Baghdād gate of the town. By evening their camp extended to Kūt-al-Farangi, a mile further off; and it appeared to contain many thousands of men, both mounted and unmounted.

On the following day the rest of Sādiq Khān's forces came up and located themselves in such a manner that the British Agent's country house at Kūt-al-Farangi became, as it were, the centre of the vast Persian encampment. About noon hostilities commenced in a curious manner by four mounted Persians approaching so close to the town wall that ten or twelve men of the garrison, by slipping down from the corner of a bastion were able to surprise them, kill them all, and capture three of their horses. The whole male population of Basrah were now under arms; they appeared to be in high spirits; and all night long they remained upon the walls in readiness to repel an assault, should one be attempted.

On the morning of the 8th of April a reconnaissance of the town walls was made by a body of about 300 Persian horse, but they were careful to remain beyond range of the Turkish guns.

وحوالي الساعة الثالثة من بعد الظهر، قامت السفينتان «ايجل» و«سَكْسَسْ» وسفينتا الباشا الشراعيتان بفك حبالها، وانطلقت نزولاً في النهر بكامل طاقة قلاعها على الدفع، لمهاجمة أسطول من بوشهر مكوّن من ١٦ سفينة، شوهد صاعداً النهر في الصباح. وكان قد وصل إلى مسافة فرسخٍ واحد من المدينة في هذا الوقت. لكن الفرس تراجعوا لمّا شاهدوا السفن، ولاذوا بالفرار. وقد منحهم امتلاكهم للمجاذيف فضلاً عن الأشرعة، ميزة التفوق في سرعتهم على سرعة مطارديهم. وكان أسطول بوشهر يضم سفينة شركة الهند الشرقية «تايجر» ذات الشراعين، التي كان بنو كعب قد استولوا عليها في شط العرب قبل عامين. أما الباقي، فكان يضمُّ، في ما يضم، بعض سفن جاليڤات التي تحمل كل واحدة منها عشرة مدافع، وعشر سفن تحمل كل واحدة منها من ستة مدافع إلى ثمانية. وكان تحرك العمارة البحرية البريطانية ضده، قد بدأ بإيعاز من الملازمين روبنسون وثيسلتون، اللذين كانا يتوليان القيادة، وقد حصلا على إذن من الوكيل للتصرف على النحو الذي يريانه أفضل لمنع التحاقه بأسطول بني كعب.

وفي الساعة الرابعة، قام المستر مور، برفقة جميع أعضاء الوكالة البريطانية، فضلاً عن المستر بارسونز، بجولة حول الأسوار، حتى بلغوا مصب خور العشار. والتقوا في طريقهم المتسلمَ الذي كان يقوم بجولاته. وقد وعدهم أن يدافع عن المدينة في البرّ إذا تكفّل الوكيل بالدفاع عنها في البحر. ولاحظوا أن الأتراك والعرب بدوا جميعاً منشرحين ومطمئنين. لكن لم يعد يُسمح لأي رجلٍ من رجال المدينة بترك مكانه عند الأسوار سواءٌ في الليل أو في النهار.

حوالي الساعة الثانية من صباح التاسع من ابريل، والسماء مظلمةٌ تماماً، لا قمر ولا نجوم، حاولَ الفرسُ تسلّق الأسوار من أماكن عديدة، بين بوابتي بغداد والزبير، وتبع ذلك قتال بالسلاح الأبيض مع المدافعين عنها، استمر أكثر من ساعتين. ووسط صخب هذا القتال وتشويشه، سارع البريطانيون إلى ترك الوكالة، وتوجهوا نحو مصب خور العشار، الذي وصلوه بسلام رغم الظلام الدامس. وكان المستر بارسونز ورجل محترمٌ آخر من ترك المكان. واستغرق سيرهما أكثر من ساعة، وكادا أن يقتلا بسبب الأحجار والقرميد الذي ألقته النساء العربيات عليهما من فوق سطوح المنازل، لاعتقادهن أنهما من الفرس. ووُجد المدخل إلى الخور محمياً جيّداً، يحميه من العرب المسلحين بقيادة القبطان باشا، عددٌ يراوح بين ٢٠٠ و٣٠٠، مرابطين على جانبيه، فصعدت المجموعة من الوكالة إلى متن السفينة «ايجل» بسلام.

About 3 o'clock in the afternoon, the 'Eagle' and 'Success' with the Pāsha's two ketches, slipped their cables and set off down stream under full press of canvas to attack a Būshehr fleet of 16 vessels which had been observed working up the river in the morning, and which had now arrived within about a league of the town; but the Persians turned back on seeing them and escaped, the possession of oats in addition to sails giving them an advantage in speed over their pursuers. The Būshehr fleet included the East India Company's brig 'Tyger' which had been taken by the Ka'ab in the Shatt-al-'Arab two years previously, and it consisted for the rest of five Gallivats of 10 guns each and ten Gallivats of 6 to 8 guns. The movement of the British squadron against it took place at the suggestion of Lieutenants Robinson and Thistleton, who were in command, and who received the permission of the Agent to act as they thought best for preventing a junction between it and the Ka'ab fleet.

At 4 o'clock Mr. Moore, accompanied by all the members of the British Factory and by Mr. Parsons, rode round the walls, going as far as the mouth of the 'Ashār creek. On their way they met the Mutasallim upon his rounds, who promised to hold the town by land if the Agent would keep it by water; and they observed that the Turks and Arabs all appeared cheerful and confident, but that no townsman was any longer allowed to absent himself from his place at the wall, either by day or night.

About 2 o'clock on the morning of the 9th of April, the sky being perfectly dark, without either moon or stars, the Persians tried to scale the walls at several places between the Baghdād and Zubair gates; and a hand-to-hand struggle with the defenders ensued, which lasted for more than two hours. In the midst of the din and confusion of this conflict the British hastily quitted the Factory and made their way to the mouth of the 'Ashār creek, which they reached in safety notwithstanding the thick darkness; Mr. Parsons and another gentleman, who were the last to leave, took an hour on the way and narrowly escaped being killed by stones and tiles which Arab women, imagining them to be Persians, flung down at them from the tops of houses. The entrance of the creek was found to be well defended by bodies of two to three hundred armed Arabs, under the Kapitān Pāsha, drawn up on either side of it; and the party from the Factory embarked safely on the 'Eagle.'

وأظهر ضوء النهار أن الهجوم قد صُدَّ. وشاهد المستر بارسونز، فيما بعد، ٢١ رأساً من رؤوس الفرس، معروضة عند بوابتي بغداد والزبير. لكنه اضطر إلى سماع اللعنات التي نزلت على اسم بريطانيا، والسفاهات الموجهة إلى المستر مور، على أنه قد سبَّبَ الغزو الفارسي. وبعد الظهر، أغرى الفضولُ المستر بارسونز وأربعة من السادة المنتمين إلى الوكالة، للقيام بجولة حوالي عشرة أميال على طول أسوار المدينة، فوجدوا ٥٠٠ رجل مرابطين عند كل بوابة من البوابتين الرئيسيتين، وحوالي ٢٠٠ رجل عند كل برج. حتى ان التجار الأثرياء الأرمن واليهود، قد اضطروا في هذا الوقت، إلى السكن بالقرب من المتاريس. لكن أكثر ما أدهشهم: أن الآباء الكرمليين قد تطوعوا لعمل الشيء نفسه، وذلك لضرب المثل الصالح على ما يبدو. وظهر أن الفضل في صد الهجوم الفارسي، خلال الليلة السابقة، يعود بالدرجة الأولى إلى الشيخ ثامر ومحاربيه من قبيلة المنتفق.

لكن، في هذه الأثناء، كان الشيخ العربي عبد الله قد لاذ بالفرار من الزبير، فاقداً السيطرة على نفسه، حين ترامى إليه خبر الهجوم الفارسي. وترك وراءه جميع المؤن والمواشي، التي كان يمكن، بحسب إحدى التقديرات، أن تُعيل مدينة البصرة لمدة شهرين، والتي وقعت كلها في أيدي الفرس، كأنها هبة من السماء حسنة الطالع، بالنسبة إليهم.

مرّ يوم العاشر من ابريل هادئاً حتى المساء. لكن، حوالي الساعة التاسعة، اكتشفت سفن الجاليڤات التي تخصّ الباشا، والتي كانت راسيةً عند الجانب الأبعد من النهر بالقرب من المانع، اكتشفت وجود رجال على الشاطىء، فأطلقت النار عليهم. بُعَيدَ ذلك، وُجد قاربان يشتعلان من قوارب المانع، الأقرب إلى ضفاف النهر. كما وُجدت مشتعلة، إحدى القرى المجاورة، حيث ظلت النار ستَّ ساعات تقريباً، تلفح هذه القرية، بعد أن أطلقت عليها السفينة «سَكْسَسْ» النار مراراً.

انسحاب الوكالة البريطانية من البصرة إلى بوشهر، من ١١ إلى ١٥ ابريل ١٧٧٥

كان الوكيل ومجلسه الذي يتألف من السادة جرين ولاتوش، قد كتبوا إلى بوشهر في ٢٣ مارس، يلحّون على المستر بومونت، الذي كان قد احتجزه الفرس، أن يرسلَ إليهم دونما إبطاء، أيَّ طرّاد تابعٍ للشركة قد يصادف وصوله من بومباي. وقد وصلت رسالتهم إلى المستر بومونت في بوشهر، في ٣٠ من الشهر نفسه. لكن لم تكن هناك أي سفينة بريطانية في الميناء، آنذاك. وفيما بعد، لمّا ظهر الأسطولُ الفارسي من بوشهر، في النهر عند أسفل البصرة، بنيةٍ واضحةٍ للالتحاق بأسطول بني كعب في أعلى النهر، ارتأى المستر مور أن من الحكمة التراجع من البصرة، لمّا لم يعد هناك احتمال كبير أن تصل سفينة من

Daylight showed that the attack had been repulsed, and Mr. Parsons afterwards saw 21 Persian heads exposed at the Baghdād and Zubair gates; but he was obliged to listen to curses invoked on the British name, and to hear Mr. Moore abused as the cause of the Persian invasion. In the afternoon Mr. Parsons and four gentlemen belonging to the Factory were tempted by curiosity to make a circuit of about ten miles along the walls: they found 500 men quartered at each of the two principal gates and some 200 on each bastion; even the rich Jewish and Armenian merchants had now been obliged to take up their residence near the ramparts; and, to the general surprise, the Carmelite Fathers had voluntarily elected to do the same, apparently by way of showing a good example. The credit of repelling the Persian assault during the previous night appeared to rest chiefly with Shaikh Thāmir and his Muntafik warriors.

Meanwhile, however, on hearing that the Persians had attacked Basrah, the Arab Shaikh 'Abdullah had fled incontinently from Zubair. The whole of the livestock and supplies that he left behind, which according to one estimate might have provisioned the town of Basrah for a couple of months, fell into the hands of the Persians, to whom they must have been a fortunate windfall.

April the 10th passed quietly until the evening; but about 9 p.m. the Pāsha's Gallivats, which were moored on the further side of the river near to the boom, discovered men on shore and fired at them; and shortly afterwards the two boats in the boom closest to that bank were found to be on fire, as was also an adjoining village. The village, upon which the 'Success' fired repeatedly, continued to burn for about six hours.

Withdrawal of the British Agency from Basrah to Būshehr, 11th to 15th April 1775

The Agent and his Council, the latter consisting of Messrs. Green and Latouche, had written to Būshehr on the 23rd of March, urging Mr. Beaumont, who was detained there by the Persians, to despatch to them without delay any of the Company's cruisers which might happen to arrive from Bombay. Their letter reached Mr. Beaumont at Būshehr on the 30th of the same month, but there was not then any British vessel at the port. Later, the Persian fleet from Būshehr having made its appearance in the river below Basrah with the evident intention of joining the Ka'ab fleet above, and there being no longer much prospect of a vessel being able to arrive from the Gulf to his assistance, Mr. Moore thought it prudent to retire from Basrah. He

الخليج لمساعدته. ولم يبذل أي محاولة لإنقاذ بضائع الشركة بشحنها، بل ترك كل شيء خلفه، ما عدا خزانة الشركة التي كانت قد نقلت إلى ظهر السفينة، تحت رحمة المتحاربين. وهذا إغفال عاد إلى ضيق الوقت. لكن الأرجح أن يكون موقفُ الأتراك قد أملى عليه ذلك، لأنه كان على وشك الاتفاق معهم بالمغادرة، في وقت كانت المدينة فيه ما تزال تقاوم.

بدأ الإبحار نزولاً في النهر، ظهر ١١ ابريل. وسُمح، على ما يبدو، لضباط الأسطول، المؤلف من السفينتين «ايجل» و«سَكْسَسْ» وسفينتي الباشا الشراعيتين وسفينتين تركيتين من نوع جاليڤات، سُمح لهم الافتراض أن هناك تفكيراً بمهاجمة أسطول بوشهر فقط، ثم تعود السفن بعدها إلى البصرة. وحوالي الساعة الثالثة بعد الظهر، شُوهد أسطول يضمّ ١٢ سفينة جاليڤات و١٣ قارباً مسلحاً من نوع ترانكيز، راسياً على بعد ثلاثة أميال من أسفل الجزيرة الأولى. وكانت القوارب في هذا الأسطول تحمل إمداداتٍ للجيش الفارسي. وفي الساعة الرابعة من بعد الظهر، ولمّا كان الفرس قد رفعوا مراسيهم، أطلقت إحدى سفن الجاليڤات النار على «إيجل» التي كان على متنها الوكيل وأعضاء المجلس كركابٍ. وبعد ذلك مباشرة، فتحت سفن الجاليڤات الأخرى نيران مدافعها بصورة متواصلة، باتجاه السفينتين البريطانيتين على ما يبدو. وفي الساعة الرابعة والنصف، وبعدما كانت السفينة «إيجل» قد وصلت إلى مدى مناسب للرماية، قامت بقصفٍ من جميع المدافع المركزة بجانب السفينة، وحذت السفينة سَكْسَسْ حذوها. وبعد ذلك مباشرة، بدأ الفرس بالتراجع نزولاً، في جزء منبسطٍ من مجرى النهر السفلي، مستفيدين من حالة الجَزر الشديد، وكانوا يطلقون النار وهم ينسحبون، تطاردهم السفينتان «إيجل» و«سَكْسَسْ»، مما جعلهم يواصلون القصف من تلك المدافع، التي يستطيعون استخدامها، لتترك أثرها الفعال على المسارات المتعرجة للسفن الشراعية. ولم تستطع السفن الشراعية وسفن الجاليڤات التي تعود للباشا، اللحاق بالسفن البريطانية. وقد ارتطمت سفن الباشا بالأرض مرتين. وحوالي الساعة الخامسة والنصف، كانت السفينة «سَكْسَسْ» قد أصيبت ثلاثة مرات وتكبدت أضراراً إضافية، عندما دمرت قذيفةٌ عارضة إحدى سواريها، وكوّتين من كوى اطلاق المدافع، واستقرت قذيفتان أخريان في الجانب الأيمن من السفينة. وبُعيد ذلك، لاذ الفرس بالفرار، وراحت سفنهم الأسرع تجرّ السفن الأبطأ منها لتساعدها على الفرار. وفي الساعة السادسة، رست هذه السفن في المياه الضحلة، بالقرب من الضفة الفارسية للنهر. وحينئذ، اتخذت «إيجل» و«سَكْسَسْ» موقعين محاذيين لهما، بقدر ما يسمح لهما التيار المائي، وبدأت مدفعيتهما بإطلاق النيران من على مسافة غير كبيرة، مدعومة من حملة البنادق على الجانب البريطاني. واستمر ذلك حتى حلول الظلام، حين أقلع الطرفان عن إطلاق النار في الوقت نفسه، كما لو كان الأمر متفقاً عليه. ولم تستطِع أيّ سفينة من سفن الباشا الاقتراب مسافة

made no attempt to save the Company's goods by shipping them, but left everything behind except the Agency treasure, which had already been embarked, at the mercy of the belligerents - an omission which may have been due to want of time but which was more probably dictated by the attitude of the Turks, the agreement with whom he was about to violate by leaving while the town still held out.

The descent of the river began at noon on the 11th of April; and the officers of the fleet, which consisted of the 'Eagle,' the 'Success,' the Pāsha's two ketches, and the two Turkish Gallivats, were apparently allowed to suppose that only an attack on the Būshehr fleet was meditated, after which the ships would return to Basrah. About three in the afternoon 12 Gallivats and 13 armed Trankis, the latter carrying stores for the Persian army, were sighted at anchor about three miles below the first island; at 4 p.m., the Persians having weighed, their principal Gallivat fired a shot at the 'Eagle,' on which the Agent and the members of his Council were passengers; and immediately thereafter a cannonade, seemingly directed at the two British ships, was opened by the other Gallivats. At half past four the 'Eagle,' on arriving within suitable range, replied with a broadside; the 'Success' followed her example; and soon afterwards the Persians began to retire down a narrow reach of the river, assisted by a strong ebb tide, firing as they went, and pursued by the 'Eagle' and 'Success,' which kept them in play with such guns as could be brought to bear upon the alternate tacks. The Pāsha's ketches and Gallivats could not keep up with the British vessels, and the ketches twice went aground. About half past five the 'Success,' which had already been struck three times, sustained some additional damage by having a yard-arm shot away, two gun-ports broken in, and two shot lodged in her starboard side. A little later the Persians took to flight, the faster ships among them helping the slower to escape by towing them, and at 6 p.m. they anchored in shoal water close to the Persian bank of the river. The 'Eagle' and 'Success' then took up positions abreast of them, as near as their draught of water would allow, and the artillery fire began at no great range, supplemented on the side of the British by musketry; this continued until dark, when both combatants desisted simultaneously as if by mutual consent. Not one of the Pāsha's vessels got near enough to fire a single shot during this

كافية لإطلاق مجرد طلقة واحدة، خلال هذا الاشتباك عن كثب، كما أنَّ أيّا منها لم تنزل مراسيها إلا بعد أن انتهى الأمر. وإنها لحقيقة جلية أن أحداً لم يقتل أو يجرح خلال عمليات النهار كلها، سواء على متن السفينة «ايجل» أو السفينة «سَكْسَسْ». ويُعتقد أن الفرس أيضاً نجوا بلا خسائر في الأرواح. غير أن صواري السفينة «سَكْسَسْ» مُنيت بأضرار كبيرة*.

وبحلول اليوم الثاني عشر من ابريل، تبيَّن أنّ الفرس قد وضعوا أسطولهم بعيداً عن متناول السفن البريطانية، في مكانٍ ضحل ضمن مصب نهر قارون، على ما يبدو. وفي الساعة السادسة صباحاً، رفعت السفينة «إيجل» مرساتها، وانطلقت نزولاً في النهر نحو شط العرب، وسط دهشة طاقم بحارة السفينة «سَكْسَسْ» الذين لم يكونوا قد عرفوا بعد أن الوكيل قد قرر التخلي عن دوره في الدفاع عن البصرة. وفي الساعة الثالثة بعد الظهر، شُوهدت ثلاث سفن جاليڤات فارسية تتقدم، صعوداً، في النهر. لكنها أظهرت درجة من الحكمة بلجوئها إلى خليج صغيرٍ لمّا أصبحت السفن الإنجليزية ـ التركية قريبة. وبعد ساعتين، التقت هذه السُفن زوارق فارسية أخرى قادمة من الاتجاه نفسه، فأطلق أحدها بضع طلقات على السفن البريطانية، وغير اتجاهه على الفور مع الزوارق المرافقة له بهدفٍ واضحٍ هو البقاء على مسافة آمنة طوال النهار.

رست العمارة الإنجليزية ـ التركية لقضاء الليل. لكنها أبحرت في صباح ١٣ ابريل، عند الساعة الرابعة فجراً. وفي الظهيرة، كانت قد اجتازت الحاجز المقام على مدخل شط العرب. وبعد ساعة، توقفت السفن، ونُقل الجنود العرب والأتراك الذين كانوا على متن سفن الباشا إلى سفن الجاليڤات التركية، وكان عددهم ٢٣٠ رجلاً. وانتقل بحارةٌ من «ايجل» و«سَكْسَسْ» إلى سفن الباشا لقيادتها: ثم أبحرت سفن الجاليڤات إلى الكويت التي كانت في هذه الفترة تابعة لولاية البصرة. وحددت السفن البريطانية وسفن الباشا مسارها باتجاه بوشهر التي وصلت إليها بعد ظهر ١٥ ابريل.

---

* من الصعب أن نعرف بالضبط ما حدث بين العمارتين البريطانية والفارسية يوم ١١ ابريل ١٧٧٥، نظراً للمصلحة الشخصية القوية لأولئك الذين وصفوا الحادثة. فالروايات المختصرة التي رواها كل من الوكيل البريطاني المستر مور وناصر، شيخ بوشهر، القائد على الجانب الفارسي، تتفاوت تفاوتاً كبيراً (انظر ص٢٩٢ و ٢٩٦ ـ ٢٩٧ من مؤلف المستر سالدنها: *"Summary of Events, 1600-1800"*. لكن في النص اعتُمد على رواية المستر بارسونز لأنها مصدر أكثر تجرّداً من كليهما. فقد كان المستر بارسونز آنذاك يعمل، خلال النهار، ملازماً على ظهر السفينة «سَكْسَسْ»، مكان الضابط الذي جُرح في انفجار يوم ٢٦ مارس، والذي كان ما يزال مريضاً في حالة الخطر. وكانت لديه على الأقل فرصة ممتازة لمراقبة حوادث المعركة. وتختلف رواية المستر مور عن رواية المستر بارسونز في كونها تنقل بالدرجة الأولى، الانطباع أن الاشتباك كان من على مسافات بعيدة، وأن السفن البريطانية لم تُصَب بأي أذى. وبحسب رواية الشيخ ناصر فإن البريطانيين هم الذين بدأوا المعركة، وأن السفن من مدينة بوشهر لم تشترك في إطلاق النار، بموجب أوامره، وأن الطلقات القليلة التي انطلقت من السفن الفارسية هي تلك التي أمر المير علي، زعيم خرج، بإطلاقها. ويؤكد الشيخ أيضاً أن السفن البريطانية بقيت في مرساها يوماً كاملاً بعد المواجهة. ولعل الصعوبة التي تكتنف رواية المستر بارسونز هي كون الخسائر، التي حدثت، قليلة مقارنةً بمعركة بالمدافع ومن مسافات قريبة.

engagement at close quarters, nor did any of them anchor until it was over. It is a remarkable fact that, in the whole day's proceedings, no one was killed or even wounded on board the 'Eagle' or the 'Success,' and it is believed that the Persians likewise escaped without casualties, but the rigging of the 'Success' suffered considerable damage.*

When day broke on the 12th of April it was found that the Persians had placed their fleet beyond reach of the British by retiring into a shallow place, apparently within the embouchure of the Kārūn river; and at 6 a.m. the 'Eagle' weighed anchor and - to the surprise, it would seem, of the crew of the 'Success,' who did not yet know that the Agent had decided to renounce his share in the defence of Basrah - led the way down the Shatt-al-'Arab. At three in the afternoon three Persian Gallivats were sighted advancing up the river; but these, as the Anglo-Turkish vessels drew near, wisely took refuge in a creek. Two hours later three other Persian craft were met, approaching from the same direction, one of which fired a couple of shots at the British ships and then immediately put about and went down-stream with her consorts, clearly with the object of keeping at a safe distance so long as daylight lasted.

The Anglo-Turkish squadron anchored for the night, but was under way again on the morning of the 13th at 4 a.m. By noon the bar at the mouth of the Shatt-al'Arab had been crossed; and an hour later the ships lay to, while the Turks and Arabs on board the Pāsha's ketches, to the number of about 230, were being transferred to the Turkish Gallivats and the ketches manned instead by crews from the 'Eagle' and 'Success.' The Gallivats then sailed for Kuwait, which was at this time a dependency of Basrah, and the British ships and the ketches shaped a course for Būshehr, where they arrived on the afternoon of the 15th of April.

---

*It is difficult, on account of the strong personal interest of those by whom the affair has been described, to know exactly what happened between the British and the Persian squadrons on the 11th April 1775. Brief accounts by Mr. Moore, the British Agent, and by Shaikh Nāsir of Bushehr, the Commander on the Persian side, are extant (see pages 292 and 296-297 of Mr. Saldanha's *Summary of Events, 1600-1800*); but in the text the journal of Mr. Parsons has been followed, as being probably a more impartial authority than either. Mr. Parsons acted during the day as Lieutenant on board the 'Success,' supplying the place of the officer who had been injured by an explosion on the 26th of March and who was still dangerously ill; and he had at least an excellent opportunity of observing the incidents of the fight. Mr. Moore's account differs from that of Mr. Parsons chiefly in conveying the impression that the engagement was entirely at long ranges and that the British ships did not suffer any damage. According to Shaikh Nāsir's version, it was the British who began the battle; the vessels from Bushehr town, by his orders, took no part in the firing; and the only shots discharged on the Persian side were a few from Gallivats under the command of Mīr 'Ali of Khārag. The Shaikh further asserts that the British remained at anchor where they were for a whole day after the encounter. The difficulty about Mr. Parson's account is the smallness of the damage done in an artillery contest at close quarters.

أعمال البريطانيين في بوشهر بشأن حصار البصرة، من ٧ إلى ٢٣ ابريل، ١٧٧٥

في هذه الأثناء، وعلى نحو ما شرحناه شرحاً وافياً في تاريخ الساحل الفارسي، كانت حكومة بومباي قد كلّفت المستر ر. جاردن من وكالة البصرة سابقاً، وعضو مجلس بومباي، الذي كان متوجهاً إلى البصرة لأعمال تجارية خاصة، وينوي مواصلة رحلته إلى أوروبا، كلفته أن يبدأ المفاوضات مع كريم خان لإطلاق سراح المستر بومونت الذي كان معتقلاً في فارس سجيناً في قضية شكاوى الوكيل الفارسي ضد شركة الهند الشرقية. وكانت حكومة بومباي تنوي أيضاً إقامة علاقات عامة طيبة مع الحاكم الفارسي، إذا أمكن، عن طريق إبطال السياسة العدوانية التي انتهجها معه المستر مور الذي أدت أوامره إلى مقاطعة سفن الشركة، وحتى السفن البريطانية الخاصة، للموانىء الفارسية، في الواقع.

ووصل المستر جاردن إلى بوشهر، في السابع من أبريل، على متن طراد الشركة «دريك»، مصحوباً بحراسة شملت أيضا ثلاث سفن تجارية تحمل شحنات ثمينة ومتجهة إلى البصرة. وأبلغه المستر بومونت أمر المساعدة البحرية التي طلبها الوكيل في البصرة قبل بضعة أيام، وكان عليه أن يقرر في الحال: إما الاستجابة للطلب وإما رفضه. وقد صمم المستر جاردن، بعد درس الطلب دراسة وافية، الالتزام بالتعليمات التي تلقاها من بومباي، عوضاً من تقديم تعزيزات للمستر مور الذي كانت ميوله المعادية للفرس معروفة جداً. وكان يتوقع أن يتغلب كريم خان على الأتراك في نهاية الأمر، وكان يخشى من احتمال أن يجد البريطانيون صعوبة، بل استحالة، في التوصل إلى أي تفاهم مع الوكيل، ما إن يُرسخ تفوقه في الخليج. ورأى أن محاولته شق طريقه عنوةً إلى البصرة، مع السفن التي تحت تصرفه، سينطوي على مجازفة كبيرة للغاية، لا سيما وأن ثلاثاً منها، مجهزةً تجهيزاً مزرياً، إلى حد لا تقدر معه على الدفاع عن النفس. أضف إلى ذلك، أنه كان يعتقد أن الوضع الحرج الذي وجدت وكالة البصرة نفسها فيه، والذي كان، في رأيه، ناجماً عن سلوك أفرادها غير الحكيم، يمكن معالجته، في أي وقت، بصعودهم، مع بضائع الشركة، إلى متن السفينتين، «ايجل» و«سَكْسَسْ» الموجودتين عندهم. واستطاع المستر جاردن أن يرى مسبقاً، أن الدخول فوراً في مفاوضات مع الوكيل من شأنه أن يكون الطريقة الفضلى لحماية ممتلكات الشركة في البصرة، التي عرّضها للخطر بجعل الوكيل من نفسه طرفاً في الحرب، من خلال وقوفه إلى جانب الأتراك. وكان لدى المستر جاردن أمل كبير بالنجاح، لأنه، في الوقت الذي كان يملك فيه سبباً يحمله على الاعتقاد أن خطوة المستر مور في إرجاء التعامل التجاري مع

British proceedings at Būshehr in regard to the siege of Basrah, 7th to 23rd April 1775

Meanwhile, as is fully explained in the chapter on the history of the Persian Coast, Mr. R. Garden, formerly of the Basrah Agency and at this time a member of the Bombay Council, who was proceeding to Basrah on private business with the intention of continuing his journey to Europe, had been commissioned by the Government of Bombay to open negotiations with Karīm Khān for the release of Mr. Beaumont, then detained in Persia as a prisoner in connection with the grievances of the Vakīl against the East India Company. It was also intended by the Bombay Government that general good relations with the Persian ruler should be instituted, if possible, by a reversal of the hostile policy pursued towards him by Mr. Moore, under whose orders a virtual boycott of the ports of Persia by the Company's ships, and even by private British vessels, had been brought about.

Mr. Garden arrived at Būshehr on the 7th of April in the Company's cruiser 'Drake,' under convoy of which came also three merchant vessels, bound for Basrah, with valuable cargoes. He was made aware by Mr. Beaumont of the request for naval assistance preferred by the Agent at Basrah a few days previously, and he had at once to decide whether he would comply with it or not. On full consideration he resolved, for several reasons, to adhere to the instructions that he had received at Bombay, rather than to reinforce Mr. Moore, whose anti-Persian tendencies were well known: he expected that Karīm Khān would in the end prevail over the Turks, and he feared that, when once the Vakīl had established his supremacy in the Gulf, it might be difficult or impossible for the British to come to any understanding with him at all; he considered that there would be extreme risk in attempting to force his way to Basrah with the vessels at his disposal, three of which were so miserably equipped as to be incapable of defence; and he believed, moreover, that the awkward situation in which the Basrah Agency found themselves, and which in his opinion had been brought about by their own indiscreet behaviour, might be remedied at any time by their embarking with the Company's goods on the 'Eagle' and 'Success,' which they had with them. Mr. Garden also foresaw that to enter immediately into negotiations with the Vakīl might be the best way of safeguarding the Company's property at Basrah, jeopardised by the Agent's having made himself a party to the war on the side of the Turks; and he had good hope of success, for, while he had reason to believe that Mr. Moore's action in suspending commercial

فارس مسؤولة، إلى حد بعيد، عن معاملة الوكيل الفارسي للمستر بومونت، بل مسؤولة عن هجومه على البصرة، كان أيضاً مخولاً من جانب حكومة بومباي، أن يتعهد بإعادة إنشاء مقيمية بريطانية في بوشهر، واستئناف التجارة البريطانية مع هذا البلد، في حال التوصل إلى تسوية. وقد أرسل المستر جاردن رسالته الأولى إلى الوكيل في شيراز، في ١١ ابريل. وفي ١٥ منه، يوم وصول المستر مور ومرافقيه إلى بوشهر، كتب ثانية إلى كريم خان يرجوه اتخاذ التدابير، لاحترام الممتلكات البريطانية في البصرة، وهو طلب كرره مباشرة لناصر، شيخ بوشهر، الذي كان يخدم في الجيش الفارسي قبالة البصرة. وفي ٢٣ ابريل، تلقى المستر جاردن رداً ملائماً من كريم خان أزال قلقه من المستقبل، و«ألقى في الوقت نفسه، على المستر مور، كل اللوم على الاضطرابات الأخيرة بين الإنجليز والفرس».

تقدم الحصار، من أبريل إلى أغسطس ١٧٧٥

لم يلقَ الفرس في البداية نجاحاً كبيراً في محاولاتهم لإخضاع البصرة. وقد ورد في رسالة كتبت من هناك، في ٢٠ ابريل ما يلي: «أن العرب من قبيلة المنتفق وبني خالد قد تجمّعوا لحمايتها، وأن الصحراء قد غمرها الفيضان، وأن المدينة تواجه، من الجيش الفارسي، خطراً أقل». وفي السادس من يونيو، أمكن بنجاحٍ شحن مدفع، من عيار ٥٠ رطلاً، من بوشهر، كان يخص البرتغاليين وقد شُحن وسط مظاهر الابتهاج العام، لاستخدامه ضد البصرة. وخلال ما تبقى من ذلك الشهر، كانت حركة ذهاب السفن الصغيرة وإيابها بين المكانين حركةً دائمة. وقد فشلت المدفعية الفارسية في إحداث أي تأثير جدي على دفاعات الأتراك، على الرغم من انها كانت موجّهة من قبل اثنين من رجال المدفعية الأوروبيين. وكان المنجّمون ينصحون بالتأجيل كلما كان يُقترَح القيام بهجوم. وضعف الحصار حتى أصبح مجرد تضييق خناق تمويني. وفي أغسطس ١٧٧٥، أرسل إمام عمان أسطولاً قوياً لمساعدة الأتراك، اتخذ موقعه عند مصب شط العرب، وضمن الأمن في النهر لبعض الوقت، بعدما كان قد شتت عمارة بحرية فارسية من سفن الجاليڤات، بقيادة ناصر، شيخ بوشهر. وانْتُهِزَتْ هذه الفرصة لجلب المؤن الوفيرة إلى المدينة، مما جعلها في وضع تستطيع فيه إطالة أمد الدفاع. ويبدو، من الحقيقة القائلة إن حاكم عمان طالب، في عام ١٧٩٨ ثم في عام ١٨٢٦، بمعونة مالية تركية، مقابل الخدمات التي قدمتها بحرية سلفه، أثناء حصار البصرة، يبدو أنّ الأتراك كانوا قد لوّحوا، بلا ريب، بنوعٍ من الترغيب المالي للعمانيين، قبل أن يحصلوا على مساعدتهم. أما الفرس، فقد حصلوا، من جهتهم، على مساعدةٍ قيّمة من قبيلة الخزاعل على الفرات، التي كانت من الشيعة مثلهم، وإن كانت من العرب.

intercourse with Persia was largely responsible for the Vakīl's treatment of Mr. Beaumont and even for his attack on Basrah, he was empowered by the Bombay Government to promise that, in event of a settlement, a British Residency should be re-established at Būshehr and British trade with the country re-opened. Mr. Garden's first letter to the Vakīl at Shīrāz was despatched on the 11th of April; and on the 15th, on the arrival of Mr. Moore and his companions at Būshehr, he wrote again to Karīm Khān, begging him to arrange that British property at Basrah should be respected - a request which he repeated direct to Shaikh Nāsir of Būshehr, then serving with the Persian army before Basrah. On the 23rd of April a favourable answer was received by Mr. Garden from Karīm Khān, which removed anxiety for the future, and which at the same time laid 'the blame of the late disturbances between the English and the Persians entirely on Mr. Moore.'

Progress of the siege, April to August 1775

The Persians at first met with little success in their attempts to reduce Basrah; and it was reported in a letter written from that place on the 20th of April 'that the Monteficks and Benechalid Arabs had assembled 'for its protection, that the desert was overflowed, and the town was in very little danger from the Persian army.' On the 6th of June a 50-pounder gun which had belonged to the Portuguese was successfully shipped at Būshehr, amid general rejoicings, for employment against Basrah; and during the rest of that month there was a constant coming and going of small craft between the two places. But the Persian artillery, notwithstanding that it was directed by two European artillerists, still failed to produce any serious effect on the Turkish defences; the astrologers advised delay whenever an assault was proposed; and the siege by degrees degenerated into a blockade. In August 1775, after dispersing a squadron of Persian Gallivats under the command of Shaikh Nāsir of Būshehr, a powerful fleet sent by the Imām of 'Omān to the aid of the Turks took up its position at the mouth of the Shatt-al-'Arab and secured for a time the control of that river. Advantage was taken of the opportunity to bring an abundance of provisions into the town, which was thus put in a position to make a longer defence. It would seem, from the fact that in 1798 and again in 1826 a Turkish subsidy was claimed by the ruler of 'Omān on account of the services performed by his ancestor's navy at the siege of Basrah, that some sort of pecuniary inducement must have been held out by the Turks to the 'Omānis before obtaining their assistance. The Persians, on their part obtained valuable aid from the Khazā'il tribe of the Euphrates, who, though Arabs, were by religion Shī'ahs like themselves.

رحيل الوكيل البريطاني من بوشهر إلى بومباي، ١٥ يوليو ١٧٧٥

رداً على سؤالٍ وجهه المستر جاردن، أعلن المستر مور، فورَ وصوله إلى بوشهر، أنه ينوي الرجوع إلى البصرة، إذا أفلتت من أسر الفرس. أما إذا حدث العكس، فإنه سيعود بأسرع ما يمكن إلى مقر الرئاسة. لكن العمليات طال أمدها، فلم ينتظر ختامها في نهاية الأمر. وفي ١٢ مايو،* قامت سفينة صاحبة الجلالة «سي هورس»، المزودة بـ ٢٠ مدفعاً، بقيادة النقيب فارمر، بدخول المرفأ الأمين في بوشهر، وهي تحرس سفينة بنغالية كبيرة، قاصدة البصرة. وبهذه الوسيلة، وصل عدد السفن، التي كانت ترفع العلم البريطاني في الميناء، إلى تسع سفن. وينبغي أن نلاحظ هنا أن السفينة «سَكْسَسْ»، قد غادرت إلى الهند في الأول من أيار تحمل الرسائل. وأبدى بعض الفرس قلقهم من احتمال أن يقوم البريطانيون بهجوم على المدينة، لخلق موقف يحوّل الانتباه لصالح أصدقائهم الأتراك. وفي ٢٤ مايو، صدرت الأوامر إلى النقيب فارمر من قائده العميد السير ادوارد هيوز بأن يقدم العون لممثلي شركة الهند الشرقية أينما التقاهم، فسارع النقيب فارمر إلى تقديم خدماته للقيام بنقل كل السفن المتجهة إلى البصرة من بوشهر. لكن المستر مور رفض عرضه بلباقة. وأخيراً، وفي مساء ١٥ يوليو، تحركت كل السفن البريطانية الباقية في بوشهر، باستثناء «دريك»، إلى بومباي برفقة سفينة صاحبة الجلالة «سي هورس» التي تعهد قائدها حمايتهم من المراطيين. أما المستر مور، الذي كان قد نفد صبره من ملازمة متن السفينة، إذ كان يرفض النزول إلى البر في بوشهر، فقد رافق هذا الأسطول على متن السفينة «ايجل»، في حين صعد المستر بارسونز الى السفينة «سي هورس». وتُرك المستر لاتوش والمستر ابراهام في بوشهر ليعودا إلى البصرة، ويتوليا مسؤولية ممتلكات الوكالة هناك، في أول فرصة ممكنة. وأثناء سفر المستر مور إلى الهند، كتب خطاباً إلى متسلم البصرة يقول فيه إنه يصطحب السفينتين التركيتين إلى الهند للسبب نفسه الذي حمله، من قبل، على جلبهما من البصرة، أي لمنع وقوعهما في أيدي الفرس. وفي الوقت نفسه، نصح المتسلم، بتخويله بيعهما باسمه في بومباي نظراً لصعوبة إرجاعهما إلى البصرة. وفي هذا الاتصال الوداعي لسليمان آغا، قال الوكيل: «إن الشرف الذي أحرزته فخامتكم في الدفاع

---

* يبدو أن نلسون العظيم كان ضابط بحرية قيد التدريب في السفينة «سي هورس»، ذلك الوقت. وقد استمر فيها من عام ١٧٧٣ حتى ١٧٧٦. وفي أثناء «المسار العادي للجولة البحرية في أوقات السلام، قام بزيارة كل جزء من الوكالة من البنغال حتى البصرة» (النقيب ماهون في كتابه: *Life of Nelson*، ص ١٤). أما عن خدمته في الشرق، فقد كتب نلسون يقول: «لا شيء دون هذه الرحلة البعيدة، يمكنه مطلقاً أن يرضي رغباتي في الحصول على المعلومات البحرية». لكنّه عاد إلى بريطانيا معتلاً.

Departure of the British Agent from Būshehr for Bombay, 15th July 1775

In reply to a question by Mr. Garden, Mr. Moore had stated, on first arriving at Būshehr, that he intended to return to Basrah, should the town escape capture by the Persians, and in the contrary case to make the best of his way to the Presidency; but the operations were protracted, and in the end he did not wait for their conclusion. On May the 12th* H.M.S. 'Seahorse' of 20 guns, Captain Farmer, entered the roadstead at Būshehr, convoying a large Bengal ship destined for Basrah; and in this manner the number of vessels in port flying the British flag was increased to nine, the 'Success', it should be observed, had left for India on the 1st of May with despatches - and some Persians professed uneasiness lest the British should attack the town by way of creating a diversion in favour of their friends the Turks. On the 24th of May, Captain Farmer, who had received orders from his Commodore, Sir Edward Hughes, to assist the representatives of the East India Company wherever he might meet with them, tendered his services for convoying to Basrah all or any of the ships at Būshehr intended for that place; but his offer was courteously declined by Mr. Moore. At length, on the evening of July 15th, all the British vessels then remaining at Būshehr except the 'Drake' sailed for Bombay in company with H.M.S. 'Seahorse', the commander of which had promised to afford them his protection against the Marāthas. With the fleet, in the 'Eagle,' went Mr. Moore, whose patience was worn out by confinement on board ship, for he would not land at Būshehr, and Mr. Parsons in the 'Seahorse', but Messrs. Latouche and Abraham were left behind at Būshehr in order that they might return to Basrah and take charge of the Company's effects there at the earliest available opportunity. In leaving for India Mr. Moore wrote to the Mutasallim of Basrah, stating that he was taking the two Turkish ketches with him to India for the same reason that he had brought them away from Basrah, viz., to prevent their falling into the hands of the Persians; and at the same time he advised the Mutasallim, on account of the difficulty of returning the vessels to Basrah, to authorise him to sell them at Bombay on his behalf. In this farewell communication to Sulaimān Āgha the Agent remarked:·'The honour that Your Excellency has

---

*The great Nelson appears to have been a midshipman on the "Seahorse" at this time: he was in her from 1773 to 1776, and, in the "ordinary course of cruising in peace times, he visited every part of the station from Bengal to Bussorah" (Captain Mahon's *Life of Nelson*, page 14). Of his service in the East Nelson himself said: Nothing less than such a distant voyage could in the least satisfy my desire of maritime knowledge; but he returned to England as an invalid.

الشهم عن البصرة، سيُذكر حتى آخر الأزمنة. وكنت أودّ لو كان في مقدورنا أن نساعدكم أكثر مما فعلنا. لكننا لم نستطع ذلك. ولا شك عندي أنك ستقتنع تماماً بذلك، إذا وازنتَ بين الظروف قبل مغادرتنا البصرة وبعدها».

ومن المؤكد أن مسلك المستر مور الذي يعوزه الحزم، كان أقل استحقاقاً للثناء من مسلك المتسلّم. إذ لم يكن هناك من شكّ، لدى المستر بارسونز على الأقل، أنه كان عليه البقاء هناك ليساعد الأتراك، بعد أن تخلى، بتسرّع، عن سياسته الأصلية بعدم التدخل، وأشرك نفسه في قضية الدفاع عن البصرة. وقد اختتم ذلك الجزء من روايته، المتعلّق بالموضوع، بالكلمات التالية*: «لقد خُذل أهل البصرة التعساء، خذلهم هؤلاء الذين كان من واجبهم ومصلحتهم، أن يساعدوهم بأقصى قوتهم: فلو نالوا هذه المساعدة، لما استطاعت فارس بكامل قوتها، الاستيلاء على المدينة». وكان رأي المستر جاردن واضحاً ومضمونه: أن المستر مور مذنب بنقضٍ صريح للعهد، تجاه المتسلّم، وأن عودته إلى البصرة ستشكل خطراً عليه، وإن حصل توافقٌ بين الأتراك والفرس.

الأتراك يسلّمون البصرة، ١٥ ابريل ١٧٧٦

كان التصميم، الذي استطاع سليمان آغا بشخصيته أن يبثه في المدافعين عن البصرة، كان، إلى حد بعيد، السببَ الذي مكّن هذه المدينة من الصمود لأكثر من سنة، بدءاً من تاريخ اليوم الأول لحصارها. وربما استطعنا الاستنتاج من هذا الظرف، وفي ضوء عدد السكان الكبير، أن حصار الفرس لا يمكن أن يكون حصاراً شديداً جداً.

وأخيراً، وفي مساء ١٥ ابريل ١٧٧٦، وبعد أن كان المدافعون في هذا الوقت، قد وصلوا إلى حالة من الضنك الفظيع، ولم يبقَ أي أمل بوصول إغاثة من بغداد**، قام الوجهاء البارزون من عرب البصرة وجوارها، بزيارة صادق خان في معسكره، لترتيب استسلام المدينة. وفي صباح اليوم التالي، جرى تسليم البصرة إلى الفرس كما ينبغي. واقتصرت شروط الاستسلام على مجرد «ألا يتعرض أهل البصرة لسوء، هم وأُسَرهم». وعُومل المتسلم ووجهاء المدينة معاملة الأسرى من قبل المنتصر الذي أرسلهم إلى شيراز. وجاء صادق خان، فور تسلّمه المدينة، بحوالي ٦٠٠٠ جندي فارسي لاحتلالها بقيادة ابنه

* يمكن قراءة هذه الكلمات التي تشير إلى باشا بغداد فقط والحكومة التركية،و لو لم تكن واضحة: إنه، بناء على رأي المستر بارسونز، كان على البريطانيين أن يستمروا في البصرة (أنظر صفحة ١٨٠ من كتابه).

** بحسب كتاب اوليفير (*Voyage* المجلد الثاني، ص ٢٠٤) فإن باشاوات الموصل، وفان، ودياربكر، وحلب، ودمشق قد زحفوا على بغداد بناء على اوامر تلقوها من القسطنطينية واعدموا الباشا كضحية لاسترضاء الفرس. ولكنه، على الرغم من أن كريم خان أعلن عن رضاه، لم يتخلَّ عن حصار البصرة.

acquired in the gallant defence of Basrah will be remembered to the latest times. I would that it had been in our power to have assisted you more than we did; but it was not, of which I doubt not but you will be perfectly convinced on maturely weighing the several circumstances both before and since our departure from Basrah.'

The irresolute conduct of Mr. Moore himself was certainly less worthy of praise than that of the Mutasallim. That, after he had rashly abandoned his original policy of non-intervention and actively associated himself with the defence of Basrah, he ought to have remained there to assist the Turks was not doubted at any rate by Mr. Parsons who concludes the relevant portion of his narrative with the words:* 'The poor Bussorians are deserted by those whose duty and interest it was to assist them to the utmost of their power: had they been so assisted not the whole power of Persia would be able to take the city'; and Mr. Garden was evidently of opinion that Mr. Moore had been guilty of a distinct breach of faith towards the Mutasallim, and that it would be dangerous for him to return to Basrah even in the event of an accommodation taking place between the Persians and the Turks.

Surrender of Basrah by the Turks, 15th April 1776

Basrah held out, largely on account of the determination which Sulaimān. Āgha was able by his personality to infuse into the defence, for more than a year from the date of its first being invested - a circumstance from which we may perhaps infer, in view of the large number of the inhabitants, that the blockade by the Persians cannot have been very stringent.

At last, on the evening of the 15th April 1776, by which time the defenders had been reduced to dire straits and no hope remained of relief from Baghdād,** the leading Arab notables of Basrah and its neighbourhood visited Sādiq Khān in his camp to arrange for the surrender of the town; and on the morning of the next day the transfer of Basrah to the Persians was duly accomplished. The terms of capitulation were merely 'that the inhabitants of Basrah should not be molested with respect to their persons or families,' and the Mutasallim and notables were treated as prisoners by the victor, who sent them to Shīrāz. Sādiq Khān, immediately upon the town being handed over to him, caused it to be occupied by about 6,000 Persian troops under the

---

*These words might be read as referring merely to the Pāsha of Baghdād and the Turkish Government, were it not so clear that in Mr. Parsons' opinion the British ought to have continued at Basrah (see page 180 of his book).

**According to Olivier (*Voyage*, II. 402), the Pāshas of Musal, Vān, Diyārbakr, Aleppo and Damascus had meanwhile marched on Baghdād under orders from Constantinople and put the Pāsha to death as a sacrifice to propitiate the Persians. But Karīm Khān, though he professed to be satisfied, did not abandon the siege of Basrah.

علي نقي خان وشخص يدعى علي محمد خان، سنألف اسمه قريباً. وقد كان دخوله العلني إلى المدينة في ٢١ ابريل، وكانت ترافقه قوات إضافية خُصصت لها أماكن للإقامة استولوا عليها من إلزام عددٍ من المواطنين بإخلاء بيوتهم. وفيما عدا ذلك، لم يتعرّض سكان المدينة لأي كَدَر أو أي عملٍ من أعمال السلب، حتى ان اثنين من الفرس، دينا بتهمة النهب، قد تعرضا لضرب مبرح، إلى حد أن أحدهما توفي. إلا أن الكرب في وسط أكثر السكان فقراً، كان عظيماً بقدر كربهم أثناء الحصار تقريباً، لأنهم كانوا، قبل ذلك، قد باعوا معظم ما يملكونه، وباتوا غير قادرين على إيجاد أي فرصة للعمل في هذا الوقت.

وقيل إن كريم خان، عندما تلقى أنباء إخضاع البصرة، أمر سادو كون أن يختم بالشمع الأحمر كل الأملاك المنقولة التي تخص المتوفين والغائبين، ويرسل لوائح بها إليه، وأن يستدعي بركات، شيخ شعيب، إلى هناك، ويبلغه النتيجة، وأن يُجري تفحصاً للوضع في البلد، من البصرة باتجاه مسقط، ويرسل له تقريراً عنه. ويبدو، من هذه التعليمات، أن الوكيل لم يكن ينوي أن يحوّل ملكيته الجديدة إلى فائدة مالية قصوى فحسب، بل أن يجعلها نقطة انطلاق له إلى فتوحات إضافية. لكن الفرق البحرية التي تؤلف الأسطول الفارسي صُرفت، وأرسلت إلى الموانىء في ديارها، في يونيو ١٧٧٥، ووصل الشيخ ناصر إلى بوشهر، أبعد هذه الموانىء، في اليوم الأخير من ذلك الشهر.

الأوضاع إبان الاحتلال الفارسي للبصرة، ١٧٧٦ ـ ١٧٧٩

عودة هيئة الوكالة البريطانية إلى البصرة، في مايو ١٧٧٦

قبل استسلام البصرة، كان المستر جولي، أحد موظفي شركة الهند الشرقية، موجوداً هناك لرعاية مصالح أرباب عمله. وقد استقبله صادق خان، فيما بعد، «استقبالاً كثير التهذيب». وكذلك تلقى العون من الشيخ ناصر. وفي مساء ٢٠ ابريل، تسلَّم الوكالة البريطانية، حيث وجد كل شيء في حالة جيدة. وكان قد بقي في البصرة، على امتداد فترة الحصار، ممثلُ شركة الهند الشرقية الفرنسية، وبعضُ الإيطاليين تحت الحماية الفرنسية، كما بقي الآباءُ الكرمليون. وفي الثالث من مايو، وصلت إلى بوشهر رسالة من المستر جولي، فاستعد السيدان، عضوا الهيئة في الوكالة هناك، اللذان يُفترض أنهما المستر لاتوش والمستر ابراهام، لاستغلال الوضع المؤاتي للأمور، بالعودة إلى البصرة دون تأخُّر قدر الإمكان. وبعد أن تزودا بهدايا ملائمة لصادق خان والشيخ ناصر، صعدا إلى متن سفينة

command of his son 'Ali Naqi Khān and of one 'Ali Muhammad Khān, with whose name we shall presently become familiar; and on the 21st of April he made his own public entry with additional troops, for whom accommodation was provided by requiring a number of citizens to vacate their houses. The townspeople were not otherwise troubled or despoiled in any way, and two Persians convicted of plundering were even beaten so severely that one of them died. There was, however, almost as great distress among the poorer inhabitants as during the siege, for they had before this sold most of their possessions, and now they could not find any employment.

It was stated that Karīm Khān, on receiving news of the reduction of Basrah, 'ordered Sadoo Caun to seal up all the effects in the place'belonging to deceased and absent persons, and forward him lists thereof; to summons the Chaub Shaikh Barrakat thither, and advise him of the result; and to examine and to send him a clear account of the country leading from Basrah towards Muṣcat'; from which instructions it would appear that the Vakīl not only intended to turn his new acquistion to the fullest fiscal advantage, but even to make it a stepping-stone to further conquests. In June 1775, however, the naval contingents forming the Persian fleet were dismissed to their home ports; and Shaikh Nāsir reached Būshehr, the most distant of them all, on the last day of that month.

Affairs during the Persian occupation of Basrah, 1776-79

Return of the British Agency staff to Basrah, May 1776

Before the capitualtion Mr. Galley, a servant of the East India Company, was already present at Basrah to watch over the interests of his employers; he was afterwards 'very politely received' by Sādiq Khān and assisted by Shaikh Nāsir; and, on the evening of the 20th April, he was placed in possession of the British factory, where he found everything in good condition. The representative of the French East India Company, some Italians under French protection, and the Carmelite Fathers had remained in Basrah during the whole of the siege. On the 3rd of May a letter from Mr. Galley reached Būshehr; and the gentlemen of the Agency staff there, presumably Messrs. Latouche and Abraham, prepared with the least possible delay to take advantage of the favourable position of affairs by returning to Basrah. After providing themselves with suitable presents for Sādiq Khān and Shaikh Nāsir,

أهلية بسرعة، اضطرا معها إلى تكليف المقيم في بو شهر مهمةَ إبلاغ حكومة بومباي بتحركاتهما. لكن، بعد صعودهما، احتجزتهما رياح معاكسة في الميناء حتى صباح الخامس من مايو. وقد تُركت سجلات وكالة البصرة وأوراقها في بو شهر مؤقتاً، واعتُقد أنها ستكون هناك بمأمن أكثر مما لو كانت في البصرة. وحين وصل السيدان المحترمان إلى وجهتهما المقصودة، تمكنا أن يُبلِّغا أنهما «وجدا وكالة الشركة المحترمة في وضع ممتاز، بحيث أن صادق خان أبدى استعداده لإظهار كل تسامح ممكن نحو الإنجليز، وأن شعبه أبدى احتراماً خاصاً للوكيل ومجلسه، وأن مظهر الأمور، كما تجلّى للوهلة الأولى، كان يدعو إلى الاعتداد بالنفس، حتى إنهم، لو لم يكونوا على معرفة بطبع الفرس، لكوّنوا رأياً يبعث على السرور العظيم بشأن الاحتمالات المستقبلية في ظل حكم الفرس للبصرة». ويمكننا أن نعزو حالة الأمور هذه التي تبعثُ، ولو جزئيّاً، على الغبطة، إلى أسبابٍ ليس أقلها النزعة الإيجابية لدى ميرزا محمد حسين، كبير مستشاري صادق خان، الذي استخدم نفوذه لدى سيده لحماية الأشخاص الذين منحته الوكالة توصية بهم. وقد كان صادق خان، في البداية، شديد الرغبة في أن يكون على صلة طيبة بالبريطانيين، حتى إنه أكّد، في إحدى المناسبات للمستر لاتوش، الذي آلت إليه مهام الوكيل، أنه، على الرغم من أن الوكالة البريطانية هي، في البصرة، المبنى الوحيد الذي يليق أن يشغله، فإنه، «لن يسكن فيها حتى ولو كانت جدرانها مصنوعة من الذهب».

إدارة الفرس للبصرة وعلاقاتهم بالوكالة البريطانية، ١٧٧٦ - ١٧٧٩

بيد أن الاعتدال الذي كانت حكومة البصرة تتميز به سرعان ما زال. ومع بداية يونيو، كان صادق خان قد قدَّر مبلغاً باهظاً من المال تدفعه المدينة كمساهمة. وفوّض المسؤولون الفرس إلى مواطنين بارزين مهمة القيام بجباية الأموال. وتسبب هذا الترتيب في وقوع العبء بصورة جائرة على الكثيرين ممن هم عاجزون عن الدفع، لأن هدف الجباة الرئيسي كان بالطبع إنقاذ جيوبهم الخاصة. وقد لجأ الفرس، بعد ذلك، إلى الإكراه في تنفيذ تدابير أخرى متنوعة. وراح سكان البصرة ينظرون إلى الوكالة البريطانية على أنها النصير الوحيد لحرياتهم والضابط الوحيد المتبقي لجشع حكامهم الجدد.

كانت العداوةُ بين الوكالة والسلطات المحلية الفارسية حصيلةً طبيعية لتلك الظروف. وفي سبتمبر ١٧٧٦، حين احتدم التوتر نتيجةَ قيام وكلاء صادق خان، عن طريق استخدام

they went on board a native vessel in such haste that they delegated to the Resident at Būshehr the duty of reporting their movements to the Government of Bombay; but, after their embarkation, a contrary wind detained them in the harbour until the morning of the 5th of May. The records and papers of the Basrah Agency were left provisionally at Būshehr, where it was thought they would be safer, for the time being, than at Basrah. On reaching their destination the two gentlemen were able to report that 'they found the Hon'ble Company's factory in excellent order, that Sadoo Caun expressed himself willing to show the English every indulgence, that his people had shown particular respect to the Agent in Council, and that the first appearance of things was so flattering that, if they had not been acquainted with the Persian character, they would have formed a most pleasing opinion of their future prospects under the Persian rule at Basrah.' This happy state of matters may perhaps be attributed, in part at least, to the favourable disposition of Mīrza Muhammad Husain, the chief adviser of Sādiq Khān, who used his influence with his master for the protection of such individuals as were recommended to him by the Agency; and so desirous was Sādiq Khān at first of standing well with the British that on one occasion he assured Mr. Latouche, upon whom the duties of Agent had devolved, that, though the British Factory was the only edifice in Basrah fit for his own occupation, 'he would not reside in it, if the walls were made of gold.'

Administration of Basrah by the Persians and their relations with the British Agency, 1776-79

Moderation, however, soon ceased to distinguish the new government of Basrah, and by the beginning of June a heavy sum had already been assessed upon the town by Sādiq Khān as a contribution. The duty of collecting the money was delegated by the Persian officials to the leading citizens - an arrangement which caused the demand to fall oppressively upon many who were ill able to pay, for the principal object of the collectors was naturally to save their own pockets. The Persians after this had recourse to compulsion in carrying out various other measures; and the British Agency began to be regarded by the people of Basrah as the only vindicator of their liberties and the sole remaining check upon the rapacity of their new rulers.

Antagonism between the Agency and the local Persian authorities was the natural outcome of these conditions; and in September 1776, in consequence of the forcible arrest by Sādiq Khān's agents of some native

القوة، بإلقاء القبض على بعض التجار الوطنيين الذين لاذوا بالوكالة، اعتبر البريطانيون هذا الإجراء انتهاكاً خطيراً للحصانة التي يتمتعون بها. لقد كان الفرس يدركون جيداً، أن وجود الوكالة البريطانية نافع لهم، لأنه أضفى على البصرة شيئاً من الأهمية، وشجع السكان على البقاء بدلاً من الهجرة، ووفَّر مبرراً لتوقع تجارة خارجية رابحة في المستقبل. وحين علم الحاكم الفارسي أن الوكيل في المجلس قرر الانتقال مع وكالته من البصرة إلى بوشهر - وهذا، بالمناسبة، قرار لم يكن لدى الوكيل الكثير من الأمل في أن يسمح الفرس بتنفيذه - سارعَ فأكَّد له أنه لن يكون، بعد الآن، افتئاتٌ على امتيازاته، وأقنعه، بالتالي، أن يبقى. لكنَّ موظفي الشركة وجدوا أنهم باتوا الآن سجناء، بشكل فعلي، في البصرة، وانه لم يكن هناك أمل كبير في تمكنهم من مزاولة العمل التجاري بنجاح هناك ما دامت البصرة في حوزة الفرس. ويظهر هذا في ملاحظة للوكيل مفادها أن «السعي لإقناعهم بأن القوة تتنافى مع التجارة، ولا سيما في ما يتعلق بنا، كان يمكن أن ينجح في السابق، لكنه سيكون الآن بالقدر نفسه من الصعوبة، لو أننا حاولنا إقناعهم بهشاشة معتقدهم».

في ٣١ يناير ١٧٧٧، تأزمت الأمور بسبب عمل مثير للاستياء الشديد ارتُكب بحق الخوجا يعقوب، المصرفي اليهودي الرئيسي في البصرة، الذي كان يعمل، أيضاً، سمساراً للوكالة البريطانية: فقد اعتقله الفرس في منزله، هو والنساء وأفراد آخرون من أسرته، وأجبروه بالضرب المتكرر، الذي حضر بعضه شخصياً علي محمد خان، خليفة صادق خان، أجبروه على توقيع سند بقيمة ٦٠٠٠ تومان. وقد رُفضت مقابلة مترجم الممثلية الذي أُرسل لطلب تفسير تلك الإجراءات. وقد اعتصم الوكيل وموظفوه في الوكالة، وأوقفوا التعامل مع المسؤولين المحليين، بعدما بعثوا، عن طريق بو شهر، برسالة شكوى موجهة إلى كريم خان. وسبّب إغلاق الوكالة البريطانية هياجاً في المدينة، اضطر الفرس معه إلى مضاعفة الحراس على بواباتها، للحيلولة دون نزوحٍ شاملٍ للسكان. أما المبلغ الذي نجحوا في ابتزازه من الخوجا يعقوب، فقد كان أقل بكثير مما كانوا يتوقعون، على الرغم من كل العنف الذي مارسوه معه. وقد بدأوا يتوجسون من تكدير كريم خان. وفي النهاية، وبعد أن تجاهل الوكيل تلميحات عديدة إلى ضرورة القيام بزيارة علي محمد خان والسعي للتصالح معه، جاء ضابطان من كبار ضباط علي محمد خان إلى الوكالة، ليقترحا عليه زيارة الخان،

merchants who had taken refuge in the Factory - a proceeding which was regarded by the British as a grave violation of their im-munities - the tension became acute. The Persians were well aware that the presence of the British Factory was advantageous to them because it lent importance to Basrah, encouraged the inhabitants to remain there instead of emigrating, and gave ground for expecting a profitable foreign commerce in the future; and the Persian governor, on learning that the Agent in Council had resolved to withdraw with his establishment from Basrah to Būshehr - a resolution which, by the way, he had little expectation of being allowed by the Persians to carry into effect - made haste to assure him that there should be no further encroachment on his privileges, and so prevailed on him to stay. The Company's employés, however, found that they were now practically prisoners at Basrah; and that there was not much hope of their being able to do business successfully there so long as the Persians continued in possession is shown by a remark of the Agent that 'to endeavour to convince' them that force is incompatible with commerce, especially in regard 'to us, might have succeeded formerly, but would not be as difficult 'as to endeavour to convince them of the absurdity of their religion.'

On the 31st January 1777 matters came to a crisis with an outrage on Khōjah Ya'qūb, the principal Jewish banker at Basrah, who was also broker to the British Factory; he was seized by the Persians at his own house, along with the women and other members of his family, and was compelled by repeated beatings, at some of which 'Ali Muhammad Khān, the acting substitute or successor of Sādiq Khān, was present in person, to sign a bond for 6,000 Tūmāns. The Agency Linguist, who was sent to demand an explanation of these proceedings, was refused an audience; and the Agent and his staff, after a letter of complaint addressed to Karīm Khān had been despatched by way of Būshehr, shut themselves up in the Factory and discontinued their intercourse with the local officials. The closing of the British Factory caused such a commotion in the town that the Persians were obliged to double the guards upon the gates in order to prevent a general exodus of the people; the amount which they succeeded in extorting from Khōjah Ya'qūb fell far short, notwithstanding all their severities, of what they had expected; they began to be apprehensive of the displeasure of Karīm Khān; and in the end after the Agent had ignored a number of hints that he should wait on 'Ali Muhammad Khān and seek a reconciliation with him, two of the latter's principal officers appeared at the Factory to suggest that Mr.

لتسوية كل شيء ودياً.

مارس ١٧٧٧

بيد أن الوكيل رفض الموافقة على هذا الاقتراح. وفي ١٧ مارس، جرى إرضاؤه عن طريق رسالة ودية جداً تلقاها من كريم خان، مرفقة بفرمان يتضمن أمراً قاطعاً لعلي محمد خان بالامتناع عن السلوك الذي يشكو منه البريطانيون في البصرة، ومعاملتهم بأقصى درجات المراعاة. أما الرسالة بالذات، كما تُرجمت في ذلك الحين، فكانت بالصيغة التالية:

لقد تلقيت عريضتكم، وتفهمتُ كل ما كتبتموه بشأن الوضع في البصرة. لقد كنتُ دائماً، وما أزالُ، أكنُّ عظيم الاحترام للأمة الإنجليزية، وأنا أعلم أنهم يكنّون لي الاحترام نفسه، فلطالما خبرتُ صداقتهم لي. وقد كتبتُ للتو فرماناً إلى علي محمد خان، حاكم البصرة، آمره فيه بأن يتصرّف معكم ومع شعبكم بطريقة تبعث على رضاكم التام، بحيث يتجلى ذلك في مزاولتكم لأعمالكم، أنتم ورعاياكم. وقد أمرتُ بألا يضايقهم أحد بأي شكلٍ، مهما يكن، وبأن يتصرف الجميع نحوهم تصرفاً يمكّنهم من مواصلة أعمالهم بما يرضيهم. كما أنني كتبتُ فرماناً بشأن اليهود والأرمن في البصرة، يتضمن أمراً بمعاملتهم معاملة حسنة، وبألا يؤخذ منهم فلس* واحد، ما عدا ضريبة الرأس، وبأنه إذا أراد أحد اليهود أو الأرمن أن يذهب إلى أي مكان في الخليج للتجارة، فينبغي أن تكون له حرية القيام بذلك، بمعرفة الخوجا يعقوب أو الخوجا أراتون. هذه الأوامر التي وجّهتُها الى علي محمد خان، ينبغي أن يطيعها. وإنني أرغب في أن تكونوا على ثقة دائماً بأن صداقتي لكم عظيمة جداً.

في يونيو ١٧٧٧، أصدر كريم خان فرماناً جديداً، بناءً على طلب المستر لاتوش، جرى تسلّمه في البصرة، يطلب فيه إلى علي محمد خان جباية رسوم الاستيراد والتصدير التي تفرض على السلع البريطانية هناك، بالنسب نفسها التي كانت معتمدة خلال متسلمية سليمان آغا، والسماح لتجار البصرة اليهود والأرمن بمغادرة ديارهم لمزاولة التجارة، عندما يَطلب المقيمُ البريطاني الإذنَ نيابةً عنهم.

في نوفمبر ١٧٧٧، سطا اللصوص على الوكالة، بالتواطؤ مع علي محمد خان. لكن السلع المسروقة أُعيدت، فيما بعد، خوفاً من غضب الوكيل.

---

* بما معناه «فلوس» جمع كلمة فلس.

١٧٣

Latouche should visit the Khān, when everything might be amicably arranged.

March 1777

The Agent, however, declined to accede to this proposal; and on the 17th of March he was gratified by receiving a very friendly letter from Karīm Khān, accompanied by a Farmān in which 'Ali Muhammad Khān was peremptorily ordered to refrain from the conduct of which the British at Basrah complained, and to treat them with the utmost consideration. The letter itself, as translated at the time, was in these terms:

I have received your petition; and everything that you wrote concerning the situation of Bussora I have understood. I have always had, and still have, the greatest regard for the English nation; and I know they have the same regard towards me. I have always experienced their friendship towards me. I have now wrote a Phirmaund to Ally Mahomet Caun, Governor of Bussora, and have ordered him to behave in such a manner towards you and your people that you may be entirely contented and carry on your business to your satisfaction, both you and the people that are under you. I have ordered that no person whatever shall molest them in any shape - that everyone shall behave towards them so that they may be free to carry on their business to their satisfaction. I have also wrote a Phirmaund regarding the Jews and Armenians at Bussora, ordering that they shall be well treated; that, except the head-money, not a Fluce* shall be taken from them; and that, if any of the Jews or Armenians want to go to any part of the Gulph for the sake of trade, they shall have liberty to do so with the knowledge of Coja Yacoob or Coja Aratoon. These orders which I have given Ally Mahomet Caun must be obeyed by him; and I desire that you will always depend that my friendship towards you is very great.

In June 1777 a fresh Farmān issued by Karīm Khān at the request of Mr. Latouche was received at Basrah, by which 'Ali Muhammad Khān was required to collect the export and import duties on British goods there at precisely the same rates as had prevailed during the Mutasallimate of Sulaimān Āgha, and to allow the Jewish and Armenian merchants of Basrah to leave home for trade, when permission was requested on their behalf by the British Resident.

In November 1777 the Factory was broken into by thieves with the connivance of 'Ali Muhammad Khān; but the goods taken from it were afterwards restored from fear of the Vakīl's anger.

---

*That is "Fulus", plural of Fals, farthing.

كان ما تقدّم ذكره وقائع مستقاة من مصادر رسمية. لكن يوميات العقيد ج. كابر، الذي زارالبصرة في نهاية عام ١٧٧٨، تُلقي ضوءاً إضافياً على علاقات الفرس، خلال احتلالهم البصرة، بسكان المدينة نفسها، أو بالعرب في البلاد المحيطة.

ويبدو أن الحامية الفارسية في البصرة كانت تضم في البدء حوالي ٧٥٠٠ رجل. ونتيجةً لتقلبات الطاعون، وللحرب، والندرة التي مرت بها المدينة مؤخراً، كان السكانُ قليلي العدد، واهني القوى إلى حد لا يشكلون معه خطراً على فاتحيها. أما الحاكم الفارسي، أو نائب الحاكم، علي محمد خان، الذي لم يكُن إلاّ شاذاً جبل على الرذيلة والوحشية، فقد تظاهر بالاعتدال في بادىء الأمر. لكنه سرعان ما أرخى العنان لغرائزه الطبيعية. ومنذ ذلك الحين فصاعداً، لم ينجُ من شرّه، لا شرف المواطنين الأكثر مسالمة ولا أرواحهم. ولم تقتصر إساءاته البالغة على الأفراد: فذات ليلة، «وفي نوبةٍ من السكر»، قام بغارة مفاجئة، انطلاقاً من البصرة، على الزبير، فأحرق المكان وقتل عدداً من السكان. ثم انتقل إلى قريةٍ كويبدة، التي تبعدُ أميالاً قليلة عن الزبير، على طريق القوافل إلى حلب، وفعل بها الشيء نفسه، وقفل عائداً إلى البصرة. إلا أن ثامر، شيخ المنتفق، نجح في استدراج قوة فارسية من البصرة إلى أرضٍ يحيط بها مجرى مائي شمالاً، وشطٌ العرب شرقاً، وخليجٌ صغيرٌ جنوباً، في منطقة تبعد عن المدينة حوالي ١٧ ميلاً، حيثُ أُنزلت الهزيمة بأفراد هذه القوة، وأُبيدوا عن بكرة أبيهم، على أيدي عدد كبير من عرب المنتفق الذين كمنوا لهم في مكان مجاور. وقد كان علي محمد خان نفسه بين القتلى. ويمكن أن نستنتج من هذه الحوادث، أن الفرس كانوا بالكاد يسيطرون سيطرة فعلية، بل لا سيطرة لهم، مطلقاً، على شيءٍ خارج أسوار مدينة البصرة.

ويقول العقيد كاپر، (الذي وصل إلى البصرة قادماً من حلب في ١٨ ديسمبر ١٧٧٨، وشاهد صادق خان يدخل المدينة ومعه حوالي ٤,٠٠٠ فارس في ٢٤ منه، ثم غادر إلى بومباي في ٣٠ منه)، يقول: إنه وجد المكان غارقاً في الكآبة. وفي يوم وصوله، بدا أن عدد السكان لم يكن يزيد على ٦,٠٠٠ نسمة، بمن فيهم أفراد القوة الفارسية. «وكانت الشوارع الرئيسية أشبه بالمدافن، يكاد يفصل القبر عن الآخر ثلاثة أقدام (هكذا)».

وقد لاحظ الرحّالة أن الوكيل البريطاني كان يلقى، وهو يمر في الشوارع، احتراماً عظيماً من جانب السكان العرب القلائل الباقين. واكتشف أن ذلك يعودُ إلى عطف المستر لاتوش وسخائه: إذ عمد، بعد إخضاع المدينة، إلى إعتاق عرب عديدين من العبودية وإرسالهم إلى أصدقائهم في الريف.

The foregoing are the facts derivable from official sources; but additional light is thrown by the journal of Colonel J. Capper, who visited Basrah at the end of 1778, on the relations of the Persians, during their occupation of Basrah, both with the inhabitants of the town itself and with the Arabs of the surrounding country.

The Persian garrison of Basrah seems to have consisted in the beginning of about 7,500 men; and the inhabitants were too few and too feeble, in consequence of the vicissitudes of plague, war, and scarcity through which the town had lately passed, to be dangerous to their conquerors. The Persian Governor or Deputy-Governor 'Ali Muhammad Khān, who was a monster of vice and cruelty, at first affected moderation; but he soon gave rein to his natural instincts, and thence-forward neither the honour nor the lives of the most inoffensive citizens were safe from him. His outrages were not confined to individuals. One night, 'in a fit of drunkenness,' he made a sudden raid from Basrah upon Zubair, burned the place, and massacred a number of the inhabitants; then proceeding to the village of Kuwaibdah, which lay at a few miles distance from Zubair upon the caravan route to Aleppo, he treated it similarly, and returned to Basrah. After this, however, Thāmir, the Muntafik Shaikh, succeeded in drawing a Persian force from Basrah into ground enclosed by a water course on the north, the Shatt-al-`Arab on the east and creek on the south, at a place about 17 miles from the town; and here they were overwhelmed and destroyed to the last man by a large gathering of Muntafik who were lying in wait for them near by, 'Ali Muhammad Khān himself being among the slain. From these incidents it may be deduced that the Persians held effective possession of little or nothing outside the walls of the town of Basrah.

Colonel Capper (who reached Basrah from Aleppo on the 18th of December 1778, saw Sādiq Khān enter the town with about 4,000 horse on the 24th, and left for Bombay on the 30th) found the place plunged in gloom; on the day of his arrival it did not appear to contain more than 6,000 inhabitants, Persian troops included; and 'the principal streets were like a burying ground, with scarcely a space of 3 feet between (sic) each grave.'

The traveller observed that the British Agent, as he passed through the streets, was received with great respect by the few remaining Arab inhabitants; and this he discovered to be due to the kindliness and generosity of Mr. Latouche, who after the reduction of the town had redeemed many Arabs from slavery and sent them to their friends in the country.

اقتراح بإلغاء الوكالة البريطانية في البصرة وتقليصها إلى مقيمية، ١٧٧٧ - ١٧٧٨

حين علم مجلس مديري شركة الهند الشرقية في لندن بالضيق الذي آلت إليه حال موظفيهم في البصرة، شتاء ١٧٧٦ - ١٧٧٧، أمر حكومة بومباي باتخاذ الترتيبات لإلغاء الوكالة. وأوصى، كوسيلة لفعلِ ذلك دونَ تعريض الموظفين أو أملاك الشركة لأي مخاطر، أوصى بالحصول على إذن من كريم خان أولاً، بنقل الوكالة إلى بوشهر، على أن يجري، فيما بعد، إنقاص عدد العاملين في المؤسسة في بوشهر، حتى يقتصر على مستخدم أوروبي واحد، وألا تُجاوز قيمة المخزون فيها أبداً ١٠,٠٠٠ روبية. وإذا استعاد الأتراك البصرة، فسيُسمح بإرسالِ مقيم إلى هناك، ولكن ليس دون موافقة مسبقة منهم.

ولا شك أن تكون حكومة بومباي قد ترددت في الانصياع لتلك الأوامر، المؤرخة في الرابع من يوليو ١٧٧٧، والتي لم تصل إلى الهند إلا في ٣٠ ابريل ١٧٧٨، إذْ لم تُتَّخَذْ خطوات لتنفيذها قبل شهر أغسطس من ذلك العام. ففي ذلك الحين، برز احتمال نشوب الحرب مع فرنسا، فقررت حكومة بومباي الاحتفاظ بمقيم هناك، لأنها فكرت أنَّ ثمة حاجة، في حالة الحرب، لوجود ممثلٍ مًا في البصرة، لإيصال الرسائل المتبادلة بين أوروبا والهند. أما الاعتبار الآخر الذي كانت متأثرة به، فكان: أن أحداً لن يكون حاضراً للاهتمام بمصالح الشركة وموجوداتها إذا بقي موظف واحد في الخليج، وتعرض هذا الموظف لحادثٍ مًا. لذلك عرضت تعيين المستر لاتوش مقيماً، وأصدرت، في الوقت ذاته، الأوامر إلى مساعديه، المستر أبراهام والمستر جولي، وإلى الطبيب الجراح، المستر روبنسون، بالعودة فوراً إلى الهند على متن السفينة «إيجل». كما صدرت الأوامر أيضاً بنقل المخزون التجاري في البصرة إلى بوشهر، ومن هناك إلى الهند.

وقد شكر المستر لاتوش، في جوابه، حكومةَ بومباي على التكريم الذي أنعمت به عليه بتعيينه مقيماً. لكنه أبطأ في إطاعة أوامر رؤسائه بشأن خفض عدد العاملين معه، مثلما أبطأ أولئك الرؤساء أنفسهم، في تنفيذ مقاصد مجلس المديرين، وإن بدرجة معدّلة. وفي ٢٥ ابريل ١٧٧٩، وكان الاحتلال الفارسي للبصرة قد زال، كان المستر ابراهام والطبيب الجرّاح ما يزالان مع المقيم في البصرة.

Proposed abolition of the British Agency at Basrah and its reduction, to a Residency, 1777-78

When the Court of Directors of the East India Company in London became aware of the straits to which their servants at Basrah had been reduced during the winter of 1776 - 77 they ordered the Government of Bombay to arrange for the abolition of the Agency. They recommended, as a means of doing this without risk to the servants or property of the Company, that leave should first be obtained from Karīm Khān for removing the Agency to Būshehr, and that thereafter the establishement at Būshehr should be reduced to a single European employé, the stock in whose charge was never to exceed Rs. 10,000 in value. Should the Turks recover Basrah, however, they would permit a Resident to be sent there, but not without previous sanction from themselves.

The Bombay Government must have hesitated to comply with these orders, which were dated 4th July 1777, but did not reach India till the 30th April 1778, for no steps were taken to execute them before August of the latter year. By that time a prospect of war with France had arisen; and the Government of Bombay, as they thought that in case of hostilities it would be necessary to have a representative of some kind at Basrah for forwarding despatches between Europe and India, decided to retain a Resident there. Another consideration by which they were influenced was that, if only one employé remained in the Gulf, there would be no one at hand, in case of an accident befalling him, to take charge of the Company's interests and effects. Accordingly they offered the appointment of Resident to Mr. Latouche, at the same time directing his assistants, Messrs. Abraham and Galley, as well as the Surgeon, Mr. Robinson, to return to India immediately in the 'Eagle'; and the mercantile stock at Basrah was at the same time ordered to be removed to Būshehr, and thence to India.

Mr. Latouche, in his reply, thanked the Bombay Government for the honour that they had done him in appointing him Resident; but he was as slow to obey the orders of his superiors in regard to the reduction of his staff as those superiors had themselves been in giving effect, in a modified degree, to the intentions of the Court of Directors. On the 25th of April 1779, by which time the Persian occupation of Basrah had ceased, Mr. Abraham and the Surgeon were still with the Resident at Basrah.

التجارة البريطانية في البصرة خلال الاحتلال الفارسي، ١٧٧٦ - ١٧٧٩

حين انتقلت البصرة إلى أيدي الفرس، تقلّصت التجارة الخاصة التي كان يزاولها الأوروبيون هناك، إلى نقطة الاختفاء تقريباً. ولم تظهر عليها، مع مرور الوقت، علامات استعادة العافية. أما أنواع السلع الوحيدة تقريباً، التي بقيت تُستورد، فكانت البنّ والسلع الثقيلة، من مسقط وبو شهر، وبالات المنسوجات، بكميات قليلة، من سورات. وقد سببت حالة الأمور هذه مضايقةً جدية للمقيم، الذي كان يقبض، علاوة على راتبه، رسماً قنصلياً مقداره ١٪ على واردات الأوروبيين. وقد بلغ دخله، عام ١٧٧٧، من هذا المصدر ما يزيد على ٢٠٠ روبية بقليل، بل كان متوقعاً أن يقل عن هذا المبلغ في السنة التالية. ونظراً للظروف الاستثنائية، طلب المستر لاتوش إلى حكومة بومباي، في نهاية عام ١٧٧٨، أن تتلطف فتلغي رسم الـ٣٪ الجمركي، الذي كانت تفرضه الشركة في البصرة على السلع التي يستوردها شخصياً. ولكي يعزز قضيته، ذكّرها أن عليه دفع ضريبة استيراد بنسبة* ٨٪ للفرس، عن كل السلع المستوردة إلى البصرة، فضلاً عن رسم تصدير مقداره ٦٪ يُدفع للشركة عن البضائع القادمة من سورات. وأضاف أنه، لما كان التجار الوطنيون يستطيعون، ببعض الطرق، أن ينزلوا بضائعهم في البصرة، بدفع رسوم جمركية تقل عن ٨٪، ففي وسعهم أن يتحملوا البيع بأرخص مما يبيع هو في السوق المحلية. لكن نتيجة هذا الطلب ليست مسجلة. ويقال إنه حوالي نهاية الاحتلال الفارسي، عُقدت بعض الصفقات التجارية المرضية في البصرة على الأقمشة المستوردة. لكنَّ الغياب المستمر للعديد من التجار، وندرة العملة المعدنية، الناجمين عن الإجراءات التي اتخذها الفرس، حالا دون القيام بعمليات واسعة.

حادثة لبريد الصحراء، ١٧٧٨

إبان احتلال الفرس للبصرة، كان البريد البرّي البريطاني إلى حلب يرسل لفترة من الزمن، من الكويت بدلاً من الزبير، كما كان الأمر في السابق. ولم يكن الترتيب الجديد مرضياً تماماً، إذ لم يكن في الإمكان ممارسة رقابة دقيقة على السّعاة، كما كانت الحال حين كانوا رعايا أتراكاً يبدأون رحلاتهم وينهونها في مدينة تركية. وقد زاد من الصعوبات، التي كان يلقاها المقيم، حالة الاضطراب التي كانت سائدة في الصحراء نهاية عام ١٧٧٨. ففي إحدى المناسبات، وحوالي ديسمبر ١٧٧٨ أو يناير ١٧٧٩، تعرّض سعاة البريد، أثناء

* ليس واضحاً لماذا كان عليه أن يدفع ٨٪، إذ أن كريم خان كان، قبل سنة ونصف السنة، قد أمر الحاكم بألاّ يتقاضى رسوماً جمركية من البريطانيين بنسبة أعلى من النسبة التي كان يفرضها على الأتراك، أي ٣٪. انظر ص ١٧٣.

British trade at Basrah during the Persian occupation, 1776-79

When Basrah passed into the hands of the Persians, the private trade carried on there by Europeans declined almost to vanishing point; nor did it, with the lapse of time, show many signs of recovery. Almost the only kinds of merchandise that continued to be imported were coffee and other 'gruff' or heavy goods from Masqat and Būshehr and a few piece-goods from Sūrat. This state of matters occasioned serious inconvenience to the Resident, who received, as a supplement to his pay, consulage at the rate of 1 per cent. on imports by Europeans: in 1777 his income from this source amounted to little more than Rs. 200, and in 1778 it was expected even to fall short of that sum. Mr. Latouche, in view of the exceptional circumstances, requested the Government of Bombay at the end of 1778 to be so good as to remit the customs, at the rate of 3 per cent, which were levied by the Company at Basrah on goods privately imported by him. To strengthen his case, he reminded them that he had to pay an import duty at the rate* of 8 per cent to the Persians on all goods brought to Basrah, as well as an export duty of 6 per cent to the Company in the case of merchandise from Sūrat; and he added that, as native merchants were able by some means to land their goods at Basrah on payment of less than 8 per cent as customs, they could afford to undersell him in the local market. The result of this application is not recorded. Towards the end of the Persian occupation some not unsatisfactory business is said to have been done at Basrah in imported cloth, but the continued absence of many of the merchants and scarcity of specie due to the proceedings of the Persians prevented large operations.

Accident to the Desert Mail, 1778

During the Persian occupation of Basrah the British overland mail to Aleppo was for a time despatched from Kuwait instead of from Zubair as formerly. The new arrangement was not altogether satisfactory, as it was not possible to exercise so strict a control over the messengers as when they were Turkish subjects and began or ended their journeys at a Turkish town; and the difficulties of the Resident were increased by unrest which prevailed in the desert at the end of 1778. On one occasion, about December 1778 or January 1779, the messengers were attacked by Bedouins on their way and reported at

---

*Why he should have had to pay 8 per cent is not clear, for Karīm Khān had, a year and a half previously, ordered the Governor not to take Customs from the British at a higher rate than that in force under the Turks, viz., 3 per cent. See page 173 ante.

سفرهم، لهجوم شنه البدو، وأبلغوا في بغداد أن البريد والجمال التي كانت معهم، وحتى ثيابهم، قد سُرقت. لكن بُعِث بنسخ ثانية من الرسائل بعد ١٩ يوماً، فوصلت إلى حلب بسلام. وقيل في البصرة إن رزم الرسائل الأصلية المفقودة قد وقعت في أيدي عربٍ آخرين أوصلوها إلى الوجهة المرسلة إليها.

مقتل المستر هير

من المرجح أنه في هذه الفترة نفسها، وحين كانت هيبة الحكومة التركية ضعيفة لدى العرب، تعرّض للسلب المستر هير، وهو نبيل إنجليزي من البنغال، وقُتل بالقرب من لملوم على نهر الفرات.

القنصلية الفرنسية في البصرة

في تلك الفترة تقريباً، كان المسيو روسو هو القنصل الفرنسي في البصرة، وهو الذي يُذكر، بوجهٍ خاص، لتقاعسه عن مساعدة ضابط فرنسي شاب، هو المسيو بوريل دو بورج، الذي كان في عام ١٧٧٨ - ١٧٧٩، مسافراً إلى الشرق وكان يحمل رسائل، فهاجمه، في البدء، عربٌ، في الصحراء، وجرحوه، ثم اعتقله البريطانيون في الكويت.

الأتراك يستعيدون البصرة، ١٧٧٩

شائعات ومفاوضات، ١٧٧٦ - ١٧٧٨

كان احتلال الفرس للبصرة مشروعاً شاقّاً لم يكسبوا منه شيئاً. وقد وصل إلى نهايته في وقت مبكر من عام ١٧٧٩. ولم تكن الحكومة التركية تعتبر خسارة هذا المكان خسارة نهائية، وكانت، بين الحين والآخر، تثيرُ قلقَ الغزاة، تقاريرُ عن استعدادات حربية من جانب الأتراك. وفي سبتمبر ١٧٧٦، ومع أن التجارة بين بغداد وشيراز بقيت قائمة، فقد قيل إن عبد الله، باشا بغداد، قد تلقّى دعماً مالياً كبيراً من الباب العالي، وبات على وشك مهاجمة الفرس. وحوالي مايو ١٧٧٧، كان سكان المدينة البائسة يترقبون، بغبطة، تحركاً تركياً فورياً لاستعادة البصرة، في حين كانت ثمة توقعات أيضاً بغزوٍ تركي لفارس من أكثر من طريق واحد. لكن أيّاً من هذه التوقعات لم يتحقّق. وفي يناير ١٧٧٨، أُكدت في البصرة، أنباء عن مفاوضات الصلح، بين بلاد فارس وتركيا، تجري في شيراز. لكن، حتى تاريخ وفاة كريم خان في الثاني من مارس ١٧٧٩، لم تكن المناقشات قد أثّرت، بأي شكل، على الوضع في البصرة.

Baghdād that they had been robbed of the mails, of their camels, and even of their clothes; but a duplicate set of the correspondence, which followed 19 days later, reached Aleppo in safety; and it was stated at Basrah that the lost packet of originals had meanwhile come into the hands of other Arabs, who had conveyed it to its destination.

Murder of Mr. Hare

It was probably at this same period, while the prestige of the Turkish Government with the Arabs was low, that Mr. Hare, an English gentleman from Bengal, was robbed and murdered near Lāmlūm upon the Euphrates.

The French Consulate at Basrah

The French Consul at Basrah about this time was a M. Rousseau remembered chiefly on account of his negligence in not assisting a young French officer, M. Borel du Bourg, who in travelling to the East with despatches in 1778-79 was first attacked and wounded by Arabs in the desert and then captured by the British at Kuwait.

Recovery of Basrah by the Turks, 1779

Rumours and negotiations, 1776-1778

The occupation of Basrah was for the Persians a burdensome and unprofitable enterprise; and early in 1779 it came to an end. The Turkish Government had never regarded the loss of the place as final, and from time to time the invaders were made anxious by reports of warlike preparations on the part of the Turks. In September 1776, though trade between Baghdād and Shīrāz remained open, it was stated that 'Abdullah, Pasha of Baghdād, had received a large supply of money from the Porte and was about to attack the Persians; and about May 1777 an immediate movement by the Turks for the recovery of Basrah was anticipated with pleasure by the inhabitants of the unfortunate town, while a Turkish invasion of Persia by more than one route was also predicted; but neither of these expectations was realised. In January 1778 it was asserted at Basrah, and in the following month the news was confirmed, that negotiations for a peace between Persia and Turkey were in progress at Shīrāz; but up to the time of Karīm Khān's death, on the 2nd of March 1779, the discussions had not in any way affected the situation at Basrah.

جلاء صادق خان طوعاً عن البصرة، ١٩ مارس ١٧٧٩

أحدثت المصلحة الخاصة في نهاية المطاف تغييراً فشلت اعتبارات المصلحة العامة في إحداثه. ففي ١٦ مارس ١٧٧٩، أو حوالي ذلك التاريخ، أرسل صادق خان في طلب الشيخ درويش، والملاّ أحمد، سكرتير متسلّم البصرة التركي السابق، لأنه، نتيجة وفاة الوكيل، كان على وشك المغادرة إلى شيراز، مع كامل الحامية الفارسية، ولأنه ينوي أن يعهد إليهما في حكم المدينة، بانتظار عودة سليمان آغا، الذي سيعمل على إطلاق سراحه من الأسر في بلاد فارس، وأنه في حال رفضهما، سيُسلّم المدينة إلى شيخ بني كعب. وبعد أن استشار الرجلان، المشار إليهما، المستر لاتوش والمستر أبراهام، وحصلا منهما على قرض بقيمة ٦٠٠ تومان، للنفقات الإدارية، وافقا على القبول بهذه المسؤولية. وفي ١٩ مارس، غادر صادق خان المدينة مع مَنْ تبقّى من قواته، وعبر إلى ضفة شط العرب الشمالية. وفي اليوم التالي، قامت سفن الأسطول الفارسي في البصرة، التي كانت مؤلفة من عمارات ريك وجنافة وبو شهر، قامت بالمغادرة إلى موانىء بلادها. ورغم التخوّف من هجوم يشنه عليها بنو كعب، خلال مرورها مع مجرى النهر، وصلت إلى الخليج بسلام. وفي ٢٤ مارس، ظهرت أربعٌ من سفن الجاليڤات تخص قبيلة بني كعب، مقابل البصرة وجرت المطالبة بأشياء مختلفة قيل إن الفرس تركوها وراءهم. لكن عدداً من رجال قبيلةالمنتفق، التي التمست حكومة البصرة المؤقتة مساعدتها، كانوا قد أصبحوا في المدينة. وفي اليوم التالي، وصل إليها شخصياً ثامر، أحد شيوخهم. وهكذا اضطر الزائرون «أن يكتفوا بإحدى السلاسل التي كان يملكها الشوب، وبثلاثة مدافع أو أربعة وجدوها في جور ديلان، وهو حصن على ضفة النهر الأخرى بمواجهة المدينة كان صادق خان قد عمل على إصلاحه منذ وصوله للمرة الأخيرة من شيراز، بهدف تأمين انسحابه، لأن حياة الوكيل كانت آنذاك غير ثابتةٍ على حال».

وضع المقيمية البريطانية إبان الجلاء

قام صادق خان، لدى مغادرته، بمنح كل عضو من أعضاء الوكالة البريطانية، خِلْعَةً تكريمية، وقدّم إلى المقيم، فضلاً عن ذلك، «جواداً مع لوازمه». كذلك سلّم إلى المقيمية بين ٤٠٠ مكيال و ٥٠٠، زنة كل منها ٤٠ إرْدَبّاً من التمر، سداداً لجزء من دين قيمته ١٧٠٠ تومان، ثمن أقمشة جلبها علي محمد خان لنفسه إبان حكمه للبصرة. وعمل على إعادة شقيقة زوجة مترجم الوكالة إلى المقيم، وكان قد أخذها عنوة من بيت أهلها ضابط نافذ في جيشه وكان يعد لخطفها إلى بلاد فارس. وقد وجد ممثلو شركة الهند الشرقية أنفسهم مضطرين،

Spontaneous evacuation of Basrah by Sādiq Khan, 19th March 1779

Private interest in the end brought about the change which considerations of public interest had failed to effect. On or about the 16th of March 1779 Sādiq Khān sent for Sheikh Darwīsh and Mulla Ahmad, the secretary of the former Turkish Mutasallim of Basrah, and informed them that, in consequence of the death of the Vakīl, he was about to leave for Shīrāz with the whole Persian garrison; that he proposed, pending the return of Sulaimān Āgha, whom he would cause to be release from captivity in Persia, to entrust the government of the town to themselves; but that, if they refused, he would make it over to the; Ka'ab Shaikh. The persons in question, after consulting Messrs. Latouche and Abraham and obtaining from them a loan of 600 Tūmāns for administrative expenses, agreed to accept the charge; and on the 19th of March Sādiq Khān left, the town with the last of his troops and crossed to the left bank of the Shatt-al-'Arab. On the following day the ships of the Persian fleet at Basrah, which was composed of squadrons from Rīg, Ganāveh and Būshehr, left for their home ports; and, notwithstanding fears of an attack being made on them by the Ka'ab while they were passing down the river, they reached the Persian Gulf in safety. On the 24th of March four Ka'ab Gallivats appeared off Basrah, and a demand was made for various articles said to have been left behind by the Persians; but some of the Muntafik tribe, whose help had been solicited by the temporary Government of Basrah, were already in the town; and on the following day one of their Shaikhs, Thāmir, arrived in person. The visitors accordingly `contented themselves with receiving one of the chains `which belonged to the Chaub, and with three or four guns which they found at Goordilan, a fort on the other side of the river, and opposite to the town, and which Sadoo Caun had been employed in repairing ever since his last arrival from Shyras, in order to secure his retreat, as the Vackeel's life was at that time very uncertain.'

Position of the British Residency at the evacuation

Sādiq Khān at his departure invested each member of the British Factory with a robe of honour, presenting the Resident in addition with 'an horse and furniture'; he delivered over to the Residency between 400 and 500 Kārehs of dates in part payment of a debt of 1,700 Tūmāns for cloth, incurred by 'Ali Muhammad Khān during his government of Basrah; and he caused to be sent back to the Resident the sister-in-law of the Factory Linguist, whom an influential officer in his army had carried off by force from her parents' house and was preparing to abduct with him to Persia. The East India Company's

بالمقابل، إلى تقديم ٣٠٠ تومان إلى صادق خان بمثابة هدية. لكن، باستثناء هدية للشيخ ثامر، والقرض الذي سبقت الإشارة اليه، الذي مُنح للإدارة المؤقتة، يبدو أن الهدية لصادق خان كانت الإنفاقَ غير العادي الوحيد الذي أجبروا عليه بسبب تغيير الحكومة. وما لبثوا أن نظروا إلى الوضع، ككل، بالكثير من الرضى. ولقد أسدوا خدمةً لسليمان آغا إبّان سجنه في فارس، إذ كانوا يتوقعون إعادته الى منصبه كمتسلّم. كما كانوا على علاقة طيبة بعرب البصرة وجوارها، الذين، بواسطتهم، وبمشاركة شيخ عرب المنتفق، أُعتق عدد منهم من العبودية. كذلك نمّوا علاقات ودية إبان الاحتلال الفارسي، مع أهالي ريك وجنافة وبو شهر. حتى شيخ بني كعب قد جدّد، في تلك الفترة، تأكيداته لما يكنّه لهم من صداقة، «وسلمهم مركباً، كان المقيم البريطاني في بو شهر قد أرسله حاملاً نبأ وفاة الوكيل، فضلاً عن خمس رُزَم من البن كانت مرسلة من المقيم إلى المستر لاتوش».

عودة سليمان آغا من بلاد فارس

رجع في الحال، من شيراز، المتسلّم التركي السابق، سليمان آغا، بعد أن أُطلق سراحه، بطلب من المقيم البريطاني في البصرة طبقاً لأحد المصادر. وكان يرافقه الأعيان الذين شاركوه الإبعاد والمنفى، ومن بينهم الخوجا يعقوب، المصرفي المهم، الذي سبقت الإشارة إليه. وقد اصطحب معه خادماً يدعى أحمد كان في الأصل سائساً للخيل. لكن كان قدره أن يرتقي، بفضل محاباة سيده، وبفضل جدارته بالذات، إلى أرفع منصبٍ بعد الباشا، في حكومة بغداد.

الأحداث منذ استعادة الأتراك للبصرة حتى تعيين سليمان في بشلكية بغداد، ١٧٧٩

تعيين سليمان لحكم البصرة، ١٧٧٩

عندما عاد سليمان آغا من بلاد فارس، وكان قد استحق ثناء الحكم التركي بسبب دفاعه العنيد عن البصرة، تلقّى رتبة باشا، وأعيد تعيينه في مسؤوليته السابقة، وربما في تبعية مباشرة للباب العالي، وليس، كما كان في السابق، معتمداً على باشا بغداد. وقد أعاد تعيين الخوجا يعقوب، الذي أمدّه بالمال إبان أسره، في منصبه السابق كمصرفي ومستشار مالي لحكومة البصرة. كما أنه، في الوقت عينه، رقّى خادمه أحمد، الذي كان قد لعب دور المفاوض بينه وبين اليهودي في صفقاتهم المالية، والذي تودد إلى الاثنين بشكل متساوٍ،

representatives found themselves obliged in return to make a present of 300 Tūmāns to Sādiq Khān; but this, apart from a gift to Shaikh Thāmir and a loan, already mentioned, to the temporary administration, seems to have been the only unusual expense to which they were subjected by the change of government; and the situation, as a whole, was regarded by them with much complacency. They had been of service, during his imprisonment in Persia, to Sulaimān Āgha, whose restoration to the Mutasallimate was now expected; they stood well with the Arabs of Basrah and its neighbourhood, a number of whom had been redeemed from slavery by their instrumentality, and with the Muntafik Shaikh; they had cultivated friendly relations, during the Persian occupation, with the people of Rīg, Ganāveh and Būshehr; and even the Ka'ab Shaikh, at this juncture, renewed his assurances of friendship 'and delivered up a boat which the Resident of Būshehr had despatched ... with news of the Vackeel's death, as also five bales of coffee which he was sending in her to Mr. Latouche.'

Return of Sulaimān Āgha from Persia

Sulaimān Āgha the former Turkish Mutasallim, presently returned from Shīrāz having been released, according to one authority, at the instance of the British Resident at Basrah. He was accompanied by the notables who had shared in his deportation and exile, among them Khōjah Ya'qūb, the important banker once before mentioned; and he brought back with him a servant named Ahmad, who had originally been a stable-boy, but who was destined to rise, by his master's favour and his own merit, to the highest post after that of Pāsha in the government of Baghdād.

Events from the recovery of Basrah by the Turks to the appointment of Sulaimān to the Pāshāliq of Baghdād, 1779

Appointment of Sulaimān to the Government of Basrah, 1779

On his return from Persia Sulaimān Āgha, who had deserved well of the Turkish Government by his stubborn defence of Basrah, received the rank of Pāsha and was reinvested with his former charge, possibly in direct subordination to the Porte and not as before in dependence on the Pāsha of Baghdād. He re-appointed Khōjah Ya'qub, who had supplied him with funds during his captivity, to his former position as banker and financial adviser to the government of Basrah; and at the same time he promoted his servant Ahmad, who had served as negotiator between him and the Jew in their money transactions, and had ingratiated himself equally with both, to be a

رقاه ليكون أحد أفراد حاشيته.

تعيين سليمان باشا لبشلكية بغداد، ١٧٧٩

إذا كان الانقسام قد وقع بين حكومة البصرة وحكومة بغداد لفترةٍ من الزمن، نتيجة ترقية سليمان إلى رتبة باشا السامية، فإن الصلات، لم تلبث طويلاً حتى عادت بينهما من جديد تحت إدارته الخاصة. ففي ٢٧ اكتوبر ١٧٧٩*، عمد الانكشاريون إلى خلع حسين، باشا بغداد، وأجبروه على مغادرة العاصمة. وأصبح سليمان باشا مرشحاً لتولي منصب البشلكية الشاغر، الذي سرعان ما حصل عليه، إلى حدٍّ كبير، نتيجة الدعم البريطاني، مع إذن بالإقامة في البصرة أو في بغداد، بحسب ما يراه أكثر ملاءمة. وقد أفاد أحمد من ترقية سيده، إذ رُفع إلى منصب مسؤولٍ، هو منصب المهردار، أو حارس ختم الباشا. لكن سليمان قد امتنع عن عمد، لبضع سنوات عن تعيين كيخيا أو وزير. وقد استدعى هذا الإغفال اعتراضاتٍ كثيرة من جانب الباب العالي، لأنه كان من الضروري أن يحظى ترشيح الباشا على موافقتهم التي لم تكن تعطى إلاّ مقابل هدايا ثمينة. وكان الجميع يتوقعون نتائج ميمونة من تعيين سليمان باشا مسؤولاً عن الولاية. ومع أنه كان يُشْتَفّ أن تجبره حالة الفوضى السائدة في المقاطعات الشمالية على زيارة بغداد، وأن يقتنع بالإقامة فيها نظراً لموقعها الذي يتوسط كامل مناطقه، فقد كان من المؤمَّل أن تضمن صلتُه السابقة بالبصرة، ويضمن اعتمادُ بغداد عليها في بعض النواحي، كما تبرهن بشكل واضح إبان الاحتلال الفارسي، أن تضمن لهذا الميناء، حصةً من الاهتمام الإداري، أكبر مما حازه في عهود أسلافه. أما وجهة النظر الواعدة للمستر لاتوش والمستر ابراهام، في يناير ١٧٨٠، فقد وُصف سليمان باشا من خلالها بالكلمات التالية: «على الإجمال، وبسبب ما هو معلوم عن مزاج سليمان باشا وتبصّره في الأمور وأيضاً بسبب الرأي العظيم الذي يكنه له شعبه بشكل عام، ليس فقط في بغداد والبصرة بل ايضاً في العديد من المناطق المجاورة، فإننا نثني على أنفسنا عند رؤية تلك البلدان بعد سنوات قليلة وقد أصبحت في حالة أفضل من الازدهار مما كانت عليه قبل المشاكل الأخيرة». وعادت الاتصالات ببغداد تنفتح من جديد، بعد أن كان قد قطعها وقتاً طويلاً عربُ بني خزعل (الخزاعل). وغدا سائر العرب، وليس

---

* لكن، وفقاً لما ورد في بردجز، كان الباشا الذي خلفه سليمان يدعى احمد، وقد أُعدم: (*Brief History of the Wahauby*، ص ١٨٧). ولعل احمد هذا، هو ذلك المدعو حمد الذي كان باشا عام ١٧٧٤ (انظر هامش ص ١٤٩). أما أوليفييه فيذكر أن اسم سلف سليمان في الولاية هو حسن، ويشير إلى أنه عزل لعدم كفاءته: (*Voyage*، المجلد الثاني، ص ٤٠٣).

member of his household staff.

Appointment of Sulaimān to the Pāshāliq of Baghdād, 1779

If, in consequence of Sulaimān's elevation to the dignity of Pāsha, the government of Basrah and Baghdād were for a time divided, it was not long before they were again combined, and that under his own administration. On the 27th October 1779* Husain, Pāsha of Baghdād, was deposed by Janissaries and obliged to quit the capital; and Sulaimān Pāsha became a candidate for the vacant Pāshāliq, which, largely in consequence of British support, he before long obtained, along with permission to reside at Basrah or at Baghdād as he found more convenient. Ahmad benefited by his master's promotion through being advanced to the responsible position of Muhrdār or custodian of the Pāsha's seal; but Sulaimān for some years deliberately abstained from appointing a Kehiyah or Minister - an omission which drew many remonstrances from the Porte, as it was necessary that the Pāsha's nomination should be approved by them, and their approval was not given except in consideration of valuable presents. The happiest results were anticipated by all from Sulaimān Pāsha's appointment to the province; and, though it was foreseen that the state of disorganisation prevailing in the northern districts would oblige him to visit Baghdād, and that he might be induced by the central position of that city with reference to his territories as a whole to take up his residence there, it was hoped that his former connection with Basrah and the dependence in some respects of Baghdād upon it, which had been clearly demonstrated during the Persian occupation, would ensure for that port a larger share of administrative attention than it had received under his predecessors. The favourable outlook, as it presented itself to Messrs. Latouche and Abraham in January 1780, was described by them in these words: 'On the whole, "from the known prudence and spirit of Soliman Pacha, as well as from the great opinion which is entertained of him by the people in general, not only of Baghdād and Bussorah, but of the several adjacent provinces, we flatter ourselves with seeing these countries in a very few years in a more flourishing condition than before the late troubles. The communication with Baghdād, which has for a long time past been stopped by the Ghesaal" (i.e., Khazā'il) Arabs, already begins to open, and not only

---

*According to Brydges, however, the Pāsha whom Sulaimān succeeded was named Ahmad, and he was put to death (*Brief History of the Wahauby*, page 187). The Ahmad in question may have been identical with the so-called Hamad who was Pāsha in 1774 (see footnote on page 149). Olivier gives Sulaimān's predecessor in the Pāshāliq the name of Hasan and indicates that he was removed for incompetence - *Voyage* II, 403.

الخزاعل وحدهم، يجاهرون بأعظم الاحترام والطاعة، لسليمان باشا».

الأوضاع الداخلية في الفترة الأولى من حكم سليمان باشا، ١٧٧٩ - ١٧٨٩

قمع تمرد ١٧٨٠

حوالي مطلع أغسطس ١٧٨٠، أُنهي تمرد حصل ضد سلطة الباشا الجديد بعد هزيمة حاسمة مني بها المتمردون خلال اشتباك دام عدة ساعات. وقتل في المعركة ابن محمد قتيل، الذي كان يقود جيش المتمردين. أما محمد بك، الذي كان يدعي حقّه في البشلكية، فإما أنه فرّ من البلاد، وإما أنه شارك ابنه في المصير نفسه. لقد كان هناك أمل في أن يحصن ذلك الانتصار موقع سليمان باشا في المستقبل، وأن يجعل من تأثيره المعنوي على الخزاعل، الذين عاودوا قطع طريق المواصلات بين البصرة وبغداد، عاملاً يمكنُ معه تحاشي ضرورة تجريد حملة ضدهم في مناطق المستنقعات التي يلجأون إليها. إلا أن ذلك الأمل كان في غير محله، كما ستُظهر تتمة الأحداث.

الحملة التركية ضد بني كعب، ١٧٨٤

كان الأتراك عام ١٧٨٤، في حالة حرب ضد خصومهم القُدامى من بني كعب عربستان. وقد شاركت قبيلة المنتفق، التي كان يحكمها آنذاك، أحد أشهر شيوخها، الشيخ ثويني، مشاركةً مهمة في القتال إلى جانب الأتراك. وقد شهد المستر لاتوش والمستر هارفورد جونز، من مقيمية البصرة، حادثةً غريبةً أثناء تلك الحملة: لقد قام لاتوش، وهو في طريق عودته إلى أوروبا عن طريق بغداد وحلب، بترتيب لقاء وداعيّ مع ثويني؛ وكان معسكر ثويني آنذاك على الضفة اليمنى لشط العرب، على مسافة ما فوق البصرة. وفور انتهاء الزيارة التي اختتمت عند المغيب، قوّض ثويني خيام معسكره. وعلى الفور، بدأت قواته، التي كانت تضمُّ بين ١٠٠٠ فارس و١٢٠٠، بدأت عبور النهر الكبير سباحةً. وخلال الليل وصباح اليوم التالي، قطع المقاتلون من قبيلة المنتفق مسافة تزيد على ٦٥ ميلاً، من طريق البر، فضلاً عن عبورهم خليجين كبيرين سباحة. وفي التاسعة من قبل ظهر اليوم التالي، فاجأوا العدو في معسكره وأنزلوا به هزيمة نكراء. وكان بنو كعب على علم بالموعد بين ثويني والمستر لاتوش. لكنهم لم يتوقّعوا أن يكون في استطاعته الانقضاض عليهم في غضون وقت قصيرٍ بعد هذا الموعد.

they, but the rest of the Arabs, profess the greatest respect for and obedience to, Soliman Pacha.'

Internal affairs under Sulaimān Pāsha's earlier rule, 1779-89

Suppression of a rebellion, 1780

About the beginning of August 1780, a rebellion against the authority of the new Pāsha was brought to an end by the decisive defeat of the insurgents in an engagement lasting several hours. Ibn Muhammad Qatīl, who commanded the rebel army, was killed in the battle; and Muhammad Baig, who pretended to the Pashāliq, either fled the country or shared the same fate. It was hoped-though, as the sequel will show, in vain - that this success would render Sulaimān Pāsha's position unassailable for the future, and that its moral effect upon the Khazā'il, who were again interrupting communication between Basrah and Baghdād, would be such as to obviate the necessity for an expedition against them in their marshy retreats.

Turkish campaign against the Ka'ab, 1784

In 1784 the Turks were again at war with their old adversaries the Ka'ab of 'Arabistan; and the Muntafik tribe, governed at this time by Thuwaini, one of the most celebrated of their Shaikhs, took an important share in the hostilities upon the side of the Turks. A curious incident of the campaign was witnessed by Messrs. Latouche and Harford Jones of the Basrah Residency, the former of whom, as he was returning to Europe by Baghdād and Aleppo, arranged to have a parting interview on the way with Thuwaini, whose camp was then on the right bank of the Shatt-al-'Arab at some distance above Basrah. Immediately after the visit, which ended at sunset, was over, Thuwaini struck his camp; and his force, consisting of 1,000 to 1,200 mounted men, at once began to cross the great river by swimming. In the course of the night and the following morning the Muntafik travelled a distance of over 65 miles by land, besides swimming two large creeks; and at 9 a.m. the next day they surprised the enemy in their camp and completely routed them. The Ka'ab had been aware of Thuwaini's appointment with Mr. Latouche, and they had not thought it possible that he could be upon them within so short a time after it.

تمرد حاجي سليمان بك، ١٧٨٦ ـ ١٧٨٧

في عام ١٧٨٦، أي بعد سنة من موافقة سليمان باشا أخيراً على تعيين كيخيا هو أحمد الذي كان يتمتع برعايته والذي كان آنذاك في السادسة والثلاثين من العمر، اندلع تمرد جديد في الإقليم، بزعامة حاجي سليمان بك، شيخ قبيلة عربية* قوية تقيم في ضاحية بغداد. وقد صدر أمر لحاجي سليمان، الذي كان قد أقام لبضع سنوات في بلاط الباشا، بمغادرة العاصمة، بعدما ضُبط في مؤامرة سياسية، فانصاع للأمر. لكنه سرعان ما حمل السلاح، ثائراً ضد الحكومة، مدعوماً في مقاومته للباشا بفريقٍ قوي. وقد نشبت معارك عديدة بين جنود الباشا، الذين كان يقودهم الكيخيا، وبين قوات زعيم المتمردين. وحوالي مطلع فبراير ١٧٨٧، بدت كفة القتال تميل لصالح حاجي سليمان، الذي قيل إنه حقق نصراً، وأسر باشا كردستان، الذي كان أحد عُمُد سليمان باشا. بل أُشيع، في وقت من الأوقات، أن الباب العالي عيّن حاجي سليمان بك لبشلكية بغداد خلفاً لسليمان باشا. لكن تبيّن أن هذا الكلام غير صحيح، رغم أنه كاد يجزم به. وقد أُخمد التمرد أخيراً، أو أنه بلغ نهايته.

اضطرابات مختلفة، ١٧٨٧

في أوائل ربيع ١٧٨٧، كانت وجهة النظر العامة أبعد ما تكون عن الإيحاء بالطمأنينة. ليس فقط لأن الانتفاضة التي تحدثنا عنها لتونا، كانت في ذروتها، بل لأن القلة في التموين وارتفاع الأسعار كانا سائدين في أقاليم البصرة، نتيجة قصور مياه النهرين في بلوغ ارتفاعها المعهود خلال الفصل السابق. ومرة أخرى، قطعت قبيلة بني خزعل المواصلات مع بغداد عن طريق نهر الفرات، مجبرةً التجار على اعتماد طريق دجلة، التي يستغرق اجتيازها وقتاً أطول وكلفة أكبر.

الشيخ ثويني يحتل البصرة، من ٦ مايو إلى ٢٥ أكتوبر ١٧٨٧

ومن الأحداث فوق العادية في تاريخ البصرة إقدامُ ثويني، شيخ قبيلة المنتفق، على الاستيلاء على المدينة واحتلالها لعدة أشهر، في عام ١٧٨٧. وقد وصف رحّالة معاصر هذا الشيخ، الذي سبق أن أشرنا إلى عمله الجريء ضد بني كعب في عام ١٧٨٤، وصفه بـ«رجل في خريف العمر، عظيم الشجاعة وحب المغامرة، وهو، فضلاً عن ذلك، قوي الفهم. وجعله عدله واعتداله في ممارسة السلطة، عزيزاً على قبيلته، وبات موضع احترام جميع الرجال». وقد اغتنم ثويني فرصة سنحت له بزيارةٍ قام بها متسلم البصرة الذي جاء إلى الزبير ليهنئه

* قيل إنهم عرب طيّ.

Rebellion of Hāji Sulaimān Baig, 1786 - 87

In 1786, the year after that in which Sulaimān Pāsha at last consented to appoint a Kehiyah in the person of his protégé Ahmad, then 36 years of age, a fresh rebellion broke out in the province; it was headed by Hāji Sulaimān Baig, the Shaikh of a powerful Arab* tribe in the vicinity of Baghdād. Hāji Sulaimān, who had resided for some years at the Pāsha's court, having been detected in a political intrigue, was ordered to quit the capital and obeyed; but he immediately took up arms against the Government, and he was supported in his resistance to the Pāsha by a strong party. Several Various engagements took place between the Pāsha's troops, which were commanded by the Kehiyah, and those of the rebel leader; and about the beginning of February 1787 the fortune of war appeared to favour the latter, who was said to have won a victory and to have taken prisoner the Pāsha of Kurdistān, one of Sulaimān Pāsha's generals. At one time it was even rumoured that the Porte had appointed Hāji Sulaimān Baig to the Pāshāliq of Baghdād in supersession of Sulaimān Pāsha; but the statement, though well vouched for, proved to be erroneous; and the rebellion was at length suppressed or otherwise came to an end.

Various troubles, 1787

In the early spring of 1787 the general outlook was far from reassuring, for not only was the rising just described at its height, but scarcity of provisions and high prices prevailed in the Basrah districts in consequence of the failure of the rivers to rise to their usual height during the previous season; and communication with Baghdād by the Euphrates had once more been cut by the Khazā'il tribe, obliging merchants to adapt the Tigris route, which was longer in time and more expensive.

Occupation of Basrah by Shaikh Thuwaini, 6th May to 25th October 1787

An extraordinary episode in the history of Basrah was the seizure of the town and its occupation during some months in 1787 by Thuwaini, the chief of the Muntafik tribe: this Shaikh, whose exploit against the Ka'ab in 1784 we have already noticed, is described by a contemporary traveller as being `a middle-aged man, of great courage and enterprise; "which, joined to a vigorous understanding, and a just and moderate" exercise of the sovereign power, have rendered him dear to his tribe, and respected by all men.' Thuwaini took advantage of the opportunity afforded by a visit from the Mutasallim of Basrah, who came to Zubair to congratulate him on a victory

---

*Described as the "Tye" Arabs.

على انتصاره على أعدائه، إذْ قبض على ذلك المسؤول، الحسن النية، وعلى حاشيته. وبعد أن أنجز ذلك دون إراقة للدماء، أرسل قوة كبيرة من رجال القبيلة لاحتلال البصرة، ففعلوا ذلك بلا صعوبة، إذ لم يكن في المدينة اكثر من ٢٠٠ جندي وعدد قليل جداً من الأتراك. وفي السادس من مايو، دخل المدينة شخصياً مع حوالي ٥٠٠٠ عربي من أتباعه، وتولى حكم البصرة، مستولياً، في الوقت نفسه، على الأسطول التركي. ولم يُرتكب أي عمل من أعمال العنف، واحتُرمت الملكية الخاصة في كل مكان بدقة بالغة. لكن المسؤولين المدنيين القائمين هناك عُزلوا من مناصبهم، وحلّ محلهم آخرون. كما أُسندت قيادة سفن الأسطول إلى العرب، وأبعد المتسلم وكبار مرؤوسيه إلى الهند من طريق البحر، أو أنهم اعتزلوا، وذهبوا طوعاً إلى البلد المشار إليه. بعد ذلك، كتب الشيخ ثويني رسائل إلى القسطنطينية أكّد فيها حقّه الوراثي في حكم البصرة، وطالب بمجازاته على اعتداله ونظام إجراءاته، ووعد بالولاء لسلطان تركيا، شرط الإنعام عليه ببشلكية البصرة وبغداد في آنٍ معاً. وبعد أن ابتزّ ثويني قرضاً بقيمة ٦٠٠٠ تومان من التجار اليهود والأرمن وغيرهم من التجار في البصرة، سار إلى موقع على نهر الفرات بين القرنة والناصرية الجديدة، وآوى قواته هناك، استعداداً لمواجهة الهجوم الذي كان يعلم أن حكومة بغداد سوف تشنه عليه قريباً. وكان مع سليمان باشا، آنذاك، أخٌ أكبرُ للشيخ ثويني يُدعى أحمد، كانت له مطالبته الخاصة بمشيخة المنتفق، فأقدم على التخلي بسهولة عن ثويني حين قام بتمرده، ولقي، بسبب ذلك، استقبالاً ودياً في بغداد. وكان الباشا حريصاً على السعي للحصول على التحالف مع بني كعب قبل أن يتحرك. وكان قد فاتح شيخهم بالموضوع، لكنه لم يعقد معه أيّ اتفاق. وفي مطلع اكتوبر، وبمجرد أن عبّر الباب العالي عن رغبته في إرسال رأس ذلك المدّعي إلى القسطنطينية، انطلق سليمان من بغداد. وفي ٢٣ من الشهر نفسه، وقع الاشتباك بين الجيشين. وفي ٢٥ منه، وبعد قتال طويل ومشكوك في نتيجته، على ضفة الفرات، تشتت جيش القبيلة، ولاذ ثويني بالفرار من ساحة المعركة، ومعه قلّة من أنصاره فقط. فعيّن المنتصر عندئذ، مصطفى آغا، متسلّماً على البصرة، واعترف بأحمد شيخاً رئيسياً لقبيلة المنتفق. ولم يكتفِ بإجبار تجار البصرة على استرضائه بالهدايا، بل أمرهم أيضاً بدفع رسوم مضاعفة عن سلعهم خلال السنة الجارية، بصرف النظر عمّا كان ثويني قد أخذه

over his enemies, to seize that wellmeaning official and his suite; and, having accomplished this without bloodshed, he sent a large body of tribesmen to occupy Basrah, which they did without difficulty, as there were not more than 200 troops in the place and only a very few Turks. On the 6th of May he entered the town in person with a following of about 5,000 Arabs and assumed the government of Basrah, taking possession at the same time of the Turkish fleet. No violence was committed, and private property was everywhere scrupulously respected; but the existing civil officials were removed from their posts and replaced by others, Arabs were put in command of the vessels of the fleet, and the Mutasallim and his principal subordinates were either deported - or voluntarily retired - by sea to India. Shaikh Thuwaini then wrote letters to Constantinople in which he asserted his own hereditary title to the Government of Basrah, claimed merit for his moderation and for the orderliness of his proceedings, and promised allegiance to the Sultān of Turkey on condition of being invested with a combined Pashāliq of Basrah and Baghdād. After extorting a loan of 6,000 Tumāns from the Jewish, Armenian and other merchants of Basrah, Thuwaini marched to a spot on the Euphrates somewhere between Qūrnah and the modern Nāsirīyah, and there cantoned his troops in readiness to meet the attack which he knew would shortly be made upon him by the Government of Baghdād. Sulaimān Pāsha had now with him an elder brother of Shaikh Thuwaini named Ahmad, who, having pretensions of his own to the Shaikhship of the Muntafik, had readily abandoned Thuwaini when he went into rebellion, and had met in consequence with a cordial reception at Baghdād. The Pāsha was careful to seek and obtain, before he moved, an alliance with the Ka`ab tribe, whom the Shaikh had already approached, but with whom he had concluded no arrangement; and in the beginning of October, the Porte having merely signified their pleasure that the head of the upstart should be sent to Constantinople, Sulaimān marched from Baghdād. On the 23rd of the month the armies came in contact; and on the 25th, after a long and doubtful conflict upon the bank of the Euphrates, the tribal army was scattered and Thuwaini fled the field, attended only by a few followers. The victor then appointed Mustafa Āgha to the Mutasallimate of Basrah, recognised Ahmad as principal Shaikh of the Muntafik tribe, and not only obliged the merchants of Basrah to propitiate him with gifts, but also ordered them to pay double duties on their goods during the current year, irrespective of what Thuwaini had already taken from them in customs and as a loan.

منهم كرسوم جمركية وكقرض. وبعد مرور بعض الوقت، أجرى ثويني مفاتحات مع الباشا من أجل العفو عنه. لكن الباشا تجاهلها، على الأقل في بادىء الأمر. وقد تُرك وَصْفٌ لثورة الشيخ ثويني، تركه اثنان من الرحّالة الإنجليز، هما: الملازم الثاني وليم فرانكلين، الذي كان في البصرة من ٢٨ ديسمبر ١٧٨٧ إلى ١٢ فبراير ١٧٨٨، والدكتور توماس هاول، الذي مكث هناك من ٢٣ فبراير إلى أول مارس ١٧٨٨. وقد تفحص د. هاول بنفسه موقع معركة ٢٥ اكتوبر الذي «كان يحمل علامات تدل على أنه كان مسرحاً لمجزرة، إذ كان مغطى بعظام الرجال والجياد، بوفرة».

مسار التجارة، ولا سيما البريطانية منها، ١٧٧٩ ـ ١٧٨٩

انتعشت التجارة، إلى حدٍّ مَّا، في البصرة، بين عامي ١٧٨٠ و١٧٨٧، لكنها تباطأت من جديد في العام التالي، نتيجة تمرد ثويني، ومصاعب الحكومة التركية في أوروبا. وبعد عام ١٧٨٦، بالكاد تحققت أرباح من مبيع بالات من المنسوجات الهندية، في العراق التركي. وفي عام ١٧٨٩، كان عدد بالات هذه المنسوجات الهندية المستوردة إلى البصرة ٨٠٠ بالة فقط. ولم تجاوز قيمة الأموال كلها، المحمولة في السفن التجارية العائدة إلى الهند، الـ ٥٠,٠٠٠ روبية. كما أن بيع الأجواخ الصوفية الناعمة والشلل التي كانت تستوردها شركة الهند الشرقية كان الآن، قد أصبح بطيئاً وغير مربح. ولم يكن من الممكن التخلّص منها إلا بالدّين الذي يُستوفى على مدى طويل جداً. وكان ذلك يعزى إلى أسبابٍ عدة، منها: أسعارها المرتفعة، ومنافسة سلع مماثلة فرنسية المنشأ، ومبادلة غير ملائمة تنطوي على خسارة في جميع التحويلات المالية أو الأشياء النفيسة إلى الهند، والنّدرة الكبيرة والمتزايدة للعملة المسكوكة. ذلك أن الذهب التركي، الملائم للتصدير إلى الخارج، لم يعد متوافراً عملياً. وكانت بعض الأنواع الرخيصة من الأقمشة المصنوعة محلياً قد حلّت محلّ الأنواع التي كانت تستورد سابقاً. وبات جزء من قماش الموسلين الهندي، المُرسل إلى أوروبا، ينتقل الآن إلى وجهته المقصودة عبر طرق بحرية، بدلاً من المرور بالبصرة وبغداد كما كان في السابق. وكانت إحدى الميزات التجارية المهمة التي يتمتع بها البريطانيون في العراق التركي التسديدَ الكامل لديون الدائنين البريطانيين، بموجب فرمان يُقَدَّم في حال إفلاس تاجر وطني، قبل توزيع أي شيء على الدائنين المحليين.

الصادرات والواردات

في عام ١٧٩٠، عُدِّدَت، على الوجه التالي، الواردات المستوردة عن طريق البحر، عطفاً على السنوات السابقة مباشرة: «منسوجات صوفية بريطانية، أجواخ صوفية ناعمة بنغالية

After a time Thuwaini made overtures to the Pāsha for a pardon; but these, at least in the first instance, were disregarded. Two English travellers, Ensign William Franckline, who was at Basrah from the 28th of December 1787 to the 12th of February 1788, and Dr. Thomas Howel, whose sojourn there lasted from the 23rd of February to the 1st of March 1788, have left an account of Shaikh Thuwaini's revolution; and Dr. Howel personally examined the site of the battle of the 25th October, which `bore the marks of having been the scene of great slaughter: for it was abundantly strewed with the bones of men and horses.'

Course of trade, especially British, 1779-89

Trade revived at Basrah, to some extent, between 1780 and 1787; but in the next year it again became languid in consequence of the rebellion of Thuwaini and the difficulties of the Turkish Government in Europe. After 1786 there was little or no profit on the sale of Indian piece-goods in Turkish 'Irāq. In 1789 the number of bales of Indian piece-goods imported at Basrah was only 800, and the whole treasure freight of the merchant vessels returning to India did not exceed Rs. 50,000. The broadcloth and long ells imported by the East India Company had now a slow and unprofitable sale, and they could only be disposed of at a very long credit. This was due to several causes - to their high price; to the competition of similar goods of French origin; to an unfavourable exchange, involving loss on all remittances of money or valuables to India; and to a great and increasing dearth of specie, Turkish gold suitable for exportation abroad having practically ceased to be available. Some cheap kinds of locally manufactured cloth had taken the place of varieties formerly imported; and part of the Indian muslins consigned to Europe now travelled to their destination by some sea route, instead of by Basrah and Baghdād as formerly. An important commercial advantage enjoyed by the British in Turkish 'Irāq was that, in case of a native merchant becoming bankrupt, the claims of his British creditors were, under Farmān, satisfied in full before anything was distributed among native creditors.

Imports and exports

Imports by sea were enumerated in 1790, with reference to the years immediately preceding, as British woollens, Bengal piece-goods of 'near fifty

من ٥٠ نوعاً تقريباً، أنواع شتى من القماش القطني المطبع (الشيت) من ساحل كوروماندل، قماش قطني فاخر من مَدْراس، سلع زرقاء من بورت نووڤو، أقمشة من مالابار، منسوجات صوفية ناعمة ومتنوعة من سورات، خيوط غزل قطنية، منسوجات من الأجواخ الصوفية الناعمة من كجرات، قماش قطني مطبّع، أقمشة كتّانية، عباءات قطنية من كامبي، شالات قطنية من بروش وسكندي، خيزران، أوانٍ خزفية، سكر، سكر مُبَلْوَر، فلفل، زنجبيل، حب الهال، القرنفل، جوز الطيب، قرفة، زهر السَّنا، المسك، الكافور، الزعفران الهندي، النيّلة، الحديد، الرصاص، الصّلب، القصدير، الزنك، الرصاص الأحمر، البن، التبغ، أنواع عديدة من العقاقير، الكثير من السلع التجارية الأقل أهمية؛ وكان كل ذلك، ما عدا الكميات الضرورية منها اللازمة لاستهلاك البصرة وما جاورها، يُنقل إلى حلب وبغداد بواسطة قوافل تمضي مباشرة إلى بغداد عبر دجلة والفرات مروراً بالحِلّة، وإلى شوستر بواسطة المراكب». أما الواردات من حلب وبغداد، فكانت «النحاس والزرنيخ والحنظل والأوتار المصنوعة من الأمعاء والزعفران والحرير الخام الفارسي والتخريمات الذهبية والفضية وشالات صوف الأنجورا، والمنسوجات الجوخية الناعمة المزينة بصور الأزهار من حلب، وكتانيات بغداد وحلب والقمصان القطنية الطويلة، والمخمل والحراير والأطلس والقماش القطني الأحمر الإنجليزي والأجواخ الفرنسية والقلنسوات المصنوعة من الجوخ، والاميت والآرا والكونتارينو والمرجان والخرز المزيّف من البندقية، من شتى الأنواع، والمرايا الكبيرة والصغيرة والزجاج الملوّن والأسلاك النحاسية والمرجان ودودة القرمز والتبغ والأفيون وأنواع عديدة من العقاقير، وسلع تجارية عديدة أقل أهمية. وباستثناء سلع معينة مرسلة خصيصاً إلى سوق البصرة، وكميات من السلع الأخرى الضرورية لاستهلاك البصرة وجوارها المباشر، كانت كلها تُنقل بواسطة السفن المذكورة سابقاً، والتي تجلب الواردات سنوياً إلى البصرة، ومنها إلى مختلف موانىء الخليج، ومسقط والهند». وفضلاً عن البضائع المعاد تصديرها والمفصّلة أعلاه، كانت هناك صادرات محلية حقيقية كبيرة الأهمية، تتضمن التمور التي تنمو في مقاطعة البصرة. وكان المحصول السنوي من التمور يقدر بما قيمته ١,٠٠٠,٠٠٠ روبية من روبيات بومباي، كمعدل عام، ويُرسل القسم الأعظم من هذا المحصول إلى شتى موانىء الخليج والهند والبحر الأحمر. وكانت هناك تجارة واسعة من البصرة إلى شوشتر، التي كان الاتصال بها سهلاً عن طريق نهر قارون.

الرسوم على السلع

كانت الرسوم على الصادرات والواردات باهظة نوعاً مَّا، في العراق التركي. فقد كانت

different kinds, chintz of different kinds from the Coromandel coast, Madras long cloth, Port Nuovo blue goods, Malabar cloth, Surat piece-goods of all kinds, cotton yam; Guzerat piece-goods, chintz, and Cuttanies; Cambay chauders, Broach and Scindy cotton shauls, bamboos, chinaware, sugar, sugar candy, pepper, ginger, cardamums, cloves, nutmegs, cinnamon, cassia flowers, must, lump Lack, camphire, turmeric, indigo, iron, lead, steel, tin, Tothenaque, red lead, coffee, tobacco, a variety of drugs, and many less important mercantile articles; all which, except the proportions thereof necessary for the consumption of Bussora and its immediate vicinity are transported to Aleppo and Baghdād by Carravans to Baghdād direct by the river Tygris, and by the river Euphrates viā Hilla, and to Shuster by boats.' Imports from Aleppo and Baghdād were 'copper, arsenic, galls, catgut, Persian saffron and raw silk, gold and silver lace, Angora Shauls, Aleppo flowered piece-goods, Baghdad and Aleppo cuttanies, Shamees, velvet, silks, sattins, English shalloons, French broad-cloth, broad-cloth caps, Lamette, Ara, Contarino, Venetian false coral and beads of different kinds, large and small looking-glasses, stained glass, brass wire, coral, cochineal, tobacco, opium, a variety of drugs, and many less important mercantile articles, all which, except particular articles only intended for the Bussora market and the proportions of the other articles necessary for the consumption of Bussora and its immediate vicinity, are transported, by means of the before-mentioned vessels which annually import at Basrah, from thence to the different ports of the Persian Gulf, to Muscat and to India.' Besides the re-exports just detailed there was a true local export of great importance, consisting of the dates grown in the Basrah district. The annual harvest of these was estimated to be worth, on the average, a million of Bombay rupees; and the major portion of it was sent abroad to various ports of the Persian Gulf, India and the Red Sea. There was a considerable trade from Basrah to Shūshtar, with which there was easy communication by the Kārūn River.

Duties on goods

Import and export duties were fairly heavy in Turkish 'Irāq. Merchandise

البضائع، بغية تخمين قيمة الرسوم، تُقسَّم إلى صنفين: ناعم وخشن. وكان الصنف الأول يشمل أنواع الأقمشة كافة. أما الصنف الثاني، فكان يشمل المعادن والبن والتبغ والفلفل والسكر. وفي حالة التاجر الأوروبي، كانت قيمة الرسوم على الواردات تُحدّدها معاهدة بـ٣٪ من قيمة السلعة. لكنها كانت عملياً أكثر من ذلك، لأن التاجر الأوروبي كان يُنزل بضاعته في البصرة بعد أن يدفع ٣٪ من قيمتها في ذلك الميناء، ثم يدفع رسوماً بالنسبة نفسها عندما تصل البضاعة إلى بغداد، ويدفع هذه الرسوم مرة ثالثة عندما تصل البضاعة إلى حلب. وكانت تُجبى رسوم تصدير بنسبة ٣٪ أيضاً. أما التجار الوطنيون، فكانوا يدفعون ٧,٥٪ عن السلع «الناعمة» التي تصل إلى البصرة، من طريق البحر أو من طريق بغداد، و٨,٥٪ عن البضائع «الخشنة» التي تصل بالطريقة نفسها. وكانت معدلات الرسوم على السلع المصدّرة من البصرة إلى حلب معدلات متشابهة. كما أن رسوماً بنسبة ٥,٥٪ كانت تفرض على كل الصادرات الوطنية عن طريق البحر. وغالباً ما كان التجار المحليون يلجأون إلى التهريب، للتملّص من هذه الرسوم التي كانت تصل في مجموعها، أحياناً، إلى ١٧٪ على السلع نفسها. وقد استخدموا مدينة الزبير لهذا الغرض، فكانوا، في البداية، يجلبون بضائعهم إلى هناك، خلسةً، من أماكن الإنزال على شط العرب، ثم يدخلونها سراً إلى البصرة أو يرسلونها من البصرة إلى حلب بواسطة قافلة تعبر الصحراء، دون أن يُكتَشف أمرها. وكانت الكويت تتيح الفرص التي استغلت جيداً في تجارة التهريب.

نقل البضائع

في الفصل الخاص بتاريخ الخليج بشكل عام، أُشير إلى كلفة النقل بواسطة القوافل أو عن طريق النقل المائي في ذلك الحين*، بسبب الأهمية العامة للموضوع.

أما التفاصيل الواردة أعلاه، فمستمدة، في معظمها، من تقريرٍ عن التجارة أعدّه عام ١٧٩٠ المستر مانستي والمستر جونز، ممثلا شركة الهند الشرقية في البصرة.

العلاقات السياسية البريطانية بالعراق التركي، ١٧٧٩ ـ ١٧٨٩

علاقات البريطانيين بسليمان باشا، ١٧٧٩ ـ ١٧٨٩

كان تعاملُ ممثلي شركة الهند الشرقية مع سليمان باشا، الذي كان خلال عمله كمتسلمٍ للبصرة، موضوعاً لبعض الملاحظات، في فقرة سابقة من هذا الفصل. وكنا قد لاحظنا أن إطلاق سراحه من السجن في بلاد فارس كان يعود، جزئياً، إلى النفوذ البريطاني. لكن يبقى

* انظر المجلد الأول، ص ١٧٦.

was divided for purposes of assessment into two classes, viz. into 'fine' and 'gruff' goods: to the former class belonged all kinds of cloth, and to the latter such 'heavy' articles as metals, coffee, tobacco, pepper and sugar. In the case of European merchant the amount of import duty was limited by treaty to 3 per cent. ad valorem, but in practice it was more, for their goods landed at Basrah, after paying 3 per cent, at that port, paid the same again on reaching Baghdād, and even a third time on reaching Aleppo; and export duties at 3 per cent, were levied also. Native merchants on the other hand paid 7 1/2 per cent on 'fine' goods received at Basrah from the sea or from Baghdād and 8 1/2 per cent, on 'gruff' similarly received; the rates on the goods exported from Basrah to Aleppo were similar; and 5 1/2 per cent, was charged on all native exportations by sea. To escape these dues, sometimes aggregating 17 per cent on the same goods, native dealers frequently resorted to smuggling. They made use for this purpose of the town of Zubair, first bringing their goods there by stealth from landing places on the Shatt-al-'Arab, and afterwards introducing them secretly into Basrah or despatching them undetected, by a caravan from Basrah, across the desert to Aleppo. Kuwait also afforded opportunities, which were not neglected, for contraband trade.

Transport of goods

The cost of caravan and water carriage at this time is noticed,* being a question of general importance, in the chapter on the history of the Persian Gulf as a whole.

The above details are mostly derived from a report on trade furnished by Messr. Manesty and Jones, the East India Company's representatives at Basrah, in 1790.

British political relations with Turkish 'Irāq, 1779-89

Relations of the British with Sulaimān Pāsha, 1779-89

The dealings of the representatives of the East India Company with Sulaimān Pāsha - then Sulaimān Āgha - during his Mutasallimate of Basrah are the subject of some remarks in an earlier paragraph of this chapter, and we have already observed that his release from detention in Persia seems to have been due in part to British influence; but some facts regarding his subsequent

---

*Vide Vol 1, page 176 ante.

أن نذكر بعض الوقائع التي تتناول صلته اللاحقة بالمسؤولين البريطانيين.

حين أصبح سليمان عام ١٧٧٩، طامحاً لتولي بشلكية بغداد الشاغرة، تقرّر أن تدعم الوكالة البريطانية ترشيحه، لأنه، شخصياً، مدينٌ بمبالغ كبيرة لأفرادٍ في الهيئة العاملة في المقيمية البريطانية بالبصرة، ولأن حكومة بغداد نفسها كانت مدينة أيضاً لشركة الهند الشرقية، فإن نجاحه يتيح تسديد ديون كلتا المجموعتين من الالتزامات. وهكذا، وبالنيابة عن الباشا، أرسل المستر لاتوش إلى سفير بريطانيا في القسطنطينية، أموالاً لتوزّع على الشخصيات البارزة والأقوى نفوذاً. ومن تلك الشخصيات والدة السلطان، والوزير ومسؤولون كبار عديدون. وبذلك، تحقّق بلوغ النتيجة المرتجاة. إلا أن بنداً في كشف الحساب، الذي قدّم لاحقاً إلى الباشا، استرعى انتباهه، لأنه أظهر أن ٢٠٠٠ جنيه استرليني قد دفعت «لشخص ليس من اللائق ذكر اسمه». وقد درج حتى نهاية حياته على التلميح إلى أن هذا المبلغ قد استأثر به السفير، كلما أغضبه شيءٌ مًّا من البريطانيين.

في عامي ١٧٨٢ و ١٧٨٣، وبعد أن دفع سليمان باشا فقط سعر الكلفة ونفقات النقل زُوِّد بـ ١٣٠٠ قطعة سلاح وكمية من البارود وطلقات المدافع من بومباي. وفي الفترة نفسها تقريباً، واستجابةً لطلبه الذي أيدته لاحقاً الحكومة التركية في القسطنطينية، بُنيت له ست سفن حربية من نوع جاليڤات في بومباي، وسُلّمت إليه في البصرة. وكان أحد أهداف المستر لاتوش، حين سافر إلى أوروبا من طريق بغداد في نهاية عام ١٧٨٤، كما أشرنا في مكان آخر، «أن يستأذن سليمان باشا، الذي كان له دور أساسي في تنصيبه على رأس تلك البشلكية، والذي كانت لديه حسابات كبيرة للتسوية».

وفي عام ١٧٨٧، حين أشيع عموماً أن الباب العالي قد اختار زعيم التمرد المحلي الذي حدث في ذلك العام، ليحلّ محل سليمان باشا في البشلكية، قام الباشا، الذي صدّق التقرير، باستدعاء «الخوجا مركار، ممثل الشركة الموقرة في بغداد، وأمر أن تُكتَب، بحضوره، رسالة إلى سفير صاحب الجلالة لدى الباب العالي، توسل إليه فيها، بأحرّ العبارات، أن يستخدم دعمه الودي ومساعيه الحميدة لدى الباب العالي، وينحي جانباً التعيين، الذي افترض سليمان أنه أعطي لحاجي سليمان بك، كما أقر بواجباته الملزمة الجدية والعديدة تجاه الإنجليز». وفي السنة نفسها، أعلن المستر مانستي، الوكيل البريطاني في البصرة، رأيه في سليمان باشا، فقال عنه: إنه «متحيّز للإنجليز، بكل ما في الكلمة من معنى»، على

connection with British officials remain to be stated.

When Sulaimān in 1779 became an aspirant to the vacant Pāshāliq of Baghdād, it was resolved, inasmuch as he personally owed large sums to individual members of the Basrah Residency staff, while the Government of Baghdād itself was similarly indebted to the East India Company, that the Factory should support his candidature, the success of which would enable both sets of obligations to be discharged. Funds were accordingly remitted by Mr. Latouche, acting on the Pāsha's behalf, to the British Ambassador at constantinople for distribution among the most influential personages there, including the Sultān's mother, the Vazīr, and numerous high officials; and the desired result was attained. An item in the account afterwards furnished to the Pāsha, however, showing that about £2,000 had been paid 'to a person whose name it was not proper to mention,' attracted his attention; and to the end of his life he was accustomed to insinuate, whenever anything had put him in ill-humour with the British, that this sum had been appropriated by their Ambassador.

During the years 1782 and 1783 Sulaimān Pāsha was supplied, on payment of the cost price and the expenses of carriage only, with 1,300 stand of arms and a quantity of gunpowder and cannon shot from Bombay; and about the same time, in compliance with a request from him which the Turkish Government at Constantinople subsequently supported, six armed Gallivats were built at Bombay and delivered to him at Basrah. One object of Mr. Latouche in travelling to Europe by way of Baghdād at the end of 1784, as already mentioned in another connection, was 'to take leave of Sulaimān Pāsha, whom he had been 'very instrumental in placing in that Pachalik, and with whom he had large accounts to settle.'

In 1787, when it was generally stated that the leader of the local rebellion which occurred in that year had been chosen by the Porte to supplant Sulaimān Pāsha in the Pāshāliq, the Pāsha, who himself believed the report, 'sent for Coja Marcar, the Hon'ble Company's Agent at Baghdād, and in his presence ordered a letter to be written to His Majesty's Ambassador at the Porte, in which he in the warmest terms entreated his friendly support and good offices at the Porte to set aside the appointment which he supposed had been given to Hadjee Soliman Beg, and acknowledged his many serious obligations to the English.' In the same year Mr. Manesty, the British Agent at Basrah, stated it as his opinion that Sulaimān Pāsha, although his conduct had not been entirely such as might have been expected after the favours that

الرغم من أن سلوكه لم يكن متفقاً كلياً مع ما كان متوقعاً منه بعد الأفضال التي تلقاها منهم، وأن المراعاة في المعاملة التي أبداها نحو التجار أعطتهم من التشجيع أكثر مما فعل أيٌّ من أسلافه.

علاقات البريطانيين بأصحاب النفوذ من أهل البلاد، ١٧٧٩ - ١٧٨٩

يبدو أن المقيم البريطاني في البصرة وأفراد هيئته العاملة، وبصرف النظر عن تعاملهم مع المسؤولين الأتراك، قد حافظوا على صلات ودية بشيوخ العرب وأعيان آخرين في البلد. وكان الدافع إلى زيارة المستر لاتوش لثويني، عام ١٧٨٤، تقديم هدية إلى شيخ قبيلة المنتفق، هي، ظاهرياً، الاعتراف بسلوكه المحمود بشأن بريد الصحراء البريطاني، الذي كان في وسعه أن يسهل وصوله أو يعرقله. وكان المستر مانستي قد تمكن، عام ١٧٨٥، من تقديم خدمة للمدعو محمد بك، الذي غالباً ما عبّر عن الشكر عليها فيما بعد، شقيقُه حاجي سليمان بك بالذات، الذي تمرد عام ١٧٨٦، واعتبر توليه البشلكية أمراً مرجحاً في العام التالي. وفي عام ١٧٨٧، وفي تقرير أعده المقيم بصدد الحالة العامة، تمكّن من الإشارة، برضى، إلى «النفوذ الواسع جداً الذي يتمتع به الإنجليز الآن، لحسن الحظ، وإلى الصداقة الوثيقة للغاية التي تقوم بينهم في الوقت الراهن وبين أي شخص ذي منزلة اجتماعية رفيعة في البلد، دون استثناء».

المنشآت البريطانية في العراق التركي، ١٧٧٩ - ١٧٨٩

نحن نتذكر، دون شك، أن حكومة بومباي قد أمرت، عام ١٧٧٨، بخفض عدد الموظفين في وكالة البصرة، نتيجة التصرفات العنيفة التي صدرت عن حاكم البصرة الفارسي، أو بالأحرى تحت تأثير الأوامر الصارمة التي أصدرها مجلس المديرين، والتي أدّى إليها مسلك الحاكم المذكور. لكن ينبغي أن نتذكر أيضاً أن الأمر المشار إليه لم يكن، حتى مطلع عام ١٧٧٩، قد انتقل إلى حيّز التنفيذ.

هيئة موظفي مقيمية البصرة، ١٧٧٩

بعد عودة البصرة إلى السيادة القضائية التركية، أوضح المقيم، المستر لاتوش، لحكومة بومباي، أن مجلس المديرين بات يرغب الآن، على الأرجح، في مواصلة الوكالة لعملها على نطاق أوسع من مجرد الحد الأدنى. وهكذا طلب الإذن أن يحتفظ بالمستر ابراهام مساعداً له، وأن يُبقي على الطبيب الجرّاح الذي كان ملحقاً بالوكالة في ما مضى. وقد حصل على الإذن المطلوب، في كلتا الحالتين.

he had received at the hands of the British, was 'really partial' to them, and that by considerate treatment he had given the merchants more encouragement than any of his predecessors.

Relations of the British with influential natives of the country, 1779-89

The British Resident at Basrah and the members of his staff seem to have maintained, apart from their dealings with the Turkish officials, a friendly intercourse with the Arab chiefs and other notables of the country. The motive of Mr. Latouche's visit to Thuwaini in 1784 was to deliver a present to the Muntafik chief, apparently in recognition of his good conduct with reference to the British Desert Mail, the working of which he had it in his power to facilitate or to obstruct; and a service which Mr. Manesty was able to render in 1785 to one Muhammad Baig was afterwards frequently acknowledged by the recipient's brother, the same Hāji Sulaimān Baig who rebelled in 1786, and whose appointment to the Pāshāliq was considered probable in the following year. In 1787 the Resident, in a report on the general situation, was able to refer with satisfaction to 'the very extensive influence which the 'English now fortunately enjoy, and the very strict friendship which, without an exception, they are now in with every person of consequence in the country.'

British Establishments in Turkish 'Irāq, 1779-89

It will be remembered that in consequence of the violent behaviour of the Persian governor of Basrah, or rather of the stringent orders by the Court of Directors which it occasioned, a reduction in the staff of the Basrah Agency had been ordered by the Government of Bombay in 1778, but that up to the beginning of 1779 it had not been carried into effect.

Staff of the Basrah Residency, 1779

On the reversion of Basrah to Turkish jurisdiction Mr. Latouche, the Resident, represented to the Government of Bombay that the Court of Directors would now probably desire the Factory to be continued no more than a minimum scale, and he accordingly requested leave to keep Mr. Abraham with him as his Assistant and to retain the Surgeon formerly attached to the Agency. Permission was duly granted in both cases.

حمّى في البصرة، ١٧٨٠

في صيف ١٧٨٠، تفشّت، في البصرة، «حمّى وبائية» تسببت في العديد من الوفيات. وكان بين الضحايا المستر أبراهام، مساعد المقيم، الذي أُرسل إلى بو شهر على متن السفينة «ايجل» لتغيير الهواء، وأُنزل إلى الشاطىء هناك، بطلب منه في ١٦ يونيو، وتوفي في اليوم التالي. لكن المستر پيتري، وهو راكب آخر كان مصاباً بالمرض نفسه، وكانت حالته خطرة، نجا من الموت. كما أن القبطان شريف، قائد الـ«إيجل»، أبلغ أن عدداً كبيراً من أفراد الطاقم أصيبوا هم أيضاً. لكنهم استعادوا عافيتهم جميعاً تقريباً خلال إقامتهم في بوشهر، التي امتدت من ١٦ إلى ٢٢ يونيو.

تأسيس وكالة وطنية في بغداد، ١٧٨٣

في نوفمبر ١٧٨٣، صادقت حكومة بومباي على اقتراح تقدم به المقيم في البصرة يقضي بتعيين وكيل وطني دائم في البصرة براتب مقداره ١١٠٠ روبية في الشهر، لتصريف المعاملات مع الباشا بالنيابة عن شركة الهند الشرقية، وإيصال الطرود إلى البصرة، والحصول على المعلومات. وكان أول وكيل وطني قد اختير هو الخوجا ماركار، الذي كان يقوم بمهام العمل الجديد تطوعاً، منذ يوليو ١٧٨١. وقد خوّلته الحكومة أن يحصل على متأخرات راتبه عن كل تلك الفترة مكافأة له دون شك، وعلامة على موافقتها.

أوامر جديدة بشأن الضريبة القنصلية، ١٧٨٤

في عام ١٧٨٤، وبموجب أوامر جديدة، بات نصف الضريبة القنصلية البالغة ٢٪ في البصرة، والتي كانت تقسم، حتى ذلك الحين، مناصفة بين المقيم في البصرة وحاكم بومباي، بات نصف الضريبة يسجل لحساب شركة الهند الشرقية بالذات.

الفرنسيون في العراق التركي، ١٧٧٩ - ١٧٨٩

من عام ١٧٨٢ حتى عام ١٧٩٤، كان الأب دو بوشامب، كنائب لعمه المسيو ميرودو دو بورج، يقوم بمهام مطران بابل، وربما أيضاً، بمهام قنصل فرنسا في بغداد. وقد كان الأب المذكور عالماً. وبصفته هذه رافق بونابرت إلى مصر فيما بعد.

سليم الثالث، ١٧٨٩ - ١٨٠٧

خلف عبد الحميد الأول، سلطاناً على تركيا، ابنُ أخيه سليم الثالث، ابن مصطفى الثالث. فقد اعتلى العرش في السابع من ابريل ١٧٨٩، وخُلع في ٢٩ مايو ١٨٠٧. وكانت

Fever at Basrah, 1780

In the summer of 1780 'an epidemical fever' raged at Basrah and caused many deaths. Among the victims was Mr. Abraham, the Assistant Resident, who was sent to Būshehr in the 'Eagle' for change of air, was taken ashore there at his own request on the 16th of June, and died the following day; but Mr. Petrie, another passenger who was dangerously ill of the same disease, escaped with his life. Captain Sheriff, who commanded the 'Eagle,' and most of his crew had also suffered; but during their stay at Būshehr, which lasted from the 16th to the 22nd of June, they all practically recovered.

Institution of a Native Agency at Baghdād, 1783

In November 1783 the Government of Bombay sanctioned a proposal made by the Resident at Basrah, that a permanent Native Agent should be appointed at Basrah on a salary of Rs. 1,100 a month to transact business with the Pāsha on behalf of the East India Company, to forward packets to Basrah, and to obtain information. The first Native Agent selected was Khōjah Marcar, who had been performing the duties of the new appointment gratuitously since July 1781; and he was authorised by Government, no doubt as a reward and as a token of their approbation, to draw his salary in arear for the whole of that period.

New orders in regard to consulage, 1784

In 1784, under new orders, half of the 2 per cent consulage at Basrah, hitherto equally divided between the Resident at Basrah and the Governor of Bombay, began to be credited to the East India Company themselves.

The French in Turkish 'Irāq, 1779 - 89

From 1782 to 1794 the duties of Bishop of Babylon, and probably of French Consul at Baghdād as well, were discharged by the Abbé de Beauchamp, as deputy of his uncle M. Mirodot du Bourg. This Abbé was a savant, and in his capacity as such he afterwards accompanied Bonaparte to Egypt.

SALIM III, 1789-1807

The successor of 'Abdul Hamūd I in the Sultanate of Turkey was his nephew Salīm III, a son of Mustafa III, who ascended the throne on the 7th April 1789 and was deposed on the 29th May 1807. The Ottoman Empire

الأمبراطورية العثمانية تتكون في عهده من ٢٦ ولاية أو حكومة، بينها بغداد التي كانت تشمل البصرة دون الموصل. وكانت تلك الفترة فترةً مهمة بل حرجة في غرب تركيا، حيث سعى السلطان إلى إعادة إرساء سلطة الحكومة المركزية التي كانت قد تعطلت منذ زمن طويل، ومات في تلك المحاولة التي قاومها العلماء والانكشارية. لكن الإقليم الأبعد بين الأقاليم العثمانية الآسيوية، وموضوع اهتمامنا، كان يقع وراء نطاق التوترات الدولية للعصر النابوليوني، وربما كان بعيداً كلياً عن الإصلاحات أو محاولات الإصلاح في تركيا التي تميز بها عهد سليم الثالث. وفي الواقع، يمكن القول: إنه لولا النتائج المالية للحروب النمساوية والروسية والفرنسية، التي كان مطلوباً من بشلكية بغداد المساهمة فيها، ولولا غزوات الوهابيين في أواسط الجزيرة العربية، التي كان الباب العالي عاجزاً عن تقديم الحماية ضدها، لظلت بشلكية بغداد بمنأى عن التأثر بالتحركات الخارجية.

لكن على الرغم من أن حكام العراق التركي وسكانه كانوا يعيشون حالة من اللامبالاة التقريبية حيال تطور الأحداث في أوروبا، فإن وضع ممثلي القوى الغربية هناك كان وضعاً مختلفاً. ولتوضيح سياسات هؤلاء الممثلين والمواقف النسبية لكل من الوكلاء في أوقات مختلفة، يجدر بنا أن نعيد إلى الذهن الوقائع التالية: منذُ اعتلاء السلطان الجديد العرش عام ١٧٨٩، وحتى معاهدة جاسي عام ١٧٩٢، كانت تركيا في حالة حرب مع روسيا بعد أن كانت في حالة حرب مع النمسا أيضاً، في حين كانت بريطانيا وبروسيا تمارسان نفوذهما لمصلحتها. بيد أن فرنسا لم تشارك في النزاع، لأنها كانت آنذاك في حالة ثورة. وبين عامي ١٧٩٨ و ١٨٠١، كانت تدور حرب بين تركيا وفرنسا، ناجمة عن غزو بونابرت لمصر. وكانت تركيا، بعد بداية عام ١٧٩٩، تتلقى مساعدة فعّالة من بريطانيا وروسيا. وأخيراً، في عام ١٨٠٦، حين كانت العلاقات بين تركيا وفرنسا قد أصبحت علاقات ودية، بل حميمة، حدثت قطيعة بين تركيا وروسيا تبعها خرق للعلاقة بين تركيا وبريطانيا، جرى بنتيجته سحب السفير البريطاني من القسطنطينية في مطلع عام ١٨٠٧، وأجرى أسطول بريطاني بقيادة الأميرال داكوورث عرضاً للقوة ضد المدينة. ولا شك أن الأيام الأشد إثارة في حياة بغداد كانت عامي ١٧٩٨ و ١٧٩٩، حين توقّعت احتمالات جدية أن يتقدم بونابرت من مصر في اتجاه الهند، إما عبر الفرات وإما من أي طريق آخر.

في هذا الفصل بالذات، وبصورة أكثر تفصيلاً في الفصل المتعلق بتاريخ نجد، سنعالج موضوع الغزوات الوهابية لأراضي تركيا. وليس من الضروري هنا أن نصف التحسينات

consisted in his day of 26 Ayālats or Governments; and among these was Baghdād, which included Basrah, but not Mūsal. The period was an important and even critical one in western Turkey where the Sultan endeavoured to restore the authority of the central Government long fallen into abeyance, and perished in the attempt, resisted by the ʿUlama and the Janissaries; but the most remote of the Asiatic Ottoman provinces, that with which we are concerned, lay almost beyond the range of the international convulsions of the Napoleonic era, and perhaps entirely so beyond that of the reforms, or attempted reforms, in Turkey by which the reign of Salīm III was distinguished. In fact, it may be said that, but for the financial effects of Austrian, Russian and French wars, to which it was required to contribute, and but for incursions by the Wahhābis of Central Arabia, against which the Porte were unable to afford it protection, the Baghdād Pāshāliq remained unaffected by movements external to itself.

But, though the native rulers and populations of Turkish ʿIrāq lived in comparative indifference to the progress of events in Europe, it was otherwise with the representatives of the western powers there; and, in order to explain the policies and relative positions of these agents at various times, the following facts may be recalled. From the accession of the new Sultān in 1789 until the treaty of Jassey in 1792, Turkey was at war with Russia and at first with Austria also, while Britain and Prussia were exerting their influence on her behalf, and France, which was in a state of revolution, took no part in the strife. From 1798 to 1801 there was war between Turkey and France, due to the invasion of Egypt by Bonaparte; and Turkey, after the beginning of 1799, was in receipt of active assistance from Britain and Russia. Finally, in 1806, the relations of Turkey and France having in the meanwhile become friendly and even intimate, a rupture between Turkey and Russia took place, and was followed by a breach between Turkey and Britain, in consequence of which the British Ambassador withdrew from Constantinople at the beginning of 1807, and a demonstration against the city was made by a British fleet under Admiral Duckworth. The most stirring days at Baghdād were doubtless those of 1798-99 when it was seriously expected that Bonaparte, either by the Euphrates or by some other route, would advance from Egypt against India.

The subject of the Wahhābi invasions of Turkish territory is dealt with further on in the present chapter and, more fully, in the chapter on the History of Najd; and it is not necessary here to describe the improvements in

في كلتا الإدارتين: المدنية والعسكرية، التي كرّس سليم الثالث لها الكثير من الانتباه فكانت أحد الاسباب التي أفقدته شعبيته، وخلعه عن العرش من ثم، لأن تأثير تلك الإصلاحات على أوضاع العراق التركي كان تأثيراً طفيفاً للغاية، حتى لا نقول: إنها لم تشعر به قَطّ.

الأوضاع الداخلية في الفترة الأخيرة من حكم سليمان باشا، ١٧٨٩ - ١٨٠٢

اغتيال الكيخيا أحمد باشا، ١٧٩٦

كنا قد أشرنا سابقاً إلى أحمد، الذي كان في الأصل خادماً لسليمان باشا، ثم عيَّنه سليمان باشا، عام ١٧٨٥، كيخيا أو وزيراً، واستحصل له، في الفترة نفسها، على رتبة باشا بشيّالتين. وعلى مدى سنوات بعد ذلك التاريخ، كانت الأعمال الحكومية، الخارجية منها والداخلية، تنجز، إلى حدٍّ كبيرٍ، على يد أحمد باشا.

ويبدو أنَّ سليمان باشا قد اقترح على أحمد باشا حوالي عام ١٧٩٠*، أن يصبح صهره. ووعده لاحقاً، إذا تمت المصاهرة، أن يستقيل، شخصياً، من البشلكية ويقدم إلى الباب العالي توصية بخلافة أحمد له. بيد أن أحمد باشا كان معارضاً لهذا الزواج المقترح، لأنه، نظراً للمرتبة العالية لابنة سيده**، سيستدعي التخلص من مؤسسته المنزلية، ومن ضمنها سيدة من جورجيا كان شديد التعلق بها. وقد واصل التهرب من هذا الشرف المقترح. في نهاية الأمر، وبعد أن علمت ابنة سليمان باشا بتمنّع أحمد عن تغيير وضعه، وهذا أمر ينتقص من كبريائها، أقنعت عبداً جورجياً يعمل لدى أبيها في وظيفة خزندار، أو أمين صندوق، اسمه علي، أن يتولى التخلص من أحمد، واعدة إيّاه بالزواج، إن هو نجح في مهمته. وقد وجد علي وسائل الاستعانة بدعم عدد من الحرس الجورجي الخاص لسليمان باشا، الذين كانوا يكرهون أحمد باشا. وذات صباح، حين كان الكيخيا يدخل قاعة المقابلات العامة، حيث كان سليمان باشا جالساً، انقض عليه علي وطعنه بخنجر في صدره، وسارع بعض أعوان علي، من الحرس، إلى الإجهاز عليه. ومع أن سليمان باشا غطى وجه هذا المقرب منه بالشال بدلاً من بذل جهد جدي لإنقاذه، فقد تأثر تأثّراً صادقاً لمقتله بادىء

* الرواية في هذا الكتاب منقولة عن مؤلف بريدجس: *Wahauby*، ص ١٨٦ - ١٨٧. أما أوليفييه، فيقدّم رواية مختلفة للظروف المؤدية إلى الاغتيال الذي وقع حين كان، هو شخصياً، في بغداد: *Voyage*، المجلد الثاني، ص ٤١١ - ٤١٤. وقد كان شاهداً عليها في الواقع الطبيب الفرنسي أوتري.

** هي الإبنة الوحيدة التي ولدت لسليمان باشا من علاقة زوجية.

administration, both civil and military, to which Salīm III devoted much attention and which were one reason of his unpopularity and dethronement; for their influence on affairs in Turkish 'Irāq was of the slightest, if not altogether unfelt.

Internal affairs under Sulaimān Pāsha's later rule, 1789-1802

Assassination of Ahmad Pasha, Kehiyah, 1796

Mention has already been made of Ahmad, originally a domestic servant of Sulaimān Pāsha, whom in 1785 he appointed to be his Kehiyah or Minister, for whom he obtained at the same time the rank of a Pāsha of two horse-tails, and by whom for several years after that date the business of the Government, both foreign and domestic, was to a very large extent transacted. About 1790* Sulaimān Pāsha seems to have suggested to Ahmad Pāsha that he should become his son-in-law, and later to have promised that, if this took place, he would resign the Pāshāliq himself and recommend Ahmad to the Porte as his successor. Ahmad Pāsha, however, was averse to the proposed match, because it would involve, on account of the high rank of his master's** daughter, the dismissal of his existing domestic establishment, including a Georgian lady to whom he was greatly attached; and he continued to evade the proposed honour. At length Sulaimān Pāsha's daughter, having come to know of the unwillingness of Ahmad, so unflattering to herself, to change his condition, induced 'Ali, a Georgian slave who was her father's Khaznahdār or treasurer, to undertake the removal of Ahmad, promising to marry him instead, if he were successful. 'Ali found means to enlist the support of a number of Sulaimān Pāsha's Georgian bodyguard, by whom Ahmad Pāsha was already disliked; and one morning, as the Kehiyah entered the hall of public audience, where Sulaimān was already seated, he was struck down by 'Ali, who stabbed him in the breast with a dagger, and was then instantly despatched by some of 'Ali's confederates in the body-guard. Sulaimān Pāsha, though he had covered his face with a shawl instead of making a serious effort to save his favourite, appeared at first to be genuinely affected by his death and retired to an inner apartment; but Muhammad Baig,

---

*The account in the text is taken from Brydges (*Wahauby*, pages 178-186). Olivier gives a different version of the circumstances leading to the assassination, which took place when he was himself at Baghdād (*Voyage*, Volume II, pages 411-414) and was practically witnessed by the French physician Outrey.

**She was the only daughter born in wedlock of Sulaimān Pāsha.

الأمر، وانسحب إلى شقة داخلية. لكن محمد بك، أحد مستشاريه العرب، وعبد الله، المصرفي اليهودي في بلاطه، اللذين استدعاهما على الفور، أقنعاه أن يقبلَ بالأمر الواقع. وهكذا أصدر بياناً يعلن فيه أن أحمد أُعدم بناء على أوامره الخاصة، لنياته الخيانية، وعمد إلى إجراء حفل زفاف ابنته على المتآمر الرئيسي، علي، في المساء نفسه. وقد حدث ذلك في ابريل ١٧٩٦، فور تعافي الباشا من مرضٍ جعله عاجزاً تقريباً عن إدارة شؤونه.

موارد بشلكية بغداد، في ١٧٩٦ - ١٧٩٧

قدّر الرحالة الفرنسي، المسيو أوليفييه، أنَّ موارد بشلكية بغداد، العسكرية والمالية، كانت موارد ضخمة. وكان الرحالة المذكور قد زار المدينة في عام ١٧٩٦ ـ ١٧٩٧. وكان عدد حراس الباشا آنذاك ٤٠٠٠ فارس و٢٠٠٠ راجل. لكن لم يكن في الإقليم كله أكثر من ١٢٠٠ فارس تركي أصيل. ولم يكن في الإمكان التثبت من العدد الفعلي للانكشاريين. وكانت حامية بغداد تضم حوالي ٨٠٠٠، وكان يعتقد أن في الإمكان تجميع ١٥,٠٠٠ هناك، وفي أماكن أخرى، إذا كانت ثمة حاجة إلى ذلك. لكن الباشا لم يكن يستطيع استخدام الانكشاريين إلا للدفاع عن المواقع التي يعسكرون فيها، لأن الباب العالي وحده كان يملك سلطة إصدار الأوامر إليهم للقيام بخدمة أخرى. كان هناك الكثير من الاعتماد على فرق توفرها كردستان التي كان يحكمها، آنذاك، ثلاثة زعماء رشحهم باشا بغداد، وصنفهم باشاوات بشيّالة واحدة، قد راوَحَ مُجمل قواتهم بين ١٢,٠٠٠ و ١٥,٠٠٠ جندي من الخيالة. وكان يمكن تجنيد قوة من عرب الإقليم يراوح عددها بين ١٠,٠٠٠ و١٢,٠٠٠ فارس. لكنَّ تجنيداً من هذا النوع كان ذا تكاليف، ولا يمكن الركون إليه. كما كان يمكن تجميع زُمر من حاملي البواريد غير المنظمين في الحالات الطارئة، بأعدادٍ تعتمد على المغانم والنجاح المرتقب. أما العدد الإجمالي لقوات البشلكية العسكرية، فكانَ يقدّر بما يراوح بين ٤٠,٠٠٠ رجل و ٥٠,٠٠٠. وكان مفهوماً أن هذا العدد يمكن الاحتفاظ به في الميدان، دون استخدام مداخيل من خارج الإقليم.

وبحسب ما أورده المسيو أوليفييه، كانت الإيرادات المالية للحكومة المحلية تصل في سنة عادية إلى حوالي ٤,٠٠٠,٠٠٠ فرنك، وكانت تحصّل من الضرائب على الأرض، والتقييمات الضرائبية على العرب والأكراد، والمساهمات التي يدفعها غير المسلمين، والجمارك، إلخ. وقد كان الدخل من الرسوم الجمركية ذا أهمية خاصة منذ التحويل الجزئي للتجارة الهندية من بلاد فارس إلى العراق التركي، الذي جرى في أيام كريم خان. وكانت نسبة الدخل المحلية، التي تُدفع للباب العالي، لا تزيد عن الثُمن. أما الباقي، فتمتصه النفقات

one of his Arab advisers, and 'Abdullah, a Jewish banker at his court, whom he immediately summoned, persuaded him to acquiesce in the accomplished fact. He accordingly issued a proclamation announcing that Ahmad Pāsha had been put to death by his own orders for intended treachery, and he actually caused the nuptials of his daughter with the chief conspirator Ali to be celebrated the same evening. This event occurred in April 1796, immediately after the recovery of the Pāsha from an illness which had made him almost incapable of managing his affairs.

Resources of the Baghdād Pshāliq in 1796-1797

The resources of the Baghdād Pāshāliq, both military and fiscal, were estimated by the French traveller M. Olivier, whose visit took place in 1796-97 to be considerable. The Pāsha's bodyguard then consisted of 4,000 mounted and 2,000 unmounted men; but of purely Turkish cavalry there were not more than 1,200 in the province. The number of effective Janissaries was not ascertainable. The garrison of Baghdād city comprised about 8,000, and it was believed that more than 15,000 could be assembled there and elsewhere, if required; but the Janissaries could not be employed by the Pāsha except for the defence of the stations at which they were posted, only the Porte having the power to order them on other service. Much reliance was placed on the military contingents provided by Kurdistān, then governed by three chiefs who were nominated by the Pāsha of Baghdād and graded as Pāsha of one horse-tail, and whose forces amounted in the aggregate to some 12,000 or 15,000 mounted men. From the Arabs of the province it was possible to raise a force of 10,000 to 12,000 mounted men, but this was an unreliable and expensive levy. Unorganised bodies of musketeers could also be collected, in an emergency, in numbers dependent on the prospect of booty and success. The military force of the Pāshāliq was estimated at 40,000 to 50,000 men, all told; and it was understood that this number could be maintained in the field without drawing on revenues external to the province.

The fiscal receipts of the local Government amounted in an ordinary year, according to M. Olivier, to about 4,000,000 francs, derived from taxes on land, assessments on Arabs and Kurds, contributions of non-Muhammadans, customs, etc. The income from customs had been of especial importance since the diversion in part of the Indian trade from Persia to Turkish 'Irāq - which took place in the time of Karīm Khān. The proportion of the local revenue remitted to the Porte did not exceed one-eighth, the remainder being absorbed in local expenditure; and in years of

المحلية. وفي سنوات الحرب مع الأكراد أو العرب، كانت المبالغ المدفوعة إلى القسطنطينية تتعرض لتخفيضاتٍ خطيرة.

وبناءً على ما ورد في كلام المستر جونز، الذي ذهب إلى بغداد بوصفه مقيماً بريطانياً عام ١٧٩٨، لم يكن دخل البشلكية عن بعض السنوات التي سبقت عام ١٧٩٧، ليقلّ عن ١,٠٠٠,٠٠٠ جنيه استرليني* في العام، يرسل الباشا منها أقل من ١٠٠,٠٠٠ جنيه إلى الباب العالي، ويضع، جانباً، لحسابه الخاص، ما بين ١٠٠,٠٠٠ و ١٥٠,٠٠٠ جنيه.

الطاعون في بغداد، ١٨٠٢

في أوائل ابريل ١٨٠٢، عاد الطاعون الدمّلي إلى الظهور في بغداد. وقُدّر عدد ضحاياه حتى التاسع من مايو، بـ ٢٠٠٠ نسمة تقريباً. لكن، لعدم وجود إشارات لاحقة إلى المرض، يمكن الافتراض أن الوباء لم يَدُم طويلاً. أما الباشا، فقد هجر بغداد، عند التبليغ عن وجود الطاعون في المدينة، ولم يتخذ أي خطوة لمقاومة تقدمه، بل إنه لم يُوعز باتخاذها، وأصدر «أوامر جائرة وغير إنسانية» حرّم، بموجبها، على أيّ من السكان أن يحذو حذوه، فيلوذ بالفرار للنجاة بنفسه.

وضع البشلكية السياسي، مايو ١٨٠٢

كان سليمان باشا قد تميز، في المرحلة الأولى من حكمه، بالنشاط والجرأة. لكنه أصبح الآن غارقاً في خَرَفِه الرسمي**. وكان يسود الحالة العامة للبشلكية في مايو ١٨٠٢، عدمُ الكفاءة والارتباكُ والذعر، فلم تكن تتوافر دفاعات كافية ضد أي هجوم على مدينة بغداد وبلدة البصرة. وكانت حامية بغداد، باستثناء نحو ٥٠٠ من قطاع الطرق وُصفوا بأنهم كبراتليون وتوفنجشيون، الخ، تضم ما بين ٦٠٠٠ و ٧٠٠٠ من الانكشارية «غير المنضبطين والعصاة، الذين قد ينقضُّون على جماعتهم بالذات، مثلَ فيلٍ جريح، إذا ضايقهم حصار». وقد كان الجزء الأكبر من كردستان ما يزال جزءاً من البشلكية. لكن العائلات الكردية البارزة، كانت منشغلة بالعداوات القديمة والمشاجرات. ولم تكن هذه المنطقة بالذات، إذا استثنينا الفرق العسكرية التي كانت تزود بغداد بها، لم تكن مصدراً للقوة لحكومة بغداد. ومن القبائل العربية في البلد كانت قبيلة شمّر طوقة على نهر دجلة، قرب بغداد، الثائرة والمتمردة على السلطات التي غالباً ما عاملتها بقسوة. وكانت قبيلة بني لام،

* يبلغ الدخل السنوي لولايتي بغداد والبصرة الحديثتين معاً، نحو ٤٠٠,٠٠٠ جنيه.

** في عام ١٧٩٦، حين رآه المسيو أوليفييه، كان قد أصبح في حالة من اليأس والكآبة، يرافقهما عزوف عن العمل والمتعة على السواء. لكنه شفي من هذه النوبة على ما يبدو.

war with the Kurds or the Arabs the remittances to Constantinople were liable to serious diminution.

According to Mr. Jones, who went to Baghdād as British Resident in 1798, the revenue of the Pāshāliq for some years previous to 1797 was not less than *£1,000,000 per annum, out of which the Pāsha sent less than £100,000 to the Porte and laid by, on his own account, £100,000 to £150,000.

Plague at Baghdād, 1802

Early in April 1802, bubonic plague again made its appearance at Baghdād, and by the 9th of May it had carried off, it was estimated, about 2,000 souls; but from the absence of later references to the disease it may be assumed that the epidemic was not of long duration. The Pāsha forsook Baghdād as soon as the presence of plague in the city was reported, and no steps were taken, or even prescribed, by him for withstanding its progress; but he issued 'unjust and inhuman orders' that none of the inhabitants should presume to follow his example of seeking safety in flight.

Political state of the Pāshāliq, May 1802

Sulaimān Pashā, distinguished in earlier days by energy and courage, had now sunk into his official** dotage. The general state of the Pāshāliq in May 1802 was one of inefficiency, confusion, and alarm. The city of Baghdād and the town of Basrah were both insufficiently defended against attack; and the garrison of the former, apart from some 500 ragamuffins described as Barātalis, Tufangchis, etc., consisted of 6,000 to 7,000 Janissaries, 'undisciplined and unruly, who probably, when "distressed by the inconveniences of a siege, would turn like a wounded elephant on their own party." The greater part of Kurdistān was still comprised in the Pāshāliq, but the leading Kurdish families were distracted by feuds and broils, and the district itself, apart from the military contingents which it furnished, was not a source of strength to the Baghdād Government. Of the Arab tribes of the country the Shammar Tōqah upon the Tigris near to Baghdād were disaffected towards the authorities, by whom they had often been cruelly treated; and the more distant Bani Lām were in partial revolt through the

---

*The annual revenue of the modern Wilāyats of Baghdād and Basrah together is about £400,000.

**In 1796, when seen by M. Olivier, he had fallen into a state of drowsiness and melancholy, accompanied by a disinclination equally for work and for pleasure but from this attack he apparently recovered.

الأكثر بعداً، تعيش حالة تمرد جزئية، ناجمة عن أن شيخاً عزله الأتراك قبل وقت قصير شن هجوماً على خليفة نصّبوه مكانه. ولتلك الأسباب، كان الإقليم بكامله، من كوت العمارة إلى جسّان، ومن هناك إلى الهويزة، فريسة للفوضى. وعلاوةً على تلك الاضطرابات في الداخل، كان هناك أيضاً خطر دائم، أو على الأقل تخوف دائم، من غزوٍ يجيء من وسط شبه الجزيرة العربية من جهة، أو من بلاد فارس، من جهةٍ أخرى.

وفاة سليمان باشا، في السابع من أغسطس ١٨٠٢

في نهاية يوليو ١٨٠٢، ومع أن وضع سليمان باشا، الذي كان مريضاً منذ بعض الوقت*، كان قد أُخْفِيَ بعناية عن الجمهور، إلا أنه كان معلوماً، بشكل عام، أنه وضعٌ حرج، فبدأت الدسائس والتحضيرات للاستيلاء على الخلافة. وكان المشرف الطبي العادي على الباشا هو المسيو أوتري، الطبيب الجراح الفرنسي الذي يقيم في بغداد منذ وقت طويل. لكن، في السادس من أغسطس، زار سليمان، بطلب منْ أقاربه وعدد من الشخصيات النافذة، الدكتور شورت، الطبيب الجرّاح الخاص بالمقيمية البريطانية، الذي لاحظ في الحال أن حياته لن تدوم أكثر من ساعات. وقد لفظ أنفاسه في السابع من أغسطس قبل صلاة الظهيرة.

وإذا كانت حكومة سليمان باشا حكومةً حازمة في يوم من الأيام، فقد وصفها المقيم البريطاني في بغداد، قبل وفاة الباشا بوقت قصير، بأنها حكومة «غبية إلى أقصى حد»، في حين قال عن الباشا بالذات: إنه عاش أطول مما عاش شرفه وسمعته. لكنه يستحق أن يذكر كما كان في أيام نشاطه، حين كان مظهره وطبعه يتفقان مع الوصف التالي للسير هـ.ج. بريدجز، الذي كان على معرفة جيدة به:

ربما كان سليمان أروع نموذج وُجد للباشا التركي. لقد ولد في جورجيا، وكان يتميز بجمالٍ رجولي فائق، وكانت قامته وشكله من الروعة بحيث يضفيان على فخامة الملابس التركية أعظم الأثر، كما كان لمحيّاه تعبيرٌ قوي عن التفكير والإنسانية. وكان خبيراً في كل الممارسات العسكرية والميدانية والألعاب الرياضية، كأولئك الذين جعلوا من هذه الممارسات عملهم ومهنتهم. وكان صادقاً ومتوهجاً في معتقده الديني وممارسته لشعائره، وكان، في الوقت نفسه، متسامحاً، بقدر ما في وسع تركيٍّ أن يكون، حيال من يقيّده بندٌ من بنود إيمانه بأن يعتبرهم كافرين؛ كما كان دقيقاً ومقتصداً في نفقاته، إلى حد اتهامه بالبخل. لكنه، حين يعتبر أن الخطر يتهدد بلده، كان يتخلى بسخاء، وعن طيب نفس، عما كان قد جمعه ببطء وشيئاً فشيئاً. ويمكنني أن أشهد (لأن المبلغ دفع بواسطتي وبواسطة عبد الله اليهودي)

---

* أبلغ المقيم في بغداد، في وقت مبكر من شهر مايو ١٨٠٢، أن الباشا أصبح مشلولاً الآن، شللاً نصفياً.

attack of a Shaikh, recently deposed by the Turks, upon the successor whom they had set up in his place. The whole district from Kūt-al-Amārah to Jassān and thence to Hawīzeh was, owing to these causes, a prey to disorder. Besides these troubles at home there was also the constant danger, or at least the constant fear, of invasion from Central Arabia on the one side and from Persia on the other.'

Death of Sulaimān Pāsha, 7th August 1802

At the end of July 1802, though the condition of Sulaimān Pāsha, who had then been ill for some* time, was studiously concealed from the public, it was generally known to be critical; and plots and preparations for seizing the succession began. The ordinary medical attendent of the Pāsha was M. Outrey, a French surgeon, long resident at Baghdād; but on the 6th of August Sulaimān was visited, at the request of his relations and a number of influential persons, by Dr. Short, the Surgeon of the British Residency, who at once perceived that he had not many hours to live. The end came on the 7th of August before the hour of mid-day prayer.

Sulaimān Pāsha's Government, once firm, had been qualified not long before his death by the British Resident at Baghdād as 'imbecile in the extreme' while he himself was spoken of as having outlived his honour and his reputation; but he deserves to be remembered as he was in the days of his vigour, when his appearance and character answered to the following description by Sir H. J. Brydges, to whom he was well known:

Suleiman was, perhaps, as fine a specimen of a Turkish Pasha as ever existed. Born a Georgian, he was possessed of great manly beauty - his stature and form were such as to give the greatest effect to the magnificence of the Turkish dress - his countenance had a strong expression of reflection and humanity - he was as expert in all military and field exercises and sports as those who made them their employment and profession - sincere and warm in the exercise and belief of his own religion, he was as tolerant as a Turk could be towards those whom an article of his own faith bound him to consider as infidels - exact and economical in his expenses, he was accused of avarice, but when he considered his country to be in danger, he freely and readily parted with that which he had amassed slowly and by degrees. I can vouch (for it passed through mine and the Jew Abdullah's hands) to his having sent, first and last, to the assistance of Eūsoof Pacha, the

---

*Early in May 1802 the Resident at Baghdād reported that the Pashā was now paralysed from his waist downwards.

أنه أرسل إجمالاً نصف مليون جنيه استرليني نقداً لمساعدة الصدر الأعظم، يوسف باشا، خلال حملته على مصر ضد الفرنسيين. لقد كان بلاطه بلاطاً رائعاً أقيم على أساس يضارع فيه حرم بيته حرم بيت عاهلٍ عظيم. وفي القسم المبكّر من حياته، تلقى الكثير من الأفضال، كما تلقى دعماً كبيراً من الإنجليز، واستمرَّ يعترف بذلك حتى آخر لحظة من حياته. وأيُّ معروفٍ كان يطلبه إنجليزيّ محترم مسافر، عن طريق بشلكيته، كان يُسدى إليه، لا محالة، بلطف وبشاشة.

ووفقاً للمصدر ذاته، كان حسّ الدعابة والفكاهة لدى سليمان حساً قويّاً أيضاً.

التجارة، من ١٧٨٩ إلى ١٨٠٢

بقي طابع تجارة البشلكية، بين عامي ١٧٨٩ و١٨٠٢، إلى حد كبير، مثلما كان بين عامي ١٧٧٩ و١٧٨٩. وفي عام ١٨٠٠، كان المعدل السنوي لقيمة الواردات الهندية في البصرة يُقدر بـ ٣٠ لاكاً من الروبيات.

علاقات العراق التركي الخارجية، ١٧٨٩ - ١٨٠٢

غزوات الوهّابيين والحملات ضدهم، ١٧٨٩ - ١٨٠٢

كان القلق على الحدود الغربية، الناجمُ عن الخلافات المستعصية بين الأتراك والوهّابيين، أبرزَ ميزةٍ للتاريخ الخارجي للعراق التركي في المرحلة الأخيرة من حكم سليمان باشا. وكان الوهابيون، بشكل عام، الفريق النشيط والعدواني. وسوف نجد وصفاً مفصّلاً للصراع في الفصل الخاص بتاريخ نجد. وتكفي الإشارة هنا إلى بعض أحداثه الرئيسية.

الحملة التركية الأولى، ١٧٩٨

قبل عام ١٧٩٨، شن الوهابيون هجماتٍ شتى على الأراضي التركية، وفي ذلك العام تحديداً. وبما أن بلدة الحلّة أيضاً كانت قد بدأت تعاني من أعمال السلب والنهب التي كانوا يقومون بها، فقد انطلقت حملة تركية من البصرة هدفها الدرعية، عاصمة الوهابيين، ولم تكن غايتها أقل من إخضاع نجد. وكانت هذه القوة بقيادة علي، الكيخيا الثاني لسليمان باشا وقاتل أحمد باشا وخليفته، قد رجعت على أعقابها من الأحساء بعد حملة قصيرة فاشلة. وكانت نتيجة الحملة عقد هدنة لست سنوات، رُتبت في تاج، خلال الانسحاب التركي إلى البصرة، وجرت المصادقة عليها لاحقاً في بغداد.

Grand Vizier, during his campaign in Egypt against the French, half a million of pounds sterling in money. His court was splendid, and the establishment of his household was on the scale of that of a great sovereign. In the early part of his life he had received many favours and great assistance from the English, and to the very last moment he acknowledged these, and any favour asked for by an English gentleman travelling through his Pachalik was sure to be gracefully and cheerfully granted.

Sulaiman had, also, according to the same authority, a strong sense of humour.

Trade from 1789 to 1802

The trade of the Pāshāliq during the period 1789-1802 continued to be of much the same character as between 1779 and 1789. In 1800 the average annual of Indian imports at Basrah was estimated at 30 lakhs of rupees.

External relations of Turkish 'Irāq, 1789-1802

Invasions by and expeditions against the Wahhābis, 1789-1802

Disquiet upon the western frontier, occasioned by the irreconcileable differences between the Turks and the Wahhābis, was the most silient feature of the external history of Turkish 'Irāq under the later rule of Sulaimān Pāsha. The Wahhābis were in general the active and aggressive party, and a detailed account of the struggle will be found in the chapter on the history of Najd: in this place it will be enough to refer to some of its principal incidents.

First Turkish expedition, 1798

Before 1798 various attacks had been made by the Wahhābis upon Turkish territory; and in that year, even the town of Hillah having begun to suffer from their depredations, a Turkish expedition marched from Basrah, of which the objective was Dara'īyah, the Wahhābi capital and the purpose nothing less than the reduction of Najd. This force, which was under the command of 'Ali, Sulaimān Pāsha's second Kehiyah, the murderer and successor of Ahmad Pāsha, turned back from Hasa after a short and inglorious campaign; and the result of the expedition was merely a truce for six years, arranged at Thāj during the Turkish retirement on Basrah and subsequently ratified at Baghdād.

نهب الوهابيين لكربلاء، والحملة التركية الثانية، ١٨٠١ ـ ١٨٠٢

حتى هذه الهدنة لم تكن موضعَ مراعاةٍ لوقت طويل. ففي ٢٠ ابريل ١٨٠١، حلت كارثة رهيبة بالأتراك عندما استولى الوهابيون، بشكل مفاجىء، على كربلاء، ونهبوها نهبا كاملاً، وكان الشيعة يعتبرونها مدينة مقدسة، كذلك الأمة الفارسية بكاملها، تقريباً. وسعى سليمان باشا للرد على هذه الفظاعة بحملة ضد الدرعية لم تكن هذه المرة بقيادة مسؤول تركي، بل بقيادة ثويني، كبير شيوخ قبيلة المنتفق. لكن نتيجة هذه المحاولة الثانية كانت أقل نجاحاً حتى من الأولى، إذ اغتيل قائدها في مكانٍ لا يبعد كثيراً عن الكويت، إما بفعل خيانة سياسية وإما بنتيجة ضغينة شخصية، فتشتَّتت القوة التي فقدت قائدها، وقام الوهابيون بتدمير جزء منها. وكانت هذه الأحداث هي التي أثارت حفيظة العجوز سليمان باشا، الذي كان قد عمد وهو في خريف عمره، ولمدة سنة كاملة، إلى الدفاع بشجاعة عن البصرة في وجه قوة بلاد فارس بكاملها، والذي قيل إنه، في هذا الوقت، حين سمع بالكارثة في كربلاء، هتف قائلاً: «لا يليق بي أن تمتد حياتي لفترة أطول».

موقف القبائل العربية من الوهابيين وعدم اكتراث السلطات التركية، ١٨٠٢

كان موقف عدد من القبائل العربية في العراق، تجاه الوهابيين في مايو عام ١٨٠٢، موقفاً مشكوكاً فيه للغاية. وقد اعتبر أن هناك احتمال أن تنحاز قبيلتا الخزاعل وشمر طوقة، إلى الوهابيين، إذا حاولوا الغزو بكامل قوتهم، لكثرة ما عانوا على أيدي الأتراك؛ كما أن ولاء قبيلة المنتفق بالذات بات موضع شك. وأعلن الباشا نفسه بوضوح مبدأً له قال فيه: «على كل حال، لا ينبغي أن نعتمد على القبائل العربية، التي تتطلع جميعاً بأنظارها إلى الوهابيين». ونتيجةً للخطر الذي بلغ أقصى حدوده، تولّد نوع من اللاّمبالاة أدى إلى ترك مدينة الحلة بلا أسوار وبلا دفاعات، مع أن تهديد الوهابيين لها لا يدع مجالاً للشك. وقد اضطرَّ المستر هارفورد جونز، المقيم البريطاني في بغداد، إلى الإدلاء، في رسالة موجّهة إلى الحاكم العام للهند، بالملاحظة التالية: «أخشى يا صاحب السعادة أن تظن أنني أخطىء إذا أخبرتكم أن الحكومة هنا غافلة إلى حد أنها لا تدرك أهمية ميناء (موقع؟) الحِلّة. لكنني أقسم بشرفي، يا سيدي، أن هذه هي الحالة».

العلاقات ببلاد فارس، ١٧٨٩ ـ ١٨٠٢

في تلك الأثناء، وفضلاً عن الوهابيين، كان الجيران الوحيدون ذوو الشأن بالنسبة إلى البشلكية هم الفرس. وبعد إرساء حكم آل كاجار في بلاد فارس، وجد باشا بغداد من

Sack of Karbala by the Wahhābis and second Turkish expedition, 1801-1802

This truce, even, was not long observed; and on the 20th April 1801, a terrible disaster befell the Turks in the sudden seizure and complete sack by the Wahhābis of the town of Karbala, a place regarded as sacred by Shī'ahs and therefore by almost the whole Persian nation. Sulaimān Pāsha endeavoured to reply to the outrage by an expedition against Dara'īyah, conducted this time not by a Turkish official but by Thuwaini, the chief Shaikh of the Muntafik tribe; but the result of this second attempt was even less favourable than that of the first, for not far beyond Kuwait the commander was assassinated, whether through political treachery or in consequence of some private grudge, and the leaderless force was dispersed and partly destroyed by the Wahhābis. These were the events that unnerved old Sulaimān Pāsha, who in middle age had defended Basrah bravely for a full year against the whole force of Persia, and who now, on learning of the calamity at Karbala, was said to have exclaimed: 'It is not fit I should live longer.'

Attitude of the Arab tribes to the Wahhābis and apathy of the Turkish authorities, 1802

The attitude of a number of the Arab tribes of 'Irāq was, in May 1802, extremely doubtful with reference to the Wahhābis. It was considered not improbable that the Khazā'il and the Shammar Tōqah, who had both suffered much at the hands of the Turks, might join the Wahhābis, if the latter should attempt an invasion in force; the loyalty of even the Muntafik tribe had become open to question; and the Pāsha himself had enunciated it as a principle, that 'enfin il ne faut pas "compter sur les tribues arabes, qui ont toutes les yeux sur les Vehabes".' The very extremeness of the danger begot a kind of apathy, which caused the town of Hillah, though unmistakeably threatened by the Wahhābis, to be left unwalled and undefended; and Mr. Harford Jones, the British Resident at Baghdād, was constrained to remark, in addressing the Governor-General of India: 'I fear Your Excellency will think I err if I tell you the Government here is so besotted as not to perceive the importance of the port (? post) of Hillah, but on my honor, my Lord, this is the case.'

Relations with Persia, 1789-1802

The only neighbours of consequence to the Pāshāliq besides the Wahhābis were at this time the Persians; and, after the establishment of Qājār rule in Persia, the Pāsha of Baghdād found it advisable to treat that country

المستحسن أن يعامل ذلك البلد بتقدير واحترام. فقد عُزيت، عموماً، إلى مؤسس أسرة الكاجار، آغا محمد خان، مخططات تتعلق ببغداد. وبعد وفاته عام ١٧٩٧، كان سلوك خليفته، فتح علي شاه، يثير مخاوف شديدة بين الحين والآخر، ولا سيما في عام ١٨٠١-١٨٠٢، حين خُشِيَ من احتمال أن يطالب الأتراك بالتعويضات، لفشلهم في حماية مدينة كربلاء الشيعية المقدسة وسكانها من ثورة الغضب الوهابي.

الصدام مع بني كعب، ١٧٩١

في عام ١٧٩١، حدثت قطيعة جديدة بين الإدارة التركية في البصرة وقبيلة بني كعب شبه المستقلة، في إقليم عربستان الفارسي دون أن يكون الأتراك قد فعلوا شيئاً لإثارتها. ففي وقت مبكر من ذلك العام، غامر بنو كعب بمهاجمة أسطول البن العماني السنوي أثناء توجهه نحو البصرة. لكنهم رُدّوا على أعقابهم متكبدين خسائر جسيمة، ودُمّرت معظم مراكبهم من نوع جاليفات. ومن أجل الانتقام لتلك الهزيمة، أقام بنو كعب بطاريات مدفعية على ضفتي شط العرب، وحاولوا منع السفن العمانية من العبور، وهي في طريق عودتها نزولاً في النهر، بين أكتوبر وديسمبر. لكن الغرباء كانوا يتمتعون بحراسة الأسطول التركي بقيادة القبطان باشا. وقد وصلت السفن إلى الخليج بسلام بعد اشتباك مع بطاريات المدفعية. فتخلى بنو كعب، عندئذ، عن بطارياتهم، وانسحبوا إلى الدورق، في حين عاد الأسطول التركي إلى البصرة. لكن الأتراك كانوا حانقين للغاية على بني كعب لوقاحتهم التي تمثلت باحتلالهم مواقعَ في الأراضي التركية، على ضفة النهر الغربية، ولمطالبتهم بتعويضاتٍ منهم عن الخسائر التي منوا بها، مثلما فعلوا إزاء الخسائر التي تكبدوها في هجومهم غير المبرر على السفن التجارية العمانية. إلا أن المسألة انتهت هنا.

مصاعب مع السيد سلطان عمان، ١٧٩٨

وفي عام ١٧٩٨، نشأ خلاف طفيف بين السيد سلطان، حاكم مسقط، والسلطات التركية في العراق، ورد ذكره في تاريخ سلطنة عمان. وفي يوليو ١٧٩٨، استعد الحاكم العماني للعمل ضد البصرة، عن طريق البحر، لإرغام الأتراك على دفع مبلغ من المال يؤكد حقه فيه بسبب المساعدة* التي قدّمها والده إلى الأتراك، خلال حصار البصرة عام ١٧٧٥-١٧٧٦. وبما أن الباشا كان، ذلك العام، المسؤول عن الدفاع عن البصرة، ويفترض أن يكون، شخصياً، على علم بالحقائق، فقد رفض ادعاء السلطان. وكتمهيد لذلك، شرع في

* انظر صفحة ١٦٧.

with consideration and respect. The founder of the Qājār dynasty, Āgha Muhammad Khān, was generally credited with designs upon Baghdād; and after his death in 1797 grave apprehensions were from time to time aroused by the conduct of his successor, Fat-h 'Ali Shāh, especially in 1801-02 when it was feared that he might require satisfaction of the Turks for their failure to protect the holy Shīah town of Karbala and its inhabitants against the fury of the Wahhābis.

Collision with the Ka'ab, 1791

In the year 1791 a fresh rupture, which the Turks themselves had done nothing to provoke, occurred between their administration at Basrah and the semi-independent Ka'ab tribe in the Persian province of 'Arabistān. Earlier in the year the Ka'ab had ventured to attack the annual 'Omāni coffee fleet while on its way to Basrah, but had been repulsed with severe loss, most of their Gallivats being destroyed. To revenge this defeat, the Ka'ab constructed batteries upon both banks of the Shatt-al-'Arab and endeavoured, on the return of the 'Omāni vessels down the river between October and December, to prevent their passage; but the strangers were escorted by the Turkish fleet under the command of the Kapitān Pāsha, and, after an engagement between the ships and the batteries, they reached the Persian Gulf in safety. The Ka'ab then abandoned their batteries and withdrew to Dōraq, while the Turkish fleet returned to Basrah; but the Turks were extremely irritated against the Ka'ab on account of their insolence in having occupied positions on Turkish soil on the western bank of the river and in having demanded compensation from them, as they did, for the losses which they had sustained by their gratuitous attack upon the 'Omāni merchantmen. The matter, however, ended here.

Difficulty with the Saiyid of 'Omān, 1798

A slight disagreement, mentioned also in the history of the 'Omān Sultanate, occured in 1798 between Saiyid Sultān, the ruler of Masqat, and the Turkish authorities in 'Irāq. By way of enforcing a claim to a sum of money which the Saiyid asserted to be due to him on account of the aid* rendered by his father to the Turks during the siege of Basrah in 1775-76- a claim repudiated by the Pāsha, who as the defender of Basrah in that year must have been personally cognisant of the facts - the 'Omāni ruler in July 1798 prepared to operate by sea against Basrah and, as a preliminary to doing

---

*Vide page 167 ante.

مفاوضات مع عدوه القاسمي، شيخ رأس الخيمة، من أجل الصلح، بل من أجل التحالف. أما سليمان باشا، الذي كان على علم آنذاك بالغزو الفرنسي لمصر، ويوشك أن يقوم بحملته الأولى ضد الوهابيين، فقد شعر أن أي إضافة إلى تعقيدات وضعه ستكون مصدر إزعاج. وفي ٢٠ أغسطس ١٧٩٨، استدعى المستر رينو، وهو وكيلٌ كان المقيم البريطاني في البصرة قد أوفده إلى بغداد بمهمة، استدعاه ليطلب، بواسطته، أن يبذل المقيم البريطاني مساعيه الحميدة، ليثني السيد، سلطان عمان، والشيخ القاسمي عن استخدام العنف. وقد وافق المقيم، المستر مانستي، على ذلك الاقتراح بطيبة خاطر. لكنه وجد، بعد التحقيق، أن متسلم البصرة كان في طور التراسل مع كلا الطرفين. وقد تلت ذلك مفاوضات مباشرة بين المتسلم والملا ابراهيم علي، قائد أسطول البن العماني السنوي، الذي كان راسياً آنذاك في بوشهر. وفي النهاية، جرت تسوية النزاع مؤقتاً، وقامت السفن العمانية بزيارتها الودية المعتادة للبصرة.

العلاقات السياسية البريطانية بالعراق التركي، ١٧٨٩ - ١٨٠٢

يبقى أن نشير إلى علاقات بريطانيا، ممثلةً بشركة الهند الشرقية وممثليها، بالعراق التركي، خلال السنوات الأخيرة من إدارة سليمان باشا.

صعوبة بين المقيم البريطاني في البصرة والسلطات التركية، نشأت عن دعوى بين اليهود وأحد المسيحيين، ١٧٩١ - ١٧٩٣

في مارس أو أبريل ١٧٩١، تدخل المستر مانستي، المقيم البريطاني بالبصرة، في مقاضاة أمام المتسلم، ضد مسيحي من سكان البصرة يُدعى ريشا، كان متهماً بقتل يهودي لم يكن، على ما يبدو، من رعايا بريطانيا ولم يكن حتى أوروبياً. ويبدو أن الأساس، الذي استند إليه المقيم للتدخل، كان تضمين القضية أدلّةً من طرف واحد فقط، وأن السجين لم تُتح له محاكمة عادلة. ومع أنه عجز عن منع المتسلم من تجريم المتهم والحكم عليه بالموت، فقد نجح في الحيلولة دون إنزال هذه العقوبة القصوى به. وفي غضون ذلك، عمد أعضاء من الجالية اليهودية في البصرة، كانت الدعوى قد أثارت هياجاً كبيراً في صفوفهم، إلى التهديد باللجوء إلى العنف الشخصي ضد المقيم البريطاني وبقطع سارية علم شركة الهند الشرقية. لكنهم أجبروا على الاعتذار، للمستر مانستي، بحضور المتسلم ومسؤولين أتراك آخرين، عمّا كانوا قد تفوهوا به. وقَبِل المستر مانستي الاعتذار في البداية. إلا أنه، في تاريخ

so, opened negotiations with his enemy the Qāsimi Shaikh of Rās-al-Khaimah for a peace, and even for an alliance. Sulaimān Pāsha, who was by this time aware of the French invasion of Egypt and who was now about to launch his first expedition against the Wahhābis, feeling that any addition to his perplexities would be inconvenient, sent on the 20th August 1798 for Mr. Reinaud, an agent whom the British Resident at Basrah had deputed to Baghdād on business, and requested through him the good offices of the Resident in dissuading the Saiyid of 'Omān and the Qāsimi Shaikh from violent action. To this proposal Mr. Manesty, the Resident, very readily assented, but he found on enquiry that the Mutasallim of Basrah was already in correspondence with both of the other parties. Direct negotiations followed between the Mutasallim and Mulla Ibrāhim 'Ali, the commander of the annual Masqat coffee fleet, then lying at Būshehr; and in the end the dispute was adjusted, for the time being, and the 'Omāni ships paid their accustomed friendly visit to Basrah.

British political relations with Turkish 'Irāq, 1789-1802

It remains to notice the relations of Britain, as represented by the East India Company and their agents, with Turkish 'Irāq during the later years of Sulaimān Pāsha's administration.

Difficulty between the British Resident at Basrah and the Turkish authorities, arising from a case between Jews and a Christian, 1791-93

In March or April 1791 Mr. Manesty, the British Resident at Basrah, intervened in proceedings before the Mutasallim against a Christian inhabitant of Basrah named Risha, not apparently a British subject or even a European, who was taxed with the murder of a Jew. The ground of the Resident's interference seems to have been that ex parte evidence only had been taken in the case, and that the prisoner had not been allowed a fair trial; and, though he was unable to withhold the Mutasallim from finding the accused guilty and sentencing him to death, he succeeded in preventing the infliction of the extreme penalty. Meanwhile threats of resorting to personal violence against the British Resident and of cutting down the East India Company's flagstaff had been used by members of the Jewish community at Basrah, among whome the case had caused great excitement; but they were compelled to apologise to Mr. Manesty, in the presence of the Mutasallim and other Turkish officials, for what they had said; and Mr. Manesty at first accepted their apology. Subsequently, however, on learning from a private

لاحق، وبعد أن بلغه، من مصدر خاص، أن زعيم الجالية اليهودية المحلية كتب عنه إلى نائب الكيخيا باشا في بغداد بعبارات حطت من قدره، طلب إعادة فتح القضية بكاملها، وطرد «كبير اليهود» من البصرة، وتغريم عشرة آخرين من اليهود شاركوا في التحريك، أو معاقبتهم. لكن متسلم البصرة رفض اتخاذ أي إجراء، على أساس أن اليهود كفّروا عن إساءاتهم بتقديم اعتذار. فرفع المقيم المسألة، عندئذ، إلى الباشا في بغداد. وقد طال أمد المسألة لفترة سنتين تقريباً، حين عمد الباشا، رغبةً منه في إنهائها، إلى استدعاء «كبير اليهود» إلى بغداد، وحَرِصَ على تأنيب الآخرين، أو أنه عرض أن يؤنبوا. ولم تُذكر كيفية التخلّص من السجين ريشا، في نهاية الأمر.

نقل المقيمية البريطانية من البصرة إلى الكويت، ١٧٩٣ - ١٧٩٥

لكن المستر مانستي رفض التسوية التي حاول الباشا تمريرها. وفي ٣٠ ابريل ١٧٩٣، انسحب، على سبيل الاحتجاج، من البصرة إلى الكويت، مصطحباً المستر هارفورد جونز، الذي كان «وكيلاً مشاركاً» معه في البصرة منذ نوفمبر ١٧٨٨، وآخذاً المقيمية معه. عندئذ، كتب الباشا إلى حاكم بومباي، يشكو من سلوك المستر مانستي، طالباً استدعاءه إلى الهند وإرسال مقيم آخر ليحل محله. فرفعت حكومة بومباي المسألة، التي أثارتها هذه الأحداث، إلى الحاكم العام للهند، وبواسطته إلى مجلس مديري شركة الهند الشرقية في لندن.

وقد وُصفت أحداث إقامة مقيمية البصرة في الكويت، بين عامي ١٧٩٣ و١٧٩٥، في تاريخ تلك الإمارة. وخلال وجود المقيم في الكويت، تلقّى أكثر من دعوة من الباشا للعودة إلى البصرة. لكنه رفضها كلها، لأن شرطاً من الشروط لم يُقبل اعتبره المقيم جوهرياً للغاية، ألا وهو إنزال العقاب بعشرةٍ من اليهود. ويبدو أن الباشا ربما يكون، في النهاية، قد ناشد وزراء صاحب الجلالة أن يدعموه، وأن تكون المناشدة قد حصلت عبر السفير البريطاني في القسطنطينية.

أوامر مجلس المديرين، ابريل ١٧٩٥

لم يُصدر مجلس المديرين، أوامر في القضية إلا في ابريل ١٧٩٥. فقد استهجن سلوك المستر مانستي والمستر جونز، معتبراً أنهما أبديا نقصاً كبيراً في الحكمة حين أقدما على إعادة إحياء النزاع المتعلق باليهود، بعد أن كان قد سُوّي عملياً. كما أصدر توجيهاتٍ تقضي بنقلهما من منصبيهما في مقيمية البصرة، وأمر بأن يقوم المسؤولان المرسلان للحلول

source that the head of the local Jewish colony had written of him in disparaging terms to the Kehiyah Pāsha at Baghdād, Mr. Manesty demanded that the whole case should be reopened, that 'the principal Jew' should be expelled from Basrah, and that ten other Jews who had taken part in the agitation should be fined or otherwise punished; but the Mutasallim of Basrah, on the ground that the Jews had already expiated their offence by an apology, refused to take action; and the Resident then referred the question to the Pāsha at Baghdād. The matter dragged on till about two years later, when the Pāsha wishing to end it, summoned 'the principal Jew' to Baghdād and caused the others to be admonished, or offered to have them admonished. How the prisoner Risha was finally disposed of is not stated.

Removal of the British Residency from Basrah to Kuwait, 1793-1795

The settlement thus attempted by the Pāsha was rejected, however, by Mr. Manesty; and on the 30th of April 1793, accompanied by Mr. Harford Jones, who had been 'Joint Factor' with him at Basrah since November 1788, he withdrew by way of protest from Basrah to Kuwait, taking the Residency with him. The Pāsha then wrote to the Governor of Bombay, complaining of Mr. Manesty's conduct and requesting that he might be recalled to India and another Resident sent in his place. The question raised by these events was referred by the Government of Bombay to the Governor-General of India, and by the Governor-General to the Court of Directors of the East India Company in London.

The incidents of the sojourn of the Basrah Residency at Kuwait from 1793 to 1795 are described in the history of that principality. The Resident, while he was at Kuwait, received more than one invitation from the Pāsha to return to Basrah; but he declined them all because a condition which he considered most essential - the punishment, namely of ten of the Jews - was not accepted; and finally he seems to have made an appeal to 'His Majesty's Ministers,' perhaps through the British Ambassador at Constantinople, for support.

Orders of the Court of Directors, April 1795

The Court of Directors passed no orders in the case until April 1795. They then censured the conduct of Messrs. Manesty and Jones, whom they considered to have shown great want of judgment in reviving the dispute about the Jews after it had been practically settled; directed that those two gentlemen should be removed from their appointments in the Basrah

محلهما، لدى وصولهما إلى الكويت، بإعلام الباشا أن شركة الهند الشرقية لن تضغط من أجل معاقبة اليهود العشرة، وأنه إذا ضُمن استقبال مشرِّف، أعيد نقل الوكالة إلى البصرة. وفي ١٥ سبتمبر ١٧٩٥، وبعد تلقي هذه التعليمات، عيّنت حكومة بومباي المستر ن. كراو، والمستر ب. لو ميسورييه محل كل من المستر مانستي والمستر جونز. وكان جونز قد غادر الكويت إلى إنجلترا قبل وقت قصير، بسبب المرض.

عودة الوكالة إلى البصرة، ٤ سبتمبر ١٧٩٥

مهما يكن من أمر، فإن الباشا لم يكن على علمٍ بميل السلطات البريطانية العليا إلى النظر في القضية، على ضوء نظرته إليها. وقبل وقتٍ غير طويل من وصول الرسالة المستعجلة إلى الهند، والتي كان من شأنها أن تضمن انتصاره، كان قد وافق على شروط المستر مانستي. وفي التاسع من أغسطس* ١٧٩٥، وصل إلى الكويت اسماعيل أفندي، وهو ضابط تركي عالي الرتبة، وَصَل لحسم الأمور، عن طريق تسليم رسالة ومرافقة المقيم البريطاني مكرّماً إلى البصرة. وقد أبحر المستر مانستي من الكويت في ٢٦ أغسطس، ونزل إلى البرّ في البصرة في الرابع من سبتمبر، حيث جرى استقباله بحفاوة، وجرى، وفقاً للاتفاق مع الباشا، تسليمه اليهود العشرة «لتأديبهم بنفسه أو سجنهم». لكن ليس ثمة ما يظهر كيف أفاد من السلطة التي وُضعت في يديه.

وقد أثار وصول المستر كراو لاحقاً إلى البصرة، مع تعليمات بتسلّم المقيمية من المستر مانستي، أثار صعوبات رسمية سنعالجها في فقرة لاحقة.

العلاقات الودية بين المقيم البريطاني والسلطات التركية، ١٧٩٧ ـ ١٧٩٨

بعد رحيل المستر كراو وإعادة المستر مانستي إلى منصبه كمقيم، وهو المنصب الذي حلّ محله فيه مؤقتاً المستر كراو، أُرسيت علاقات منسجمة كل الانسجام، بين الوكالة البريطانية والمسؤولين والنافذين في البلد، وجرى الحفاظ عليها. وكتب المستر مانستي عن هذه العلاقات الرواية التالية التي تنم عن الغرور بالنفس، في مايو ١٧٩٨:

يسرني حقاً أن أبلغ الحكومة المعلومات التي تفيد أن أوضاع المقيمية في الوقت الحاضر، في أفضل حالات الازدهار، وليس لديّ أدنى شك في أنها ستستمر طويلاً على هذا المنوال. فسلوك

* توصل المجلس إلى قراره في ابريل. ومن الممكن فعلاً، أن يكون المستر مانستي قد تلقى معلومات خاصة بشأن فحواه من بعض الأصدقاء، في يونيو او يوليو. وربما جدد آنذاك جهوده لإقناع الباشا. فقد كان يستطيع ان يعرض إصدار أحكام مخففة على اليهود إذا سُلّموا اليه لمعاقبتهم، كما حصل في نهاية المطاف.

Residency; and ordered that the officials sent to relieve them should on arrival at Kuwait, intimate to the Pāsha that the East India Companywould not press for the punishment of the ten Jews, and that, if an honourable reception were guaranteed, the Factory would be retransferred to Basrah. On the 15th of September 1795, on receipt of these instructions, the Government of Bombay appointed Messrs. N. Crow and P. LeMessurier to the places of Messrs. Manesty and Jones, of whom the latter had recently left Kuwait for England on account of ill-health.

Return of the Factory to Basrah, 4th September 1795

The Pāsha was not aware, however, of the disposition of the higher British authorities to view the case in the same light as he did himself; and, not long before the arrival in India of the despatch by which his triumph would have been secured, he agreed to Mr. Manesty's terms. On the *9th of August 1795 Ismā`īl Effendi, a Turkish officer of high rank, arrived at Kuwait to clinch matters by the delivery of a letter and to escort the Resident back with honour to Basrah. Mr. Manesty embarked at Kuwait on the 26th of August, and on the 4th of September he landed at Basrah, where he was well received and where, according to the agreement with the Pāsha, the ten Jews were handed over to him 'for personal chastisement or imprisonment'; but there is nothing to show what use he made of the power thus placed in his hands.

The subsequent arrival of Mr. Crow at Basrah with instructions for taking over charge of the Residency from Mr. Manesty gave rise to official difficulties which will be dealt with in a later paragraph.

Cordial relations between the British Resident and the Turkish authorities, 1797-98

After the departure of Mr. Crow and the restoration of Mr. Manesty to the Residentship, in which he had been temporarily superseded, harmonious relations were established and maintained between the British Factory and the officials and influential men of the country. Of these relations the following egotistic account was given by Mr. Manesty in May 1798:

I am really happy in communicating to Government information that the affairs of the Residency are at present in a most prosperous state, and that I have not the smallest

---

*The decision of the Court was reached in April, and it is quite possible that Mr. Manesty may have had private advices of its tenor from some friend in June or July, and may have then renewed his efforts to bring the Pāsha round. He could offer to let the Jews off lightly if they were made over to him for punishment, as they eventually were.

الحكومة التركية، بكل دوائرها، حيال الوكالة وحيالي أنا شخصياً سلوك وُدّي وحسن ويبعث على الرضى (هكذا) إلى أبعد الحدود. كما أن نفوذي لديها نفوذ واسع إلى الحد الذي أرغب فيه شخصياً. فضلاً عن أن نفوذي وصداقتي مع كل الحكام والشيوخ المجاورين، والبعيدين في الصحراء، يمكّنانني من وضع خدماتهم بتصرفي في كل المناسبات. كما أن سكان البلد، عموماً، يتفانون في تلبية رغباتي. باختصارٍ يا سعادة السير، لقد بلغتُ الآن الغرض المنشود من تلك التدابير السياسية والحصيفة التي ميّزت دائماً سلوكي العام كمقيم بريطاني في البصرة. لقد وُطّد الشرفُ والرصيدُ والجدارة بالاحترام ووُطِّد النفوذُ توطيداً راسخاً وكاملاً. وتتمتع الأمة والشركة المبجّلة، الآن، تمتعاً لا لبس فيه ولا إبهام، بكل المنافع المستمدة من هذا المرؤوس القيّم. وهذه منافع، ولو ببعض الإطراء لنفسي، سأتمكن من الحفاظ عليها، من خلال موافقة الحكومة ودعمها في المستقبل.

إقامة مقيمية بريطانية في بغداد، ١٧٩٨

وضعت مغادرة بونابرت إلى الشرق، والمخططات التي من المفترض أنه كان يضمرها للهند، وضعت كفاية التمثيل البريطاني في بغداد موضع مراجعة في عام ١٧٩٨. ففي عام ١٧٦٥، أنشئت مقيمية بريطانية في بغداد يتولى مسؤوليتها ضابط أوروبي. لكنها ألغيت عام ١٧٦٦، وبقيت بريطانيا ١٥ عاماً بلا تمثيل في مركز البشلكية. وفي عام ١٧٨١، اعتُمد خط وسط، عن طريق تأسيس وكالة وطنية. وأخيراً في يونيو ١٧٩٨، استُدعي المستر هارفورد جونز إلى دار الهند في لندن، وكان يقضي إجازة في الوطن منذ عام ١٧٩٥، فنوقشت معه خطط شتى لمقاومة الخطط المنسوبة إلى بونابرت، بينها خطة كان من شأنها أن تشركه مع الكومودور بلانكت في مهمة لدى الشيوخ العرب على ساحل البحر الأحمر. لكن المداولات أسفرت، باقتراح خاص منه، و«بقرار من صاحب الجلالة، ومن اللجنة السرية لشركة الهند الشرقية، أسفرت عن تَعيينه في بغداد مقيماً لدى سليمان باشا، بصفة وكيل سياسي. لكن هدفه، على وجه الخصوص، كان محاولة إقناع ذلك الزعيم، المستقل تقريباً، بمساعدة الباب العالي بالأموال، ليخيّب ما كان لبونابرت، بشأن الشرق، من وجهات نظر أبحر، لتحقيقها، مع الحملة المجهّزة في طولون، أيّاً كانت وجهات النظر تلك»*. وقد جرى التعيين في لندن في الخامس من يوليو ١٧٩٨. ووصل «المقيم لدى بلاط الباشا في

* انظر مؤلف السير هـ.ج. بريدجز: "Wahauby"، ص١٦. وهناك شرح إضافي في ملاحظة صفحة ١٧٧ يقول: «كان المقصود من هذا التعيين السعي لإبقاء الباشا ثابتاً على العهد تجاهنا، إذا ساد النفوذ الفرنسي في القسطنطينية، أو جعله يقدم كل مساعدة يستطيع تقديمها لسلطانه، في حال التقارب بيننا وبين الباب العالي». (منذ تسطير المكتوب أعلاه، وجد الكاتب الحالي في بغداد بعض المرسلات المتعلقة بإنشاء المقيمية. وهي منشورة في الملحق رقم ٢، من ملحقات هذا الفصل).

doubt of their long continuing so. The conduct of the Turkish Government in all its departments towards the factory and myself is friendly, handsome, and satisfactory on (sic) the highest degree. My influence with it is as extensive as I can myself desire. My influence and friendship with all the neighbouring Governors and Shaiks, and with the distant Shaiks in the desert, enable me to command their services on all occasions, and the general inhabitants of the country are devoted to my wishes. In short, Hon'ble Sir, I have now attained the desirable object of those politic and prudential measures which have invariably characterised my public conduct as British Resident at Bussorah. The honor, the credit, the respectability, and the influence are completely and firmly established, and the nation and the Hon'able Company now in unequivocal enjoyment of all the advantages derivable from this valuable subordinate, advantages which I flatter myself I shall be enabled to preserve to them by the future countenance and support of Government.

Establishment of a British Residency at Baghdād, 1798

The departure of Bonaparte for the East, and designs upon India which he was supposed to entertain, brought the adequacy of British representation at Baghdād under review in 1798. A British Residency in charge of a European officer had been set up at Baghdād in 1765, but it was abolished again in 1766, and for fifteen years thereafter Britain remained unrepresented at the headquarters of the Pāshāliq. In 1781, as a middle course, a Native Agency was established. At length, in June 1798, Mr. Harford Jones, who had been at home on leave since 1795, was summoned to the India House in London, and various plans for counteracting the schemes attributed to Bonaparte were discussed with him, including one by which he would have been associated with Commodore Blankett in a mission to the Arab chiefs of the Red Sea coast; but the issue of the deliberations was that, at his own suggestion, he was appointed to Baghdād 'by his Majesty, and the Secret Committee of the East India Company, to reside with Suleiman Pacha, in quality of political Agent, but more particularly for the purpose of prevailing on that almost independent chief to assist the Porte with money, in disappointing the views on the East, whatever they might be, with which Bonaparte, and the expedition fitted out from Toulon, had sailed.*' The appointment was made in London on the 5th July 1798, and the new 'Resident at the Court of the Pacha

---
*Vide Sir H. J. Brydge's *Wahauby*, page 16. In a note on page 177 it is further explained that: "The intent of this appointment was, in the event of the French influence prevailing at Constantinople, to endeavour to keep the Pasha staunch to us; or if the Porte and ourselves drew together, to make him afford every assistance in his power to his Sovereign." (Since the above was written some correspondence relating to the establishment of the Residency has been found by the present writer at Baghdād: it is printed as Annexure No. II to this chapter.)

بغداد» إلى المكان الذي يقصده في ٢٤ أغسطس، وتسلّم مسؤولية مهامه، حالاً محل المستر رينو، الذي كان المستر مانستي، المقيم البريطاني في البصرة، قد انتدبه إلى بغداد قبل وقت قصيرٍ، كتدبير مؤقت.

وقد نسّقت العملَ المشتركَ، للسلطات البريطانية والتركية في الشرق، معاهدةُ حلف دفاعي مع سمو الباب العالي، عقدها سفير صاحب الجلالة المطلق التصرف والصلاحية في القسطنطينية في الخامس من يناير ١٧٩٩، وكان هدفها المباشر تعاون القوات البريطانية والتركية ضد الجيش الفرنسي في مصر.

وضع المقيم البريطاني في البصرة، ١٧٩٨ - ١٧٩٩

لا بدّ أن يكون إنشاء مؤسسة جديدة، من رتبة مساوية، في مركز البشلكية في بغداد، قد قلّل كثيراً من أهمية المقيمية القديمة في البصرة. وفي آخر الأمر، نشأ احتكاك* بين المستر مانستي والمستر جونز، وكان المستر مانستي الأعلى رتبة، في حين كان الثاني قد أحرز مكانة أبرز. وفي ديسمبر ١٧٩٨، انتهز المستر مانستي فرصة مرور الكيخيا علي باشا بالبصرة، في طريقه لشن حملته ضد الوهابيين، انتهز الفرصة ليقيم علاقات صداقة شخصية معه. لكنه، لمّا استوضح حكومة بومباي في فبراير ١٧٩٩، عن إمكانية توجهه إلى بغداد لمقابلة سليمان باشا، قيل له إن في وسعه القيام بذلك، فقط في حال عدم قدرة المستر جونز أن يحسن إنجاز الغرض الذي يُزمع إنجازه. وبنتيجة هذا الجواب، ألغى الزيارة التي كان يزمع القيام بها.

المساعدة البريطانية لباشا بغداد في الأمور العسكرية، ١٧٩٨ - ١٧٩٩

في مناسبات عديدة عامي ١٧٩٨ و ١٧٩٩، أمدت حكومة بومباي باشا بغداد بمدافع الهاون والبنادق وقذائف المدفعية والبارود، فضلاً عن ذخائر حربية أخرى، بسعر الكلفة. ورداً على طلبه المتضمّن إرسال خبير في المدفعية و«مِدْفعيٍّ قدير مسلم، سبق تدريبُه في الخدمة العسكرية للشركة المبجلة في الهند**»، أُرسل مرشد ورجلا مدفعية أوربيّان إلى البصرة في أغسطس ١٧٩٩.

* سَبَّب النزاع نشوء تبادل لافت للإهانات، مارس، خلاله، كل من الفريقين المتخاصمين الحكم، محتفظاً بنسخٍ طبق الأصل عن رسائل الشتائم التي أمطر بها على الفريق الآخر.

** فرّ، فيما بعد، المرشد، الذي يدعى ريمون، إلى الجانب الفرنسي، مدّعياً أنه من أصل فرنسي. وقد عيّنته الحكومة الفارسية، فيما بعد، موظفاً في قنصليتها بالبصرة. ولم يكن ممكناً تسلّمه من الأتراك حتى عام ١٨٢٦، عندما جرى التخلي عنه لكونه فاراً، واخذ إلى بومباي. لكن عُفي عنه، لمرور زمنٍ طويل على فراره.

of Baghdad' arrived at his destination on the 24th of August following and assumed charge of his duties, superseding Mr. Reinaud whom Mr. Manesty, the British Resident at Basrah, had deputed to Baghdād a short time before as a temporary arrangement.

Joint action by the British and Turkish authorities in the East was regularised by a treaty of defensive alliance with the Sublime Porte, concluded by His Britannie Majesty's Minister Plenipotentiary at Constantinople on the 5th January 1799, of which the immediate object was the co-operation of British with Turkish troops against the French army in Egypt.

Position of the Resident at Basrah, 1798-99

The existence of a new establishment of equal rank at the head quarters of the Pāshaliq of Baghdād must have detracted considerably from the importance of the older Residency at Basrah; and eventually, friction* arose between Messrs. Manesty and Jones, of whom the former was the senior in rank, while the latter had now obtained the more conspicuous position. In December 1798 Mr. Manesty took advantage of the passage of the Kehiyah, 'Ali Pāsha, through Basrah on his expedition against the Wahhābis to establish friendly personal relations with him; but in February 1799, having enquired of the Government of Bombay whether he might proceed to Baghdād for an interview with Sulaimān Pāsha, he was told that he might do so only if the object which he had in view could not be equally well attained through Mr. Jones; and in consequence of this answer he gave up his intended visit.

British assistance in military matters to the Pāsha of Baghdād, 1798-99

On several occasions in 1798 and 1799 the Government of Bombay supplied the Pāsha of Baghdād with mortars, muskets, shells, gunpowder and other munitions of war at cost prices; and, in response to a request for an experienced gunner and an 'able bombardier of the Muhammadam persuasion who had been trained in the military service of the Honourable Company in India,' a** conductor and two European gunners were sent to Basrah in August 1799.

---

*The quarrel gave rise to a truly remarkable exchange of invectives, during which each of the disputants plied Government with "true copies" of the abusive letters that he heaped upon his adversary.

**The conductor, whose name was Raymond, subsequently deserted to the French, alleging himself to be of French extraction. He was afterwards appointed by the French Government to their Consulate at Basrah; and his surrender by the Turks could not be obtained until 1826, when he was given up as a deserter and taken to Bombay, but there pardoned on account of the long time that had elapsed since his desertion.

اعتراض بعثة في البصرة من السلطان تيبو إلى الباب العالي، اكتوبر ١٧٩٩

في اكتوبر ١٧٩٩، بات المستر مانستي على علم بوجود بعثة في البصرة قام تيبو سلطان ميسور بإرسالها إلى سلطان تركيا، مع هدايا ورسائل، متوسلاً عونه ضد البريطانيين في الهند. وكانت البعثة تتألف من السيد علي محمد كندري، والسيد مدار الدين، مع أمين سر يدعى حسن علي وبعض المرافقين. وقد حرص المستر مانستي أن يبلغ السفراء بواسطة التاجر الفارسي آغا محمد نبي، الذي أصبح في وقت لاحق مبعوثاً فارسياً إلى الهند، أن يبلغهم بسقوط سيرينجابا تام ووفاة سيدهم. وكان هو نفسه قد تلقى للتو معلومات عن هذه الأحداث. لكنهم لم يعتبروا أنفسهم في حلٍّ من واجب القيام بمهمتهم لصالح ورثة تيبو. وقد لجأ المقيم أيضاً إلى المتسلم، عبد الله آغا، الذي اعتقد أنه قد يستطيع كبح المبعوثين عن مواصلة تقدمهم. لكن ذلك المسؤول تلقى تعليمات من باشا بغداد، الذي لم يكن يتجرأ على عصيانها، بمساعدتهم على مواصلة سيرهم، فعمد المستر مانستي، عند ذاك، إلى إرسال آغا محمد نبي مع مترجم الوكالة وأحد انكشاريتها، إلى المبعوثين. وقد أسهب هذا الوفد في الكلام المؤثر عن وضعهم والتزاماتهم، بوصفهم يعملون في خدمة دولة مغلوبة، وعن الصعوبات التي سيتعرضون لها على الأرجح في القسطنطينية، حيث لن يكون في وسع السلطان مصادقتهم، لتحالفه مع بريطانيا، وعن تصميم المقيم بالذات ألا يسمح لهم بالمرور، بل بالعكس، أن يجبرهم على العودة إلى بومباي على متن الـ«أنتيلوب» الجاهزة للإبحار. وعندما لوَّح لهم بمكافآت، اعترفوا، في النهاية، أنهم رعايا بريطانيون، ووعدوا بالانصياع لرغبات المقيم. إلا أن المتسلم صادر الهدايا والرسائل التي كانوا يحملونها إلى السلطان، على الرغم من احتجاج المستر مانستي. لكن هذا التنازل من جانب عبد الله آغا لرأي مجلسه، كان أمراً لا مفر منه على الأرجح، لأن هذا المجلس كان يحبّذ بقوةٍ تشجيع المبعوثين على التوجه إلى القسطنطينية.

زيارة النقيب مالكولم للعراق التركي، ١٨٠١

حين كان النقيب ج. مالكولم في طريق عودته إلى الهند من مهمته الأولى لدى البلاط الفارسي، قام بزيارة قصيرة لباشا العراق التركي، وهو الإقليم الذي كان مُعتمداً فيه، بشكل رسمي، أيضاً. وفي ١٥ مارس ١٨٠١، وحين كان مسافراً من همذان، بلغ الحدود السيئة التحديد بين بلاد فارس وتركيا. وسرعان ما وصل إلى ضفتي نهر دجلة حيث صرف كل مرافقيه الفرس مع هِباتٍ سخية، لتخوُّف باشا بغداد من العدد الكبير من الفُرس الذين كانوا

Interception at Basrah of an embassy from Tipu Sultān to the Porte, October 1799

In October 1799 Mr. Manesty became aware of the presence in Basrah of an embassy which Tipu Sultān of Mysore had despatched to the Sultān of Turkey, with presents and letters, to beseech his assistance against the British in India. It consisted of Saiyid 'Ali Muhammad, Kandri, and Saiyid Madār-ud-Dīn, with a secretary named Hasan 'Ali and some attendants. Mr. Manesty caused the Ambassadors to be informed through Āgha Muhammad Nabi, a Persian Merchant and afterwards Persian Envoy to India, of the fall of Seringapatam and the death of their master, of which events he had himself just received intelligence; but they did not consider themselves absolved from the duty of discharging their mission in the interests of Tipu's heirs. The Resident also had recourse to the Mutasallim, 'Abdullah Āgha, by whom he thought the Ambassadors might be restrained from proceeding further; but that official presently received instructions from the Pāsha of Baghdād, which he dared not disobey, for forwarding them on their way. Mr. Manesty then sent Āgha Muhammad Nabi with the Factory Linguist and a Factory Janissary to the Ambassadors; and this deputation enlarged with such effect on their position and obligations as servants of a conquered state, on the hardships to which they would probably be exposed at Constantinople, where the Sultān on account of his alliance with Britain would not be able to befriend them, and on his own positive determination not to let them pass, but on the contrary to compel them to return to Bombay in the 'Antelope' then setting sail, that in the end - some hint of rewards having also been thrown out - they acknowledged themselves British subjects and promised to comply with the Resident's wishes. The presents and letters which they had brought for the Sultān, however, were taken from them by the Mutasallim, notwithstanding a protest by Mr. Manesty; but this was probably an unavoidable concession by 'Abdullah Āgha to the opinion of his Council, who were strongly in favour of the Ambassadors being encouraged to proceed to Constantinople.

Visit of Captain Malcolm to Turkish 'Iraq, 1801

Captain J. Malcolm, in returning to India from his first mission to the Persian Court, paid a short visit to Turkish 'Irāq, to the Pāsha of which province also he was formally accredited. On the 15th March 1801, travelling from Hamadān, he reached the ill-defined boundary between Persia and Turkey; and soon afterwards he arrived on the banks of the Tigris, where, in consequence of the alarm of the Pāsha of Baghdād at the large number of

يرافقون البعثة. وقد رفض سليمان باشا السماح للنقيب مالكولم دفع ثمن المؤن التي زُوّدت بها البعثة محلياً، مُظهراً نفسه، من هذه الناحية، أنه اكثر احتفاءً بالضيوف من السلطات الفارسية، التي قبلت بالدفع. لكن كانت تساوره شكوك تشوبها الغرابة. وفي إحدى المناسبات، أرسل يطلب، بوجه خاص، بألا يشهر حراس المبعوث البريطاني سيوفهم أثناء وجودهم على الأراضي التركية. وكان الباشا متلهفاً لعقد حلف مع البريطانيين. حتى انه عبر عن أسفه لأنه لم يؤتَ به طرفاً ثالثاً في الاتفاقية التي عقدها النقيب مالكولم أخيراً، بين بريطانيا وبلاد فارس. بيد أن التعامل الرسمي معه اقتصر على زيارة احتفالية فخمة واحدة، سُلم خلالها الباشا رسالة من حاكم الهند العام مع هدايا ثمينة. وفي ٣١ مارس، غادر النقيب مالكولم بغداد متوجهاً إلى البصرة في قارب نهري زوّده به الباشا. لكنه انتقل، في الثامن من أبريل، إلى متن سفينة يملكها المستر مانستي، المقيم البريطاني في البصرة، لاقته بالقرب من القرنة، مثلما فعل أيضاً مركب بضائع خاص بالدولة عائد للباشا. وفي ١٤ ابريل، وبعد أن قضى جزءاً من الوقت مع المستر مانستي في بيته الريفي بكوت الفرنجي، وتبادل الزيارات والهدايا مع السلطات المحلية التركية، أبحر إلى بومباي على متن السفينة «جوناثان دانكان» التي كانت تنتظره في البصرة.

خلاف بين المقيم البريطاني في بغداد والباشا، ١٨٠١

خلال صيف ١٨٠١، تعكرت علاقات المستر جونز، المقيم في بغداد، بسليمان باشا، بسبب حادثة مُستنكرة. ففي التاسع من يونيو، أعلم الباشا المستر جونز أن هناك شعوراً خطيراً ضده في بغداد، بسبب امرأة تركية شوهدت، كما يزعمون، تخرج من بيته، وعرض مساعدة المستر جونز على الهرب من المدينة، مضيفاً أنه إذا قرر البقاء حيث هو، فلن يكون في وسع الحكومة المحلية أن تتحمل مسؤولية سلامته. ورد المستر جونز رافضاً مغادرة بغداد، مسنداً رفضه إلى براءته الكاملة من الجنحة المتهم بها. فما كان من الباشا، الذي لم تكن واضحةً الاسباب التي دفعته لإثارة الموضوع وتضخيمه، إلاّ الإعلان أنه لا يستطيع الاعتراف بعد الآن بالمستر جونز ممثلاً للحكومة البريطانية، ومَنْع موظفي البشلكية من الاتصال به، وإبلاغه أنه لم يعد تحت الحماية الرسمية التركية. فعمد المستر جونز إلى إبلاغ حكومة الهند ومجلس المديرين في لندن بظروفه. وبعد أن أبلغ الباشا بهذه الخطوة، وشرح

Persians accompanying the mission, he discharged all his Persian attendants with princely gratuities. Sulaimān Pāsha refused to let Captain Malcolm pay for the local supplies furnished to the mission, showing himself in this respect more hospitable than the authorities in Persia, where payment had been accepted; but he was not free from strange suspicions, and on one occasion he sent specially to request that swords might not be drawn by the British Envoy's escort while in Turkish territory. The Pāsha was anxious for an alliance with the British, and he even expressed his regret that he had not been brought as a third party into the arrangement lately concluded between Britain and Persia by Captain Malcolm. Official dealings with him were confined, however, to one grand ceremonial visit, at which a letter from the Governor-General of India was delivered, accompanied by rich gifts. On the 31st March Captain Malcolm left Baghdād for Basrah in a river boat supplied by the Pāsha; but on the 8th April he transhipped to a vessel belonging to Mr. Manesty, the British Resident at Basrah, which met him near Qūrnah, as did also a state barge belonging to the Pāsha. On the 14th of April, having resided for part of the time with Mr. Manesty at his country house at Kūt-al-Farangi, and having exchanged visits and presents with the local Turkish authorities, he embarked for Bombay on board the 'Jonathan Duncan,' which had been waiting for him at Basrah.

Disagreement between the British Resident at Baghdād and the Pāsha of Baghdād, 1801

During the summer of 1801 the relations of Mr. Jones, the Resident at Baghdād, with Sulaimān Pāsha were disturbed by an unpleasant incident. On the 9th of June the Pāsha informed Mr. Jones that there was a dangerous feeling against him in Baghdād in consequence of a Turkish female having been seen - so it was alleged - to come out of his house; and he offered to assist Mr. Jones in making his escape from the city, adding that, if he decided to remain where he was, the local Government could not be responsible for his safety. Mr. Jones in reply refused to leave Baghdād, basing his refusal on his entire innocence of the misdemeanour with which he was charged, whereupon the Pāsha, whose motives for raising and pressing the case are not apparent, announced that he could no longer recognise Mr. Jones as representing the British Government, forbade the staff of the Pāshāliq to hold communication with him, and told him that he was no longer under Turkish official protection. Mr. Jones accordingly reported his circumstances to the Government of India and the Court of Directors in London; and, on his

له العواقب التي يُتوقع أن تنجم عنها، أبدى سليمان علامات القلق والانزعاج. لكن، لمّا ظل على رفضه تقديم اعتذار خطي مقرون بشهادة تفيد أن الاتهام الموجّه ضد المستر جونز لا أساس له من الصحة، فإن المستر جونز، الذي اعتبر حصوله على الاعتذار والشهادة أمراً ضرورياً، قد امتنع عن ممارسة مهامه، كمقيم بريطاني، وانسحب إلى مكانٍ على ضفاف الفرات بانتظار أوامر رؤسائه. في آخر المطاف، وفي ٢٠ أكتوبر، أعلن الباشا، خطّياً، عن اقتناعه أن الاتهامات الموجهة ضد المستر جونز لا أساس لها من الصحة، ووعد بمعاملته في المستقبل بأقصى مظاهر المراعاة والاحترام. وانتهت المسألة في ٢٠ نوفمبر بعودة المقيم إلى بغداد، حيث استقبله الباشا بالتكريم المعتاد، واستأنف مهمات وظيفته على الفور.

إدخال التطعيم إلى العراق التركي، ١٨٠٢

أدخل التطعيم إلى العراق التركي طبيبُ المقيمية البريطانية الجرّاح، بعد تلقيه، في ٣٠ مارس ١٨٠٢، مقداراً من اللقاح من فيينا. وكان العمل بذلك قد بدأ في إبريل بمدينة بغداد، خلال بداية تفشي وباء الطاعون هناك، وبدأ في البصرة، في مايو من العام نفسه.

الأوضاع الرسمية البريطانية في العراق التركي، ١٧٨٩ - ١٨٠٢

تولي المستر كراو مفوضية البصرة، من يناير إلى سبتمبر ١٧٩٦

أدّى حلول المستر كراو في مفوضية البصرة محل المستر مانستي، ذلك الحلول الذي ارتأته حكومة بومباي في سبتمبر ١٧٩٥، كما أوضحنا، أدى هذا الحلول إلى الشجار على أمورٍ تافهة وغير لائقة نوعاً ما. فأخبار المصالحة بين المستر مانستي وباشا بغداد لم تصلٍ إلى بومباي إلا بعد أن كان المستر كراو قد أبحر. وحين وصل المستر كراو إلى البصرة مع مساعده المستر لوميسورييه في مطلع يناير ١٧٩٦، تولى مهام المقيمية بموجب التعليمات التي حملها معه. إلا أن مجلس المديرين كان قد أُبلغ، في غضون ذلك، النهاية المرضية لمشكلة المستر مانستي مع الإدارة التركية. وفي اليوم نفسه الذي حل فيه محله المستر كراو، بعث مجلس المديرين من لندن رسالةً موجهةً إليه بالاسم، تقول إن المجلس رأى من الملائم إلغاء الأوامر السابقة القاضية بنقله من منصبه. وقد وصلت هذه الرسالة إلى البصرة في الثالث من ابريل ١٧٩٦. وعلى الرغم من أن المستر مانستي كان ما يزال هناك بهدف تصفية أعماله الشخصية، إلا أن المستر كراو والمستر لو ميسورييه، اللذين تظاهرا باعتبار مفاعيل الرسالة تدعو إلى الشك، لم يتخذا أي خطوة على هذا الأساس،

informing the Pāsha of this step and explaining to him the consequences which might be expected to follow, Sulaimān showed signs of trepidation; but, as he still refused to tender a written apology and a certificate to the effect that the accusation made against Mr. Jones was groundless, both of which Mr. Jones thought it necessary to obtain, the latter in his turn declined to exercise his functions as British Resident and retired to a place on the banks of the Euphrates to await the orders of his superiors. On the 20th October, however, the Pāsha at last declared himself, in writing, to be satisfied that the imputations against Mr. Jones were unfounded, and promised that he should be treated in future with the highest consideration and respect. The matter ended on the 20th of November with the return of the Resident to Baghdād, where he was received by the Pāsha with the accustomed honours and at once resumed the duties of his office.

Vaccination introduced into Turkish Irāq, 1802

Vaccination was introduced into Turkish 'Irāq by the Surgeon of the British Residency soon after the receipt, on the 30th March 1802, of some vaccine matter from Vienna. Work was begun at Baghdād during the commencement of a plague epidemic there in April, and at Basrah in May.

British official matters in Turkish 'Irāq, 1789-1802

Tenure of the Basrah Residency by Mr. Crow, January to September 1796

The replacement of Mr. Manesty in the Basrah Residency by Mr. Crow, which, as already explained, had been arranged by the Government of Bombay in September 1795, led to a somewhat unseemly squabble. News of the reconciliation between Mr. Manesty and the Pāsha of Baghdād did not reach Bombay until after Mr. Crow had sailed; and Mr. Crow, on arriving at Basrah with his Assistant Mr. Le Messurier on the 1st January 1796, took over charge of the Residency under the instructions which he brought with him. Meanwhile, however, the Court of Directors had been informed of the satisfactory ending of Mr. Manesty's difficulty with the Turkish administration; and on the very day of his relief by Mr. Crow, a letter addressed to him by name was despatched from London, saying that the Court had seen fit to revoke their former orders for his removal. This letter arrived at Basrah on the 3rd April 1796; but, though Mr. Manesty was still there for the purpose of settling up his private affairs, Messrs. Crow and Le Messurier, professing to consider the effect of the letter doubtful, took no

باستثناء الاحتجاج بقوة، لدى مجلس المديرين وحكومة بومباي، على احتمال إعادة تنصيب المستر مانستي. وفي رسالتهما إلى مجلس المديرين، أعربا عن رأيهما «أن نفوذ المقيمية وكرامتها قد تعرضا لصدمة عنيفة، وأن الغيرة والجفاء يشكلان، على ما يبدو، الوجه التركي، تشكيلاً دقيقاً استطعنا تبصُّره». ثم نصحا رؤساءهما في الهند أن «إعادةً كهذه للمستر مانستي» «سترافقها نتائج مدمرة، للغاية، تتناول ما تبقّى من الرصيد القومي الذي نحتفظ به هنا، كما تتناول مصالح شركة الهند الشرقية في هذه المؤسسة، وأن الباشا سينظر إلى مثل عدم الاستقرار هذا في تدابيرنا العامة بازدراء وسخط». بيد أن مجلس المديرين كان أبعد ما يكون عن التأثر باحتجاجات المستر كراو، إذ وبّخه، في ردّه، على عدم تسليم المستر مانستي مسؤوليات منصبه من قبل، وأمره بالقيام بذلك حالما تصله الرسالة دون المزيد من المراوغة أو التأخير. وقد بلغت هذه التعليمات البصرة في ٢٥ سبتمبر، ونفذت في اليوم نفسه. وفي ١٤ اكتوبر، سافر المستر كراو والمستر لوميسوريه إلى بومباي. وفي الثامن من نوفمبر، أفرغ المستر مانستي مشاعره حيال الموضوع بالحيوية الفيَّاضة التي يتميز بها، كاتباً إلى مجلس المديرين الكلمات الآتية:

إذا كنت، في إحدى ساعات قسوتكم، قد تجرأت فخاطبتكم بروح مستقلة، وبلغة تفيض بالرجولة والحرية والعاطفة الصادقة، وكنت، في ذلك، مدعوماً بالاستقامة الواعية، مدفوعاً بتصميم صادق على تأكيد كرامتي، فإنني الآن، وقد انشرح صدري بما حبوتموني به، إنما ألتمس قبولكم المجزي لتلك التأكيدات الرزينة والمنسجمة، بالإخلاص الذي لا يتبدل في خدمة رؤوسائي الموقرين ومصالحهم. هذا الإخلاص الذي يشعر الذهن، الذي استردَّ سعادته وتجدد نشاطه، بالعودة المبتهجة للشرف والثقة، أن تقديمه واجب يدعو إلى السرور. إن الشركة الموقَّرة تعرفني جيداً، ولسوف تجدني، إذا ما تعادلت قُدراتي مع استقامتي، وإذا مكّنتني بنيتي من تنفيذ آرائي وتمنياتي، ستجدني خادماً جديراً بإطرائها واهتمامها ودعمها.

بريد الصحراء البريطاني، ١٧٩٣ - ١٨٠٢

ظلّت المراسلات الرسمية البريطانية تجري بانتظام، عبر الصحراء، بين مقيمية البصرة وقنصلية حلب. وخلال الحروب مع فرنسا، التي بدأت خلال تلك الفترة، كان لتلك الطريق البرية قيمة لم تكن لها في أي وقت سابق أو لاحق، لأنها طريق مباشرة، وفي مأمن

action on it beyond protesting vigorously, both to the Court of Directors and to the Government of Bombay, against the possible re-instatement of Mr. Manesty. In writing to the former body they gave it as their opinion 'that the influence and dignity of the Residency have suffered a severe shock, and that jealousy and distance seem to form the Turkish aspect, as near as we have been able to contemplate it;' and they advised their superiors in India that 'such a restoration' as that of Mr. Manesty 'would be attended with the most destructive consequences to the surviving portion of national credit we retain here and to the interests of the East India Company in this establishment, and that the Pacha would regard such an instability of our public measures with contempt and indignation.' The Court of Directors, however, were so far from being moved by the representations of Mr. Crow, that in their reply they reprimanded him for not having made over charge to Mr. Manesty before, and ordered him to do so on receipt of their letter without further evasion or delay. These instructions reached Basrah on the 25th of September and were executed the same day. On the 14th of October Messrs. Crow and Le Messurier took their departure for Bombay; and on the 8th of November Mr. Manesty poured forth his feelings in the matter with characteristic exuberance, writing as follows to the Court of Directors:

> If in the hour of your severity, supported by conscious rectitude and actuated by a landable resolution to assert my honor, I ventured with independent spirit to address you in manly, free and animated language, I now, rejoicing in your favor, solicit your favorable acceptance of those calm and harmonized assurances of uniform devotion to the service and interests of my Hon'ble employers, which a mind restored to happiness, and reinvigorated by the enjoyment of returning honor and credit, feels it a pleasant duty to offer. The Hon'ble Company know me well, and they shall find me, if my abilities equal my integrity, and my constitution enables me to prosecute my views and wishes, a servant worthy of their applause, attention and support.

The British Desert Mail, 1793-1802

British official correspondence continued to be forwarded regularly across the desert between the Basrah Residency and the Aleppo Consulate; and, during the wars with France, which began during the period, this overland route, owing to its directness and its security from the interference of European nations, possessed a higher value than at any time before or after.

من تدخل الدول الأوروبية. وحين كان مقر المقيمية في الكويت، كان يُعبث بالبريد، أحياناً*، على يد الوهابيين، أو بتحريض منهم. لكن لم يحدث، يوماً، أن انقطعت الخدمة البريدية بصورة جدية. وفي عام ١٧٩٨، شعر المقيم ببعض القلق ممّا يمكن أن ينجم عن الحملة التركية ضد الوهابيين، التي كانت على وشك أن تبدأ. لكن نفوذه قد برهن، على ما يبدو، أنه يستطيع توفير حماية كافية لسعاة البريد الذين استخدمهم، مثلما توقع هو شخصياً. وقد وصلت أخبار معركة النيل إلى الهند عن طريق البصرة. وفي عام ١٨٠١، تلقى المستر مانستي، المقيم في البصرة، شكر حكومة الهند لحفاظه على الاتصالات السريعة بينها وبين القوات البريطانية في مصر.

إنشاء مقيمية بغداد، ١٧٩٨

سبقت الإشارة إلى إنشاء مقيمية في بغداد عام ١٧٩٨، مستقلة عن مقيمية البصرة، والاعتبارات التي قادت إلى ذلك، لأنها من بين الوقائع المهمة للصلة البريطانية بالعراق التركي، في ذلك الوقت.

توفير جراح وحرس عسكري للمقيمية، ١٨٠٠

في عام ١٨٠٠، مرض المستر جونز، المقيم في بغداد. وبما أن المستر مانستي، المقيم في البصرة، رفض السماح لجراح البصرة بالذهاب لمعالجته، فقد اضطر المستر جونز إلى قطع هذه المسافة الطويلة للمجيء إلى البصرة كي يتلقى العلاج. وبعد أن شرح المستر جونز للحكومة المخاطر والإزعاج اللذين تعرّض لهما، عمدت إلى تعيين «طبيب مدني» لمقيمية بغداد في سبتمبر ١٨٠٠، هو الدكتور جيمس شورت من مؤسسة بومباي. وقد اقترح المقيم رغبةَ سليمان باشا في وجود طبيب بريطاني لتكون في صالح خلق الوظيفة الجديدة. لكن، بعد وصول الدكتور شورت، لم يلجأ الباشا إلى خدماته الطبية إلا في النادر. وهذا تجاهلٌ أغاظ الدكتور، حتى قيل إنه رفض معاينة الباشا له، وهو على فراش الاحتضار، عام ١٨٠٢، لو لم يطلب المقيم منه رسمياً أن يفعل ذلك.

وفي أغسطس ١٨٠٠، وبناء على طلب المستر جونز، زُوِّدت المقيمية في بغداد بحرس عسكري وطني من الهند، مؤلف من صبحدار، وهافيلدار، وملازم، و٢٦ جندياً هندياً. وبعد مرور شهر تقريباً، أضيف إليهم قارعا طبل.

---

* هناك بعض التباين حول مناعة البريد ضد التدخل، بين الرواية التي قدمها السير هـ.ج. بريدجز (المستر جونز) في مؤلفه: *Wahauby*، صفحة ١٥-١٦، وتلك التي قدمها المسيو رينو، كما ذكرها فون زاك في مؤلفه: *Monatliche Correspondenz for July to September 1805*، صفحة ٢٣٤-٢٣٥. انظر أيضاً، الهامش في صفحة ١٨٧ من المجلد الرابع من هذا الجزء، في تاريخ الكويت.

While the Residency was located at Kuwait there was tampering, *at times, with the mails by Wahhābis or under Wahhābi instigation; but the service was never seriously interrupted. In 1798 the Resident felt some anxiety in regard to the effect which the Turkish expedition against the Wahhābis, then about to be undertaken, might produce; but his influence seems to have proved, as he himself anticipated that it might, a sufficient protection to the carriers whom he employed. The news of the battle of the Nile reached India by way of Basrah; and in 1801 the Resident at Basrah, Mr. Manesty, received the thanks of the Government of India for having maintained rapid communication between them and the British forces in Egypt.

Establishment of the Baghdād Residency, 1798

The establishment in 1798 of a Residency at Baghdād, independent of that at Basrah, has been mentioned already, with the considerations that led to it, as among the important facts of the British connection with Turkish 'Irāq at this time.

Provision of a Surgeon and military guard for the Resident, 1800

In 1800 Mr. Jones, the Resident at Baghdād, fell ill; and as Mr. Manesty, the Resident at Basrah, declined to let the Basrah Surgeon go to his assistance, Mr. Jones was obliged to come all the way to Basrah for treatment. On Mr. Jones representing to Government the risk and inconvenience to which he had been exposed, a separate 'Civil Surgeon' was appointed to the Baghdād Residency in September 1800 in the person of Dr. James Short of the Bombay establishment. The desire of Sulaimān Pasha to have a British medical man at hand had been brought forward by the Resident as an argument in favour of creating the new appointment; but the Pāsha, after Dr. Short's first arrival, employed him very little, and the doctor, offended by his neglect, would have refused to attend him on his death-bed in 1802, if he had not been officially required by the Resident to do so.

In August 1800, on the application of Mr. Jones, the Baghdād Residency was furnished with a native military guard from India, consisting of a Subadar, a Havildar, a Naik, and 26 sepoys. About a month later two drummers were added.

---

*There is some discrepancy, in regard to the immunity of the mails from interference, between the account given by Sir H. J. Brydges (Mr. Jones) in his *Wahauby* (pages 15-16) and that of Mr. Reinaud as reported in von Zach's *Monatliche Correspondenz for July to December 1805* (pages 234-235). See also the footnote on page 187, Vol 4, in the history of Kuwait.

الكلفة السنوية لمقيمية البصرة، ١٨٠١

في عام ١٨٠١، جرى تفحُّص تكاليف الحفاظ على مقيمية البصرة، فتبيَّنَ أن بنود الرواتب والعلاوات والإيجارات، التي كانت قيمتها الإجمالية، في عام ١٧٨٨، ١٣,٨٠٠ روبية سنوياً، قد ارتفعت عام ١٧٩٨ إلى ١٥,٣٤٢ روبية. أما الطوارىء المتقلبة العادية، فقد وصل معدلها السنوي حوالي عام ١٧٩٨ إلى ٩,٢٧٦ روبية، كمعدلٍ لعدة سنوات. بيد أن الحكومة أحلت، عام ١٨٠١، محل ذلك، منحةً سنوية طارئة ومحدودة تجاوز ٥,٥٢٠ روبية. وقد عوملت كلفة نقل البريد البري كتكليفٍ مستقل بذاته. وتلك كانت الحال مع بند النفقات التي اتخذت شكل هدايا لشيوخ العرب. هذا البند الذي كانت نسبته تصل إلى حوالي ١٦,٠٠٠ روبية سنوياً.

الفرنسيون في العراق التركي، ١٧٨٩ - ١٨٠٢

في عامي ١٧٩٦ و ١٧٩٧، وبعد الثورة الفرنسية، كان يمثِّل فرنسا في بغداد «مفوض لشؤون العلاقات التجارية»، أو قنصل، بتعبير آخر. وقد تولى هذه المهمة المواطن روسو، الذي ربما كان الشخص نفسه الذي كان قنصلاً لفرنسا في البصرة، قبل ذلك بحوالي ٢٠ عاماً. وقد زارت بغداد، في ١٧٩٦ - ١٧٩٧، بعثة سياسية فرنسية، بقيادة المسيو بروجيير والمسيو أوليفييه، اللذين وُصفت أعمالهما بشكل كامل في الفصل الذي يتناول التاريخ العام للخليج.

وفي الثامن من أكتوبر ١٧٩٨، أي بعد أقل من شهرين على إنشاء المقيمية البريطانية في بغداد، تلقى الباشا الأوامر من القسطنطينية بـ«سجن القنصل الفرنسي، والعاملين في خدمته، والرعايا الفرنسيين المقيمين في البصرة، ثم إرسال القنصل الفرنسي والأشخاص العديدين الذين يستخدمهم، فضلاً عن كل الأوراق العائدة للقنصل، إلى القسطنطينية»، وقد نُفذت كل هذه التدابير المشار إليها على الوجه المطلوب.

وفي اكتوبر ١٧٩٩، كانت الوكالة الفرنسية في البصرة في أيدي الأتراك الذين استخدموها لإيواء البعثة، التي سبق أن أشرنا إليها، والتي أوفدها تيبو، سلطان ميسور، إلى سلطان تركيا.

Annual cost of the Basrah Residency, 1801

The cost of maintaining the Basrah Residency was scrutinised in 1801, when it was found that the items of salaries, allowances and rent, which in 1788 had amounted to Rs. 13,800 per annum, had increased by 1798 to Rs. 15,342. Ordinary fluctuating contingencies stood, about 1798 at Rs. 9,276 on an average of years; but by 1801 a fixed annual contingent grant of only Rs. 5,520 had been substituted by Government. The cost of carriage of the overland mail was treated as a charge by itself, and so also was the expenditure in presents to Arab Chiefs, which was at the rate of about Rs. 16,000 a year.

The French in Turkish 'Irāq, 1789-1802

In 1796 - 1797 after the French Revolution, France was represented at Baghdād by a 'Commissioner for Commercial Relations,' in other words no doubt a Consul; and this office was held by Citizen Rousseau, possibly the same individual who had been French Consul at Basrah nearly twenty years earlier. Baghdād was visited in 1796-97 by a French political mission, conducted by M.M. Bruguière and Olivier, whose proceedings are fully described in the chapter on the general history of the Persian Gulf.

On the 8th of October 1798, less than two months after the establishment of the British Residency at Baghdād, orders were received by the Pāsha from Constantinople 'to imprison the French Consul, the persons in his service, and the French subjects residing at Basrah, and to send the French Consul and the several persons in his employment, together with all the papers belonging to the Consul, to Constantinople,' and the measures thus indicated were duly carried into effect.

In October 1799 the French Factory at Basrah was in the hands of the Turks, who used it to accommodate the embassy, already mentioned, from Tipu Sultān of Mysore to the Sultān of Turkey.

فترة خلوّ بشلكية بغداد، أغسطس ١٨٠٢

طموح آغا الانكشارية

في فترة وفاة سليمان باشا، كان آغا الانكشارية في بغداد رجلاً قديراً، يتمتع بثقة الباب العالي، فضلاً عن شعبيته في بغداد، حيث تميّز بإدارته الممتازة للشرطة. وكان ذا مطامح أيضاً. وحين عُرفت، لأول مرّة، حقيقة المرض الخطير لسليمان باشا، التمس مقابلة المستر جونز، المقيم البريطاني. وبعد أن اعترف له بأنه يتطلع إلى من يخلفه على البشلكية، رجاه أن يكتب رسالة إلى السفير البريطاني في القسطنطينية بالنيابة عنه. إلا أن المستر جونز رفض. لكنه، في الوقت نفسه، بيَّنَ للآغا أن ما هو متوقع منه، وفقاً لتقاليد وظيفته، هو أن يهتم بخزينة الباشا، لدى وفاته، لصالح الباب العالي، وييسّر شؤون الإدارة في البشلكية، إلى أن تقوم القسطنطينية بتعيين خلف له. وأشار عليه أن يكتفي، في المقام الأول، بإنجاز هذه الواجبات، وألاّ يتقدم، في أي حال من الأحوال، بطلب شخصي يطالب فيه بالبشلكية، دون أن يكون قد أمَّنَ الخزينة التي، إذا وقعت في أيدي منافسيه، فقد تستخدم ضده بفاعلية قاتلة.

النزاع بين آغا الانكشارية والكيخيا علي باشا، وهزيمة الأول

في صباح اليوم الذي توفي فيه سليمان باشا، عمد الآغا، الذي كانت خططه موضوعة سلفاً، إلى مباشرة مسعاه للاستيلاء الجريء على الحكم بالقوة. ففي ساعة مبكرة، أرسل بعض الانكشارية للقبض على محمد بك*، «العربي الكبير» الذي كان ممثلاً «في بلاط الباشا لشيوخ القبائل الخاضعة للبشلكية، والذي كان يقيم في بيت واسع في الضواحي على الضفة الغربية لنهر دجلة». لكن البك كان قد بقي في القصر ليلاً، وفشلت بالتالي محاولة الآغا للقبض على رهينة ذات قيمة. وبعد العاشرة بقليل، مر الآغا بالمقيمية البريطانية، ممتطياً جواده، على رأس حشد من ١٠٠٠ إلى ١٥٠٠ من الرعاع، «شاهرين سيوفهم جميعاً ومستخدمين إيماءات الغضب الشديد». وكان آنذاك في طريقه لاحتلال القلعة تمهيداً

* كان هذا ولا شك محمد بك الذي نصح سليمان باشا بأن يصفح عن جريمة قتل أحمد باشا، والذي رافق، فيما بعد، حملة علي باشا ضد الوهابين عام ١٧٩٨ ـ ١٧٩٩. وهناك احتمال أن يكون هو محمد بك الذي ثار شقيقه حاجي سليمان بك عام ١٧٨٦. انظر صفحة ١٨٢.

Interregnum at Baghdād, August 1802

Ambition of the Agha of Janissaries

At the time of Sulaimān Pāsha's decease, the Āgha of Janissaries at Baghdād was a man of ability, enjoying the confidence of the Porte, but popular also at Baghdād, where he had distinguished himself by his excellent administration of the police. He was also ambitious. On the fact of Sulaimān Pāsha's serious illness first becoming known, he sought an interview with Mr. Jones, the British Resident, at which, after confessing that he had the succession to the Pāshāliq in view, he begged that a letter might be written on his behalf to the British Ambassador at Constantinople. Mr. Jones however declined, at the same time pointing out to the Āgha that what was expected of him, in accordance with the traditions of his office, was that he should take charge of the Pāsha's treasure at his death in the interests of the Porte and should carry on the administration of the Pāshāliq until a successor had been appointed from Constantinople; and he advised him to be satisfied, in the first instance, with performing these duties, and not in any case to put forward a personal claim to the Pāshāliq without having secured the treasure, which, if it came into the hands of his competitors, might be used against him with deadly effect.

Conflict between Āgha of Janissaries and 'Ali Pāsha, the Kehiyah, and defeat of the former

On the morning of the day that Sulaimān Pāsha died, the Āgha, whose plans must have been laid beforehand, embarked boldly on an attempt to seize the Government by force. At an early hour he sent Janissaries to capture Muhammad Baig,* 'the great Arab, who was the agent at the Pacha's court for the Shaiks of all the tribes tributary to the Pachalik, and who resided in a large house in the suburbs on the western side of the Tigris,' but the Baig had remained at the palace over night, and this attempt on the Āgha's part to secure a valuable hostage consequently failed. A little after 10 o'clock the Āgha, on horseback, passed the British Residency at the head of a rabble of 1,000 to 1,500 men 'all with naked sabres and using the most furious gesticulations;' he was then on his way to occupy the citadel as a preliminary

---

*This was no doubt the Muhammad Baig who advised Sulaimān Pāsha, to condone the murder of Ahmad Pāsha, and who afterwards accompanied 'Ali Pāsha's expedition against the Wahhābis in 1798-1799. It is possible that he was also the Muhammad Baig whose brother Hāji Sulaimān Baig had rebelled in 1786; see page 182 ante.

لمهاجمة القصر حيث كان الكيخيا، علي باشا، مع أنصاره. لكن المستر جونز طُمْئِن بِأَنْ ليس هناك ما يخشاه من جهته، كمقيم بريطاني، من أي من الفئات المتصارعة. وفي الثانية عشرة ظهراً، وكان سليمان باشا قد توفي على الأرجح، بدأ إطلاق النار من القلعة، من مدفع غير منصوب، من القياس الضخم، في المرحلة الأولى. وقد أُطلقت قذيفة حجرية، ثم قذائف المورتر. لكن الرمي كان من الضعف، بحيث أن القصر بالكاد تأذّى من القصف. ومنذ اللحظة التي أطلقت فيها الطلقة الأولى، توقفت الأعمال بالكامل في المدينة، وأقفل الناس على أنفسهم داخل بيوتهم.

وقد ثابر الآغا على عمله خلال الأيام الثمانية أو التسعة التالية. لكن أنصاره بدأوا يتخلون عنه بعد ذلك، نتيجة للرشاوى التي كان في استطاعة جماعة علي باشا إغداقها، نظراً لأن خزينة البشلكية في القصر كانت في حيازتهم. فحاول، عندئذ، أن يدفع إلى الواجهة بعبد جورجي للباشا السابق، كمنافسٍ لعلي باشا. لكن هذه المناورة فشلت، واضطر للانسحاب من القلعة إلى دارته حيث حُوصر على الفور. وفي النهاية، وبعد أن أُلقي القبض عليه، مُزِّق إرباً بحضور علي باشا، وشُنق ١٤ من أنصاره الانكشاريين الرئيسيين على التوالي في ليلة واحدة. وكلما عُقد الحبل المميت حول عنق أحدهم، كان أحد المدافع يطلق طلقةً. ولم يَمضِ أسبوعان أو ثلاثة على وفاة سليمان حتى كان علي باشا قد أعاد النظام تماماً. ومع انه حدث إطلاق نار بكميات كبيرة، إلا أن عدد الخسائر الفعلي كان ضئيلاً جداً.

صعوبات المفوّض البريطاني إبّان الصراع

كان القلق الرئيسي، الذي ساور المفوّض البريطاني إبان الاضطرابات، ناشئاً عن وجود قوارب في النهر، على بُعد أميال من بغداد، محمّلة ببنادق المسكيت والحراب وقذائف المدفعية، التي سبق أن طلبها سليمان باشا من بومباي. لكن المستر جونز، بطلبه إلى القوارب الرسو على مسافة من الشاطىء، ورفْع الأعلام البريطانية على متنها، وإبلاغ الكيخيا باشا والآغا في آن معاً أن الشحنة المرسلة على تلك القوارب ما تزال ملكية بريطانية وينبغي الإحجام عن لمسها، تمكن من منع سقوط هذه الأسلحة والذخائر الإضافية بين أيدي المتقاتلين*.

* هناك وصف جيد للأزمة بكاملها في كتاب: *Wahauby*، ص ٢٠٤ ـ ٢١٠، للكاتب السير هـ. ج. بريدجز (المستر جونز)

to attacking the palace, in which was 'Ali Pāsha, the Kehiyah, with his supporters; but he assured Mr. Jones that he, the British Resident, had nothing to fear from any of the contending factions. At twelve noon, Sulaimān Pāsha being then probably dead, fire was opened from the citadel, first with an unmounted gun of enormous calibre throwing a stone ball, and then with mortars; but the practice was so poor that the palace hardly suffered at all from the bombardment. From the moment that the first shot was fired, all business in the city was suspended and the people shut themselves up in their houses.

During the next eight or nine days the Āgha persevered in his enterprise; but after that, in consequence of the bribes which 'Ali Pāsha's party, having possession of the treasure in the palace, were able to lavish, his supporters began to desert him. He then attempted to bring forward a Georgian slave of the late Pāsha as a rival to 'Ali Pāsha; but this manoeuvre failed, and he had to retire from the citadel to his own house, in which he was immediately besieged. Ultimately, having been taken prisoner, he was cut to pieces in the presence of 'Ali Pāsha; and fourteen of his principal Janissary supporters were strangled in succession on one night, a cannon being fired as the fatal cord was adjusted upon the neck of each. Within a fortnight or three weeks from the death of Sulaimān Pāsha, order had been completely restored by 'Ali Pāsha; and, though an immense amount of firing had taken place during that time, the actual number of casualties was extremely small.

Difficulties of the British Resident during the strungle

The chief anxiety of the British Resident during the disturbances arose from the presence in the river, only a few miles below Baghdād, of boats laden with muskets, bayonets and shells which had been ordered by Sulaimān Pāsha from Bombay; but, by causing the vessels to be anchored at a distance from the bank, by hoisting British colours on board, and by informing both the Kehiyah Pāsha and the Āgha that the consignments were still British property and must not be touched, Mr. Jones was able to prevent these additional arms and ammunition from falling into the hands of the combatants.*

---

*The whole crisis is well described by Sir H. J. Brydges (Mr. Jones) in a note to his *Wahauby*, pages 204-210.

التاريخ الداخلي في العراق التركي، تحت حكم علي باشا، ١٨٠٢ - ١٨٠٧

الطلب الذي تقدم به علي باشا مطالباً بشلكية بغداد، وتعيينه، ١٨٠٢

بعد أن نجح الكيخيا علي باشا، في فرض سيطرته، جعل أعيان بغداد ووجهاءها يوقعون عريضة تطالب بتعيينه على بشلكية بغداد، ثم أُرسلت العريضة إلى القسطنطينية. وقد جرى تدعيم العريضة بحوالة مالية لا تزيد عن ٦٠,٠٠٠ ليرة استرلينية. و«كان ذلك كل ما حصل عليه الباب العالي من كنز سليمان باشا، ما خلا بعض قطع المجوهرات والشالات، والفرو، والأثاث المنزلي، والسلع الهندية الثمينة»، لأن الكثير كان قد أُنفق، من قبل، في قتال الوهابيين، والإسهام في العمليات التركية في مصر، واسترضاء عَاهِلَيْ تركيا وبلاد فارس في آنٍ معاً، بعد حادثة كربلاء المخزية. ولم يشارك أسد بك، ابن سليمان باشا البالغ من العمر ١٢ عاماً، في الصفقات التي أعقبت وفاة أبيه، وربما كان ذلك هو السبب الذي من أجله سُمح له بالاحتفاظ بجزء من ثروة والده ميراثاً له. ومع أن الرشوة التي قدمها علي باشا كانت قليلة، إلاّ أن الباب العالي قبلها واعتبرها كافية. وفي السادس من يناير ١٨٠٣، وصل إلى بغداد إبلاغ رسمي يعلن تعيينه على رأس البشلكية، فضلاً عن عباءة تقليد المنصب.

حالة الأوضاع، ١٨٠٥

على الرغم من صفة الحزم التي أبداها علي باشا حين سحق منافسه الأول أحمد باشا، وأكد مطالبته بخلافة سليمان باشا بعد وفاته، لم يثبت أنه حاكم ناجح*. ففي عام ١٨٠٦، كانت البلاد في حالة اضطراب: إذ نشبت الحرب بين قبائل عربية شتى متحالفة وبين فرع الجربة من قبيلة شمّر، وأمر الباشا بالتجنيد العسكري الشامل في كردستان التركية، بغية مهاجمة الاتحاد ونجدة الجربة الذين كانوا تحت الضغط. وقد أدى ذلك إلى كارثة جديدة. ففي الطريق من بغداد إلى كردستان، حيث أُرسل كل من عبد الرحمن باشا، الزعيم الكردي الرئيسي في ظل النفوذ التركي، ومحمد باشا، الذي يليه من حيث الأهمية، حيث أُرسلا لجمع القوات، عمد عبد الرحمن الأول إلى اجتذاب محمد باشا إلى خيمته حيث قتله، ثم دخل مجال العصيان والثورة ضد حكومة بغداد. وفي تلك الفترة التي تُنذر بالشؤم، وجد علي باشا أن من الضروري سجن الكيخيا الخاص به، الذي كان يخونه، فضلاً عن عبد الله آغا، أحد أقرباء الكيخيا، الذي كان في السابق متسلماً للبصرة.

* سيتذكر الناس دائماً فشله كقائد عسكري ضد الوهابيين عام ١٧٩٨.

Internal history of Turkish 'Irāq under 'Ali Pāsha, 1802-07

Application of 'Ali Pāsha for the Pāshāliq and his appointment, 1802

'Ali Pāsha, the Kehiyah, when he had gained the upper hand, caused a petition for his own appointment to the Pāshāliq to be signed by the principal inhabitants of Baghdād and sent to Constantinople. The petition was supported by a remittance of rather less than £60,000, 'and this was all that the Porte got of Suleiman Pacha's treasure, except some pieces of jewellery, shawls, furs, house-furniture, and rich India goods;' for much had already been spent in fighting the Wahhābis, in contributing to the Turkish operations in Egypt, and in placating the indignant sovereigns of both Turkey and Persia after the disgraceful Karbala affair. Asad Baig, the thirteen-year-old son of the late Sulaimān Pāsha, did not figure in the transactions which followed his father's death; and, perhaps for this reason, a portion of his father's wealth was allowed to become his by inheritance. The douceur transmitted by 'Ali Pāsha, though small, was accepted by the Porte as sufficient; and formal intimation of his appointment to the Pāshāliq, accompanied by a mantle of investiture, arrived at Baghdād on the 6th of January 1803.

Condition of affairs, 1805

'Ali Pāsha, notwithstanding the resolution of character that he had shown in destroying his early rival Ahmad Pāsha and in asserting his claim to the succession on the death of Sulaimān Pāsha, did not prove a successful ruler.* In 1806 the whole country was in a turmoil. War had broken out between various Arab tribes in alliance and the Jarbah branch of the Shammar, and the Pāsha had ordered a military levy in Turkish Kurdistān for the purpose of attacking the confederacy and relieving the Jarbah, who were hard pressed. This led to a second misfortune. On their way from Baghdād to Kurdistān, whither both had been sent to collect troops, 'Abdur Rahmān Pāsha, the principal Kurdish chief under Turkish influence, decoyed Muhammad Pāsha, the second in importance, to his tent, where he murdered him; and subsequently he entered on a course of contumacy and rebellion against the Baghdād Government. At this inauspicious moment 'Ali Pāsha found it necessary to imprison his own Kehiyah, who was acting disloyally, and 'Abdullah Āgha, a relation of the Kehiyah, who had once been Mutasallim of Basrah.

---

*His failure as a military commander against the Wahhābis in 1798 will be remembered.

اغتيال علي باشا، ١٨٠٧، وصفاته

لا حاجة إلى تعقب المسار الإضافي للمشاكل الداخلية. فقد ظل علي باشا فاقداً للشعبية لدى رعاياه، وشعر الناس بارتياحٍ كبيرٍ عندما اغتالته مجموعة من الجورجيين في ١٨ أغسطس ١٨٠٧. وقد حدث ذلك بُعيد خلع السلطان سليم الثالث، وبُعيد نهاية الفترة التي نحن بصددها الآن.

كتب المستر جونز عن علي باشا عام ١٨٠٢، قُبيل توليه السلطة، أنه «لم يكن رجل عملٍ، ولا هو رجل متعة، إذ ليست له الكفاءة اللازمة ليكون من النوع الأول، ويحول تعصبه بينه وبين أن يكون من النوع الثاني». ويمثله المرجع نفسه كإنسانٍ كاره لليهود والنصارى، كما أن سلوكه في الحياة العامة كان في ذلك الحين «صبيانياً ومنفراً». واعتُبرت شجاعة الباشا الشخصية مدعاةً للشك. لكن كان معروفاً أنه ثابت في صداقته، وأنه لم يخلّ بوعدٍ قطعه على نفسه طواعية.

العلاقات بين بريطانيا والعراق التركي، ١٨٠٢ ـ ١٨٠٧

ثمة صفقة أو صفقتان تتعلقان بالمصالح البريطانية في العراق التركي تعودان إلى الفترة القصيرة التي قضاها علي باشا في الحكم.

الموقف الودي لعلي باشا لدى تسلّمه البشلكية، ١٨٠٢ ـ ١٨٠٣

أبدى علي باشا، في البداية، ميلاً ملائماً حيال شركة الهند الشرقية. وعند تلقيه أخبار تثبيته في البشلكية، بعث برسالةٍ طويلة إلى مجلس المديرين في لندن يعبر فيها عن صداقته للأمة البريطانية، وعن احترامه للمستر جونز، المقيم في بغداد. لكن هذا الموقف الودي من جانبه لم يستمر طويلاً، كما سنرى، ولا سيما حيال الشخصية المذكورة.

اعتراف سلطان تركيا بالممثل البريطاني في بغداد، نوفمبر ١٨٠٢

كان يسود في بغداد أحياناً شعورٌ بالانزعاج يرجع إلى عدم اعتراف حكومة تركيا رسمياً بالمقيمية البريطانية هناك كقنصلية ينطبق عليها قانون الامتيازات الاجنبية*. وقد

* عزا اللورد إيلجن اضطهاد سلطات بغداد للمستر جونز، عام ١٨٠١، إلى هذا السبب. لكن من الممكن أن يكون قد بالغ في تقدير اعتراف القسطنطينية، بقيمة بغداد، مثلما فعل المستر جرينفيل عام ١٧٦٤. فكما سنرى لاحقاً، لم يَحُل هذا الإجراء الوقائي دون طرد الباشا للمستر جونز من بغداد، عام ١٨٠٦.

Assassination of 'Ali Pāsha, 1807; his character

The further course of these internal troubles need not be traced. 'Ali Pāsha continued unpopular among his subjects, and finally, to the great relief of the public mind, he was assassinated by a party of Georgians on the 18th of August 1807: this event occurred shortly after the deposition of the Sultan Salīm III, and so a little after the end of the period with which we are now dealing.

Mr. H. Jones reported of 'Ali Pāsha in 1802, shortly before his accession to power, that `he was neither a man of business nor a man of pleasure - he had not parts for the one, and his fanaticising prevented his being the other.' The same authority represented him as detesting Jews and Christians, and his behaviour in public as being, at this time, 'puerile and disgusting.' The Pāsha's personal courage was was also esteemed doubtful; but he was reputed steady in friendship, and he never willingly broke his word.

British relations with Turkish 'Irāq, 1802-07

One or two transactions affecting British interests in Turkish 'Irāq belong to the short reign of 'Ali Pāsha.

Friendly attitude of 'Ali Pāsha at his accession, 1802-03

'Ali Pāsha showed, at first, a favourable disposition towards the East India Company; and, on receiving the news of his confirmation in the Pāshāliq, he addressed a long letter to the Court of Directors in London expressive of his friendship for the British nation and of his respect for Mr. Jones, the Resident at Baghdād; but this friendly attitude on his part was not, as we shall see, very long maintained towards the gentleman specially mentioned.

Recognition of the British representative at Baghdād by the Sultān of Turkey, November 1802

Inconvenience had sometimes been felt at Baghdād in consequence of the British Residency at that place not having been formally recognised by the Government of Turkey as a Consulate under the Capitulations,* and His

---

*Lord Elgin evidently attributed the persecution of Mr. Jones by the Baghdād authorities in 1801 to this cause; but it is possible that, like Mr. Grenville in 1764, he overestimated the value at Baghdād of recognition at Constautinople. As will be shown further on, the new safeguard did not prevent the virtual expulsion of Mr. Jones from Baghdād by the Pāsha in 1806.

انتهز السفير البريطاني في القسطنطينية فرصة تعيين الباشا الجديد، عام ١٨٠٢، لمعالجة هذا النقص، عن طريق الحصول على براءة أو وثيقة اعتراف. وقد جرى الاعتراف، في تلك الوثيقة*، المؤرخة في الثاني من نوفمبر ١٨٠٢، بالمستر هارفورد جونز، قنصلاً بريطانياً في بغداد، وفقاً لقانون الامتيازات الأجنبية. وفيها اعترف بحقه في حماية التجار والرحّالة البريطانيين، وتنظيم سفر السفن البريطانية، وأُعلن عن اعتبار الموظفين العامين العاملين بإمرته، واعتبار مساعديه و«خدمه» مُعْفَيْنَ من شتّى الضرائب وأشكال الإسهام في موارد الخزينة التركية، في حين جُعل هو، على المستوى الشخصي، مُحرّراً من واجب دفع الرسوم الجمركية والضرائب. وقد نُصّ بوضوح على حصانة القنصل شخصياً ضد التوقيف، وضد إقفال بيته، أو تفتيشه، أو إيواء جنود فيه. وتقرر أن تُرفع الشكاوى ضده إلى السلطان التركي بالذات، وألاّ تنظر فيها أي سلطة أخرى. كما أن للقنصل مطلق الحرية في السفر داخل البلاد دون مضايقة، والسفن الوطنية قد أُلْزِمت بنقل أشيائه، لقاء دفع المبالغ المتوجبة، «وفقاً للتنظيمات المعمول بها»، وعلى وجه الاحتمال تلك التي تتعلق بالعمل القسري. أما في الأماكن الخطيرة من البلد، فقد سُمح له بأن يرتدي عمامة بيضاء، ويحمل سيفاً، أو قوساً، أو أي أدوات قتالٍ أخرى». وصدرت الأوامر إلى موظفي الأمبراطورية التركية بتقديم العون والحماية له في كل مكان، والتعامل معه في جميع الظروف، وفقاً لقانون الامتيازات الأجنبية. وهكذا وُضعت المقيمية البريطانية في بغداد، التي كانت في الأصل بعثةً مؤقتة لدى الباشا، وُضعت في المنزلة القانونية نفسها التي تنظم وضع المقيمية في البصرة، العاملة على أساس «البراءة القنصلية» الصادرة عام ١٧٦٤.

مشكلة بين المقيم في البصرة والسلطات التركية، بسبب قضية النقيب هوايت، ١٨٠٨

وقع اصطدام جدي ثانٍ، يشبه ذلك الذي حدث عام ١٧٩٣، بين المستر مانستي، المقيم البريطاني في البصرة، وسلطات البشلكية. ففي الرابع من ابريل ١٨٠٣، اقتحمت جماعة من الغوغائيين المحليين بيت النقيب هوايت، قائد السفينة التجارية «ريكڤري» التي يملكها المستر مانستي شخصياً، وأخذت منه امرأة مسيحية شرقية من القاهرة، كانت تعيش هناك تحت حمايته، في حين تأكد، بشكل شعبي، أنها أصبحت مسلمة أو عبّرت عن رغبتها في أن تصبح مسلمة، وذلك بحضور مسلمين. وقد تعرض المنزل للنهب أيضاً. وفي الحال، قدم المستر مانستي طلباً بالتعويض إلى متسلم البصرة، الذي كان يشتبه أنه هو الذي حرّض

* ان نص البراءة وارد في كتاب ايتشسون : *Treaties* المجلد الثالث عشر، ص ١٠ ـ ١١، الطبعة الرابعة.

Britannic Majesty's Ambassador at Constantinople took advantage of the appointment of the new Pāsha in 1802 to remedy the defect by obtaining a Barāat or patent of recognition. By this document,* which was dated the 2nd of November 1802, Mr. Harford Jones was recognised as British Consul, according to the Capitulations, at Baghdād; his right to protect British merchants and travellers and to regulate the departure of British vessels was admitted; the public servants under his orders, his Assistants, and his `slaves' were declared exempt from various taxes and forms of contribution to the Turkish revenues, while he was made free in his personal capacity of liability to pay customs and excise; the immunity of the consul himself from arrest, and of his house from closure search and billeting of troops, was clearly established; complaints against him were ordered to be referred to the Sultān of Turkey and not to be disposed of by any other authority; the Consul was to be at liberty to travel about in the country without molestation; native vessels, on payment made, must carry his stores for him 'according to the prevailing regulations,' presumably those governing forced labour; in dangerous parts of the country he should be allowed to wear 'a white turban, sabre, bow, or other warlike instruments,' and the officials of the Turkish Empire were ordered to assist and protect him everywhere and to deal with him, in all circumstances, according to the Capitulations. The British Residency at Baghdād, in its origin a temporary mission to the Pāsha, was thus placed upon the same regular footing that the Residency at Basrah occupied under the 'Consulary Birat' of 1764.

Difficulty between the Resident at Basrah and the Turkish authorities, arising from the case of Captain White, 1808

A second serious collision, not unlike that of 1793, now occurred between Mr. Manesty, the British Resident at Basrah, and the authorities of the Pāshāliq. On the 4th of April 1803 a native mob at Basrah broke into the house of Captain White, the commander of Mr. Manesty's private trading vessel 'Recovery,' and carried off a woman, an Oriental Christian of Cairo, who was living there under his protection, and in regard to whom it was popularly asserted that she either was already a Muhammadan or had admitted in the presence of Muhammadans a desire to become one. The house, too, was plundered. Mr. Manesty at once applied for redress to the Mutasallim of Basrah, whom he suspected of being the instigator of the riot,

---

*The text of the Barāat is given in Aitchison's *Treaties*, Vol. XIII, pages 10-11, fourth edition.

على الشغب. لكنه كان بلا جدوى. وهكذا أنزل العلم البريطاني في اليوم التالي، وأُمر بسد بوابة المحطة التجارية بالطوب، ومُنع التعامل بين المدينة والسفن البريطانية الراسية آنذاك في النهر. وفي الوقت نفسه، كتب إلى باشا بغداد طالباً إعادة المرأة إلى النقيب هوايت، وتعويضه من خسائره الأخرى، ومعاقبة رؤساء العصابة الذين قاموا بالهجوم، إمّا بنفيهم أو سجنهم، وإمّا غير ذلك من العقوبات. وهدد، في حال عدم التعويض الكامل وتحقيق تلك المطالب، بالانسحاب إلى كلكتا وتقديم شكوى هناك إلى حاكم الهند العام. وفور تلقي الباشا اتصال المستر مانستي، أبلغ المستر جونز، المقيم البريطاني في بغداد، بأنه سيحرص على القيام بتحقيقٍ دقيق في الأمر. ولم يمر وقت طويل حتى قام، ليس فقط بعزل المتسلم بسبب عدم كفاءته واستدعائه إلى بغداد للإجابة عن التهمة الموجهة إليه بأنه تسبّب في حدوث فتنة، بل أصدر توجيهاته إلى المسؤول الذي حل محل المتسلم المعزول، لكي يحاكم كل الأشخاص الذين يتهمهم المستر مانستي بالمشاركة الفعالة في الإساءة الوحشية، ويعاقبهم إذا تأكد من صحة التهم الموجهة إليهم، وأن يعوض النقيب هوايت تعويضاً كاملاً عن الخسائر المادية التي تكبدها. إلا أن الباشا رفض نقاش موضوع إعادة المرأة، معتبراً أن ذلك يتعارض مع مبادىء الدين. وحين ردّ المستر مانستي رافضاً التعامل معه على أسسٍ أخرى، أُوقف الاتصال به تماماً. أخيراً، وفي يوليو ١٨٠٣، ولما كان المستر مانستي قد بقي على موقفه الحازم، أمر الباشا بتسليم المرأة، وبعث المقيم بها لتلتحق بالنقيب هوايت في كلكتا. وبعد أن استُجيب لكل المطالب، أُعيد رفعُ العلم البريطاني، وفُتحُ المحطة التجارية في ٢٣ يوليو. ومما لا ريب فيه أن علي باشا كان شاهداً على مباراة المستر مانستي الناجحة مع سيده السابق، سليمان باشا، في ١٧٩٣-١٧٩٥، ففضّل تفادي المضي في المواجهة حتى نهايتها المريرة مع رجل رفيع المقام على تلك الدرجة من الإصرار في القضايا ذات الأهمية الشخصية.

بعثة علي باشا إلى حاكم الهند العام

حوالي نهاية عام ١٨٠٣، أرسل علي باشا سفيراً إلى حاكم الهند العام، بشخص رجل يُدعى سليمان آغا. وقد وصل هذا الشخص إلى بومباي في ١٦ فبراير ١٨٠٤، وزودته حكومة بومباي بجوازات مرورٍ إلى كلكتا له ولحاشيته، على متن السفينة «أبتُن كاسل» التي أبحرت في الثالث من ابريل. أما هدف البعثة ونتيجتها، فلم يدوَّنْ شيءٌ في صددهما. فمن المرجح، لذلك، أن تكون مهام السفير مجرد مظاهر استعراضية، مثل تقديم التهاني.

but in vain; so on the next day he struck the British flag, caused the gate of the Factory to be bricked up, and prohibited intercourse between the town and British ships then lying in the river. At the same time he wrote to the Pāsha of Baghdād demanding the restoration of the woman to Captain White, the indemnification of Captain White for his other losses, and the punishment of the ring-leaders in the attack with transportation, imprisonment and other penalties; and he threatened unless full satisfaction were afforded, to withdraw to Calcutta and there to lay a complaint before the Governor-General of India. The Pāsha, on receiving Mr. Manesty's communication, informed Mr. Jones, the British Resident at Baghdād, that he would enquire carefully into the case; and, after some time, he not only removed the Mutasallim for incapacity and summoned him to Baghdād to answer to the charge of having caused the émeute, but also directed that official's substitute to try, and on conviction to punish, all the persons who might be charged by Mr. Manesty with active participation in the outrage, and to make good to Captain White the material losses that he had sustained. He declined, however, to discuss the restoration of the woman, professing to consider that it would be contrary to the principles of his religion; and, when Mr. Manesty in reply refused to treat with him upon any other basis, he broke off the correspondence altogether. Eventually in July 1803, Mr. Manesty still standing firm, the Pāsha caused the woman to be given up, and the Resident forwarded her after Captain White to Calcutta. All demands having thus been satisfied, the British flag was again hoisted and the Factory reopened upon the 23rd of the month. 'Ali Pāsha had no doubt been a witness of Mr. Manesty's successful bout with his old master, Sulaiman Pasha, in 1793-95 and preferred to avoid a contest to the bitter end with a gentleman so tenacious in matters of personal importance.

'Ali Pasha's Embassy to the Governor-General of India

About the end of 1803 'Ali Pāsha sent an Ambassador to the Governor-General of India in the person of one Sulaimān Āgha. This individual arrived in Bombay on the 16th February 1804, and was provided by the Government of Bombay with passages to Calcutta for himself and his suite on the ship 'Upton Castle' which sailed on the 3rd of April. The object of the Embassy is not recorded, nor the result; and it is therefore not improbable that the duties of the Ambassador were of a purely ornamental character, such as the offering of congratulations.

وظل المبدأ الذي يتحكم بالتعريفة الجمركية التي تتقاضاها السلطنة العثمانية بالإشارة إلى بريطانيا العظمى، ظل هو المبدأ الذي ينص عليه قانون الامتيازات الأجنبية، أي ذلك القاضي بألا يزيد الرسم على ٣٪ من قيمة البضاعة المعتمدة في السوق. لكن وُجد، فيما بعد، أن من المناسب اعتماد قيم ثابتة لكل أصناف السلع، وأن يصاغ سلَّم للرسوم المرخّص بها على أساس الوزن والكمية، محسوبة على أساس مبدأ نسبة ٣٪ من الضريبة القيمية. وقد نُظِّم هذا الجدول عام ١٧٩٤. لكن، في عام ١٨٠٠، ونتيجة ارتفاع أسعار السلع، هبطت الرسوم المرخّص بها إلى ما دون ٣٪. وفي ذلك العام، أُعيد النظر بالجدول، بموافقة بريطانيا العظمى، بصورة تُلائم الباب العالي. وتبيّن بالتالي أن الرسوم التي يدفعها التجار البريطانيون، بموجب الجدول المعدّل، كانت أعلى في بعض الحالات من تلك التي يدفعها التجار من الدول المسيحية الأخرى. وفي ١٣ ديسمبر ١٨٠٥، جرى تبنّي جدول جديد، وتمّ التخلّص من هذا الاعتراض، بموجب اتفاق بين بريطانيا وتركيا.

نزاع بين المستر جونز وعلي باشا، ١٨٠٤ ـ ١٨٠٥، وتقاعد قسري للمستر جونز من بغداد، يناير ١٨٠٦

في عام ١٨٠٤، وقع نزاع بين المستر جونز وعلي باشا، مردّه إلى إساءة الباشا معاملة مترجم المقيمية البريطانية. وقد طلب المستر جونز إصلاح الخطأ والتعويض، فرفض الباشا ذلك، وانقطعت العلاقات الرسمية بين الرجلين. وفي نوفمبر ١٨٠٥، كتب الباشا إلى السفير البريطاني في القسطنطينية، وإلى السلطان التركي أيضاً، طالباً اتخاذ الإجراءات اللازمة لنقل المستر جونز من بغداد. وبما أن الباب العالي أيّد هذا الطلب بقوة، لا لقناعته بعدالة المطلب، بل لخوفه من إغضاب حاكم ناءٍ وشبه مستقل، ولرفض تحمل المسؤولية عن سلامة المستر جونز الشخصية إذا بقيَ في بغداد وقتاً أطول، فقد عمد المستر تشارلز أربوتنت، الذي كان يعرف أن وزراء صاحب الجلالة لن يهتموا كثيراً بهذه القضية بسبب التحالف القائم، آنذاك، بين بريطانيا وتركيا، عمد إلى نصح المستر جونز بمغادرة بغداد. وهكذا سلّم المستر جونز مهامه إلى الدكتور هاين، الطبيب الجرّاح المدني، وغادر بغداد في أوائل يناير ١٨٠٦. وفي فبراير، وصل إلى الموصل. وفي ٢١ مايو، وصل إلى القسطنطينية.

زيارة المستر جونز للقسطنطينية، من مايو إلى اكتوبر ١٨٠٦

كان للمستر جونز من الحظ ما يكفي لكسب تقدير السفير البريطاني هناك، الذي دعاه للبقاء بعض الوقت، وأسدى إليه بعض الخدمات بالحصول على معلوماتٍ تتعلق بأهداف

The principle governing the customs tariff of the Ottoman Empire with reference to Great Britain continued to be that of the Capitulations, viz., that the duty levied should not exceed 3 per cent of the market value of the merchandise; but it had been found convenient to assume fixed values for all classes of goods and to draw up a scale of authorised duties by weight and quantity, calculated from the fixed values on the 3 per cent. principle. Such a table had been framed in 1794; but by 1800, in consequence of a rise in the price of all commodities, the authorised duties had fallen below the 3 per cent. ad valorem level; and in that year, with the consent of Great Britain, the table was revised in a manner favourable to the Porte. Subsequently it was found that the duties paid by British merchants under the revised table were higher in some cases than those paid by the merchants of other Christian nations; and on the 13th December 1805 a new table, free from this objection, was adopted for use under an agreement between Britain and Turkey.

Quarrel between Mr. Jones and Ali Pāsha, 1804-05 and enforced retirement of the former from Baghdād, January 1806

In 1804 a dispute arose at Baghdād between Mr. Jones and 'Ali Pāsha, the cause being the uncivil treatment by the Pāsha of the Linguist of the British Residency. Mr. Jones demanded reparation, which the Pāsha refused, and official relations between them ceased. In November 1805 the Pāsha wrote to the British Ambassador at Constantinople, and also to the Sultan of Turkey, asking that arrangements might be made for the removal of Mr. Jones from Baghdād; and, as the Porte strongly supported this request - not because they were convinced of its justice, but because they were afraid to offend a far-off and semi-independent Governor - and as they declined to be responsible for Mr. Jones's personal safety if he should remain any longer, Mr. Charles Arbuthnot, knowing well that His Majesty's Ministers at home would not press the case on account of the alliance then existing between Britain and Turkey, advised Mr. Jones to quit Baghdād. The latter accordingly made over charge of his duties to Dr. Hine, the Civil Surgeon, and left Baghdād early in January 1806; in February he was at Mūsal; and on the 21st of May he reached Constantinople.

Visit of Mr. Jones to Constantinople, May to October 1806

Mr. Jones was fortunate enough to win the good opinion of the British Ambassador there, who invited him to remain for a time and to lend his

بعثة فارسية يُتوقع وصولها إلى فرنسا، عن طريق العاصمة التركية. وفي ١٣ اكتوبر ١٨٠٦، قلّد سلطان تركيا المستر جونز وسام الهلال من الدرجة الثانية، موضحاً بذلك أنْ ليست لديه اعتراضاتٌ عليه. وبعد ستة أيام، غادر الرجل القسطنطينية إلى إنجلترا، حاملاً رسائل مهمة كلفه السفيرُ بنقلها. وفي أغسطس ١٨٠٧، تلقى لقب البارونية*، إما اعترافاً بأهمية عمله السياسي خلال السنوات الثماني التي قضاها في بغداد، بعد أن أشاد بها السفير، وإما في سياق التحضير لمهمة سيُرسل بعد وقتٍ قصير إلى البلاط الفارسي للقيام بها.

الوضع السياسي في العراق بعد القطيعة في أوروبا بين بريطانيا وتركيا، ١٨٠٧

إذا كان ثمّة حاجة إلى الأدلّة على الاستقلال العملي لباشا بغداد، تلك الفترة، في تعامله مع القوى الخارجية، فيكفي أن نذكر سلوك علي باشا عام ١٨٠٧، حين اندلعت الحرب في أوروبا بين بريطانيا العظمى وتركيا. لقد أبلغ الباشا، في البدء، المقيمَين البريطانيين في بغداد والبصرة أن عليهما التخلي عن مسؤولياتهما ومغادرة البلد. لكنه، بعد إعادة النظر، أصر عليهما أن يبقيا، واعداً إياهما بتأمين حماية كاملة لهما، في حياتهما العامة والخاصة، كما هي الحال أيام السلم. وقد كانت تلك طريقة في التعامل مختلفة تماماً عن تلك التي تعرض لها الفرنسيون في العراق التركي عام ١٧٩٨، حين نشبت الحرب بين حكومة المديرين (الفرنسية، ديركتوار) والباب العالي. وقد أفاد كلا المقيمين من سماح الباشا لهما بالبقاء في منصبيهما، وحصلا على تأييد حاكم الهند العام لسلوكهما هذا.

الأوضاع الرسمية البريطانية في العراق التركي، ١٨٠٢ ـ ١٨٠٧

إرباكات المستر مانستي ورحلته إلى بومباي غير المصرّح بها، ١٨٠٥ ـ ١٨٠٦

في الأعمال غير العادية، التي أقدم عليها المستر مانستي عام ١٨٠٥، أبلغ مثالٍ على الصعوبة القائمة، منذ حوالي ١٠٠ عام، بصدد الحفاظ، في الأماكن النائية كالبصرة، على النظام واحترام الموظفين الرسميين غير المنقوص للانضباط، وتوقير السلطات العليا. كان المستر مانستي، كما أوضحنا في فصل آخر، قد اضطلع، دون مراجعة الحكومة، بدور سفيرٍ خاص في البلاط الفارسي. ولدى عودته من بلاد فارس، اعتبره حاكم الهند العام

* لقد أطلق على نفسه أولاً لقب السير هارفورد جونز. لكن، فيما بعد، وربما بعد أن تقاعد، اتخذ لنفسه اسم بريدجز.

services, in the event of an expected Persian Embassy to France passing through the Turkish capital, in obtaining information with regard to its objects. On the 13th October 1806 the Sultān of Turkey made it clear, by investing him with the Order of the Crescent of the Second Class, that he entertained no personal objections against Mr. Jones; and six days later that gentleman left Constantinople for England, charged with important despatches from the Ambassador. In August 1807 Mr. Jones, either in recognition of his political work during eight years at Baghdād, which had been commended by the Ambassador, or in preparation for a Mission on which he was shortly afterwards sent to the Court of Persia, received a baronetcy*.

Political position in Irāq after the rupture in Europe between British and Turkey, 1807

If proof were needed of the practical independence of the Pāsha of Baghdād at this time in his dealing with foreign powers, it would be sufficient to cite the conduct of 'Ali Pāsha in 1807, when war broke out in Europe between Great Britain and Turkey. The Pāsha at first informed the British Residents at Baghdād and Basrah that they must withdraw from their charges; but on second thoughts he pressed them to remain, promising them full protection in their public and private characters, as in time of peace. This was a very different sort of treatment from that to which the French in Turkish 'Irāq had been subjected in 1798, on the occurrence of war between the Directory and the Porte. Both Residents availed themselves of the Pāsha's permission to remain at their posts, and their conduct in doing so was approved by the Governor-General of India.

British official matters in Turkish 'Irāq, 1802-07

Embarrassments of Mr. Manesty and his unauthorised journey to Bombay, 1805-1806

The difficulty, a hundred years ago, of maintaining discipline and a proper regard for higher authority among public servants at distant stations like Basrah is exemplified in the extraordinary proceedings of Mr. Manesty in the year 1805. In 1804, as explained in another chapter, Mr. Manesty had, without reference to Governmemt, assumed, the róle of a Special Ambassador to the Court of Persia; and on his return from Persia he had been held

*He at first called himself Sir Harford Jones; but later, perhaps after his retirement, assumed the surname of Brydges.

مسؤولاً عن كل النفقات التي تكلّفها. وفي عام ١٨٠٥، حين وجد نفسه عاجزاً عن تسديد ديونه، وخشية أن يمارس دائنوه في البصرة العنف الشخصي ضده، قام بالمفاوضة حول سندات على حكومة بومباي بقيمة ٩٣,٠٠٠ روبية «كان يأمل بصورة جدية أن تدفعها الحكومة لدى تقديمها». وغادر، في الحال، إلى الهند لإيضاح سلوكه وتبريره، بعد أن كلف رسمياً الملازم أ. هـ. بيلاسس، من فرقة المهندسين التابعة لبومباي، الاضطلاع بشؤون المقيمية. وفي ١٠ ابريل ١٨٠٥، وصل إلى بومباي، دون أن يعلن عن وصوله فوراً، وبادر إلى شرح قضيته مع طلب زيادة راتبه بوصفه مقيماً في البصرة. وقد أبدى رأيه في أن الوظيفة التي يضطلع بها هي «واحدة من أكثر المسؤوليات صعوبة وتكديراً وإزعاجاً، حدث أن قام بها موظف يخدم مصالح الشركة المبجّلة، ولسوء حظه ثبت بالبرهان أنها عديمة الربح والمنفعة». وتابع يقول:

بناء على ذلك، إذا لم أستطع استئناف ممارستي لهذه الوظيفة بشروط أنا على أتم الاستعداد، لأذكرها بكامل الاحترام، وأشرحها للحكومة، شروط مناسبة وجديرة على أساسها فقط، يمكن لأي شخص نبيل أن يقبل الوضع بتعقل وحكمة، فإنني سأستقيل من هذه الوظيفة بكل طيبة خاطر، في أي وقت ترغبون فيه، مفضلاً الهدوء والسلامة الشخصية والدخل المحدود، في قرية بريطانية صغيرة، على مؤسسة كبيرة، مع رتبة محلية، وأبهة، وسلطةٍ تعرضني للقلق الدائم، وواجب مُضْنٍ في العمل، وأخطار كبيرة، وخراب مطلق في النهاية، في شبه الجزيرة العربية. وإذا استمرت خدماتي السابقة بلا تقدير، ورُفضت مطالبي المعقولة والمحقة، وإذا لم يكن في وسعي أن أعمل كمقيمٍ بالبصرة في ظل ترتيبات منصفة وسخية ومجزية، فإنني سأحاول أن أمارس بشكلٍ مفيدٍ وشريف تلك المواهب التي لها الحق في المفاخرة بأنها تستحق التقدير، والتي كان ينبغي أن تُؤمن لي البحبوحة في مسقط رأسي، منذ زمن بعيد.

إلا أن الحكومة رفضت رفع راتب المستر مانستي. ولم يتمكن إلا بصعوبة بالغة من إقناعها أن تتعهد بدفع تلك السندات الخاصة به والمسجلة على الحكومة، والتي لم يتمكن، هو نفسه، أن يسددها، إلا بإيداع ضمانات كافية لديهم لتغطية ديونه التي قد تنشأ في حسابه لدى الشركة.

ترتيبات في غيابه، ١٨٠٥ - ١٨٠٦

أما المستر ج. لوو، الذي كان، في ابريل ١٨٠٥، على وشك الذهاب إلى البصرة، بصفة مساعد للمستر مانستي، فقد فُوِّضَ، بدلاً من ذلك، بتسلّم مهام المقيمية هناك، لدى وصوله، من الملازم بيلاسِسْ. وهذا ما فعله في الثالث من يوليو ١٨٠٥. لكنه توفي بعد ذلك بقليل، وتولى مهام المنصب الملازم ايت وَلْ من بحرية بومباي، حتى ١٢

accountable by the Governor-General of India for the whole of the expenses incurred. In 1805 finding himself unable to meet his liabilities and being in fear of personal violence from his creditors at Basrah, he negotiated bills on the Government of Bombay to the amount of Rs. 93,000, 'which he earnestly hoped Government would honour on presentation,' and at once left for India to explain and justify his conduct, making over charge of the Residency at his departure to Lieutenant E. H. Bellasis of the Bombay Engineers. Arriving at Bombay, unannounced, on the 10th April 1805, he at once proceeded to represent his case, with a request that his emoluments as Resident at Basrah might be increased. The office which he held was, in his opinion, 'one of the most arduous, unpleasant, and uncomfortable ones held by any servant whatever of the Honourable Company, and that it was unprofitable had, to his misfortune, been indisputably proved.' He continued:

> If, therefore, I cannot resume it on eligible terms, terms which I am ready respectfully to state and explain to Government, and on which only any gentleman can with prudence accept the situation, I shall most willingly resign it whenever you please, wisely preferring tranquillity, personal safety, and the most limited income in a British settlement to an extensive establishment, local rank, state, and authority subjecting me to unceasing care, laborious duty, serious dangers, and ultimate ruin in Arabia. If my past services remain unrewarded, if my just and reasonable claims are rejected, and if I cannot be Resident at Bussorah under equitable, handsome, and profitable arrangements, I will, in India, endeavour usefully and honourably to exert those talents which have some pretension to consideration, and which ought long ago to have given me affluence in my native country.

Government, however, declined to raise Mr. Manesty's salary; and it was only with difficulty, and on condition that he lodged with them securities sufficient to cover the debit that would be created in his account with the Company, that they were persuaded to undertake the payment of such of his bills on them as he could not himself meet.

Arrangements in his absence, 1805-1806

Mr. J. Law, who in April 1805 was on the point of proceeding to Basrah in the capacity of Assistant to Mr. Manesty, was authorised instead to take charge of the Residency there, on his arrival, from Lieutenant Bellasis. This he did on the 3rd of July 1805, but he died soon after; and Lieutenant Eatwell of the Bombay Marine carried on the duties of the appointment until the 13th

يونيو ١٨٠٦، حين عاد المستر مانستي من الهند، واستأنف ممارسة مسؤولياته.

إن إظهار التسامح حيال نزوات المستر مانستي لا يكاد يُفهم في وقتنا الحاضر، في حين تسود الرزانة الصارمة في السلوك في الوظائف المدنية الهندية، بل تُفرض عليها فرضاً.

أوامر بشأن المراسلات بين الهند ومقيمي بغداد والبصرة، ١٨٠٦

في يناير ١٨٠٦، قررت حكومة الهند، بناء على إشارةٍ من حكومة بومباي، أنه ينبغي اعتبار المقيمين في البصرة وبغداد خاضعين مباشرة لأوامر حكومة بومباي، وألاّ تكون ثمة مراسلات مباشرة بينهما وبين أيّ سلطة أخرى في الهند. وكان أرجح ما يُهْدف إليه من ذلك الأمر: تأكيد الاحترام والطاعة من جانب المقيمين حيال رؤسائهما المباشرين. إلا أن ثمة سبباً للتفكير في أن هذا الأمر قد عُومل استناداً إلى أنه قد أُبْطِل بعد بعثة اللواء مالكولم الثانية إلى بلاد فارس عام ١٨٠٨، حين أعطي مالكولم، بوصفه مبعوث الحاكم العام، سلطةً عامة على المؤسسات البريطانية في الخليج والعراق والتركي.

الرسوم الجمركية والقنصلية في البصرة، ١٨٠٦

تميّز عام ١٨٠٦ بزيادة كبيرة ومفاجئة في قيمة الرسوم الجمركية والقنصلية التي باتت تحصل عليها شركة الهند الشرقية في البصرة. لكن ليس واضحاً: هل كانت الزيادة ناجمة عن صرامة أكبر في التقييم والجباية، أم عن تحسن وضع التجارة، أم عن الأمرين معاً. فكامل الجبايات، من أول مايو ١٧٩١ إلى أول مايو ١٨٠٦، قد بَلَغت ٢٧,٥١٢ روبية، في حين بلغ ماجُبِيَ في شهر يوليو ١٨٠٦ وحده، ٤١,٦٦٣ روبية. وكان من المتوقع تحصيل مبلغ إضافي مقداره ٢٠,٠٠٠ روبية قبل ٣٠ ابريل من العام التالي. وفي معرض تقرير قُدّم عن ذلك، أضاف المستر مانستي قوله: «طالما استمرّيتُ في الوظيفة هنا، فلسوف يزداد المبلغ المحصّل سنوياً بصورة عامة، وربما بدرجة مادية، ليجاوز الرقم الكبير، أي رقم ٥٠,٠٠٠ روبية». لكن الحقيقة: أن فترة الجبايات الصغيرة كانت خلال مقيميته أيضاً، وتُبعد، كما يبدو، الافتراض القائل إنَّ التحسن كان يعزى إلى يقظته أو نشاطه.

of June 1806, when Mr. Manesty returned from India, and resumed his place.

The tolerance shown for Mr. Manesty's vagaries almost passes comprehension at the present day, when strict sobriety of conduct prevails, and is enforced, in the Indian services.

Orders regarding the correspondence with India of the Residents at Baghdād and Basrah, 1806

In January 1806, it was decided by the Government of India, on a reference from the Government of Bombay, that the Residents at Basrah and Baghdād should be regarded as under the immediate orders of the latter Government, and that they should not correspond direct with any other authority in India. The object of this order was, probably, to ensure proper respect and obedience on the part of Residents towards their immediate superiors. There is some reason to think, however, that this order was treated as repealed after the Second Mission of General Malcolm to Persia in 1808, when, as Envoy of the Governor-General, he was invested with general authority over the British establishments in the Persian Gulf and Turkish 'Irāq.

Customs and consulage at Basrah, 1806

The year 1806, was distinguished by a great and sudden increase in the amount of the customs and consulage obtained by the East India Company at Basrah; but whether this increase was due to greater stringency in assessment and collection, or to better trade, or to both of these causes, is not clear. The whole collections from 1st May 1791 to 1st May 1806, had only aggregated Rs. 27,512; whereas in July 1806 alone a sum of Rs. 41,663 accrued, and it was expected that an additional Rs. 20,000 would come in before the 30th April in the following year. Mr. Manesty, in reporting this, added: 'As long as I may continue in office here, the annual amount must generally exceed, and possibly in a material degree, the large sum of Rs. 50,000,' but the fact that the period of small collections also was included in his Residentship seems to preclude the supposition that the improvement was due to his vigilance or energy.

مصطفى الرابع، ١٨٠٧ - ١٨٠٨

ومحمود الثاني، ١٨٠٨-١٨٣٩*

بعد خلع سليم الثالث، رفع الانكشاريون إلى عرش السلطنة الابنَ الأكبر للسلطان الأسبق عبد الحميد الأول، ولقبوه بـ مصطفى الرابع، الذي حكم من ٢٩ مايو ١٨٠٧ إلى ٢٨ يوليو ١٨٠٨، حين أزاحه أنصارُ السلطان المخلوع سليم. وخلال الفترة القصيرة الأخيرة من سلطة مصطفى، مات سليم بوتر القوس، ولم يترك للرجعيين الناجحين خياراً سوى ان يُستَبدل بمصطفى شقيقه محمود الذي كان الذكر الوحيد الباقي على قيد الحياة من آل عثمان.

وفي الداخل، بُذلت، للتخلص من سلطة الانكشارية، محاولاتٌ جديدة على يد السلطان الجديد، الذي حكم بلقب محمود الثاني. لكنَّ جهوده، بادىء الأمر، ذهبت سدىً. أما في الخارج، وإبان عامي ١٨٠٧ و١٨٠٨، فقد استمرت تركيا في علاقتها غير الودية ببريطانيا. لكن، بعد معاهدة تيلست الموقّعة في السابع من يونيو ١٨٠٧، حين تحالف الفرنسيون والروس وبدأوا يضعون خططاً مشتركة لتقطيع أوصال الأمبراطورية التركية، مالت العلاقات بين بريطانيا والباب العالي إلى التحسن. وفي الخامس من يناير ١٨٠٩، وعلى الرغم من المساعي المضنية التي قامت بها فرنسا لتفادي ذلك، تمكنا من التغلب على خلافاتهما بالتوصل إلى عقد معاهدة الدردنيل. وقد استؤنفت الحربُ، آنذاك، بين تركيا وروسيا - وهي حرب أدّت فيها المشاعر الإسلامية والحماس الإسلامي دوراً مهماً في البداية، كما حصل إبان الحرب الفارسية - الروسية في ١٨٢٦ - ١٨٢٨ - وتواصلت الأعمال العدائية حتى توقيع معاهدة بوخارست في ٢٨ مايو ١٨١٢.

في غضون ذلك، وبين عامي ١٨٠٤ و ١٨١١، أصبحت مقاطعة مصر التركية تحت السيطرة الكاملة لمحمد علي باشا، الحاكم الذي أباد المماليك الذين كانوا سبباً للاضطراب. أما وهابيو أواسط شبه الجزيرة العربية، الذين كانوا قد استولوا على المدينتين المقدستين: مكة والمدينة، والذين كانت أعمالهم، منذ نهب كربلاء عام ١٨٠١، سبباً للذعر الدائم على الحدود السورية وبلاد ما بين النهرين، فقد سحقهم محمد علي باشا باليد القوية نفسها، واحتلت جنوده بلادهم احتلالاً كاملاً، كما سبق أن أشرنا في الفصل المخصص لتاريخ نجد.

---

* هناك تفاصيل إضافية عن تاريخ تركيا العام، أثناء هذه الفترة، أعطيت في هامشين في الفصل الثامن، انظر صفحتي ٢٤٤ و٢٨٦ من المجلد الرابع. أما المصادر الرئيسية، التي استُقيت منها المعلومات المتعلقة بأوضاع العراق التركي المحلية، فهي التالية: *Précis containing Information in regard to the first Connection of the honourable East India Company with Turkish Arabia, 1874*، للكاتب المستر سالدانها، طبع عام ١٩٠٥، و: *Précis of Turkish Arabian Affairs ,1801-1905*. وهناك مصادر اخرى تتعلق بنقاط خاصة مذكورة في الهوامش. وللكاتب ريتش: *Narrative of a Residence in Koordistan 1836*. وهذا الكتاب ذو قيمة عامة.

*MUSTAFA IV, 1807-08 AND MAHMŪD II, 1808-39**

On the deposition of Salīm III, the eldest son of the late Sultān 'Abdul Hamid I was raised by the Janissaries to the throne of Turkey under the title of Mustafa IV. He ruled from the 29th May 1807 to the 28th July 1808, when he was displaced by partisans of the deposed Salīm. During the last few moments of Mustafa's authority Salīm perished by the bowstring, leaving the successful reactionaries no choice but to substitute for Mustafa his own brother Mahmūd, who was the sole other surviving male of the house of Othmān.

At home fresh attempts were made by the new Sultān, who ruled as Mahmūd II, to shake off the power of the Janissaries; but at first his efforts were unavailing. Abroad, during 1807 and 1808, Turkey continued to be on an unfriendly footing with Britain; but, after the Treaty of Tilsit on the 7th June 1807, when the French and the Russians combined and began to devise joint schemes for the dismemberment of the Turkish Empire, the relations between Britain and the Porte tended to improve; and on the 5th January 1809, notwithstanding strenuous endeavours by France to prevent it, their differences were healed, by the Treaty of the Dardanelles. War was then resumed between Turkey and Russia - a war in which, as in the Perso-Russian war of 1826-28 Muhammadan feeling and enthusiasm at first played a considerable part - and hostilities continued until the Treaty of Bucharest, which was signed on the 28th May 1812.

Meanwhile, between 1804 and 1811, the Turkish province of Egypt had been brought under thorough control by Muhammad 'Ali Pāsha, the Governor, who annihilated the turbulent Mamlūks; and the Wahhābis of Central Arabia, who had seized the sacred cities of Makkah and Madinah, and whose proceedings ever since the sack of Karbala in 1801 had been a cause of incessant alarm upon the Syrian and Mesopotamian frontiers, were crushed by the same strong hand, their country being finally occupied by the Egyptian troops in 1818, as is fully related in the chapter on the history of Najd.

---

*Some additional details of the general history of Turkey during this period are given in two footnotes to Chapter Elighth, see pages 244 and 286 Vol 4. The principal sources of information in regard to local affairs in Turkish 'Irāq are the *Précis containing Information in regard to the first Connection of the Hon'ble East India Company with Turkish Arabia, 1874* and Mr. J.A. Saldanha's *Précis of Turkish Arabian Affairs, 18011905*, printed in 1905. Other authorities on particular points are cited in footnotes, and Rich's *Narrative of a Residence in Koordistan, 1836*, is of some general value.

لقد حمل عام ١٨٢٦ الخلاصَ من المشكلة مع الانكشاريين، الذين طُلب منهم الخضوع لتدريبٍ عسكري حديث فتمردوا، وجرى سحقهم تماماً في نهاية الأمر. لكن ذلك العام شهد أيضاً معاهدة أكرمان التي لم تكن في صالح تركيا والتي أُبرمت مع روسيا، ودامت حتى عقد معاهدة الدردنيل في ٢٨ اغسطس ١٨٢٩.

وبين عامي ١٨٢٠ و ١٨٢٧، اندفعت اليونان في النضال لنيل الاستقلال عن تركيا. وفي النهاية، تدخلت أساطيل كل من بريطانيا وفرنسا وروسيا مجتمعةً إلى جانب اليونان في معركة نافارينو، وسحقت أسطول محمد علي، المصري، الذي عهد الباب العالي إليه بالعمليات ضد اليونانيين المتمردين.

وفي هذا الوقت بالذات، كان محمد علي باشا قد بات، هو نفسه، خطراً على السلطان. وفي عام ١٨٣١، بدأ يتعدى تدريجياً على ممتلكات سيده، فاحتلت قواته سوريا، وغزت آسيا الصغرى. عندئذ، تدخلت بريطانيا وفرنسا وروسيا، وجرى التوصل إلى تسوية مؤقتة في مايو ١٨٣٣، وتلتها، بعد شهرين، معاهدةُ انكيار سكالِسي، التي خلقت تحالفاً هجومياً دفاعياً فعلياً بين تركيا وروسيا، فأعطت النفوذ الروسي المقام الأول لدى الباب العالي. وفي عام ١٨٣٤، أقيم، لكل الأمبراطورية العثمانية، نِظامٌ من الحكم المركزي المتشدّد سبَّب في النهاية شللاً للإدارة في المناطق نجمت عنه مساوىء لا تقل خطورة عن تلك التي تنجم عن استقلال المناطق، لكنها مساوىء من نوع آخر. وفي عام ١٨٣٩، تجدد الخلاف بين محمد علي باشا والباب العالي، وكان موقف الأول هو من العدوانية بحيث تسبب في تدخل بعض الدول، بما فيها بريطانيا، إلى جانب تركيا. بيد أن محمود توفي في أول يوليو ١٨٣٩، قبل أن تصل الأمور إلى طورها الأخير، توفي دون أن يعرف أن جزءاً من جيشه وكامل أسطوله قد نُقل ولاؤهما إلى المصريين.

التاريخ الداخلي للعراق التركي، ١٨٠٧ - ١٨٣٩

اغتيال علي باشا، حاكم بغداد، وتولي سليمان، ١٨٠٧

في ١٨ أغسطس ١٨٠٧، ولم يكن قد مضى وقت طويل على اعتلاء السلطان مصطفى الرابع العرش، اغتيل علي باشا، حاكم بغداد وتوابعها، بمؤامرة جماعة من العبيد الجورجيين. وقد أشاع مصرعه «رضىً عاماً في كل مكان من البشلكية». ولم يُبدِ ممثلو شركة الهند الشرقية في العراق التركي سوى القليل من الأسف عليه. كما أن الأسف الذي أبداه رعايا الباب العالي لم يكن بأكثر منه. أما سليمان، الذي عيّنته الحكومة التركية خلفاً له،

The year 1826 brought relief from the difficulty with the Janissaries, who on being required to undergo a modern military training, multinied and were at last completely destroyed; but it was also marked by the disadvantageous treaty of Akkerman, concluded with Russia. In 1828 another war with Russia began, which lasted until the Treaty of Adrianople on the 28th August 1829.

In the interim, from 1820 to 1827, Greece had been carrying on a struggle for independence of Turkey, and ultimately, at the battle of Navarino, the united fleets of Britain, France and Russia had taken action on her behalf and destroyed the navy of Muhammad 'Ali of Egypt, to whom the operations against the insurgent Greeks had been confided by the Porte.

Muhammad 'Ali Pāsha had by this time himself become a danger to the Sultān; and in 1831 he began to encroach upon his master's dominions. Syria was occupied and Asia Minor invaded by his troops. Britain, France and Russia then intervened, and a temporary settlement was effected in May 1833. It was followed a couple of months later by the Treaty of Unkiar Skelessi, which created a virtual offensive-defensive alliance between Turkey and Russia and made Russia influence supreme at the Porte. In 1834 an over-centralised system of Government was established for the whole Ottoman Empire, which eventually caused paralysis of the provincial administration and produced evils hardly less serious than those of provincial independence, but of a different kind. In 1839 the trouble between Muhammad 'Ali Pāsha and the Porte was renewed, and the attitude of the former was so aggressive as to provoke the intervention of certain powers including Britain, upon the side of Turkey. Mahmūd, however, died on the 1st July 1839 before matters had reached their final stage, and even without knowing that a part of his army and the whole of his fleet had gone over to the Egyptians.

Internal history of Turkish 'Irāq, 1807-39

Assassination of 'Ali Pasha of Bagdad and succession of Sulaimān, 1807

On the 18th August 1807, not long after the accession of Sultān Mustafa IV, 'Ali Pāsha, Governor of Baghdād and its dependencies, was assassinated by a confederacy of Georgian slaves. His death 'diffused a general satisfaction throughout the Pachalic,' and it was as little regretted by the representatives of the East India Company in Turkish 'Irāq as it was by the native subjects of the Porte. Sulaimān, whom the Turkish Government

فكان ابن أخي سليمان باشا الذي حكم بغداد من عام ١٧٧٩ إلى عام ١٨٠٢، وقد أطلق عليه هذا الاسم نفسه. وبوصفه كيخيا للباشا المتوفى، فقد شغل مركز قيادة في الحرب ضد الفرس حوالي عام ١٨٠٦، ووقع خلالها أسيراً. وبصفته هذه، اضطلع بمهام مؤقتة في الإدارة بعد وفاة علي.

تمرد سليم اغا، متسلم البصرة، وطرده من البلد، ١٨١٠

في عام ١٨١٠، تمرد سليم آغا*، متسلم البصرة، على سليمان باشا، وكان يأمل بتسلُّم منصبه. لكن قبيلة المنتفق، التي كان دعمها للمتسلم أمراً مضموناً، قد انحازت عنه بصورة غير متوقعة. وفي ١٤ يوليو، احتلت القبيلة مدينةَ البصرة، بلا عنف، سامحةً لسليم آغا أن ينسحب مع عائلته وكل أملاكه إلى بو شهر. وقد تلاه في المتسلمية شخص يدعى أحمد بك عيَّنَهُ باشا بغداد بصورة نظامية، ولم تعارض قبيلة المنتفق دخوله البصرة.

عزل الباب العالي لسليمان باشا، ١٨١٠

في العام نفسه، ولأسباب لم تثبت، قرّر الباب العالي عزل سليمان باشا من الحكم في بغداد، وأرسل مسؤولاً خاصاً من القسطنطينية لتنفيذ الإجراء. وكانت تدعم الباشا قوات الحامية المحلية. لكنّ أكراد الإقليم، بقيادة عبد الرحمن باشا، وهو زعيم كانت مشكلاته مع سليمان باشا قد دفعته قبل ذلك لمغازلة الفرس، انحازوا إلى جانب المفوض العثماني. وبقيت نتيجة الصراع موضع شك لبضعة أيام. لكن، في الخامس من اكتوبر، حدث اشتباك حاسم في المنطقة المجاورة لبغداد مباشرة. لقد بدأ القتال بُعيد الظهر، حين هاجمت مجموعة من الأكراد جيش الباشا، غير أنَّ نيران المدفعية نجحت في صدها. بيد أن مدافع الباشا، التي كانت حواضنها مخلّعةً، سرعان ما كان الارتداد الذاتي للمدافع بسبب إنزالها عن حواضنها. عندئذٍ، عمد الحشد الكردي، الذي كان متفوقاً جداً من حيث العدد، إلى استئناف هجومه، وضغط بقوة شديدة على جيش بغداد، واستمر الضغط باستمرار ضوء النهار. وقد تخلى عدد من الأكراد، الذين كانوا قد عملوا مع الباشا، وكان يعوّل عليهم كثيراً، تخلوا عنه في لحظة حرجة. وفي صباح السادس من الشهر، حين وجد سليمان أن أنصاره

* ربما كان عبداً جورجياً تم عتقه، بذلك الاسم. لقد تزوج من ابنة غير شرعية لسليمان باشا السابق، وكان رجلاً يتمتع بقدر من الذكاء وبأخلاقٍ دمثة. لكنه لم ينجح كحاكم.

appointed to succeed him, was a nephew of the Pāsha, similarly named, who governed Baghdād from 1779 to 1802. As Kehiyah of the late Pāsha he had commanded in a war against the Persians about the year 1806, in which he was taken prisoner; and in the same capacity he had assumed provisional charge of the administration upon 'Ali's death.

Rebellion and expulsion from the country of Salīm Āgha Mutasallim of Basrah, 1810

In 1810* Salīm Āgha, Mutasallim of Basrah, rebelled against Sulaimān Pāsha whose place he hoped to obtain; but the Muntafik tribe, of whose support the Mutasallim had been assured, unexpectedly turned against him. On the 14th of July the Muntafik occupied the town of Basrah without violence, permitting Salīm Agha to retire with his family and all his property to Būshehr. He was followed in the Mutasallimate by one Ahmad Baig, regularly appointed by the Pāsha of Baghdād, whose entry into Basrah the Muntafik did not oppose.

Removal of Sulaimān Pāsha by the Porte, 1810

In the same year, for reasons not ascertained, the Porte decided on the removal of Sulaimān Pāsha from the Government of Baghdād, and a special official was sent from Constantinople to carry out the fiat. The Pāsha was supported by the troops of the local garrison; but the Kurds of the districts under 'Abdur Rahmān Pāsha, a chief whose difficulties with Sulaiman Pasha had before this led him to coquet with Persia, arrayed themselves on the side of the Ottoman Commissioner. The issue of the struggle remained doubtful for some days, but on the 5th October a decisive engagement took place in the immediate vicinity of Baghdād. The fighting began early in the afternoon, when a body of Kurds charged the Pāsha's army, but were driven off by artillery fire. The Pāsha's guns, however, the carriages being ricketty, were soon all dismounted by their own recoil; and the Kurdish host, which was vastly superior in numbers, then resumed the offensive and pressed the Baghdād army hard so long as daylight lasted. A number of Kurds who had taken service with the Pāsha, and on whom he placed much reliance, deserted him at acritical moment; and on the morning of the 6th, finding himself all but forsaken by his followers, Sulaimān fled with a few faithful

---

*Probably an enfranchised Georgian slave of that name who had married an illegitimate daughter of the former Sulaimān Pāsha. He was a man of some intelligence and of affable manners, but not successful as a ruler.

قد تخلوا عنه تقريباً، فرّ مع عدد قليل من الجورجيين الأوفياء، عن طريق البصرة. وبعد أن بلغ نهر ديالة بسلام، اجتازه وهدم الجسر وراءه. لكن جماعة أقوياء من عرب شمّر طوقة، كانَ سليمان يمر في منطقتهم، تفوّقوا على حرسه القليلين وقتلوه. وقد قطعوا رأسه، ووضعوه على عمود، وأخذوه إلى المفوض التركي الذي أمر، في الحال، بأن «يُهيّأ بعناية، ويختم ويُرسل غنيمة تذكارية إلى القسطنطينية. لقد أبدى سليمان باشا شجاعة لا يمكن نكرانها في المشاهد الأخيرة من أحداث حياته، وأسف المستر ريتش، المفوّض البريطاني في بغداد، أسفاً شديداً لموته، واصفاً إياه بأنه «رجل ذو مشاعر حارة ومبادىء جيدة حقاً»، مضيفاً أن «أخطاءه كانت ناجمة عن شباب مُفْرِط، وكان يمكن إصلاحها بالتقدم في السن، واكتساب الخبرة». وكان له من العمر عند مقتله ٢٤ سنة فقط.

تعيين عبد الله باشا حاكماً لبغداد، ١٨١٠

اختار سكان بغداد، خلفاً لسليمان باشا، أسد بك البالغ من العمر ١٨ سنة، والابن الأكبر لسليمان باشا الآخر الذي حكم المقاطعة من ١٧٧٩ إلى ١٨٠٢. ووافق الشاب في البداية على تسلم مهام البشلكية، إذا مُنحت له. لكنه حين علم بقدر سَلَفه التعيس أجهش في البكاء ورفض دخول الحياة العامة تحت أيّ اعتبار. ومن الواضح أن الباب العالي قام، في شهر ديسمبر ١٨١٠، بتعيين رجلٍ يُدعى عبد الله لبشلكية بغداد. وربما كان هذا عبد الله نفسه الذي شغل سابقاً منصب متسلم* البصرة، والذي كان يعيش في حالة نفي مؤقت في بوشهر عام ١٨٠٨، أي في فترة بعثة السير هارفورد جونز إلى البلاط الفارسي. وفي هذه الحال، كان الباشا الجديد رجلاً فريداً من حيثُ الذكاء والشخصية**، وكان يتخذ بوجه خاص موقفاً ودياً حيال البريطانيين. وكان أحد أعماله الأولى أن استبدل بأحمد بك ابراهيم آغا، في متسلمية البصرة.

حملة عبد الله باشا في كردستان، ١٨١٢

كان العمل الأهم، الذي فرضته الحكومة التركية على عبد الله باشا، إخضاعَ عبد الرحمن باشا، الكردي الذي ساعد مفوض الباب العالي على إزاحة سليمان باشا عن السلطة، لغاية خاصة، لكنه أقام علاقة وثيقة ببلاد فارس، ولم يعد لديه أيُّ ميلٍ إلى الاعتراف بتبعيته للباب العالي. وفي يونيو ١٨١٢، دخل عبد الله باشا كردستان. وفي ١٨ منه، حقق «نصراً

---

* أنظر ص ٢١١.

** أنظر ص ٣٢ من كتاب: *Précis of Turkish Arabian Affairs 1801-1905*، لِـ سالدنها، وكتاب: *Mission*، للكاتب بريدجس.

Georgians by the Basrah road. Reaching the Diyālah river in safety, he crossed it and broke down the bridge behind him; but a strong party of the Shammar Tōqah Arabs, in whose country he was, overpowered his small escort and killed him. His head was cut off, stuck on a pole, and carried to the Turkish Commissioner, who at once caused it to be 'carefully packed up, sealed, and sent as a trophy to Constantinople.'

Sulaimān Pāsha showed undeniable courage in the closing scenes of his life; and his death was much regretted by Mr. Rich, the British Resident at Baghdād, who described him as 'a man of warm affection and actual good principles,' adding: 'His faults were such as proceed from extreme youth, and would have been corrected by age and experience.' His age at his death was only twenty-four years.

Appointment of 'Abdullah Pāsha to Bāghdād, 1810

The choice of the people of Baghdād, in nominating Sulaimān Pāsha's successor, fell upon Asad Baig, the eighteen-year old son of the Sulaimān Pāsha who had ruled the province from 1779 to 1802. The youth at first agreed to accept the charge, if conferred upon him; but, on learning the miserable fate of his predecessor, he burst into tears and refused upon any consideration to enter public life. Apparently in the month of December 1810, one 'Abdullah was appointed by the Porte to the Baghdād Pashāliq. This may have been the same 'Abdullah, formerly Mutasallim *of Basrah, who was living in temporary exile at Būshehr in 1808 at the time of Sir Harferd Jones's mission to the Persian Court; and in that case the new Pāsha was man** of unusual intelligence and character, and particularly well disposed towards the British. One of his first acts was to substitute Ibrāhīm Agha for Ahmad Baig in the Mutasallimate of Basrah.

Campaign of Abdullah Pāsha in Kurdistan, 1812

The most important task imposed on 'Abdullah Pāsha by the Turkish Government was the reduction of 'Abdur Rahmān Pāsha, Kurd, who for his own ends had helped the Commissioner of the Porte to remove Sulaimān Pāsha from power, but who, having formed a close connection with Persia, was no longer inclined to admit his dependence on the Porte. In June 1812

---

*See page 211 ante.

** See Mr. Saldanha's *Précis of Turkish Arabian Affairs, 1801-1905*, page 32; also Brydges' *Mission*.

فريداً وغير متوقع على عبد الرحمن باشا، فأعطى الأمل في«إخضاع كردستان كلياً لباشا بغداد، الأمر الذي سيمنح البشلكية قوة واحتراماً لم تكن تمتلكهما في السنوات العشر الأخيرة، لتصبح في الواقع أقوى إقليم خاضعٍ للباب العالي». إلا أن الأمور، قد انتهت، كما يبدو، بحلٍّ وسط* مع بلاد فارس.

مقتل عبد الله باشا على أيدي المنتفق، ١٨١٣

مهما تكن المزايا الحميدة **، التي اتصف بها عبد الله باشا، مزايا لافتة، فلم يكن مقدراً لحكمه أن يدوم طويلاً. ففي مطلع عام ١٨١٣، خرج لقتال شيخ قبيلة المنتفق، الذي كان يهدد البصرة بقوة كبيرة. لكن، في الأسبوع الأول من فبراير، ولدى وصول قواته إلى مسافة تمكّنها من بدء الهجوم، ألقى القسم الأكبر من قواته بالسلاح فجأة، وأعلنوا ولاءهم للعدو. فوضع عبد الله باشا نفسه بين أيدي المنتفق، بعد أن طمأنوه بالحفاظ على سلامته الشخصية. لكن، بعد بضعة أيام، أعدموه بشكل غادرٍ. فازدادت، إلى حد كبير، سلطة المنتفق الذين كان شيخهم في ذلك الوقت، حميد بن ثامر، الأكثر شهرة. وبعد انتصارهم على باشا بغداد والمناطق الواقعة على الفرات حتى السماوة، أصبحت هذه المناطق خاضعة لسلطانهم.

حكم سعيد باشا، ١٨١٣ - ١٨١٦

خَلَفَ عبد الله باشا في البشلكية شابٌ يُدعى سعيد، يبلغ من العمر ٢١ عاماً. وبات معروفاً لدى وفاة عبد الله، ونادى به قاضي بغداد حاكماً مؤقتاً. ويبدو أن شيخ المنتفق قد

---

* انظر الفصل الحادي عشر، المجلد السابع.

** قام المستر هـ. جونز، المقيم السياسي في بغداد، عام ١٨٠٢، برسم الصورة التالية لعبد الله آغا (كما كان عندئذٍ):

«وُلد عبد الله آغا، وهو من سكان بغداد، في عائلة تُعتبر من اكثر العائلات مدعاة للاحترام في المدينة. رُقّي من وظيفة حسنادار إلى رتبة باشا، ثم إلى رتبة متسلّم البصرة، التي شغلها لعدة سنوات، فاكسبته، شخصياً، سمعة متفوقة، وعادت بمنفعة كبيرة على سيد ه الباشا. يبلغ عبد الله من العمر ٤٢ عاماً، وهو ذو شخصية فظة. لكنّ سلوكه وحديثه أخّاذان ومثيران للاهتمام، وكأنه تملّك السر العظيم والقيّم في مجاملة الآخرين، دون أن يتعرّض لأقل خسارة في كرامته أو وقاره. فهو رجل أدب وسياسة ومالٍ وتجارة. استطاع الحصول على أمورٍ كان نادراً ما يفكر فيها معظم الناس في هذه البلدان، إذ كوّن عن وضع أوروبا فكرة صحيحة ومميزة ورحبة في تسامحها. ولم يوفّر جهداً في توليد بعض الأفكار عن الجغرافيا، وهو التركي الوحيد، الذي تحادثت معه، ووجدت أنه يملك معرفةً للوضع المحلي ولعلاقة المناطق بالامبراطورية التي ينتمي إليها. أما على صعيد آرائه الدينية، فهو متمرّد ويود أن يكون اكثر تحرّراً، لو كانت السياسة تسمح بذلك. لم يكن مع شعبه إلاّ كريماً، لكن دون إفراط. وكان له من الموهبة ما هو ملائم للجمع بين الإنفاق الكبير والإنفاق المحدد باتجاه اقتصادي اكثر دقة. كان على استعدادٍ دائمٍ لتلقي المعلومات باي شكلٍ اتت، ومن اي جهة تُقدّم إليه. ونادراً ما اقتنع بمعرفة سطحية او منقوصة للأمور. عُرِف اثناء حكمه للبصرة أنه حاسم الراي، متيقظ، سريع التنفيذ. ونجح في أن يكوّن شخصية متميزة بالصدق والإنسانية والعدل. بيد أن تهمة الجشع قد وُجّهت إليه، مع أنه، على وجه التاكيد، لم يُرضِ ذلك الميل الشديد لديه إلى الابتزاز والظلم. ووُجه إليه اللوم أنه جبان، لكنْ لم يظهر ذلك في ايٍّ من تصرفاته في الحكم. عن يقينٍ، كان متعلقاً بالإنجليز ومصالحهم تعلقاً شديداً. ويرجع الفضل في ذلك إلى مقيم البصرة، لانه يعتبر ان هذه المصالح تربط هذه البلدان بتلك التي تخص الباب العالي، ارتباطاً وثيقاً.

'Abdullah Pāsha entered Kurdistān; and on the 18th of that month he achieved 'a most signal and unexpected victory' over 'Abdur Rahmān Pāsha, giving hope of 'the entire subjection of the Courdistan to the Pāsha of Bagdad, by which that Pachalic would acquire a strength and respectability it had not possessed for the last ten years, and would in reality become the most powerful territory under the Porte.' The affair seems to have ended, however, in some sort of compromise* with Persia.

Death of 'Abdullak Pāsha, killed by the Mustafik, 1813

The rule of 'Abdūllah Pāsha, however remarkable his good qualities** may have been, was not destined to last long. At the beginning of 1813 he took the field against the Shaikh of the Muntafik, who was threatening Basrah with a large force; but in the first week of February, on his arriving within striking distance, the greater part of his force suddenly threw down their arms and went over to the enemy. 'Abdullah Pāsha then placed himself in the hands of the Muntafik under assurances of personal safety, but a few days later they teacherously put him to death. The power of the Muntafik, whose most distinguished Shaikh at this time was Hamūd-bin-Thāmir, increased greatly after their victory over the Pāsha of Baghdād; and the country on the Euphrates almost as far as Samāwah came under their sway.

Government of Sa'īd Pāsha, 1813-1816

The successor of 'Abdullah Pāsha was Sa`īd, a youth twenty-one years of age, who on the circumstances of 'Abdullah's death becoming known, was proclaimed interim Governor by the Qādhi of Baghdād. The selection must

---

*See Chapter Eleventh, Vol 7.

** The following portrait of 'Abdullah Agha (as he then was) was drawn by Mr. H. Jones, Resident at Baghdad, in 1802.

'Abdullah Agha is native of Baghdad, born of one of the most respectable families in the city, and was appointed from the office of Hasnadar to the Pashaw to that of Mussalum of Bussora, which he filled for many years with superior credit to himself and the greatest advantage to the Pashaw, his master. He is about forty-two years of age, coarse in his person but most engaging and interesting in his manner and conversation, knowing and practising that great and invaluable secret of accommodating himself to his company without the smallest loss of his own dignity. He is a man of letters, a politician, a financier, and a merchant. He has procured himself, what people in these countries seldom think of, a tolerable distinct and correct notion of the state of Europe. He has been at uncommon pains to obtain some ideas of geography; and he is the only Turk that I ever conversed with that had a knowledge of the local situation and relation of the provinces of his own Empire. He is liberal in his religious opinions and would, if policy would warrant it, be still more so. He is liberal to his people without being profuse, and has the happy talent of combining great expense with the most exact economy. He is always happy to receive information in whatever shape, or by whomsoever it may be offered to him, and is seldom or ever contented with knowing a thing superficially or by halves. In his government at Bussora he was prompt, decisive and vigilant and contrived to procure himself a great character for good faith, humanity, and justice. He has been accused of being avaricious, but he certainly never gratified that passion by extortion and oppression ... He has been reproached with timidity he never showed it in any act of his government ... He is (very much to the "credit of the Resident at Bussora) most firmly attached to the English and their interests, justly and on conviction of the truth of it, considering the latter as inseparably connected in these countries with those of the Porte."

أبدى رضاه عن هذا الاختيار، لأنه قام، دلالةً على موافقته، بمرافقة سعيد عند دخوله العام إلى العاصمة. وقد وقع هذا الحدث في ١٦ مارس ١٨١٣. لكن أنباء تثبيت سعيد حاكماً دائماً لم تصل إلى بغداد من القسطنطينية إلا في ٣٠ يونيو اللاحق. وقد عكرت صَفْوَ فترة الإدارة القصيرة من حكم سعيد باشا الاضطراباتُ المتواترة في بغداد والبصرة. وكان الاضطراب الأكثر خطورة التمردَ الذي حدث في البصرة، حين اقتحم المدينة، على حين غرة، رهطٌ من العرب، نهبوا السراي وضربوا المتسلم. إلا أن المتسلّم طردهم في النهاية، وأعيد الهدوء. وفي الرابع من نوفمبر ١٨١٦، وصلت الأوامر، من القسطنطينية إلى بغداد، بعزل سعيد باشا وإحلال داود أفندي محله.

تولي داود باشا السلطة، ١٨١٦ - ١٨١٧*

لما كان سعيد باشا قد رفض أوامر الباب العالي، اضطر داود أن يثبت حقه في البشلكية، بقوة السلاح. ولم يكن نجاحه فورياً ولا سهلاً. ففي السابع من يناير ١٨١٧، هاجمه الحاكم الفعلي سعيد وشتّت قوة كبيرة كان قد استقدمها معه، لكن لم يمضِ وقت طويل، حتى تخلى عن سعيد باشا قسم من جنوده وهبّت انتفاضة في بغداد شارك فيها المماليك، الأمر الذي جعل داود يتفوق على خصمه. ففي ٢١ فبراير، دخل بغداد ظافراً، وخضعت المدينة لسلطته. وفي ٢٢ منه، نودي به باشا. وفي ٢٤ منه، قُطع رأس الباشا السابق سعيد، الذي حاول الصمود داخل القلعة.

عرب نجد يقترفون أعمالاً وحشية في البصرة، ١٨٢٠

لم يكن الحاكم الجديد، الذي لُقِّب بـ«باشا بغداد والبصرة وكردستان»، لم يكن في البدء أكثر نجاحاً من سلفه، في الحفاظ على السلام العام. وفي أواسط عام ١٨١٩، وقعت أجزاء من البلاد تحت إرهاب عصابات مسلحة، وقُطعت المواصلات، ولا سيما باتجاه الشمال، وتوقفت التجارة في بغداد توقفاً تاماً. وفي عام ١٨٢٠، ارتُكبت سلسلة اعتداءات**، ارتكبها عربٌ من نجد***. ويردّ بعضها إلى عداوة دموية نشأت بينهم وبين الحرس الشخصي للمتسلم، وبعضها الآخر إلى تحريض بعض التجار النجديين في المدينة، الذين

* إذا أردت الحصول على تقرير لسير حياة داود باشا العملية أنظر كتاب: *Fifteen month's Pilgrimage*، المجلد الأول، ص ٤٤ - ٥١، للكاتب ستوكويلر.

** يبدو أن الملازم ا. ت. ويلسون يشير إلى هذه الاضطرابات في البصرة في كتابه: *Précis of the Relations, etc*، ص ١٤. لكنه يحيلها إلى ما بعد سنة ١٨٢٧، مع أنه يذكر حاجي يوسف، وليس حاجي جابر. واستناداً إلى الملازم ويلسون، استولى على البصرة آنذاك أناس من الزبير ونجد. وقد أنقذ بنو كعب المتسلم عزيز آغا، وجاؤوا به إلى المحمرة، ثم ساعدوا الأتراك في استعادة البصرة.

*** جرى وصفهم بالعرب (الناجدة). لكن ليست هناك قبيلة معروفة بهذا الاسم. والإشارة إلى محل إقامة تجار (ناجدة) يجعل من المحتمل أن يكون المقصود أناساً من أهالي نجد.

have been agreeable to the Saikh of the Muntafik, for he testified his approval by accompanying Sa`īd on his public entry into the capital. That event took place on the 16th March 1813, but the news of Sa'īd's confirmation as parmanent Governor did not reach Baghdād from Constantinople until the 30th June following. The short administration of Sa'īd Pāsha was disturbed by frequent troubles both at Baghdād and at Basrah. The most serious of these was a rising at Basrah, in the course of which a body of Arabs entered the town by surprise, plundered the Sarāi and beat the Mutasallim; in the end, however, they were expelled by the Mutasallim and tranquillity was restored. On the 4th November 1816 orders from Constantinople for the deposition of Sa'īd Pāsha and his replacement by Dāwud Effendi arrived at Baghdād.

*Accession of Dāwud Pāsha, 1816-17

As Sa'īd Pāsha refused to submit to the commands of the Porte, Dāwud was obliged to make good his right to the Pāshāliq by force of arms; and his success was not immediate or easy. On the 7th January 1817 he was attacked by the de facto Governor, and a large force which he had brought with him was scattered; but, not long afterwards, the desertion of Sa'īd Pāsha by a number of his troops and an insurrection at Baghdād in which the Mamlūks took part gave him the advantage over his rival. On the 21st February he entered Baghdād in triumph, and the city submitted to his authority; on the 22nd he was proclaimed Pāsha; and on the 24th the ex-Pāsha Sa'īd, who had endeavoured to hold out in the citadel, was put to death by beheading.

Outrages committed at Basrah by Arabs of Najd, 1820

The new Governor, who was described as 'Pāsha of Bagdad, Bussorah and Courdistan' was at first hardly more successful than his predecessor in maintaining the general peace; and by the middle of 1819 parts of the country had fallen under the terrorism of armed gangs, communications - especially to the northward - had been interrupted, and trade at Baghdād had come to a standstill. In 1820 a** series of grave outrages was committed at Basrah by Arabs of Najd,*** in consequence, partly of a blood fued which had arisen between them and the Mutasallim's body-guard, and partly of the instigation

---

*For an account of Dāwud Pāsha's career, see Stocqueler's *Fifteen Months' Pilgrimage*, Volume I, pages 4451.

** Lieut. A.T. Wilson seems to allude to these Basrah disturbances in his *Précis of the Relations, etc.* pages 14; but he refers them, though he mentions Hāji Yūsuf and not Hāji Jābir, to a year later than 1827. According to Lieut. Wilson, Basrah was actually captured by people of Zabair and Najd; Azīz Āgha, the Mutasallim, was extricated from danger and brought to Muhammareh by Ka`ab; and the Ka`ab afterwards helped the Turks to recover Basrah.

***They are described as "Najedah" Arabs, but no such tribe is known, and the reference to residence "Nagedah" merchants make it probable that natives of Najd are meaut.

اعتبروا أنفسهم مظلومين بفعل أمرٍ صادر عن باشا بغداد بشأن أراضٍ يملكونها، وكانوا يودون إخَافَته. وفي ١٦ يوليو، اقتحم بعض النجديين البصرة، وحاولوا عبثاً أن يستولوا على سراي الحكومة. وقد نهبوا، عندئذ، ذلك المكان وقتلوا عدداً من السكان، ثم انسحبوا. وعند انسحابهم، قتلوا قائد قوة صغيرة من البلوش كانت تتقدم لإعانة حامية السراي.

العلاقات الكردية - الفارسية، ١٨٢١

في صيف ١٨٢١، انتدب داود باشا كيخياه إلى كيزيل رباط، لمراقبة الأكراد والفرس. لكن الأكراد حققوا انتصاراً عليه. وحين سمع الباشا بذلك، زج بكل أعيان الفرس الموجودين ببغداد في السجن، بغية ابتزاز المال منهم، ودفع بالجورجيين للزحف من بغداد إلى كربلاء والنجف ليثبتوا «أنهم، إذا كانوا عاجزين عن القتال، ففي وسعهم النهب». وفي الفترة نفسها تقريباً، قضت الكوليرا على الآلاف في البصرة.

المنتفق

بالنسبة لقبيلة المنتفق، التي كانت معارضتها وراءَ هلاك الباشا السابق، عبد الله باشا، كانت سياسة جَعْل القبيلة المسببة للمشاكل تنقسم على نفسها، بقصدٍ خيِّر، هي السياسة العامة التي اتبعها داود باشا. فقد أوجد منافساً لكبير الشيوخ، حميد بنْ ثامر، في شخص أحد أبناء شقيقه، المدعو عَجْل، فكانت النتيجة حرباً أهلية شلّت بني المنتفق، بوصفهم قبيلة، وأقعدتهم عن الإيذاء، إبان العديد من السنين.

عزل داود باشا عام ١٨٣١، ووصف الإدارة في عهده

عام ١٨٣١، عَزَل الباب العالي داود باشا، الذي أعدم في بغداد رسولاً لحكومة القسطنطينية، وعَيَّن مكانه شخصاً يدعى حاجي علي رضا باشا، المعروف باسم محمد علي باشا، أو علي باشا فقط. أما عجل، الشيخ الذي نصّبه داود باشا على قبيلة المنتفق، فقد بذل القليل من الجهد، بالنيابة عن سيده، واستدعى عرب بني كعب وعرب الكويت، الذين حاصرت أساطيلهم البصرة وسبّبت بعض الذعر. لكن عرض القوة هذا لم يؤثر على مجرى الأحداث في بغداد. ولو كان داود باشا قادراً لحافظ على بقائه في البشلكية بقوة السلاح. وقد صمد بالفعلِ أياماً قليلة في بغداد بوجه الحصار. لكنه في النهاية، التمس الملجأ في بيت شخص يُدعى محمد آغا الذي سلّمه إلى أعدائه أسيراً. وقد أُبْقِيَ على حياته، لكنه أُرسل إلى القسطنطينية.

of some Najdi merchants in the town who considered themselves aggrieved by an order of the Baghdād Pāsha in regard to certain landed property and who wished to intimidate him. On the 16th July a party of Najdis entered Basrah and attempted, but in vain, to capture the Government Sarāi; they then plundered the place, murdered a number of the inhabitants and withdrew, killing in their retirement the commander of a small body of Balūchis who were advancing to assist the garrison of the Sarāi.

Kurdish and Persian relations, 1821

In the summer of 1821 Dāwud Pāsha deputed his Kehiyah to Qizil-robāt to watch the Kurds and Persians, but the Kurds gained a victory over him. The Pāsha, on hearing of it, threw all the leading Persians at Baghdād into prison in order to extort money from them; and Georgians were marched from Baghdād to Karbala and Najaf to show 'that, if they cannot fight, they can plunder.' About the same time cholera carried off some thousands of persons at Basrah.

The Muntafik

In the case of the Muntafik, whose opposition had been the ruin of his predecessor 'Abdullah Pāsha, Dāwud Pāsha's general policy of dividing a troublesome tribe against itself was employed to good purpose. He raised up a rival to Hamīd-bin-Thāmir, the principal Shaikh, in the person of that chief's own nephew 'Ajl; and the result was an intenecine war which paralysed the Muntafik as a tribe and incapacitated them for mischief during a number of years.

Deposition of Dāwud Pāsha, 1831, and character of his administration

In 1831 the Porte superseded Dāwud Pāsha, who had put to death at Baghdad an emissary of the Constantinople Government, and appointed in his place one Hāji 'Ali Riza Pāsha, otherwise known as Muhammad 'Ali Pāsha, or simply as 'Ali Pāsha. 'Ajl, the Shaikh whom Dāwud Pāsha had set over the Muntafik, made a feeble effort on his patron's behalf and called in the Ka`ab Arabs and those of Kuwait, whose fleets blockaded Basrah and caused some alarm; but this demonstration had no effect on the course of events at Baghdād. Dāwud Pāsha, had he been able, would have maintained himself in the Pāshāliq by force of arms, and he actually stood a siege of a few days in Baghdād; but eventually he sought shelter in the house of one Muhammad Āgha, by whom he was delivered up a prisoner to the enemy. His life was spared, but he was sent to Constantinople.

لم يُثْبت داود باشا مقدرة في الإدارة في بداية عهده. وبدا أن هدفه الوحيد جمع الثروات. وكان من المعتقد أنه لا يبالي بأي شيء آخر، وأنه ترك لمستشاريه أن يتخذوا القرار بشأن أمور كثيرة، وأنه لم يمارس أي إشراف أو رقابة على مرؤوسيه العنيفين أو الفاسدين. هذا هو على الأقل الرأي السلبي الذي كوّنه المستر ريتش، الوكيل السياسي البريطاني*، الذي تصرّف حياله في مستهل إدارته بطريقة بعيدة كل البعد عن المعقول. إلا أن عهده شهد قدراً من الاضطرابات الخطيرة أقل من تلك التي شهدها عهد سلفه أو عهد خلفه. وبعد انقطاعه عن الحكم، كانت إدارته تُذْكر باحترام. فقد تمكن من الحفاظ على قوة نظامية تُدفع لها رواتبها بانتظام، وكانت تضم حوالي ٣٠٠٠ فارس، و٥٠٠٠ من المشاة، وعدداً من جنود المدفعية، الأمر الذي كان كافياً، على الأقل، للمحافظة على النظام.

تولي حاجي علي رضا باشا الحكم، وصفاته، ١٨٣١

يقال إن الباشا الجديد كان أول من حكم بغداد من أصل تركي. وكان الغرض من تعيينه، بطبيعة الحال، تسجيلَ بدءِ نظامٍ جديدٍ للإدارة. وكانت مهمته في المقام الأول تدمير سلطة العائلات الجورجية التي بات يُعهد إليها ببشلكية بغداد، وإخضاع القبائل العربية للإشراف المباشر، بدلاً من التعامل معها عن طريق شيوخها. لكن كان مفهوماً، على العموم، أنه مكلّف أيضاً إدخال إصلاحات يستفيد منها كل رعايا السلطان المحبين للسلام. وأياً تكن طبيعة التجربة، فقد كانت مصنوعة على نطاق واسعٍ، لأن الموصل وديار بكر، وحتى حلب، قد أضيفت الآن إلى الأراضي الملحقة عادة ببغداد. وفضلاً عن ذلك، فإن الباشا الجديد، الذي كان يحمل لقب وزير الأمبراطورية التركية، قد نال لقباً رفيعاً، هو لقب الخليفة، مُذكِّراً بأيام الخلافة في بغداد.

وكان وقت وصول حاجي علي رضا باشا، وقتاً ملائماً، لأنه لم يكن ممكناً لحالة البلد أن تكون أسوأ مما كانت عليه. فقد عم الخراب بعضَ المقاطعات بسبب المعاملة التي عانت منها تحت الإدارة السابقة، أو بسبب الكوارث الطبيعية كالطاعون** والفيضانات. وكانت

* عام ١٨٢١، وبعد رحيل المستر ريتش النهائي عن بغداد، كتب ما يلي:

كل شيء هناك يتخبط في الفوضى، ويبدو أن الحرب مع الفرس شيء محتم. فالقوات التركية تنهب اي شخص كان، وتهينه. الاسواق مقفرة تماماً، والباشا يلقي القبض على اي شخص يستطيع ان يبتز منه المال. كل من يستطيع الفرار يهرب في كل اتجاه. لقد أخذ ٥٠٠٠ روبية من النواب. أنظر كتاب ريتش: *Narrarive of a Residence in Kordistan*، المجلد الثاني، صفحتي ٢٢٥ـ٢٢٦.

** يصف ويلستيد (في كتابه: *travels to the City of the Caliphs*، المجلد الأول، ص ٢٨٠ ـ ٢٨٩)، وباء الطاعون في بغداد، عام ١٨٣١. ويقول لوفتاس (في: *Travels and Researches*، ص ٧ ـ ٨)، أن هذا الوباء أودى بحياة ١٢,٠٠٠ نسمة من أصل ٧٠,٠٠٠ عدد سكانها، وأن النهر هدم أسوار المدينة عام ١٨٣١، وجرف معه ٧,٠٠٠ بيت في ليلةٍ واحدة.

In the beginning of his rule Dāwud Pāsha gave no evidence of administrative ability. His only object then appeared to be the rapid accumulation of wealth, and it was thought that he was indifferent to all else, that he left too much to be decided by his advisers, and that he did not exercise any supervision or control over violent or corrupt subordinates; such at least was the unfavourable opinion formed by *Mr. Rich, a British Political Agent, towards whom at the outset of his administration he behaved in a very unreasonable manner. There were, however, fewer serious disturbances in his time than in that of either his predecessor or his successor; and after he had ceased to rule his administration was mentioned with respect. He maintained a regularly paid and fairly efficient force of about 3,000 cavalry, 5,000 infantry and some artillery, which sufficed at least for the purpose of maintaining order.

Accession and character of Hāji 'Ali Riza Pāsha, 1831

The new Pāsha is said to have been the first of Turkish blood who governed at Baghdād, and his appointment was evidently intended to mark the beginning of a new system of administration. His mission was in the first place to destroy the power of the Georgian families in which the Baghdād Pāshāliq had become vested, and to bring the Arab tribes under direct control instead of dealing with them through their chiefs; but it was generally understood that he was also charged with the introduction of reforms which would benefit all peace-loving subjects of the Sultān. The experiment, whatever its nature, was made on a large scale, for Mūsal, Diyārbakr and even Aleppo were now added to the territories normally attached to Baghdād; and the new Pāsha, who was already a Vazīr of the Turkish Empire, received in addition the high title of Khalīfah, recalling the days of the Baghdād Khalifate.

The time of Hāji 'Ali Riza Pāsha's arrival was in one sense opportune, for the state of the country could hardly have been worse. Some districts were ruined by the treatment which they had suffered under the late administration, or by natural calamities such as ** plague and floods; and Basrah in particular

---

*In 1821, after his own final departure from Baghdād, Mr. Rich wrote: 'All is in confusion there, and a Persian war seems inevitable. The Turkish troops are plundering and insulting everyone, and the bazars are quite deserted. The Pāsha seizes everyone he can get hold of to extort money; and all who can possibly escape are running away in every direction. He has taken five thousands rupees from the Nuwaub.'

See Rich's *Narrative of a Residence in Koordistan*, Volume II, pages 225-226.

**The plague epidemic at Baghdād in 1831 is described by Wellsted (*Travels to the City of the Caliphs*, Volume I, pages 280-289). Loftus (*Travels and Researches*, pages 7-8) says that it destroyed 12,000 out of a population of 70,000; and that the river broke down the walls of the town in 1831 and swept away 7,000 houses in one night.

البصرة قد فقدت، بصورة خاصة، جميع سكانها تقريباً، خلال عامي ١٨٣١ـ١٨٣٢، في حين ازداد عدد سكان مدينتي المحمرة والكويت المجاورتين ازدياداً كبيراً على حساب البصرة. وقد تميزت أولى أعمال الحاكم الجديد بالاعتدال والحصافة، إذْ أبقى على حياة عدد من الجورجيين الذين كان يُتوقع منه أن يقضي عليهم؛ وعيّن مستشاراً له يُدعى محمد أفندي، ابن نائب، الذي كان يتمتع بشخصية ممتازة، والذي لم يكن يعرف عنه شيئاً إلا من خلال شهرته. وكان يقوم يومياً بالتجول في أنحاء بغداد سيراً على الأقدام، مصحوباً ببعض الخدم فقط. كما كان تصرفه بكليته، كتصرف ضباطه أيضاً، متميزاً باللطف والتحرر من المباهاة.

بيد أن السياسة الجديدة حيال القبائل، كما ثُبت منذ وقت مبكر، كانت سياسة فاشلة. وخلال سنوات قليلة، كما سنرى، سقطت الإدارة العادية في حالة لم تكن مرضية، بأي شكل من الأشكال، أما شخصية الباشا، كما أثبتت نفسها في النهاية، فقد لخصها الرحالة المستر ج. ب. فرايزر عام ١٨٣٤، بالجمل التالية:

يبلغ علي، الباشا الحالي، الذي حكم حلبَ في السابق، والذي خلف داود باشا في بغداد، يبلغ من العمر نحو ٥٠ عاماً، وهو ضعيف العقل، واهي الحجة، شديد التردد في مقصده، إذ لا يمكن اعتبار وعوده ولا أوامره مُلزِمةً بصورة مأمونة، ولو لساعةٍ. إنه أناني وكسول إلى أبعد حد، فظُّ الشهوات، ذو ميول دنيئة، جشعٌ إلى حد الإفراط، لا يأبه أبداً لطبيعة الوسيلة التي يمكن أن تُجمع بها الأموال، وليس لديه ميل طبيعي، لا إلى القسوة ولا إلى الظلم، لكنه لا يطيق المشاكل أو الإرهاق الناجم عن العمل: إنه يفضّل أن يقرّ، تقريباً، بأي جريمة يرتكبها موظفوه، بل يتغاضى عنها، على أن يُخضع اطمئنانه للإزعاج، بإجراء التحقيقات. وبذلك، يُحرم الطرف المتضرر من العدالة. أما الشجاعة الأدبية والقدرة على اتخاذ القرار، فإنه يفتقر أيضاً إلى هاتين الميزتين، الأمر الذي يفقده كفاءة تضعه في المستوى المطلوب خلال العمل في الظروف الحرجة التي غالباً ما يجد نفسه في مواجهتها، والتي تتطلب حزماً ونشاطاً ذهنياً هو خالٍ منهما كلياً. أما السمات الرئيسية في شخصيته، التي تشفع له، فكانت، كما يبدو، دماثة الخلق وطيبة القلب، ودرجة من الذوق والتحصيل الأدبي، كان من شأنها أن تُعده، بالأحرى، لعزلةِ حياةٍ خاصة هادئة عوضاً عن الساحة الصاخبة التي أُلقيَ به في وسطها.

ومما يدعو إلى الأسف، أن عيوب الباشا لا تعوضها، بأي شكل من الأشكال، مواهب موظفيه واستقامتهم. لم يكن حوله، في الحقيقة، حتى شخص واحد مؤهل لمساعدة سيده أو لإفادة العموم. فالضباط السابقون القلائل، الذين كان يُمكن أن يقال عنهم كلام أفضل، قد جرفهم وباء الطاعون أو قضوا اغتيالاً. أما ضباط أسلافه، الذين يمكن أن يكونوا ما يزالون مفيدين، فقد ظلوا دون أن يُستخدموا، لدوافع تتعلق بالسياسة والاحتراس. وأما مؤسسته القائمة بكليتها، وبصفتيها العامة والخاصة، فإنها تدعو إلى أقصى حدود الاحتقار والازدراء.

had lost almost all its inhabitants during the years 1831-32 while the neighbouring towns of Muhammareh and Kuwait had increased considerably at its expense. The first proceedings of the new Governor were distinguished by moderation and good sense. He spared the lives of a number of the Georgians whom he had been expected to destroy; he appointed as his chief adviser one Muhammad Effendi, Ibn-Nāib, who bore an excellent character and of whom he knew nothing except by reputation; he daily inspected parts of Baghdāsd city on foot, accompanied by a few attendants only; and his whole demeanour, as well as that of his officers, was distinguished by mildness and freedom from ostentation.

The new policy towards the tribes, however, early proved a failure; and in the course of a few years, as we shall see, the ordinary administration fell into a state which was by no means satisfactory; while the character of the Pāsha, as it finally declared itself, was summed up by the traveller Mr. J. B. Fraser in 1834 in the following sentences:

Ali, the present Pacha, formerly Governor of Alleppo, and successor of Daood Pāsha at Bagdad, is about 50 years of age, of weak mind and feeble judgment, and so irresolute of purpose that neither his promises nor his commands can safely be deemed binding for an hour together. He is selfish and indolent in the extreme, of gross appetites and low propensities, exceedingly avaricious, and quite regardless of the nature of the means by which money may be acquired. He is not naturally inclined either to cruelty or injustice, but so intolerant of trouble or the fatigue of business that he will sanction or overlook almost any crime committed by his servants rather than submit to have his ease disturbed by investigation, and thus justice is virtually denied to the injured party. In point of moral courage and decision he is equally deficient, so that he is quite unequal to act in the critical situations he is frequently placed in, and which require a firmness and vigour of mind of which he is utterly devoid. The principal redeeming points in his character appear to be a good natured and rasy affability, and a degree of literary taste and acquirements which would have fitted him rather for the quiet seclusion of private life than for the bustling scene on which he has been thrown.

Unhappiiy the Pācha's deficiencies are by no means compensated by the talents or integrity of his servants. There is not in fact a single person about him qualified to aid his master or benefit the public ... The few of his former officers who might have laid claim to better report were carried off by the plague or by assassination; those of his predecessors, who might yet be useful, remain unemployed from motives of policy and caution; and the whole of his existing establishment, both public and private, is contemptible and mean in the extreme.

ولقد تأتت بعض أكبر المصاعب، التي كان على حاجي علي رضا باشا أن يعالجها، تأتت من القبائل العربية الكبرى في المقاطعات المُجاورة للعاصمة، التي كانت تواقةً دائماً للحصول على أراضٍ جديدة وأفضل للزراعة.

مشكلة مع الجربة من شمر بجوار بغداد، ١٨٣٢ - ١٨٣٤

في عام ١٨٣١، وبصخبٍ، بدأ الجربة، أو شمر الشمالية، يُطالبون بامتيازات جديدة، بعدما كانوا قد ابتزوا، من طريق الإزعاجات المتمادية، هبةً من أفضل العقارات عند قناة الدجيل، وفي الجزيرة. وقد ارتأى الباشا، الذي رفض مطالبهم، أنّ من الحكمة أن يعمل على تقسيمهم بأن يستبدل بالشيخ الرئيسي صفوق، زعيماً شاباً، وأن يخصه، هو وفرعه وحدهما، بالأراضي التي كانت، حتى ذلك الحين، في أيدي رجال القبائل عامة. فما كان من صفوق والجزء الأكبر من الجربة، إلا أن تراجعوا شمالاً، وتحالفوا مع ثوار آخرين ضد سلطة الباشا، في مقاطعة الموصل.

وفي عام ١٨٣٣، ظهر صفوق وأنصاره، مجدداً، في جوار بغداد، حيث نهبوا الأرياف دون أن يلقوا مقاومة، لا من شيخ الجربة الجديد ولا من باشا بغداد. وفي النهاية، قاموا بحصار المدينة نفسها. إلا أن صبرهم نفد بعد شهرين من الحصار وعاد صفوق إلى الشمال، مهدداً بالعودة في السنة التالية.

لمّا تملّك حاجي علي رضا باشا الذعر من احتمال غزوات سنوية بات معرّضاً لها، طلب مساعدة قبيلة العنزة الكبيرة شمالي صحراء شبه الجزيرة العربية، واعداً بإعطائها الأراضي التي قد يَحرم منها الجربة، مكافأة لتعاونها، فوافقت القبيلة فوراً، وحشدت جيشاً قبلياً كبيراً في جوار بغداد. عندئذٍ، بات معروفاً أن صفوق قد تخلى عن فكرة العودة إلى جوار بغداد. وكان من شأن الباشا أن يتراجع، عندئذٍ، عن صفقته، لولا أن قبيلة العنزة أصرت على أن يسلمها الأراضي التي وعد بها، واقترحت، فضلاً عن ذلك، أن يؤجّرها كل المنطقة التي تقع غربيّ الفرات. أما الباشا، الذي كان يرفض الاستجابة لرغباتها في أيٍّ من الوجهتين، فقد استنجد بالفرع الموالي له من قبيلة الجربة ليساعده على طرد العنزة. وفي الأول من اكتوبر ١٨٣٤، جرت محاولة مشتركة لتنفيذ ذلك، وفشلت فشلاً ذريعاً، وتكبد الجربة خسائر فادحة. عندئذٍ، حاصرت العنزة بغداد من الغرب، في حين راحت مجموعات من المغيرين منهم تجوب أرجاء المنطقة المحيطة، وتسطو على المسافرين والقوافل.

Some of the greatest difficulties with which Hāji 'Ali Riza Pāsha had to deal proceeded from the larger Arab tribes in the districts adjoining the capital, who were always anxious to obtain new and better lands for cultivation.

Trouble with the Jarbah Shammar near Baghdād, 1832-1834

In 1831 the Jarbah or Northern Shammar, who by a course of persistent annoyance, had already extorted a grant of the best estates upon the Dujail Canal and in Jazīrah, began to clamour for fresh concessions; and the Pāsha, in refusing their demands, thought it politic to divide them by substituting a young chief for Safūk, the principal Shaikh, and by assigning to him and his section alone the lands hitherto held by the whole body of tribesmen. Safūk and the greater part of the Jarbah then retired to the northward and made common cause with other rebels against the authority of the Pāsha in the district of Mūsal.

In 1833 Safūk and his followers reappeared in the neighbourhood of Baghdād, where they plundered the country without opposition from either the new chief of the Jarbah or the Pāsha of Baghdād; and finally they blockaded the city itself. A two months' blockade, however, exhausted their patience; and Safūk returned to the north, threatening to come back in the following year.

Alarmed at the prospect of annual invasions thus opened up, Hāji 'Ali Riza Pāsha called in the assistance of the great 'Anizah tribe of the North Arabian desert, promising to give them the lands of which the Jarbah might be deprived by their co-operation; and the 'Anizah readily agreed and collected a large tribal army in the vicinity of Bagdād. At this juncture it became known that Safūk had given up the idea of returning to the Baghdād neighbourhood, and the Pāsha would then have receded from his bargain with the 'Anizah, but they insisted that he should hand over to them the promised lands, and suggested besides that all the country to the west of the Euphrates should be granted to them on lease. The Pāsha, who was unwilling to meet their wishes in either respect, next appealed to the friendly section of the Jarbah to help him in driving the 'Anizah out; and in October 1834 a joint attempt to do this was made and failed signally, the Jarbah suffering heavy loss. The 'Anizah then blocked Baghdād from the west, while parties of their marauders scoured the whole surrounding country and plundered travellers and caravans.

صعوبة مع بني عقيل في بغداد، ١٨٣٤

في غضون ذلك، وقعت قطيعة مع بني عقيل - وهم قبيلة عربية أو أنهم يُعتبرون كذلك محلياً - الذين استقروا، حوالي عام ١٨٣٢، في الجزء، من بغداد، الذي يقع على ضفة دجلة اليمنى. في ذلك العام، وعن طريق التهديد بنهب قافلةٍ مهمة كانت قد وصلت، تحت حمايتهم، إلى مسافة قصيرة من المدينة، حصلوا على الإذن الذي حرموا منه حتى الآن، والذي يخولهم الاستقرار داخل الأسوار. وعلينا أن نوضح أن بني عقيل يعودون بأصلهم إلى نجد أو وسط شبه الجزيرة العربية. وكانت مهنتهم الوحيدة العمل كسعاة بريد وإرشاد القوافل وحمايتها، وهي تتنقل بين بغداد وحلب أو دمشق. وكان عدد الذين يتجمعون منهم في بغداد، يصل أحياناً إلى عدة آلاف. وبعد حصولهم على موطىء قدم في الجزء الجنوبي - الغربي من المدينة، أصبحوا أسيادها المطلقين، وأبعدوا سلطة الباشا عنها، وآووا أشخاصاً أشراراً، حتى نَزَح السكان الشرفاء كلهم إلى أمكنة أخرى.

في عام ١٨٣٤، قرر الباشا أنَّ تَحَمُّل وجود بني عقيل داخل الأسوار لم يعد ممكناً. ولمّا تبيّن أن أفراداً من هذه الجماعة قد ارتكبوا عملية سطو على بعض ضباطه قرب بغداد، طلب من شيخ بني عقيل مغادرة المدينة فوراً مع كل أتباعه، تحت طائلة مهاجمتهم وطردهم بالقوة. فسعى الشيخ للحصول على ضمانة بألا تُقدِم قوات الباشا، أو يُقدِم حلفاؤه العرب، على مهاجمته ومهاجمة شعبه، بعد تجاوزهم بوابات المدينة. لكن الباشا، الذي كان قد دعا لمساعدته شيخ قبيلة زبيد وسليمان غانم، وهو العدو اللدود لبني عقيل، رفض تقديم هذه الضمانة. فانطلق الشيخ، عندئذ، إلى السراي ليستنكر. وفيما كان هناك، سرت شائعة كاذبة تقول إنه أُعدم. فامتشق بنو عقيل عند ذاك أسلحتهم، وقطعوا جسر القوارب، وشرعوا، في الوقت نفسه، بشن هجومٍ على ذلك القسم من المدينة، الذي يقع على ضفة دجلة اليسرى أو على الجهة المقابلة، حيث تقوم السراي، كما شنوا هجوماً على مفرزة من قوات الباشا بإمرة الكيخيا، كانت معسكرة خارج الأسوار، على الجهة ذاتها من النهر، التي كانوا فيها. فسارع الباشا إلى صرف الشيخ بعد أن حمّله هدية وأوامر بتهدئة بني عقيل. لكنّه أرسل أيضاً مساعدة إلى الكيخيا، الذي كان قد خسر مدفعاً في الاندفاعة الأولى للعرب، واستعاده لاحقاً. وكان رجاله قد طاردوا بني عقيل المتراجعين إلى عقر ديارهم. وتلا ذلك قتال على الجهة الداخلية لبوابة الحلّة. وكانت حصيلة ذلك النهار ما تزال غير أكيدة، حين حُسمت فجأة

Difficulty with the 'Aqail at Baghdād, 1834

Meanwhile a rupture had occurred with the 'Aqail, an Arab tribe or locally regarded as such, who about 1832 had established themselves in the part of Baghdād situated on the right bank of the Tigris: in that year, by threatening to plunder an important caravan that had arrived under their protection within a short distance of the city, they had obtained permission until then denied them, to settle within the walls. The 'Aqail, it should be explained, were natives of Najd or Central Arabia; their sole profession was to act as carriers and to guide and protect caravans travelling between Baghdād and Aleppo or Damascus; and the number of them collected at Baghdād sometimes amounted to several thousands. Having obtained a footing in the south-western part of the city, they became its absolute masters, excluded the authority of the Pāsha, and harboured evil characters to such an extent that all the respectable inhabitants migrated elsewere.

In 1834 the Pāsha decided that the presence of the 'Aqail within the walls could not be any longer tolerated; and, a robbery commited on some of his own officers near Baghdād having been traced to members of their community, he required the 'Aqaili Shaikh, on pain of being attacked and expelled by force, to quit the place at once with all his dependents. The Shaikh endeavoured to obtain a guarantee that no attack would be made on him and his people after they had passed the city gates by the Pāsha's troops or by his Arab allies; but the Pāsha, who had already summoned the Shaikh of the Zubaid tribe and Sulaimān Ghānim, a noted enemy of the 'Aqail, to his assistance, refused to give one, whereupon the Shaikh proceeded to the Sarāi to remonstrate. While he was there a false rumour became current that he had been put to death, and the 'Aqail then seized their arms, cut the bridge of boats, and commenced simultaneous attacks upon the part of the city on the left or opposite Bank of the Tigris, where the Sarāi was, and upon a detachment of the Pāsha's troops under the Kehiyah, who were encamped outside the walls upon the same side of the river as themselves. The Pāsha hastily dismissed the Shaikh with a present and orders to quiet the 'Aqail, but he also sent help to the Kehiyah, who had lost a gun in the first rush of the Arabs but had subsequently recovered it, and whose men had followed the retreating 'Aqail into their own quarter. Fighting ensued on the inner side of the Hillah gate, and the result of the day was still doubtful, when suddenly it

لصالح الباشا، بوصول الذخائر والتعزيزات المرسلة في أحد القوارب من الضفة اليسرى إلى الضفة اليمنى سالمة، وبتقدم قوة من الألبانيين عبر جسر القوارب، نجحت في إعادة الربط بين طرفيه. وقد دافع بنو عقيل عن أنفسهم في بيوتهم حتى اليوم التالي، عندما سُمح لهم كما يبدو، بالخروج من بغداد تحت غطاء شرف المحارب. وقد التحق قسم منهم بقبيلة العنزة المتمردة، والتي كان ثمة اشتباه أنهم أقاموا، في السابق، علاقات سرية معها، والتحق قسم آخر بالجربة من شمّر. لكن أياً من القبيلتين لم تقدم إليهم أي مساعدة، لاستعادة منطقتهم في بغداد، الشيء الذي كانوا يتمنونه بالدرجة الأولى. وقد عمد جنود الباشا الهائجون إلى نهب أحياء المدينة التي تقع على ضفة دجلة الجنوبية الغربية، فكان السكان من غير بني عقيل، بالدرجة الأولى، هم الذين تكبدوا الخسائر، وقتلت هذه القوات عدداً منهم. وبقي على الباشا أن يسوّي الأمور بأفضل ما يستطيع، مع شيخ الزبيد وسليمان غانم، اللذين سبق أن دعاهما للانضمام إليه. ولم يعد في حاجة الآن، إلى خدماتهما.

ولا نعرف كيف انتهت التعقيدات مع العنزة وبني عقيل. لكن، في نهاية عام ١٨٣٤، ظهرت علامات، كالشقاقات في وسط العنزة، تؤذن بفكٍّ مبكّر لمحاصرة بغداد.

حالة بشلكية بغداد، في ١٨٣٤

صوّر المستر ج.ب. فرايزر إدارة بشلكية بغداد، كما كانت عام ١٨٣٤، بأوصافٍ سيئة جداً. فالطبقات النشطة، ولا سيما العاملة في الزراعة، كانت تتعرّض للإزعاج بسبب الابتزازات الرسمية والغزوات العربية، وبلغ إزعاجها أنها قلَّصت عملياتها إلى أضيق الحدود الممكنة. وكان وضعها سيئاً، إذا قورن بما كانت عليه في عهد سليمان باشا من عام ١٧٧٩ حتى عام ١٨٠٢، أو حتى في عهد داود باشا. وقُدّر أن الحكومة كانت تخسر أكثر من نصف الضرائب التي كانت تُجبى في مدينتي بغداد والبصرة لقلّة أمانة الجباة. وكان ثمة مسؤولون يسيطرون على مساحات واسعة من الأراضي تحت ستار التمليك، كبديل من معاشاتهم. ولذلك فإنَّ تقييم الأرباح الناجمة عن هذه العقارات كان، في العادة، يبخسها حقها، ويقل عن القيمة الحقيقية بنسبة الثلثين، في أقل تقدير. وقد كان وضع البلد غير المستقر لا يلائم التجارة والزراعة. أما الرسوم الجمركية، فلم توضع في إطار قانوني، بل كان موظفو الحكومة يجبونها، ويقدمون كشف حساب يخضع لكل ظروف عدم الاستقامة وعدم الأمانة. وكانت عملية استيفاء الرسوم على امتيازات تُعطى لمزاولة أعمال تجارية مختلفة، تؤجر لمقاولين مذنبين بإساءة استعمال فاضحة. كما أن الغش في سك العملة كان متفشياً بحيث أن قِطَع العشرة قروش التي ينبغي أن يكون ثلثها من الفضة، كان تسعُها فقط

was decided in favour of the Pāsha by the safe arrival of ammunition and reinforcements sent in a boat from the left to the right bank, and by the advance of a body of Albanians across the bridge of boats, the two parts of which they had succeeded in reuniting. The 'Aqail defended themselves in their own houses until the next day, when they were apparently allowed to march out of Baghdād with the honours of war. Part of them went to the rebellious 'Anizah, with whom, it was suspected, they had previously formed secret relations, and part to the Jarbah Shammar; but neither tribe would give them any help in recovering their Baghdād location, which was what they chiefly desired. The quarters of the town on the south-western bank of the Tigris were pillaged by the Pāsha's excited soldiery, the loss falling chiefly on the non-'Aqaili inhabitants, a number of whom were even killed by the troops. It remained for the Pāsha to settle as best he could with the Shaikh of the Zubaid and with Sulaimān Ghānim, whom he had invited to join him, and whose services he now no longer required.

How the 'Anizah and 'Aqail complications actually ended we do not know; but at the end of 1834 there were signs, such as dissensions among the 'Anizah, which portended an early break-up of the blockade of Baghdād.

Condition of the Baghdād Pāshāliq in 1834

The administration of the Baghdād Pāshāliq as it was in the year 1834 has been depicted in highly unfavourable colours by Mr. J. B. Fraser. The industrious classes, especially the agriculturists, were so harried by official exactions and by Arab raids that they had reduced their operations within the narrowest possible limits, and their position compared unfavourably with what it had been under Sulaimān Pāsha, from 1779 to 1802, or even under Dāwud Pāsha. Of the revenue collected in the towns of Baghdād and Basrah, it was estimated that more than a half was lost to Government by the dishonesty of the collectors. Large tracts of country were held by officials as Tamlīk, that is in lieu of salary, and the profits of such estates had ordinarily been underestimated for the purpose by at least two-thirds. The unsettled state of the country was as unfavourable to trade as it was to agriculture. The customs duties were not framed, but were collected and accounted for by Government officials with every circumstance of dishonesty. The dues payable for the privilege of engaging in various trades were leased to contractors who were guilty of scandalous abuses. In the mint fraud was prevalent to such an extent that ten piastre pieces, which were supposed to contain a third part of silver, contained in fact only a ninth. The desert routes

من هذا المعدن. وكانت الطرق الصحراوية قد أصبحت، عملياً، غير سالكة بالنسبة إلى القوافل الصغيرة، بسبب قطاع الطرق. أما الخط الوحيد الآمن كلياً تقريباً للاتصال بالخارج، فقد كان شط العرب، الذي يقع تحت البصرة، حيث كان زعماء ضفاف النهر يفرضون رسوماً باهظة على الزوارق العابرة. إلا أن هذه الحالة المؤسفة للأمور، جعلت المستر فرايزر يُنْحي باللوم على نظام الحكم القائم، أكثر مما يُنحي على الباشا الحاكم، الذي وصفه أنه شخص «متحرر إلى حد معين، ومستنير في وجهات نظره»، وأبدى فيه الملاحظة التالية: «إن بلاده منهكة، وشعبه فقير معدم، ومن المرجح أن تكون نهاية سلطته ومسارُ تحسيناته مع نهايته بالذات، مما سيعمّق عتمة الإرباك التي لا بد أن تلي ذلك، كمثل ضوء ساطع ينطفىء فجأة. «أما العائدات الفعلية لبشلكية بغداد حصراً، أي للمقاطعة التابعة لمدينتي بغداد والبصرة، فقد كانت ١٧,٠٣٠ جنيهاً في السنة، وفقاً لتقدير المستر فرايزر، الذي كان يعتقد أنها يمكن أن تعطي ما لا يقل عن ١,٣٨٩,٣٣٧ جنيهاً سنوياً، في ظل إدارة فاعلة. وقدّر القيمة الفعلية للواردات الأوروبية الآتية إلى بغداد، عن طريق حلب ودمشق، بواسطة تلك القوافل التي كانت قادرة على عبورها، قدّرها بربع مليون ليرة استرلينية سنوياً.

علاقات العراق التركي بفارس، ١٨٠٧ ـ ١٨٣٩

الحروب مع فارس، ١٨٠٦، و ١٨٢١ ـ ١٨٢٣

في الفصل الخاص بتاريخ الساحل الفارسي، وصف، من وجهة النظر الفارسية، لحربين مع بلاد فارس، وقعتا على الحدود الكردية. وبحسب مصدر آخر لم يُتابع في ذلك الفصل، كانت معاملة الحجاج الفرس في الأراضي التركية سببَ حرب ١٨٢١ـ١٨٢٣، التي بلغت نهايتها نتيجة لوباء الكوليرا، دون أن يحرز الفرس أي نصرٍ حاسم. وقد جرى تعديل الحدود التركية ـ الفارسية بعد تلك الحرب الثانية، بموجب معاهدة أرضروم الأولى (٢٨ يوليو ١٨٢٣). وقد أعادت هذه المعاهدة إرساء الحدود المتفق عليها عام ١٦٣٩، وحسمت في الوقت نفسه، عدداً من المسائل التي يمكن أن تسبّب الجدل والخلاف، والتي تتعلق بالحجاج والتجارة.

استيلاء الأتراك على المحمرة وجلاؤهم عنها، ١٨٣٧

في عام ١٨٣٧، قام حاكم بغداد آنذاك، علي رضا باشا، بتجريد حملة ضد المحمّرة، دفعته إليها الخسارةُ التي نزلت بالبصرة، والتي عُزيت إلى الازدهار المتصاعد لميناء المحمرة الحر. ومما لا شك فيه أن الإغراء الناجم عن الخلاف الذي كان قائماً بين محيسن،

had become practically impassable for small caravans on account of banditti, and the only tolerably safe line of communication with places abroad was the Shatt-al 'Arab below Basrah, upon which the river-bank chiefs exacted heavy dues from passing boats. The blame for this unfortunate conditon of affairs was laid, however, by Mr. Fraser rather on the established system of government than on the ruling Pāsha, whom he described as being "to a certain extent liberal and enlightened in his views," and in regard to whom he remarked: His country is exhausted, his people impoverished and his power and course of improvement will probably terminate with himself, deepening the gloom of confusion that must follow, like a bright light "suddenly extinguished." The actual revenue of the Baghdād Pāshāliq proper, i.e., of the district dependent on the towns of Baghdād and Basrah, was estimated at £17,030 per annum by Mr. Fraser, who thought that under an efficient administration it might yield not less than £1,389,337 a year. The actual value of the European imports brought to Baghdād from Aleppo and Damascus, by such caravans as were able to make their way through, he placed at a quarter of a million pounds sterling annually.

Relations of Turkish 'Irāq with Persia, 1807-39

Wars with Persia, 1806 and 1821-23

Two wars with Persia which occurred upon the Kurdish frontier are described, from the Persian point of view, in the chapter on the history of the Persian Coast. According to another authority, not followed in that place, the treatment of Persian pilgrims in Turkish territory was the cause of the war of 1821-1823 and it came to an end, in consequence of a cholera epidemic, without any decided success having been gained by the Persians. The Turko-Persian frontier was adjusted after this second war by the First Treaty of Erzeroum (28th July 1823); it re-established the boundary agreed on in 1639 and at the same time decided a number of contentious questions relating to pilgrims and trade.

Capture and evacuation of Muhammareh by the Turks, 1837

In 1837, incited by the loss which the rising free port of Muhammareh was inflicting on Basrah and tempted, doubtless, by the opposition which existed between the Muhaisin Shaikh of Muhammareh and his overlord the Ka'ab Shaikh of Fallahiyah, the Governor of Baghdād, then 'Ali Riza Pāsha

شيخ المحمّرة، وسيِّده شيخ بني كعب في الفلاحية، كان أيضاً من أسباب الحملة. ويقال* إن المدينة سقطت بهجوم عنيف، وأن البضائع المخزَّنة في مستودعاتها قد نُهبت، وأن أسوارها قد سوّيت بالأرض، وأزيلت المدافع التي كانت منصوبة فيها. وقيل، بالإضافة إلى ذلك، إن علي رضا باشا قام بعرض قوة ضد الفلاحية، أدى إلى فرار شيخ بني كعب إلى الكويت، وأنه نصَّب شيخين لتولي المسؤولية عن بني كعب بصورة مشتركة واستناداً إلى تبعيتهما لتركيا، وأن شيخ بني كعب السابق نفسه، قد طرد هذين البديلين، ثم وقع «اتفاقاً مع باشا بغداد، يضمن فيه لنفسه شغل منصب المشيخة، متعهداً بولاء قبيلته للبصرة».

لكن، عوضاً عن خضوع شيخ المحيسن للأتراك، فقد ذهب إلى بوشهر، حيث ألحّ بقوة على حكومة شيراز الفارسية بضرورة استرجاع الفرس للمحمّرة. ولمّا خاب أمله من الحصول على مساعدة رسمية فارسية، عاد إلى المحمرة بعد جلاء الأتراك عنها، فامتلكها من جديد، وتحدى سلطة شيخي بني كعب، رافضاً الالتزام باتفاقهما مع الأتراك، كما تحدى أيضاً سلطة والي بغداد.

علاقات العراق التركي بالبلدان الأخرى في الخليج، ١٨٠٧ - ١٨٣٩

حصار سلطان عمان للبصرة، ١٨٢٦

كما سبق ذِكْره في تاريخ سلطنة عمان، شرع سلطان عمان، عام ١٨٢٦، في فرض مطالبته بمستحقات متأخرة من معونة مالية تركية، باللجوء إلى فرض حصار بحري. وهي المعونة التي يُقال إنها قد مُنحت مقابل المساعدة التي قدّمها الإمام أحمد خلال الحصار الفارسي للبصرة، عام ١٧٧٥ - ١٧٧٦، الذي كان سبباً للنزاع عامي ١٧٩٨ و ١٨٠٤. وكانت المتأخرات المُطَالَبُ بها تبلغ ١٠,٠٠٠ دولار. وقد دام الحصار من أغسطس إلى نوفمبر ١٨٢٦، وكانت النتيجة، على ما يبدو، رضوخ الباشا لمطالب السلطان. وقد جرى التفكير في فرض هذا الحصار، عام ١٨٢٥. لكن تهديدات محمد علي باشا، حاكم مصر، أفادت، ذلك العام، في الحيلولة دون تنفيذه.

* إن المصدر الرئيسي لهذه الأقوال هو السير هـ. رولينسون في مذكرته حول قبيلة بني كعب والمحمّرة، لعام ١٨١٤. لكن يبدو، من أدلة داخلية، أنه، على الأرجح، اعتمد على مصادر معلومات تركية، إلى حدّ لا مبرّر له. ولا شك، بالطبع، في أن الأتراك قد استولوا، بطريقة ما، على المحمرة عام ١٨٣٧.

launched an expedition against Muhammareh. It is *said that the town was taken by assault; that the merchandise stored in its warehouses was plundered; and that the walls were levelled and the guns of the place removed. It is added that 'Ali Riza Pāsha made a demonstration against Fallahiyah which resulted in the flight of the Ka'ab Shaikh to Kuwait; that he placed two joint Shaikhs in charge of the Ka'ab as vassals of Turkey; and that the former Shaikh of the Ka'ab himself, having returned and ejected these substitutes, signed "a convention with the Pasha of Baghdad, securing himself in occupation of the Shikh-ship and pledging the allegiance of his tribe to Bussorah."

The Shaikh of the Muhaisin', however, instead of submitting to the Turks, had made his way to Bushehr, where he strongly urged upon the Persian Government of Shīrāz the necessity of recovering Muhammareh for Persia. Disappointed of official Persian assistance, he returned to Muhammareh after its evacuation by the Turks; resumed possession of the town; and defied the authority both of the Ka'ab possession of the town; and defied the authority both of the Ka'ab Shaikhs, by whose convention with the Turks he refused to be bound and of the Wāli of Baghdād.

Relations of Turkish 'Irāq with other countries in the Persian Gulf, 1807-39

Blockade of Basrah by the Sultān of 'Oman, 1826

As related in the history of the Omān Sultanate, the Sultān of 'Omān proceeded in 1826 to enforce a claim for arrears of a Turkish subsidy by means of a naval blockade of Basrah. The subsidy was the one, said to have been granted in return for help rendered by the Imām Ahmad during the Persian siege of Basrah in 1775-76 which had been a cause of dispute in the years 1798 and 1804; and the arrears claimed amounted to $10,000. The blockade lasted from August to November 1826, and the result was apparently compliance by the Pāsha with the Sultān's demands. The blockade had been contemplated in 1825; but the threats of Muhammad 'Ali Pasha of Egypt availed, in that year, to prevent its being carried into effect.

*The chief authority for these statements is Sir H. Rawlinson in his Memorandum on the Ka'ab tribe and Mohammerah, 1814; but from internal evidence it would appear that he relied, perhaps to an unwarranted extent, upon Turkish sources of information. There is, of course, no doubt that Muhammareh was in some sort taken by the Turks in 1837.

علاقات بريطانيا بالعراق التركي، ١٨٠٧ - ١٨٣٩

علاقات جيدة عموماً على الرغم من الحرب الإنجليزية - التركية، ١٨٠٧ - ١٨٠٩

في مطلع تلك الفترة، وعلى مدى عامين بعد ذلك، كانت بريطانيا في حرب مع تركيا في أوروبا. لكن الأمور في العراق التركي بقيت مستمرة على أساس السلام والصداقة، بسبب النزعة الإيجابية لدى الباشا، الذي كان من شأنه أن يخسر تجارياً، خسارة كبيرة، من أي إخلال بالعلاقة مع حكومة الهند البريطانية. وقد جرى تبادل رسائل ودية، في مناسبات خاصة، بين حكومتي بومباي وبغداد. وبعد ذلك، عُرف، مصادفةً، أن الباب العالي قد جدّد براءة عام ١٧٦٤ القنصلية، باسم المستر مانستي، المقيم البريطاني في البصرة. وربما أمكننا أن نستخلص من هذه الواقعة الأخيرة، أن الرغبة في الحصول على الاعتراف بالمكانة القنصلية لكل مقيم جديد في بغداد أو في البصرة، باقيةٌ نصب عينيه بشكلٍ ثابت. ويبدو أن حكومة بومباي لم تكن، قبل عام ١٨٠٨، على علم بشروط براءة عام ١٧٦٤، وإن كانت على علم بوجودها. وفي عام ١٨٠٨، انسحب النقيب باسلي، الذي جعله اللواء مالكولم، لدى انسحابه إلى الهند، مسؤولاً عن بعثة الحكومة الهندية إلى بلاد فارس، انسحب إلى البصرة، حين بدت سلامته الشخصية معرضةً للخطر في بوشهر.

سليمان باشا يفتح رسالة رسمية بريطانية، ١٨٠٨

في مارس ١٨٠٨، فضّ باشا بغداد رسالة رسمية بعث بها المستر مانستي، المقيم في البصرة، إلى الدكتور هاين، القائم بأعمال المقيم في بغداد، وقرأها. وكان مانستي قد حمّلها الوسيط المعتاد، متسلّم البصرة. فأثار هذا العمل احتجاجاً شديد اللهجة من جانب المستر مانستي، وأمرت حكومة بومباي بإحالة القضية إلى اللواء مالكولم*، الذي كلفته حكومة الهند تولي المسؤولية عن كل ضباطها ومؤسساتها في منطقة الخليج، لما انطلق في بعثته الثانية إلى البلاط الفارسي. لكن، لمّا كان الباشا قد وعد المستر مانستي، في غضون ذلك، بالامتناع عن العبث بطروده في المستقبل، معبّراً، في الوقت ذاته، عن دهشته من حرارة لهجة المستر مانستي، لم يتخذ أي إجراء إضافي بشأن الموضوع.

صعوبات بين سليمان باشا والمقيم في بغداد، وتسويتها، ١٨٠٩ - ١٨١٠

في عام ١٨٠٩، لاحظ المستر ريتش، المقيم البريطاني في بغداد، ميلاً لدى الباشا إلى معاملته معاملة خالية من الاحترام، بل معاملة لا تتسم باللياقة. فنقل وقائع ذلك إلى حكومة

* كان اللواء مالكولم مفوضاً معتمداً لدى باشا بغداد. لكن الفرصة لم تسنح لزيارته، في هذه المناسبة.

British relations with Turkish 'Irāq, 1807-39

General good relations, not-withstanding the Anglo-Turkish War of 1807-09

At the opening of the period, and for two years after, Britain was at war with Turkey in Europe; but in Turkish 'Irāq, on account of the favourable disposition of the Pāsha who had much to lose commercially by a breach with the British Indian Government, matters remained continuously upon a footing of peace and amity. Friendly letters were exchanged, upon special occasions, by the Governments of Bombay and Baghdād; and we learn incidentally that the consular Barāat of 1764 had been renewed by the Porte in the name of Mr. Manesty, the British Resident at Basrah. From this last fact we may perhaps conclude that the desirability of obtaining recognition of the consular status of each new Resident at Baghdād or Basrah was steadily kept in view. Before 1808 the Bombay Government were not, it would appear, aware of the terms of the Barāat of 1764, though they knew of its existence. In 1808 Captain Pasley, whom General Malcolm at his withdrawal to India left in charge of the Government of India's Mission to Persia retired to Basrah when it appeared that his personal safety was endangered at Būshehr.

Opening of a British official letter by Sulaimān Pāsha, 1808

In March 1808 an official letter from Mr. Manesty, Resident at Basrah, to Dr. Hine, Acting Resident at Baghdād, transmitted by the former through the usual medium of the Mutasallim of Basrah, was opened and read by the Pāsha at Baghdād - an act which elicited a protest in strong terms from Mr. Manesty. The Government of Bombay ordered the case to be referred to General Malcolm,* who in proceeding on his Second Mission to the Persian Court had been placed by the Government of India in charge of all their officers and establishments in the Gulf region; but, as the Pāsha had meanwhile promised Mr. Manesty that his packets should not be tampered with in future, at the same time expressing his surprise at the warmth of Mr. Manesty's language, no further action was taken in the matter.

Difficulties between Sulaimān Pāsha and the Resident at Paghdād and adjustment of the same, 1809-10

In 1809 Mr. Rich, the British Resident at Baghdād, remarked a disposition on the part of the Pāsha to treat him with slight respect and even with positive rudeness. He accordingly reported the facts to the Government

---

*General Malcolm was accredited to the Pāsha of Baghdād, but found no opportunity, on this occasion, of visiting him.

بومباي. ولما كانت العلاقات قد ازدادت توتراً في غضون ذلك، انسحب إلى مسافة مَّا بعيداً عن بغداد. وبعد أن تلقى سليمان باشا من المستر دانكان، حاكم بومباي، رسالةً حازمة، لكنها استرضائية، بصدد معاملته للمقيم، أبلغ المستر ريتش رغبته في مصالحته. ومع أن اعترافاته، حتى ذلك الحين، كانت فارغة، كما تبيّن، فقد أثبتت الحادثة مصداقيتها هذه المرة. ففي رسالة إلى المستر ريتش، في ٢٥ يناير ١٨١٠، أعلن الباشا تخليه عن «كل نوع من أنواع السلطة أو السيطرة على المقيم، أيّاً كان شكلها»، وتعهد بألا يتدخل في «أوضاع المقيمية واحتفالاتها»، كمثل قرع الطبول، ولا سيما الاحتفال بميلاد الملك، والتزم ألا يمنع، على الإطلاق، تبادل الزيارات، وفقاً للتقاليد القديمة، بين ضباطه الرئيسيين والمقيم البريطاني. أما الرسائل بين الباشا والمقيم، فسوف ينقلها وكلاء موثوق بهم ومحترمون. وإذا تولّد، بعد الآن، أي شك في معنى أي شرط من الشروط المتفق عليها، ولا سيما تلك المتعلقة بالمراسم، فينبغي عندئذ، تبرئة المقيم، لعدم توافر الأدلة ضده. وتكفي بنود الاتفاق، التي أوجزناها بهذا الشكل، للدلالة على طبيعة الخلاف السابق. وقد أُرسل الكتاب الرسمي الذي يشتمل عليها، إلى المستر ريتش، في المكان الذي اعتزل فيه، وحمله الضابط الثاني في حاشية الباشا، الذي اصطحب حراسة تضم ٢٠٠ جندي من الجورجيين، وواكب المقيم العائد إلى بغداد، محيطاً إياه بكل مظاهر التكريم. وفي ٢٧ يناير ١٨١٠، قام المستر ريتش بزيارة للباشا لها «طابع الاحتفال الرسمي»، تلقى خلالها منه هديةً كانت عبارة عن جواد مزخرف السرج، وحصل هو والدكتور هاين وآخرون من العاملين في المقيمية، على معاطف شرف مزركشة بالفرو. وقد اعتبر المقيم هذه التسوية مرضية إلى أبعد الحدود، والتزم بها الباشا بصدق، خلال الفترة القصيرة الباقية من ولايته.

اغتيال النقيب جرانت والملازم فوذرينجهام، ١٨١٠

في ربيع ١٨١٠، كان اللواء مالكولم، في بعثته الثالثة والأخيرة إلى شاه بلاد فارس التي كلّفه إياها حاكم الهند العام، قد أرسل كلاً من النقيب جرانت والملازم فوذرينجهام، لاستكشاف المنطقة الواقعة بين بغداد واصفهان، فتعرضا للسلب والقتل على يد كلب علي خان، أحد زعماء فيلي لور، الذي كان متمرداً آنذاك على شاه فارس، ولجأ إلى منطقة قبيلة بني لام العربية في العراق التركي. ولمّا كان الخان قد علم أن المسافرَين كانا يحملان مبلغاً كبيراً من العملة الذهبية ـ وكان التقرير، على الأرجح، عارياً من الصحة تماماً ـ، فقد تسبب

of Bombay; and in the meanwhile, as relations grew still more strained, he withdrew to some distance from Baghdād. After receiving a firm but conciliatory letter from Mr. Duncan, Governor of Bombay, on the subject of his treatment of the Resident, Sulaimān Pāsha informed Mr. Rich that he was desirous of being reconciled with him; and his professions, which had hitherto been found empty, were this time proved by the event to be sincere. In a letter to Mr. Rich, dated 25th January 1810, the Pāsha renounced `all species of authority or command in any shape over the Resident;' engaged not to interfere with Residency "states and ceremonies", such as the beating of drums, and especially the celebration of the King's birthday and undertook never to prohibit the interchange of visits, according to old custom between his own principal officers and the British Resident. Messages between the Pāsha and the Resident were to be conveyed by confidential agents of respectability; and if any doubt should hereafter arise in regard to the meaning of any of the conditions agreed on, especially that relating to ceremonials, the benefit of the doubt should be given to the Resident. The articles of agreement thus summarised sufficiently indicate the nature of the previous dispute. The formal letter embodying them was sent to Mr. Rich in his place of retirement by the hand of the second officer of the Pāsha's suite, who brought a guard of 200 Georgians and escorted the Resident back to Baghdād with every honour. On the 27th January 1810 Mr. Rich paid a "public ceremonial visit" to the Pāsha, at which he received a present of a horse with ornamental saddlery and was invested, along with Dr. Hine and others of the Residency staff, with a pelisse of honour. The settlement was regarded by the Resident as thoroughly satisfactory, and it was loyally observed by the Pāsha during the short remainder of his term of office.

Murder of Captain Grant and Lieutenant Fotheringham, 1810

In the spring of 1810 Captain Grant and Lieutenant Fotheringham, who had been detached by General Malcolm, on his third and last Mission from the Governor-General of India to the Shāh of Persia, to explore the country between Baghdād and Isfahān, were robbed and murdered by Kalb 'Ali Khān, a Faili Lur chief, who was then in rebellion against the Shāh of Persia and had taken refuge in the country of the Bani Lām Arab tribe of Turkis 'Irāq. The Khān having heard that the two travellers had with them a large sum of money in gold - a report almost certainly untrue - caused them to be waylaid

في التربص لهما ومهاجمتهما على الضفة اليمنى لمجرى مائي جبلي يُسمى شانجولاك* فقُتل النقيب جرانت في الحال. لكن الملازم فوذرينجهام وبعض الخدم الأرمن أُبقوا على قيد الحياة، عدة أيام، ثم أعدموا مخافة أن يصبحوا واسطة لإنزال العقاب بالجناة. ولعجز السلطات التركية والفارسية في المناطق الحدودية التي اقتُرفت الجريمة فيها، فقد كان مستحيلاً، بالطبع، ضمان معاقبتهم.

عودة بعثة اللواء مالكولم الثالثة إلى بلاد فارس، عن طريق العراق التركي، ١٨١٠

قفل اللواء مالكولم، في ختام بعثته الثالثة إلى بلاد فارس، عائداً من تبريز إلى الخليج، عن طريق كرمانشاه وبغداد والبصرة. ووصل بغداد في ٢٠ سبتمبر ١٨١٠، حيثُ استضافه، هو ومرافقوه، المقيم البريطاني، المستر ريتش**، والسيدة عقيلته، وأكرما وفادتهم. وخلال توقف البعثة في بغداد، هاجمت عصابة من قطاع الطرق العرب، أحَدَ مستخدمي المقيمية، في المنطقة المجاورة، وسلبته ٥٠٠ قرش تخص الحكومة. لكن اللواء مالكولم، قام، هو وحاشيته وحُرّاسه، بمطاردة اللصوص، فأسروا أربعةً منهم أو خمسة مع جيادهم وأسلحتهم النارية وقسم من المسروقات، بعد مطاردة شاقة لمسافة عشرة أميال تقريباً. وبقي اللواء مالكولم في بغداد بضعة أيام، ليؤمّنَ حرسُهُ الحماية للمقيمية البريطانية خلال النزاع، الذي كان جارياً آنذاك، والذي انتهى بتنحية سليمان باشا ومقتله. وفي الخامس من أكتوبر، حين كان الفصل النهائي من الصراع يأخذ مجراه، اتُخذت كل الاحتياطات العسكرية اللازمة لضمان أمن معسكر البعثة. وفي المساء ذاته، مَنَحت المقيمية ديوان أفندي، أحد أنصار الحاكم المهزوم، ملجأ يلوذ به. وكان سليمان باشا قد حثّ المستر ريتش ليحصل له على الدعم من القوات المكلفة بحراسة اللواء مالكولم. لكن الطلب كان من النوع الذي لا يملك المقيم، بطبيعة الحال أن ينظر في أمر مسألة كهذه.

وفي ٢٥ أكتوبر، وصل اللواء مالكولم وجماعته إلى البصرة، حيثُ استضافه المستر مانستي، المقيم السابق، الذي أُوقف عن مزاولة مهامه مؤخراً. وفي ٢٩ منه، أبحر على متن الطراد «تيرنايت» التابع لشركة الهند الشرقية، متوجهاً إلى بوشهر فالهند.

* أنظر مؤلف النقيب د.ل.ر. لوريمر: *..eport on Pusht-i- Kuh*، ١٩٠٩، ص ٨-٩..

** كان المستر كلوديوس جيمس ريتش عضواً في سلك موظفي بومباي المدنيين. وكانت زوجته ابنة السير جاس ماكنتوش من بومباي. وتم زواج المستر ريتش وتعيينه في مركزه في بغداد عام ١٨٠٨، عندما كان له من العمر ٢٤ عاماً. وكان رائداً في علم الآثار ورحالة لا يعرف الكلل. قام بزيارة بابل ودراسة اثارها مرتين، وسافر كثيراً في بلاد المشرق قبل وصوله إلى الهند. وفي عام ١٨١٣ - ١٨١٤، زار القسطنطينية مرة أخرى، وعاد إلى بغداد من طريق البر. وفي عام ١٨٠٢، قام برحلة كبيرة في بلاد كردستان وفارس وزار موقع نينوى في الموصل.

and attacked on the right bank of a hill stream called the Changūlak.* Captain Grant was killed on the spot; but Lieutenant Fotheringham and some Armenian servants were kept alive for several days, after which they also were put to death lest they should become instrumental in bringing about retribution. On account of the impotence of the Turkish and Persian authorities in the borderland where the crime was committed it was impossible, evidently, to secure the punishment of the offenders.

Return of General Malcolm's Third Mission to Persia through Turkish 'Irāq, 1810

General Malcolm, on the conclusion of his Third Mission to Persia, returned from Tabrīz to the Persian Gulf by way of Kirmānshāh, Baghdād and Basrah. On the 20th September 1810 he reached Baghdād, where he and his party were hospitably received and entertained by Mr. Rich**, the British Resident, and Mrs. Rich. During the halt of the mission at Baghdād an employé of the Residency was attacked in the neighbourhood by a gang of Arab marauder and robbed of 500 Qurūsh belonging to Government; but General Malcolm, with his suite and escort, went in pursuit of the thieves and captured four or five of them, with their horses, firearms, and a part of the stolen property, after a hard gallop of about ten miles. General Malcolm remained at Baghdād for a few days to afford the protection of his escort to the British Residency during the conflict, then proceeding, which ended in the displacement and death of Sulaimān Pāsha. On the 5th October, while the final act in the struggle was taking place, the Mission camp was made secure with every military precaution; and the same evening it afforded refuge to the Dīwān Effendi, an adherent of the defeated Governor. Sulaimān Pāsha had urged Mr. Rich to obtain for him the support of the troops of General Malcolm's escort; but the request was one which it was not, of course, in the power of the Resident to entertain.

On the 25th October General Malcolm and his party reached Basrah. There he was entertained by Mr. Manesty, formerly Resident, but lately suspended from his functions; and on the 29th he embarked on the East India Company's cruiser "Ternate" for Būshehr and India.

---

*See Capt. D. L. R. Lorimer's *Report on Pusht-i-Kuh*, 1909, pages 8-9.

**Mr. Claudius James Rich was a member of the Bombay Civil Service, of very scholarly tastes and extraordinary linguistic attainments. His wife was a daughter of Sir Jas. Mackintosh of Bombay. Mr. Rich's marriage and his appointment to Baghdād both took place in 1808, when his age was less than 24 years. He was a pioneer of arch‹ology and an indefatigable traveller. He twice visited and studied the ruins of Babylon. He had travelled much in the Levant before his arrival in India; in 1813-14 he re-visited Constantinople and returned to Baghdād by land; and in 1820 he made a great journey into Kurdistān and Persia and visited the Niniveh site at Mūsal.

العلاقات الودية بعبد الله باشا، ١٨١٠ ـ ١٨١٣

يبدو أن علاقات بريطانيا بعبد الله باشا، إبان فترة حكمه القصيرة في بغداد، كانت علاقات ودية بصفة خاصة. وقد أعرب الباشا شخصياً، فور تعيينه على رأس البشلكية، عن رغبته في إرساء صداقة وثيقة متبادلة. ورد عليه حاكم بومباي، المستر دانكان، بعبارات مناسبة.

عبد الله باشا يصدر مراسيم تقضي بتسليم الفارين البريطانيين ومنع استرقاق رعايا هنود بريطانيين، ١٨١٢

في مايو أو يونيو ١٨١٢، نجح المستر ريتش، المقيم في بغداد، في الحصول من الباشا على مرسومين قيّمين، اتخذا شكل أوامر موجّهة إلى متسلم البصرة. المرسوم الأول يطالبه أن يُسلّم وكيلُ المقيم البريطاني في بغداد، المعيّنُ في البصرة، كلّ البحارة العمال الذين يهربون من السفن البريطانية في الميناء، ويضعون أنفسهم تحت حماية المتسلم بالذات أو القبطان باشا، أو يحاولون فعل ذلك. ويشير المرسوم الثاني إلى المخطوفين الهنود من رعايا الحكومة البريطانية، سواء أكانوا رجالاً أم نساءً، أولئك الذين يُؤتى بهم إلى البصرة لتصريفهم كرقيق، على متن السفن المحلية أو السفن التابعة لمسقط، ويأمر بتسليمهم إلى وكيل المقيم. ولا شك أن التجاوزات، التي كانت مُستهدفة بهذين المرسومين، كانت متفشية آنذاك إلى حد كبير نوعاً مّا.

العلاقات الأولى بداود باشا، ١٨١٧ ـ ١٨١٩

حين عُيِّن داود باشا على رأس بشلكية بغداد، أبلغ المستر ريتش، الممثل السياسي البريطاني، الأمر على الفور، ودعاه لتهنئته. لكن المستر ريتش امتنع، في البدء، عن الرد على رسالته، لأن نجاح الباشا في فرض سلطته بدا أمراً يدعو إلى التشكيك فيه. لكن، عندما تغلب داود باشا، على خصمه أخيراً، كتب الوكيل السياسي إليه رسالة مناسبة، أشار فيها إلى «الصداقة الشخصية والصادقة» التي كانت قائمة دائماً بينهما. وجرى، بعد ذلك، تبادل رسائل المجاملة بين الباشا وحاكم بومباي، السير إيڤان نيبيان. وفي منتصف عام ١٨١٩، حلّت غمامة على التفاهم الطيّب السابق بين داود باشا والمستر ريتش، إذ كان على ريتش أن يشكو من هجومٍ ضدّ رسولٍ للوكالة السياسية، كان ينتقل على صهوة حصان. وقد اقتُرف هذا العمل وسط الفوضى التي كانت قد بدأت تسود آنذاك، وفُقد خلاله عددٌ من الرسائل التي بعث بها وكيل شركة الهند الشرقية في القسطنطينية.

Amicable relations with 'Abdullah Pāsha, 1810-13

The relations of the British with 'Abdullah Pāsha during his brief tenure of power at Baghdād seem to have been particularly cordial. The Pāsha himself, immediately on his appointment to the Pāshāliq, expressed a desire for the establishment of a close mutual friendship, and Mr. Governor Duncan of Bombay replied in fitting terms.

Decrees by 'Abdullah Pāsha for the surrender of British deserters and against the enslavement of British Indian subjects, 1812

In May or June 1812 Mr. Rich, Resident at Baghdād, was successful in obtaining from the Pāsha two valuable decrees in the form of orders addressed to the Mutasallim of Basrah. The first required the Mutasallim to surrender to the agent at Basrah of the British Resident, Baghdād, all sailors and workmen who might desert from British vessels in the port and place, or attempt to place, themselves under the protection of the Mutasallim himself or of the Kapitān Pāsha. The second referred to kidnapped Indians, subjects of the British Government, whether male or female, who might be brought to Basrah for disposal as slaves by local or Masqat vessels, and ordered that they should be transferred to the Resident's agent. The abuses at which these two edicts were aimed no doubt prevailed at the time to some considerable extent.

Early relations with Dāwud Pāsha, 1817-19

Dāwud Pāsha, on being appointed to the Pashāliq of Baghdād, at once informed Mr. Rich, the British Political Agent, of the fact and invited his congratulations; but Mr. Rich, as the success of the Pāsha in enforcing his authority appeared problematical, at first abstained from answering his letter. When Dāwud Pāsha at length prevailed over his rival, however, the Political Agent wrote him a suitable letter, referring in it to a "private and sincere friendship" which had always subsisted between them; and an exchange of complimentary letters then took place between the Pāsha and Sir Evan Nepeau, Governor of Bombay. By the middle of 1819 a cloud had come over the former good understanding between Dāwud Pāsha and Mr. Rich; and the latter had to complain of an attack, committed amidst the disorders which now began to prevail, upon a mounted messenger of the Political Agency, through which a number of despatches from the East India Company's Agent at Constantinople were lost.

موقف مساعد الوكيل السياسي في البصرة حيال الفظائع التي ارتكبها هناك بعض النجديين، ١٨٢٠

في عام ١٨٢٠، عمد بعض عرب نجد في البصرة، كما رأينا، إلى ارتكاب فظاعات مختلفة، بتحريض من بعض التجار النجديين المقيمين هناك. وقد أمرت حكومة بومباي النقيب تايلور، مساعد الوكيل السياسي في البصرة، بالتزام الحياد التام بين السلطات التركية ومعكري صفو السلام، وبرفض الاستجابة لطلب المتسلم بتسليم ممتلكات عائدة إلى تجار نجديين، كانت على متن سفن بريطانية في النهر. وقد حُذّر النقيب تايلور، في الوقت ذاته، من منح حمايته الرسمية لأي شخص من الأشخاص، باستثناء الذين يستحقونها تماماً، كالرعايا البريطانيين، أو الذين لهم صلة بالوكالة. لكنه تلقى التوجيهات باستخدام مساعيه الحميدة لدى كل من الطرفين، إذا كان ذلك ضرورياً، لـ«الحيلولة دون أن يتعرّض للظلم أولئك الذين يحق لهم التمتع بالحماية البريطانية». كما خُوِّل، إذا دَهَم الضرر، أو ثبتت إهانة الوكالة، نتيجةَ الاضطرابات، أن ينسحب من البصرة إلى بوشهر، أو جزيرة قشم التي كانت قد أقيمت فيها، مؤخراً، محطة عسكرية بريطانية. وقد صادقت حكومة الهند على هذه الأوامر التي أصدرتها حكومة بومباي.

تجاهل داود باشا لمعاهدة حقوق الأوروبيين، وقطيعته مع المستر ريتش، ١٨٢٠

في غضون ذلك، احتدمت الخلافات بين داود باشا والمستر ريتش، الوكيل السياسي في بغداد. وباتت محاولة إخراج بالة واحدة من البضائع البريطانية من دار الجمارك، أو تقديم طلب لاستعادة أصغر دَيْن عائد لواحد من الرعايا البريطانيين، باتا يفضيان، دائماً، إلى شجار عنيف. ووصلت الأمور إلى الذروة، حين ألمح وزراء الباشا أن «بغداد لا تعترف بأي حقوق للأوروبيين»، وأن الرسوم المفروضة، حتى الآن، على السلع الأوروبية التي تدخل إلى البشلكية ستُجبى مضاعفة. وكان يُظن أن الباشا كان موافقاً على ذلك في المستقبل. وفي نوفمبر ١٨٢٠، وجد المستر ريتش نفسه مضطراً أن يوجّه الأوامر إلى مساعده في البصرة، النقيب تايلور، بتنكيس علم الوكالة في حال مصادرة دار الجمارك التركية لبضائع المستر سكوبودا*، وهو تاجر أوروبي يعمل في بغداد تحت الحماية

* ربما «سفوبودا» لأن ثمة عائلة ما تزال تُدعى سفوبودا في بغداد، وهي الآن تحت الحماية النمساوية.

Attitude of the Assistant Political Agent at Basrah with reference to the outrages committed there by Najdis in 1820

In 1820, when, as we have already seen, various outrages were committed by Arabs of Najd at Basrah at the instigation of some resident Najdi merchants, Captain Taylor, the Assistant Political Agent at Basrah, was ordered by the Government of Bombay to observe complete neutrality as between the Turkish authorities and the disturbers of the peace, and not to comply with a demand made by the Mutasallim for the surrender of some property belonging to Najdi merchants which was on board of British ships in the river. Captain Taylor was at the same time cautioned not to afford his official protection to any persons other than those strictly entitled to it as British subjects or as connected with the Factory; but he was directed to use his good offices with either party, should this be necessary in order "to prevent those who had a claim on British protection from suffering injustice"; and he was authorised, in case injury or insult to the Factory should become imminent in consequence of the disturbances, to withdraw from Basrah to Būshehr, or to the island of Qishm on which a British military station had lately been established. These orders, issued by the Government of Bombay, were confirmed by the Government of India.

Disregard by Dāwud Pāsha of European treaty rights and his rupture with Mr. Rich, 1820

The differences between Dāwud Pāsha and Mr. Rich, the Political Agent at Baghdād, had meanwhile become acute. The attempt to clear even a single bale of British goods from the custom house or an application for the recovery of the smallest debt owing to a British subject now invariably led to a violent quarrel; and matters culminated in an intimation by the Pāsha's ministers, of which the Pāsha himself was believed to approve, "that no European rights were recognised at Baghdad," and that in future the duties on European goods entering the Pāshāliq would be recovered at double the rates hitherto in force. In November 1820 Mr. Rich found himself obliged to direct his Assistant at Basrah, Captain Taylor, in case the goods of Mr. Scooboda,* a European merchant trading at Baghdād under British protection, were

---

*Perhaps "Svoboda." There is still a family named Svoboda at Baghdād, but they are now under Austrian protection.

البريطانية، وبإيقاف كل اتصال بحكومة البصرة في الوقت نفسه، وإبلاغها بأسباب ذلك، وبحظر أي تعامل تجاري أو غير تجاري بين السفن التي ترفع العلم البريطاني وأهل البلاد. وبما أن بضائع المستر سكوبودا احتُجزت كما كان متوقعاً، فقد قام النقيب تايلور مع العاملين معه، بالانسحاب من البصرة إلى المحمّرة، «وهي مدينة صغيرة في وضع آمن»، وربما كانت هذه أول إشارة إليها. ومن الجدير بالذكر أن المستر ريتش كان غائباً عن بغداد، في جولةٍ على مقاطعات كردستان وبلاد فارس والموصل، من ١٦ ابريل ١٨٢٠، إلى ١٢ مارس ١٨٢١. وهذا الغياب لم يكن من شأنه الإفضاء إلى تسوية الصعوبات مع حكومة بغداد، لا سيما وأنه كان قد قام لتوّه، (في مارس ـ ابريل ١٨٢٠)، برحلة إلى قصر الشيرين. والواقع أن داود باشا قد شكا أن المستر ريتش قد تآمر مع الأكراد والفرس، وربما كان مؤمناً بذلك.

قوات الباشا تقوم بعرض قوة ضد الوكالة السياسية في بغداد، مارس ١٨٢١

لم تكن اعتراضات المقيم البريطاني على عمل الباشا غير مؤثرة فحسب، بل تسببت في إثارة إهانات جديدة. وبدأت الرسوم المضاعفة تُجبى على السلع البريطانية التي تمر عبر البشلكية. وفي النهاية، أعلن المستر ريتش عن نيته الانسحاب من العراق التركي، والانتقال إلى الهند، في حين أعلن الباشا، من جهته، أنه لن يسمح له بمغادرة بغداد. وفي ٢٥ مارس ١٨٢١، وصلت معلومات خاصة إلى الوكالة السياسية تفيد أن الباشا على وشك إرسال قوة من الجنود لتوقيف المستر ريتش، فوُضع المبنى، على الفور، في حالة دفاع، بمساعدة بعض السادة* الذين صادف، آنذاك، مرورهم ببغداد، وكانوا يقيمون مع المستر ريتش. وقامت الوكالة السياسية، بما فيها الحرس العسكري، وعددٌ من المواطنين المحليين الذين تَعُولهم، وهم من التابعية التركية، والمخلصون بصورة شخصية للمستر ريتش، والذين رفضوا التخلي عنه، قامت بحشد حوالي ١٠٠ بندقية مسكيت. وتولى إدارة الدفاع النقيب ج. ايليوت، أحد ضيوف المستر ريتش المؤقتين. وفي الجوانب المواجهة للمدينة الرئيسية، كان المنزل محمياً بضيق الشوارع المفضية إليه. لكنه كان مشرعاً لنيران المدفعية من جهة النهر المقابلة. ومن الاحتياطات، التي اتُخذت، تقريبُ يخت المقيمية وإلصاقه بأسوار المبنى، للحيلولة دون استيلاء الأتراك عليه. وبقدر ما كان الوكيل

---

* كان هؤلاء: النقيب ج. اليوت، من فرقة دراجونز ٢١ في خدمة جلالته، والمستر تايلور من خيالة مدراس، والمستر هوست، الجراح المساعد في فرقة المشاة ١٧، في خدمة جلالته.، فضلاً عن الدكتور بَل، الذي كان مساعداً للمستر ريتش.

seized in the Turkish custom house, to strike the Factory flag; to suspend all communication with the Basrah Government, at the same time; informing them of the reason: and to prohibit commercial and other intercourse between vessels under British colours and the natives of the country. The goods of Mr. Scooboda having been seized, as anticipated, Captain Taylor withdrew with his staff from Basrah to Muhammareh, "a small town in a secure situation," of which this is perhaps the earliest mention. It may be mentioned that Mr. Rich had been absent from Baghdād on a tour in Kurdistān, Persia and the Mūsal districts from 16th April 1820 to 12th March 1821, a circumstance which cannot have conduced to the adjustment of difficulties with the Baghdād Government. Especially as he had just before (in March-April 1820) made a journey to Qasr-i-Shīrīn. In fact Dāwud Pāsha complained, and perhaps believed, that Mr. Rich had intrigued with the Kurds and Persians.

Demonstration against the Baghdād Political Agency by the Pāsha's troops. March 1821

Not only were the remonstrances which the Resident now made against the action of the Pāsha ineffectual, but they even provoked fresh insults; and double duties began to be levied upon all British goods passing through the Pāshāliq. Finally Mr. Rich announced his intention of withdrawing from Turkish 'Irāq and proceeding to India, while the Pāsha on his part declared that he would not allow him to leave Baghdād. On the 25th March 1821 private information reached the Political Agency that the Pāsha was about to send a body of troops to arrest Mr. Rich; and the building, with the assistance of some* gentlemen who happened to be passing through Baghdād at the time and were staying with Mr. Rich, was immediately put in a state of defence. The garrison of the Political Agency including the military guard and a number of local dependents of Turkish nationality who were personally devoted to Mr. Rich and refused to desert him, mustered nearly 100 muskets; and the management of the defence was undertaken by Captain J. Elliot, one of Mr. Rich's temporary guests. On the sides towards the main town the house was protected by the narrowness of the streets leading towards it, but it was open to artillery fire from the opposite side of the river. Among other precautions the Agency yacht was brought close under the walls of the

---

*These were Captain J. Elliot, afterwards of H. M., 21st Dragoons, Mr. Taylor of the Madras Cavalry, and Mr. Hoste, Assistant Surgeon of H. M., 17th Infantry, besides whom Mr. Rich had an Assistant, by name Dr. Bell.

السياسي البريطاني يتمتع بالشعبية في وسط السكان، كان الباشا، بشكل عام، مكروهاً، في تلك الفترة. وكان هناك مبرر كافٍ للاعتقاد أنه، إذا أطلقت طلقة واحدة، فإن المتعاطفين مع البريطانيين في أنحاء مختلفة من المدينة، سيشرعون في الثورة فوراً، مما يسبب إحراجاً جدياً للأتراك. وقيل أيضاً إن قائد سلاح المدفعية الأمبراطوري التركي في بغداد قد رفض التحرك ضد البريطانيين إلا إذا تمكن الباشا من إبراز أمر من القسطنطينية يُجيز عملياته.

وما كادت تكتمل ترتيبات البريطانيين الدفاعية، حتى شوهدت قوات الباشا تتحرك، فاحتلّ بعضها ضفة النهر تحت المقيمية، ربما لقطع طريق انسحاب المقيم نهراً، ووُضع بعضها الآخر في نواحٍ مختلفة من المدينة لإرهاب السكان، في حين اتخذت قوة من المشاة النظاميين موقعاً لها في محاذاة المقيمية. وفي الحال أُقفلت كل أسواق المدينة، وتوقفت الأعمال التجارية، وقام، من ثم، قائد مشاة الباشا، وهو صديق قديم للمستر ريتش الذي سبق أن أنقذ حياته في مناسبة سابقة، قام بزيارة الوكالة يرافقه ضابط تركي آخر. ولمّا كان هذا الضابط قد عرض أن يصبح رسولاً يحمل أي رسالة قد يرغب المستر ريتش في بعثها إلى الباشا، فقد أرسل مذكرة عاجلة باللغة التركية يشكو فيها من تحركات القوات التي تنم عن التهديد. وخلال غياب الضابط الآخر، بقي قائد المشاة مع المستر ريتش، ووجد الفرصة السانحة ليؤكد له عزمه على منع أي عمل من جانب قواته ضد الوكالة، إذا تمكن من ذلك. وما لبث أن ظهر موظفون آخرون قادمون من عند الباشا، سعوا للحصول على وعدٍ من الوكيل بألا يغادر بغداد قبل تسوية الخلاف بينه وبين الحكومة المحلية. لكن المستر ريتش رفض أن يقول أكثر من أنه لن يغادر بغداد في الليلة القادمة، ما دام في الجوار جندي تركي واحد. وفي النهاية، جرى سحب القوات الأقرب إلى الوكالة. لكن الحامية الصغيرة، التي كانت تتوجس من عمل مباغت، بقيت تحت السلاح طوال الليل. ويبدو أن الباشا ارتأى ضرورة اتخاذ احتياطات مماثلة في قصره، وضرورة الاحتفاظ بمفرزة في حالة تأهب، في تلك الأحياء من المدينة التي لم يكن يثق بمزاج سكانها.

وفي ٢٩ مارس، كان الوكيل وموظفوه لا يزالون محتجزين في الوكالة. إلا أنه لم يكن هناك أي اعتراض على رحيل زواره البريطانيين، ويبدو أنهم غادروا بغداد حالما اتّضح أن احتمال لجوء الأتراك إلى العنف المباشر، لم يعد وارداً.

building in order to prevent her being seized by the Turks. The British Political Agent was as popular with the inhabitants of the city as the Pāsha was at this time generally disliked; and there was good reason to think that, if a shot should be fired, risings would at once be commenced by sympathisers with the British in various parts of the city, which would seriously embarrass the Turks. It was also said that the Commandant of the Turkish Imperial Artillery at Baghdād refused to act against the British, unless the Pāsha could produce an order from Constantinople as a warrant for his proceedings.

The British dispositions for defence had hardly been completed when the Pāsha's troops were seen to be in motion: some occupied the river bank below the Agency, probably with a view to cutting off the Agent's retreat by water; others were posted in different quarters of the town to overawe the inhabitants; and a body of regular infantry took up a position in the immediate neighbourhood of the Agency. The bazaars of the city were at once closed, and all business was suspended. The Commandant of the Pāsha's infantry, an old friend of Mr. Rich, by whom his life had been saved on a former occasion, then visited the Agency accompanied by another Turkish officer; by the hand of the latter, who offered to become the bearer of any message that Mr. Rich might wish to send to the Pāsha, that gentleman despatched a hasty note in Turkish, complaining of the threatening movements of the troops; and, during the absence of the other officer, the Infantry Commandant remained with Mr. Rich and found opportunity to assure him of his determination to prevent, if he possibly could, any action by his own corps against the Agency. Other officials from the Pāsha then appeared and endeavoured to extort a promise from the Agent that he would not leave Baghdād until his difference with the local government had been settled; but Mr. Rich declined to say more, while so much as one Turkish soldier remained in the neighbourhood, than that he would not quit Baghdād during the next night. The troops nearest to the Agency were at length withdrawn; but the little garrison, apprehensive of a surprise, remained under arms all night; and the Pāsha apparently thought it necessary to observe similar precautions at his own palace, and to keep detachment on duty in those quarters of the city where he distrusted the temper of the population.

On the 29th of March the Agent and his staff were still closely confined to the Agency. No objection had been made however, to the departure of his British visitors; and they apparently left Baghdād as soon as it was clear that direct violence was no longer likely to be employed by the Turks.

انسحاب الوكيل في بغداد إلى البصرة، ومنها إلى بوشهر، من مايو إلى أكتوبر ١٨٢١

ليس واضحاً إلى متى ظلّ الممثل السياسي محتجزاً في بغداد وضمن أي ظروف. لكن الباشا، الذي توصل إلى افتراض أن المستر ريتش مطلوب* في الهند ليشغل منصب حاكم سورات - وهذه فكرة لم يبدُ ضرورياً تحريره من وهمها - وافق أخيراً على ذهابه قبل استفحال قيظ الصيف. حتى إنّ الباشا سلم عندئذ المستر ريتش رسالة أطرى فيها على شخصيته ومواهبه، ليسلمها بدوره إلى حاكم بومباي. وفي ١٩ مايو، وصل الوكيل مع كامل مؤسسته إلى البصرة بسلام، بعد أن «غادر بغداد بمظهر رائع، تلاحقه، من كل السكان تقريباً، مشاعر من الأسف مقرونة بالتمنيات الطيبة»، ويصحبه كل من كان ارتباطهم بالوكالة يعرّضهم ولو لأقل خطر من غيظ الباشا. بيد أن المستر ريتش كان مصمّماً أن يبقى على مقربة من بغداد، حتى يحصل على رضا داود باشا.

بعد شهر تقريباً من ذلك، انتقل المستر ريتش من البصرة إلى بوشهر، يصحبه بعض أعضاء الوكالة البريطانية من الأهلين، الذين جلبوا على أنفسهم استياء الباشا بإخلاصهم للمصالح البريطانية. لكنَّ مساعد الوكيل السياسي، النقيب تايلور، الذي، عاد، في غضون ذلك، وبلا شك، من المحمرة إلى منصبه المعتاد، قد بقي في البصرة، على ما يبدو. وفي الخامس من أكتوبر ١٨٢١، وبعد إرسال المستر ريتش إلى الهند، أُصيب المستر ريتش بالكوليرا في شيراز التي ذهب إليها في يوليو، طلباً لمناخٍ أكثر برودة. وقد توفي بعد ساعات قليلة من مرضه.

أعمال حكومة بومباي حيال احتجاز الممثل السياسي في بغداد، ونقل الوكالة المؤقت إلى الكويت، والتسوية النهائية، من مايو ١٨٢١ إلى سبتمبر ١٨٢٣

عندما تلقى حاكم بومباي، المستر الفينستون، من المستر ريتش المعلوماتِ الأولى عن وضعه الحرج في بغداد، كتب رسالة شديدة اللهجة إلى الباشا، أبلغه فيها أن المستر ريتش تلقى أوامر صريحة في هذا الوقت بمغادرة بغداد، وأبدى رغبته في ضرورة إزالة القيود المفروضة عليه في الحال. وجاء في الرسالة أيضاً أن مفاوضات إعادة إرساء علاقات ودية لا يمكن الدخول فيها، إلا عندما يُبلغ المستر ريتش عن وصوله إلى مكان يقع خارج حدود

* كان قد عُرض عليه في الواقع، منصب في الرئاسة، وقبله. أنظر مؤلفه: *Narrative of a Residence in Koordistan*، المجلد الثاني، ص ١٥٨.

Withdrawal of the Agent, at Baghdād to Basrah, and thence to Būshehr, May to October 1821

How much longer or under what conditions the Political Agent was detained at Baghdād does not appear; but the Pāsha, having been led to suppose that Mr. Rich was* required in India to fill the Governorship of Sūrat - an idea of which it did not appear necessary to disabuse him - at length consented before the summer heats had fully set in, to let him go. The Pāsha then even handed Mr. Rich a letter, in which he extolled his character and talents, for delivery to the Governor of Bombay; and on the 19th of May the Agent arrived in safety at Basrah with the whole of his establishment, having 'left Baghdād with the greatest éclat and followed by the regrets and good wishes of almost the whole of the inhabitants,' and having brought away with him all those who from their connection with the Agency stood in the danger of the Pāsha's resentment. Mr. Rich was determined, however, to remain within reach of Baghdād until satisfaction should have been obtained from Dāwud Pāsha.

About a month later Mr. Rich, still accompanied by some native members of the British Agency who had incurred the displeasure of Pāsha by their devotion to British interests, removed from Basrah to Būshehr; but the Assistant Political Agent, Captain Taylor, who must in the meantime have returned from Muhammareh to his usual post, seems to have remained behind at Basrah. On the 5th of October 1821 Mr. Rich was attacked by cholera at Shīrāz whither he had gone in July in search of a cooler climate, Mrs. Rich having first been sent to India, and died after a few hours illness.

Proceedings of the Bombay Government in regard to the detention of the Political Agent at Baghdād, temporary removal of the Agency to Kuwait, and final settlement, May 1821 to September 1823

On the first information received from Mr. Rich regarding his critical situation at Baghdād, Mr. Elphinstone, the Governor of Bombay, wrote in strong terms to the Pāsha, informing him that Mr. Rich had now been positively ordered to leave Baghdād and desiring that the restraints imposed on him should at once be removed. The letter also stated that negotiations for the re-establishment of amicable relations could not be entered on until Mr. Rich

---

*He had in fact been offered a post at the Presidency and had accepted it. See his *Narrative of a Residence in Koordistan*, Volume II, page 158.

البشلكية. وفي التاريخ نفسه، أي في الثاني من مايو ١٨٢١، بعث المستر إلفنستون إلى السفير البريطاني في القسطنطينية، رسالةً يقترح فيها اتخاذ خطوات فورية للحصول على إطلاق سراح المستر ريتش، فضلاً عن تعويض علني عن الإهانة التي وُجِّهت عبره إلى الشرف القومي. وسُوّيت مسألة حرية المقيم، عندما أُرسلت هذه التبليغات. لكن بقي الحصول على تعويضٍ عن الإهانة التي وُجّهت إليه، وعلى ضمانةٍ أنْ يتوقف الباشا عن سلوكه المهين ذي الأوجه العديدة الذي سلكه في الآونة الأخيرة. وبناء على ذلك، وبموافقة حكومة الهند، طلبت حكومة بومباي من داود باشا أن يعتذرَ للمستر ريتش شفهياً، بواسطة أحد الضباط، فضلاً عن الاعتذار كتابة. وفي الوقتِ نفسه، طَلَبَتْ إليه الاعتذار لها كتابة فقط، وخَفْضَ الرسوم على التجارة البريطانية إلى النسبة التي تقرها المعاهدة، وإعادة كل المبالغ التي استُوفيت، زيادة، عن تلك الكميات الصحيحة، وتعويض قيمة السلع المتضررة أو المتلفة خلال النزاع، والتي تخصّ المستر سكوبودا والمستر ستوري، وهما تاجران كانا يعملان في بغداد تحت الحماية البريطانية، كما طلبت التعهّد أن يُعامَل، في المستقبل، ممثلو الحكومة البريطانية بالاحترام الذي يليق بهم، وحماية كل المسافرين البريطانيين في البشلكية وتأييدهم، والامتناع عن ابتزاز مدفوعات غير مشروعة منهم، وإنصاف كل شكاواهم العادلة. وقد أضيف إلى ذلك أن حكومة بومباي ستُضطر، إذا جاء رد الباشا في غير صالح المطالب المقدّمة إليه، إلى حظر التعامل التجاري بين الموانىء البريطانية وموانىء العراق التركي، وفرض الحظر بتدابير بحرية. وقد صدرت التعليمات إلى المستر ريتش بنقل وكالة البصرة إلى مكان مناسب في الخليج، بانتظار انصياع حكومة الباشا لهذه المطالب. وقد توفي المستر ريتش قبل أن تصل الأوامر، المؤرخة في الثاني من أكتوبر ١٨٢١، إلى وجهتها المقصودة. لكنَّ القائم مقامه، النقيب تايلور، نفّذ تلك الأوامر بانسحابه، في ١٥ ديسمبر ١٨٢١، إلى «جزيرة» الكويت، وهي العبارة التي ربما قصد بها جزيرة فَيْلَكَة. وكان سفير بريطانيا في القسطنطينية، اللورد سترانجفورد، قد تبنى هذه القضية بقوة. فقد كتب في ابريل ١٨٢١: «لم تُتح لي فرصة الاستعلام الوافي عن أسباب احتجاجات الباشا. لكن يتبيّن لي بجلاء، من المعلومات التي جمعتها، أن جُرم المستر ريتش الوحيد، يكمن في المعارضة الشجاعة والمبرّرة التي واجه بها دائماً الابتزازات والأمور التي كان يفرضها الباشا على التجارة البريطانية في بغداد».

should have reported his arrival at a place beyond the bounds of the Pāshāliq. On the same date, the 12th May, 1821, Mr. Elphinstone addressed the British Ambassador at Constantinople, suggesting that immediate steps should be taken to procure the release of Mr. Rich, as well as public reparation for the insult which had been offered through him to the national honour. The question, in so far as it related to the freedom of the Resident, had already been settled on the spot by the time that these communications were despatched; but it remained to obtain satisfaction for the indignity inflicted and a guarantee for the discontinuance by the Pāsha of his late outrageous conduct in several respects. The Government of Bombay, with the sanction of the Government of India, accordingly called on Dāwud Pāsha to apologise to Mr. Rich both verbally through an officer and in writing, and to themselves in writing only; to reduce the duties on British trade to the rates sanctioned by treaty; to refund all sums which had been realised as duty in excess of the proper amounts; to make good the value of some merchandise, injured or destroyed during the dispute, which belonged to Messrs. Scooboda and Sturmy, two merchants trading at Baghdād under British protection; to engage to treat the representative of the British Government with becoming respect in future; and to protect and countenance all British travellers in the Pāshāliq, extorting from them no illegal payments and redressing all their just complaints. It was added that, in event of the Pāsha's reply being unfavourable, the Government of Bombay would be compelled to prohibit commercial intercourse between British ports and those of Turkish 'Irāq and to enforce the prohibition by naval measures. Mr. Rich was instructed to remove the Basrah Factory, pending compliance by the Pāsha's Government with these demands, to some convenient place in the Persian Gulf. Mr. Rich was dead before the orders, dated 2nd October 1821, reached their destination; but his substitute, Captain Taylor, carried them into effect by withdrawing, on the 15th December 1821, to the "island" of Kuwait, which term should possibly be understood to mean the island of Failakah. At Constantinople the case had been strongly taken up by the British Ambassadar, Lord Strangford, who wrote in April 1821: 'I have not had an opportunity of fully inquiring into the grounds of the Pasha's representations; but from the information which I have already collected, it is quite evident to me, that Mr. Rich's sole offence consists in the manly and justifiable opposition which he has continually made to the exactions and impositions which the Pāsha has exercised towards British commerce at Baghdād."

عندما تسلَّم الباشا رسالة حاكم بومباي، وافق في الحال على كل المطالب التي تتضمنها، باستثناء المطلب المتعلق بالاعتذار. ولمّا اعتبر النقيب تايلور أنَّ من الصواب التخلي عن هذا الشرط الأخير الصعب، غادر الكويت مع موظفيه إلى البصرة في ١٩ أبريل ١٨٢٢. وفي أول مايو، دخل مدينة البصرة في موكب عام، واستقبله المتسلم محيطاً إياه بكل مظاهر التكريم وعلامات الاعتبار، وقدّم له، بناء على أوامر باشا بغداد، جواداً على سرجه غطاءٌ غنيٌّ بالزخارف. وقد وافقت حكومة الهند، فيما بعد، على خطوته.

بيد أن تسوية القضية طالت حتى عام ١٨٢٣. ففي ٢٩ مارس من ذلك العام، قام الباشا، أخيراً، بتسليم حكومة بومباي قبولاً رسمياً بالشروط التي وضعتها. لكن السلطات البريطانية في الهند اعتبرت أن ثمة ضرورة الآن، لاتفاقية أكثر تفصيلاً. وبين أبريل وأغسطس ١٨٢٣، حصل النقيب تايلور على اتفاقية مثلها بصورة خطية. أما الشروط الـ١٢ التي أعطاها الباشا «الموافقة الكاملة وغير المتحفظة» فقد كانت كما يلي:

١ ـ الامتثال لكل النصوص الواردة في المعاهدات الأمبراطورية والفرمانات الملكية، القديمة والحديثة.

٢ ـ رد كل ما أُخذ من المستر ستورمي بشكل زيادة على النسبة الأصلية للرسوم الجمركية، وتعويض المستر سكوبودا عن ممتلكاته المتضررة أو المفقودة.

٣ ـ الالتزام بكل ما يمكن أن يُعتبر أنه يشكل السلامة الكاملة في جميع وجهات الحياة، وسلامة الممتلكات، والالتزام بالحفاظ على شرف جميع الوكلاء، بمن فيهم وكلاء الحكومة ورعاياها، والتابعين لها الذين يتمتعون بحمايتها، فضلاً عن إظهار الاحترام لوجهات نظرهم ورغباتهم، والحرص على تفهمها ومنحها التقدير والتكريم الذي تستحق، والاعتراف بحقوقهم في منح الملجأ وكل المطالب الأخرى، وفقاً لحقوقهم وعاداتهم القديمة، ومنحهم الإذن في استخدام العدد الذي يحتاجون إليه من الخدم.

٤ ـ إذا استقر، مستقبلاً، وكيل في بغداد، من غير التابعية الإنجليزية، فلسوف يلقى، بلا جدال، كل المراعاة والتكريم اللذين يستحقهما منصبه.

٥ ـ لن تؤخذ الحوالات من الصرّافين عنوةً، كما لن تؤخذ، بالإكراه، الأموال من المعتمدين عليهم، أو من الذين يتمتعون بالحماية البريطانية، ولن تفرض ضرائب مؤقتة أو تعسفية، من أي نوع كانت، على عقاراتهم أو ممتلكاتهم الأخرى، خلافاً للعُرف والحق المتعارف عليهما.

٦ ـ الامتناع عن جباية أي ضريبة على المراكب التي يملكها الرعايا البريطانيون أو الذين يتمتعون بالحماية البريطانية، كرسم على مرورها بين البصرة وبغداد، مثلاً، باستثناء ضريبة واحدة حُددت

The Pāsha, on receiving the letter of the Governor of Bombay, at once agreed to all the demands contained in it with the exception of that relating to an apology; and Captain Taylor, considering it advisable to waive this last difficult condition, left Kuwait with his staff for Basrah on the 19th April 1822. On the 1st May he made a public entry into the town of Basrah, having been received with every honour and mark of attention by the Mutasallim, and was presented by that official, under orders from the Pāsha of Baghdād, with a horse richly caparisoned. His action was subsequently approved by the Government of India.

The settlement of the case was protracted however until 1823, in which year, on the 29th of March, a formal acceptance of the terms laid down by the Government of Bombay was at length transmitted by the Pāsha; but a more detailed agreement was now considered necessary by the British authorities in India; and at some time between April and August 1823 it was duly obtained by Captain Taylor in a written form. The twelve conditions to which the Pāsha therein gave his `full and unreserved assent' were as follow:

1 st. -A compliance with all stipulations contained in the Imperial Treaties and Royal Firmans, ancient or recent.

2 nd. -The restitution of whatever was taken from Mr. Sturmy above the proper rate of customs, and of such property of Mr. Scooboda as was damaged or lost.

3 rd. - Whatever may be deemed to constitute the complete safety in every respect of the life, property and honor of all Agents or Vakeels of the Government and of their protected dependents and subjects, together with an attentive regard for their views and wishes, a due estimation and honoring of them, and an admission of their rights to grant asylum and all other claims according to their ancient rights and customs, and that they may entertain as many servants as they see necessity for.

4 th. -Should hereafter an Agent, not an Englishman, be established at Baghdād, he shall unquestionably meet with every proper honor and consideration, as it is due to his station.

5 th. - Bills of exchange shall not be raken from their shroffs by force, nor money from their dependents or protégés by compulsion, nor shall temporary or arbitrary taxes of any kind ever be levied on their landed or other property contrary to their due right and custom.

6 th. - No tax, except one previously well defined and arranged, shall be levied on boats, the property of British subjects and protégés, such for instance as pass between Bussorah and Baghdād; nor shall their boats be seized for the public service, nor shall the

ورُتبت ترتيباً جيداً من قبل. كذلك الامتناع عن وضع اليد على قواربهم لأجل الخدمة العامة؛ كما أن الممتلكات، التي تعودُ إلى التجار من الرعايا البريطانيين أو الذين يتمتعون بالحماية البريطانية، والتي تصل إلى بغداد، لن تدخل دار الجمارك إلا وفقاً للنصوص والمواثيق، خلافاً لما هو مألوف لدى وصولها إلى البصرة.

٧ ـ إذا فقد الرعايا البريطانيون أو الذين يتمتعون بالحماية البريطانية أي ممتلكات، في المدينة أو على الطرقات العامة، بواسطة السرقة أو النهب، فسيُبذل كل جهد عاجل لاستعادتها.

٨ ـ إذا عانى أي شخص تابع للحكومة من إساءة أو أذى على يد أيٍّ من رعايانا، فسيتلقى المتضرر ترضية وتعويضاً فورياً.

٩ ـ في المعاملات التجارية، لن تُعاد السلع، التي جرى شراؤها، إلا بناء على حجة قانونية وعادلة، وتسوّى الخلافات التجارية بواسطة جمعية من التجار، وفقاً للأعراف التجارية.

١٠ ـ إذا فرَّ بحارة بريطانيون أو هنود، لن يُكرهوا على التحول إلى الإسلام. وإذا اهتدوا بكامل إرادتهم، فينبغي تسليمهم لاحقاً، ليعودوا إلى واجباتهم، منعاً لأي ضرر يصيب مصلحة السفينة.

١١ ـ سيُخصّص للمقيم مكان يقيم عليه منزلاً وحديقة، بموجب إيجار، في أي نقطة يختارها.

١٢ ـ تُفرض على أي من رعايانا مطالب الذين يتمتعون بالرعاية البريطانية، التي ثبت صحتها بالقوة، دون أن يلحق بالمدعين أي أذى أو خسارة مهما كانت صغيرة.

وقد أعيدت في الوقت نفسه جميع الضرائب الجمركية المستوفاة بصورة زائدة من المستر ستورمي، وحصل المستر سكوبودا على تعويضات عينية، أو خلافها، عن البضائع التي خسرها. وبهذه التسوية، التي أبلغ عنها رسمياً النقيب تايلور في الخامس من سبتمبر ١٨٢٣، عادت المودة التامة إلى سابق عهدها أخيراً.

رفض مطالب متعددة قدمها داود باشا، ١٨٢٤ـ ١٨٢٨

انتهز داود باشا فرصة إعادة إرساء التفاهم الجيد للضغط من أجل تحقيق مطالب متعدّدة، بمساعدة السلطات البريطانية في الهند. ففي أوائل فبراير ١٨٢٤، تقدم بطلب خدمات مسؤول طبي بريطاني، وطلب تزويده بأسلحة ومعدات كافية لتجهيز قوة مشاة من ١٠٠٠ رجل. لكن حكومة بومباي خشيت أن تفوق الإحراجات الملازمة لإقامة طبيب بريطاني في بلاط الباشا، لا أن تعادل، الامتيازات السياسية الناجمة عنها. ولم تجد سبيلاً لتلبية رغباته سواء في هذا الصدد أو في ما يخص الإمدادات العسكرية. ومرة أخرى، وبمناسبة تهنئة السير ج. مالكولم على تعيينه حاكماً لبومباي، قدّم الباشا، في نهاية عام ١٨٢٧ تقريباً، طلب

property of merchants being British subjects or protégés, arriving at Baghdād, otherwise than is usual on the arrival of the same at Bussorah, enter the Custom House contrary to stipulation and covenant.

7 th. - Should British subjects and protégés lose any property in the town, or on public roads, and by theft or plunder, every exertion shall promptly be made to recover the same.

8 th. -Should any dependent of Government suffer from any of our subjects offence or injury, individual shall receive immediate satisfaction and reparation.

9 th. -In commercial dealings, goods having been bought shall not be returned, except on legal and just plea, and commercial disputes shall be adjusted by an assembly of merchants according to mercantile usage.

10 th. - Should British or Indian seamen desert, they shall not be forced to become converts to Islam, and in case of their willing conversion they shall be subsequently delivered up to their duty in order to prevent any detriment to the interest of the ship.

11 th. -A spot shall be assigned on lease to the Resident for a house and garden, wherever be may point out.

12 th. - The provens claims of British protégés to be enforced on whomsoever of our subjects it may be, without the smallest loss or injury to the claimants.

Customs recovered in excess from Mr. Sturmy were at the same time refunded; and compensation was made, in kind or otherwise, for goods lost by Mr. Scooboda. By this settlement, officially reported by Captain Taylor on the 5th September 1823, perfect amity was at last restored.

Refusal of various requests made by Dāwud Pāsha, 1824-28

Dāwud Pāsha took advantage of the good understanding thus re-established to press various requests for assistance upon the British authorities in India. So early as February 1824 he applied for the services of a British medical officer and asked to be furnished with arms and accoutrements sufficient to equip a body of 1,000 infantry; but the Government of Bombay feared that the embarrassments inseparable from the residence of a British physician at the Pāsha's court would more than counterbalance any political advantages to be derived from it, and they did not see their way to meet his wishes either in that respect or in the matter of military supplies. Again, towards the end of 1827, in congratulating Sir J. Malcolm upon his appointment to the Governorship of Bombay, the Pāsha

مساعدة كبيرة لتزويده بالموظفين العسكريين والمعدات، مرتكزاً في طلبه على الأوامر التي تلقاها مؤخراً من القسطنطينية بتنظيم جيش من القوات النظامية. فطلب ملازماً أول وضباط صف ومسؤولاً عن مستودعات من سلاح الخيّالة المدفعي الأوروبي، يتمتع بالكفاءة للإشراف على صناعة البارود. كما طلب ملازماً أول يتمتع بالكفاءة من سلاح المشاة الأوروبي، وصانعَ أسلحة نارية قادراً أن يدير صناعة بنادق المسكيت وصناعة مقابض لها، وخبيراً في زراعة شجر النيلة وصناعة الصباغ الأزرق؛ وثلاثَ سفن بثلاثة صوارٍ، على أن تكون حمولة الكبرى بينها ٦٠٠ طن وأن تنقل ٤٨ مدفعاً على صفّين كما طلب ٣٠٠٠ بندقية مسكيت ومجموعاتٍ من تجهيزات المشاة، و٤٠٠ برميل بارود. وأعلن، في الوقت نفسه، عن استعداده لدفع كامل النفقات المتوجبة، فضلاً عن دفع مخصصات سخية للضباط وضباط الصف البريطانيين، أثناء عملهم في الخدمة التركية. ومما يمكن أن يكون قد حدا بالباشا لتقديم طلبه ارتباطُ السير ج. مالكولم، المعروف تماماً، بإعارة ضباطٍ بريطانيين، في السابق، للجيش الفارسي، علاوة على قُرب القوات الروسية من حدود البشلكية الشمالية. وقد أيدته حكومة بومباي بقوة، في حين انفرد في معارضته المستر ف. وردن، عضو المجلس، وحده، استناداً إلى أنّ مسار العلاقات البريطانية بالعراق التركي، لم يكن، في الماضي، ذا فائدة، وانطوى على خصومة شديدة. لكن، في مايو ١٨٢٨، قررت حكومة الهند الرد على طلب الباشا برفض مهذب. وكان أحد أسباب هذا القرار انطباعاً خاطئاً، من جهتها، مفاده أن الحرب بين بريطانيا وتركيا احتمالٌ واردٌ في المستقبل القريب. أما السبب الآخر، فقد كان تلك الفكرة التي تفيد أن الباشا قد يستخدم موارده المستجدة للتمرد على سيده السلطان. لكنها سمحت أن يشتري الوكيل، الذي كان قد أوفده الباشا إلى بومباي، كل ما قد تحتاج إليه حكومة بغداد من المعدات العسكرية.

وقد أسف مجلس المديرين كثيراً لتصرف حكومة الهند في هذه القضية، لأنه رأى في ذلك ضياع فرصة ثمينة لإقامة وكالة مخابرات قَيِّمة في نقطة مهمة. وأصدر توجيهاته بانتهاز فرصة من هذا النوع فوراً إذا تكررت. وليفرض المجلس وجهة نظره، لاحظ ما يلي: «ليس هناك من شيء رخيص نسبياً كالمعلومات: فهي تقدِّم إلى الحكومة التي تملكها ميزةً على تلك التي لا تملكها، وهذه الميزة هي المعرفة بأحداث المستقبل. ونحن نتمنى أن تضعوا ذلك نصب أعينكم دائماً، ليس فقط بالنسبة إلى بشلكية بغداد فحسب، بل بالنسبة إلى كل البلدان الموجودة غربي السلطنة». بيد أن فكرة الباشا، القاضية بخلق قوة بحرية لم تكن

made a large request for assistance in military personnel and matériel, basing his application upon orders that he had lately received from Constantinople to organise an army of regular troops. He asked for a subaltern, two non-commissioned officers and a conductor of stores of the European Horse Artillery, of whom the last should be competent to superintend the manufacture of gunpowder; for a subaltern and two non-commissioned officers of European Infantry; for a gunsmith able to direct the making and stocking of muskets; for a planter and manufacturer of indigo; for three vessels of three masts, the largest to be of 600 tons and carry 48 guns in two tiers; and for 3,000 muskets and sets of infantry equipment and 400 barrels of gunpowder. At the same time he declared his readiness to defray the whole of the expense involved and to pay liberal allowances to the British officers and non-commissioned officers while employed in the Turkish service. The Pāsha's application, which may have been prompted by the well known connection of Sir J. Malcom with a former loan of British officers to the Persian army, as well as by the proximity of Russian forces to the northern frontier of the Pāshāliq, was strongly supported by the Government of Bombay, Mr. F. Warden, a Member of Council, alone dissenting on the ground of the disputatious and unprofitable course in the past of the British relations with Turkish 'Irāq. In May 1828, however, the Government of India decided that a courteous negative should be returned to the Pāsha's request, one reason for this decision being a mistaken impression on their part that war between Britain and Turkey was not improbable in the near future, while another was a notion that the Pāsha might employ his new resources to rebel against his master the Sultān; but they authorised the purchase by an agent whom the Pāsha had deputed to Bombay of whatever military stores the Baghdād Government might require.

The action of the Government of India in this case was much regretted by the Court of Directors, who considered that a chance had been lost of establishing a valuable intelligence agency at an important point; and they directed that, if such an opportunity were to recur, it should be immediately embraced. By way of enforcing their views they remarked: "There is nothing comparatively so cheap as information. It gives to the Government which possesses it over that which has it not the advantage of a knowledge of futurity. We wish you to bear this constantly in mind, not merely as regards the Pachalic of Baghdād, but as (regards) all the countries to the west of Sutlege." The Pāsha's idea of creating a naval force was, however, to be

لتلقى التشجيع، لأنها لا تساهم لا في تهدئة الأحوال الداخلية في العراق التركي، ولا في الدفاع عنه ضد الغزوات البرية. وكانت طموحات روسيا قد باتت في ذلك الحين أحد الاعتبارات المهمة المتعلقة بسياسة بريطانيا في آسيا. ويبدو أن مجلس مديري شركة الهند الشرقية كان معنياً بالأمر مخافةَ أن يحصل أوروبيون، من غير الجنسية البريطانية، على موطىء قدم في البشلكية، بصفة مدربين عسكريين.

موقف السلطات البريطانية في النزاع بين سلطان عمان وباشا بغداد، ١٨٢٥

في عام ١٨٢٥، حين فكر سلطان عمان، كما سبق أن رأينا، في تجريد حملة ضد البصرة، اتصل المقيم البريطاني في بوشهر بالوكيل السياسي البريطاني في العراق التركي، مقترحاً وساطةً بريطانية. بيد أن حكومة بومباي أبلغت هذين المسؤولين ضرورة أن يقتصر تدخلهما على استخدام النفوذ لدى كل من الطرفين على حدة. وبما أن الباشا رفض الاستماع إلى مشورة النقيب تايلور، فقد جرى إبلاغ السلطان أنه حرٌّ في القيام بأي عمل يشاء. وسبق أن وصفنا تتمة ذلك أعلاه.

احتجاز مسؤول بريطاني كان في رحلة بنهر دجلة، ١٨٣٠

في عام ١٨٣٠، احتجز شيخ عربي الدكتور بيكي، الطبيب الجراح المساعد في مؤسسة مدراس، خلال رحلة في نهر دجلة، على متن مركب تابع للوكالة السياسية يرفع العلم البريطاني، وأجبره، بصورة غير قانونية، على دفع ضريبة باهظة عن أمتعته. فقدّم الطبيب مذكرة إلى حكومة بومباي، فيما بعد، وأُحيل طلبه إلى الوكيل السياسي في العراق التركي. لكن النتيجة لم تُعلن.

حاجي علي رضا باشا يوجه إنذاراً إلى المسؤولين الأتراك في البصرة بشأن إبداء الاحترام للحقوق البريطانية، ١٨٣١

بُعَيد تعيين حاجي علي رضا باشا على رأس بشلكية بغداد، وجَّه أمراً رسمياً إلى قاضي البصرة ومفتيها ومتسلّمها وأعيانها، أوعز فيه إليهم أن يبدو أقصى آيات الاحترام لحقوق وامتيازات ممثل بريطانيا في البصرة و«وكيله، ومترجميه، والذين يتمتعون بالرعاية البريطانية، والتابعين له، ورعايا الحكومة الذين يصلون من هندوستان وسفنهم، والتجار، وكل الآخرين على وجه الإطلاق». وقد قُرئت هذه الوثيقة، المؤرخة في الثاني من أكتوبر ١٨٣١، بصورة علنية، في مجلس المتسلم بالبصرة، وسُجّلت رسمياً في مكتبي القاضي والدفتر دار.

discouraged, as contributing neither to the internal pacification of Turkish 'Irāq nor to its defence against invasion by land. The ambitions of Russia had already at this time become an important consideration in connection with British policy in Asia; and the Court of Directors of the East India Company seem to have been concerned lest Europeans of other than British nationality should acquire a footing in the Pāshāliq as military instructors.

Attitude of the British authorities in the dispute between the Sultan of 'Omān and the Pāsha of Baghdād, 1825

In 1825, when, as we have already seen, an expedition against Basrah was contemplated by the Sultān of 'Omān, the British Resident at Būshehr communicated with the British Political Agent in Turkish 'Irāq suggesting British mediation. The Government of Bombay, however, instructed these officers to limit their intervention to the use of influence with the parties separately, and, as the Pāsha declined to listen to Captain Taylor's advice, the Sultān was informed that he was at liberty to take any action he pleased. The sequel has already been described above.

Detention of a British official on a voyage down the Tigris, 1830

In 1830 Dr. Baikie, an Assistant Surgeon of the Madras establishment, was detained, on a voyage down the Tigris in a Political Agency boat flying the British flag, by an Arab Shaikh, who irregularly obliged him to pay a heavy duty on his baggage. He subsequently memorialised the Bombay Government, and his claim was referred to the Political Agent in Turkish 'Irāq, but the result is not stated.

Admonition addressed by Hāji 'Ali Riza Pāsha to the Turkish officials at Basrah with reference to the respect to be shown for British rights, 1831

Shortly after his appointment to the Pāshāliq of Baghdād, Hāji 'Ali Riza Pāsha addressed a formal order to the Qādhi, Mufti, Mutasallim and A'yān of Basrah by which they were enjoined to show the utmost respect for the rights and privileges of the British representative at Basrah, 'his agents, interpreters, protégés and dependents, and the' subjects of the Governmemt arriving from Hindoostan, and their ships 'and merchants, and all others soever." This document, which was dated 2nd October 1831, was publicly read in the Mutasallim's Council at Basrah and was officially registered in the offices of the Qādhi and the Daftardār.

حكومة الهند ترفض اقتراحاً للوكيل السياسي في العراق التركي ينطوي على تغيبه طويلاً عن بغداد، ١٨٣٣

في يوليو ١٨٣٣، ونظراً لهيمنة النفوذ الروسي وتفشي التآمر الروسي في تركيا، اقترح المقدم تايلور، الوكيل السياسي البريطاني في العراق التركي، تفويضه السفر، قدر ما يرى مناسباً، في الأقاليم الشمالية للبشلكية، بل الإقامة، بين وقت وآخر، في نقطة أقرب من بغداد إلى مسرح النشاط المفترض لموسكو. بيد أن حكومة الهند، المتفقة في الرأي مع حكومة بومباي، رأت أن بغداد بالذات، كمركز للحكومة المحلية، هي، تماماً، النقطة التي تتطلب أكثر من غيرها التيقظ حيال المخططات الروسية، وأن الحضور الدائم للوكيل السياسي هناك ضروري أيضاً بسبب وضع البشلكية غير المستقر عموماً. لذلك، أوعزت إليه، في الأول من ديسمبر ١٨٣٣، أن يبقى في بغداد، إلا إذا تلقى أوامر مخالفة من حيثُ الفحوى، من حكومة صاحب الجلالة.

تقرير المستر ج.ب. فرايزر عن وضع البشلكية، ١٨٣٤

يبدو أن اهتمام الحكومة البريطانية بات موجهاً، بشكل خاص، إلى مسرح العراق التركي في هذا الوقت. وفي الثاني من نوفمبر ١٨٣٤، كتب الرحالة المستر ج.ب. فرايزر، المشار إليه سابقاً، والذي كُلّف زيارة تلك البلاد وبلاد فارس، كتب تقريراً مفصلاً جداً عن الحالة الإدارية في بشلكية بغداد. وقدَّم الوكيل السياسي، العقيد تايلور، نسخة عنه إلى حكومة بومباي. لكن هذه الحكومة لم ترسل نسخة عنه إلى حكومة الهند، وربما كان ذلك نتيجة للسهو. وكان هدف المستر فرايزر أن يبيّن، بأي طريقة، وإلى أي حدٍّ، كان يمكن تطوير موارد المقاطعة في ظل أساليب حكم أفضل. وينبغي أن نتذكر، أثناء النظر في توصياته، أن الحكومة البريطانية كانت تفكر، في هذا الوقت، وكما سنوضح الآن، في إقامة مصلحة للنقل، بواسطة البواخر على أنهار العراق التركي. وقد لاحظ المستر فرايزر في ختام تقريره ما يلي:

> لا داعي للإسهاب في الحديث عن المجال الذي يفتحه تغييرٌ من هذا النوع في النظام، أمام الصناعة والمهارة ورأس المال في بلاد ما بين النهرين، التي من المؤكد أنها المنطقة الأفضل في شتى الوجوه، من حيثُ المناخ والتربة وقربها النسبي إلى كل مواقع الحضارة والتقدم في العالم القديم، ليستخدم كل ذلك بما يعود بالنفع. فحتى تقدم مصر السريع في الازدهار الظاهر لا يقدِّم مقياساً منصفاً لتقدير مدى التحسن الذي يمكن توقعه هنا، لأنه، على الرغم من أن محمد علي باشا متحرر إلى حدٍّ ما ومستنير، من

Disapproval by the Government of India of a proposal by the Political Agent in Turkish 'Irāq, involving prolonged absences on his part from Baghdād, 1833

In July 1833 Lieutenent-Colonel Taylor, the British Political Agent in Turkish 'Irāq, proposed that he should be authorised, in view of the predominance of Russian influence and the prevalence of Russian intrigue in Turkey, to travel as much as he thought fit in the northern districts of the Pāshāliq, and even to reside occasionally at a point nearer than Baghdād to the supposed scene of Muscovite activity. The Government of India, however, concurring with the Government of Bombay, held that Baghdād itself was, as the seat of the Local Government, the very point at which vigilance against Russian designs was most required, and that the continuous presence of the Political Agent there was also necessary on account of the generally unsettled state of the Pāshāliq; and they therefore directed him, in December 1833, to remain at Baghdād unless he should receive orders of a different tenor from His Majesty's Government.

Report by Mr. J. B. Fraser on the state of the Pāshāliq, 1834

The attention of the British Government seems to have been now directed in a particular manner to the field of Turkish 'Irāq; and in November 1834 the traveller Mr. J. B. Fraser, already mentioned, who had been commissioned to visit that country and Persia, reported in great detail upon the administrative condition of the Baghdād Pāshāliq. A copy of his report was forwarded by the Political Agent, Colonel Taylor, to the Government of Bombay; but no copy of it was transmitted by them, perhaps through an oversight, to the Government of India. Mr. Fraser's object was to indicate in what manner and to what extent, the resources of the province might be developed under better methods of government; and it should be remembered, in considering his recommendations, that the British Government at this time contemplated, as will presently be shown, the establishment of a steamer service on the rivers of Turkish 'Irāq. In concluding his report Mr. Fraser remarked:

> It were superfluons to expatiate on the field which such a change of system would open to industry and skill and capital in Mesopotamia, a region assuredly the most favourable in all respects, in climate, in soil, and in comparative proximity to all the seats of civilization and improvement in the old world, for the employment of these to advantage. Even the rapid advance of Egypt in apparent prosperity affords no fair scale to calculate the extent of improvement that might be expected here, for Mohmed Allee

حيث آراؤه، فهو ينظر إلى نفسه على وجه الحصر، في النهاية. فإذا كان التقدم الدائم والهدوء في هذا الإقليم هدفاً مهماً في نظر بريطانيا العظمى، فمهما يكن شكل الحكومة القائمة، وأيّاً مّا تكن طبيعة علاقتها اللاحقة ببلاط القسطنطينية ومدى تلك العلاقة، فسوف يكون عليها أن تجد نفسها، بل سوف تجد نفسها، مضطرة إلى الإبقاء على نفوذ دائم في الحكومة. وعليها، في الواقع، أن تقوم هي نفسها باتخاذ كل تدابير السياسة وتحسين الأوضاع، وتقوم بتوجيهها وإدارتها، أياً مّا تكن، أو مهما تكن، الأداة التي تنفّذ كل ذلك.

علاقات العراق التركي بالدول الأوروبية عدا بريطانيا، ١٨٠٧ - ١٨٣٩

مطالبة القنصل الفرنسي في بغداد بحق التقدم على الآخرين، ١٨١٩

خلال هذه الفترة، بقي العراق التركي خارج التأثر بنفوذ أي دولة أوروبية تقريباً، ما عدا بريطانيا العظمى.

وفي يناير ١٨١٩، طلب المسيو فيجورو، القنصل الفرنسي في بغداد، مقابلةً مع الباشا الذي لم يكن قد زاره من قبل. وفي الوقت نفسه، طالب بحق التقدم على المقيم البريطاني استناداً إلى أن هذا الحق قد أعطي للممثل الفرنسي في مختلف أجزاء الأمبراطورية العثمانية بموجب معاهدة بينهما. وقد رفض باشا بغداد، الذي كان داود باشا في ذلك الوقت، هذه المزاعم بطبيعة الحال. وأشار إلى أن «المستر ريتش مقيم بدرجة وزير، أما المسيو فيجورو، فليس سوى قنصل. ولا يمكن، في أي حال من الأحوال، أن تكون هناك منافسة بينهما».

موقف روسيا، بعد ١٨٣٣

نتيجة التقارب بين روسيا وتركيا، الذي نجم عن معاهدة أونكيار سكليسي عام ١٨٣٣، بدأت بريطانيا، منذ ذلك الوقت، تخشى التحركات الروسية في بشلكية بغداد. لكن الدسائس، إن وُجدت، لم تتخذ شكلاً ملموساً. ويبدو أن الديبلوماسية الروسية بدأت تولد في أذهان الباب العالي الريبةَ حول دوافع الحكومة البريطانية لإنشاء خط ملاحي بخاري في أنهار العراق التركي.

الأوضاع الرسمية البريطانية في العراق التركي، ١٨٠٧ - ١٨٣٩

دمج مقيميتي البصرة وبغداد، ١٨٠٩ - ١٨١٠

بعد أن هدأت المخاوف من دسيسة فرنسية في الشرق الأوسط، وقبل أن تعزز

Pacha, though to a certain extent liberal and enlightened in his views, looks ultimately to self ... If, therefore, the permanent improvement and tranquillity of this province be an object of importance to Great Britain, let what will be the form of government established, let the nature and extent of its future connection with the Court of Constantinople be what it may, she must and will find herself forced to maintain in the Government a permanent influence; in fact, she must herself have the managing and directing of all measures of policy and improvement, let whoever or whatsoever be the organ for carrying them into effect.

Relations of Turkish 'Irāq with European countries other than Britain, 1807-39

Precedence claimed by the French Consul at Baghdād, 1819

During this period Turkish 'Irāq was practically unaffected by the influence of any European power except Great Britain.

In January 1819 Mr. Vigouroux, a French Consul at Baghdād, who had never before visited the Pāsha, requested on audience, at the same time claiming precedence over the British Resident on the ground that under treaty the French representative was entitled to be ranked before the British in all parts of the Ottoman Empire These pretensions were of course rejected by the Pāsha of Baghdād, at the time Dāwud Pāsha, who remarked that, "Mr. Rich being a Resident Minister and Monsieur Vigouroux only a Consul, there could not, under any circumstances, be a competition between them."

Attitude of Russia after 1833

In consequence of the rapprochement between Russia and Turkey brought about by the Treaty of Unkiar Skelessi in 1833, Russian movements in the Baghdād Pāshāliq began from that date to be apprehended by the British; but, intrigues, if they existed, never took a tangible shape. Some suspicion of the motives of the British Government in establishing steam navigation upon the rivers of Turkish 'Irāq appears, however, to have been instilled into the mind of the Porte by Russian diplomacy.

British official matters in Turkish 'Irāq, 1807-39

Amalgamation of the Baghdād and Basrah Residencies, 1809-10

After the fear of French intrigue in the Middle East had died down, and

الحروبُ الروسية الناجحة مع فارس وتركيا، بين عامي ١٨٢٦ و ١٨٢٩، هيبةَ روسيا في هذه المنطقة، انخفضت، بشكل محسوس، أهميةُ مركز بريطانيا السياسي في العراق التركي، لفترة من الزمن. وربّما من أجل ذلك، وبناء على توصية من حكومة الهند، قرر مجلس مديري شركة الهند الشرقية، عام ١٨٠٩، إلغاء إحدى المقيميتين الموجودتين في العراق التركي، والاكتفاء بواحدة في البصرة تكلّف الإشراف على المصالح البريطانية في الإقليم كله، كما كانت الحال قبل عام ١٧٩٨؛ على أن يعمد مقيم البصرة، إذا لزم الأمر، إلى إيفاد مساعد أوروبي يُسمح به لزيارة الباشا في بغداد. وبناء على ذلك، اتُخذت هذه الخطوات، عام ١٨١٠، لدمج مقيمية بغداد في مقيمية البصرة. لكن، لم تكن قد اتُخذت بعد أي خطوة لتنفيذ التغيير الإضافي الذي كانوا يفكرون فيه، وهو جعل ممثل الشركة في البصرة خاضعاً للمقيم في بوشهر. وقد جرى الدمج على يد المستر ريتش* الذي كانت قد عينته حكومة بومباي مقيماً في بغداد عام ١٨٠٨.

إجراء تأديبي في قضية المستر مانستي، المقيم في البصرة، ١٨١٠

بمناسبة هذا التعديل، راجع مجلس المديرين تصرفات المستر مانستي، المقيم الفعلي في البصرة، خلال مدة خدمته كلها هناك. ونظراً لتصرفاته المحرجة المتكررة وأعمال التمرد التي كان له ذنب فيها، تقرر عزله من مركزه، وجرى، بالتالي، دمج المقيميتين بإشراف المستر ريتش*، المقيم في بغداد. وفي الوقت ذاته، مُنع المستر مانستي من تولي أي وظيفة في أي بعثة دبلوماسية أو خارجية، مهما تكُن، دون أوامر إضافية منهم. ومما تحفظه الذاكرة أن المستر مانستي كان قد تعرض مرتين لتصادمٍ خطير مع الباشا، حاكم بغداد: إحداهما في فترة ١٧٩١ ـ ١٧٩٥، والثانية عام ١٨٠٣. وفي عام ١٨٠٤، انتحل لنفسه، بلا مبرر، صفة مبعوث إلى البلاط الفارسي. وفي عام ١٨٠٥، سحب فواتير كبيرة على حكومة بومباي، في غياب أي تفويض له، ودون اعتماد مالي، كما أنه ترك مركزه، لزيارة بومباي دون إذن من الحكومة. وبالكاد نستطيع، في هذه الظروف اعتبار مجلس الإدارة متشدداً في قسوته، من خلال العمل الذي قام به. كما لا يمكننا إلا أن نشاطر مجلس الإدارة دهشته لهذا التساهل الذي عومل** به مانستي من قِبَل حكومة بومباي. وسلّم

* وصل المستر ريتش إلى بغداد، في الرابع من مايو ١٨٠٨، ليعمل محل الدكتور هاين الذي تركه المستر جونز مسؤولاً في المقيمية، عام ١٨٠٦. وكان مساعدا المستر ريتش الأوروبيان، بعد عام ١٨١٠، هما الدكتور كولكوهون، بين عام ١٨١٠ و١٨١٨، والنقيب تايلور، بين ١٨١٨ و ١٨٢١. وبقيا كلاهما في البصرة.

** لا شك أنه كان للمستر مانستي بعض الصفات الحسنة. لقد كان وطنياً ومضيافاً، وعاش في البصرة بأسلوب السيد الإنجليزي المحترم من أسياد الريف. أما زوجته، فقد كانت سيدة أميركية. وكان لهما عائلة تبشر بمستقبل زاهر.

before Russia's successful wars with Persia and Turkey in 1826-29 had enhanced Russian prestige in that region, the importance to Britain of her political position in Turkish 'Irāq was for a time sensibly diminished. Probably for this reason, at the recommendation of the Government of India, the Court of Directors of the East India Company decided in 1809 to abolish one of their Residencies in Turkish 'Irāq and to entrust the superintendence of their interests in the whole province, as before 1798, to a single Resident at Basrah, who might when necessary depute a European Assistant, to be allowed him, to visit the Pāsha at Baghdād. These steps were accordingly taken in 1810, when the Residency at Baghdād was amalgamated with that at Basrah; but no steps were as yet taken to carry out the further change, which was also contemplated, of making the Company's representative at Basrah subordinate to the Resident at Būshehr. The amalgamarion took place under* Mr. Rich, whom the Government of Bombay had appointed Resident at Baghdād in 1808.

Disciplinary meassure in the case of Mr. Manesty, Resident at Basrah, 1810

On the occasion of this reform, the Court of Directors reviewed the conduct of Mr. Manesty, the actual Resident at Basrah, during his whole service there; and, in view of the frequent indiscretions and acts of insubordination of which he had been guilty, they decided that he should be removed from his post, the amalgamation of the Residencies consequently taking place under* Mr. Rich, the Resident at Baghdād. At the same time they prohibited the employment of Mr. Manesty on any foreign or diplomatic mission whatever, without further orders from themselves. It will be remembered that Mr. Manesty had twice, in 1791-95 and again in 1803, come into serious collision with the Pāsha, Governor of Baghdād, that in 1804 he had unwarrantably assumed the character of an Envoy to the Court of Persia, and that in 1805 he had drawn large bills upon the Government of Bombay in the absence both of authority and of funds, and had left his station to visit Bombay without the permission of Government. In these circumstances the action of the Court can hardly be regarded as too severe, nor can we do otherwise than share their surprise at the leniency with which the Bombay Government had treated** him. Mr. Manesty made over charge of the Basrah

---

* Mr. Rich arrived at Baghdād on the 4th May 1808, relieving Dr. Hine whom Mr. Jones had left in charge of the Residency in 1806. Mr. Rich's European Assistants after 1810 were Dr. Colquhoun between 1810 and 1818 and Captain Taylor between 1818 and 1821 Both remained at Basrah.

** Mr. Manesty had, no doubt, some redeeming qualities. He was patriotic and hospitable, and he lived at Basrah in the style of an English country gentleman. His wife was an Armenian lady, and they had a promising family.

المستر مانستي مسؤولية مكتب البصرة إلى الدكتور كولكوهون، جراح المقيمية، في ١٢ يونيو ١٨١٠. لكنه، في الوقت نفسه، أعرب عن عزمه البقاء في البصرة، نظراً لأعماله الخاصة، حتى الأول من سبتمبر، حين توجَّه إلى إنجلترا، عن طريق القسطنطينية، دون أن يستقيل من الخدمة. وتلقى رداً يعلمه أن عليه العمل وفقاً للأنظمة التي تتطلب منه الاستقالة من الخدمة في الشرق قبل التوجه إلى موطنه. لكن حكومة بومباي قد تتقدم بتوصية لإعادة توظيفه ثانية، إذا رغب هو في ذلك. وهكذا استقال المستر مانستي رسمياً ونهائياً، بعد تلقيه هذا الإشعار، وهو «مصمم على قبول عرض بمرتب سنوي، كانت قد تقدمت به إليه لجنة الإدارة في بومباي، «قسم الاعتمادات المالية للمدنيين». لكن أُمْسِكَ عنه السماح بالذهاب إلى أبعد من القسطنطينية حتى يكون قد زوّد الحكومة أوراقاً خاصة بحساباته، التي سبق أن استدعي لتقديمها، وحتى يفي بالمطالب العامة التي عليه مواجهتها. لكن نتيجة هذه القضية لم تُسجَّل أبداً.

تحويل مقيمية البصرة إلى وكالة سياسية في العراق التركي، ١٨١٢

وفي ٢٣ سبتمبر ١٨١٢، ووفقاً لتوصياتٍ تقدمت بها حكومة الهند، أصدر مجلس مديري شركة الهند الشرقية أمراً جرى بموجبه تغيير التنظيم الاسمي في العراق التركي، ليصبح منسجماً مع التنظيم الفعلي. وفي الواقع، تحول «المقيم في البصرة» إلى «وكيل سياسي في شبه الجزيرة العربية الواقعة تحت النفوذ التركي»، وخوِّل، بكل وضوح، سلطة أن يَسْكن في البصرة أو في بغداد، كما تستدعي الظروف، وأن ينتدب مساعده في أي من المكانين للعمل في المركز الآخر. لكن، بما أن المستر ريتش، الذي بقي في وظيفته حتى عام ١٨٢١، قد استمر في السكن في بغداد، فقد ظلَّ معروفاً بشكلٍ دائم، بـ «المقيم في بغداد»، وبقي له هذا اللقب حتى في المراسلات الرسمية.

إدخال نظام جوازات سفر للرعايا البريطانيين الذين يزورون العراق التركي، ١٨٢١

بناء على اقتراح قدّمه المقيم البريطاني، المستر ريتش، أصدرت حكومة الهند، عام ١٨٢١، قراراً يُمنع، بموجبه، الرعايا البريطانيون من القيام بزيارات إلى داخل بشلكية بغداد، ما لم يُزوَّدوا بجواز سفر من السكرتير السياسي لإحدى الرئاسات الهندية. وكان الهدف من هذا التقييد أن يُمنع المغامرون المحتاجون وغيرهم، الذين قد يثيرون المتاعب للسلطات ويسبّبون فقدان الثقة بالاسم البريطاني، أن يمنعوا من التدفق إلى البلاد.

office to Dr. Colquhoun, the Residency Surgeon, on the 12th June 1810; but at the same time he announced his intention of remaining at Basrah on account of his private affairs until the 1st September, when he would proceed to England via Constantinople without resigning the service. He was informed in reply that he must conform with the regulations which required him to resign the service in the East before proceeding home, but that the Government of Bombay would recommend him for re-employment, should he so desire. Mr. Manesty, on receiving this intimation, formally and finally resigned the service, having "determined to accept the offer of an annuity which had been made to him by the Committee of Management of the Bombay Civil Fund," but permission for proceeding beyond Constantinople was withheld until he should have furnished Government with certain papers connected with his accounts, which had already been called for, and had satisfied all public demands against him. The conclusion of his case is not recorded.

Couversion of the Residency at Basrah into a Political Agency in Turkish 'Irāq, 1812

On the 23rd September 1812, in accordance with a recommendation made by the Government of India, the Court of Directors of the East India Company ordered a change by which the nominal organisation in Turkish 'Irāq was brought into harmony with the actual. In fact the "Resident at Basrah" was made "Political Agent in Turkish Arabia," and was expressly empowered to reside at Basrah or Baghdād as circumstances might require, and to depute his Assistant from either place for duty at the other. As Mr. Rich, however, the holder of the appointment until 1821, continued to reside at Baghdād, he did not cease to be generally known as the "Resident at Baghdād," and was styled so even in official correspondence.

Introduction of a system of passports for British subjects visiting Turkish 'Irāq, 1821

In accordance with a suggestion made by Mr. Rich, the British Resident, the Government of India in 1821 prohibited British subjects from India from visiting the interior of the Baghdād Pāshāliq unless provided with a passport from the Political Secretary of one of the Indian Presidencies. The object of this restriction was to prevent an influx into the country of needy adventurers and others who might give trouble to the authorities and bring discredit on the British name. Notifications were

وصدرت بلاغات عن حكومات البنغال وبومباي ومدراس يعلنون فيها تنفيذ الأمر الصادر عن حكومة بومباي، في ٢٤ أبريل ١٨٢١. وكانت العقوبة الوحيدة، التي أضيفت، لمن يتجاهل هذا الأمر هي احتمال منعه من التقدم إلى داخل البلاد، بعد وصوله إلى العراق التركي.

الإلغاء الاسمي أو المؤقت للوكالة السياسية في العراق التركي، وإدخال تلك المنطقة في نطاق السلطة القضائية للوكيل السياسي في الخليج، ١٨٢٢

كان في النية، عند إلغاء مقيمية بغداد عام ١٨١٠، وكما رأينا، أن يُعهد بكل شؤون الشركة في العراق التركي إلى إدارة ممثلها الرئيسي في الخليج. وربما كان من الممكن للتغيير أن ينفذ عام ١٨٢١، لو لم يحدث ذاك الخلاف الحاد بين المستر ريتش وداود باشا في ذلك العام. وأخيراً في التاسع من مايو ١٨٢٢، وبعد أن عادت العلاقات الودية مع الباشا عقب موت المستر ريتش، عُين النقيب و. بروس، من البحرية الحربية التابعة لشركة الهند الشرقية، والمقيم السياسي في بوشهر عند ذاك، عُيّن «وكيلاً سياسياً في الخليج»، بحيث يمتد نطاق سلطته القضائية إلى العراق التركي، ويكون مركز قيادته إما في البصرة وإما في قشم. وأصبح النقيب تايلور، ممثل بريطانيا في البصرة، مساعداً له. لكن، من المشكوك فيه، على كل حال، أن يكون هذا التدبير الجديد قد نُفذ بالفعل، إذ كان ينبغي تأخير تنفيذه، حتى يكون النقيب بروس قد أنهى أعماله كتاجر يعمل لحسابه الخاص، تمشياً مع الأوامر الجديدة التي تنطبق على جميع الموظفين السياسيين. وبالكاد كان في استطاعته أن يتمم هذا كله، قبل أول نوفمبر ١٨٢٢، حين عزل من مركزه، كما سبق بيانه في تاريخ الساحل الفارسي.

إقامة الوكالة السياسية في العراق التركي من جديد، وخفض درجة مقيمية البصرة إلى وكالة محلية، ١٨٢٢

بتعيين خلف للنقيب بروس في بوشهر، ولأن المفرزة البريطانية في قشم كانت على وشك أن تُسحب، وبما أن اهتمام المقيم في بوشهر سينشغل كليّاً، في أغلب الاحتمالات، بشؤون القبائل البحرية التي تمارس القرصنة على الساحل العربي، فقد اعتقد حاكم بومباي أن من الأفضل إقامة الوكالة السياسية في العراق التركي من جديد، وجعلها مستقلة عن مقيمية الخليج. وكان أول من عُين لهذا المنصب، الذي أحييَ من جديد، هو النقيب ر. تايلور، من فرقة مشاة بومباي الوطنية الثالثة ومساعد الوكيل السياسي سابقاً في العراق التركي، والذي ظهر اسمه، أكثر من مرة، في سياق سرد قصتنا. أما البصرة، بالذات، فقد خُفضت

issued by the Governments of Bengal, Bombay and Madras, that of the Bombay Government being dated 24th April 1821, promulgating the new order. The only penalty annexed to disregard of the regulation was liability to be prevented from proceeding up-country after arrival in Turkish 'Irāq.

Nominal or temporary abolition of the Political Agency in Turkish 'Irāq and inclusion of that province in the jurisdiction of the Political Agent in the Gulf of Persia, 1822

At the time of the abolition of the Baghdād Residency in 1810 it had been intended, as we have seen, to bring the Company's affairs in Turkish 'Irāq under the management of their chief representative in the Persian Gulf; and in 1821 the change would probably have been carried into effect, had it not been for the serious disagreement which occurred in that year between Mr. Rich and Dāwud Pāsha. At length, on the 9th May 1822, on the restoration of amicable relations with the Pāsha some time after Mr. Rich's death, Captain W. Bruce of the East India Company's marine service, then Resident at Būshehr, was appointed "Political Agent in the Gulf of Persia," with jurisdiction extending to Turkish 'Irāq and headquarters at either Basrah or Qishm; and Captain Taylor, the British representative at Basrah, became his Assistant. It is doubtful, however, whether the new arrangement ever actually came into force, for its execution was to be delayed until Captain Bruce, under recent orders applying to all political officers, had wound up his transactions as a private merchant; and this he can hardly have done before the 1st November 1822, when, as explained in the history of the Persian Coast, he was removed from office.

Reinstitution of the Political Agency in Turkish 'Irāq and reduction of Basrah to a Native Agency, 1822

In appointing Captain Bruce's successor at Būshehr the Governor of Bombay thought it advisable, inasmuch as the British detachment on Qishm Island was about to be withdrawn and the attention of the Resident at Būshehr would in all likelihood be fully occupied by the affairs of the maritime and piratical tribes of the Arabian Coast, to reinstitute the Political Agency in Turkish 'Irāq and make it independent of the Residency in the Persian Gulf. The first holder of the revived appointment was Captain R. Taylor of the 3rd Bombay Native Infantry, formerly Assistant to the Political Agent in Turkish 'Irāq, whose name has more than once appeared in our narrative. Basrah

إلى وكالة وطنية. لكن الوكيل السياسي ظلّ لأعوامٍ يقطن فيها.

خضوع الوكالة السياسية في العراق للمقيمية في بوشهر خضوعاً جزئياً، ١٨٢٤

في عام ١٨٢٤، طرأ تغيير إداري آخر أصبح، بمقتضاه، الوكيل السياسي البريطاني في العراق التركي تابعاً، جزئياً فقط، لسلطة المقيم البريطاني في بوشهر. وقد صدرت الأوامر أن يتعامل مع المقيم في بوشهر في كل القضايا المتعلقة بالقبائل العربية المشتغلة في البحر، أو بقضايا الساحل الفارسي؛ وأن يمتثل للتعليمات التي يمكن أن يتلقاها من ذلك الموظف؛ وأن يزود المقيم بنسخ عن جميع مراسلاته. أما في القضايا المتعلقة ببشلكية بغداد وحدها، فقد استمرت مسؤوليته وسلطته بلا تغيير. ولم يكن في استطاعة المقيم السياسي اتخاذ إجراءات تتعلق بالعراق التركي، قد تتفاعل مع بقية أجزاء الخليج دون موافقة المقيم السياسي في بوشهر. ويُعَدّ تعليق التجارة البريطانية مع البشلكية شاهداً يتعلّق بهذه النقطة، على الأخص.

تغيير مقر قيادة الوكيل السياسي في العراق التركي، ١٨٢٨ - ١٨٣٢

ظلّ مقرّ قيادة الوكيل السياسي في العراق التركي إبّان سنوات عدة يتبدل بحسب الظروف. فهو أحياناً في بغداد، العاصمة الإدارية والسياسية، وأحياناً في ميناء البصرة التجاري. وفي عام ١٨٢٨، وبتعليمات من مجلس المديرين، كرّرت حكومة بومباي الأوامر، التي سبق أن أصدرتها عام ١٨١٢، وقت إقامة أول وكالة سياسية في بغداد، مخوّلة الوكيل السياسي أن يقيم في بغداد أو في البصرة، بحسب ما يراه مناسباً. واقترح المجلس أيضاً، أنه، في حال غياب الوكيل السياسي عن بغداد، يمكن لمساعدٍ أوروبي أن يقوم بتصريف أعماله في البصرة. لكن، كما يبدو، كانت هناك اعتراضاتٌ من جانب السلطات الهندية على ترك الوكلاء للبصرة. ففي عام ١٨٣٠، عندما زار وكيل البصرة بغداد، بناء على طلب صريح من الباشا، كان عليه أولاً أن يحصل على إذن من حكومة بومباي للقيام برحلته. وفي العام نفسه، طلب الباشا إلى الرائد تايلور، الوكيل السياسي، أن يجعل من بغداد، إذا شاء، مقراً دائماً له بدلاً من البصرة، فردَّ عليه حاكم بومباي معتذراً عن عدم تمكنه من الموافقة على اقتراح سعادته نظراً للمصالح التجارية. وفي الوقت ذاته، صدر تأكيد للباشا بأنه سيسمح للرائد تايلور بزيارة العاصمة في مناسبات عديدة. وفي ١٢ يناير ١٨٣١، وكان الطاعون قد تفشى في بغداد، أقدم وكيلها السياسي على تركها

proper was reduced to a Native Agency, but the Political Agent continued for some years to reside there.

Partial subordination of the Political Agency in Turkish 'Irāq to the Residency at Būshehr, 1824

In 1824 another administrative change was made, whereby the British Political Agent in Turkish 'Irāq became subordinate, but only partially so, to the authority of the British Resident at Būshehr. He was ordered, in all matters relating to the maritime Arabs or to the Persian Coast, to deal with the Resident at Būshehr and to comply with such instructions as he might receive from that officer; and he was also to supply the Resident with copies of his despatches; but in matters affecting the Baghdād Pāshāliq alone his responsibility and powers remained unaltered. Without the sanction of the Resident at Būshehr, however, no measures in regard to Turkish 'Irāq which might re-act upon other parts of the Persian Gulf were to be taken by the Political Agent; and the suspension of British trade with the Pāshāliq was specially cited as an example in point.

Changes of headquarters of the Political Agent in Turkish 'Irāq, 1828-32

During some years the headquarters of the Political Agent in Turkish 'Irāq continued to vary with circumstances, being sometimes at Baghdād, the administrative and political capital, and sometimes at the commercial port of Basrah. In 1828 the orders of 1812, issued at the time of the first institution of the Political Agency, were repeated by the Government of Bombay under instructions from the Court of Directors, authorising the Political Agent to reside at Baghdad or at Basrah as he found convenient; and it was suggested by the Court that, in case of the absence of the Political Agent at Baghdād, his duties at Basrah might be performed by a European Assistant. There appear, however, to have been objections on the part of the Indian authorities to the Agents' leaving Basrah; for in 1830, when he visited Baghdād at the express request of the Pāsha, he had first to obtain permission for his journey from the Government of Bombay. In the same year the Pāsha asked that Major Taylor, the Political Agent, might be permanently stationed at Baghdād instead of Basrah, but the Governor of Bombay replied that, in the interests of trade, he could not assent to His Highness's proposal. At the same time, however, an assurance was given to the Pāsha that Major Taylor would be allowed frequent opportunities of visiting the capital. On the 12th May 1831, plague having broken out at Baghdād, the Political Agent, who had then been at

والرجوع إلى البصرة، بعد أن كان قد قضى فيها ما يقارب السنة، وبعد أن شاهد كيف جرى عزل داود باشا على يد حاجي علي رضا باشا. وحدث، في الطريق، أن قضى وباء الطاعون على صهر هذا الوكيل، الذي كان يصحبه. وفي يناير ١٨٣٢، ظهر الطاعون في البصرة، فرجع الرائد تايلور إلى بغداد، بناء على طلب الباشا الجديد. وبُعيد ذلك، أعرب مجلس مديري شركة الهند الشرقية عن رغبته في أن يثبت الوكيل السياسي إقامته، خصوصاً في بغداد، وذلك للحصول على معلومات أدق ولتوطيد علاقات طيبة مع حاجي علي رضا باشا، على أن يقوم مساعد أوروبي بتصريف أعماله الروتينية في البصرة. فإذا لم يكن هذا متوافراً، فيمكن اختيار وكيل محلي من أهل البلاد يمكنه أن يقوم بهذه المهمة. ونتيجة لهذه الأوامر، أقام الوكيل السياسي بعد ذلك معظم الوقت في بغداد. وكانت حكومة بومباي، كما ذكرنا سابقاً، قد نظرت، سلباً، إلى اقتراح تقدم به، عام ١٨٣٣، يقضي، في حال قبوله، بإمكانية تغيّبه عن بلاط الباشا فتراتٍ طويلة، ليراقب أعمال الروس على حدود البشلكية الشمالية.

فرض التحفظ على علاقات الوكيل بباشا بغداد، ١٨٣١ - ١٨٣٢

وضع مجلس مديري شركة الهند الشرقية عامي ١٨٣١ و ١٨٣٢، بعض المبادىء ليسترشد بها الوكيل السياسي البريطاني في العراق التركي. وليس واضحاً: هل كان سبب عملهم بهذا الشأن ملاحظتَهم ميلاً من جهة الوكيل إلى المبالغة في تمثيل دوره؟ أم أن ما أوحى بالفكرة هو مراجعة عامة للعلاقات القائمة بين السلطة البريطانية والسلطة العثمانية؟ وقد حُذِّر الوكيل، بوضوح، من اعتبار الباشا حاكماً مستقلاً، أو اعتبار نفسه مبعوثاً مطلق الصلاحية لدى بلاط أجنبي. وقد حُثَّ أن يتذكر تبعية الباشا للباب العالي، وخضوعه، هو شخصياً، للسفير البريطاني في القسطنطينية؛ وتوجّب عليه أن يتبادل الرسائل مع السفير بصراحة حول مجمل القضايا التي قد تؤثر على علاقات بريطانيا العامة بتركيا؛ وأن يزود حكومة بومباي بنسخ من مراسلاته مع السفير؛ وأن ينتظر التعليمات من تلك الحكومة حول كل القضايا التي لم يكلفوه بها بكل حذر؛ وفي حال الافتقار إلى توجيهات خاصة، عليه أن يحصر اهتمامه، فقط، بالمسائل التي يمكن للقنصل أن يأخذها على عاتقه، ولا سيما حماية الرعايا البريطانيين ومصالحهم، وجمع المعلومات السياسية؛ وعليه أن يتجنب إقحام نفسه في شؤون البشلكية، داخلية كانت هذه الشؤون أم خارجية، وأن يسترشد، في ما يخص

Baghdād for about a year and had witnessed at that place the displacement of Dāwud Pāsha by Hāji 'Ali Riza Pāsha, left again for Basrah; his brother-in-law, who accompanied him died of the disease by the way. In January 1832 plague appeared at Basrah, and Major Taylor, at the request of the new Pāsha, then returned to Baghdād. Soon afterwards the Court of Directors of the East India Company expressed a wish that the Political Agent, for the sake of obtaining accurate information and the better to establish his interest with Haji 'Ali Riza Pāsha, should "fix his residence chiefly at Baghdād," while his routine duties at Basrah should be discharged by a European Assistant, or, if there were none, by a Native Agent. In consequence of these orders the Political Agent thereafter resided mostly at Baghdād; and a suggestion that he made in 1833, under which, if accepted, he might have absented himself from the Pāsha's Court for considerable periods to watch the proceedings of the Russians on the northern frontier of the Pāshāliq, was, as we have already seen, negatived by the Government of Bombay.

Reserve enjoined on the Political Agent in his relations with the Pāsha of Baghdād, 1831-32

The Court of Directors of the East India Company laid down, in 1831 and 1832, some principles for the guidance of the British Political Agent in Turkish 'Irāq. It is not clear whether their action in this respect was occasioned by an observed tendency on the part of the Agent to overact his part, or whether it was suggested by some general review of the relations subsisting between the British and the Ottoman power. The Political Agent was expressly cautioned against regarding the Pāsha as an independent sovereign or himself as a plenipotentiary at a foreign court, and he was exhorted to bear in mind the dependence of the Pāsha upon the Porte and his own subordination to the British Ambassador at Constantinople. With the latter he was to correspond freely in all matters which might influence the general relations of Britain with Turkey; he was to supply the Government of Bombay with copies of his correspondence with the Ambassador; and he was to await the instructions of that Government in all matters in which they had not themselves invested him with discretion. In the absence of special directions he was to confine his attention to business that might properly be undertaken by a Consul, in particular the protection of British subjects and interests and the collection of political information, and he was to avoid entangling himself in the affairs, external or internal, of the Pāshāliq. In

فارس، بآراء المندوب البريطاني في طهران.

اقتراح استيعاب الوكالة السياسية في العراق التركي في وكالة بوشهر

استمرت السلطات البريطانية في الهند تفكر في إلغاء الوكالة السياسية المنفصلة في العراق التركي، كهدف مرغوب فيه، منذ عام ١٨١٠، وقد صدر الأمر بتنفيذ الإلغاء فعلاً عام ١٨٢٢. وفي عام ١٨٢٧، اعتبر المستر الفنستون، حاكم بومباي، أن وضْعَ حدٍّ للوكالة لا يخلو من الفائدة، ووافقه مجلسه الرأي. لكنه ترك القرار لخلفه السير ج. مالكولم الذي أبدى، عام ١٨٢٨، تأييده لصوابية الموافقة على تقليص الإنفاق السياسي في منطقة الخليج، في حين اعتقد أن الوقت غير مناسب لتخفيض أيّ مؤسسة في العراق التركي، نظراً للعلاقات المتوترة بين روسيا وكل من فارس وتركيا، ذلك الوقت. وفي تقرير مؤرخ في ٢٦ ابريل ١٨٣٠، أوصت اللجنة، التي عُيِّنت في الهند لاستقصاء الحالة المالية للحكومة، أوصت بالإبقاء على وكالة واحدة فقط في بوشهر. ويبدو أن حكومة الهند تبنَّت هذا الاقتراح. غير أن مجلس المديرين، الذي أُرسل إليه هذا التقرير وغيره من مسائل إعادة التنظيم، للنظر فيها والموافقة عليها عام ١٨٣٤، قرر* عدم إحداث أي تغيير في الوضع القائم، آنذاك، بالعراق التركي. ويرجع هذا القرار، من ناحية، إلى الأحوال الداخلية في البشلكية، ومن ناحية أخرى إلى «التعقيد الغريب للظروف التي تورطت فيها، هذه الفترة بالذات، القوى المتعددة ذات العلاقة بهذا الجزء من العالم».

وضع الوكالة السياسية في العراق التركي ثانية تحت سلطة حكومة الهند المباشرة، ١٨٣٥

في عام ١٨٣٥، أُلغيت أوامر عام ١٨٠٦، التي كانت تجعل من الممثل السياسي البريطاني في العراق التركي خاضعاً كلياً لحكومة بومباي. وصدر أمر أن هذا الممثل، شأنه شأن المقيم في بوشهر، ينبغي أن يتراسل في المستقبل مع حكومة الهند، ويضع نفسه مباشرة تحت إمرتها**؛ وأن تُبعث رسائل الوكيل السياسي، عن طريق البريد السريع، بواسطة حكومة بومباي التي تحتفظ بنسخٍ منها.

* ربما تأثروا بمذكرة رسمية أبدى فيها حاكم بومباي (اللورد كلير) رأيه معلقاً أنه، إذا كان المطلوب فقط حماية التجارة البريطانية في ذلك الجزء من شبه الجزيرة العربية الواقع تحت الحكم التركي، فلا شك أنه يكفي أن يكون هناك وكيل من السكان المحليين في البصرة، وهو قادر أن يستجيب للقيام بالعمل كأي وكيل سياسي أوروبي. لكن للورد كلير رأي مفاده أن المصالح الهندية البحتة كانت معنية بشكل كبير. وقد بدا له، عند النظر إلى العلاقة بين السياسة الأوروبية والهندية، أن هناك شكاً في مسألة: هل سيكون مستحسناً للحاضر في جميع الأحوال إلغاء الوكالة السياسية في شبه الجزيرة العربية الخاضعة لتركيا؟.

** أنظر المجلّد الأول، ص ٢٣١ و ٢٨٣.

Persian business he was to be guided by the advice of the British Envoy at Tehrān.

Proposed absorption of the Political Agency in Turkish 'Irāq into that in Būshehr

Meanwhile the abolition of the separate Political Agency in Turkish 'Irāq, contemplated in 1810 and actually ordered in 1822, had been kept in view as a desirable object by the British authorities in India. In 1827 Mr. Elphinstone, Governor of Bombay, considered that the Agency might with advantage be suppressed, and his Council concurred in the opinion; but he left the decision to his successor, Sir J. Malcolm, who in 1828, while agreeing as to the advisability of a diminution of the political expenditure in the Gulf region, thought the time inopportune, in view of the critical relations of Russia with both Turkey and Persia, for any reduction of establishment in Turkish 'Irāq. In a report dated 26th April 1830 a Committee appointed in India to enquire into the state of the Government finances, recommended the retention of one Agency only, located at Būshehr, and the Government of India apparently adopted the suggestion; but the Court of Directors, before whom this and other questions of reorganisation came in 1834, decided* that no change should be made for the present in Turkish 'Irāq. This decision was due partly to the internal condition of the Pāshāliq, and partly to "the peculiar complication of circumstances in which the relations of the various Powers connected with that part of the world are at this moment involved."

The Political Agency in Turkish 'Irāq replaced under the direct authority of the Government of India, 1835

In 1835 the orders of 1806, making the British political representative in Turkish 'Irāq entirely subordinate to the Government of Bombay, were cancelled; and it was ordered that he, as well as the Resident at Būshehr, should in future correspond with the Government of India and be under their direct orders.** The despatches of the Political Agent were to be sent, however, under flying seal through the Government of Bombay, by whom copies would be retained.

---

* They were influenced, probably, by a minute of the Governor of Bombay (Lord Clare) who observed that undoubtedly, if merely the protection of British commerce was required in Turkish Arabia, a Native Agent at Basrah would answer as well as a European Political Agent; but that he was of opinion that interests purely India were more deeply concerned, and that looking to the connection between European and India politics it appeared very doubtful to him whether it would be advisable, at all event for the present, to abolish the Political Agency in Turkish Arabia.

** See also pages 231 and 283, Vol 1.

المساعدية السياسية في البصرة، ١٨٠٧ - ١٨٣٩

خلال الجزء الأول من هذه الفترة، ١٨١٠ - ١٨٢٢، كان في البصرة مساعد وكيل سياسي أوروبي. لكن، إبّان غيابه، كان يشغل مكانه وسيط الوكالة، وهو من أهل البلاد. وقد أُقرّت له، عام ١٨١٩، علاوة قيمتها ٢٠٠ روبية شهرياً. وحال وفاة المستر ريتش عام ١٨٢١، أُلغي منصب المساعد الأوروبي. وقد تلقى الوسيط، فضلاً عن العلاوة، لقب «الوكيل الوطني»، دلالة على وضعه السياسي. وكان أول وكيل من أهل البلاد شغل هذا المنصب هو الخوجا يوحنا الذي توفي عام ١٨٢١، وخلفه ابنه «الخوجا بارسي يوحنا»، ليحتفظ بمنصبه طوال ٣٠ عاماً. وفي عام ١٨٣٢، عندما انتقل الوكيل السياسي في البصرة إلى بغداد أخيراً، تُركت الوكالة في المكان السابق بيد الوكيل الوطني، ليتحمل مسؤولية كاملة عن هذا المركز في البصرة.

إدخال* خط ملاحي بخاري في نهري الفرات ودجلة، بواسطة الحملة البريطانية، بقيادة العقيد ف. ر. تشاسني، ١٨٣٤ - ١٨٣٧

كانت مشكلة تعجيل طرق المواصلات مع الهند قيدَ الدرس، لعدة أعوام، في بريطانيا. وقد جرت، خلال الفترة الواقعة بين عامي ١٨٢٦ و ١٨٣٢، عمليات مسح قيّمة لجزء من الساحل السوري، ولنهري دجلة والفرات، قام بها الملازم أورمزبي، من البحرية الهندية، وعاونه، لبعض الوقت، المستر و. اليوت. وكان قد وُجِّه اهتمام خاص إلى دجلة الأسفل الذي اعتبره الرائد تايلور، الوكيل السياسي البريطاني في العراق التركي، نهراً مهماً.

وكان النقيب ف. ر. تشاسني، من المدفعية الملكية، قد بدأ بدراسة مشكلة المواصلات البرية عام ١٨٢٩، إبّان زيارة قام بها إلى مصر، حيث وُجهت إليه بعض الاستفسارات عن المزايا النسبية للطرق المصرية والسورية بين أوروبا والهند، وجّهها فاحص البيت الهندي. وفي عام ١٨٣١ - ١٨٣٢، قام النقيب تشاسني، وعلى نطاق واسع، برحلات في المنطقة الواقعة بين البحر المتوسط والبحر الأسود والخليج، باتجاه الخارج

* المصادر الرئيسية لحملة الفرات ودجلة هي: كتاب اللواء ف. ر تشاسني: *Expedition for the Survey of the Rivers Euphrates and Tigris*. ١٨٥٠؛ وكتابه الثاني: *Narrative of the Euphrates Expedition*. ١٨٦٨. فضلاً عن كتاب الكاتب و. ف اينزورث: *Personal Narrative of the Euphrates Expedotion;* وكتابه الثاني: *Travels of Doctor and madame Helfer*. ١٨٧٨. وثمة تقارير مكثفة عن الحملة واردة في كتاب الملازم أول .س. ر .لو: *History of the Indian Navy*، المجلد الثاني، ص ٣١ - ٤٣، ١٨٧٧؛ وفي كتاب المستر هـ. ف هيل برخت: *Explorations in Bible Lands during the 19thCentury*. ١٩٠٣. وقد أُشير إلى الأعمال المبكرة للملازم اورمسبي في كتاب الملازم الأول ج. وَلْستَدْ: *Travels to the City of the Caliphs*. ١٨٤٠.

The Political Assistantship at Basrah, 1807-39

During the earlier part of this period, from 1810 to 1822, a European Assistant Political Agent existed at Basrah; but occasionally, during his absence, his place was filled by the native broker of the Factory, for whom an allowance of Rs. 200 a month was sanctioned in 1819. Soon after the death of Mr. Rich in 1821 the European Assistanship was abolished; and the broker received, in addition to his allowance, the title of "Native Agent" as an indication of his political status. The first Native Agent was Khojah Johannes, who died in 1821; he was succeeded by his son Khōjah Parseigh Johannes, who held the office for 30 years. In 1832, when the Political Agent finally removed from Basrah to Baghdād, the station at the former place was left in full charge of the Native Agent there.

**of steam navigation on the Euphrates and Tigris by a British expedition under Colonel F. R. Chesney, 1834-37*

The question of accelerating communication with India had now for several years been under consideration at home, and between 1826 and 1832 valuable surveys of part of the Syrian coast and of the rivers Euphrates and Tigris were made by Lieutenant Ormsby of the Indian Navy, assisted during part of the time by Mr. W. Elliot. Especial attention was directed to the Lower Tigris, which Major Taylor, the British Political Agent in Turkish 'Irāq, considered to be important.

Captain F. R. Chesney, R. A., had also commenced a study of the problem of overland communication in 1829, during a visit to Egypt, when some enquiries as to the relative advantages of the Egyptian and Syrian routes between Europe and India were addressed to him by the Examiner of the India House. In 1831-32 Captain Chesney travelled extensively in the region between the Mediterranean, the Black Sea and the Persian Gulf, making his

* The principal authorities on the Euphrates and Tigris expedition are General F.R. Chesney's *Expedition for the Survey of the Rivers Euphrates and Tigris*, 1850; his *Narrative of the Euphrates Expedition*, 1868; Mr. W.F. Ainsworth's Personal Narrative of the Euphrates Expedition; and the *Travels of Doctor and Madame helfer*, 1878. Condensed accounts of the expedition are given in Lieutenant C. R. Low's *History of the India Navy*, 1877, Volume II, pages 31-43, and Mr. H.V. Hilprecht's *Explorations in Bible Lands during the 19th Century*. 1903. The earlier proceedings of Lieutenant Ormsby are noticed in Lieutenant J.R. Wellsted's *Travels to the City of the Caliphs*, 1840.

نزولاً في نهر الفرات وفي البحر حتى بوشهر، في العودة إلى أوروبا عن طريق نهر قارون والطريق المار وسط فارس وآسيا الصغرى. وفي عام ١٨٣٣، وبعد أن كان النقيب تشاسني قد وضع خطة مشروعٍ لإقامة اتصال بالهند، عن طريق العراق التركي، تشرّف بمقابلة صاحب الجلالة، الملك وليم الرابع، الذي أبدى اهتماماً كبيراً بمشروعه، وشجعه أن يواظب على عمله، واقترح إيجاد أسطول بخاري صغير ليشكل جزءاً من الأسطول الهندي، على أن يتخذ موقعاً له في مياه بلاد ما بين النهرين، بغية تقوية تركيا وفارس ضد التقدم الروسي. وفي عام ١٨٣٤، مَثُل النقيب تشاسني أمام «اللجنة البخارية» المنبثقة عن مجلس العموم، وأدلى بإفادة مهمة عن مشروعه. وأوصت هذه اللجنة في تقرير لها بمنحه ٢٠,٠٠٠ جنيه للقيام باختبار على المواصلات عن طريق نهر الفرات. وقد جرى تخصيص المبلغ الذي نحن بصدده، وأضافت إليه شركة الهند الشرقية مبلغ ٥,٠٠٠ جنيه أخرى. وقد نُظمت حملة نَظَّمها النقيب تشاسني، وصدر تكليف ملكي، مؤرخ في ٢٨ نوفمبر ١٨٣٤، تَعيّن النقيب تشاسني، بموجبه، لإدارة المشروع وقيادته، بعد ترقيته لرتبة عقيد.

فرمان الملاحة، لـ ١٨٣٤

في ٢٩ ديسمبر التالي، أصدرت الحكومة التركية فرماناً يسمح، بموجبه، لسفينتين بريطانيتين بخاريتين أن «تبحرا في الفرات بالتناوب» «بقصد تسهيل التجارة» ما دام عملهما هذا يأتي بالفائدة على كل من تركيا وبريطانيا. وكان مطلوباً من العقيد تشاسني، بناء على شروط مهمته، أن يبذل جهده لتنمية علاقات طيبة مع جميع ممثلي الباب العالي ورعاياه، الذين يمكن أن يحتكّ بهم. كذلك صدرت التعليمات إلى السلطات التركية المحلية بتقديم كل ما في وسعها لمساعدة أفراد البعثة البريطانية. وكان من المتوقع أن يتعاون علي رضا باشا، حاكم بغداد، في هذا المشروع طوعياً، لأنه هو الذي سبق أن تقدم، عام ١٨٣٠، بتوصية إلى الباب العالي بضرورة إدخال ملاحة بخارية في الفرات. وقد قام فعلاً، في فبراير ١٨٣٥، بإصدار أوامر صارمة إلى مرؤوسيه في منطقة الفرات، موجهاً إياهم لحماية أفراد البعثة ومساعدتهم وخدمتهم والدفاع عنهم.

عمليات أولية، ١٨٣٥ ـ ١٨٣٦

غادر العقيد تشاسني إنجلترا في فبراير ١٨٣٥، وبصحبته القسم الأكبر من هيئة موظفيه، عدا مساعده الأول، الملازم هـ. ب. لنش، من البحرية الهندية، الذي كان قد سبق البعثة للقيام بالترتيبات المحلية الضرورية. وكانت سوريا، ذلك الوقت، في قبضة

outward journey down the Euphrates and by sea to Būshehr, and returning to Europe by the Kārūn river and a route through Persia and Asia Minor. In 1833 Captain Chesney, who had now worked out a scheme for establishing communication with India by way of Turkish 'Irāq, had the honour of an interview with His Majesty King William IV; and the King, who was much interested in his project, encouraged him to persevere and suggested the creation of a steam flotilla to form part of the Indian Navy and be stationed in Mesopotamian waters for the purpose of strengthening Turkey and Persia against the advance of Russia. Important evidence was given by Captain Chesney in 1834 before a "Steam Committee" of the House of Commons; and that body, in their report, recommended the grant of £20,000 for an experiment in communication by the Euphrates route. The sum in question having been duly allotted, and £5,000 having been added to it by the East India Company, an expedition was organised by Captain Chesney, who, under a royal commission dated 28th November 1834 was appointed, with the rank of Colonel, to the direction and command of the same.

Navigation Farmān of 1834

On the 29th of December following, a Farmān, authorising two British steamers "to navigate the Euphrates by turns" "for the purpose of facilitating commerce," as long as their doing so should be advantageous to both Turkey and Britain, was issued by the Turkish Government. Colonel Chesney was required by the terms of his commission to cultivate good relations with all the representatives and subjects of the Porte with whom he might be brought in contact; and the local Turkish authorities, on their part, were instructed to afford every kind of assistance in their power to the members of the British expedition. It was expected that 'Ali Riza Pāsha, the ruler of Baghdād, would co-operate willingly with the enterprise, for he had himself in 1833 recommended to the Porte the introduction of steam navigation on the Euphrates. He did in fact issue stringent orders in February 1835 to his subordinates on the Euphrates, directing them to protect, defend, assist, and serve the members of the expedition.

Preliminary operations, 1835-36

Colonel Chesney left England in February 1835, accompanied by the greater part of his staff except Lieutenant H. B. Lynch of the Indian Navy, his principal assistant, who had preceded the expedition in order to make necessary local arrangements. Syria was at this time in the possession of

محمد علي باشا، والي مصر. وكان ابنه ابراهيم باشا، بادىء الأمر، ميالاً إلى منع البعثة من إمكانية الوصول إلى الداخل. لكن، بعد التغلب على هذه الصعوبة، وغيرها من الصعوبات الجغرافية، أُرسلت* السفينتان البخاريتان النهريتان «يوفريتس» و«تيجريس»، اللتان بُنيتا خصيصاً في ليفربول، أُرسلتا قِطَعاً مجزأة، عبر الصحراء، إلى «بورت وليم»، على ضفة نهر الفرات الأعلى، التي تبعد حوالي ميلين ونصف الميل تحت بيرجيك.

وفي ٢٦ سبتمبر، أُنزلت الباخرة «يوفريتس»، البالغة قوتها ٥٠ حصاناً، أُنزلت، بشكل جانبي إلى النهر الذي سُمّيت باسمه، لأن الضفتين عند المزلق لم يكن يقلّ ارتفاعهما عن ٢٥ قدماً. وفي الربيع التالي، صُنعت الباخرة «تيجريس»، وأنزلت بنجاح إلى النهر، وكانت قوتها ٢٠ حصاناً. وفي ابريل ١٨٣٦، بدأت الباخرتان رحلتهما معاً باتجاه مجرى النهر. ووُزِّع ضباط المجموعة على الباخرتين كما يلي:

«يوفريتس»:

النقيب إيستكورت من الفوج ٤٣ مشاة خفيفة، مسؤولاً عن قيادتها.

الملازم ر. ف. كليفلاند، من البحرية الملكية.

الملازم هـ. ف. مورفي، من فرقة الهندسة الملكية.

المستر إ. پ. تشارل وود، من البحرية الملكية.

المستر ت. فيتزجيمس، من البحرية الملكية.

المستر و. انيز وورث

المستر ت. هيرست، مهندساً

الدكتور ومدام هيلفر، رحالتين نمساويين، مسافرين.

«تيجريس»:

الملازم هـ. ب لنش، من البحرية الهندية مسؤولاً عن قيادتها.

المستر هـ. ايدن، من البحرية الملكية

الملازم ر. كوك بيرن، من المدفعية الملكية.

الدكتور استونتن، من المدفعية الملكية.

المستر و. اليوت والمستر ج. سَادِرْ، مترجمين

المستر أ. كليج، مهندساً

الملازم ر. ب. لنش، من فوج مشاة البنغال ٢١

شقيق الملازم هـ. ب. لنش، مسافراً.

وكذلك قُسِم البحارةُ الأوروبيون والجنود والمهنيون والموظفون المدنيون بالتساوي بين الباخرتين.

* كان نقل أجزاء الباخرتين الأكبر حجماً، من البحر المتوسط إلى الفرات، عملاً شاقاً جداً. وقد جُرّ مرجل الباخرة «تيجريس» بعناء كبير باستخدام ١٠٤ من الثيران، بمسؤولية ٥٢ سائق من السكان الوطنيين.

Muhammad 'Ali Pāsha of Egypt, and his son Ibrāhīm Pasha was at first inclined to deny the expedition access to the interior; but, this difficulty and others of a physical nature having been overcome, the "Euphrates" and "Tigris," two river steamers specially constructed at Liverpool, were conveyed* in pieces across the desert to "Port William," a point on the bank of the Upper Euphrates about 2 1/2 miles below Birejik.

On the 26th September 1835 the "Euphrates," of 50 horse-power, was launched sidelong into the river from which she took her name, the height of the banks at the slip being no less than 25 feet; and in the course of the following spring the "Tigris," of 20, horse power, was successfully finished and floated. In April 1836 the two steamers commenced their passage down stream in company, the officers of the party being distributed between the two vessels as below:

Euphrates.'	"Tigris."
Captain Eastcourt. 43rd Regiment of Light Infanty, in command	Lieutenant H. B. Lynch, I. N., in command.
Lieutenant R. F. Cleaveland, R. N.	Mr. H. Eden, R. N.
Lieutenant H. F. Murphy, R. E.	Lieutenant R. Cockburn, R. A.
Mr. E. P. Charlewood, R. N.	Dr. Staunton, R. A.
Mr. J. Fitzjames, R. N.	Dr. A. Staunton.
Mr. W. Ainsworth.	Messrs. W. Elliot and J. Sader, interpreters.
Mr. T. Hurst, Engineer.	Mr. A. Clegg, Engineer.
Dr. and Mrs. Helfer, two Austrian travellers, passengers.	Lieutenant R. B. Lynch, 21st Bengal Native Infantry, brother of Lieutenant H.B. Lynch, passenger.

The European seamen and soldier artificers, as also the native employés, were equally divided between the two vessels.

---

* The transporting of the larger parts of the steamers from the Mediterranean to the Euphrates was a work of great labour. The boiler of the "Tigris" was hauled, on its journey, by 104 oxen under the charge of 52 native drivers.

وبعد الإقلاع، تلقّى العقيد تشاسني أوامر من السير ج. هوب هاوس، رئيس مجلس الإشراف والتوجيه، يستدعي فيها البعثة، لكن العقيد قرر عدم الاكتراث بها.

فقدان الباخرة «تيجريس»، مايو ١٨٣٦

سار كل شيء على ما يرام حتى ٢١ مايو ١٨٣٦، حين جرى مسح أكثر من ٥٠٠ ميل من النهر بنجاح. وبعد ظهر ذلك اليوم المشؤوم، وفي مكان لا يبعد كثيراً عن عانة، ومن جراء عاصفة عنيفة هبت من جهة الجنوب الغربي الجنوبي، غرقت «تيجريس» وسط ظلمة حالكة كظلمة الليل، سبّبتها الرمال المتطايرة. وقد مات في هذه الكارثة الضابطان كوك بيرن و ر.ب. لنش، فضلاً عن ١٣ أوروبياً آخرين وخمسة من أهل البلاد. أما العقيد تشاسني، الذي كان على ظهر الباخرة، وبقيةُ الضباط والملاحين، فقد تمكنوا من النجاة بإلقاء أنفسهم من السفينة إلى الماء. ولم يلحق بالباخرة «يوفريتس» أي أذى، لأنها نجحت في العودة بسرعة إلى الضفة، والتزمت مرساها خلال العاصفة، باستخدام حبلين غليظين خفف عنهما الضغط تشغيل محركاتها بالسرعة القصوى. ومع «تيجريس» غرقت جميع الأموال التي كانت تنقلها البعثة، إلى جانب جزء كبير من المعدات والمؤن. ولم يتمكنوا من تحديد المكان الذي استقر فيه حطامها. وفيما بعد، راحت الجهود تبذل مرة تلو المرة لانتشال السفينة الغارقة. لكن، بعد عشر سنوات، كانت ما تزال مكانها.

أعمال الحملة، ١٨٣٦

وبعد خسارة «تيجريس»، أُعيد مَنْ بقي حياً من ضباطها والعاملين عليها إلى إنجلترا، في حين استمر الباقون من البعثة، بتاريخ ١٨ يونيو ١٨٣٦، في مسح نهر الفرات حتى القرنة، مستخدمين السفينة الأخرى. وفي اليوم التالي، وصلوا إلى البصرة. ومنها، أكملت الباخرة «يوفريتس» طريقها إلى بوشهر بقوتها الذاتية، ليعاد تأهيلها. وهناك، حلَّ متطوعون من سفن شركة الهند الشرقية محل طاقم البحارة الأوروبيين الذين أصبح لديهم الحق في الإعفاء من الخدمة فطالبوا به. وفي ٢٥ يوليو، قامت الباخرة «يوفريتس»، مقطورةً بالسفينة «الفينستون»، بمغادرة بوشهر إلى شط العرب، وأبحرت، صعوداً في النهر، إلى كوت الفرنجي، مقر مركز الوكالة السياسية للبصرة، حيث كان الملازم مورفي، عضو البعثة، قد توفي مؤخراً إثر مرض شديد، ثم تابعت إبحارها، صعوداً في نهر دجلة، إلى بغداد، وعلى متنها العقيد تشاسني، فوصلت إليها، في ٣٠ اغسطس ١٨٣٦، وتَرَكَتْها ثانيةً إلى المُحَمَّرة في ٢٥ سبتمبر. ومن المحمرة، تابعت إبحارها، صعوداً إلى شط العرب والفرات، حتى وصلت إلى لملوم، حاملة البريد الهندي البري إلى أوروبا. وبعد هذا، طرأ على محركاتها

Shortly after starting Colonel Chesney received orders from Sir J. Hobhouse, President of the Board of Control, recalling the expedition; but these he resolved to disregard.

Loss of the "Tigris," May 1836

All went well until the 21st May 1836, by which time over 500 miles of river had been successfully surveyed. On the afternoon of that fatal day, at a place not far from 'Ānah, the "Tigris" was swamped by a violent squall from the west-south-west and went down amidst darkness, caused by flying sand, almost as deep as that of night. Lieutenants Cockburn and R. B. Lynch, 13 other Europeans, and 5 natives perished in the catastrophe; and Colonel Chesney, who was on board, and the rest of the officers and crew only escaped by throwing themselves overboard. The "Euphrates", which succeeded in making fast to the bank and in keeping her berth there during the storm by means of two hawsers relieved by her engines working at full speed, suffered no injury. The whole of the cash carried by the expedition and a large part of the instruments and stores were lost with the "Tigris" and the position of the wreck could not immediately be located. From time to time afterwards efforts were made to raise the sunken vessel, but ten years later it still remained *in situ.*

Proceedings of the expedition, 1836

After the loss of the "Tigris" the surviving officers and men belonging to her were sent home to England, while the remainder of the expedition continued the survey of the Euphrates in the other vessel, and finished it to Qūrnah on the 18th June 1836. On the following day Basrah was reached; and thence the "Euphrates" proceeded under her own steam to Būshehr to refit. There the places of her European complement, who were now entitled to and claimed their discharge, were filled by volunteers from vessels of the East India Company. On the 25th July the "Euphrates" left Būshehr in tow of the "Elphinstone" for the Shatt-al-'Arab; and she steamed up that river to Kūt-al Farangi, at this time the site of the Basrah Political Agency, where Lieutenant Murphy, a member of the expedition, had recently died after a severe illness. With Colonel Chesney on board she then ascended the Tigris to Baghdād, arriving there on the 30th August 1836, and left again for Muhammareh on the 5th September. From Muhammareh she proceeded up the Shatt-al-'Arab and Euphrates as far as Lāmlūm, carrying an Indian overland mail for Europe. After this, a serious break-down having occurred in her machinery, she

عطل خطير اضطرَّها أن تعود باتجاه مجرى الماء إلى المحمرة حيث أُجريت لها الإصلاحات اللازمة، بمعونة سفينة الحكومة الهندية المسماة «هيو لندسي».

اختتام الحملة، ١٨٣٧

في هذا الوقت كان العقيد تشاسني قد تسلّم إشعاراً بأن الاعتماد المالي المخصص لمتابعة الحملة لن يعود متوافراً في نهاية يناير ١٨٣٧. ووفقاً لذلك، عَهِدَ بالقيادة إلى الرائد استكورت، واتجه إلى بومباي حيث وصل في أول ديسمبر. وإبّان غيابه في الهند، قاد الرائد استكورت الباخرة «يوفريتس»، عبر نهر «قارون»، حتى الأهواز، حيث حالت شلالات مجرى النهر دون مزيد من التقدم. ثم زار بغداد للمرة الثانية، واتجه، صعوداً في نهر دجلة، إلى نقطة تقع على ارتفاع ٢٠ ميلاً منه. لكن إصابة دفة الباخرة بحادث اضطره إلى العودة. وكانت حكومة صاحبة الجلالة قد أعدت الترتيبات لتحويل الباخرة «يوفريتس» إلى شركة الهند الشرقية، على أن تدفع الشركة قيمتها، بحسب تقدير إحدى اللجان بعد معاينتها. ووفقاً لذلك، وُضعت السفينة في عهدة تاجر بريطاني في بغداد، وتفرق معظم ضباطها والرجال العاملين عليها، عائدين إلى مزاولة واجباتهم في إنجلترا أو في الهند، بعدما أمرت الحكومة البريطانية بإنهاء البعثة. وفي ٢٨ أبريل ١٨٣٧، غادر العقيد تشاسني بومباي مكلفاً حَمْلَ رسائل مهمة إلى مجلس الإشراف والتوجيه. وفي الثامن من أغسطس، وصل إلى لندن، بعد أن سافر من البصرة مروراً بالزبير والصحراء. وفي مارس ١٨٣٨، أبحرت الباخرة «يوفريتس»، بقيادة القائد هوكنز، صعوداً في النهر الذي تحمل اسمه، حتى هيت. لكنها واجهت صعوبة كبيرة باجتياز المستنقعات، حيث كان منسوب مياه النهر أكثر انخفاضاً.

تتمة مسح النهر في العراق التركي من قبل القائد هـ.ب. لنش، ١٨٣٧ - ١٨٣٩

على الرغم من أن اختبار المواصلات البرية، عن طريق الفرات، قد توقف الآن، إلا أن الفكرة الأساسية لإرسال البريد الهندي الأوروبي في النهاية عن طريق بلاد ما بين النهرين، قد بقيت تراود أذهانهم. وصدرت إلى الملازم هـ.ب. لنش، الذي عمدت اللجنة السرية التابعة لمجلس شركة الهند الشرقية، في أبريل ١٨٣٧، إلى تعيينه قائداً للباخرة «يوفريتس»، ولغيرها من السفن التي يمكن استخدامها فيما بعد في أنهار العراق التركي، صدرت التوجيهات «بالدخول في اتصالات ودية مع القبائل التي تتردد كثيراً إلى أنهار بلاد ما بين النهرين، والسعي إلى إقامة علاقاتٍ معهم من شأنها أن تخدم مصالح بريطانيا العظمى، وتزيد من التسهيلات لنقل سريع ومنتظم للبريد بين الخليج وساحل سوريا». وكان عليه

returned with the current to Muhammareh where the necessary repairs were executed with the help of the Indian Government vessel "Hugh Lindsay."

Close of the expedition, 1837

Notice was now received by Colonel Chesney that funds for continuing the expedition would cease to be available at the end of January 1837, and he accordingly made over the command to Major Estcourt and proceeded to Bombay, arriving there on the 1st December. During his absence in India Major Estcourt carried the "Euphrates" up the Kārūn River as far as Ahwāz, where further progress was barred by the rapids, and then revisited Baghdād and ascended the Tigris to a point 20 miles above it, but an accident to the vessel's rudder compelled him to return. It had now been arranged that the "Euphrates" should be transferred by His Majesty's Government to the East India Company, on payment by the latter of her value as assessed by a committee after a survey, and she was accordingly placed in charge of a British merchant at Baghdād. Most of her officers and men, the expedition under the orders of the British Government being now at an end, were dispersed and returned to their duties at home or in India. Coloned Chesney himself left Bombay, charged with important despatches for the Board of Control on the 28th April 1837; and on the 8th August he reached London, having travelled home from Basrah by way of Zubair and the desert. In March 1838 the "Euphrates," under Commander Hawkins, ascended the river of the same name as far as Hīt, but had great difficulty in passing the marshes in its lower course.

Continuation of the river survey in Turkish 'Irāq by Commander H. R. Lynch, 1837-39

Although the experiment in overland communication by the Euphrates route was now discontinued, the idea of ultimately transmitting the Indo-European mails by way of Mesopotamia was still entertained. Lieutenant H. B. Lynch, whom the Secret Committee of the East India Company's Court in April 1837 appointed to the command of the "Euphrates" and of such other vessles as might subsequently be placed on the rivers of Turkish 'Irāq, was directed to "enter into friendly communications with the tribes frequenting the rivers of Mesopotamia and endeavour to establish with them such relations as may be serviceable to the interests of Great Britain, and may add to the facilities for a speedy and regular transmission of mails between the Persian Gulf and the coast of Syria," and

أيضاً أن يُجري مَسْحَ نَهرَيْ الفرات ودجلة، وأن يجمع، فضلاً عن هذا، ملاحظاته الفلكية والجغرافية والإحصائية، بقدر ما تسمح له وظيفته. أما مهامه السياسية، فقد كان عليه إنجازها بالتنسيق مع العقيد تايلور وبإرشاده. وفضلاً عن الأمور السالفة الذكر، والتي كانت بمثابة واجباته الرئيسية، فقد صدرت إليه التعليمات أن يصفي كل قضايا البعثة السابقة، من حيث مستودعات التخزين وحطام الباخرة «تيجريس» ويطبّق، بكل دقة، أيّاً من الترتيبات المتعلقة بتلك التي يمكن أن تكون قد رتبت مع القبائل العربية أو السلطات المحلية.

وفي السنتين اللتين تلتا تعيين الملازم الأول لنش، اتجه بباخرته، صعوداً في نهر دجلة، إلى كوت عبد الله فوق بغداد، ومر في قناة الصقلاوية، التي كانت وقتئذٍ تصل نهر دجلة بالفرات قرب بغداد. وقد أنجز، فضلاً عن ذلك، خريطة لمجرى نهر دجلة، من الموصل نزولاً إلى الزيزفون (تاج كسرى) تحت بغداد، وربط نينوى وبغداد وبابل والزيزفون بطريقة التثليث.

البريد البريطاني الصحراوي والبريد بواسطة الجمال، ١٨٠٧ - ١٨٣٩

في عام ١٨٣٣، أُلغي بريد الصحراء البريطاني بين حلب والبصرة، الذي تبيّن، في كل حال، أنه كان مهمّاً للاتصال الرسمي بين أوروبا والهند، أثناء العهد النابليوني. لكن، في عام ١٨٣٦، وفي ما يتعلق ببعثة تشاسني، أُنشئ نظام جديد للبريد، يجري فيه نقل الرسائل على الجمال بين بيروت، على الشاطئ السوري، وهيت على نهر الفرات، عبر دمشق، تحت إشراف القنصل البريطاني العام في سوريا. وقد استمرَّ الوكيل السياسي البريطاني في العراق التركي يستخدم هذا الخط البريدي إلى البصرة، على ظهر الخيل، بأمرٍ من حكومة بومباي. وعلى الرغم من تبني الحكومة، رسمياً، للطريق «البري» إلى أوروبا عبر البحر الأحمر، فقد صدر توجيه، عام ١٨٣٧، بأن يُصار إلى إرسال نُسَخ مطابقة للأصل عن كامل الرسائل المهمة التي تمر بين إنجلترا والهند، أو بالعكس، بطريق بيروت ـ البصرة. ويمكننا أن نذكر أن بيروت كانت، في السابق، قد أصبحت كالإسكندرية في اتصالاتها البخارية المنظمة مع أوروبا. وقد بلغت تكاليف صيانة مركز بيروت ـ البصرة من فبراير ١٨٣٨ إلى أبريل ١٨٤٣، حوالي ٩٠,٠٠٠ روبية.

التجارة في العراق التركي، ١٨٠٧ - ١٨٣٩

بما أن الأعمال التجارية الخاصة بموظفي شركة الهند الشرقية في العراق التركي، وحتى أعمال الشركة نفسها، قد توقفت إبّان هذه الفترة، ولم يبق سوى القليل من الرعايا البريطانيين العاديين الذين يقومون بأعمال تجارية ذات شأن، فإن المواضيع التجارية لم تعد تشغل مكاناً بارزاً في المراسلات الرسمية.

he was also to complete the surveys of the "Euphrates" and the "Tigris," making in addition such astronomical, geographical and statistical observations as the more direct objects of his employment should permit. His political functions he was to fulfil in concert with, and under the guidance of, Colonel Taylor, the Resident. The above were his principal duties, but he was instructed besides to wind up the affairs of the late expedition in regard to depôts of stores and the wreck of the 'Tigris,' scrupulously observing any arrangements in respect of these which might have been already formed with the Arab tribes or the local authorities. In the two years following his appointment Lieutenant Lynch ascended the "Tigris" with his vessel to Kūt 'Abdullah above Baghdād, and also took her through the Saqlāwīyah canal, then joining the "Tigris" and the "Euphrates" near Baghdād. He further completed a map of the course of the "Tigris" from Mūsal down to Ctesiphon (Tāq Kisra) below Baghdād, and connected Niniveh, Baghdād, Babylon and Ctesiphon by triangulation.

The British Desert Mail and Dromedary Post, 1807-39

The old British Desert Mail between Aleppo and Basrah, which had been found so valuable for official communication between Europe and India during the Napoleonic period, was abolished in 1833.

In 1836, however, in connection with the Chesney Expedition, a new Dromedary Post between Bairūt on the Syrian coast, and Hit on the Euphrates, passing viá Damascas, organised under the superintendence of the British Consul - General in Syria. This line was continued to Basrah in the form of a Horse Post by the British Political Agent in Turkish 'Irāq under the orders from Government of Bombay; and in 1837 it was directed, though the Red Sea 'Overland' route to Europe had just been officially adopted, that duplicates of all important despatches passing between England and India or vice versá should be sent by the Bairūt-Basrah line. Bairut, it may be mentioned, was already like Alexandria in regular steam communication with Europe. The cost of maintaining the Bairut-Basrah Post from February 1838 to April 1843 amounted to nearly Rs. 90,000.

Trade in Turkish Irāq, 1807-39

The private trade of the East India Company's servants in Turkish 'Irāq as well as that of the Company themselves having ceased during this period, and there being at this time no very large or important trade carried on by ordinary British subjects, commercial topics no longer occupy a prominent place in official correspondence.

الرسوم التي فرضت على بضائع التجار الوطنيين، ١٨٠٩

في نهاية عام ١٨٠٩، قام المستر مانستي، المقيم البريطاني في البصرة، بإعداد جدولٍ يبين معدلات الضرائب التي كانت تفرضها السلطات التركية على بضائع «تجار أهل البلاد». ويُرجَّح أن هذه الشروط كانت تنطبق على الرعايا العثمانيين، وليس على الرعايا البريطانيين الآسيويين لأن تلك المعدلات، كما سنلاحظ، كانت تزيد، إلى حد بعيد، على تلك المعدلات التي تجيزها الامتيازات الأجنبية المتعلقة «بالتجار البريطانيين وبكلّ من ينضوي تحت علمهم». وكانت نسبة الجباية على البضائع المستوردة، بواسطة ميناء البصرة، تراوح بين ٣,٥٪ و ٨,٥ ٪. أما في بغداد، فكانت بين ٣٪ و ٨,٥٪، من قيمتها الأصلية. بيد أن نسبة الرسوم على البضائع المصدرة من البصرة، كانت ١٤٪، بشكل منتظم. أما البضائع الخاضعة للضريبة في البصرة، فقد كان يُضاف رسمٌ إضافي على كلّ رزمة ترسل إلى بغداد، فيما بعد. وكانت أكثر الرسوم اعتدالاً على هذه السلع: «الجوزارت والليري والتفراك والجرماسو». وقد خُفضت رسومها بغية الحد من موجة التهريب. لكن، في أغلب الأحيان، كان مراقبو الجمارك يضعون اليد عليها بتثمينٍ خاص يفرضونه لمصلحتهم. وكان بين المواد التي يُفرض عليها أبهظ الرسوم الجمركية: خشب الصندل، الخشب الأسود، الحديد، التنك، الرصاص، السكر، السكاكر، القهوة، التوابل، «الستكلاك»، وغيرها من الأصناف «الخشنة»، فضلاً عن القطن المغزول، من النوع المسمى «شاجيري». ويليها في المرتبة الثانية، من حيثُ ارتفاع الرسوم، البضاعة البنغالية بكل أنواعها وهي: «الصورات والجوجرات والأقمشة السندية على اختلافها»، وكذلك بضائع الكامبي. ويبدو أن هناك رسوماً إضافية على البضائع كانت تُجبى، لدى وصولها إلى حلب أولاً، ولدى وصولها إلى القسطنطينية، ثانياً.

عبد المجيد، ١٨٣٩ - ١٨٦١*

كان الجلد في الشدة وكانت المثابرة من خصائص محمود الثاني الرئيسية كحاكم. وقد

---

* إن المصادر الرئيسية للقضايا المحلية، ابّان هذه الفترة، هي التالية: *Précis containing Information in regard to the first Connection of the Hon'ble East India Company with Turkish Arabia*. ١٨٧٤.

وكتاب المستر ج. ا. سالدانها، الذي نشر عام ١٩٠٥: *Précis of Turkish Arabian Affairs, 1801-1905*. ويمكن ان يضاف كتاب: *Bombay Selection No XLIII Turkish Arabia, etc. 1857*. فضلاً عن عدة إنجازات ادبية كتبها رحّالة (سنشير إليها في الهوامش)، وهي تلقي ضوءاً على نقاط معينة، ككتاب لايارد: *Nineveh and its Romains*، *Early Adventures in Persia, Susiana and Babylonia, 1887*، و*Discoveries in the Ruins of Nineveh and Babylon*، ١٨٥٣.

وكتاب لوفتوس: *Travels and Researches in Chaldea and Susiana*، ١٨٥٨، وكتاب ميتفورد: *Land March from India to Ceylon*، ١٨٨٤.

أما قضية الحدود التركية - الفارسية، فاكثر المصادر قيمة بشانها، هو:

Extracts from Correspondence relative to the Turko-Persian Boundary Negotiations

وهو في ثلاثة أجزاء، وقد طُبع على نفقة وزارة الخارجية، عام ١٩١٢. لكن كتاب صاحب السعادة ر. كورزون: *Armenia*، ١٨٥٤، يُوفّر لنا حقائق إضافية. ويمكن استخدام كتاب المستر لو: *History of the Indian Navy*، في الأمور التي لها علاقة بعمليات المسح في بلاد ما بين النهرين والملاحة في نهر دجلة. إلخ.

Duties levied on the goods of native merchants, 1809

At the end of 1809 a table was compiled by Mr. Manesty, British Resident at Basrah, showing the duties levied by the Turkish authorities on the goods of "native merchants," by which terms probably Ottoman subjects and not Asiatic British subjects were meant, for the rates, as will be observed, were far in excess of those authorised by the Capitulations in the case of "the English merchants and all under their banner." The import duties collected at Basrah ranged from 3 1/2 to 8 1/2 per cent. and at Baghdād from 3 to 8 1/2 per cent. ad valorem, and the export duties at Basrah were uniformly 14 per cent. In the case of goods taxed at Basrah, an additional charge per packet was made if they were afterwards forwarded to Baghdād. The most moderate duties were those on "Guzerat, Leree, Teffereck and Germasoot goods," the tariff on which had been lowered to discourage smuggling; but the best pieces of these were often appropriated by the Customs Masters at valuations of their own. Among the articles paying the heaviest duties were sandal-wood, black-wood, iron, tin, lead, sugar, sugarcandy, coffee, spices, sticklac and other "gruff" articles, also cotton yarn of a kind known as "Shagyree"; and the next most severely taxed were Bengal goods of all descriptions, Sūrat, Gujarat and Sind piece-goods of various kinds, and Cambay goods. Additional duties appear to have been levied on the arrival of merchandise at Aleppo, and again at Constantinople.

*'ABDUL MAJID 1839-61,**

Mahmūd II, whose chief characteristics as a ruler were fortitude in

* The principal authorities for local affairs during this period are the *Précis containing Information in regard to the first Connection of the Hon'ble East India Company with Turkish Arabia*, 1874, and Mr. J. A. Saldanha's *Précis of Turkish Arabia Affairs, 1801- 1905*, printed in 1905. To these may be added *Bombay Selections No. XIIII, Turkish Arabia, etc. 1857*, and several works by travellers (some of which will be quoted in footnotes) casting light upon particular points, such as Layard's *Early Adventures in Persia, Susiana and Babylonia*, 1887, *Nineveh and its Remains*, and *Discoveries in the Ruins of Nineveh and Babylon*, 1853; Loftus's *Travels and Researches in Chaldea and Susiana*, 1857; and Mitford's *Land March from India to Ceylon*, 1884. With reference to the question of the Turko-Persian frontier the most valuable source is *Extracts from Correspondence relative to the Turko-Persian Boundary Negotiations*, in three parts, printed for the Foreign Office in 1912; but the Hon'ble R. Curzon's *Armenia*, 1854, supplies some additional facts. Low's *History of the Indian Navy* is of service in connection with the Mesopotamian surveys, navigation of the Tigris, etc.

خلفه ابنه عبد المجيد البالغ من العمر، وقتئذٍ، ١٦ سنة. لكنه كان يتمتع بمقدرة طبيعية جيدة ومدرباً بعناية ليتسلم العرش. وقد شبّ عن الطوق وهو يتمتع بـ«طيبة القلب* وحسن النية. لكنه كان ضعيفاً جسدياً وواهن القوى. وكان مظهره منسجماً مع خلقه. أما قامته، فكانت أيضاً قامة ضئيلة ووجهه شاحب اللون. وكان يجلس وعيناه مكتئبتان».

بيد أنّ أول مهمة واجهها هذا الحاكم الفتي كانت إخضاع حاكم مصر المتمرد، محمد علي باشا، لطاعته. لكن تحالفاً لقوى أوروبية، شمل بريطانيا وفرنسا وروسيا والنمسا وبروسيا، انتزع من يده هذه المهمة، ونفذها بفعالية أفضل مما كان هو نفسه يستطيع تنفيذها. وكانت فرنسا تتعاطف، في الخفاء، مع محمد علي، الذي من خلال تحبيذه لها كانت تأمل أن تقيم سيطرةً على البحر المتوسط، كما أنها كانت ترغب في بقائه مسيطراً على سوريا. وقد استاءت من القرار الذي توصلت إليه الدول المتحالفة الأخرى في يوليو ١٨٤٠، والقاضي بتوجيه إنذار نهائي إلى محمد علي، طالباً إليه الخضوع للباب العالي، واعتبرت هذا القرار «إهانة مميتة لها».

وفي شهر أغسطس، ظهرت أساطيل بريطانيا وروسيا والنمسا قبالة الساحل السوري، وقصفت بيروت. واستسلمت عكا، واقتُلع جيش الاحتلال المصري من سوريا اقتلعته ثورةٌ قام بها سكان البلاد ضده. وتلت ذلك تظاهرة بحرية ضد الاسكندرية خضع على أثرها محمد علي. وقد تصرف السلطان، وفقاً لنصيحة هذه الدول المتحالفة (أي بريطانيا وروسيا والنمسا)، وأصدر فرماناً مؤرخاً في ١٣ فبراير ١٨٤١، منح، بموجبه، محمد علي وسلالته باشوية مصر كملكية وراثية، وفق شروط تتوافق مع حفظ كرامة تركيا وسيادتها. وفي ١٣ يوليو من العام ذاته، وقّع ممثلو الدول الخمس معاهدةً في لندن تقضي بإبقاء مضيقي الدردنيل والبوسفور مغلقين في وجه البوارج الحربية الأجنبية، ما دام الباب العالي في حالة سلم.

وفي ١٥ نوفمبر ١٨٣٩، وقبل هذه الحوادث، كانت قد صدرت في تركيا باسم السلطان قوانين إدارية عُرفت بالتنظيمات. وكان لهذه القوانين أو التنظيمات أهمية كبيرة في تاريخ الأمبراطورية التركية الداخلي لأنها، وإن كانت قد أثارت السخرية أو الرعب لدى العناصر المسلمة المهيمنة في الامبراطورية التركية، إلا أنها أرست حقوق القوميّات الخاصة بالرعايا الآخرين، أي بمعنى آخر، الشعوب المسيحية الأخرى الخاضعة لحكم السلطان، على أسس واضحة المعالم. وفي أي حال، فإن مفاد هذه التنظيمات شمل الجميع،

* كتاب ليارد: *Early Adventures*، المجلّد الثاني، ص ٤٥٢.

adversity and perseverance, was succeeded by his son 'Abdul Majīd, a lad of sixteen, but of good natural ability and carefully educated for the throne. The Sultān 'Abdul Majīd grew up* "a kind-hearted, well-intentioned man, but constitutionally weak and feeble. His appearance agreed with his character. He was small in stature, and pale, and sat with downcast eyes."

The first task which confronted the young ruler was that of reducing to obedience his rebellious governor of Egypt, Muhammad 'Ali Pasha; but a combination of European powers, comprising Britain, France, Russia, Austria and Prussia, took this duty out of his hands and discharged it more effectually than he could have done. France secretly sympathised with Muhammad 'Ali, favoured by whom she hoped ultimately to establish her own predominance in the Mediterranean. She desired to maintain him in possession of Syria; and she resented as a "mortal affront" to herself the decision of the other concerted powers, reached in July 1840, to present Muhammad 'Ali with an ultimatum requiring his submission to the Porte.

The British, Russian and Austrian fleets appeared in August off the Syrian coast; Bairūt was bombarded; Acre surrendered; and the Egyptian army of occupation was dislodged from Syria by a rising of the inhabitants of the country. A naval demonstration against Alexandria followed and Muhammad 'Ali submitted, after which, by a Farmān dated 13th February 1841, the Sultān, acting on the advice of the powers, conferred the Pāshāliq of Egypt on him and his descendants as a hereditary possession, to be held by them on conditions consistent with the dignity and suzerainty of the Turkey. On the 13th July of the same year a Convention was signed at London by representatives of the five powers, whereby it was settled that the Dardanelles and the Bosphorus should be closed, so long as the Porte was at peace, to foreign men of war.

Before these events, on the 15th November 1839, certain administrative regulations, known as the Tanzīmāt, had been promulgated in Turkey in the Sultān's name. They were of great significance in the internal history of the Turkish Empire, for, although in the dominant Muhammadan elements of the Turkish Empire they excited either ridicule or dismay, they placed the rights of the "subject nationalities," in other words of the different Christian races under the Sultān's rule, upon a recognised basis. The import of the Tanzīmāt

---

* Layard's Early Adventures, Vol. II, page 452.

لأنها لم تعلن عن المساواة بين الرعايا العثمانيين دون النظر إلى الجنس أو المعتقد فحسب، بل أنها قضت بإلغاء السلطة التنفيذية التعسفية في جميع أنحاء البلاد، وإقامة سياسة المبدأ والطريقة في الإدارة المدنية. وكانت حكومة الأمبراطورية، كما نذكر، تعتمد سياسة المركزية المتشددة في القسطنطينية منذ عام ١٨٣٤.

وكان الشقاق الخطير الوحيد، الذي شهده حكم عبد المجيد مع الدول الأجنبية، هو قطع العلاقات مع روسيا، الذي سبّب حرب القرم. وبالعمل المشترك مع دول كبرى أخرى في القضية المصرية عام ١٨٤١، فقدت روسيا هيمنتها على السياسة التركية بعد أن كانت تتمتع بها بموجب معاهدة أونكيار سكالسي. ولعل استياء الأمبراطور نيقولا، من تبدل الموقف في القسطنطينية، جعله يرتد إلى خططه الأولى الرامية إلى تقطيع أوصال الأمبراطورية التركية. وفي عام ١٨٤٤، وحين كان القيصر في زيارة لإنجلترا، اقترح تجزئة تركيا. وكانت النتيجة الوحيدة لتلك الاقتراحات، التي قوبلت بالرفض من جانب الحكومة البريطانية، انها أوحت بالارتياب، لدى الساسة البريطانيين، في المقاصد الروسية. ثم عاد القيصر، في يناير ١٨٥٣، وجدّد عروضه هذه في سان بطرسبرج، مستعملاً في حديثه مع السفير البريطاني عبارة «الرجل المريض». ومنذ ذلك الحين، أصبح هذا الاسم غالباً ما ينطبق على السلطان وعلى تركيا. عندئذٍ، طلب نابليون الثالث من الباب العالي التعويضَ على الكنيسة اللاتينية بعد أن تعرضت حقوقها وامتيازاتها في الأماكن المقدسة في فلسطين - على ما يقال - لتعدّيات الكنيسة الأرثوذكسية. لكن الأمبراطور نيقولا عارض هذا المطلب، وطالب بإبقاء الوضع الراهن في الأماكن المقدسة على حاله دون أي تغيير. وبالإضافة إلى ذلك، أصرّ على وجوب الاعتراف بأن جميع مسيحيي تركيا الأرثوذكس يتمتعون بالحماية الروسية، وأن قضية الأماكن المقدسة قابلة للتسوية. أما مطلب القيصر الثاني بحماية الأرثوذكسيين، فقد كان من المستحيل إيجاد حل وسط له. وفي الخامس من مايو ١٨٥٣، وبعد أن وجهت روسيا إنذاراً نهائياً إلى تركيا التي رفضته بموافقة كل من بريطانيا وفرنسا، دخلت الجيوش الروسية إلى الولايات الدانوبية. وفي اكتوبر ١٨٥٣، أعلنت تركيا الحرب على روسيا. وفي ٢٧ مارس ١٨٥٤، وبعد أن زادت المسألة تعقيداً، حذت بريطانيا وفرنسا حذو تركيا ودخلتا الحرب. ونتج عن ذلك حرب القرم، التي انتهت بمعاهدة باريس التي وقعها ممثلو بريطانيا وفرنسا وتركيا وروسيا والنمسا وبروسيا وسردينيا، في ٣٠ مارس ١٨٥٦. وكانت هذه المعاهدة تشتمل على بندٍ ينص على حظر تدخل أي من الدول الأوروبية الموقعة في شؤون تركيا الداخلية أو التدخل بين السلطان ورعاياه. وقد دلّ هذا بوضوح على فشل المطلب الروسي ببسط الحماية

was, however, general; they not only proclaimed the equality of Ottoman subjects without regard to creed or race, but they decreed the abolition of arbitrary executive power everywhere and the establishment of principle and method in the civil administration. The Government of the Empire had, it will be remembered, been centralised in a high degree at Constantinople since 1834.

The rupture with Russia which caused the Crimean War was the only serious breach with a foreign power that occurred during the reign of 'Abdul Majīd. By acting jointly with other powers in the Egyptian question in 1841 Russia forfeited the predominance in Turkish politics which she had enjoyed under the Treaty of Unkiar Skelessi; and it was probably dissatisfaction with the situation at Constantinople, thus altered, which caused the Emperor Nicholas to revert to earlier schemes of his for a dismemberment of the Turkish Empire. In 1844, while on a visit in England, the Tsar proposed a partition of Turkey; but the only result of his overtures, which were declined by the British Government, was to inspire British statesmen with distrust of Russian intentions. At St. Petersburg, in January 1853, the Tsar renewed his proposals; and it was on this occasion that he made use, in conversation with the British Ambassador, of the term "Sick Man" which has since been so frequently applied to the Sultān and to Turkey. At this juncture Napoleon III demanded of the Porte, in the interests of the Latin Church, redress of certain encroachments said to have been made by the Orthodox Church on rights and privileges at the Holy Places in Palestine. The Emperor Nicholas, in opposition to this demand, required that the *status quo* at the Holy Places should be maintained unaltered, and insisted in addition that all Orthodox Christians in Turkey should be recognised as under Russian protection. The question of the Holy Places was capable of adjustment; but, in regard to the second demand of the Tsar, compromise was found impossible. A Russian ultimatum, presented on the 5th May 1853, having been rejected by Turkey with the approval of Britain and France Russian troops entered the Danubian Principalities. In October 1853 Turkey declared war against Russia; and on the 27th March 1854, after further complications, Britain and France followed suit. The war in the Crimea resulted, which ended with the Treaty of Paris, sighned on the 30th March 1856 by representatives of Britain, France, Turkey, Russia, Austria, Prussia and Sardinia. The Treaty contained an article, directed against interference by the European signatories in the internal affairs of Turkey or between the Sultān and his subjects, which

الروسية على جميع المسيحيين الذين ينتمون إلى الطائفة الأرثوذكسية في تركيا. كذلك جُدِّد ميثاق لندن عام ١٨٤١، مع بعض الإضافات الطفيفة عليه. وبموجب بنود أخرى مهمة في المعاهدة، أصبحت تركيا عضواً في الاتفاق الأوروبي، واعتُرف بحقها في الانتفاع بالقانون الدولي الأوروبي وجرى ضمان استقلال الامبراطورية العثمانية ووحدة أراضيها. كذلك نصت هذه المعاهدة على تحييد البحر الأسود وفتحه لكل السفن التجارية التابعة لمختلف الأمم. كما أنها حرّمت، في الوقت نفسه، على كل الدول، بما فيها روسيا وتركيا، امتلاك أي سفينة حربية في مياهه، أو امتلاك مستودعات أسلحة على شواطئه.

ولسوء الحظ، لم يكن لتلك التنظيمات هذا التأثير الفوري والكبير الذي كان يتوقّعه الأوروبيون عند شعورهم، وهم في نشوة النصر، بما افترضوه انبعاثاً لتركيا. لم يكن هناك حاجة إلى براهين على الاعتداءات الوحشية، التي كانت تقع، من وقت إلى آخر، على المسيحيين في الأمبراطورية التركية. ففي عام ١٨٥٨، انفجرت موجة من التعصب الديني في جدة. وفي عام ١٨٦٠، حصلت مجازر ضد المسيحيين في سوريا، أدّت، في المرحلة الأولى، إلى احتلال فرنسا لتلك المنطقة مؤقتاً وأدت، في النهاية، إلى منح لبنان ذلك الشكل الاستثنائي في الحكم الذي ما يزال ينعم به.

التاريخ الداخلي للعراق التركي، ١٨٣٩ - ١٨٦١

تميَّزت هذه الفترة من تاريخ العراق التركي بسعي السلطات التركية المحلية الدؤوب إلى حمل السكان المحليين، بمن فيهم القبائل العربية، على احترام أكبر وأشمل للحكومة، وعلى تحسين مالية المناطق، عن طريق جباية الضرائب بشكل أدق، (وربما ليثروا بطريق غير مشروع). وقد نجحت هذه السياسة القسرية إلى حدٍّ ما، لأنها ساعدت على إحكام السيطرة على أكثر من وكرٍ للعنف والجريمة. لكنها أثارت فوضى لا تنقطع في كل مكان. ويبدو، على وجه الإجمال، أن الاهمال التام للاعتبارات الاقتصادية والتجارية كان يميل بالبلاد نحو الخراب بدلاً من التحسن.

ثورة في كربلاء وقمعها ووقوع مجزرة شاملة*، ١٨٤٢ - ١٨٤٣

ظلت مدينة كربلاء عام ١٨٤٢، كما كانت لعشرين سنة خلت، جمهورية شبه أجنبية،

* يتذكر الفرس هذه المذبحة في كربلاء باسم «غاراتي» أو «النهب»، كما يتذكرها العرب باسم «دقّة» أو «ضربة». وقد وقعت في السنة الهجرية ١٢٥٨. أما الجملة التي تصفها فهي «غدير دم» (أي بركة دم) والتي تدل أحرفها على القيمة العددية.

clearly signified the failure of the Russian claim to extend protection to all Orthodox Christians in Turkey. The Convention of London of 1841 was renewed with certain slight additions. By other important articles of the Treaty Turkey was made a member of the European concert and admitted to the benefits of European international law, and the independence and territorial integrity of the Ottoman Empire were guaranteed. The Black Sea was neutralised and thrown open to the merchant flag of all nations, while at the same time the possession of war vessels in its waters and even of arsenals on its shores by any power, even Russia or Turkey, was interdicted.

The effect of the Tanzīmāt was not, unfortunately, so immediate or so great as had been anticipated in the first flush of European satisfaction at the supposed regeneration of Turkey. Instances were not wanting, from time to time, of outrages against Christians in the Turkish Empire. In 1858 a fanatical outbreak occured at Jiddah; and in 1860 there were massacres of Christians in Syria, leading in the first instance to a temporary French occupation of that province, and ultimately to the grant of that exceptional form of government which the Lebanon still enjoys.

Internal History of Turkish 'Irāq, 1839-61

In Turkish 'Irāq the period was chiefly remarkable for the persevering efforts of the local Turkish authorities to enforce greater and more general respect for the Government on the part of the indigenous population, not excluding the Arab tribes, and to improve the provincial finances - or perhaps only to line their own pockets more handsomely - by a stricter collection of the revenue. This coercive policy was in part successful, for more than one sanctuary of violence and crime was brought under control; but it provoked incessant disorder everywhere, and it seems on the whole, accompanied as it was by a total neglect of economic and commercial considerations, to have tended rather to the ruin than to the betterment of the country.

Rebellion at Karbala, suppression of the same, and general massacre, 1842-1843*

The town of Karbala was in 1842, and had then been for some twenty

---

* This massacre is remembered at Karbala by Persians as the "Ghārati" or "Plundering", by Arabs as the "Daggah" or "Stroke". The Muhammadan year was 1258, and the phrase "Ghadīr Dam" (pool of blood), of which the letters yield that numerical value, is also used to denote it.

تتمتع بالحكم الذاتي، معفاة من سلطة ممثلي الباب العالي، وليس عليها سوى دفع جزية غير محددة. وكان ثلاثةُ أرباع السكان من الفرس، أو من أصل فارسي. ولم يكن تاريخها الحديث موضعَ فخر لها كإحدى المدن التركية، إذ قتل أهاليها حاكمين أو ثلاثة من الذين عيّنهم باشوات بغداد، وهم في مناصبهم. وفي عام ١٨٣١، أو في تاريخ مبكر، حاول داود باشا أن يفرض سلطته على كربلاء. لكن، بعد ١١ شهراً من حصار المدينة، لم يستطع الحصول إلا على وعدٍ من سكانها بدفع ضريبة سنوية. ولم يُسمح لعلي رضا باشا، خلف داود باشا المباشر، بالدخول إلى كربلاء حتى كحاج. ويبدو أنه لم يوافق على استقلالهم الفعلي إلا بعد حصوله على مبلغ من المال، وبعد أن قبلوا، كحاكم فخري عليهم، بمرشحه سيّد وهاب، وهو كربلائي من عائلة عريقة.

وقد عمّت داخلَ المدينة حالةٌ غير عادية من الأوضاع، إذ كانت الحكومة، في واقع الأمر، بأيدي ما يقارب الـ ٢,٠٠٠ أو الـ ٣,٠٠٠، ممن كانوا يدعون الياراماز* التي تُفسَّر بـ «لا يصلح لشيء». وقد جُنِّدوا من بين المجرمين والمفلسين من جميع أنحاء العراق التركي وفارس. أما معيشتهم، فكانوا يعيشون على حساب السكان الآخرين وغيرهم من الحجاج. كما كانوا يتجولون، وسلاحهم معهم على الدوام. وكانوا يتبعون عدة رجال نصّبوا أنفسهم زعماء عليهم. وكان الأقوى بينهم، سنة ١٨٤٣، السيد ابراهيم زعفراني، وهو فارسي مستعرب. وتلاه في مركز القوة ميرزا صالح ومحمد علي خان اللذان كان معظم أنصارهما من الفرس. وكان القتال وسفك الدماء والشجارات سائدة بين الياراماز أنفسهم، لذلك كان كرام الناس هناك يعيشون في رعب منهم، ولا يسلم أي مقيم هناك أو حاج من شرهم وعنفهم، إلا عندما يضع نفسه في حماية زمرة من زمرهم. وغني عن القول أن هذه الحماية لم تكن تُقدّم له مجاناً. وقد وصف الرائد تايلور، الوكيل السياسي البريطاني، الوضعَ هناك بما يلي:

كانت سلطة الحكومة بأيدي عصابة من الأشرار دائمة التجدد، قوامها الخارجون على القانون المفلسون، والفارون المخادعون من كل حدب وصوب وقبيلة من البشلكية، وحتى جنود أتراك، وموظفون صغار، يهربون خوفاً من عقاب استحقوه، ومدينون هاربون من الدائنين، ومنتهكو القانون الفارون من قسوة القوانين. وقد كانوا يستقبلونهم بكل ترحاب ويحمونهم ويستخدمونهم لحمل السلاح، ويرفضون تسليمهم للأتراك إذا طالبوا باسترجاعهم.

---

* الياراماز كلمة تركية معناها «تافه»، أي لا قيمة له. مع أنها بالشكل الشفهي تُستخدم كنعتٍ يُشير إلى «الشر» أي رجل شرير أو ولد شقي، إلخ.

years, a self-governing semi-alien republic, exempt, but for the payment of an uncertain tribute, from the authority of the representatives of the Porte. Three-fourths of the inhabitants were Persians or of Persian extraction. The recent history of the place was not to its credit as a Turkish town. Two or three Governors appointed by the Pāshas of Baghdād had been murdered at their post. In 1831, or earlier, an attempt was made by Dāwud Pāsha to enforce his authority over Karbala; but it ended, after an eleven months' siege of the town, in a mere promise by the inhabitants to pay annual revenue. 'Ali Rīza Pāsha the immediate successor of Dāurud Pasha, was denied entrance into Karbala, even as a pilgrim; and, after obtaining a money payment and the acceptance as titular governor of his nominee Saiyid Wahhāb, a Karbalāi of good family, he seems to have acquiesced in its virtual independence.

In the interior of the town an extraordinary state of affairs prevailed. The government was really in the hands of some two or three thousand* Yārāmāz or 'good-for-nothings' as they were called, recruited from among the criminals and broken men of all Turkish 'Irāq and Persia, who subsisted upon the other inhabitants and upon pilgrims. The Yārāmāz, who always went armed, followed different self-constituted chiefs: much the most powerful of these in 1843 was Saiyid Ibrāhīm, Za'frānī, a Perso-Arab; and next to him were Mīrza Sālih and Muhammad 'Ali Khān, whose partisans were mostly Persians. Among the Yārāmāz themselves quarrels and bloodshed were rife; the respectable public lived in terror of them; and no resident or pilgrim was safe from violence until he had placed himself under the protection of one of their factions - a protection which, needless to say, was not extended to him gratuitously. Colonel Taylor, the British Political Agent at Baghdād, described the situation as follows:

> The power of government was in the hands of a constantly renewed band of malefactors, ruined outlaws and dishonest runaways from every corner and tribe of the Pachalic; even the Turkish soldiers and lower employés flying from the fear of merited punishment, debtors from their creditors, public delinquents from the just severity of the law, were all welcomed, protected, employed in arms, and denied to all the reclamations of the Turks.

---

* Yārāmāz is a Turkish word meaning" it is worthless". Though a verbal form it is used also as an adjective meaning "evil" (man), "naughty" (child), etc.

وقد أُرغم المجتهدون من أعلام الفقه عند الشيعة، وهم فئة ذات نفوذ عظيم، أرغموا، أينما وُجدوا في تلك الأيام، على تأدية دور في السياسة المحلية في كربلاء خاضعٍ للياراماز، رغم أن كربلاء كانت أحد أهم مركزين لتدريس الفقه الشيعي. وبين هؤلاء العلماء كان السيد كاظم الرشتي* والسيد ابراهيم القزويني. وكان التنافس بينهما عنيفاً وكذلك الغيرة. وكان كل منهما ينعم بتأييد فريق من الياراماز: فالرشتي كان يعتمد على مساندة السيد ابراهيم زعفراني، في حين يعتمد القزويني على ميرزا صالح. أما الحاكم الفخري سيّد وهاب، فقد كان يعمل ما في وسعه ليتخذ موقفاً حيادياً بين سيده الباشا البعيد عنه وأسياده الياراماز الأكثر قرباً منه وكان يميل إلى التحالف مع السيد ابراهيم ضد زمر صالح ميرزا ومحمد علي خان الفارسية.

وهكذا كان النظام الكربلائي الإلزاسي في صيف ١٨٤٢، عندما عُين نجيب باشا حاكماً جديداً لمنطقة بغداد، فكان ذا طبيعة أكثر صرامة من طبيعة سلفه المباشر. وبعد انقضاء شهرين على توليه مقاليد الحكم، كان إخفاق أهل كربلاء في تزويده بالمؤن، ورفضهم السماح له بدخول المدينة حتى للحج، إذا كان في صحبته أكثر من أربعة مرافقين أو خمسة، كان سبباً استفزه للإصرار أن عليهم أن يستقبلوا حامية حربية تركية داخل أسوار مدينتهم. وقد حدث هذا في أواخر اكتوبر ١٨٤٢، عندما كان نجيب باشا معسكراً في المسيب مع سعد الله باشا، قائد الجيش الذي كان منهمكاً مع جنوده في العمل على خندقٍ لتصريف المياه بغية تسهيل الوصول إلى المعاقل المائية لقبائل المدان المتمردة. وهذه حقيقة واضحة تظهر لنا أن السلطة العثمانية كانت معلقة في المناطق المجاورة، كما كانت الحالة في كربلاء نفسها. وتلت ذلك مفاوضاتٌ أسفرت عن قيام وفد مؤلف من المجتهد السيد كاظم، والحاكم الفخري سيّد وهاب، وظلّ السلطان (ابن شاه فارس المتوفى والذي كان يقيم عندئذ لاجئاً في كربلاء)، وسواهم، بزيارة الباشا في معسكره. وبناءً على طلبهم، أرسل الباشا رجلاً من بغداد، هو الحاج عبد الرحمن إلى كربلاء، ليتوسّط بينه وبين المتمردين. وفي البدء، تعهّد زعماء المتمردين، مع وجهاء المدينة كتابياً، أن يسمحوا بدخول ٥٠٠ جندي إلى المدينة. لكن هذه الاتفاقية مُزقت فور التوقيع عليها. وحين كان المجتهد،

* كان السيد كاظم هذا مؤسس طائفة الشيخي التي ما تزال قائمة. وقد درس على يده محمد علي، مؤسس البابية، في كربلاء. وحفيده السيد قاسم الرشتي يقطن في كربلاء، وله فيها أملاك كثيرة.

The Mujtahids or most eminent theological doctors of the Shī'ahs, a class whose authority was at that day very great wherever they were found, were obliged at Karbala, though it was one of the two principal seats of Shī`ah learning, to play a part subordinate to the Yārāmāz in local politics. Of their number the two most distinguished were* Saiyid Kāzim, Rashti, and Saiyid Ibrāhim, Qazvīni, between whom there was bitter opposition and jealousy. Each of them enjoyed the support of a body of Yārāmāz, the Rashti relying on Saiyid Ibrāhīm, Za'frāni, and the Qazvīnī on Mīrza Sālih. The titular Governor, Saiyid Wahhāb, trimmed as best he could between his more distant master the Pāsha and his nearer masters the Yārāmāz, inclining to an alliance with Saiyid Ibrāhīm, among the latter, against the Persian factions of Mīrza Sālih and Muhammad 'Ali Khān.

Such was the constitution of the Karbaline Alsatia when, in the summer of 1842, a new provincial ruler was appointed to Baghdād in the person of Najib Pāsha. The new Pāsha was of sterner stuff than his immediate predecessor; and, about two months after he had assumed the Government, the failure of the people of Karbala to furnish him with supplies and their refusal to allow him to enter the town, even in the character of a pilgrim, if accompanied by more than four or five attendants, provoked him to insist on the reception by them of a Turkish military garrison within their walls. This was about the end of October 1842. Najib Pāsha was at the time encamped at Musaiyib with Sa'dullah Pāsha, the Army Commandant, who was engaged with his troops upon drainage works intended to make more accessible the watery fastnesses of the rebellious Ma'dān tribes - a fact which shows that Ottoman authority was in abeyance in the neighbouring districts as well as in the town of Karbala itself. Negotiations followed, and the Pāsha was visited in his camp by a deputation consisting of the Mujtahid Saiyid Kāzim, the titular Governor Saiyid Wahhāb, the Zill-us-Sultān (a son of the late Shāh of Persia, then living as a refugee at Karbala), and others. At their request the Pāsha sent a Baghdādi named Hāji 'Abdur Rahmān to Karbala to mediate between him and the rebels; and the chiefs of the latter as well as the principal inhabitants, at first undertook in writing to admit 500 soldiers into the town; but the agreement was torn up almost as soon as signed. Meanwhile the chiefs

* This Saiyid Kāzim was the founder of the Shaikhi sect, which still exists, Muhammad 'Ali the founder of Bābi-isin studied under him at Karbala. His grandson, Saiyid Qāsim, Rashti, lives at Karbala and owns much property there.

السيد كاظم، وظلّ السلطان يؤيدان الخضوع، كان زعماء الياراماز، وهم من أشد أنصار المقاومة، يقومون بالاستعدادات الفعالة للدفاع عن المدينة. فركزوا المدافع على الأسوار، واستدعوا رجال العرب المسلحين من المنطقة المحيطة.

وعندما رأى نجيب باشا أن المتمردين لا يميلون إلى الاستسلام، بل كانوا يحاولون فقط استخدام الإعاقة ليعزّزوا موقعهم، طلب إمدادات عسكرية من بغداد، وأمر قائد الجيش بالزحف إلى كربلاء بفوجٍ واحد من الفرسان و ٢٠ مدفعاً وثلاثة أفواج من جنود المشاة. وبهذه القوّة، فضلاً عن بعض العرب الموالين، وصل سعد الله باشا إلى أمام كربلاء، في ١٩ ديسمبر ١٨٤٢، وضرب خيامه في الجهة الجنوبية الشرقية من البلدة، خارج مزارع النخيل المحيطة بها، حيث أُطلقت النار على الجيش، لكنه لم يرد عليها. حينئذٍ، قام المجتهد، السيد كاظم، ومعه ظل السلطان، بزيارة قائد الموقع في معسكره، واقترحا أن تُسلَّم إليه كرهينتين أُسرتا زعيمي الياراماز، السيد ابراهيم وميرزا صالح، وأن ينسحب قائد الجيش مع القسم الرئيسي من قواته إلى المسيب، بعد إبقاء ٥٠٠ جندي خارج كربلاء، على أن تدخل هذه القوة الصغيرة إلى كربلاء لدى وصول القوات الرئيسية إلى المسيب. وفي أثناء ذلك، يُسمح لجماعات الياراماز بمغادرة البلدة مع أتباعهم، دون أن يتحرش بهم أحد. وعندما يصبح جلاء الياراماز ناجزاً، سيكون للقوات في المسيب الحرية الكاملة في العودة إلى كربلاء. ويبدو أن سعد الله باشا قَبِل بهذه الشروط، وأرسل إلى نجيب باشا في المسيب يخبره عما جرى فعله. وإذ ذاك، غامر سكان كربلاء، وخرجوا من المدينة، وعمد العرب الذين جلبوهم إلى تسلية أنفسهم، خارج الأسوار، بالتقليد المعتاد، من خلال القيام برقصات الحوسة وإطلاق النار في الهواء. ويبدو أن ظل السلطان قد ذهب في اليوم التالي، أي ٢١ ديسمبر، أو ٢٢، إلى المعسكر التركي مع عائلة السيد ابراهيم زعفراني وميرزا صالح شخصياً. وقد استقبلهم القائد التركي استقبالاً جيداً. لكن سرعان ما وصل سليمان ميرزا، وهو أمير فارسي آخر ولاجئ من المسيب، حاملاً معه أنباء مفادها أن نجيب باشا قد رفض الموافقة على انسحاب أي جزء من القوات التركية من أمام كربلاء. وفي الصباح التالي، وجد قائد الموقع أن ميرزا صالح قد هرب إلى المدينة، وأن آخرين من الرهائن المطلوبين قد فُقدوا، كما اكتشف أن بعض الرهائن قد سُلموا إليه، دون أن يكونوا الأشخاص الذين ادُّعِيَ أنهم المطلوبون. فقام، نتيجةً لذلك، بإيفاد ابراهيم آغا، الضابط في المدفعية، إلى كربلاء ليستطلع ما كان يجري هناك. ولما مرَّ ذلك الموفَد بالقرب من بساتين النخيل، تدفقت منها حشود من أهل المدينة والعرب ليتقصّوا منه الأخبار، وتبعوه إلى بوابة المدينة. وما إن

of the Yārāmāz, who were the most strenuous advocates of resistance, as the Mujtahid Saiyid Kāzim and the Zill-us-Sultān were of submission, made active preparations for defending the town. Guns were mounted on the walls, and armed Arabs were brought in from the surrounding country.

Seeing that the rebels were not inclined to submit and that they were only utilising the delay to strengthen their position, Najib Pāsha obtained reinforcements from Baghdād and ordered the Army Commandant to advance to Karbala with one regiment of cavalry, twenty guns, and three regiments of infantry. Sa'dullah Pāsha, with these troops and some friendly Arabs, arrived before the place on the 19th December 1842. He pitched his camp on the south-east side of the town outside the date plantations by which it is surrounded, and was fired on from these, but did not reply. The Mujtahid Saiyid Kāzim and the Zill-us-Sultān then visited the Commandant in his camp and proposed that the families of the Yārāmāz chiefs Saiyid Ibrāhīm and Mīrza Sālih should be delivered up to him as hostages; that the Commandant should then withdraw to Musaiyib with the bulk of his force, leaving 500 men behind outside Karbala; that this small force, on the arrival of the main body at Musaiyib, should be admitted into Karbala, while the Yārāmāz with their dependents were allowed to quit the town unmolested; and that, when the evacuation by the Yārāmāz was complete, the troops at Musaiyib should be at liberty to return to Karbala. Sa'dullah Pāsha seems to have accepted these conditions and to have sent to Najib Pāsha at Musaiyib informing him of what had been done, whereupon the people of Karbala ventured forth form the town and the imported Arabs proceeded to amuse themselves outside the walls in their usual fashion, with Hōsah dances and firing of guns. On the next day it would seem, being the 21st or 22nd of December, the Zill-us-Sultān went to the Turkish camp with the family of Saiyid Ibrāhīm, Za'frānī, and with Mīrza Sālih in person. The party were well received by the Turkish Commandant; but presently Sulaimān Mīrza, another Persian refugee prince, arrived from Musaiyib with the news that Najib Pāsha refused to sanction the retirement of any part of the Turkish force from before Karbala. Next morning the Commandant found that Mīrza Sālih had escaped to the town, that others of the required hostages were wanting, and that some of those delivered up to him were not the persons that they had been represented to be. He accordingly sent Ibrāhīm Āgha, an artillery officer, to Karbala to find out what was going on there. Crowds of townsmen and Arabs poured out of the date gardens as this emissary passed, asking him for news, and

وصل إلى البوابة، حتى أنذر حراس الأسوار الناسَ بالخطر، وقيل إن الجيوش التركية قد بدأت التقدم. وفي الواقع، كان قائد الموقع يعمل فقط على تحسين الأوضاع في معسكره. لكن المتمردين تدفقوا بأعدادٍ كبيرة من البساتين وهاجموه. وأُدخل ابراهيم آغا، على عجل، إلى المدينة، حيث وجد أنه في مأمن مع المجتهد السيد كاظم. وجاءت نتيجة هذا الاشتباك، غير المتعمّد، لصالح العرب وأهل المدينة، الذين استولوا على المدافع التركية، لكن بدون مقدمة عرباتها، وحملوا بعضاً منها، وذهبوا بها منتصرين، وألقوا بالقسم الباقي في خندق. وفي أثناء تلك الليلة، جاء الجنود واستعادوها. واستمر القتال حتى غروب الشمس، وسقط عدد من الإصابات في كلا الجانبين. ونتيجة لما حدث، تصرف سعد الله باشا بخشونة كبيرة مع ظل السلطان الذي كان ما يزال في المعسكر، وأرسله مع الرهائن إلى نجيب باشا في المسيب، ومنها نقلوا إلى بغداد.

وبعد هذا كله، جرى تنظيم الهجوم على كربلاء والدفاع عنها طبق الأصول. وكانت تجري يومياً مناوشات بين الطرفين في بساتين النخيل، وكلاهما استخدم المدافع. وكانت قذائف الأتراك قذائف عالية، ولم تسبب للمدينة سوى خسائر طفيفة. وربما كان قصد الأتراك من وراء ذلك إزعاج الناس وتخويفهم فقط. لكن المفاوضات لم تنقطع يومياً. وفي أول يناير ١٨٤٣، وصل القنصل الفارسي من بغداد إلى المسيب، يصحبه المجتهد، السيد ابراهيم، وهو منافس للمجتهد، السيد كاظم، وأقنعا نجيب باشا أن يقطع وعداً ليس فقط برفع الأذى عن المدينة إن هي استسلمت، بل أن يسمح أيضاً لجماعة الياراماز بمغادرة المدينة بأمان، من بوابات الجانب الأبعد عن المعسكر التركي. لكن المتمردين، الذين تشجعوا بشائعة كاذبة مفادها أن الجيش الفارسي كان يزحف لنجدتهم، ردّوا على هذه الاقتراحات بأنهم سيسمحون لـ ٢٠٠ رجل على الأكثر بدخول المدينة وسيسمحون لعدد قليل منهم أن يحتلوا إحدى البوابات فقط. وعند سماع هذا الجواب، اغتاظ نجيب باشا اغتياظاً شديداً. وبعد الإقامة أربعة أيام أو خمسة فقط في معسكر الباشا، قفل القنصل الفارسي والمجتهد القزويني معه راجِعَين إلى بغداد. وحدث، من جهة القنصل الزائر، إغفال يؤسف له مفاده أنه لم يتخذ الإجراءات الفعالة لإقناع مواطنيه في المدينة بتصميم نجيب باشا الثابت على جعل نفسه سيد كربلاء. لكن الثقة بالنفس التي أبداها المدافعون، في ذلك الوقت، وتكذيبهم جدية مقاصد الأتراك، كانا، من القوة، بحيث أنهم، على الأرجح، لم يكترثوا برسالة تمكن ذلك القنصل الفارسي من إيصالها إليهم بهذا الشأن.

followed him to the town gate. While he was still at the gate an alarm was raised by watchers on the town wall, and it was said that the Turkish troops were advancing. In reality the Commandant was only improving the dispositions of his camp; but the rebels rushed out in large number and attacked him. Ibrāhīm Āgha was hustled into the town, where he found safety with the Mujtahid Saiyid Kāzim. The engagement, unpremeditated on both sides, resulted in favour of the Arabs and towns-people. They captured the Turkish guns, but without the limbers, and carried some of them off in triumph, throwing the rest into a ditch from which the troops recovered them in the course of the following night. The fighting lasted till sunset, and there were a number of casualties on both sides. Sa'dullah Pāsha in consequence of this affair behaved with great rudeness to the Zill-us-Sultān, who was still in his camp, and sent him and the hostages to Najib Pāsha at Musaiyib, whence they were transferred to Baghdād.

After this the attack and the defence of Karbala were regularly organised; there was daily skirmishing in the date gardens, and both sides brought their artillery into action. The fire of the Turkish guns was high and did little damage to the town, being as yet intended, perhaps, only to intimidate and annoy. Negotiations were at no time suspended. On the 1st January 1843, the Persian Consul from Baghdād arrived at Musaiyib with the Mujtahid Saiyid Ibrāhīm, the rival of the Mujtahid Saiyid Kāzim; and Najib Pāsha was persuaded by them to promise not only that the town should be spared, if it were surrendered, but that the Yārāmāz even, should be allowed to leave it in safety by the gates on the side furthest from the Turkish camp. The rebels, however, emboldened by a false rumour that a Persian army was marching to their relief, made answer to these proposals that, at the most, they would let 200 men enter the town and a few more occupy one of the gates. This reply made Najib Pāsha furious; and, after a sojourn of four or five days only in the Pāsha's camp, the Persian Consul and the Qazvīni Mujtahid returned to Baghdād. An unfortunate omission on the part of the former functionary was that he took no effectual measures to convince his nationals in the town of the firmness of Najib Pāsha's determination to make himself master of Karbala; but so great was the confidence of the defenders in themselves at this time, and so strong their disbelief in the seriousness of the Turk's intentions, that a message from the Persian Consul, if he had succeeded in sending one, would probably have been disregarded.

وبدأ قائد الجيش الآن بالزحف مع قواته على المدينة. وهذه عملية تستلزم قتالاً شرساً في مزارع النخيل، وجهد مُضْنٍ لقطع أشجار النخيل من أجل فتح طريقٍ سالك. وانتزعوا من أيدي جماعة الياراماز ضريح ابن حمزة، لكن بعد صعوبة كبيرة. كذلك استولوا على بطارية من أربعة مدافع كانت مركزة في مكان يبعد حوالي ٣٥٠ ياردة عن سور المدينة. وفي داخل المدينة، عم شعور قوي معادٍ للسنّة، وأعلن الملالي أن هذه الحرب هي حرب مقدسة. وعلت، دون انقطاع، صرخات الشتم القبيح ضد السلطان وجيشه، من فوق شرفات الأسوار، وعلى مسامع القوات العثمانية المحاصِرة. ولكي يسدوا النقص في الرصاص والقذائف، عمدوا إلى صهر الدرابزين النحاسي الذي انتزع من مقام العباس المقدس. وبعد أن بدأ هجوم الأتراك جدياً، قام الجميع، بمن فيهم رجال الدين، بالاشتراك في ترميم الأسوار.

وأخيراً، ونظراً للموقف الحرج الذي وجدت القوات التركية نفسها فيه، اضطر قائد الجيش، بعد عقد اجتماع لمجلس الحرب، أن يقرر القيام بعملٍ صارم وحاسم لأنَّ قلة المؤن والتعرض للطقس البارد والرطب قد ثبّطا همة جنوده، فتفشى الفرار في صفوفهم. وفي ١١ يناير، بدأت المدفعية التركية* تقصف قسماً من سور المدينة يبعد ٦٠ ياردة عن بوابة النجف. وفي اليوم التالي، أحدثت فيه ثغرة يمكن اجتيازها. ثم قام قائد الجيش بإيفاد شخص عربي يُدعى علوان، يحمل راية بيضاء ليدعوا أهالي المدينة إلى الاستسلام، وكانوا قد توصلوا معه إلى شروط الاستسلام، عندما وصل زعيم الياراماز، ميرزا صالح، شاهراً سيفه طارحاً عمامته على الأرض، صائحاً أن أوان التراجع قد فات. واتجه الرأي العام إلى جانب ميرزا. ثم رجع المبعوث إلى المعسكر التركي، وفتحت المدافع نيرانها ثانية حتى غروب الشمس، حين أصبح عرض الثغرة في السور حوالي ٥٠ ياردة.

حتى ذلك الحين، لم يدرك متمردو كربلاء ذلك الخطر الذي يتهددهم. وقبل فجر ١٣ يناير، قام الأتراك باستطلاع الثغرة في السور، فوجدوا قسماً من حراسها غائباً والقسم الآخر نائماً حول نارٍ في أسفل السور. لكن، قبلَ وصول القوة الصاعقة إلى الموقع، وعند بزوغ الفجر تجمع هناك بعض المدافعين. وقد جرى اقتحام الثغرة بفقدان حوالي ٥٠ رجلاً. ثم فُتحت بوابة النجف من الداخل ليُفَسح المجال أمام القوات التركية الرئيسية أن تدخل. وعندما احتشد الجنود داخل المدينة، جرى تقسيمهم إلى ثلاثة طوابير. وقد أُمر أحدها بالتقدم خلال وسط المدينة، في حين أُمر الطابوران الآخران باتباع الجانب الداخلي من

* كان الضرر، الذي تسببت به نيران المدفعية لبساتين النخيل، ما يزال واضحاً عام ١٨٤٩. انظر كتاب لوفتس: *Travels*، ص ٦٥.

The Army Commandant had now begun to advance towards the town - a movement which entailed on his men severe fighting in the date plantations as well as heavy labour in clearing an avenue of approach by cutting down palm trees. Possession of the tomb of Ibn Hamzah was wrested from the Yārāmāz, not without difficulty, and a battery of four guns planted there at about 350 yards from the town wall. Inside the town anti-Sunni feeling ran high; the Mullas proclaimed the war to be one of religion; and gross abuse of the Sultān and his army was incessantly launched from the battlements at the besieging force. To meet a scarcity of shot and ball a brass railing was aken from the shrine of 'Abbās and melted down; and even holy men took their share, after the Turkish attack began in earnest, in repairing damage to the walls.

In the end the critical position in which his own force found itself obliged the Turkish Commandant to resolve, after holding a council of war, upon sharp and decisive action. Half rations and exposure to cold and damp had dispirited his troops, and desertion was rife. On the 11th January, the Turkish* guns began to play upon a portion of the town wall about 60 yards from the Najaf Gate, and by the next day a practicable breach had been effected. An Arab named 'Alwān was then despatched to the town, under a flag of truce, to summon it to surrender. Terms of capitulation had been all but arranged with him when the Yārāmāz chief Mīrza Sālih, drawing his sword and dashing his turban on the ground, cried out that it was too late to recede. The general opinion veered round to the Mīrza's side; the messenger returned to the Turkish camp; and artillery fire was re-opened and continued until sunset, by which time the width of the breach was about 50 yards.

Even yet the Karbala rebels did not realise their danger, and, when on the morning of the 13th January before daylight the Turks reconnoitred the breach, the guard on it were found partly absent and partly asleep round a fire at the foot of the wall. Before the storming party reached the spot, however, a certain number of defenders had collected there and day had dawned. The breach was carried with the loss of about 50 men, and the Najaf Gate was then thrown open from within to admit the Turkish main body. The troops when mustered inside were divided into three columns, one of which was ordered to advance through the middle of the town, while the other two were

---

* The damage done to the date plantations by artillery fire was still conspicuous in 1840, See Loftus's *Travels*, page 65.

السور بحيث يعاكسان بعضهما في الاتجاه إلى أن يلتقيا، في النهاية، بعد أن يكون كل منهما قد استولى على مختلف البوابات التي مر بها. وعندما وصل أحد هذين الطابورين إلى بوابة الخيمجة، وجد حشداً من عربٍ وياراماز ومواطنين عاديين من كل نوع، مُجمّعين هناك، عاجزين عن الفرار، لأن البوابة كانت مغلقة. وقام بعض العرب من المحتشدين هناك، بإطلاق النار، فرد عليهم الجنود بالمثل، وكانت النتيجة مأساوية. وتلا هذا هلع نتج عنه طرح كثير من الرجال والنساء والأولاد أرضاً، فديسوا بالأقدام حتى الموت. عند ذلك، تراجع الحشد، ولحق بهم الجنود إلى بوابة الحور. وعند وصولهم إليها، ظهر من الجهة المقابلةِ الطابور الذي اتبع الجانب الداخلي من السور. وابتدأ إطلاق النار ثانيةً بين العرب والجنود. ولما كانت هذه البوابة مفتوحة إلى مدى تسعة أقدام فقط، فقد غصّت بالحشود المسعورة، مما أدى إلى معاناة هائلة للنساء والأولاد. وأخيراً، تفرق الحشد، وهرب معظم الناس طلباً لملاذٍ في الأماكن المقدسة والمزارات أو في منازل غيرهم من المواطنين الوجهاء. لكن بعضهم رمى بنفسه من أعلى أسوار المدينة. وفي غضون ذلك، وصل الطابور، الذي كان يتقدم في وسط المدينة، إلى مزار العباس، وهو يطارد بعض العرب. ولما كانت بوابة المزار مغلقة، توقف الجنود أمامها، وإذ ذاك، فُتحت النار عليهم من بيت مجاور، وقُتل عدد منهم. عندها، اقتحموا المزار بكسر البوابة. وللمرة الثانية، أطلق بعض من العرب والياراماز النار عليهم من الداخل ومن فوق المآذن. وهكذا بلغ سخط الجنود درجة لا تطاق. حتى إنهم بدأوا بمهاجمة الحشد الكثيف من اللاجئين، الذين ملأوا فناء المزار، دون أي تمييز بين أنثى وذكر، بين كبير وصغير، بين محارب وغير محارب، وطاردوا ضحاياهم إلى أقصى داخل الحرم، حيث اغتالوا القليلين الذين كانوا متمسكين بالدرابزين الفضي الذي يحيط بضريح العباس. وقيل إن اثنين قتلا على القبر نفسه، لتصبح ستائره وأغطيته الجوخية منتقعة بدمائهما. من هذه الفترة فصاعداً، وصل التأديب إلى نهايته، وذهب الضباط إلى قائد الجيش، بعد أن فقدوا سيطرتهم على جنودهم الذين انتشروا في وسط المدينة، ودخلوا البيوت الخاصة، وسطوا عليها وعلى شاغليها. وغالباً ما كان يجري ذلك بطريقة بالغة الوحشية. وذبحوا أيضاً عدداً قليلاً من الأشخاص الذين كانوا ما يزالون خارج منازلهم، في الشوارع، وأُثخنت بالجراح زوجة أمير فارسي لاجىء، كما أصيب فرد آخر من العائلة الملكية الفارسية بجروح طفيفة. إلا أن معظم الضحايا كانوا من الطبقة الفقيرة. وأخيراً امتطى قائد الموقع جواده، وتوجه إلى ضريح الحسين حيث وصل في الوقت المناسب، ليمنع تكرار عمليات الرعب التي حصلت في مزار العباس. وليؤكد أوامره بالكف عن ذبح الناس، قتل بيده اثنين أو ثلاثة من جنوده. وَبُذِلَ جهد كبير لجمع بعض الغنائم، التي كان الجنود قد استولوا عليها، بغية إعادتها إلى أصحابها. لكن الجهد أخفق. ولم تتوقف

to follow the inner side of the town wall in opposite directions until they met, seizing the various gates as they passed them. One of these two columns, on arriving at the Khaimahgāh Gate, found a crowd of Arabs, Yārāmāz, and ordinary citizens of every sort collected there, unable to escape because the gate was shut. Some of the Arabs in the crowd fired; the soldiers replied, with fatal effect; and a stampede followed in which numbers of men, women, and children were knocked down and trodden to death. The crowd then retreated, followed by the troops, to the Hor Gate. As they reached it, the other wall column came up from the opposite direction; shooting between the Arabs and the soldiers began again; and, the Hor Gate being open to the extent of nine feet only, a frantic crush ensued in which women and children suffered terribly. At length the crowd broke up. Most of the people fled for refuge to the shrines or to the houses of distinguished citizens; but some threw themselves over the town walls. In the meantime the column advancing through the middle of the town had arrived, in following up some Arabs, at the shrine of 'Abbās. The gate of the shrine was closed, and, as the troops halted before it, a fire was opened on them from a neighbouring house killing several; they forced the gate and were again fired at by Arabs and Yārāmāz inside, and from the minarets. Exasperated beyond endurance the soldiers then fell without discrimination of sex or age, of combatant or non-combatant, upon a dense crowd of refugees which filled the courtyard. They pursued their victims even to the innermost part of the sanctuary, where a few were murdered clinging to the silver railings of the tomb of 'Abbās, and two - it was said - upon the actual tomb itself, so that its draperies were soaked with their blood. From this moment onwards discipline was at an end; the officers, unable to control their men, repaired to the Commandant; and the soldiers scattered themselves throught the town, entering and robbing private houses and their occupants, often in the most inhuman manner, and slaying such few persons as were still abroad in the streets. The wife of a refugee Persian prince was wounded severely, and another member of the Persian royal family slightly; but the victims mostly belonged to the poorer classes. At length the Commandant, mounting his horse, proceeded to the shrine of Husain. Here he was just in time to prevent a repetition of the horrors that had taken place at the shrine of 'Abbās; and he emphasised his order to desist from slaughter by killing two or three soldiers with his own hand. An effort was also made to collect, for restoration to the owners, some of the booty that the soldiers had taken; but it was ineffectual. It was not until nearly sunset

الفوضى حتى غروب الشمس، حين عاد «الجنود المنهكون من التعب والمتخمون بمسلوباتهم إلى معسكراتهم وإلى طاعة ضباطهم». ولم يكن تصرف السلطة العسكرية التركية اللاحق تصرفاً لائقاً، «إذ سمحت لجنودها بتحويل ساحة الجامع* إلى ثكنة عسكرية، حيث عَقَلَ الجنود خيولهم وبغالهم، وعزفوا موسيقاهم الوطنية، وغنوا أغانيهم الفاجرة، ممّا جعل الشيعة يشعرون بالاشمئزاز الشديد».

وكانت النتيجة العامة لهذه العمليات: أن كربلاء قد أصبحت مدينة تحت السيطرة التركية التامة. وأُلقي القبض على زعيمي الياراماز، ميرزا صالح ومحمد علي خان. واستسلم قائد الياراماز السيد ابراهيم زعفراني، وكذلك فعل الحاكم الفخري السيد وهاب. ثم عفي عنهم جميعاً**. وبعد احتلال المدينة بأيام قليلة، تمكن نجيب باشا من دخول كربلاء، حيث أخذ من السكان، وفق الأسلوب التركي الصحيح، تصريحاً مختوماً ينصُّ على أن الخسائر في الأرواح كانت تافهة. ثم انتقل من كربلاء إلى النجف، وهي أيضاً مدينة مقدسة، وهي متمردة، ومعظم سكانها من الفرس. لكنه، بالطبع، لم يلقَ هناك أي مقاومة، بل وطد سلطته فيها دون أي شكل من أشكال الصعوبات.

مسؤولية السلطات التركية والتحقيق الدولي، ١٨٤٣

راجت، في بادىء الأمر، تقارير عن قضية كربلاء مبالغٌ فيها. وذُكر كما يبدو أن عدد الذين ماتوا هناك قد بلغ ٣٠,٠٠٠ معظمهم من الفرس، وأن المدينة برمتها نُهبت ودمرت. وقد أثارتْ هذه الشائعات وغيرها سكانَ بعض المناطق الفارسية إلى درجة الهوس والجنون. وبدا ممكناً قطعُ المفاوضات الجارية بين تركيا وفارس في أرضروم بشأن الحدود، بل بدا ممكناً إعلان الحرب بينهما، في هذه الظروف، وعمد الوزير المفوض البريطاني في طهران المقدم ف. فارانت، الملحق ببعثته في فارس والذي كان يقصد سابقاً استخدامه في أرضروم، إلى وضع خدماته بتصرف السفير البريطاني في القسطنطينية الذي انتدبه ليقوم بتقصّي الحقائق في الموقع. وكان العقيد تايلور، الوكيل السياسي البريطاني في بغداد، قد اتخذ خطوة غير عادية، حين بعث إلى الباشا برسالة يهنئه فيها على نجاح عملياته ضد كربلاء، وكان قد أغفل إبلاغ السفير بما قام به. ولهذا السبب، يبدو أن السير ستراتفورد كاننج اعتبر أن تعيين مفوض خاص أمر ضروري. وأصدر توجيهاته إلى العقيد فارانت «أن يبقى في بغداد، أثناء سير المفاوضات في أرضروم، وأن يُبقي في يده

---

* أي مزار العباس.

** وقد عُفيَ عن البعض منهم بوساطة العقيد فارانت، المفوض البريطاني الخاص، والذي سيُذكر اسمه في المقطع التالي.

that disorder ceased and that the troops, "worn out with fatigue and satiated with plunder, became obedient to their officers and returned to camp." The subsequent conduct of the Turkish military authorities "was very unbecoming, allowing the troops to turn the Court of the* Mosque into a barrack yard; horses and mules were picketed in various parts, the soldiers playing native music and singing loose songs to the horror of the Sheeahs."

The general result of the operations was that the town of Karbala was brought thoroughly under Turkish control. The Yārāmāz chiefs Mīrza Sālih and Muhammad 'Ali Khān were captured, and the Yārāmāz leader Saiyid Ibrāhīm, Za'frāni, gave himself up, as did also the titular Governor Saiyid Wahhāb: all of these were pardoned.** A few days after the capture of the place Najib Pāsha was able to enter Karbala, where, in true Turkish fashion, he took from the inhabitants a sealed declaration to the effect that the loss of life had been trifling. From Karbala he moved on to Najaf, another religious, recalcitrant, and largely Persian town; but there, naturally, no resistance was offered to him and his authority was established without any sort of difficulty.

Responsibility of the Turkish authorities and international enquiry, 1843

Very exaggerated reports of the Karbala affair were current at first. It seems even to have been stated that 30,000 persons, most of them Persians, had perished, and that the whole town had been sacked and destroyed. In parts of Persia the population were excited to frenzy by these and similar rumours; and a rupture of Turko-Persian frontier negotiations then going on at Erzeroum, or even a war between Turkey and Persia, appeared not impossible. In these circumstances the British Ambassador at Constantinople deputed Lieutenant-Colonel F. Farrant, attached to the British Mission in Persia, whose services had been placed at his disposal by the British Minister at Tehrān and whom it had previously been intended to employ at Erzeroum, to investigate the facts upon the spot. Colonel Taylor, the British Political Agent at Baghdād, had taken the extraordinary step of writing to congratulate the Pāsha on the success of his operations against Karbala and had omitted to inform the Ambassador of his having done so. Apparently for this reason Sir Stratford Canning considered the appointment of a Special Commissioner necessary; and he directed Colonel Farrant "to remain at Baghdād during the

---

* i.e. of the shrine of 'Abbas.
** Some of them were pardoned at the intercession of Colonel Farrant, the British Special Commissioner, mentioned in the next paragraph.

إدارة الأمور المتعلقة بنزاعات الحدود بين حكومتي فارس وتركيا». وقد طلب المفوض الروسي في القسطنطينية، م. دو بوتناف، رسمياً بأن يتصرف العقيد فارانت بالنيابة عنه أيضاً. وبذلك أصبح الضابط يمثل في أعماله كلتا الحكومتين: البريطانية والروسية. وأبدى الباب العالي، على مضض، موافقته على إرسال مندوب عثماني لاستقصاء الحقائق في الموقع. وقد وقع اختياره على نامق باشا*. وكان هذا الاختيار، في رأي السفير البريطاني، على مكانة عظيمة من الحكمة.

وفي ١٥ مايو ١٨٤٣، وقع العقيد فارانت على تقرير في بغداد، استقينا منه معظم المعلومات المفصلة التي أوردناها سابقاً. لقد اعتقد فارانت أن عدد القتلى لم يزد على ٥,٠٠٠ شخص، لقي ٣٠٠٠ منهم حتفهم داخل المدينة، وأغلبهم من العرب. وقد كانت لديه، كما يبدو، شكوك حتى في الأعداد المخفضة التي أوردها والتي قد تكون، هي نفسها، مبالغاً فيها، لأنه لاحظ أن من الصعوبة بمكان العثور على فارسي واحد في كربلاء يستطيع الادعاء أن قريباً له، أو صديقاً له، أو حتى أحداً من الذين يعرفهم بالشكل، كان قد قتل، مع أن نسبة الفرس من القتلى كانت بلا ريب نسبة عالية. ولحسن الحظ: أن آلافاً من الفرس كانوا قد فروا من المدينة درءاً للخطر، قبل بدء العمليات العسكرية أو ربما إبانها. لكن الفقراء لم يتمكنوا من الهرب. وأصبح، فيما بعد، الحصول على عربة نقلٍ متعذراً حتى على الأغنياء. ولم يفقد أيٌّ من الرعايا البريطانيين حياته في هذه القضية. غير أن ثلاثة لكنويين من أود، التي كانت، حينذاك، مملكة هندية مستقلة، قد قتلوا في مزار العباس، وفُقد ٢٠ أو ٣٠ مواطناً من البنجاب وكشمير، اللتين لم تكونا بعد تحت السلطة البريطانية، وما يزال مصيرهم مجهولاً. وقيل إن عدد القتلى من الرعايا الروس كان مرتفعاً، ولم يمكن التحقق من شخصياتهم إلا في حالة واحدة.

قام الدكتور روس، الطبيب الجراح للوكالة البريطانية في بغداد، بزيارة كربلاء، حالما انتهت المجزرة بصفة غير رسمية، ليقوم بعلاج بعض الفرس الذين لحقهم الأذى.

وقدر المندوب التركي، نامق باشا، عدد الجرحى من جانب المتمردين والعامة، بـ١٥٠ فارسياً فقط، وبأكثر من ٢٠٠ بقليل من الآخرين. وبلغت خسائر الأتراك في الأرواح حوالي ٤٠٠ فضلاً عن ٢٠٠ جريح، مما يدل على أن الأتراك قد جوبهوا بمقاومة شديدة. وقد دهش

* ربما كان نامق باشا الذي ذكره لايارد في كتابه: *Early Adventures*، المجلد الثاني، ص ٣٨٥ ـ ٣٨٦.

progress for the negotiations at Erzeroum and to retain in his own hands the management of affairs relating to the frontier disputes between the Governments of Persia and Turkey." The Russian Envoy at Constantinople, M. de Bouteneff, officially requested that Colonel Farrant should act on his behalf also; and that officer consequently represented, in his proceedings, the Russian as well as the British Government. The Porte consented, somewhat reluctantly, to send an Ottoman Commissioner to hold an enquiry on the spot; and their choice, which in the opinion of the British Ambassador could hardly have been more judicious, fell on* Nāmiq Pāsha.

Colonel Farrant's report, from which most of the detailed information given above is taken, was signed at Baghdād on the 15th May 1843. He believed that not more than 5,000 persons had been killed, of whom about 3,000 met their death inside the town, and that many of these last were Arabs. He seems to have had doubts whether even the reduced figures which he mentioned might not themselves be exaggerated, for he remarked that it was difficult to find a Persian in Karbala who could say that a relation or friend of his, or even a person whom he knew by sight, had been killed - yet the proportion of Persians among the slain was undoubtedly considerable. Thousands of Persians had fortunately escaped from danger by leaving the town before, perhaps even during, the operations against it; but the poor were unable to remove, and eventually carriage became unprocurable even by the rich. No British subjects lost their lives in the affair; but three Lucknowis from Oudh, then an independent Indian Kingdom, were killed at the shrine of 'Abbās. Some twenty or thirty natives of the Panjāb and Kashmīr, at that time not British possessions; were missing, and their fate remained unascertained. The deaths of Russian subjects, said to be numerous, could not be verified except in one single case.

Dr. Ross, the British Agency Surgeon at Baghdād, visited Karbala soon after the massacre, but unofficially, to attend to the injuries of some Persians with whom he was privately acquainted.

The Turkish Commissioner, Nāmiq Pāsha, estimated the casualties on the rebel and popular side at only 150 Persians and rather more than 200 others. The total losses of the Turks were about 400 killed and 200 wounded, from which it is evident that they must have met with strong resistance. Colonel

---

* Probably the Nāmiq Pāsha mentioned by Layard in his *Early Adventures*, vol, II, pages 385-386.

العقيد فارانت حين وجد أن الأضرار في المدينة ومزاراتها طفيفة جداً، ورفض أن يصدق تأكيد ما قيل عن حدوث اغتصاب جماعي للنساء. كذلك كانت خسائر الأملاك الخاصة بالمزارات تافهة جداً، كما لم تثبت صحة الادعاءات الكثيرة لبعض الأفراد العاديين.

وفي رأي العقيد فارانت أنه بالكاد يمكن اعتبار نجيب باشا مسؤولاً عن تلك الكارثة كما يبدو. لأنه، منذ البداية، لم يخفِ عزمه على إخضاع ذلك المكان. وفي ١٨ نوفمبر ١٨٤٢، أبلغ القنصل الفارسي وقنصلي بريطانيا وفرنسا العامين في بغداد بمقاصده كتابياً. كما أنه حال دون وصول الحجاج الفرس إلى المدينة المهددة. وظل مستمراً في إجراء المفاوضات مع المتمردين ما دام أنه يرى أملاً في تسوية سلمية. بل استمر في إجرائها حتى بعد الهجوم الناجح الذي قامت به الحامية ضد المتمردين. وأخيراً لم يكن شخصياً حاضراً في المكان وقت الفتنة. أما تصرُّف قائد الجيش سعد الله باشا، فقد كان أكثر عرضة للنقد، لأنه أذاع، قبل الهجوم، أنه سيمنح ١٠٠ قرش لكل شخص يجيء برأس قتيل من جماعة الياراماز. فكانت نتيجة هذا الأمر الطائش أن قام الجنود بقطع رؤوس عدد من الأشخاص الأبرياء. ويبدو أنه لم يتحرك من موقعه على السور، قرب بوابة النجف، إلا بعد حوالي ساعتين من بدء المذبحة. أمّا الكارثة، فقد عزيت، في الحقيقة، إلى عناد زعماء الياراماز والشقاق بينهم. وقد حال هذان السببان دون استسلام المدينة، كما حال دونه عدمُ تمكن الضباط الأتراك من ضبط رجالهم بعد أن دخلوا المدينة، حيث بدا أن طاهر بك، قائد هذه القوة المندفعة، كان فعلاً قد أخبر الجنود الذين بإمرته: أنهم إذا استطاعوا دخول الثغرة في السور فيمكنهم أن يفعلوا ما يشاؤون. وكان ممكناً: التقليل من الخسارة في الأرواح لو أن القنصل الفارسي أبدى نشاطاً أكبر، بالذهاب شخصياً إلى كربلاء ليقنع الرعايا الفرس بمغادرة المدينة. كما يبدو أن عدم إجرائه أي اتصال عام، وعودته من المسيب إلى بغداد قد أوحيا لكثيرين من الفرس في كربلاء بشعور خاطىءٍ عن حالة الأمن.

وفي ما يلي الرأي الأخير في كربلاء للسفير البريطاني بالقسطنطينية الذي عبَّر عنه في سبتمبر ١٨٤٣، بعد تسلّمه تقرير العقيد فارانت: «مع ان الاعتداءات الوحشية واللاانسانية التي ارتكبها الأتراك، أثناء الهجوم، قد تأكدت من حيث النقاط الرئيسية، إلاّ أنَّ عدد القتلى، ومدى الأذى الذي لحق بأرواح الفرس وممتلكاتهم، على وجه الخصوص، فضلاً عن سلوك نجيب باشا ودرجة الاستفزاز، فهي أمور تُعرض الآن في ضوء يختلف إلى حدٍ كبير عن انطباعاتنا الأولى: فأعمال الباشا تبدو، بشكل خاص، أنها لا تستحق هذا القدر من اللوم

Farrant was surprised to find the town and its shrines very little damaged, and he discredited the assertion that wholesale violation of women had taken place. The losses of property belonging to the shrines were insignificant, and the large claims raised by private individuals could not be verified.

In Colonel Farrant's opinion, it would seem, Najib Pāsha could hardly be held accountable for the disaster. From the first he had made no secret of his determination to reduce the place; on the 18th November 1842 he had informed the Persian Consul and the British and French Consuls-General at Baghdād in writing of his intentions; he had prevented some Persian pilgrims from proceeding to the threatened town; he had negotiated constantly with the rebels so long as there was any prospect of a peaceful settlement; he had continued the negotiations even after a successful sortie by the garrison; and, finally, he was not personally present at the spot. The conduct of Sa'dullah Pāsha, the Turkish Army Commandant, was more open to criticism. Before the assault he proclaimed that 100 piastres should be given for every Yārāmāz head - a thoughtless order which led to the cruel decapitation by soldiers of a number of innocent persons; and he did not, apparently, stir from a position that he had taken up on the wall near the Najaf Gate until about two hours after the slaughter had begun. But the catastrophe was really due to the obstinacy and dissensions of the Yārāmāz chiefs and of the general population, which prevented the surrender of the town, and to the inability to control their men after they had entered the town of the Turkish officers, one of whom, Tāhir Bey, the leader of the storming party, seems actually to have told those under his command that once inside the breach they might do as they pleased. It is also possible that, if the Persian Consul from Baghdād had shown more energy, by going to Karbala himself and persuading Persian subjects to leave, there might have been less loss of life. The absence of any public communication from him and his return from Musaiyib to Baghdād seem to have imbued many Persians of Karbala with a false sense of security.

The final opinion of the British Ambassador at Constantinople on the Karbala affair, expressed by him in September 1843 after receiving Colonel Farrant's report, was as follows: 'Although the inhuman outrages perpetrated by the Turkish troops at the time of the assault are confirmed as to the leading points, (yet) the number of the slaughtered, the extent of the mischief, particularly as to the lives and properties of Persians, the conduct of Negib Pasha, and the degree of provocation are now presented in a light which varies considerably from our first impressions. The proceedings of the Pasha

الوارد في تقريرَيْ الوكيل الفارسي والقنصل الفرنسي اللذين حاولا إقناعنا به». وتلاقت وجهة نظر السير ستراتفورد كاننج مع وجهة نظر زميله الروسي. وقد رتب السفيران في القسطنطينية، فيما بعد، شروط التسوية لهذه القضية، عملاً بتعليمات هي في صالح الحكومة الفارسية. وهذه هي الشروط:

١ ـ أن يقوم الباب العالي بتوجيه رسالة إلى رئيس وزراء فارس، وإرسال نسخة منها إلى كلٍّ من ممثلي الدول القائمة بالوساطة.

٢ ـ أن يقدم سمو السلطان مبلغاً ملائماً من المال ليستخدم في إغاثة الذين عانوا من الأحداث في كربلاء.

٣ ـ أن يعلن الباب العالي بصراحةٍ استنكارَه للحملة العسكرية ضد كربلاء، وأسفَه للحوادث التي جرت، لعدم إجازة القيام بها ولأنها غير معقولة؛ وأن يعلن حزنه على الدم الذي أريق بسببها.

٤ ـ أَنْ يُؤمر نجيب باشا بترميم المزارات في كربلاء، وإدارة شؤون منطقته بإنصاف، وحماية الفرس هناك، ولا سيما الحجاج القادمين من فارس، وعدم القيام بأي عمل يسبب استياء السلطان.

٥ ـ أن يُهدَّد نجيب باشا بالطرد إذا أساء التصرف في المستقبل.

٦ ـ أن تبلَّغ جميع هذه النقاط كتابياً إلى السفيرين، بمجموعة من التعليمات يوجهها رفعت باشا إلى ترجمان الباب العالي، ويودَعُ السفيران نسخةً عنها.

وهكذا لم يكن عزل نجيب باشا من منصبه، الذي طالبت به فارس، أمراً ضرورياً.

لقد ركزنا، بشكل لا يتناسب مع الموضوع، على إطالة الحديث عن كربلاء، لأنها توضح المشاعر والنزعات السائدة في العراق التركي حتى الآن، على الرغم من أنها قد أصبحت أخف بكثير من ذي قبل.

إخضاع حي الشيخ في مدينة بغداد للطاعة، ١٨٤٧

قبل التحول إلى قضايا قبلية مختلفة، يمكننا أن نذكر أن نجيب باشا قد عمد، عام ١٨٤٧، إلى تمديد مبدأ النشر الشامل للأوامر السلطانية، لتشمل الحي المضطرب في مدينة بغداد، الذي استمد اسمه من ضريح الشيخ عبد القادر الجيلاني، بل من المزار نفسه، والذي كان مضرب المثل في بغداد قبل هذا، لأن كل إثارةٍ للشغب فيها لا بُدّ أن تمتلك جذوراً في حي

in particular appear to have been far less culpable than the reports of the Persian Agent and the French Consul had induced us to believe.' His Russian colleague concurred in Sir Stratford Canning's view; and the terms of settlement subsequently arranged by the two Ambassadors at Constantinople, acting under instructions in the interests of the Persian Government, these:

1. That the Porte should address a letter to the Prime Minister of Persia and communicate a copy of it to the representatives of the mediating powers;

2. That a suitable sum of money should be applied by His Highness the Sultan to the relief of the sufferers at Kerbela;

3. That the Porte should expressly declare its disapproval of the late expedition against Kerbela, its regret at the occurrence as unauthorised and unreasonable, and, more especially, its sorrow for the effusion of blood which ensued;

4. That Negib Pāsha should be ordered to repair the shrines at Kerbela, to administer his province with equity, to protect the Persian subjects there, and particularly the pilgrims from Persia, and, finally, to undertake nothing that can bring upon him the displeasure of the Sultan;

5. That Negib Pāsha should be threatened with dismissal in case of any future misconduct; and

6. That all these points should be announced to the two Ambassadors in writing by means of an Instruction addressed by Rifaat Pāsha to the Dragoman of the Porte and deposited in copy with the Ambassadors.

The removal of Najib Pāsha from office, which had been demanded by Persia, was not required.

We have dwelt at somewhat disproportionate length upon the Karbala affair because it illustrates so well tendencies and feelings which exist even now, though much attenuated, in Turkish 'Irāq.

Reduction to obedience of the Shaikh quarter of Baghdād City, 1847

We may note, before turning to tribal and miscellaneous questions, that in 1847 Najib Pāsha extended the principle of the universal currency of the Sultān's writ to the quarter, then turbulent, in Baghdād city which takes its name from the tomb of Shaikh 'Abdul Qādir, Gīlāni, and even to the shrine itself. It had been proverbial, before this, that every seditious riot in Baghdād

الشيخ، إن لم نقل في المنطقة. ويبدو أن الإجراءات التي كان الباشا يستند إليها في أعماله كانت تتعلق، بشكل من الأشكال، بنظام للضرائب. وقد رافق هذه الإجراءات القيام بتظاهرة ضمت ١٥٠٠ شخص، توجّهوا إلى بيت الباشا الريفي، فقدموا له مذكرة مهينة، وهددوا بمقاومة إجراءاته. ولدى عودة الحملة العسكرية من كردستان، التي كان إرسالها سبباً واضحاً في استنفاد طاقات حامية بغداد العسكرية، أقيمت حراسة على المزار، وأُلقي القبض على اثنين من كبار موظفي المكان، وكان أحدهما في المسجد، ثم جرى ترحيلهما إلى البصرة.

العلاقات بقبيلة بني لام، وصعوبات مع قبائل شمر وخزعل والعنزة، ١٨٤٣ ـ ١٨٤٤

في نهاية ١٨٤٣، توقفت الدسائس والمكائد الفارسية التي كانت موضوع شكاوى وتذمر في صفوف بني لام، وعُهد إلى موظف تركي مع فرقة صغيرة من الحرس العسكري بمهمة تحصيل الضرائب من هذه القبيلة. وكانت ثمة حملة عسكرية في ساحة المعركة ضد قبيلة شمر في الشمال، وحملةٌ أخرى وجهت ضد قبيلة الخزاعل القاطنة قرب البحيرات الشاطئية على نهر الفرات. وفي عام ١٨٤٤، استوليَ على جزيرةٍ كانت معقلاً للخزاعل، وأُقيمت فيها حامية تركية. أما قبيلة العنزة القاطنة في الجهة الغربيةِ من الفرات، والتي كانت دائماً تُظهر عناداً، فقد اعتُبرت أنها ليست في متناول حملة عسكرية تركية.

اضطرابات قبائل عبيد، والعنزة، وعفج، والمنتفق، ١٨٤٥ ـ ١٨٤٦

يبدو أن نجيب باشا، بعد تنفيذ سياسة الإدارة الداخلية، التي تستند إلى مبدأ القضاء على كل أنواع النفوذ الذي من شأنه أن ينافس سلطة الحكومة العثمانية، وبعد إخضاع مدينة كربلاء، قد عمد إلى تكريس اهتمامه الرئيسي لبشلكية السليمانية في الشمال، حيث كانت أسرة كردية، من البابان زادة، ما تزال تتمتع بنفوذها. لكننا لسنا معنيين بإجراءاته في تلك الناحية. ويبدو أن شؤون كردستان، سنة ١٨٤٥، قد أخذت تحوز اهتمامه الشخصي. وفي هذه السنة، ولدى عودته من كردستان إلى بغداد بقوة عسكرية إلى جوار الكاظمية مروراً بضفاف نهر دجلة، عمدت قبيلة عبيد، التي خشيت من هجوم عليها، إلى النزول بأعداد كبيرة إلى جوار الكاظمية، واستولت على مركزٍ هناك، وعطلت المواصلات بين بغداد والموصل وحلب. وفي الوقت نفسه، أخذت القبائل العربية من جهة نهر الفرات، بما فيها قبيلة العنزة، تطبق على مدينة بغداد من ناحيتي الجنوب والغرب. لكن ليس واضحاً: كيف مرّ الخطر دون أن يسبّب أي ضرر؟. وفي مايو من السنة التالية، قامت قبيلة العنزة بعصيانٍ

had its origin in the Shaikh quarter, if not in the very precincts of the shrine. The transactions on which the Pāsha founded his action seem to have been connected in some way with taxation, and they included a demonstration at the Pāsha's country house by a crowd of 1,500 persons who presented him with an offensive memorial and threatened to resist his measures. On the return from Kurdistān of a military expedition, the despatch of which had evidently depleted the Baghdād garrison, guards were mounted on the shrine, and two of the principal officials connected with it were arrested - one of them in the sanctuary itself - and deported to Basrah.

Relations with the Bani Lām and difficulties with the Shammar, Khazā'il, and 'Anizah, 1843- 44

At the end of 1843 Persian intrigues among the Bani Lām, of which there had been complaints, were suspended; and a Turkish official with a small military escort was engaged in recovering taxes from the tribe. One expedition was in the field against the Northern Shammar, another had been despatched against the Khazā'il in their lagoons on the Euphrates. In 1844 an island fortress of the Khazā'il was taken and a Turkish garrison installed in it; but the 'Anizah to the west of the Euphrates, who had been showing themselves refractory, were considered to be beyond the reach of a Turkish expedition.

'Obaid, 'Anizah, 'Afaj, and Muntafik disturbances, 1845-46

In carrying out his policy of internal administration, the main principle of which was to suppress every kind of influence that competed with the authority of the Ottoman Government, Najib Pāsha seems, after the reduction of Karbala, to have devoted his attention chiefly to the Pashāliq of Sulaimāniyah in the north, where the Kurdish family of the Bābānzādahs still held sway; but with his proceedings in that quarter we are not concerned. Affairs in Kurdistān appear to have engaged his personal attention in 1845, in which year, on his return with a military force from Kurdistān to Baghdād by the banks of the Tigris, the 'Obaid tribe, apprehending an attack upon themselves, came down in large numbers into the neighbourhood of Kadhimain, took up a position there, and interrupted the communications of Baghdād with Mūsal and Aleppo. At the same time Arab tribes from the Euphrates side, including the 'Anizah, began to close in upon Baghdād from the west and south. How the danger passed, which it seems to have done harmlessly, is not apparent; but in May of the following year the 'Anizah

آخر، وانهمكت في اعتراض القوافل، وقطع الطريق عليها، في حين شرعت قبيلة شمر الشمالية بسدّ الناحية العليا من نهر دجلة، والطريق المؤدي الى الموصل. كما أن قبيلة عفج القريبة من الديوانية كانت في حالة تمرد. أما رئيس المنتفق، فقد استمر في تأجيل الانصياع للدعوة التي كانت قد وجهت إليه لزيارة بغداد. وقد أُخضعت حصونُ قبيلة عفج. لكن الوضع بقي مضطرباً.

وكان سبب الاستياء بين العرب ناشئاً عن محاولات نجيب باشا زيادة عائدات المنطقة من الضرائب إلى أكثر من الضعف، مما استلزم جباية ضريبة الرأس بطرق صارمة. وكان من نتائج هذه الإجراءات العرضية: أن القبائل بوجه عام، ومن بينها الزبير والديلم والخزعل والمنتفق، التي كانت قد أظهرت، مؤخراً، ميلاً أن تستبدل بحياتها البدوية المتنقلة حياة حضرية مستقرّة، بدأت الآن تميل إلى التخلي عن حراثة الأراضي التي تملكها مفضلة عليها اللصوصية وقطع الطرق، معتبرةً أن من الصعوبة بمكانٍ الحصول على نتيجة مرضية من العمل الزراعي الشاق.

وباء الكوليرا، ١٨٤٦ ـ ١٨٤٧

انتشر وباء الكوليرا في بغداد سنتي ١٨٤٦ و ١٨٤٧. وفي الثانية منهما، كان الوباء أقل فتكاً. لكن الباشا والقنصل الفرنسي العام تركا المدينة، كذلك ذهب الوكيل السياسي البريطاني إلى مخيم في كرارة. وعُلّقت الأعمال جزئياً لبعض الوقت.

إدارة نجيب باشا، ١٨٤٨

في ما يلي، تقرير عن إدارة نجيب باشا يدعو إلى الكآبة، كتبه، سنة ١٨٤٨، الرائد رولينسون، الوكيل السياسي البريطاني في بغداد، الذي كوّن، في بادىء الأمر، تقييماً لصالح سياسة سعادته وشخصيته:

مهما يكن من أمر، فإن صرامة إدارة نجيب باشا المالية التي لا تُحْتَمل، والجشع والرشوة اللذين لا حدّ لهما، واللذين يتّبعهما الموظفون في جميع أنحاء البشلكية، كهدف واحد لكسب المال، كلها كانت، بلا شك، من أخطر الإساءات التي اتُهم بها اتهاماً محقاً، والتي تُعرّض للفضيحةِ والشبهاتِ شخصيةَ حكومة السلطان، وتُحدثُ تجافياً في عواطف رعايا جلالته، وتهدد في تحويل مقاطعة من أجمل المقاطعات في الأمبراطورية وأغناها، إلى صحراء. ولقد سعيت، دون جدوى، للحصول على معلوماتٍ، لأصوغ تقريراً رسمياً عن الضرائب التي تُعتبر جائرة وغير عادلة. لكن مهمة كهذه كانت متعذرة التنفيذ، لأن معدلات الضرائب والمبالغ تتبدل، بحسب ما يكتشف الجباة من أنظمة ضرائبية جديدة تدرّ ربحاً أكبر. لذا، فإن أي تقرير، مهما كان حقيقياً ومسهباً، فإنه لن ينقل سوى فكرة منقوصة

were again in insurrection and busy intercepting caravans, while the Northern Shammar blocked the upper Tigris and the route to Mūsal. The 'Afaj near Dīwānīyah were in revolt, and the chief of the Muntafik continued to postpone compliance with an invitation to visit Baghdād which had been sent him. The forts of the 'Afaj were reduced, but the situation continued disturbed.

The dissatisfaction among the Arabs was due to efforts on the part of Najib Pāsha to more than double the revenues of the province - a process which necessitated very rigorous collection of the poll tax. Incidental consequences were that the tribes generally, among whom the Zubaid, Dilaim, Khazā`il and Muntafik had lately shown a tendency to exchange the nomadic for a settled life, now seemed inclined to abandon such cultivation as they possessed for brigandage, and that agricultural labour had become difficult to procure.

Cholera epidemic, 1846-47

Cholera prevailed at Baghdād in 1846 and 1847. In the second of these years the disease was less virulent, but the Pāsha and the French Consul-General left the town, and the British Political Agent went into camp at Qarārah. Business was partly suspended.

Najib Pasha's administration in 1848

The following melancholy account of Najib Pāsha's administration was penned at the end of 1848 by Major Rawlinson, the British Political Agent at Baghdād, who had in the beginning formed a favourable estimate of His Excellency's policy and character:

Undoubtedly however of all the offences of which Najib Pasha is justly chargeable, the gravest, inasmuch as they compromise the character of the Sultan's Government, alienate the affections of His Majesty's subjects and threaten to convert into a desert one of the finest provinces of the Empire, are the intolerable rigor of his financial administration, and the reckless greediness and venality with which His Excellency's officers throughout the Pashalic pursue the one sole object of raising money. I have in vain endeavoured to obtain materials for drawing up a return of what may be considered unjust and oppressive taxes. Such a task indeed is quite impracticable, for the rates and amounts are daily fluctuating according as the Collectors discover a more lucrative machinery of taxation, and any return moreover, however authentic and elaborate, would convey but a very imperfect idea of the real pressure upon the labouring classes and the

عن الضغط الحقيقي الذي يُمارَس على الطبقات العاملة وعلى المستهلكين. لأنَّ تحقيق كل بند من بنود الإيراد هو في الواقع بين أيدي الملتزمين الذين أُبيح لهم استخدام جميع وسائل الابتزاز والإكراه التي يمكن أن تطرأ على مخيلة الانسان، حتى ولو أدى ذلك إلى إنزال التعذيب الشخصي، شريطة أن يفي هؤلاء الملتزمون بالتزاماتهم المالية للحكومة. وكانت تجارة القمح، منذ الموسم الماضي، حكراً على الحكومة، التي تحدد السعر للمستهلك. وقد وصل السِعر إلى أكثر من ضعفي ما هو مبرر، نظراً لغزارة المصادر تلك السنة. وكان معدل نسبة الرسوم على علف الحيوانات والفواكه والخضار - كل بحسب تسميته - يبلغ ما يقارب الـ ٥٠٪ من قيمتها الأصلية. والتمور التي تعتبر من المواد الغذائية الضرورية لحياة السكان العرب، لم تكن الضرائب المفروضة عليها أقلّ مبالغة. كما أن جميع أشكال التجارة الداخلية، التي تزيد حاجات المجتمع من أهميتها واتساعها، يُحتَفَظ بها كوسائل احتكار، وتُلزَّم لأعلى مُزَايِد. ومن أمثلة هذه الاحتكارات: صناعة الصابون والكحول والجلد، والأقمشة والرسم عليها، وتنظيف القطن، وتخزين الأرز والحبوب ووزنها، والعتالة، والسمسرة، وغير ذلك. وكانت نسبة رسوم الترانزيت على جلود البقر والصوف وجلود الغنم والعفص الجوزي وغير ذلك، رسوماً عالية جداً، تصل أحياناً إلى ٣٠٪ من قيمتها الأصلية، قبل أن تصل البضاعة إلى مداخل بغداد. وكانت هناك ضريبة أخرى تبلغ قيمتها ١٢٪ تُجبى عند الدخول إلى المدينة، فضلاً عن ضرائب جديدة كانت تفرض باستمرار. كما كان يطلب لصق الطوابع على كل الأوراق التي لها علاقة بالشؤون العامة، سواء أكانت سندات أم صكوك تسديد ديون أم اتفاقيات، حتى وإن كانت عرائض. وكانت تُفرَضُ رسومٌ صارمة على جوازات السفر للطبقات الفقيرة، ورسومٌ فادحة على نقل الممتلكات، وعلى تحويل المال إلى أسهم أو عقارات، وحتى على توقيع الاتفاقيات. ولقد صدّت هذه الإجراءات الأغنياء عن الإفادة من رؤوس أموالهم. واستناداً إلى الحقائق التي جمعتها من مصادرَ مختلفة، والتي توفر لي، على أي حال، وسائل تقدير النتائج التقريبية لعمليات نجيب باشا المالية خلال السنة الماضية، وجدت أن سعادته، الذي منح بشلكيةَ بغداد التزامَ القمح بقيمة سنوية إجمالية صورية قُدِّرت بـ ٦٠,٠٠٠ جيب(٣٠٠,٠٠٠ جنيه استرليني)، قد جمع، بأساليبه المعلنة والواضحة، أكثر من ١٢٠,٠٠٠ جيب (أي ٦٠٠,٠٠٠ جنيه استرليني). وإذا اتبعتُ أكثر الحسابات اعتدالاً لتقدير أرباحه غير العادية، أي تلك التي جمعها من جرّاء احتكاره للقمح، ومن جزية على العرب، ومن المصادرات والغرامات المالية والهدايا، وفوق كل هذا، من الرشاوي، فانني سأكون في وضعٍ يمكنني من تقدير النتاج الكلي للحكومة بمبلغ لا يقل عن المليون جنيه استرليني. وعندما تفكر سعادتك ملياً، أنه، خلال هذه الفترة التي نحن بصددها، لم يُفتح أي مصدرٍ لدخلٍ جديد شرعي، ولم يُحرَزْ أي كسب لأراضٍ جديدة، ولم تُستصلح أراضٍ قاحلة من الصحراء، ولم تزد التجارة، ولم تتحسن الزراعة، ولم تكتشف ثروات معدنية، ولم يحدث أي اختراع في الصناعة أو لزيادة الانتاج، بل بالعكس، فإن كل فرع من فروع الزراعة والتجارة والمشاريع والصناعة قد انحط بشكل يدعو إلى الاهتمام، عندها، تدرك أن هذا المبلغ الضخم، الذي لا يتناسب

consumers, as the realisation of every item of revenue is in the hands of contractors, who are permitted to put in practice all conceivable means of extortion, even to the infliction of personal torture, provided they fulfil their pecuniary obligations to the Government. The trade in corn since the last harvest has been a monopoly in the hands of the Government and the price to the consumer accordingly has been more than double that which was warranted by the abundant resources of the country. On animal food and fruit and vegetables, the duties under a variety of denominations amount to an average of about 50 per cent. *ad valorem*, and dates, which to the Arab population constitute the real necessary of life, are hardly less extravagantly taxed. All the internal trades to which the wants of the community give extension or importance, are reserved as monopolies, and farmed out to the highest bidder, among those monopolies I may instance the manufacture of soap, of spirits and of leather, the dyeing and painting of cloths, the cleaning of cotton, the storing and weighing of rice and grain, porterage, brokerage, etc. The transit duties also are enormous on hides, wool, sheep skins, gall nuts, etc., the charges amount sometimes to 30 per cent. *ad valorem* before the goods reach the gates of Baghdad, and a further duty of 12 per cent, is levied on entrance into the town. New taxes too are being constantly added. Stamps are required for all public papers, whether bonds, acquaintances, agreements or even petitions. The passport fees press heavily on the poorer classes and the exorbitant charges on conveyance of property, on the realisation of money, on the mere passing of contracts, deter the rich from making any use of their capital. According to the data which I have collected from various quarters and which furnish at any rate the means of approximately estimating the result of Nejib Pasha's financial operations during the last year, I find that His Excellency, who was granted a farm of the Baghdad Pashalic at the assumed gross annual valuation of 60,000 purses (300,000£), has raised by ostensible means alone, above 120,000 purses (600,000 £); and at the most moderate calculation for his extra-ordinary profits, those I mean which have accrued from his grain monopoly, from his Kaziehs on the Arabs, from confiscations, fines, presents, and above all from direct bribes, I should be disposed to assess the entire proceeds of his Government at not less than one million sterling, and when Your Excellency considers that during the interval in question no single fresh source of legitimate revenue has been opened, that there has been no territorial acquisition; no barren lands reclaimed from the desert; no increased trade, or improved cultivation; no discovery of metallic treasure; no invention in manufactures or extension of produce; but that on the contrary every branch of agriculture, commerce, enterprise and industry has very essentially declined, you will understand that this immense sum, so entirely disproportioned to the present capabilities of the province, could not have been raised

إطلاقاً مع إمكانات الإقليم، لا يمكن أن يكون قد جُمع دون أن ترافق ذلك معاناة كبيرة للأفراد، ودون تفوه الشعب بالشتائم الموجهة إلى السلطة الحاكمة التي توافق على مثل هذا الطغيان، إن لم نقل: إنها تشجّع عليه.

تمرد بني لام وشمر، ١٨٤٩

بعد ذلك بأشهر قليلة، كان على الوكيل السياسي البريطاني أنْ يقدّم تقريراً مفاده أن قبيلة بني لام الكبيرة قد هبت في عصيان، نتيجةً لتلزيم الباشا الضرائبَ المستحقة عليها لشيخ المنتفق، عدوها التقليدي، وأنها عاثت فساداً في مناطق مندالي وجاسان وبدرة، وتقدّمت إلى مكان يبعد ٣٠ ميلاً عن بغداد، وأن الباشا أصبح يميل إلى إلغاء الترتيب الذي أنجزه مع شيخ المنتفق. وهذه خطوة من المحتمل أن تُسبِّبَ نفور شيخ المنتفق، وتؤدي، بالتالي، إلى نتائج خطيرة. وكانت شمر الشمالية*، التي زرع نجيب باشا الشقاق بين رؤسائها، قد تمكنت هذه المرة من الاتحاد وتكوين ائتلاف بدا قادراً على اكتساح كل المنطقة، نزولاً حتى مداخل مدينة بغداد. وكانت السرقات والأعمال الإجرامية، التي تحدث ليلياً، قد ألحقت العار بشوارع المدينة نفسها. وكان يعتقد أن هذه الأعمال تقوم بها عصابات من العرب المسلحين، أُرسلت من الخارج بغية تحويل انتباه الحكومة عما يجري. وقد لاحظ الرائد رولينسون أنه لا بد أن يأخذ بعين الاعتبار الشقاق الطبيعي بينَ الأكراد والعرب، في العراق. لكن، في هذه الحالة الحاضرة، كانت الفوضى، دون أدنى شك، تُعْزى إلى الإدارة المالية.

ثورة عرب الهندية الخطيرة وحدوث احتكاك بين السلطات المدنية التركية والسلطات العسكرية، مايو - يونيو ١٨٤٩

أخيراً، وفي صيف ١٨٤٩، نشأت على أراضي شط الهندية أزمة حادة جداً، نتيجةً لمطالب الباشا الابتزازية من العرب المزارعين هناك. وقُدّرت قيمة الضرائب المفروضة، شرعياً، على الأراضي التي تروى من الهندية، وبواسطة قنوات أخرى من ضفة الفرات اليمنى، قُدّرت بما يعادل ١٧,٨٠٠ جنيه استرليني. لكن الشيخ وادي، رئيس قبيلة الزُبيد، وهو غريب عن المنطقة، أعطي التزام جمعها، قد جمع من عرب الهندية في سنة واحدة ما لا يقلّ عن ١٠٥,٠٠٠ جنيه استرليني. حينئذٍ، هبت تلك القبائل، التي عُرف عنها التزامها

* بعد أن اغتال صفوق، زعيم قبيلة شمر الشمالية، منافسه الرئيسي في القبيلة الشيخ نيجرس، قُتل غدراً، عام ١٨٤٧، قتله رسول بعث به والي بغداد. انظر كتاب لايارد: *Nineveh and its Remains*، ص ٦١ - ٧٨، الذي ورد فيه تقرير عن صفوق وشؤونه، عام ١٨٤٦.

without entailing a terrible amount of individual suffering, and without calling forth a general execration of the ruling power which sanctions, if it does not encourage, such grinding tyranny.

Bani Lām and Shammar revolts, 1849

A few months later the British Political Agent had to report that the great Bani Lām tribe had risen in rebellion in consequence of the Pāsha's having farmed the collection of the taxes for which they were liable to the Shaikh of the Muntafik, their hereditary foe; that they had ravaged the districts of Mandali, Jasān and Badrah and approached within 30 miles of Bagdād; and that the Pāsha seemed disposed to cancel the arrangement he had made with the Muntafik Chief - a step by which the latter would probably be alienated, in his turn, with dangerous results. The* Northern Shammar, too, among whose chiefs Najib Pāsha had cultivated dissension, succeeded for once in combining and in forming a coalition that seemed capable of sweeping the whole country down to the gates of Baghdād. Nightly robberies and other atrocities disgraced the streets of the city itself; these were believed to be the work of gangs or armed Arabs sent in from outside to distract the attention of the Government. Major Rawlinson observed that some allowance must always be made for natural turbulence of the Kurds and Arabs, but that in the present case the disorders were undoubtedly due to the character of the fiscal administration.

Dangerous rebellion of the Hindīyah Arabs and friction between the Turkish civil and military authorities, May-June 1849

At length, in the summer of 1849, a very serious crisis arose upon the Shatt-al-Hindīyah in consequence of the extortionate demands made upon the cultivating Arabs there by the Pāsha. The lands irrigated by the Hindīyah and other canals from the right bank of the Euphrates were legally assessed at an amount equivalent to £17,800 sterling; but Shaīkh Wādi, the Chief of the Zubaid, an outsider to whom the Pāsha had given them in farm, raised from them in one year no less a sum than £105,000. The tribes of the district,

---

*Safūk, the chief of the Northern Shammar, after assassinating his principal rival in the tribe, Nijris, was himself treacherously made away with in 1847 by an emissary of the Wali of Baghdād. See Layard's *Nineveh and its Remains*, pages 61-78, for an account of Safūk and his affairs in 1846.

بالقانون، وطَردتْ الملتزم ومنفّذي سياسته العمياء، ونهبت أماكن الغلال العامة والمستودعات التي وُضعت فيها، واسترجعت المحاصيل النوعية التي جُمعت منها. عندئذ، طلب نجيب باشا من عبدي باشا قائد الجيش أن يخمد هذه الفتنة، ويعيد الشيخ وادي إلى مكانه، بقوة السلاح. لكن هذا الضابط كان مقتنعاً أن رجال هذه القبائل محقّون في شكواهم، ورفض القيام بأيّ عمل، غير أنه أرسل طابوراً مزوّداً بتعليمات صارمة لاستعادة النظام فحسب. وقد نجمت عن هذا التصرف مشادة كلامية مخيفة بين الباشا وقائد الجيش. وفي النهاية، استقر الرأي على إرسال لجنة مختلطة من مدنيين وعسكريين إلى مكان الحادث، لتقوم بالتحقيق في الأسباب التي أدّت إلى هذا الانفجار. لكن المندوبين لم يتفقوا فيما بينهم، لأن كلاً منهم كان يؤيد وجهة نظر رئيسه. وأصبح العداء المستحكم بين رؤساء الإدارة من مدنيين وعسكريين فضيحة عامة.

تزامن اضطرابات قبائل شمر الشمالية وبني لام مع اضطرابات شمر طوقة، يونيو ١٨٤٩

عندما تأزمت الحالة، ثارت قبيلة شمر الشمالية ثانية، وشرعت في سلب المنطقة الواقعة ما بين سامراء وتكريت وكركوك، ونهبها. وبرزت تعقيدات جديدة مع بني لام أيضاً بعد فشل محاولة إقناع زعيمها الشيخ مذكور بوضع نفسه بتصرف الأتراك. وكان الضابط التركي الذي أُرسل لدعوته هو نفسه الضابط الذي دبَّر نجيب باشا، بواسطته، عملية اغتيال «صفوق»، الزعيم الأكبر لقبيلة شمر الشمالية، في حين كان لديه تصريح يخوله المرور بأمان. ومن الواضح أن زعماء بني لام الماكرين وذوي اللحى البيضاء لم ينظروا إلى هذا على أنه فأل يبشّر بالخير. وبعد وقت قصير، أصبح موقف بني لام يشكل تهديداً خطيراً لمجمل الملاحة في نهر دجلة، إلى حدٍّ جعل بعض تجار بغداد المتاجرين مع البصرة يصدرون أوامرهم إلى قافلة من المراكب، التي تحضر لهم البضائع المتحركة صعوداً في النهر، بالانتظار في «عزير». كذلك قامت قبيلة شمر طوقة المقيمة على الضفة الشمالية لنهر دجلة، على مسافة قصيرة من بغداد، بشنّ أعمالٍ عدوانية ضد الحكومة.

انتهاء تمرد الهندية، في يونيو ١٨٤٩

أصبح من المؤكّد الآن أن شيخ قبيلة المنتفق النائية والقوية كان متورطاً في تمرد الهندية، وأن المتمردين كانوا يتلقون مساعداتٍ على شكل فرق مسلحة من قبائل الديلم والظافر وعفج وخزعل المتعاطفة معهم. عند ذلك، أصبح قائد الجيش مضطرباً من اتساع المسؤوليات المالية التي سيعتبر الباب العالي، بحسب أقوال نجيب باشا، أنه قد أخذها على عاتقه. فدفعت مخاوفه هذه عبدي باشا إلى الذهاب، شخصياً، إلى مناطق الهندية، حيث

which were in general law-abiding, then rose, expelled the farmer and his myrmidons, and plundered the public granaries and store-houses in which their contributions in kind had been deposited after collection. Najib Pāsha called upon 'Abdi Pāsha, the Army Commandant, to put down the insurrection and reinstate Shaikh Wādī by force of arms; but that officer, convinced that the tribesmen had a just grievance, declined to do more than despatch a column, with specific instructions for the restoration of order only. A furious altercation between the Pāsha and the Commandant followed, and eventually it was arranged to send a joint civil and military Commission to the spot to investigate the causes of the outbreak. The Commissioners did not agree; each supported the view of his own superior; and the feud between the civil and military heads of the administration became a public scandal.

Simultaneous trouble with the Northern Shammar, Bani Lām and Shammar Tōqah, June 1849

At this juncture the Northern Shammar tribe again broke out and pillaged the whole district lying between Sāmarra, Tikrīt and Kirkūk. Fresh complications arose with the Bani Lām, also after the failure of an attempt to induce their chief, Shaikh Madhkūr, to trust himself in the hands of the Turks. The Turkish officer sent to invite him was one by whose instrumentality Najib Pāsha had recently procured the murder of Safūk, the great chief of the Northern Shammar, while on safe conduct; and the wily greybeard of the Bani Lām evidently did not regard the fact as a propitious omen. The attitude of the Bani Lām shortly became a serious menace to all shipping on the Tigris: so much so that some Baghdād merchants trading with Basrah sent orders that a fleet of boats which was bringing merchandise for them up the river should wait at 'Azair. The Shammar Tōqah too, a tribe settled on the left bank of the Tigris a short way below Baghdād, embarked on hostilities against the Government.

End of the Hindīyah rebellion, June 1849

It was now ascertained that the Shaikh of the distant but very powerful Muntafik tribe was implicated in the Hindīyah revolt, and that the rebels had been aided by armed contingents of the Dilaim, Dhafir, 'Afaj, and Khazā'il tribes, which were in sympathy with them. The Army Commandant presently became alarmed at the extent of the financial responsibilities which the Porte, according to Najib Pāsha, would consider him to have assumed. His fears led 'Abdi Pāsha to proceed in person to the Hindīyah districts, where he issued a

أصدر بياناً رسمياً أراد به تهدئة القبائل، وعقد اجتماعات مع رؤساء عرب الهندية وعفج وخزعل. وأعلن جميع الشيوخ ولاءهم للسلطان، وحصل قائد الجيش، فيما بعد، من رؤساء الهندية، على اتفاق خطي تعهدوا فيه دفع كل الضرائب الرسمية المقدرة عن منطقتهم، إضافة إلى ١٠,٠٠٠ جنيه. لكن نجيب باشا تبرأ من التسوية التي توصل إليها عبدي باشا، وقد كان أثناء ذلك منهمكاً بتزوير حساباته، ليبرهن أن نفقاته العامة توازي المبالغ التي يتسلّمها. وهنا حاول درويش باشا، المندوب العثماني لتخطيط الحدود التركية الفارسية، أن يوفق بين هذين الموظفين، إلا أن محاولته باءَت بالفشل، وأدت إلى انحياز الوسيط إلى قائد الجيش. وبعد ردح قصير من الزمن، أُزيح نجيب باشا عن بشلكية بغداد، نتيجة لشكاوى الرائد رولينسون، ولسوء تصرفه الفاضح، على الأرجح.

الخطر في كربلاء، يونيو ١٨٤٩

خلال استمرار ثورة الهندية، فُقدت السيطرة في كربلاء على الحامية العسكرية التركية التي ارتكب أفرادها أعمالاً شائنة ضد سكان المدينة، وأخذ المواطنون والجنود ينظر بعضهم إلى البعض بريبة متبادلة، وكلا الطرفين يخشى العنف. ورداً على الشكاوى التي قدمها الفرس بشأن إهانات وُجّهت لحرمة دينهم في كربلاء، قال نجيب باشا إنه فقد سيطرته على الجيش، وأن على الفرس أن يدافعوا عن أنفسهم بأنفسهم. ومما لا شك فيه أن قصد نجيب باشا من هذا الكلام المؤذي، الذي تفوّه به حين كان الجدل القائم بينه وبين قائد الجيش على أشده، كان إحراج خصمه، الذي أعقبه باستدعاء الحاكم المدني في كربلاء إلى بغداد، مبرراً هذا الإجراء المتطرف بقوله إنه لم يعد في استطاعته تحمل مسؤولية إدارة أماكن يفتقر فيها إلى وسيلة لتنفيذ أوامره من خلال جيش مطيع له. أما الوكيل السياسي البريطاني في بغداد، القلق مما قد تسبّبه حادثة أخرى في كربلاء من نتائج وخيمة على العلاقات التركية الفارسية، فقد لفت نظر نجيب باشا إلى تصرفاته المستهترة وغير اللائقة. لكن الباشا كان مصمماً، كما بدا، على تدمير خصمه أو القضاء على نفسه. لذا لم يقتنع بإعادة النظر في أوامره. ومع ذلك، أرسل عبدي باشا ضابطاً موثوقاً به إلى كربلاء ليحل محل الحاكم. ولم يحدث، بعد ذلك، ما يعكر صفو السلام العام هناك.

manifesto of a nature to appease the tribes and held meetings with the chiefs of the Hindīyah Arabs, of the 'Afaj, and of the Khazāil. All of the Shaikhs professed their loyalty to the Sultān, and eventually the Commandant obtained from the Hindīyah chiefs a written agreement in which they bound themselves to pay the full legal assessment of their districts and £10,000 in addition. 'Abdi Pāsha's settlement was however repudiated by Najib Pāsha, who had meanwhile been busily engaged in falsifying his accounts so as to prove that his public expenditure equalled his receipts; an attempt at reconciling the two officials made by Dervish Pāsha, an Ottoman Commissioner for the delimitation of the Turko-Persian frontier, ended in failure and in the accession of the mediator to the party of the Army Commandant; and not long afterwards, probably in consequence of the representations of Major Rawlinson as well as of his own flagrant misconduct, Najib Pāsha was removed from Baghdād.

Danger at Karbala, June 1849

The Turkish military garrison at Karbala had got somewhat out of hand during the continuance of the Hindīyah rebellion; outrages were committed by them upon the people of the town; and citizens and soldiers began to eye one another with mutual suspicion, both fearing violence. To complaints made by Persians of insults offered to their religion at Karbala Najib Pāsha actually replied that he had no control over the army and that the Persians must look to their own defence. This mischievous speech, made by the Pāsha during the height of his controversy with the Commandant, was undoubtedly intended by him to embarrass his opponent; and he followed it up by recalling the civil governor of Karbala to Baghdād - an extreme measure which he justified by saying that he could not be responsible for the administration of places where he had no longer the means, in the shape of an obedient army, of enforcing his orders. The British Political Agent at Baghdād, concerned because of the disastrous effect which another Karbala incident might have on Turko-Persian relations, caused the recklessness and impropriety of his conduct to be pointed out to Najib Pāsha; but the Pāsha, determined as it appeared to ruin either the Commandant or himself, could not be brought to reconsider his orders. 'Abdi Pāsha, however, sent a trustworthy officer of his own to Karbala to supply the place of governor, and the public peace there was not disturbed.

استمرار سوء تصرف قبائل عفج، وبني لام، وشمر طوقة، يوليو ١٨٤٩

بعد التسوية التي قام بها عبدي باشا، هدأت الاضطرابات في الهندية. لكن التأثيرات غير المباشرة، التي خلّفها التمرد، استمرت في الظهور لبعض الوقت في أجزاء أخرى من البلاد. وبعد ذلك على الفور، هاجمت قبيلة عفج معقلاً باسم الشيخ وادي، رئيس قبيلة الزبيد، وأعملت السيف برقاب كل حاميته. وقام الشيخ مذكور، زعيم قبيلة بني لام، بسدّ نهر دجلة، مُوقفاً بذلك كلّ المواصلات بين بغداد والبصرة، كما قامت قبيلتا عبيد في الشمال وشمر طوقة في جنوب بغداد، بالإغارة على كل المناطق التي يمكنها الوصول إليها.

شخصية نجيب باشا، ١٨٤٢ - ١٨٤٩

أما شخصية نجيب باشا، التي ظهرت إلى حد معين من خلال أعماله المشار إليها، فقد جرى تلخيصها، عام ١٨٤٨، على يد الوكيل السياسي البريطاني في بغداد كما يلي:

يملك نجيب باشا، أو بالأحرى، كان يملك طاقة طبيعية مميزة وروحاً لا تلين، غالباً ما كانت تسوء لتصل إلى درجة العناد. إلا أنها بدّدت، في أكثر من مناسبة، أخطاراً كان يمكن أن تكون نتيجتها قاتلة، لو أنها جوبهت بدرجة أقل من الحزم والرصانة. وينبغي أن يُسلّم له ببراعته الكاملة في ممارسة الحكم في الشرق، تلك البراعة التي كانت تتطلب لاكتسابها خبرة ٥٠ سنة من الحياة العامة. وهاتان الميزتان تتضمنان، على كل حال، المجموعة الكاملة لفضائله. ولسوء الحظ كان هناك مقدار مخيف من الشر في مواطن ضعفه الخلقية، فضلاً عن انفعالات وأهواء كانت تشكل بقايا صفاته الشخصية. لقد كان متكبراً، مؤمناً بالخرافات، فاسد الأخلاق، إذ كان عرضة فقط لتأثير المداهنة والرياء الكاذب والرشوة. وكان تعصبه الأعمى يزداد مع السنين، كما كان جشعه يزداد بازدياد ثروته. وكان لديه كره متساوٍ للمسيحيين والشيعة اللذين كان يضعهما في مصاف الكفار والغرباء، فكان سلوكه نحو هاتين الطائفتين في بغداد يتميز بالمقدار الذي فيه يسمح الوزن النسبي للحكومات الفارسية والأوروبية له بحريةٍ في التصرف، تزيد أو تنقص، ليطلق العنان لحقده. وكان دائماً وعلانية يلصق صفات التحقير بالمسيحيين وينعتهم «بالفاسدين». وكان المسيحيون يشكون، بشكل رئيسي، من اللامبالاة التي يبديها الباشا تجاه الجور اللاحق بهم، ومن ميله إلى فرض اللا أهلية المدنية عليهم - وهذا أمر قد بطل استعماله، أو الغي رسمياً، في أنحاء أخرى من الامبراطورية - كما كانوا يشكون من سعيه المنظم لإثبات انحطاط مستواهم الاجتماعي، إذا لم نقل إنه كان يعمل على تفاقم هذا الانحطاط.

Continued misbehaviour of the 'Afaj, Bani Lām, and Shammar Tōqah, July 1849

The unrest in Hindīyah subsided after 'Abdi Pāsha's settlement; but the indirect effects of the rebellion continued to show themselves for a time in other parts of the country. The 'Afaj soon afterwards attacked a fort held in the name of Shaikh Wādi of the Zubaid and put the whole garrison to the sword; Shaikh Madhkūr of the Bani Lām closed the Tigris stopping all communication between Baghdād and Basrah; and the 'Obaid to the north, and the Shammar Tōqah to the south of Baghdād harried the districts within their reach.

Character of Najib Pāsha, 1842-49

The character of Najib Pāsha, which has already appeared to some extent from his actions as recorded above, was thus summed up in 1848 by the British Political Agent at Baghdād:

He possesses, or at any rate has possessed, a very remarkable natural energy, and his inflexible spirit, although too often degenerating into obstinacy, has on more occasions than one dissipated dangers that would have been fatal, if encountered with a less degree of firmness and serenity. That thorough knowledge also must be conceded to him, of the craft of Eastern Government, which can be alone acquired by fifty years' experience of public life. Herein however are, I think, comprised his full catalogue of virtues, and unfortunately there is a terrible amount of evil in the frailties, prejudices and passions which make up the residuum of his personal character. Proud, superstitious and corrupt, he is alone accessible to the influence of flattery, of saintly hypocrisy, or of bribes. His bigotry increases with his years and his rapacity with his wealthy. Hating equally Christians and Sheeahs, whom he classes together as infidels and strangers, his conduct to the two communities at Baghdād is merely in so far distinguished as the relative weight of the Persian and European Government may be supposed to admit a greater or less latitude for the indulgence of his rancor. The Christians, to whom in public he invariably attaches the opprobrious epithet of "Giour," have chiefly to complain of an indifference to their wrongs, of a disposition to enforce against them civil disabilities which in other parts of the Empire have either fallen into disuse or have been formally annulled, of systematised endeavours to confirm, if not to aggravate, their social depression.

ومن الممتع أن نقارن* هذا الرأي، الذي هو ثمرة تجربة، برأي الرائد رولينسون الذي أعلنه قبل خمس سنوات:

يُبدي نجيب باشا في إدارته الداخلية، الطاقة والحزم، أنفسهما، اللذين كانا على الدوام من صفاته المميزة. ويبدو أن معظم أهداف اهتماماته كانت منصبّة للقضاء على السرقة والفوضى، وتثبيت سلطة الباب العالي على القبائل الخاضعة للبشلكية، والتشدد في انتزاع ضرائب الدولة المستحقة وليس ابتزازها، وإدخال النظام والترتيب إلى مختلف فروع الإدارة. ومن المعقول فعلاً: أن هذه الأهداف لو نُفّذت بنفس النشاط والثبات، اللذين كانا علاماتٍ مميزة لتبنيها لأول مرة، لكان الازدهار المتزايد للمنطقة نتيجة ضرورية.

حكومة عبدي باشا، والصعوبات مع شمر الشمالية، ١٨٤٩ - ١٨٥٠

على الرغم من أن نجيب باشا قد ترك في بغداد وراءه ديوناً غير مسددة، إلا أنه لم يقصر في حمل مبلغ كبير من المال عند مغادرته المنطقة.

وقد تلاه في الوظيفة خَلَفَان تنقصهما الكفاءة، أولهما عبدي باشا، القائد السابق للجيش، الذي خصص له الباب العالي مرتباً سخياً ليضعه في منزلة لا يضطر فيها إلى الابتزاز. لكن عبدي باشا، كحاكم مدني، خيّب الآمال، التي كان ممكناً أن ترتكز على معالجته الناجحة لتمرد الهندية، باستسلامه الكلي لارشاد الملا علي، الخصّي والمهرج المفضل لديه، وأصبح وضع البلاد يسير من سيّىء إلى أسوأ. وسقط موقع كفل، الذي لا يبعد كثيراً عن الحلة، في أيدي العرب الذين أبادوا حاميته التركية المؤلفة من ٦٠ رجلاً عن بكرة أبيها. وبالفعل، حاصرت القبائل مدينة بغداد نفسها، وأصبح من الصعوبة بمكان على المسافرين المجازفة بمغادرتها إلى أي جهة كانت، بسبب البدو الذين طوّقوا بخيامهم المدينة حتى أسوارها. وكانت فكرة عبدي باشا الرئيسية إخضاعَ القبائل المسماة معدان القاطنة في الأهواز الغربية، بما فيها قبيلة عفج، التي كان متشوقاً لمضاعفة ضريبتها السنوية المقدرة بـ ٩٠٠ جنيه استرليني. وبغية ذلك، قام على رأس قوة من ٢٠٠٠ رجل، فضلاً عن غير النظاميين، بمحاولة إغلاق رأس شط الهندية، الذي كانت تتدفق منه نصف كمية مياه الفرات. لكن التيار جرف السد بالسرعة نفسها التي بُني فيها. وفي النهاية، تمكن من إنجازه، على كل حال، واستطاع أن يعتقل وادي بك، الشيخ المفضل لدى نجيب باشا وملتزم جمع

* إنها تقريباً لقاعدة ثابتة في بغداد أن يولّد كل باشا جديد، أو والٍ، انطباعاً في صالحه لدى الممثل البريطاني، عند أول وصول له. ويحل تدريجاً محلّ ذلك الانطباع عن الموظف التركي، أثناء الكشف عن حقيقة صفاته، شعورٌ مستخف ومعادٍ، من جهة المقيم البريطاني.

It is interesting to compare* this opinion, the fruit of experience, with that which Major Rawlinson had enunciated five years earlier:

In his internal administration Nejib Pāsha evinces the same energy and firmness which have ever been his distinguishing characteristic. The repression of robbery and disorder, the establishment of the authority of the Porte over the tribes subordinate to the Pashalic, the severe, but not extortinate, exaction of the dues of Government, and the introduction of system and arrangement into the various branches of administration appear to be the chief objects of his care, and it is only reasonable to suppose that, if these objects are carried out with the same vigour and constancy that have marked their first adoption, the increased prosperity of the province must be a necessary consequence.

Government of 'Abdi Pasha and difficulties with the Northern Shammar, 1849-50

Najib Pāsha, though he left debts at Baghdād unpaid, did not fail to carry a large sum of money away with him on quitting the province.

He was followed in office by two incompetent successors, the earlier of them being 'Abdi Pāsha, the former Army Commandant, to whom a liberal salary was allotted by the Porte in order to place him above the necessity of committing extortion. 'Abdi Pāsha, as a civil governor, disappointed such expectations as might have been founded on his successful handling of the Hindīyah rebellion; he resigned himself absolutely to the guidance of Mulla 'Ali, a favourite eunuch and buffoon; and the state of the country went from bad to worse. The post of Kifl, not far from Hillah, was captured by Arabs and the whole Turkish garrison of about 60 men put to the sword. Baghdād itself was virtually besieged by the tribes, and travellers could hardly venture to leave it in any direction on account of the Bedouins, whose camps beset it to the very walls. 'Abdi Pāsha's main idea was to reduce to obedience the so-called Ma'dān tribes of the western marshes, including the 'Afaj whose yearly assessment of £900 he was anxious to double. For this purpose he endeavoured, with a force of 2,000 men, not counting irregulars, to close the head of the Shatt-al-Hindīyah, down which nearly one-half of the water of the Euphrates was now pouring; but the current washed away his dam nearly as fast as it was constructed. He succeeded in completing it, however, and was able to arrest and imprison Wādi Bey, Najib Pāsha's favourite Shaikh and

---

*It is an almost invariable rule at Baghdād that each new Pāsha or Wāli makes a favourable impression on the British representative at first arrival, and that this impression is gradually replaced, as the Turkish official's character reveals itself, by a depreciatory and even hostile estimate on the part of the Resident.

ضرائبه، وأن يسجنه. لكن ضباطه عوملوا باحتقارٍ من قبل فهد، شيخ المنتفق، الذي كان قد خلف، مؤخراً، أخاه المتوفى بندر في رئاسة القبيلة. وقام الباشا من ثم بتركيز نفسه في الديوانية مع ٣٠٠٠ رجل، كما قام بإعادة تنظيم الشؤون القبلية وجمع متأخرات الضرائب. لكن السدَّ ما لبث أن انهار بسرعة، للمرة الثانية. وهكذا اختفى معه ما تبقى من هيبة الباشا. وقد وقعت هذه الأحداث في شتاء ١٨٤٩ـ ١٨٥٠.

وفي مطلع سنة ١٨٥٠، وبسبب إرسال معظم قوات الإقليم النظامية ضد أحد زعماء الأكراد المتمردين، دعا عبدي باشا قبيلة شمر، من شمال بغداد، لسدّ حاجة مكانها، وكثيراً ما كانت السلطات التركية تستخدم هذه القبيلة لتأديب القبائل العربية الصغرى. وهذه مهمة تعوّدت أداءها بإرادة طيبة وحماسية، لكن دون تمييزٍ كبيرٍ بين أصدقاء الحكومة وأعدائها. ويبدو، في المناسبة الحالية، أن قبيلة شمر قد أغارت على ضفاف نهر دجلة بشكل نشيط وفاعل، حتى إن المنطقة، نزولاً حتى كوت العمارة، قد تحولت إلى صحراء، وأصبحت الطرقات البرية والنهرية على السواء غير آمنة، وانقطعت التجارة بالتالي. وكان صفوق* شيخ قبيلة شمر الذي برز في أحداث ١٨٣٣، قد قتل غدراً على يد عميلٍ لنجيب باشا، كما ذكرنا سابقاً، وكان شيخ القبيلة، عام ١٨٥٠، ابنه فرحان**.

مشاكل المنتفق، ١٨٥٠

في عام ١٨٥٠، اختفى الشيخ فهد، وحصل نزاع على رئاسة قبيلة المنتفق بين فارس ابن عجيل وابن عمه منصور بن رشيد، مما أدى إلى نتائج رهيبة على التجارة وعلى المنطقة عامة. وقد اعترف الأتراك، رسمياً، بمنصور رئيساً. لكنهم ما كادوا يفعلون هذا، حتى هاجمه خصمه وطرده إلى خارج المنطقة، مرغماً إياه على السعي إلى الحصول على ملجأ له في بلاد بني كعب. عند ذلك، قبلت السلطات التركية رئاسة فارس.

حكومة نامق باشا، ١٨٥٢

في عام ١٨٥٢، وبعد مرور تسع سنوات مستمرة من سوء الحكم والإدارة، أحيلت بشلكية بغداد إلى ما يشبه القفر. فوصل حاكم جديد باسم نامق باشا*** ، لكن عنفه الجامح وعناده، للسعي بوسائل غير كافية لتثبيت سلطته المطلقة، كانا مميتين لسلام المنطقة،

---

* كان صفوق على علاقات ودية بالوكالة السياسية البريطانية. وفي عام ١٨٤١، ونزولاً عند طلب الطبيب روس، طبيب الوكالة، استعاد بعض المقالات التي سُلبت من المستر لايارد الرحالة أثناء سفر.

** عام ١٨٥٥، منح الأتراك فرحان إعانةً مالية شهرية. لكن هذه الإعانة، كما لاحظ الشيخ في إحدى المرات، لم تكن كافيةً حتى لتغطية نفقات القهوة المقدمة إلى الضيوف. ولذلك، كان دائماً يتعامل معها وكأنها غير موجودة.

*** قد يكون هذا نامق باشا الذي انتدبته القسطنطينية عام ١٨٤٣، ليقدّم تقريراً عن مذبحة كربلاء. وهناك من الأسباب ما يدعو بأن هذا الموظف الذي كان في يوم من الأيام موظفاً واعداً قد اصبح رجعياً متشدداً.

revenue farmer; but his officers were treated with contempt by Fahad, the Shaikh of the Muntafik, who had lately succeeded to the headship of that tribe on the death of his brother Bandar. The Pāsha next established himself at Dīwānīyah with 3,000 men and began to re-organise the tribal arrangements and to recover arrears of taxes; but presently the Hindīyah dam gave way again, and with it disappeared such remnants of prestige as he still possessed. These events occurred during the winter of 1849-50.

Early in 1850, the regular forces of the province having mostly been sent against a rebel Kurdish chief, the Shammar north of Baghdād were called in by 'Abdi Pāsha to supply their place. This tribe were not infrequently made use of by the Turkish authorities to chastise smaller Arab tribes, a task which they were accustomed to perform with hearty good-will, but without much discrimination between the friends and the foes of the Government. On the present occasion the Shammar seem to have raided the banks of the Tigris so energetically that the country down to Kūt-al-Amārah was turned into a desert, road and river became equally unsafe, and trade was interrupted. Safūk,* Shaikh of the Shammar, prominent in the events of 1833, had been treacherously murdered by an agent of Najib Pāsha, as already mentioned, and the chief of the tribe in 1850 was his son Farhān.**

Muntafik troubles, 1850

In 1850, Shaikh Fahad having somehow disappeared, the headship of the Muntafik tribe was disputed between Fāris-bin-'Ajīl and his cousin Mansūr-bin-Rashīd, with dire results to trade and the country at large. The Turks officially recognised Mansūr as chief; but hardly had they done so when his rival attacked him, driving him out and obliging him to seek refuge in the Ka`ab country. The Turkish authorities then accepted Fāris.

Government of Nāmiq Pāsha, 1852

In 1852, the Baghdād Pāshāliq, after nine years of continuous mis-government, was reduced almost to a wilderness. A new ruler had arrived in the person of Nāmiq Pāsha***; but his headstrong violence and his obstinacy in striving with insufficient means to establish absolute power were

---

*Safūk was in friendly relations with the British Political Agency; and in 1841 he recovered at the request of Dr. Ross, the Agency Surgeon, some articles of which the traveller Mr. (afterwards Sir A. H.) Layard had been robbed on a journey.
**On Farhān, by 1855, the Turks had conferred a monthly subsidy; but it was not large enough, as that Shaikh himself once remarked, to meet his expenditure on coffee for guests, and he always treated it as of no account.
***This may have been the Nāmiq Pāsha who was deputed from Constantinople in 1843 to report on the Karbala massacre. There is reason to think that that once promising official became in his later days a thorough-going reactionary.

تماماً كما كانت عدم أهلية الذين سبقوه. وفي ما يلي، نستشهد بكلمات الرائد رولينسون الوكيل السياسي البريطاني عام ١٨٥٢:

لقد دشن نامق باشا عهد حكومته بأعمالٍ تتميز بقسوةٍ لا داعيَ لها كُليّاً، ثم دفع بزعماء القبائل، واحداً تلو الآخر، إلى اتحاد كونفدرالي مناوىء ضد الحكومة. وبإظهار نامق باشا للضعف العسكري في بعض الأحيان، وبتشجيعه في أوقات أخرى لإجراءات الغدر ومشاهد القسوة التي ستكون مروعةً إذا سردناها، وبإبقائه، بشكل دائم، على لغة العنف طوال حياته وعلى التصرف المتغطرس الذي كان، عند بدو الصحراء، الشيء الأوحد الذي لا يطاق على الإطلاق، أثار سخط السكان العرب في الإقليم، واستفزهم إلى درجة قد يحتاج فيها إلى ٥٠,٠٠٠ رجل لإخضاع المعارضة واستعادة الهدوء العام.

ولو أن نامق باشا كان قد أظهر بعض الحكمة والحصافة العاديّة في إحدى المناسبات الأخيرة، عندما انفجر خلاف في صفوف المتمردين، كما ذكرتُ في آخر تقرير لي، لأحدث تغييراً مقبولاً في نهاية مشرفة لمشاكله. وقد انسحب فعلاً من صفوف المتمردين عدد من رؤساء العرب ذوي النفوذ والتأثير، وأرسلوا إلى بغداد يطلبون الشروط للاتفاق. ولو عُقدت المصالحة مع هؤلاء الأطراف، لتلا ذلك، على الأرجح، خضوع الآخرين. لكن ردَّه على الجميع دون استثناء، يتصف بالغطرسة الذي يعني أن المفاوضة مع المتمردين هي دون كرامة ممثل السلطان، والمطلوبُ منهم الاستسلام دون قيد أو شرط، والحضور، شخصياً، إلى بغداد لالتماس العفو؛ وحينئذٍ، يبحثُ في قضيتهم. وهذا، بالطبع، ما اعتبره الزعماء معادلاً للحكم عليهم بالسجن أو بالنفي. ولما كانت قوتهم في الواقع لم تنقص،فإنهم، بالتالي، قد ألقوا بخلافاتهم جانباً، واتفقوا مرة أخرى على مقاومة العدو المشترك. ومنذ ذلك الوقت، والأمور تتفاقم يومياً نحو الأسوأ. وكان أن قطعت طريق العاصمة على مفارز الجنود الأتراك النائية، أو سيقوا إلى داخلها. أما مجموعات الجنود الأكبر حجماً، فقد حُوصرت داخل معسكراتها. وأما القوافل، فقد نهبت على مرأى من أسوار العاصمة. وحين كانت فرق الفرسان البالغ عددها ١٠,٠٠٠ خيال مسلح أو ١٢,٠٠٠، تتحرك من جهات مختلفة، بدا أن حصاراً للعاصمة بات وشيكاً، وقد يطول على قدر ما تستطيع القيام به مجرّد فرق من الفرسان غير النظامية.

تمرد قبائل الفرات، في يوليو ١٨٥٢

بعد ذلك بمدة وجيزة، عمد وادي بك، شيخ الزبيد الكبير، الذي كان نجيب باشا قد منحه التزام جمع الضرائب في منطقة الهندية، والذي كان عبدي باشا قد ألقى به في السجن، عمد إلى إعلان الحرب على نامق باشا، بعد أن لمس منه تصلباً في الرأي تجاه مطالب معينة قدّمها إليه. وركز نفسه في المسيب الواقعة على نهر الفرات، وهي نقطة استراتيجية مهمة

as fatal to the peace of the country as the incompetence of his immediate predecessors. To quote the words of Major Rawlinson the British Political Agent, in 1852.

Nāmiq Pāsha inaugurated his government by acts of severity which were totally uncalled for, he then goaded the tribal chiefs one by one into a hostile confederation against the Government; and he has since, by exhibiting sometimes military weakness, by countenancing at other times measures of perfidy and scenes of cruelty, which it would be shocking to relate, and by maintaining throughtout a violence of language and haughtiness of demeanour which to the Bedouins of the desert are of all things the most insupportable, so completely excited and exasperated the Arab population of the province that it would require perhaps a force of 50,000 men to put down opposition and restore general tranquility.

If Nāmiq Pāsha had exhibited but ordinary prudence, when on a recent occasion as reported in my last despatch disunion broke out in the ranks of the insurgents, there would have been a fair change if an honorable termination of his difficulties. Several indeed of the most influential of the Arab chiefs withdrew from the field and sent into Baghdād for terms, and if these parties had been conciliated, the submission of the others would in all probability have followed. To one and all, however, the same imperious answer was returned, that it was beneath the dignity of the Sultan's representative to treat with rebels; they were required to surrender unconditionally to appear in person at Baghdād and to sue for pardon; their cases would be then considered. This of course was considered by the chiefs as equivalent to condemning them to imprisonment or transportation, and, acordingly as their power was in reality undiminished, they laid aside their differences and met once more to resist the common enemy. Since then matters have been daily growing worse. The outlying detachments of the Turkish troops have been cut up or driven in, the larger bodies of troops are beleaguered in their camps. Caravans have been plundered almost within sight of the walls of Baghdād, and as large bodies of horse, ten or twelve thousand strong, are now moving up from various quarters, ther is an imminent prospect of the city being invested in so far at least as such an operation can be carried out by mere parties of irregular cavalry.

Rebellion of the Euphrates tribes July 1852

A little later Wādi Bey, the great Shaikh of the Zubaid to whom Najib pāsha had granted the farm of the Hindīyah district and whom 'Abdi Pāsha had cast into prison, finding Nāmiq Pāsha inexorable in certain demands which he had made upon him, declared war on the Pāsha and established himself at Musaiyib on the Euphrates, an important strategic point

تتحكّم بالطرق الممتدة من بغداد إلى كربلاء والنجف والحلة والديوانية. وبدأ فرسانه مع أمثالهم من الديلم والعنزة، الذين كانوا، أيضاً، على خلاف مع الحكومة، «بتنقيب المنطقة حتى مداخل بغداد، ودفعوا الجمال في طريقهم إلى الهرب، ونهبوا القوافل. وفي الضواحي، أفرغوا القرى وأحرقوها، وارتكبوا كل أنواع الدمار والفوضى». وفي الوقت ذاته، كانت قوات مشتركة من عرب خزعل ومعدان والعنزة تحاصر الحامية التركية في الديوانية، وتقطع عنها المؤن. وكما حدث أيام نجيب باشا، أخذت القوات التركية بالتذمر من حرمانٍ وإنهاك فرضتهما عليها سياسة الحكومة التي لا حياة فيها. وقام نامق باشا بتعليق مهام قائد الجيش، شاكر باشا، تعليقاً مؤقتاً من وظيفته لأنه عبَّر بحرية زائدة عن رأيه في عدم كفاية القدرات العسكرية في الإقليم لإجبار كل القبائل العربية، على الطاعة في وقت واحد. وفي هذه الظروف، وبعد أن ازداد الأمر سوءاً بقيام تمرد في النجف، سنصفه قريباً، اضطر نامق باشا إلى التنازل، وطلب مفاوضة المتمرد الرئيسي وادي بك، رغم انه لم يقبل بهذا، في بادىء الأمر. لكن تفاصيل التسوية النهائية، بينه وبين قبائل الفرات، لم تسجل.

التمرد الأول في النجف، أغسطس ١٨٥٢

في ذلك العهد، كما هي الحال اليوم، كان هناك حزبان عربيان في النجف يُعرفان بالشومرد والزجورد. وكانا، بوجه عام، يحتلان المدينة متضامنين. لكن، قبل عام ١٨٥٢ ببضع سنوات، قام حزب الشومرد بطرد حزب الزجورد. وفي عام ١٨٥٢، وبقيادة زعيم عربي محلي من ذوي الشهرة السيئة، كان نامق باشا قد أساء معاملته، أخذ رجال الشومرد يتحدَّوْن حكومة بغداد نفسها. ولو أن الباشا تنازل، واستخدم الزجورد ضد الشومرد، لتمكّن، على الأرجح، من استعادة النجف دون أي صعوبة. لكنه كان يحتقر المساعدة من حلفاء أمثال هؤلاء. وبدلاً من هذا، جمَّع القوات التركية، من الحلة والديوانية والدغارة، على مداخل النجف بإمرة ضابط يدعى سليم باشا. وقد وضعت المهمة الملقاة على عاتق هذا القائد في التقرير البريطاني التالي:

ينظر هؤلاء (أي الشومرد) إلى القوات التركية بازدراء، وهم يدركون تماماً أن وادي بك وقبيلة العنزة، ما داما يسيطران على الأراضي المكشوفة، فلن يكون هناك أي مجال للتأثير عسكرياً على مركزهما بشكل فعال. ويبدو واضحاً بالفعل أن خطة الدفاع، التي تبنّتها هذه القبيلة بشكل منتظم، هي اختبار لقوة التصميم لدى أفضل الجنود في العالم. فهم لا يركنون إلى الاعتماد على أسوار المدينة، بل يعززون مواقعهم داخل الأحياء الأقوى والأكثر ازدحاماً بالسكان: فقد أقاموا المتاريس عبر جميع الشوارع، وربطوا البيوت بشبكة من الألغام والدهاليز، وأحدثوا فرجاتٍ في الجدران لإطلاق نيران الأسلحة منها، واحتلوا كل بقعة مشرفة، ووضعوا فيها رجالهم المسلحين ببنادق الفتيل تسلحاً رائعاً،

commanding the routes from Baghdād to karbala, Nājaf, Hillah, and Dīwānīyah. His horsemen and those of the Dilaim and 'Anizah, who also had differences with the Government, were soon "scouring the country up to the gates of Baghdād, driving off camels, plundering caravans, clearing out and burning the villages in the suburbs, and committing every species of havoc and disorder". Simultaneously a mixed force of Khazā'il, Ma'dān, and 'Anizah Arabs were beleaguering the Turkish garrison of Diwānīyah and cutting off its supplies. As in the time of Najib Pāsha, the Turkish troops had begun to murmur at the privations and fatigue imposed on them by an apparently insensate policy; and Shākir Pāsha, the Army Commandant, had been suspended by Nāmiq Pāsha for too freely expressing his opinion of the inadequacy of the military resources of the province to the coercion of all the Arab tribes at one and the same time. In these circumstances, hampered also by a revolt of Najaf which we shall presently describe, Nāmiq Pāsha condescended to negotiate, though not in the first instance with the arch-rebel Wādi Bey; but the final settlement between him and the Euphrates tribes is not recorded.

First revolt at Najaf, August 1852

There were at this epoch, as at the present day, two Arab factions in Najaf known as the Shumurd and the Zugurd. In general they occupied the town jointly, but a few years before 1852 the Shumurd altogether expelled the Zugurd; and in 1852, under a local Arab chief of some notoriety who had been badly treated by Nāmiq Pāsha, the Shumurd seem to have set the Government of Baghdād itself at defiance. If the Pasha had deigned to make use of the Zugurd against the Shumurd, Najaf would probably have been recovered without difficulty; but he despised the assistance of such allies and instead caused Turkish troops from Hillah, Dīwānīyah and Daghārah to be concentrated before Najaf under an officer named Salīm Pāsha. The task confronting this commander is thus described in a British despatch of the day:

They (e., the Shumurd) look with contempt upon the Turkish troops and are well aware that, while Wādi Bey and the Anizeh hold the open country, no military impression can be made on their position. It appears indeed that the plan of defence adopted systematically by this tribe is one which would try the metal of the best soldiers in the world. They place no reliance on the walls of the town, but intrench themselves within the strongest and most populous quarter, throwing up barricades across all the streets, connecting the houses by mines and galleries, loopholing the walls, and occupying every commanding point with their matchlock men, who are admirably armed and are the most

وهم من أمهر الرماة في هذا الجزء من آسيا. ولهذا، فإن الصعوبة التي سيواجهها سليم باشا، إذا حاول إخراج الشومرد بالقوة، هي نفسها التي كانت قد واجهت كاڤينياك في فوبورج سانت انطوان، في حين أن فرص نجاحه ستكون أقل بكثير، بسبب الشوارع الضيقة والساحات المحاطة بالجدران المرتفعة، التي تتميز بها المدن الشرقية، والتي توفر ملجأً أفضل للمدافعين. والجندي التركي، مهما كان مقداماً في الميدان المكشوف، فإنه، بالتالي، سيكون جباناً أمامَ عدو مختبىء.

وفي هذه الظروف، قام سليم باشا بالتفاوض مع الشومرد، بواسطة المجتهدين الشيعة في المدينة. ولا بدَّ أن هؤلاء الوسطاء قد حضرت في أذهانهم مجزرةُ كربلاء عام ١٨٤٣، فمارسوا، بشكل فعال، كلّ ما لديهم من نفوذ على زعيم المتمردين، إلى أن وافق على الجلاء عن المدينة والانتقال إلى الحلة، شريطة ضمان سلامته الشخصية والسماح له ولأتباعه باصطحاب أسلحتهم وأمتعتهم. ويبدو أنّ هذا الاتفاق قد نُفِّذ، لكن ليس بلا وقوع حادثة مؤسفة سردها نامق باشا للرائد رولينسون في بغداد على الشكل التالي: «... لقد رأى الضابط التركي الذي أجرى المفاوضات السابقة ضرورة اعتقال فرقاء آخرين في النجف من الذين لم ينسحبوا، فحاول أتباع هؤلاء إنقاذهم. ثم هبّ سكان المدينة، فدارت معركة شوارع استمرت ٢٤ ساعة، ونجمت عنها خسائر فادحة في كلا الطرفين. وحدثت، بالتأكيد، أعمال سلب وتدمير كبيرة للممتلكات. وفي النهاية، أُخرج المقاتلون العرب من المدينة، واستُخدمت السلطات، عندئذٍ، لإعادة ترسيخ النظام وإعادة المسلوبات إلى أصحابها الحقيقيين». لكن الرائد رولينسون كان ميالاً إلى الاعتقاد أن القضية كلها كانت مدبرة من قبل، وأنه قد جرى، في البداية، إغراء الرؤساء بالابتعاد عن المدينة، وأن سكانها، بعد إبعاد حراسهم، وبعد اعتمادهم على شروط الاستسلام، فوجئوا بالقوات التركية. ولم تقع أضرارٌ كبيرة، على الرغم من ذلك.

التمرد الثاني في النجف، ١٨٥٤

في أوائل عام ١٨٥٤، وبعد أن أصبح رشيد باشا حاكماً عاماً لبغداد، خلفاً لنامق باشا، نشبت ثورة جديدة في النجف ضد سلطة الحكومة التركية. ويبدو أن السبب كان انسحاب الحامية التي كانت قد اتخذت مركزاً لها هناك، ممّا شجع الشومرد والزجورد أن يعملوا، بالتنسيق هذه المرة، على تجميع حوالي ٢٠٠٠ رجل، واستعادة سيطرتهم بالقوة على المدينة للمرة الثانية. وبعد فترة، أرسل رشيد باشا، خلالها، قوات من بغداد إلى الحلة، وأمر

expert marksmen in this part of Asia. Salim Pāsha's difficulties, if he thus attempted to expel the Sharmerta by force, would be of the same nature as those which met Cavaignac in the Faubourg St. Antoine, while his chance of success would be infinetely less, in as much as the narrow streets and high walled courts of an Oriental city afford greater shelter to the defenders, and the Turkish soldier, brave even to daring in the open field, quails before a hidden enemy.

In these circumstances Salīm Pāsha proceeded to negotiate with the Shumurd through the Shī`ah Mujtahids of the town; and those inter mediaries, to whose minds the recollection of the Karbala massacre in 1843 must have been present, exerted their influence with the chief of the insurgents so effectually that he agreed to evacuate the town and remove to Hillah, provided that his personal safety was guaranteed and that he and his followers were allowed to carry their arms and property with them. This arrangement was apparently carried out, but not without an unfortunate incident of which Nāmiq Pāsha gave the following account to Major Rawlinson at Baghdād: "that ... the Turkish officer who had conducted the previous negotiations had judged it necessary to arrest other parties in Nejjef who had not withdrawn; that the followers of these parties attempted a rescue; that the townspeople then rose; that street fighting was maintained for 24 hours with considerable loss on either side; that there was of course a good deal of pillage and destruction of property; but that ultimately the Arab combatants were driven out of the place, and that the authorities were now employed in restoring order and returning to their proper owners the effects which had been plundered." Major Rawlinson was disposed to think, however, that the whole matter was pre-arranged, that the chiefs were first enticed away, and that the townspeople, when off their guard and relying on the capitulation, were surprised by the Turkish troops. He believed, nevertheless, that no great damage had occured.

Second revolt at Najaf, 1854

At the beginning of 1854, Rashīd Pāsha having in the meantime succeeded Nāmiq Pāsha as Governor-General of Baghdād, there was a second outbreak at Najaf against the authority of the Turkish Government. The cause seems to have been the withdrawal of a garrison that had been stationed in Najaf, which emboldened the Shumurd and Zugurd, acting on this occasion in concert, to assemble about 2,000 men and forcibly repossess themselves of the town. After an interval, during which he sent troops from Baghdād to Hillah and ordered the Commandant of Dīwānīyah to be ready to co-operate,

قائد الديوانية أن يستعد للتعاون، وتوجه، بنفسه، إلى الحلة. وفي نهاية شهر مارس، عادت القوات التركية فاستولت على النجف، بعد أن طردت المتمردين دون أن تمنى بأيّ خسارة تُذكر. لكن وقعت بعض الأضرار العرضية على الجمهور، بينما قيل إن العرب أُصيبوا بخسائر فادحة.

وضع بشلكية بغداد، ١٨٥٤

كتب القائد فيلكس جونز من البحرية الهندية، سنة ١٨٥٤، تقريراً ممتعاً عن الأحوال الداخلية في بشلكية بغداد. وإليكم ما كتبه عن كيفية إدارة شؤون القبائل العربية:

بتلخيصٍ عام لهذا الموضوع المتعلّق بعادات البدو الرحل، ينبغي أن أضيف أنْ ليس لدى الحكومة التركية سوى سلطة محدودة جداً عليهم جميعاً، ودون استثناء. صحيح أنه يقوم بينهم وبين السلطة نوع من التفاهم الضمني يعني أنهم ما داموا يدفعون الضريبة القبلية التي يجري تقديرها كل سنة، فلن يعانوا من أي إزعاج، لكن لا بد أن يعانوا من صعوباتٍ كثيرة قبل أن تُدفَع بأكملها، لِيُظهِروا أن العربي فقير جداً معتقدين أنه إذا دفعها هذه السنة بسهولة، فإن الحكومة ستعمل على زيادة الجزية في السنة التالية. ولهذا، فإن الحكومة والقبائل على خلاف ونزاع دائم، إن لم أقل إنهما في حرب مكشوفة. وبما أن الحكومة على درجة من الضعف لا تستطيع معها إجبار القبائل على الطاعة بفاعلية، فإنها تلجأ إلى سلاح الضعفاء، وهو إثارة فريق على فريق آخر. وهكذا نشأت الأحزاب في القبائل، وأصبحت المشيخة التي يشتهيها الكثيرون سلعة تباع لأعلى المزايدين؛ وظهرت المنافسات بينهم بصورة دائمة، فغذّتها الحكومة معتبرة إياها عنصراً للقضاء على تأثير التحالفات والتمردات التي تكثر بين هذه الشعوب الفريدة في تركيبها على اختلاف أعمار أفرادها. وعلى كلٍ، فإن هذه السياسة هي التي أفقرت البلاد والناس معاً.

ويقدم لنا القائد جونز عن حكومة مدينة بغداد (وغيرها)، ملاحظاتٍ دقيقة حقّاً، فضلاً عن كونها ممتعة إلى حدٍّ كبير حتى انها ما تزال قائمة بالنسبة إلى الإقليمٍ العراقي إلى الوقت الحاضر. وإليك هذه الملاحظات:

أما حكومة هذا الإقليم، ونظام السلطة العليا في الأمبراطورية المتبع لإضعاف أولئك الذين إذا اتحدوا يستطيعون أن يقفوا وقفة عداء ضد السلطة، فهذا ما كنت قد عالجته في السابق. وإذا تكلمنا، بصورة عامة، فإن الإدارة في بغداد والمدن الصغرى تشبه الإدارة في القسطنطينية، وتُخالفها فقط في أمور وُضعت لتلائم الأعراف المحلية ومتطلباتها، عندما تعمل بشكل معقول بحسب القانون العام، أي، على التأكيد، بحسب شريعة القرآن وتفسير تعاليمه التي يصعب على العامة فهمها كما قدمها علماء الشريعة. أما الحكم الاستبدادي القديم، فقد طويت صفحته لبضع سنوات، وحل محلّه مجلسٌ يرأسه

Rashīd Pāsha himself proceeded to Hillah; and at the end of March a Turkish force recaptured Najaf, having expelled the rebels with little loss to themselves and small incidental injury to the general public. The Arabs, however, were said to have suffered severely.

State of the Baghdād Pāshāliq, 1854

An interesting account of the internal condition of the Baghdād Pāshāliq was given by Commander Felix Jones, I. N., writing in 1854. With regard to the management of the Arab tribes, he said:

To sum up generally on this head, owing to the nomade habits, I must add, they are one and all but little under the control of the Turkish Government. It is true that a sort of tacit understanding exists between them and the authorities, that, so long as the revenue at which the tribe is assessed is paid, they are to suffer no molestation. This assessment takes place annually, but much difficulty is experienced before the sum is fully paid up, the object of the Arab being to show he is really too poor, and that of the Government to obtain, if well paid in one year, an increase of tribute in the next. Thus both parties fall out, (and) are for the most part always at odds, if not at open war. Too weak to coerce them efficiently, the Government employs the usual weapons of the feeble, those of exciting party against party. Factions are thus raised in the tribes, the much-coveted Shaikhships are sold, as it were, to the highest bidders, and a constant rivalry exists, fomented by the Government as an element to neutralize the combinations and rebellions so frequent in all ages among these singularly constituted people. It is this system, however, which has impoverished both the country and people.

Commander Jonc's remarks on the Government of the town of Baghdād, etc., which follow, are obviously accurate as well as extremely interesting, and to a large extent they still hold good of the province at the present day.

On the Government of the province, and the *imperium in imperio* system pursued to weaken those who, when united, were able to set up in antagonism to authority, I have already touched. Generally speaking, the form of administration in Baghdād and in the minor towns is based on that of Constantinople, varied only to suit local usages and requirements, when these do not operate badly upon the general law, which, of course is that of the Koran, and the interpretations which learned legislators have awarded to its less intelligible doctrines. The old despotic rule has been closed for some years; and now

الباشا عادة. وهذا المجلس هو الذي يستمع إلى كل القضايا، ويفصل فيها، وهو مزيج من المسلمين والمسيحيين. لكن المسيحيين في تركيا لا يتمتعون بالاستقلال الكافي الذي يمكِّنهم من إنصاف مركزهم عندما تتحيز الفئة الإسلامية، نتيجةً معتقدها أو بسبب الفساد، مما يجعل المجلس يصدر أحكاماً ظالمة. ولنتكلم بصراحة: إن هذه الممارسات الشنيعة التي تشوه الشريعة والحق هي موضوع شكوى في بغداد أقل مما هي عليه في معظم أنحاء الامبراطورية التركية. وفي ظل إدارة الباشا الحالي محمد رشيد الأكثر استنارة ونزاهة، فإن هذه الممارسات تبدو فاضحة. فهو، حقاً، يستهجنها، رغبة منه في أن ينفع الدولة ويرفع من شأن أقرانه الأتراك في المقياس الإنساني. وهذه، بكل تأكيد، مهمة جبارة هرقلية، حتى إن محاولة القيام بها تستحق الإطراء. ويتمتع الحاكم العام الحالي للعراق، الذي تلقى التدريب والثقافة في أوروبا ، بالبراعة، وربما بالحيوية، لإحداث تغيير في هذا الإقليم المهمل. لكن، لسوء الحظ، ليس لديه مؤيدون: فكل مساعديه لهم من الجهل بمقدار ما للأتراك منه. وفضلاً عن ذلك، فإن تصرفاتهم العنيدة تشلُّ جهوده. كما أن الضغط الهائل على موارد تركيا، من جرّاء الحرب الحالية، شكّل عائقاً آخر له: فهو مدعوٌّ إلى توفير الأموال للمساعدة في الحفاظ على النضال. وبما أن خزينة الدولة كانت مستنزفة، فقد اضطر أن يلجأ إلى فرض مزيد من الضرائب على شعبه. لذلك، كانت الشكاوى شائعة وكثيرة، بقدر ما كان التحسين العام متوقفاً. أما الترتيبات المالية للمنطقة، فشأنها شأن الشرطة في المدن، إذ كانت على أدنى مستوى، من حيث الضآلة وعدم الكفاية. ولهذا، كان في حالةٍ من الفقر الشديد حالت دون الاحتفاظ بموظفين أكفاء في مختلف دوائر الحكومة. فتكررت أعمال السلب الجريئة، فضلاً عن الخسارة الكبيرة في الموارد، نتيجةَ الحاجة إلى القوة لفرض الضرائب، ونتيجة غياب الوسيلة الفعالة لوضع حدٍ لارتكاب أعمال السلب، وغياب أي جهاز في الواقع. وما دامت مناصب الحاكم، والأراضي الأميرية، والرسوم الجمركية، والبيع بالجملة للعديد من السلع الرئيسية التجارية والغذائية، ما دامت كلها احتكاراتٍ يحصل عليها أعلى المزايدين في المزادات العلنية التي تجريها الدولة، فليس ثمة مجال لتوقّع التحسن: فكلّ ملتزم سيعمل، بالطبع، لتحقيق أكبر ربح له مع أقل خسارة ممكنة، بغض النظر عن تأثير ذلك على الأفراد، وعن النتائج المخيفة التي تؤثر على الدولة. أما الجيش النظامي في الإقليم، فهو صغير جداً بالنسبة إلى اتساع المنطقة، حتى في أكثر الأيام سلماً. ولو وقعت فعلاً أي انتفاضة جدية، حتى في بغداد نفسها، فإن القوة بكاملها لا تكاد تكفي لإخمادها، وعندما ننظر إلى تصرفات القبائل الفوضوية، يأخذنا العجب في الواقع فنسأل: كيف يمكن لحكومة بهذا الخليط وهذا الشكل الرث أن تبقى متماسكة؟. فالسر يكمن في العناصر المتضاربة ضمن المجموعة الحكومية، وفي نوعية العقلية العامة البطيئة جداً، في العمل على نشرِ الشر، كما يكمن في الميل إلى الراحة والهدوء، وفي اللامبالاة الفريدة من نوعها عند الشعب حيال أحداث الماضي والحاضر والمستقبل. وكل هذه الأمور، التي أدت إلى تفاقم حالة الأمن، تعمل، في الوقت نفسه، بنسبة عكسية، عندما نفكر بالطاقة الضرورية لإحداث التحسين. ويمكن القول، على وجه العموم، إن الشعب شعب هادىء، وإن لديه القليل

a council, at which the Pacha usually presides, hears and determines upon all cases. It is a mixed one of Mahomedans and Christians; but the latter in Turkey are not as yet sufficiently independent to do justice to their position when the Mahomedan portion may be biased by their creed, or by corruption, to pronounce an unjust award. To speak candidly, these nefarious practices in perversion of law and right are less complained of in Baghdād than in most parts of the Turkish empire, and under the more enlightened and honest administration of the present Pacha, Mahomed Reshid, they are less flagrant. He discountenances them, indeed, in his desire to benefit the State and to raise his fellow Turk in the scale of humanity; a Herculean task certainly, but the attempt is still worthy of commendation. Trained by education in Europe, the present Governor-General of Irāq has the tact, and perhaps the energy, to work a change in this neglected province. Unfortunately he has no seconds. All his subordinates are as ignorant as Turks usually are, and his effort are, moreover, often paralysed by the dogged obstinacy of their characters. The terrible pressure upon the resources of Turkey by the present war is another drawback to him, for he is called upon to furnish funds to aid in maintaining the struggle, and with an exhausted exchequer, he must resort to an extra tax upon his people. Complaints are therefore as rife as public improvement is at a stand-still. Too poor to maintain an efficient staff in the various departments, the fiscal arrangements of the province, as well as the police of the towns, are on the most slender and inadequate scale. Frequent and daring robberies, as well as loss of revenue, result from the want of force to levy the one, and the absence of efficient means to check the commission of the other. There is, in fact, no system; and so long as Governorships, public lands, custom dues, and the wholesale vending of many staple articles of commerce and food, are held as monopolies by the highest bidders in the State auction, improvement cannot be expected. Every one, of course, works these with the greatest gain and least loss to himself, regardless of the effect upon individuals, and the hideous consequences to the State. The regular army, too, in the province is far too small for its extent in the most peaceable times; indeed, should a serious émeute arise in Baghdād itself, the whole force would barely suffice to put it down; and when the lawless character of the tribes around is considered, it is a wonder, indeed, that such a patchwork and threadbare form of government can hold together at all. The secret lies, however, in the opposite elements of the governed body, and the character of the general mind being too slow to work extended mischief; a love of repose and a singular apathy in the people to past, present or future events, adds to the security, while it acts in an inverse ratio when we think of the energy necessary to effect improvement. On the whole, it may be said that the population

من مظاهر التعصب: فهناك تسامح مع اليهود والمسيحيين الذين يتمتعون بحصانات لا يتمتعون بها في أي مكان آخر. والضريبة الوحيدة المفروضة عليهم هي ضريبة الخراج، أو ضريبة الرؤوس، التي تدفع سنوياً فقط على الذكور الذين هم فوق سن الخامسة عشرة، والتي تبلغ عشرة أو خمسة أو اثنين ونصفاً من الشلنات، على الشخص الواحد. وهذا يعفيهم من أي مطالب أخرى. ففي حين كان المسلم يُسحب، في أغلب الأحيان، من زوجته وأولاده، ويُجبر على خدمة الجيش، كان أفراد تلك الطبقات من الناس يواصلون أعمالهم بهدوء وسط عائلاتهم. ومع ذلك لم يكونوا قانعين. لكن هل كان الشرقي راضياً في أي وقتٍ من الاوقات؟. وفضلاً عن هذا، في حين كان مسيحيو تركيا ويهودها، على الدوام، يسلبون بمكر وخداعٍ كلّ جيرانهم على اختلاف طبقاتهم، فقد كانوا يشكون من الظلم اللاحق بهم. ولسوء الحظ، كانت شكواهم تلقى آذاناً صاغية ممن يجهلون طباعهم ووضعهم الحقيقي في تركيا. وأتجرأ على التأكيد أن هناك شعوراً عدائياً حيال اليهود في أوروبا أكثر مما هو الآن في تركيا، وأن الكراهية الخفية بين الكاثوليك والبروتستانت تظهر للعيان في هذه الدول المتحضرة أكثر مما تظهر الآن في كل ممتلكات السلطان. وليس لدى المسلمين ما يمكن مقارنته برفض الإسبان لدفن موتى إخوتهم المسيحيين. فهنا لكل طائفة من المسيحيين كنائسها ومدافنها، والاختلاط بين الأفراد، من مختلف العقائد، في شؤون الحياة المشتركة، أقل تقييداً وأكثر لياقة، مما هو عليه بين أولئك الذين يعتنقون المسيحية في ظل مِلَلٍ مختلفة في أوروبا. أما المذابح في هذا البلد، لمجرد الاختلاف في المعتقد، فهي أمر نادر. وعندما يحدث، فإنه ينشأ لكونه السلاح السياسي الأول الذي يملكه سكان المدن المتمردون ضد الحكومة أكثر من كونه نابعاً عن رغبة متأصلة في سفك دماء المسيحيين، ورغبة، في بعض الحالات، تسبب بها المسيحيون أنفسهم، عندما كانوا يُدفعون لتحدي القيود التي كانوا يعيشون في ظلها بسلام، إن لم يعيشوا بحرية مطلقة.

لقد أنتجَ قانون التنظيمات الذي علّق إنزال عقوبة الإعدام في الأقاليم التي يحكمها الباشوات أنتج الخير والشر معاً. ومما لا شك فيه أن من الحكمة والانسانية وضع قيود على إرادة الطغيان لدى الحكام المحليين، ولا سيما في المناطق القريبة من القسطنطينية. لكننا قد نتساءل: هل كان من الحكمة أن تُوضع جانباً، العقوبة التي وضعتْ حداً للقبائل الغزاة غير الخاضعين لسيطرة القانون والذين يجوبون الجزء الأكبر من الأمبراطورية التركية، بل يجوبون أمكنة قريبة من العاصمة؟. ففي العراق ومدنه، اعتبرالأشرار أنّ نشر هذا المرسوم بمثابة عفو عام عن الجرائم، في حين نظر إليه ذوو النيات الحسنة بقلق. وزادت حوادث التمرد والسلب والقتل، في حين أن بَتْر الأيدي أو الأقدام، والوضع على الخوازيق في الوقت المناسب، والتنفيذ العلني لقطع رؤوس الأوغاد الملطخة أيديهم بالدماء، (عليَّ قول الحقيقة، وإن كنت أشعر بالأسف لضرورتها)، قد أحدثت أثراً ملائماً في عقول العامة لوقتٍ طويل، في هذه المناطق. لكن مما لا ريب فيه أنه كانت هناك مناسبات يمكن للباشوات فيها أن يستخدموا سلطتهم المطلقة ليتخلصوا من أناس يحسون بُغضاً شخصياً حيالهم، وليس لأن الشعب يبغضهم. وبالفعل،

is a quiet one. There is little appearance of fanaticism in it. The Jew and the Christian are tolerated, and enjoy immunities which they do not elsewhere possess. The only tax upon them is the Kharaj, or capitation tax, levied annually on males only above the age of fifteen, in the proportion of about ten, five and two and a half shillings per head. This exempts them from all other demands; and while the poor Mahomedan is often dragged from his wife and children, and made to serve as a soldier, these clases pursue their occupation in quiet in the midst of their families, and yet are not contented. But was the oriental ever so? No! and moreover, the Christians and Jews of Turkey, while they are insidiously robbing all classes of their neighbours, are ever ready to whine about oppressions, and, unfortunately they receive attention from those who are ignorant of their characters and real position in Turkey. I venture to assert, indeed, there is more real ill-will felt towards Jews in Europe than at the present time in Turkey, and the concealed hatred of Roman Catholics and Protestant manifests itself more in those civilised states than it now does in the dominions of the Sultan. We have nothing to compare among Mahomedans with the Spanish denial of sepulture to their fellow Christians. Here every sect of Christian has its churches and cemeteries; and the intercourse between individuals of totally different creeds in the common concerns of life is less restricted and infinitely more courteous than among those professing Christianity under different denominations in Europe. Massacre in this country, solely on account of antagonistic belief, is a rare thing, and, when it does occur, it arises more from its being the first political weapon at hand on the part of the rebellious townspeople against the Government than from any inherent desire to shed Christian blood, and in some cases it has been brought about by the Christians themselves being urged to set at defiance the restrictions they had lived under in peace, if not in absolute freedom ..

The law of Tanzimat, or Tansimat, suspending the infliction of capital punishment in the provinces governed by Pachas, has been productive of both good and evil. It was certainly wise and humane to place restrictions on the despotic will of local Governors, particularly in the provinces near Constantinople, but we may question if it was politic to set aside the punishment which held in check the lawless tribes of marauders that wander over a great part of the Turkish empire, at a distance from the capital. In 'Irāq and its towns, the promulgation of this edict was looked upon by the evil as an amnesty for crime, and by the well-disposed with alarm. Revolt, robbery, and murder increased; whereas the amputation of a hand or a foot, the timely impalement or public decapitation of a blood-stained villain (I must speak the truth while deploring the necessity) operated for a long time in these provinces on the public mind, though doubtless there were occasions when the absolute power of the Pacha might be exercised in ridding himself of people less obnoxious to the public than to himself. The law, indeed, has been too

كان القانون كاسحاً وشاملاً إلى درجة لا يمكن معها أن يكون كله خيراً، لأننا قد لاحظنا أن ثمة مذنبين، بعد إدانتهم بقتل والديهم، أو بغير ذلك من الجرائم البشعة، يتلافون كلياً الموت الذي استحقوه، ويُوضعون في السجون لمدة طويلة، انتظاراً لقرارٍ من القسطنطينية، حين تدعو الحاجة أن يكونوا عبرة للغير. وكان ينبغي تعديل هذا القانون بالنسبة إلى المناطق النائية، بحيث يجري تنفيذ الحكم الجزائي فور ارتكاب الجريمة. ولن أنكر أن السجن الطويل قد يكون أشد وطأة على المذنب من الموت نفسه. لكن طرازاً كهذا بإنزال عقوبات غير مجدية قد فُقِدَ في هذه البلاد حيث العبرة والتعاليم الأخلاقية تُفهمان، فقط، عن طريق البصر. ونحن هنا، وكأننا نسجن بغلاً لنردع بقيّة البغال عن الرفس. فالتفكير العام لم يصل بعد إلى مستوى كافٍ من الوعي، ليفهم دوافع قوانين العقوبات التهذيبية الأوروبية.

فرض الضرائب على المنتفق، ١٨٥١ - ١٨٥٥

يتمثل الارتفاع السريع لقيمة المطالب المالية في هذه الفترة، فضلاً عن التغييرات المتكررة في مشيخات القبائل التي كانت تشتمل عليها، يتمثّل هذا الارتفاع بوضوح في حالة قبيلة المنتفق. فقبل وصول نجيب باشا عام ١٨٤٢، كان على شيخ هذه القبيلة أن يدفع ١٠٠,٠٠٠ شامي* فقط. وبحلول عام ١٨٥١، عندما كان فارس شيخاً للقبيلة، ارتفع تقدير الضريبة إلى ٢٠٠,٠٠٠ شامي. وفي خريف ١٨٥١، تعهد الشيخ منصور بدفع ٢٤٠,٠٠٠ شامي في السنة. لكن، في ربيع ١٨٥٢، زايد عليه الشيخ صالح عارضاً دفع ٣٠٠,٠٠٠ شامي. وفي اكتوبر ١٨٥٣، قامت منطقة السماوة، التي كانت قد انفصلت في ذلك الوقت عن نطاق حكم رئيس المنتفق، بدفع ١٠٠,٠٠٠ شامي سنوياً. وتكفل الشيخ منصور أن يدفع سنوياً ٣١٠,٠٠٠ شامي، عن بقية أجزاء منطقته. وفي عام ١٨٥٥، تعهد الشيخ بندر أن يدفع على الأقل ٣١٠,٠٠٠ شامي، على الرغم من تخفيض مساحة الأراضي في مقاطعته.

التمرد المسلّح لقبيلة آل بو محمد، ١٨٥٥

في عام ١٨٥٥، ولأسباب مالية، ثارت قبيلة آل بو محمد، التي تشغل ضفاف نهر دجلة تحت العمارة، وشرعت في نهب القرى، ومهاجمة القوارب التي كانت تعمل في النهر. وكان من الصعب قهرها. فما إن ظهر الجنود الأتراك على الساحة، حتى اختفى رجال القبيلة البرمائيون في أهوازهم. وهكذا، وبعد أن كانت الملاحة في دجلة قد توقفت تماماً لستة أشهر، وافقت الحكومة التركية على قبول المبلغ الذي كانت القبيلة ترغب في دفعه.

* كانت قيمة الشامي في ذلك الحين تساوي شلناً وستة بنسات إنجليزية.

sweeping to be attended with entire good; for we observe offenders, after being convicted of parricide and other hateful mesurders, cape the death they have fully merited, and when immediate example was required, by long confinement in prison awaiting a decision from Constantinople. For the more distant provinces this law should be modified, so that retributive justice should immediately follow the commission of crime. I will not deny but that long incarceration may be worse than death to the offender, but such a mode of punishment is lost in these countries, where example and precept are understood only through the channel of the eye. here we might as well imprison a mule to deter others from kicking. The public mind is not yet enlightened enough to understand the motives of the penal refinements of our European codes.

Taxation of the Muntafik, 1851-55

The rapid enhancement of fiscal demands at this period, together with the frequent changes in the Shaikhship of tribes which they involved, are well illustrated by the case of the Muntafik. Previous to Najib Pāsha's arrival in 1842 the Shaikh of this tribe had been liable for an annual payment of 100,000* Shāmis only. By 1851, when Fāris was Shaikh, the assessment had risen to 200,000 Shāmis. In the autumn of 1851 Shaikh Mansūr undertook to pay 240,000 Shāmis a year; but in the spring of 1852 he was outbidden by Shaikh Sālih, who offered 300,000. In October 1853, the Samāwah district assessed at 100,00 Shāmis per annum having in the meanwhile been removed from the Muntafik Chief's jurisdiction, Shaikh Mansūr undertook to pay 310,000 Shāmis a year for the remainder; and in 1855 Shaikh Bandar assumed an annual liability, notwithstanding further reductions of territory, of at least 310,000 Shāmis.

Insurrection of the Āl Bū Muhammad, 1855

In 1855 the Āl Bū Muhammed tribe, occupying the banks of the Tigris below 'Amārah, revolted for financial reasons and began to plunder villages and to attack boats plying on the river. It was found impossible to coerce them, because no sooner did Turkish troops appear on the scene than the amphibious tribesmen vanished into their lagoons; so, after the navigation of the Tigris had been completely suspended for six months, the Turkish Government agreed to accept as their revenue that which the tribe themselves were willing to pay.

---

*The Shāmi at this time was worth about one shilling and six pence English.

التنظيمات الإدارية التركية، ١٨٣٩ - ١٨٦١

ظهر في سجلات ذاك الوقت عدد من الحقائق بات مصدر اهتمام الذين يدرسون الإدارة التركية. وتشمل بعض هذه الحقائق تغييرات تُنسب، دون شك، إلى حكومة القسطنطينية البيروقراطية المتحمسة لإجراء إصلاح إداري وإقامة مركزية، بإمرة عبد المجيد، أول سلطان أصبح في عهده للعاصمة تأثيرٌ على إدارة الأقاليم، يمكن اقتفاؤه في إدارة بغداد. وتظهر بعض الحقائق الأخرى التي قد تكون متعلقة بالمخططات التركية للمحمرة.

التجنيد العسكري في بغداد، ١٨٤٤

في أوائل عام ١٨٤٤، جرت محاولة لإنشاء فوج عسكري محلي، عن طريق التطوع في الجيش، فجرى الحصول على ٢٠٠ متطوع. لكن المخاوف من التجنيد الإجباري، أو من بعض الشر الذي قد يلي ذلك، قد خلق ذعراً في المدينة أدى إلى هرب ما بين ٣٠٠٠ و ٤٠٠٠ من سكانها. وهكذا كتب الفشل لهذه التجربة.

تعيين دفتر دار، ١٨٤٥

في عام ١٨٤٥، عُيّن في العراق التركي، كما يبدو، أول دفتر دار نظامي، أو محاسب عام، وهو موظف أصبح، منذ ذلك الوقت، معروفاً جيداً في بغداد. ويبدو أنه كان يعمل، أولاً، بأوامر مباشرة من الحكومة المركزية، وأن سلطته بشأن بعض القضايا المتعلقة بالدخل الحكومي الضرائبي قد حلت محل سلطة الحاكم الإداري (التنفيذي) للبشلكية. ويبدو واضحاً، من جراء السياسة المالية التعسفية والمدمرة التي اتّبعها نجيب باشا وخلفاؤه بعد سنة ١٨٤٥، أن هذا الاتجاه المركزي الجديد ما كان ليبقى طويلاً بكامل نشاطه إلاّ إذا فرضه، بالفعل، هذا الموظف الجديد. لكن يبدو ذلك بعيد الاحتمال.

رسوم الاحتساب، ١٨٤٧

في عام ١٨٤٧، تلقت بغداد من القسطنطينية أمراً بإلغاء رسوم الاحتساب، أو ضريبة الدخل في المدن. ويمكن القول إن هذا الإجراء إصلاح عصري، أو إصلاح اقتُرح في تركيا الغربية، في ذلك الوقت. أما العراق التركي، فقد كان من نصيبه أن تبقى الرسوم الناتجة عن الاحتساب، مستمرة لسنوات كثيرة. وقد قام دفتر دار بغداد برحلة إلى البصرة ليكتشف: هل بالإمكان فرض ضريبة أخرى هناك تعويضاً عن الاحتساب.

لجنة راغب باشا، ١٨٤٧

أصبح الآن تشكيل لجان إدارية للتحقيق ممارسةً رائجة. ففي مارس ١٨٤٧، أُرسل

Turkish administrative arrangements, 1839-61

A few facts interesting to students of Turkish administration emerge from the records of the time. Some of them, implying changes, must no doubt be attributed to the reforming and centralising zeal of the Constantinople bureaucracy under 'Abdul Majīd, the first Sultān under whom the influence of the capital on provincial administration is clearly traceable at Baghdād. Others may have been connected with Turkish designs on Muhammareh.

Military recruiting at Baghdād, 1844

So early as 1844 an attempt was made to raise a local regiment at Baghdād by voluntary enlistment. About 200 recruits were obtained; but fears of conscription or some other evil to follow created a panic in the city, from which 3,000 or 4,000 people actually took flight. The experiment was probably a failure.

Institution of Daftardārs, 1845

In 1845 the first regular Daftardār or Accountant-General, an official ever since well known at Baghdād, appears to have been posted to Turkish 'Irāq. He seems to have worked at first under the direct orders of the central Government; and his authority superseded, in certain revenue matters, that of the executive ruler of the Pāshāliq. That this centralising innovation cannot long have remained in full vigour seems clear from the arbitrary and ruinous fiscal policy pursued by Najib Pāsha and his successors after 1845, unless indeed it was dictated by the new official, which does not seem probable.

Octroi duties, 1847

Orders from Constantinople were received at Baghdād in 1847 for the abolition of Ihtisāb or octroi duty in the towns. This may have been a fashionable reform, or proposed reform in Western Turkey at the time; but in Turkish 'Irāq octroi was destined to survive for many a year to come. The Daftardār of Baghdād made a journey to Basrah, however, to discover whether any compensating tax could be realised at that port in lieu of octroi.

Commission of Rāghib Pāsha, 1847

Administrative Commissions of Enquiry now come into vogue. In March

راغب باشا من القسطنطينية إلى بغداد مع فرمان وسيف شرف، قدَّمهما إلى نجيب باشا بكثير من الأبهة. وكانت لديه تعليمات بتفتيش منطقتي البصرة وشط العرب عامة، وتقديم تقرير عن أنجع الوسائل لتحسين المدينة وتعزيز الإيرادات المحلية وتقوية البحرية التركية في النهر. واعتبر الوكيل السياسي البريطاني في بغداد أن الإجراء، الذي قام به هذا المبعوث، سيثير، على الأرجح، شكوكاً ليس فقط في الجانب الفارسي المتنازع معه على تخطيط الحدود، بل مع قبيلة المنتفق لأسباب أخرى. وربما كان إنشاء بشلكية منفصلة في البصرة بعد ثلاث سنوات، نتيجةً لانتداب راغب باشا.

وجود الكيخيا في بغداد، ١٨٤٩

كان منصب الكيخيا القديم ما يزال قائماً في بغداد، عام ١٨٤٩. والكيخيا، أصلاً، موظف سري موثوق به جداً، ويعتبر من أهل منزل الباشا، ويوصف أحياناً بأنه رئيس تشريفاته. ولا يعتبر موظفاً رسمياً كغيره من هيئة الموظفين، بقدر ما هو موظف شخصي خاص به. لكن يبدو أنه، بحلول عام ١٨٤٩، أصبح موظفاً عاماً يماثل في منصبه مساعد الوالي، أو المعاون في وقتنا الراهن.

انفصال البصرة عن بغداد وإقامة بشلكية فيها، ١٨٥٠

في أواخر عام ١٨٤٥، كان الحاكم التركي في بغداد ما يزال يحمل لقب المتسلم، اللقب القديم. ومركزه هذا يماثل مركز «القائمقام» تحت حكم الباشا، وقد أصبح الآن «والي» بغداد. وفي عام ١٨٥٠، انفصلت مناطق البصرة فجأة عن بغداد، وأصبحت إدارة منفصلة تحت حكم باشا مستقل تقريباً. وضمت بشلكية البصرة الجديدة كل المناطق التركية الواقعة على شط العرب ونهر الفرات، صعوداً لتشمل السماوة، كذلك ضمت المناطق الواقعة على نهر دجلة، صعوداً لتشمل العمارة على شاطئه الشرقي ولتصل، على شاطئه الغربي، حتى النقطة التي ينفصل عنه فيها الحي أو شط الغراف. وهكذا تكون البصرة قد شملت كل منطقة قبيلة المنتفق، التي كان نفوذها، في تلك الفترة، يهيمن كثيراً على السياسة الداخلية للعراق التركي الأدنى، والتي كانت علاقاتها ببغداد علاقات ضعيفة. وقد خُوِّل باشا البصرة أن يتراسل مباشرة مع الباب العالي. لكنه، في الأمور العسكرية والمالية، يبقى خاضعاً لحكومة بغداد.

وأول متولٍ لمنصب البشلكية الجديدة هو معشوق باشا، الذي وصل إلى بغداد في الثالث من ابريل ١٨٥٠، وغادرها في اليوم التالي، إلى مركز وظيفته برفقة موظفين من ضباط البحرية والصناع الذين جاء بهم من القسطنطينية.

1847 one Rāghib Pāsha was sent from Constantinople with a Farmān and sword of honour for Najib Pāsha, which he presented at Baghdād with much *éclat*; but he had also instructions to inspect Basrah and the Satt-al-'Arab districts generally and to report how the town could best be improved, the local revenues enhanced, and the naval strength of Turkey upon the river increased. The British Political Agent at Baghdād considered the proceedings of this Commissioner likely to appear suspicious not only to the Persians, with whom the frontier line was in dispute, but also to the Muntafik tribe for other reasons. The institution of a separate Pāshāliq of Basrah three years later may have been a result of Rāghib Pāsha's deputation.

Existence of a Kahiyah at Baghdād, 1849

In 1849 the ancient office of Kahiyah still existed at Baghdād. The Kahiyah was originally a very confidential officer of the Pāsha's household, sometimes described as his chamberlain, and a member of his personal rather than of his official staff; but it seems probable that by 1849 he had become a public officer corresponding to the Assistant Wāli (Adjoint du Vali or Mu'āwin) of the present day.

Separation of Basrah from Baghdād and its erection into a Pāshāliq, 1850

As late as 1845 the Turkish Governor of Basrah still bore the old-fashioned title of Mutasallim, and his position was that of a modern "Qāim-Maqām" under the Pāsha, now "Wāli", of Baghdād. In 1850 the Basrah districts were suddenly divided from those of Baghdād and made a separate charge under an almost independent Pāsha. The new Basrah Pāshāliq embraced all the Turkish districts upon the Shatt-al-'Arab; those upon the Euphrates up to and including Samāwah; and those upon the Tigris up to and including 'Amārah upon its eastern bank, and, on its western bank, up to the point where the Hai or Shatt-al-Ghāraf leaves it. Basrah thus comprised the whole territory of the Muntafik tribe, whose influence then greatly predominated in the internal politics of lower Turkish 'Irāq, and whose connections with Baghdād were slender. The Pāsha of Basrah was empowered to correspond direct with the Porte, but in military and financial matters he was made subordinate to the Government of Baghdād.

The first holder of the new Pāshāliq was Ma'shūq Pāsha, who arrived at Baghdād on the 3rd April 1850 and left again the very next day for the seat of his government, accompanied by a staff of naval officers and artificers whom he had brought with him from Constantinople.